Hinweis zu den Bildern: Titelgraphik von A. Paul Weber: Wir sind übern Berg, ca. 1949, Druck des A. Paul Weber-Hauses, Ratzeburg, im Besitz des Verfassers. Die Bilder im Text stammen aus dem Archiv des Verfassers. Abweichende Quellen sind in der jeweiligen Bildlegende vermerkt.

ISBN: 978-3-947020-05-8
© 2018 Scidinge Hall Verlag Tübingen
2. korrigierte Auflage 2018
www.scidinge-hall-verlag.de
Alle Rechte beim Autor
www.helmut-roewer.de

Helmut Roewer

# Unterwegs zur Weltherrschaft
Band 3: 1945 bis heute

*Warum das US-Imperium so lange bei uns Erfolg hatte, jedoch bei der Umerziehung der Ostdeutschen scheiterte*

Scidinge Hall
2018

# INHALT

| | |
|---|---|
| Vorweg und zum Einlesen:<br>Der Standort dieses Buches und was andere über das Thema denken nebst einer Zusammenfassung seines Inhalts für den eiligen Leser sowie eine Einführung in das strategische Denken von One World vs. World Power (Eine Welt gegen Weltmacht) | 15 |
| Für den eiligen Leser | 19 |
| Die Welt als solche oder Wir sind die Stärksten: Notwendige Vorbemerkung zu den US-amerikanischen Weltbeherrschungslehren | 23 |

### ERSTER TEIL
**Erster Teil 40 Jahre auf dem Drahtseil – Der Kalte Krieg**     25

α (alpha) und ω (omega): Wann der Kalte Krieg begann     27

Quadratur des Kreises: Hochrüstung und Frieden     29

**1. Kapitel**
**Vorspiel in der Hölle – Die USA lösen das Atomzeitalter aus**     35

**2. Kapitel**
**Mazurka mortale & English Waltz – Polen als Wetterecke der Weltpolitik und ein Exkurs über die Heuchelei und das Ende der britischen Weltmacht**     39

Kein Ritt nach Berlin: Kriegsausbruch und polnische Teilung     39

Schwarzer Peter: Polen wird an Stalin verschachert, aber keiner will's gewesen sein     41

Ausverkauf: Die Russen erhalten Mitteleuropa bis zur Elbe und Südosteuropa als freundliche Draufgabe    47

Verhagelter Sommer: Churchills Erbe und der Niedergang des britischen Empire    49

## 3. Kapitel
**Ausrottung – Die alliierten Bemühungen, die Deutschen von der Erde verschwinden zu lassen, nebst einigen Bemerkungen über Beutezüge, organisiertes Töten und Rachejustiz**    53

Was nicht niet- und nagelfest ist: Die Ausplünderung der Deutschen    54

Sterben wie die Fliegen: Der Tod der Besiegten wird organisiert nebst einigen Bemerkungen über die Rheinwiesenlager und den Humor von Franklin Roosevelt    60

Nutzlose Esser: Der Tod der Deutschen wird durch die Direktive JCS 1067 eingeleitet    65

Gottes Wille und das gute Gewissen: Die Täter der deutschen Dezimierung    73

Rache im Talar: Die Kriegsverbrecherverfahren nebst einigen Bemerkungen, warum die Nürnberger Gerichtsmethoden der Leidensgeschichte der europäischen Juden Schaden zugefügt haben    81

Parteiarbeit: Die Entnazifizierung    96

## 4. Kapitel
### Das zweischneidige Schwert – Umerziehung von Amerikanern und Deutschen — 99

Nazi-Wahn: Die Fabel vom Kampf des großen und guten Amerika gegen die Nazi-Hydra und einige Bemerkungen über Geschichtsklitterung und das Umschreiben der amerikanischen Geschichtsbücher und auch dazu, wer das bezahlte — 99

Geformt nach meinem Bilde: Die Umerziehung der Deutschen nebst einigen Bemerkungen über die Frankfurter Schule — 104

Einmal Nazi, immer Nazi: Die Langzeitwirkung der Umerziehung und einige Bemerkungen über das Umschreiben von Geschichte und das staats-offizielle Lügen — 116

## 5. Kapitel
### *The same procedure as before* (weiter wie gehabt) – Die Geschäftemacher lassen die Deutschen das von den Alliierten zerstörte Europa wiederaufbauen und machen noch mancherlei anderes — 125

Wer nicht mit uns ist, ist gegen uns: Die Truman-Doktrin — 126

Erneut die Deutschen: Die Weichen werden für ein amerikanisches Deutschland gestellt — 128

Genialer Selbstbedienungsladen: Der Marshall-Plan und die Abzweigung der Gelder für die US-Einflußnahme in Europa nebst einigen Bemerkungen über den Nutzen von Betrug und Unterschlagung — 132

Europa & der Stier: Amerikanische Bemühungen, ein einheitliches Europa zu schaffen — 138

## 6. Kapitel
## Der goldene Westen – Die Teilung Deutschlands, die Westintegration der Bundesrepublik und die handelnden Figuren ... 149

Was sonst noch war: Die Neuordnung der Welt an der Schwelle der 1940-er auf die 1950-er Jahre nebst einigen Bemerkungen über Hexenjagd und den Koreakrieg ... 149

Atlantikfestung: Die Gründung der Nato, Deutschlands Einbeziehung und die Aufstellung der Bundeswehr ... 154

Vaterlandslose Gesellen: Die Herausbildung der Atlantiker als dominierende Kraft in der deutschen Politik ... 158

## 7. Kapitel
## Amerikanische Achterbahn - Der Kalte Krieg in den 1950-er/60-er Jahren ... 163

Willige Vollstrecker: US-initiierte Umstürze (*Regime Changes*) in Asien und Lateinamerika nebst einigen Bemerkungen über das Brüderpaar John und Allen Dulles ... 166

Messias sexualis: Der vermeintliche Friedensbringer John F. Kennedy führt weltweit Krieg nebst einem Exkurs über sowjetische Wahlkampfspenden ... 170

Zementierung auf ewig: Berlinkrise und Mauerbau sowie einige Bemerkungen über die Erosion der SPD ... 175

Sturmgeschütz mit spätem Linksdrall: Die Spiegel-Affäre nebst einer Anmerkung, warum die besten Antifaschisten aus der SS stammten ... 181

## 8. Kapitel
**Böll und der Zauberbesen – Umerziehung und Anti-Amerikanismus sowie einige Bemerkungen über die Familie von Weizsäcker, die Rassenunruhen in den USA und den Vietnamkrieg** ... 191

Exkurs 1 und Menschen zweiter Klasse: Rassenkonflikte in den USA als Welt-Moralproblem ... 196

Exkurs 2 und Menschen dritter Klasse: Der Vietnam-Krieg als die schäbige Seite der Weltmacht sowie einige Bemerkungen, warum die *democracy* und das Töten harmonieren ... 199

Ansichten eines Clowns: Der Antifaschismus des Heinrich Böll und die Erfindung des Gutmenschen ... 205

## 9. Kapitel
**Die USA auf der Zielgeraden oder: *Work in progress* – Wettrüstung bis zum Kollaps und der Zusammenbruch des Ostblocks sowie einige Zwischenbemerkungen über das Zertrampeln der Bonner Hofgartenwiese** ... 211

Kriegsraketen Friedensbomben: Der Nato-Doppelbeschluß und die Destabilisierungskampagne gegen die Bundesrepublik ... 212

Das Tandem: Ronald Reagan und George Bush beenden unbeabsichtigt den Kalten Krieg sowie einige Bemerkungen über den Krieg der Sterne und den Kreml-Herrn Michail Gorbatschow ... 227

Die bunte Seite der Mauer: Das westdeutsche politische Establishment festigt die deutsche Teilung ... 238

Auf der Mauer: Das Volk greift in die Politik ein, wobei ausversehen die Mauer fällt ... 246

## ZWEITER TEIL
### Ein Ende der Geschichte? ...nicht in Sicht – Die Jahre nach 1989 — 255

### 10. Kapitel
### Schuß ins Blaue – Die deutsche Einheit und die Auflösung des Ostblocks — 259

Putsch im Putsch und сто грам водка (100 Gramm Wodka): Der Untergang der Sowjetunion und der Triumph des Boris Jelzin — 268

Ostlandfahrt der Kreuzritter: Die Osterweiterung der Nato und das Comeback Rußlands nebst einem Exkurs über das Völkerrecht und die Krim — 277

### 11. Kapitel
### Völlig losgelöst – New World Order, die neue Weltordnung — 287

Hast du was, bist du was: Das gesellschaftliche Grundprinzip der USA und seine praktischen Auswirkungen auf die Staatsgeschäfte — 288

Tue Gutes und laß andere darüber reden: Exkurs zu den Stiftungen — 291

Times Square und Dagobert Duck: Pressekonzentration und Einflußnahme der US-Medien auf die Meinungsbildung in den USA und in der Welt — 297

Herbstastern: Die politische Geschichte der USA seit 1989 — 302

Mittelalter oder Neuzeit: Amerikanisches strategisches Denken der Gegenwart nebst einigen Bemerkungen über die Denker und die Bedeutung der Seidenstraße sowie über das Vehikel der Verschwörungstheorie — 324

## 12. Kapitel
Zum letzten Mal Deutschland, ein Zeitraffer – Die Ereignisse seit der Einheit und ihre ideologischen Grundlagen nebst einigen Anmerkungen, wie der Zug in den Abgrund rast — 331

*White Man's Burden*: Der Zusammenhang zwischen der nach Deutschland importierten Ideologie des globalen Denkens und der Pressekonzentration sowie einige Bemerkungen über die Spätfolgen der Umerziehung und die Bemühungen, deren Langzeitwirkungen ins Ewige zu verlängern — 332

Zweigestirn aus dem fernen Abendland: Die grundlegenden deutschen Ideologiebausteine als langfristiges Ergebnis der Umerziehung — 341

Unterwegs ins Nichts: Deutschland seit der Einheit und die Bemühungen der politisch-medialen Klasse, das deutsche Volk aufzulösen, nebst ein paar Bemerkungen über das Fernsteuern und die Kanzlerin Merkel — 349

Ex Oriente Lux: Versuch eines semi-optimistischen Schlußakkords — 360

## Nachwort
nebst einer Bemerkung über Fakten in der Geschichte sowie eine Abschweifung über die Erbsünde — 365

## Quellenverzeichnis — 367

## Abkürzungen — 389

## Anmerkungen — 391

## Personenindex — 481

# Vorweg und zum Einlesen:

# Der Standort dieses Buches und was andere über das Thema denken nebst einer Zusammenfassung seines Inhalts für den eiligen Leser sowie eine Einführung in das strategische Denken von One World vs. World Power (Eine Welt gegen Weltmacht)

Zwischen Mai und September 1945 endete der Zweite Weltkrieg.[1] Doch trotz des offiziellen Waffenstillstands ging das gewaltsame Sterben weiter. Die durch den Krieg verursachten Toten werden auf 70 Millionen Menschen geschätzt.[2] Angesichts dieser ungeheuerlichen Zahl war es naheliegend, daß den Siegern daran gelegen war, jeden Hauch einer Mitverursachung für das Kriegsgeschehen zu vermeiden – ja, von sich zu weisen. Um das zu erreichen, ergriffen sie Maßnahmen sowohl gegenüber den eigenen Völkern als auch gegenüber den Besiegten. Die Folgen dieses Siegerhandelns dauern noch heute an.

In diesem Buch geht es darum, die Maßnahmen der Sieger, für die es eine überbordende Vielzahl von Quellen gibt, aufzudecken und mit der Fokussierung auf Deutschland in der chronologisch zutreffenden Reihenfolge darzustellen. Es geht, kurz gesagt, erneut um Deutschlands Rolle in der jüngeren Weltgeschichte – wenn auch eher als Objekt anderer, nämlich speziell anglo-amerikanischer Geld- und Machtinteressen. Zur Einstimmung mag der Leser zur Kenntnis nehmen, was andere darüber denken, die sich mit meinem Thema befaßt haben.

*Geld, und nicht Moral, ist das Prinzip des Geschäfts und der geschäftlich tätigen Nationen.*
US-Gründervater Thomas Jefferson (1743-1826)³

*Es ist noch eine große Arbeit zu leisten unter der deutschen Bevölkerung, um die letzte Spur von Deutschtum wegzubrennen.*
US-Propagandachef George Creel, 1920⁴

*Wir werden Deutschland zu einer Wüste machen, ja zu einer Wüste.*
Britischer Premier Winston Churchill, 1940⁵

*Ausrotten mit Sprengstoff und Phosphor: Die Toten der verheerenden anglo-amerikanischen Terrorangriffe im Februar 1945 auf Dresden zu zählen (links ein Ausschnitt aus der Innenstadt), erwies sich als illusorisch. Heutige Historiker überbieten sich, die Opfer-Zahlen herunterzurechnen, und die Perversen der sog. Antifa rufen öffentlich zu einer Wiederholung der Vernichtungsorgie auf („Bomber Harris, do it again"). Man wünscht ihnen nicht, daß sie das Grauen erleben, das im Gesicht der Verschütteten (rechts) für alle Zeiten festgehalten worden ist.*

*Man muß eine Elite schaffen, die ganz auf Amerika eingestellt ist. Diese Elite darf andererseits nicht so beschaffen sein, daß sie im deutschen Volk selber kein Vertrauen mehr genießt und als bestochen gilt.*
Emigrant und Deutschland-Planer Max Horkheimer, 1942⁶

*Deutschland wird nicht zum Zweck der Befreiung besetzt werden, sondern als besiegte Feindnation.*
>    US-Oberbefehlshaber Dwight Eisenhower, US Army-Befehl, 1945[7]

*Wir besitzen etwa 50 % des Reichtums dieser Welt, stellen aber nur 6,3 % seiner Bevölkerung. ... Unsere eigentliche Aufgabe in der nächsten Zeit besteht darin, eine Form von Beziehungen zu finden, die es uns erlaubt, diese Wohlstandsunterschiede ohne ernsthafte Abstriche an unserer nationalen Sicherheit beizubehalten. Um das zu erreichen, werden wir auf alle Sentimentalitäten und Tagträumereien verzichten müssen; und wir werden unsere Aufmerksamkeit überall auf unsere ureigensten, nationalen Vorhaben konzentrieren müssen.*
>    US-Politik-Planer George Kennan, 1948[8]

*In diesen Tagen des Unglücks war es die Standhaftigkeit der deutschen Frauen und ihre eiserne Entschlossenheit, ihre Familien am Leben zu erhalten, die Deutschlands Stärke auch in der tiefsten Niederlage begründete.*
>    US-Journalistin Freda Utley, 1948 aus Berlin berichtend[9]

*Wir werden eine Weltregierung bekommen, ob Sie es nun wollen oder nicht – durch Unterwerfung oder durch Übereinstimmung.*
>    Bankier James Warburg vor dem Senatsausschuß für auswärtige Angelegenheiten, 1950[10]

*Die Regierung der Welt muß den zufriedenen Nationen, die nichts mehr wünschen, anvertraut werden. Falls die Regierung der Welt in den Händen der hungrigen Nationen wäre, würde immer Gefahr bestehen. Aber keiner von uns hat irgendeinen Grund, irgend etwas mehr zu erstreben. Der Frieden würde durch Völker bewahrt, die in ihrer eigenen Weise lebten und keine Ambitionen hätten. Unsere Macht würde uns über den*

*Rest stellen. Wir wären wie reiche Leute, die in Frieden mit ihren Mitbewohnern hausen.*
    Britischer Premier Winston Churchill, 1951[11]

*Wir sind ein junges Land. Wir wachsen und breiten uns so lange aus, bis der Erdball uns kaum noch wird ertragen können.*
    US-Präsidentenbewerber Robert Kennedy, 1963[12]

*Die USA wird von 200 Familien regiert und zu denen wollen wir gute Kontakte haben.*
    Arend Oetker, Großindustrieller und Vorsitzender der Atlantikbrücke, 2002[13]

*Amerikas Fähigkeit, anderen zu erzählen, was sie tun sollen oder sie durch Beispiele zu überzeugen, ist sehr geschrumpft. Handel ist nicht das einzige Gebiet, wo Amerika sicherstellen muß, daß wir für Geschäfte offenbleiben. Wir müssen andere dazu ermutigen damit weiterzumachen, ihre Dollars hier wieder zu recyceln – zum Teil, indem sie amerikanische Firmen kaufen und in sie investieren. Wir benötigen 2 Milliarden Dollar pro Tag, nur um liquide zu bleiben.*
    CFR-Präsident Richard Nathan Haass an Barack Obama, 2008[14]

*Die Top Secret-Welt der Regierung ist so groß, unübersichtlich und geheimniskrämerisch geworden, daß niemand weiß, wieviel Geld sie kostet, wie viele Leute dort angestellt sind, wie viele Programme in ihr existieren, oder genau wie viele Dienststellen dieselbe Arbeit erledigen.*
    Washington Post-Journalisten Diana Priest und William Arkin, 2010[15]

*Normale Frauen und Männer sind zu kleingeistig, um ihre Angelegenheiten selbst zu regeln. Diese Ordnung [New World Order] kommt nur voran, wenn Einzelne ihre Rechte an einen allmächtigen Souverän abgeben.*
    US-Präsident Barack Obama, 2014[16]

*Staatliche Akteure wie Rußland und China bedrohen unsere Interessen in Europa.*
US-Generalleutnant Martin Dempsey, 2016[17]

*Hillary Clinton trifft sich heimlich mit internationalen Banken, um die Zerstörung der US-Souveränität zum Vorteil ihrer Geldgeber zu verabreden.*
US-Präsidentschaftsbewerber Donald Trump, 2016[18]

## Für den eiligen Leser

Dieses ist der dritte und letzte Band der Trilogie *Unterwegs zur Weltherrschaft*, in der ich die Machtentfaltung einer anglo-amerikanischen Geld- und Machtelite seit dem Beginn des 20. Jahrhunderts bis in unsere heutigen Tage hinein untersuche. Hierbei habe ich die dreimalige Auseinandersetzung mit Deutschland in den Mittelpunkt meiner Schilderung gerückt. Im ersten Band ging es um die britische Auslösung des Ersten Weltkriegs, der durch das amerikanische Eingreifen für Deutschland katastrophal endete. Im zweiten Band habe ich die Früchte des Sieges der Alliierten beleuchtet und bin der Frage nachgegangen, warum deren enttäuschte Hoffnungen auf krummen Wegen in den Zweiten Weltkrieg führten, der mit Deutschlands Zerschlagung endete.

In diesem dritten Band geht es darum, einen weiten Bogen zu ziehen. Er beginnt mit den im Zweiten Weltkrieg einsetzenden Planungen für ein besiegtes Deutschland und deren Umsetzung mit Hilfe der militärischen Variante des Morgenthau-Plans. Von dort geht der Weg durch den Kalten Krieg, den Rüstungswettlauf der Großmächte bis zum Zusammenbruch der Sowjetunion. Dieses überraschende Ereignis machte die deutsche Einheit möglich. Das Ende des Kalten Krieges führte dann keineswegs in eine befriedete Welt (euphorisch als das *Ende der Geschichte* bezeichnet), sondern in ungezählte Kriege. In diesen Kriegen der letzten drei Jahrzehnte mußte die optimistische – jedoch alsbald als illusionär zu erkennende – amerikanische Annahme der Existenz einer alleinigen Weltmacht USA korrigiert werden.

Dieser dritte Band von *Unterwegs zur Weltherrschaft* ist in zwei Hauptteile gegliedert. Die Zweiteilung ist durch den Bruch in der Weltpolitik des Jahres 1989 bestimmt, als die Deutschen die scheinbar auf ewig angelegte Teilung beseitigten. Ich vertrete im Verlauf der Erzählung dieses Buches die folgenden Hauptthesen:

Die USA werden seit Jahrzehnten von einer Nebenregierung gelenkt. Diese hat sich mit dem Council on Foreign Relations einen eigenen Generalstab geschaffen, von dem die Grundlinien der Politik geplant werden. Die enge personelle Verknüpfung der Geld- und Machtelite in den USA macht es möglich, daß die Beschlüsse des CFR in konkrete US-Politik umgesetzt werden. Hier finden auch die Diskussionen zwischen zwei Hauptdenkrichtungen statt: Die eine strebt eine von ihr selbst dominierte Weltregierung an, die andere, die der sog. Realpolitiker, baut auf das Prinzip der USA als der einzigen Weltmacht. Der CFR, der ursprünglich eine Initiative der Investmentbank von J.P. Morgan war, befindet sich seit dem Zweiten Weltkrieg weitgehend unter dem Einfluß der Rockfellers.

Die US-Präsidenten spielen demgegenüber lediglich eine ergänzende Rolle, da bereits ihre Auswahl von denselben Leuten durchgeführt wird, die ohnehin das Sagen haben. Machtkämpfe zwischen den beiden US-amerikanischen politischen Parteien sind lediglich für die davon konkret betroffenen Personen und ihre Anhänger, aber nicht für die Grundlinien der US-Politik von Belang.

Mit dem Ableben des Weltkriegs-II-Verantwortlichen Franklin Roosevelt, dem für den erwünschten Krieg autokratische Extravaganzen zugebilligt worden waren, normalisierten sich die politischen Verhältnisse in den USA insofern, als die Vorgaben für die folgenden Präsidenten wieder klarer aus dem CFR kamen. Das bedeutete mit Bezug auf das besiegte Deutschland, daß die unter Roosevelt begonnene Ausrottungspolitik zurückgefahren und schließlich ganz eingestellt wurde.

Das Umsteuern der Politik gegenüber Deutschland wurde notwendig, weil die Roosevelt-Entourage, die in Deutschland tätig wurde, bei den Nachkriegsgeschäften von Wall Street empfindlich zu stören begann. Das Abräumen der Deutschlandhaß-Ideologen erfolgte indessen nur partiell. Unangetastet blieben die Umerzieher.

Die Umerziehung hatte eine zweifache Stoßrichtung: Sie galt der amerikanischen Bevölkerung genauso, wie sie dem deutschen Volk verordnet wurde. Beide Maßnahmen wichen inhaltlich voneinander ab. Die Amerikaner sollten nicht nach der Kriegsursache fragen, und die Deutschen sollten sich schuldig bekennen. Voraussetzung der deutschen Selbstanklage war ein striktes Entnationalisierungsprogramm. Es wurde, so wie geplant, nach einigen Jahren – und verstärkt mit dem Aussterben der Kriegsgeneration – zum Selbstläufer.

Der Kalte Krieg war die Voraussetzung für ein permanentes Rüstungsprogramm. Mit dem Krieg der Sterne wurde dieser scheinbar auf Dauer angelegte Wirtschafts- und Wohlstandsmotor überreizt. Als unmittelbare Folge brach die Wirtschaft der Sowjetunion zusammen. Aus diesem Zusammenbruch resultierte die deutsche Wiedervereinigung, die von den politischen Eliten beider deutscher Staaten nicht gewünscht, sondern vom deutschen Volk in Mitteldeutschland ertrotzt wurde.

Das Ende der Blockdualität führte in den USA zum Umdenken in Richtung des Konzepts einer einzigen Weltmacht. Es erwies sich innerhalb eines Jahrzehnts als eine an Größenwahn grenzende Spekulation, die nichts zur Befriedung der Welt beitrug, dafür aber zur Auslösung neuer Konflikte führte. Sie rühren vor allem daher, daß die beiden Großmächte auf dem euro-asiatischen Landblock – Rußland und China – nicht daran denken, sich der US-Dominanz zu unterwerfen. Was Rußland anbelangt, ist Deutschland, ohne es zu wollen, erneut ins Zentrum eines Weltkonflikts geraten. Wie dieser ausgehen wird, ist kaum zu beantworten. Hierbei fällt ins Gewicht, daß Ende 2016 zum ersten Mal seit über 100 Jahren in den USA ein Präsident gewählt worden ist, der nicht von den Geld-

und Machteliten vorbestimmt worden war. Der Ausgang der hieraus entstandenen inneramerikanischen Auseinandersetzungen, die derzeit auf Biegen und Brechen stattfinden, ist noch nicht abzusehen.

Die seit 1990 von den USA verursachten Konflikte finden seit geraumer Zeit spiegelbildlich in und um Deutschland statt: Es geht um die Frage, ob Deutschland sich darauf besinnt, seine eigenständigen Interessen zu formulieren, oder zum eigenen wirtschaftlichen Nachteil im Fahrwasser der USA kritiklos weiterschippert. Zu diesem äußeren Aspekt gesellt sich ein innerer, der an Dramatik kaum zu überbieten ist, weil sich Deutschlands herrschende Elite unter dem Banner der Eine Welt-Ideologie mit Hilfe der Einwanderung von asiatischen und afrikanischen Analphabeten anschickt, die deutsche Nation aufzulösen. Diese Vorgänge werden hinsichtlich der handelnden Personen und ihrer Denkweise geschildert. Hierbei wird untersucht, inwieweit die zugrundeliegenden Überzeugungen durch den vor über 70 Jahren gestarteten Umerziehungsprozeß verursacht worden sind.

Es wird zudem geschildert, wie sich die binnen- und wirtschaftspolitischen Verwerfungen in den USA seit dem Finanzcrash von 2007/2008 auf Deutschland ausgewirkt haben. Hierbei wird herausgearbeitet, daß zwei miteinander unvereinbare US-Strategien konkurrieren, nämlich Deutschlands Wirtschaftserträge auf die eigenen Mühlen umzulenken bzw. Deutschland durch substantielle Zerstörung als Konkurrenten endgültig auszuschalten. Die umerzogene, entnationalisierte deutsche Elite hat sich augenscheinlich entschieden, an der Ausschaltungs-Variante mitzuwirken. Autor und Leser sind Zeugen dieses Prozesses.

## Die Welt als solche oder Wir sind die Stärksten: Notwendige Vorbemerkung zu den US-amerikanischen Weltbeherrschungslehren

Der Leser von *Unterwegs zur Weltherrschaft* ist auf zwei unterscheidbare US-amerikanische Weltbeherrschungslehren getroffen, die sich auch durch diesen dritten Band ziehen. Sie konkurrieren miteinander, wenngleich es für Nichtamerikaner vom Ergebnis her nahezu gleichgültig erscheint, welche der beiden Lehren in der praktischen Politik gerade am Zuge ist.

Die eine Lehre ist die von der *One World*, der Einen Welt. Sie hat zum Gegenstand, daß die Nationalstaaten einer Weltregierung weichen müssen, die von einer Elite dominiert wird. Woher dieses Muß kommt, bleibt bei allen Erklärungsversuchen schwammig. Meist wird darauf abgehoben, daß *democracy*, *human rights* und *persuit of happiness* (Demokratie, Menschenrechte und das Streben nach Glück) kraft ihrer Verwirklichung in den USA erwiesen hätten, daß sie alternativlos und damit die Beschreibung des Endzustandes der Menschheit seien – die Friedenslösung schlechthin. Der Leser kennt diese Äußerungen als Politikbegründung seit Präsident Woodrow Wilson, findet sie fortgesetzt in den Präsidenten Franklin Roosevelt, John Kennedy, Bill Clinton und Barack Obama.

Das Gegenmodell ist das der Weltmacht USA, der sich andere Mächte zu beugen haben. Hieraus ist nach dem Auseinanderbrechen der Sowjetunion das Modell der einzigen Weltmacht geworden. Auch dieses Modell hatte in den US-Regierungen dezidierte Exekutoren. Sie hießen Harry Truman, Richard Nixon, George Bush II – und vermutlich neuerdings Donald Trump. Ihr Ansatz war und ist es, die Weltmachtgeltung der USA jederzeit und an allen Orten mit allen zur Verfügung stehenden Mitteln durchsetzen zu können. Kern dieser pointiert nationalistischen Herrschaftsalternative ist die Überzeugung von der Allmacht der USA, die entweder gottgegeben oder durch Tüchtigkeit erworben worden ist.

Wie gesagt, die beiden vorgestellten Alternativen sind in erster

Linie ein inneramerikanisches ideologisches Problem, das sich an ungezählten Machtkämpfen ablesen läßt. Außenstehenden kommt es eher wie ein *l'art pour l'art* vor, denn nach beiden Herrschaftsvarianten sahen und sehen sich die Inhaber der US-Macht befugt, wirtschaftliche Erdrosselung, verdeckten Systemsturz und militärische Gewalt für die Durchsetzung ihrer Ziele einzusetzen.

Es ist allerdings insofern in der Außenwirkung beider Herrschaftsansätze ein Unterschied feststellbar, als die *One World*-Lehre in den von den USA beherrschten Staaten viele begeisterte Anhänger rekrutieren konnte. Sie sind subventionierte Komparsen im großen Bühnenstück mit dem Namen Globalisierung. Altmeister Lenin hätte sie in seiner drastischen Wortwahl als *nützliche Idioten* bezeichnet.

# Erster Teil

## 40 Jahre auf dem Drahtseil – Der Kalte Krieg

*Berliner Witz während der sowjetischen Blockade 1948/49: Auf einer Massenversammlung im Westen der Stadt beschließen die Teilnehmer, ein Telegramm nach Washington zu senden: „Haltet durch! Wir stehen Mann für Mann hinter euch!"*[19]

In diesem ersten Teil des Buches wird der Frage nachgegangen, wie es zur Zweiteilung der Welt als dem bemerkenswertesten Ergebnis des Zweiten Weltkriegs kam – merkwürdig deswegen, weil eine solche Zweiteilung den Kriegszielen eines der drei Hauptkriegführenden diametral entgegenlief. Es waren die USA unter ihrem Präsidenten Franklin Roosevelt gewesen, die jedermann mit ihrem Ansatz einer *One World*, einer einzigen Welt, in ihren ideologischen und machtpolitischen Bann zu ziehen versucht hatten.[20]

Dieser Ansatz war spätestens mit der Hereinnahme der Sowjetunion in die alliierte Kriegskoalition gescheitert, denn die Sowjetunion wurde von einer Partei regiert, die zwar auch die Weltherrschaft auf ihre Fahnen geschrieben hatte, doch eine ganz andere. Die sozialistische Weltrevolution und die amerikanische *One World Order* (Eine Welt-Ordnung) waren zwei separate Welten, für die nebeneinander nur um den Preis einer Teilung der Welt Platz war. Die alliierte Kriegskoalition lief angesichts des Kriegsverlaufs fast automatisch darauf hinaus, daß die Westalliierten dem sowjetischen Rußland bedeutende Teile Europas zum Eigenbesitz überließen. Das Endergebnis war der später viel beschworene Eiserne Vorhang.

Die Führer der beiden westlichen Verbündeten, Roosevelt und Churchill, handelten aus unterschiedlichen Motiven: Für Roosevelt war der Krieg notwendiges Durchgangsstadium auf dem Weg zur amerikanischen Weltdominanz (*Pax Americana*), für Churchill war es die letzte Möglichkeit, die Machtentfaltung der britischen Weltmacht unter Beweis zu stellen. Beide Führer brauchten notwendig Deutschland als den Weltschurken, um ihre Ziele ins Werk setzen zu können.

Bevor in diesem Buch weiter von Deutschland die Rede sein wird, werden in zwei kurzen Auftaktkapiteln einige notwendige Randbedingungen geklärt. Sie betreffen das Einläuten des Atomzeitalters durch das Abwerfen von zwei US-Atombomben auf Japan und die Rolle Polens im strategischen Spiel der Großmächte, nämlich als auslösender Faktor für den Zweiten Weltkrieg, als Handelsware auf den Basaren der Alliierten und schließlich Auslöser des Kalten Krieges. Bei dieser Gelegenheit wird zu erörtern sein, wie sich England den Orientteppich der Weltbedeutung selbst unter den Füßen wegzog, auf dessen Rand es noch mit Mühe stand.

Sodann wird beschrieben, wie die Alliierten mit dem geschlagenen Deutschland umgingen, wie sie Deutschland ausplünderten und wie insbesondere die US-Amerikaner Opfer ihrer eigenen Nazi-Psychose wurden. Es werden dabei die Entstehung und die Fortschreibung des Morgenthau-Plans behandelt und die Beschlüsse, Deutschland zu sechsteilen und die deutschen Bewohner aus zweien der sechs Teile zu vertreiben. Die Folgen für die Deutschen werden anhand der vorsätzlichen nationalen De-Regulierung, der absichtlichen Erzeugung einer Hungerkatastrophe und der De-Industrialisierung besprochen. Als markante Schaufenstereffekte traten die von langer Hand geplanten Kriegsverbrecherprozesse und die Entnazifizierung hinzu. Um die diesem Prozeß angeblich innewohnende Unausweichlichkeit zu überprüfen, wird ein Exkurs zu den parallel dazu in Japan stattfindenden Rachemaßnahmen unternommen.

Zu den Exekutoren der schwankenden Deutschlandpolitik der USA gehörten neben der soeben umrissenen Ausrottungsfraktion auch eine Umerziehungs-Bewegung und schließlich eine starke Clique von Geschäftemachern. Diese drei Ansätze und ihre Protagonisten werden der Reihe nach behandelt.

## α (alpha) und ω (omega): Wann der Kalte Krieg begann

Die Fachleute sind sich nicht darüber einig, wann eigentlich der Kalte Krieg begann. Jedenfalls war es irgendwann nicht zu lange nach dem Ende des Zweiten Weltkriegs. Weitgehende Einigkeit besteht im Inhaltlichen: Es war die Konfrontation der beiden Hauptsieger dieses Krieges und deren Aufteilung der Welt in einen amerikanisch und einen sowjetisch beherrschten Teil. Der Umstand, daß diese Aufteilung mit denkbar unfriedlichen Worten begleitet wurde, die angedrohte Waffengewalt jedoch nicht zur Anwendung kam, ließ die Zeitgenossen vom Kalten Krieg sprechen. Daß der Kalte Krieg – jedenfalls in Europa – nicht in einen heißen, also mit den vorhandenen Kriegswaffenarsenalen geführten Krieg ausartete, wirkt noch heute wie ein Wunder.

Ebenso wie der Anfang des Kalten Krieges umstritten ist, ist es auch der Grund für sein Entstehen. Auffällig ist in der langen Rückschau, daß beide Seiten keine Zeit verloren, einander für die entstehende Misere verantwortlich zu machen. Die Amerikaner waren empört, daß sich die Russen ganz anders benahmen, als sie, die Amerikaner, es sich nach vier Jahren pro-russischem propagandistischen Dauerfeuer selbst eingeredet hatten, und die Russen waren indigniert, daß das, was sie sich im Kampf gegen das Deutsche Reich aus ihrer Sicht zu Recht angeeignet hatten, plötzlich zur Disposition einer wie auch immer fabulierten Weltgemeinschaft stehen sollte. Machtpolitik wurde halt, ungeachtet aller Konferenzen und Erklärungen, unterschiedlich verstanden. Nur in einem waren sich die beiden Großen einig. Wenn es um das Formulieren eigener Ziele ging, stand an erster Stelle das Interesse des eigenen Landes. Es ist eine politische Milchmädchenrechnung, daß es bei einer solchen Ausgangslage zum Konflikt kommen mußte.

*Der lange Arm des Council on Foreign Relations: Der Diplomat George Kennan, alias Mister X, schuf das operative Gedankengerüst für den Kalten Krieg. Die Wall Street-Anwälte John Foster Dulles und sein Bruder Allen setzten es bald darauf in die Praxis um, der eine als Außenminister, der andere als CIA-Direktor.*

Als ein Meilenstein für die Entstehung einer scharfen Abgrenzungspolitik der USA gegenüber der Sowjetunion wird ein Zeitschriftenartikel angesehen, der im Juli 1947 bei *Foreign Affairs*, dem Hausblatt des Council on Foreign Relations, erschien.[21] In ihm legte ein Mr. X dar, wie jetzt mit Rußland zu verfahren sei, nämlich dem dortigen Regime eine klare Kante zu zeigen. An dem Artikel interessiert neben seinem Inhalt dreierlei: der Autor, der Publikationsort und die Aufnahme in der amerikanischen politischen Öffentlichkeit.[22]

Mr. X war in Wirklichkeit George Kennan, einer der strategischen Denker im US State Department, ein Berufsdiplomat mit langjähriger Praxis sowohl in Deutschland als auch der Sowjetunion. Jetzt war er der Leiter des in Washington frisch installierten Planungsstabes.[23] Der Ort, den er für seinen Aufruf wählte, war das Vereinsblatt des *Council on Foreign Relations*, dessen Gründung unmittelbar nach dem Ersten Weltkrieg der Leser bereits verfolgen konnte.[24]

Der CFR war nicht irgendein beliebiger Club von wohlhabenden Amerikanern, sondern nach seinem Selbstverständnis der Versammlungsort für sehr reiche und sehr einflußreiche Leute, denen das Weltherrschaftsstreben der US-Elite am Herzen und im Portemonnaie lag.[25] In den Council konnte man nicht eintreten, sondern man wurde von innen heraus berufen. Wer hier schrieb, brachte zum Ausdruck, was dieser Eliteclub öffentlich diskutiert zu sehen wünschte. Dementsprechend breit war die Rezeption des Artikels von Mr. X, zumal alsbald rauskam, daß der Autor im State Department saß. Schnell sollte sich zeigen, daß das offizielle Amerika in diese Richtung einschwenkte. Mit dem Hang, alles irgendwie kurz zu benennen, wurde der gegenüber der Sowjetunion eingeschlagene neue Kurs als *Containment* (Eindämmung) bezeichnet. Die Sowjetunion und ihr rabiater Stil im eigenen Machtbereich waren das äußere Alibi, doch ein zweiter Aspekt trat hinzu. Er war innenpolitischer Art und sollte alsbald in der Truman-Doktrin Ausdruck finden. Davon später.

## Quadratur des Kreises: Hochrüstung und Frieden

Nachdem der Krieg mit dem mutwilligen US-Massenmord von Nagasaki und Hiroshima zu Ende gegangen war, stellte sich für die amerikanische Führung mit Lenin'scher Schärfe die Frage: Was tun?[26] Selbst wenn man die Ironie beiseite läßt, die sich in der langen Rückschau aufnötigt, war es tatsächlich eine ernsthafte Fragestellung, denn die Hochrüstung und die hieraus resultierende Hochkonjunktur würde einen Knick erleiden, wenn man auf Friedensbetrieb zurückschaltete.[27] Die Erfahrungen mit dem Kriegsende von 1918 ließen grüßen.[28] Die volkswirtschaftliche Situation wurde im Vergleich zu jenen Ereignissen dadurch verschärft, daß die Geldgeber dieses zweiten großen Krieges nicht auf einen Haufen von Fremdschuldnern zurückgreifen konnten, sondern ihr Geld beim amerikanischen Staat, sprich bei dessen Steuerzahlern, würden eintreiben müssen.[29]

So jedenfalls ist es als eine nicht mehr zu hinterfragende Tatsache in die Geschichtsschreibung landauf landab eingegangen. Doch es handelt sich um eine anfangs bewußte, heute kaum noch behandelte Verschleierung der Wirklichkeit. Die raue Wirklichkeit wurde von einem Raubzug dominiert, wie ihn die neuere Geschichte der Menschheit noch nicht erlebt hatte. Ihm unterlagen neben der mutwilligen Zerstörung des wirtschaftlichen Konkurrenzstandortes Deutschland der Abtransport von allem, was irgendwie brauchbar erschien. Das waren neben Maschinen und anderen Gerätschaften aus Wissenschaft und Technik das Absaugen des gesamten, irgendwie erfaßbaren geistigen Eigentums, sei es in Form von Patenten, sei es durch Abtransport der Männer und Frauen, die dieses geistige Eigentum beherrschten. Dieser Kahlschlag ist bis zum heutigen Tage nicht annähernd beziffert worden, ebensowenig, welchen Nutzen die Sieger daraus zogen.[30]

Die erstaunliche Schlußfolgerung aus den aufgelaufenen US-Staatsschulden wurde von Wall Street bald gezogen: Weitere Hochrüstung war am Platze. Da diese sich nur dann würde vertreten lassen, wenn ein passender Feind zur Hand war, schuf man auch diesen – das Reich des Bösen, die Sowjetunion. Das klingt wie eine wüste Verschwörungs-Theorie, doch der weitere Gang der Handlung wird zeigen, daß eine solche Annahme einen wahren Kern hat. Allerdings war die Wirklichkeit der Nachkriegswelt komplizierter, als daß man sie in einen solchen einzigen Satz pressen könnte.

Doch der Reihe nach: Um wirtschaftliche Interessen der USA durchzusetzen, hatte die amerikanische Führung alles in ihrer Macht Stehende getan, um den Zweiten Weltkrieg heimlich anzuzetteln. Das wurde an anderer Stelle ausgiebig beschrieben.[31] Die Realisierung war nur möglich, weil sich mit Franklin Roosevelt an der Spitze der USA ein durchsetzungsstarker Politiker anbot, das Gewünschte zu exekutieren. Bei diesem Präsidenten kam hinzu, daß er das Vokabular besaß – an das er womöglich sogar glaubte –, daß Amerika eine Mission in der Welt erfülle, die er mit den Kunstwörtern von *democracy* und *human rights* umschrieb. Solcherlei Missionen[32] bekamen ihre Schubkraft dadurch, daß er genügend Schurken in aller Welt namhaft machte, gegen die man Kreuzzüge im Namen der Missionsvokabeln organisieren konnte.

Bei Lichte betrachtet, war das Ausrufen der Kreuzzüge das Kernproblem in den USA, denn es mußten die notwendigen Mehrheiten in den gesetzgebenden Körperschaften organisiert werden, um Geld zu beschaffen und die gesetzlich vorgesehenen Kriegserklärungen herbeizuführen. Wie das im Falle des Ersten und des Zweiten Weltkriegs bewerkstelligt wurde, ist in den beiden Vorgängerbänden von *Unterwegs...* geschildert worden. Das eigentlich Neue im nunmehr zu besprechenden Verlauf der Ereignisse ist die Tatsache, daß bereits frühzeitig nach Eintritt der USA in den Zweiten Weltkrieg bei den Finanzeliten das Problem erörtert wurde, wie man den Fehler des Ersten Weltkriegs vermeiden könne, am Ende des gewonnenen Krieges erneut eine riskante Rezession zu erzeugen. Denn genau das war 1919/20 geschehen, nachdem die Kriegsproduktion rapide abgebremst werden mußte, weil es für derartige Produkte im ausgebluteten Europa keine Abnehmer mehr gab und auch anderes schlecht an den Mann zu bringen war, weil ein ganzer Kontinent pleite war.

Hieraus wurde die Schlußfolgerung destilliert, daß es zweckmäßig sein würde, den staatlich zu organisierenden Mittelabfluß an die US-Wirtschaft auch nach Kriegsende fortzuführen und zwar bei der Branche der Kriegsrüstung. Völlig klar wurde die Position herausgearbeitet, daß hierfür ein neuer Feind benötigt wurde. Nach dem Abtreten der beiden Erzbösewichte Deutschland und Japan, mit deren Vernichtung ab 1942 als sicher gerechnet wurde, würde die Sowjetunion in den Fokus der Feindbildproduzenten rücken müssen. Dieses erschien nicht nur aus formalen Gründen notwendig (etwa nach dem Motto: einer muß hier schließlich der Feind sein), sondern es gab für die amerikanische Geld- und Machtelite auch handfeste inhaltliche Gründe, den russischen Vielvölkerstaat ins Visier zu nehmen.

Dies zu ergründen, muß man einen gedanklichen Umweg machen: dieselben Leute, die hier amerikanische Nachkriegspolitik zu formulieren suchten, waren seit dem Ende des Ersten Weltkriegs durch einschlägige Clubs, von denen der Council on Foreign Relations (CFR) der bekannteste ist, mit britischen einschlägigen Einrichtungen eng verknüpft, wobei daran erinnert sein mag, daß das britische Pendant *Chatham House* den Imperialisten und Kriegsverbrecher Cecil Rhodes zu seinen Ahnen zählte.[33] Diese anglo-amerikanische ideologische Verbindung hat zu dem vor allem auf britischer Seite gepflegten Mißverständnis einer *special relationship*, einer Art verwandtschaftlichen Sonderverhältnisses zwischen beiden Ländern, geführt. Auf der US-amerikanischen Seite wurde das keineswegs so gesehen, sondern die Beseitigung des britischen Empire stand ganz oben auf der Liste der amerikanischen Begehrlichkeiten.[34] Die britischen rassistischen Vorstellungen einer dominierenden weißen Rasse waren auch in der amerikanischen Ostküstenelite beliebt. An solche Grundlagen ließ sich ohne Schwierigkeit der Satz von der Überlegenheit der *jungen Nationen* andocken. Die jungen Nationen waren in Wahrheit nur eine einzige, die USA, und dieser hatte das überlebte, das morbide British Empire zu weichen.

Doch zurück zu den Grundlagen für die sowjetische Feindbildfixierung: Den amerikanischen Politikplanern stand durch ihre nahe Verbindung zu den Briten deutlich vor Augen, was der Erste Weltkrieg in Großbritannien ideologisch angerichtet hatte, als die Briten dank amerikanischer Schuldenpolitik nicht wieder auf die Beine kommen konnten. Es hatten sich – unübersehbar – Leute in bemerkbarer Zahl in die Politik eingemischt, die dort nach herkömmlichen Vorstellungen nichts zu suchen hatten. Deren ideologisches und organisatorisches Dach trug den Namen Labour. Labour hatte das Gleichmaß der Herrschaftsverteilung zwischen den herkömmlichen politischen Clubs der britischen *Upper Class* in Frage gestellt, wenn nicht gar gesprengt.

Derartige Gefahr bestand nun auch in den USA. Die Gefahr war nicht ganz neu. Sie war in den 1930-er Jahren durch den Präsidenten Franklin Roosevelt schamlos ausgenutzt worden, indem er sich als einen Quasi-Linken stilisieren ließ, dem die einschlägig infizierten Intellektuellen applaudierten, schon, weil sie von ihm Lohn und Brot erhielten. In Wirklichkeit konnte der Präsident mit diesen Claqueuren im Schlepptau seine Weltherrschaftsphantasien in die Tat umsetzen – Phantasien, die mit den handfesten Interessen von Wall Street weitgehend übereinstimmten.

Roosevelt war ein Machiavellist[35] reinsten Wassers, vielleicht der größte des 20. Jahrhunderts. Falls er einmal irgendwo nicht gelogen haben sollte,[36] muß er wohl aus Versehen die Wahrheit gesagt haben. Wie er mit der bereits aufgezeigten Schwierigkeit eines Wirtschaftseinbruchs in den USA nach dem gewonnenen Krieg fertig geworden wäre, muß reine Spekulation bleiben, denn am 12. April 1945 erlöste der Tod die Welt von diesem Gewaltmenschen und Schreibtisch-Massenmörder. Sein Erbe war ein aus den Fugen geratener Globus mit Millionen von Toten und ebenso vielen Entwurzelten, Verkrüppelten, Verarmten, Lebensuntüchtigen und Betrogenen – in der Tat eine stolze Bilanz.

*Wer hat angefangen? Die amerikanischen Aggressoren aus sowjetischer Sicht (Komsomolskaja Prawda vom 7. Januar 1951) und Stalin aus Sicht der USA (New York Times vom 18. März 1950).*

# 1. Kapitel

# Vorspiel in der Hölle – Die USA lösen das Atomzeitalter aus

Am 6. August 1945 gab's Grund zum Feiern. Die soeben eingetroffene Nachricht, daß die japanische Stadt Hiroshima von einer Atombombe dem Erdboden gleichgemacht worden war, raste durch die Flure der Labore und Büros in Los Alamos. Dort in der nicht eben wohnlichen Umgebung von New Mexico war die Atombombe entwickelt worden. Der Leiter des Manhattan-Projekts, Robert Oppenheimer, der für dieses größte Kriegsverbrechen in der Geschichte der Menschheit die Verantwortung der praktischen Realisierung trug, war außer sich vor Freude.[37] Unter dem Jubel der versammelten Mitarbeiter sagte er, er sei stolz auf das, was sie erreicht hätten. Er bedaure nur eines: daß sie die Bombe nicht rechtzeitig genug entwickelt hätten, um sie gegen die Deutschen einzusetzen. Ein Teilnehmer berichtet:

*Hier brach ein wahrer Sturm der Begeisterung aus.[38]*

In der Tat, das war die Stunde der Perversen.[39] Unter diesen etliche Deutsche und Deutschstämmige, wie die Pop-Ikone der Physik des Zwanzigsten Jahrhunderts, Albert Einstein. Er war es gewesen, der seine Prominenz als Emigrant aus dem Reich des Bösen zu nutzen verstand, um dem US-Präsidenten Roosevelt in einem persönlichen Brief klar zu machen, was die Nutzung der Atomkraft kriegstechnisch bedeuten würde.[40]

Was für eine Möglichkeit für einen Gewaltmenschen vom Schlage eines Franklin Roosevelt. Deswegen griff er den Gedanken begierig auf. Am Horizont des Wünschbaren zeichnete sich nun als Möglichkeit ab, was bereits seinen demokratischen Amtsvorgänger

Woodrow Wilson umgetrieben hatte: *The war to end all wars* – der Krieg zur Beendigung aller Kriege. Es war wie ein Narkotikum, weniger für die Länder der übrigen Welt als vielmehr ganz speziell auf das Wahlvolk der USA zugeschnitten, denn dieses mußte die Gesetzgebungskörperschaften mit den paar Männern und Frauen bestücken, die gebraucht wurden, um die zentrale Formalie abzusegnen: das Budget, das notwendig war, um die Weltherrschaftsphantasien des Präsidenten in die Tat umzusetzen. Im speziellen Fall waren es etliche Milliarden US-Dollar,[41] deren Roosevelt bedurfte und die nun völlig verdeckt in den Haushalt hineingefummelt werden mußten, um die Atombombe entwickeln und einsatzbereit zu machen. Man sage also nicht, wie spätere Weichzeichner behauptet haben, die Atombombe habe irgendwie in der Luft gelegen.[42] Nein, sie wäre ohne das rücksichtslose Vorantreiben von Einstein, Roosevelt & Co auf Jahrzehnte hinaus vielleicht nur ein Gedankenspiel geblieben.

Um das unfaßliche Verbrechen des Einsatzes zu bemänteln, wurde alsbald das Märchen in Umlauf gesetzt, durch die beiden Atombombenabwürfe sei das Leben von soundso vielen von *unsern Jungs* auf dem pazifischen Kriegsschauplatz gerettet worden.[43] Das ist eine dreiste Lüge. Diese zu entlarven, gibt es glaubwürdige Zeugen. So den Stabschef des Weißen Hauses, Admiral William Daniel Leahy:

> *Der Gebrauch der barbarischen Waffe in Hiroshima und Nagasaki war von keinem materiellen Nutzen für unsern Krieg gegen Japan. ... Nach meinem Gefühl hatten wir uns durch den Erstgebrauch auf den ethischen Standard von Barbaren aus dunklen Zeiten begeben. Ich war nicht gelehrt worden, auf diese Art Krieg zu führen, und Kriege können durch die Zerstörung von Frauen und Kindern nicht gewonnen werden.*[44]

Sicher eine späte Erkenntnis nach Hunderttausenden von toten Frauen und Kindern, die durch amerikanische Bomber in Deutschland, Japan und anderswo vorsätzlich hingemetzelt worden waren.

Bei der Atombombenlüge fällt besonders schwer ins Gewicht, daß die japanische Führung die Kapitulation des Landes bereits angeboten hatte. Nur in einem einzigen Punkt gab es gegenüber den alliierten Forderungen einen Dissens. Der betraf den Tenno, den japanischen Kaiser also, dessen Absetzung Japans Politiker nicht bewerkstelligen mochten, denn einen Gott kann man nicht absetzen.

Anders als anderswo in der Welt ließ sich in Japan die Lüge von der kriegerischen Notwendigkeit des Atombomben-Einsatzes nicht durchsetzen. Zu offensichtlich war die Absicht der Alliierten, den Krieg in die Länge zu ziehen, bis auch die Sowjetunion, so wie zwischen den Parteien längst vereinbart, sich im Endstadium an dem Beutezug beteiligte. Ihr, der Sowjetunion, galt denn auch in Wirklichkeit der Bombenabwurf. Es war eine Drohung von imperialer Größe: Schaut her, was wir vermögen, und richtet euch danach![45] Mit Japan als Kriegsgegner hatte das nichts mehr zu tun. Japan war lediglich der sanktionierte Schießplatz, auf dem das alles stattfand. Es gibt keinen besseren Nachweis für dieses wahre Motiv des Atombomben-Abwurfs als den Umstand, daß es nach getaner Tat für die US-Kriegsverbrecher keine Rolle mehr spielte, ob die Japsen, wie sie den Gegner verächtlich nannten,[46] ihren Tenno behielten oder auch nicht. Sie behielten ihn.

Mit dem Abwurf der Atombomben über Hiroshima und Nagasaki begann das Atomzeitalter. Das war eine der Voraussetzungen dafür, daß die siegreichen US-Amerikaner ihre Politik der guten Beziehungen zur Sowjetunion abbrachen, da sie sich in dem Glauben wiegen konnten, als Einzige eine weltbeherrschende Waffe in Händen zu halten. Amerikas Strategen glaubten, daß jegliche Demütigung, die sie durch ihren Mit-Sieger Stalin während des Krieges aus ihrer Sicht erfahren hatten,[47] nunmehr militärisch pariert werden könne.

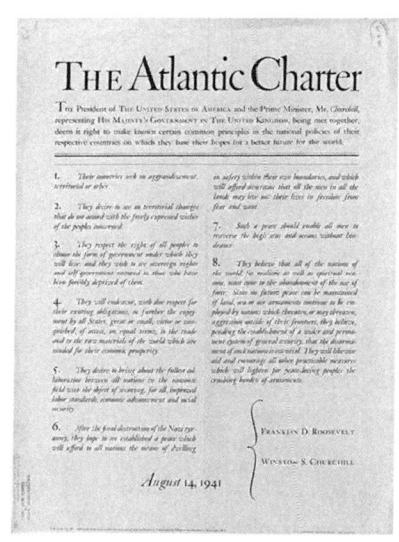

*Propaganda pur, nebst unbeabsichtigten Nebenfolgen: Die Atlantikcharta von 1941, in welcher Roosevelt und Churchill den Völkern der Welt das Selbstbestimmungsrecht versprachen. 1947 beriefen sich die Inder darauf und lösten den Untergang des British Empire aus.*

## 2. Kapitel

## Mazurka mortale & English Waltz – Polen als Wetterecke der Weltpolitik und ein Exkurs über die Heuchelei und das Ende der britischen Weltmacht

In diesem Kapitel wird die polnische Vorkriegs-, Kriegs- und Nachkriegs-Frage besprochen. Was wie ein Nebenkriegsschauplatz erscheinen mag, hatte in Wahrheit eine kaum zu überschätzende Bedeutung für die weltgeschichtlichen Ereignisse – und zwar in Bezug auf die USA, auf Großbritannien sowie Rußland und auch auf Deutschland. Das Verhalten der Polen war letztlich ausschlaggebend für die Teilung der Welt in Ost und West.

Zudem wird in diesem Kapitel der parallel verlaufende Prozeß des unumkehrbaren Abstiegs von Großbritannien als Akteur aus dem Welttheater behandelt. Wichtigstes Element dieses Abstiegs war das von US-amerikanischer Seite vorsätzlich herbeigeführte Ende des britischen Pfunds als Welthandels-Währung. London als Geldplatz wurde von New York unwiderruflich verdrängt. Zugleich wurde das für das amerikanische Weltmachtstreben so unentbehrliche Gefühl, daß man für Dollars alles kaufen kann, entscheidend gefördert.

### Kein Ritt nach Berlin: Kriegsausbruch und polnische Teilung

Polen war der Auslöser des Zweiten Weltkriegs gewesen. Genial hatten die Kriegsplaner des britischen *Foreign Office* und der US-Präsident Roosevelt 1938/39 die polnische Karte ausgespielt, indem sie die kriegslüsterne polnische Obristen-Clique zu Aggressionen gegen Deutschland ermunterten. Der verblendete deutsche

Diktator war mit seinem unentschuldbaren Angriffsbefehl in diese Falle gestolpert. Drei Tage später hatten die Westalliierten, wie von der englischen Kriegspartei beabsichtigt – und vorgeblich wegen Polens –, dem Deutschen Reich den Krieg erklärt. Doch dann war für die alliierten Kriegsfreunde alles schiefgelaufen. Anstatt wie angekündigt nach Berlin zu reiten, erlitten die Polen innerhalb einer eher nach Tagen denn nach Wochen bemessenen Frist eine blutige Niederlage, die zudem durch den von ihnen so nicht erwarteten Einmarsch der Roten Armee von Osten her zum Ende des polnischen Staates führte.

Der polnische Absturz war unermeßlich. Er wurde durch deutschen und russischen Hohn orchestriert, sich auf französische, britische und amerikanische Freunde verlassen zu haben, die, als es zum Schwure kam, keinen Finger rührten, um Polen zur Seite zu springen. Zum Hohn kam die Gewalt, die sich auf beiden Seiten der deutsch-russischen Demarkationslinie austobte – auf der sowjetischen nach polnischer Einschätzung besonders schlimm.[48]

Hierzu zählte, daß die bewährten Kräfte des NKWD nach einem förmlichen Antrag ihres Chefs Lawrentij Berija beim Politbüro im Frühjahr 1940 18.980 als gefährlich eingeschätzte Polen, die meisten davon Offiziere, durch Genickschuß ermordeten.[49] Der Massengrab-Fund von Katyn durch deutsche Soldaten brachte im März 1943 das Verbrechen ans Tageslicht. Es versteht sich, daß die sowjetische Propaganda dieses Ereignis unverzüglich den Deutschen in die Schuhe schob und Stalin die Gelegenheit nutzte, um die im Herbst 1941 erfolgte Anerkennung der polnischen Exilregierung in London, die jetzt eine Untersuchung forderte, zu widerrufen.[50]

Die deutsche Herrschaft in Polen dauerte im großen Ganzen bis zum Anfang des Jahres 1945. Sie war für die Betroffenen ein Schreckensregime, das in seiner Dichte und Intensität auch auf Kollaboration baute. Diese beruhte auf den niemals zugeschütteten innenpolitischen Gräben zwischen dem politischen polnischen Katholizismus einerseits und den polnischen Kommunisten auf der anderen Seite. Zur Verstärkung des *divide et impera*,[51] das die deutsche Besatzung ausnutzte, kamen die Ukrainer als dritte, strikt antipolnische Kraft ins Spiel.

Die inner-polnische Rivalität erlebte ihren Höhepunkt im Aufstand von Warschau, der von den national-polnischen Kräften im August 1944 ausgelöst wurde.[52] Das Hauptmotiv dieses Aufstandes war die national-politische Absicht, die Befreiung der polnischen Hauptstadt von den deutschen Besatzern nicht der Roten Armee zu überlassen, die im Verlauf der russischen Sommeroffensive 1944 an einigen Stellen die Weichsel erreicht hatte.

Doch die Hoffnung, die geschlagene Wehrmacht leicht überwinden zu können, erwies sich erneut als polnische Fehlspekulation. Die deutsche Führung setzte weißrussische SS-Verbände ein, im Bandenkampf erprobt und durch den Rückzug der Wehrmacht nach Westen mitgespült. Diese errichteten in Warschau ein Horrorregime, an dem der polnische Widerstand zerbrach. Hierbei spielte mit, daß die Führung der Roten Armee dem Geschehen aus Reichweite ungerührt zusah, ohne einen Finger für die Aufständischen zu rühren. Ja, Stalin ging noch einen Schritt weiter: Er verhinderte westliche Hilfsmaßnahmen wie eine Luftbrücke durch Großbritannien. Auf diese Weise wurde nicht nur der britische Einfluß aus Polen herausgehalten, sondern auch, dies allerdings mit deutscher Hilfe, die Führung des polnischen nationalen Katholizismus liquidiert, um endgültig die Bahn für ein kommunistisches Polen freizumachen.[53]

## Schwarzer Peter: Polen wird an Stalin verschachert, aber keiner will's gewesen sein

Beim Streit zwischen den Alliierten ging es um drei Dinge: Wo sollte die russisch-polnische Grenze verlaufen? Sollten die hierbei an die Sowjetunion abzutretenden Gebiete für Polen durch Gebietsabtrennungen vom Deutschen Reich kompensiert werden? Und schließlich: Wer sollte in Polen regieren? Stalin verlangte die Curzon-Linie als Grenze. Diese Grenze, die 1920 von den Westalliierten festgelegt worden war, hatte nie praktischen Bestand gehabt, sondern war durch den polnisch-sowjetischen Krieg alsbald nach Osten verschoben und durch die Grenzziehung aus dem Vertrag von Riga revidiert worden. 1939 hatte die von Hitler und Stalin vereinbarte und sodann durchgesetzte Teilung Polens dies rückgängig gemacht. Dann war der deutsch-sowjetische Krieg darüber hinweggerollt. Jetzt verlangte Stalin das von den Deutschen im Hitler-Stalin-Pakt konzedierte Gebiet von seinen neuen Kriegspartnern.

Mittlerweile hatte der sowjetische Diktator in Lublin eine polnische Regierung gründen lassen.[54] Diese stand im schieren Gegensatz zu denjenigen Polen, die sich in London als polnische Regierung bezeichnen ließen. Diese Londoner Polen machten aus ihrer russenfeindlichen Haltung keinen Hehl. Das mußte zum Konflikt führen, nachdem zunächst Churchill, danach Roosevelt Stalin unter der Hand das Zugeständnis gemacht hatten, daß die Curzon-Linie die Westgrenze Rußlands sein sollte.[55]

Die praktischen Konsequenzen dieser Zugeständnisse ließen sich auf Dauer nicht unter der Decke halten. Sie kollidierten zudem auf das Auffälligste mit der großsprecherisch verkündeten Atlantikcharta vom August 1941, die von Roosevelt und Churchill der Welt gleich einer Monstranz der gerechten Kriegführung präsentiert worden war. In dieser befand sich das berauschende Gebräu des Selbstbestimmungsrechts aller Völker. Die Weggabe von Teilen Polens und die Unterstellung des restlichen Polens unter ein Stalinistisches Regime paßte hiermit nicht zusammen.

Das propagandistische Gegensteuern wurde schwierig. Zwar war die Preisgabe von Polen weder für Churchill noch für Roosevelt von außenpolitischer Relevanz, denn Polen als staatliche Größe war ihnen gleichgültig. Dafür aber war es ein innenpolitisches Problem, denn in den USA lebten bemerkbar viele Polnischstämmige, die jetzt, das heißt mitten im neuerlichen Präsidentenwahlkampf, auf die Barrikaden zu gehen drohten.[56] Für Churchill kam die Peinlichkeit hinzu, daß er und seinesgleichen England 1939 wegen Polens in den Krieg mit Deutschland getrieben hatten.

Jetzt im Herbst 1944 und Frühjahr 1945, als die Öffentlichkeit in den Ländern der Westalliierten indigniert feststellte, daß die Rote Armee in den von ihr besetzten Gebieten Nägel mit Köpfen machte, und polnische Gebiete nach eigenem Gutdünken verteilte und mit Personal nach eigenem Geschmack bestückte, kam es für Roosevelt und Churchill darauf an, in die Rolle der gekränkten Unschuld zu schlüpfen.[57] Hierfür mußte erneut Propaganda her, mit welcher zu unterdrücken war, daß Stalins Vorhaben unter sicherheitspolitischen russischen Aspekten leicht nachvollziehbar war, in welche eine sowjetfeindliche polnische Regierung nicht hineinpaßte. Zudem mußte vertuscht werden, daß die Lage Polens nicht zum wenigsten dem vorausgegangenen hemdsärmeligen Agieren von Roosevelt zu verdanken war, der in Teheran und Jalta dem Sowjetdiktator Zugeständnisse über die Verteilung von Einflußzonen gemacht hatte, die mit der von ihm selbst verfochtenen *One World*-Ideologie unvereinbar waren.

Die Position der Briten unter ihrem Kriegshelden Winston Churchill war eine etwas andere. Er war bei allen entscheidenden Sitzungen der großen Drei dabeigewesen. Er hatte Polen an Stalin verhökert, als es ihm um die britische Einflußzone im östlichen Mittelmeer ging.[58] Churchills Tauschobjekt hieß Griechenland. Das räumten die Russen den Engländern ein.[59] Über das nun folgende gewaltsame britische Eingreifen in Griechenland wäre es fast zum bewaffneten Konflikt mit den US-Amerikanern gekommen.[60] Stalin sah das mit Behagen.

Am 12. April 1945 starb in den Armen seiner Geliebten[61] in Warm Springs im Bundesstaat Georgia der US-Präsident Franklin Roosevelt bald nach dem Beginn seiner vierten Amtszeit. Für die Deutschen war das kein Grund um aufzuatmen. Lediglich ihr Führer machte sich noch einmal ein paar Illusionen, weil er vor seinem inneren Auge das Schicksal Friedrich des Großen heraufbeschwor.[62] Die gegen Preußen geschmiedete Kriegskoalition der damaligen Großmächte im Siebenjährigen Krieg war mit dem Tode der großen Katharina aus Rußland zerbrochen. Doch Geschichte wiederholt sich nicht: Der große König hatte Soldatenglück, der Größte-Feldherr-aller-Zeiten hingegen nicht.

Der Mann, der Roosevelts Erbe antrat, hieß Harry Truman, der Form nach seit einigen Wochen der Vizepräsident der USA. In amerikanischen Geschichtsdarstellungen wird dieser Südstaaten-Senator mit Spott oder Bedauern geschildert.[63] Daran mag zutreffen, daß selten einer mit weniger Ahnung in einer solchen Situation ein solches Amt auf der Weltbühne übernommen hat. Doch für Mitleid ist wenig Raum, denn niemand wird gezwungen, als Vize in eine US-Präsidentenkür einzusteigen. Warum Roosevelt den unbedeutenden Südstaaten-Demokraten für seine vierte Bewerbung auswählte, ist hingegen erklärbar: Vorgänger Wallace, der für soziale Gerechtigkeit stand, mußte ersetzt werden, denn dessen Themen, an die er vermutlich sogar glaubte, waren von Gestern und mochten geeignet gewesen sein, den 1940-er Wahlkampf zu gewinnen. Jetzt ging es um Erhabeneres, den Kreuzzug, um die Fackel der Freiheit (*torch of freedom*) in die Welt zu tragen. Da würde der neue Mann Truman zumindest nicht stören.

Truman war für Roosevelt ein Niemand. Das war ungerecht, denn Truman hatte im Gegensatz zu ungezählten seiner Zeitgenossen in seinem Leben frühzeitig eine entscheidende Weiche gestellt, indem er Bess Wallace heiratete. Sie stammte aus einer der reichsten Familien von Missouri.[64] Roosevelt, der selbst aus der Geld-Aristokratie stammte, brachte sein Mißfallen gegen den Emporkömmling dadurch zum Ausdruck, daß er seinen Vize während der gemeinsamen Amtszeit des Jahres 1945 ganze zweimal traf.[65] Für Truman hatte das den Vorteil, daß er Zeit hatte, um in Washington Karten zu spielen und Whisky zu trinken. Bei solcher Gelegenheit traf ihn die Aufforderung, ohne Verzug ins Weiße Haus zu kommen.[66] Da war Roosevelt gestorben, und sein Hofstaat machte sich berechtigte Sorgen, daß Amerika jetzt ohne einen einschlägig vereidigten Führer sei.

*Er ist ein Lügner: Aussage des frischgekürten Vizepräsidenten-Kandidaten Harry Truman nach einem Gespräch mit Franklin Roosevelt. Hier das ungleiche Paar auf dem Wahlplakat des Jahres 1944.*

Die Garde der Machtmenschen wußte von dem neuen Chef praktisch nichts, weil sie ihn für eine Null gehalten hatten. Nunmehr kam es ihnen darauf an, Pflöcke einzuschlagen, denn es standen bei der US-Machtelite bedeutende Entscheidungen auf der Tagesordnung. Sie betrafen die Neuordnung der Welt nach Abschluß der Kriegshandlungen und die lenkende Position der USA in diesem gigantischen Geschehen.

Mit Roosevelts Tod hoffte auch Churchill, daß die Karten neu gemischt würden. Dies zu hoffen hatte er allen Anlaß, denn er würde alsbald seinem Volk erklären müssen, warum er und seine Kriegspartei die Briten 1939 für die Unabhängigkeit Polens in den Krieg geschickt hatten, um das Land jetzt mit einem Federstrich auf dem Altar der Einflußzonen zu opfern. Daß die 1939-er Behauptung von Anbeginn an nur ein *fake* war, mußte er ohnedies für sich behalten. Nur das engste Kriegskabinett wurde 1944 über die strikt geheimgehaltene Zusatzvereinbarung zum wechselseitigen britisch-polnischen Beistandspakt vom 25. August 1939 unterrichtet, in dem festgelegt war, daß das einzige Ziel der Vereinbarung der Krieg gegen Deutschland war.[67] Vorsätzlich hatte die Regierung Parlament und Öffentlichkeit hierüber belogen.[68] Diese Vorgehensweise glich aufs Haar dem Belügen des Parlaments am Vorabend des Ersten Weltkriegs, als es um das Leugnen von Absprachen mit dem zaristischen Rußland zu Lasten Deutschlands ging.[69] An der Vernebelung der Wahrheit haben Churchill und seine Gesinnungsgenossen eisern festgehalten.[70]

In einem ersten Anlauf gelang es Churchill im April 1945, den gänzlich unvorbereiteten Truman mit der Behauptung, Stalin halte bezüglich Polens nicht die Vereinbarungen von Jalta ein, auf einen antisowjetischen Gaul zu setzen.[71] Den zur Gründung der UNO in die USA anreisenden sowjetischen Außenminister Wjatscheslaw Molotow fertigte der neue US-Präsident wegen Polens in einer Art und Weise ruppig ab, die den russischen *Eisenarsch*, der sonst um keine Dreistigkeit verlegen war, zu einem abrupten Abbruch des Gesprächs nötigte, um die Sache nicht noch schlimmer zu machen.

Truman erreichte mit seinem *High noon*-Auftritt nichts, es sei denn, man nimmt den Umstand, daß die Fronten sich versteiften, für den Erfolg. In der Tat war es so, daß die US-Hardliner frohlockten, den ersten Schritt auf dem Wege zu weiterer Konfrontation getan zu haben. Doch einige führende Militärs versuchten zu bremsen. Sie glaubten, daß man auf die Sowjetunion nicht verzichten sollte, um erst einmal Japan endgültig niederzuwerfen. Truman ruderte zurück.[72]

In Berlin fand derweil blutiger Straßenkampf statt. Am 2. Mai kapitulierten die Verteidiger.[73] Wenige Tage später unterschrieben die verbliebenen Spitzen der deutschen Wehrmacht die bedingungslose Kapitulation.[74] Am 23. Mai 1945 schließlich nahm britische Militärpolizei die Reichsregierung in Flensburg fest. Damit war Deutschland als Staat ausgelöscht.[75]

Zu diesem Zeitpunkt war die Zerstückelung des Landes längst beschlossene Sache. Die Konferenzen von Quebec, Teheran, London und Jalta hatten die entscheidenden Pflöcke gesetzt. Potsdam als Schlußpunkt sollte nun folgen.

## Ausverkauf:
## Die Russen erhalten Mitteleuropa bis zur Elbe
## und Südosteuropa als freundliche Draufgabe

In Potsdam ging im Juli 1945 das Gezerre der immer noch Verbündeten weiter. Dort, in der soeben gegründeten sowjetischen Besatzungszone, trafen sich US-Präsident Truman, Sowjet-Diktator Stalin und der britische Premier Churchill, um weitere Details des deutschen Garaus' zu beschließen. Der Platz, an dem man es sich gut gehenließ, war Schloß Cecilienhof am Wannsee, der ehemalige Wohnsitz des vor Jahr und Tag stillgelegten deutschen Kronprinzen, Wilhelm von Hohenzollern. Den Hausherrn hatte selbstredend niemand um Erlaubnis gefragt.[76]

Hier in Potsdam erhielt Stalin endgültig alles Verlangte: Die Einflußzone bis zur Elbe, das östliche Polen, so wie das mit Hitler im August 1939 vereinbart worden war, die Vertreibung der Polen aus diesem Gebiet, die Unterwerfung der von der Roten Armee besetzten Länder Ostmitteleuropas und des Balkans, als da waren: Bulgarien, Rumänien, Ungarn, Albanien, Jugoslawien und die erneut gegen den Willen der Slowaken vereinigte Tschechoslowakei. Auch erhielt Stalin de facto die Bestätigung der durch Hitler konzedierten Preisgabe der drei baltischen Staaten an die Sowjetunion. Zudem wurde die Vertreibung aller Deutschen, die nicht in den vier Besatzungszonen lebten, in das nunmehrige Restdeutschland für gutgeheißen.

Hitler als eine Bedrohung des Friedens der kleinen Völker? So hatte es die alliierte Propaganda gebetsmühlenhaft aufgesagt. Gewiß, er haßte die Tschechen. Aber im übrigen handelt es sich um eine der Realsatiren, die heute noch die Geschichtsbücher beherrschen. Der Verursacher solcher Lügen, Winston Churchill, mochte, als Teile einer anderen Wahrheit nun ans Tageslicht kamen, keineswegs klein beigeben. Er sah den Moment gekommen, wo man den Krieg mit verkehrten Fronten würde fortsetzen können. Nachdem Roosevelt weg war, der ihn in den Dreierrunden mit Stalin zunehmend als Juniorpartner in den Gesprächen mit dem als gleichberechtigt angesehenen Stalin behandelt hatte, fiel Churchill ein Stein vom Herzen. Dieser wäre noch größer gewesen, wenn er geahnt hätte, was Roosevelt seinem Eckermann Henry Morgenthau im Sommer 1944 bei einem Gespräch über England gesagt hatte:

*[Churchills Äußerung gegenüber Morgenthau, daß England zerbrochen sei,] ist sehr interessant. Ich hatte keine Ahnung, daß England zerbrochen ist. Ich werde rübergehen und eine Reihe von Gesprächen führen und das Britische Empire übernehmen.*[77]

Da kann man nur sagen: Glück gehabt. Jetzt gefiel sich Churchill in seiner Paraderolle als *elder statesman*, der einen unerfahrenen Truman aufs rechte Gleis setzen konnte.

Wenn es nach ihm, Churchill, ginge, würde man jetzt den Krieg mit vereinten Kräften fortsetzen – und zwar gegen Stalin. Wer's nicht glaubt, der möge wenigstens zur Kenntnis nehmen, daß Churchill die im Norden Schleswigs zusammengetriebenen Reste der deutschen Wehrmacht nicht entwaffnen und gefangennehmen ließ, sondern unter voller Bewaffnung und deutschem Kommando dortbehielt – rund eine Million Mann.[78] Das war die Armee, die im Zweifel für Großbritannien das Kämpfen übernehmen sollte. Die Deutschen würden, so Churchills Kalkül, noch ein zweites Mal bis Moskau marschieren. Damit diese Botschaft rüberkam, wurde über Nacht aus der *German menace* (deutsche Bedrohung) in der britischen Kriegspropaganda die *Soviet menace*. Diese sowjetische Bedrohung in Deutschland zu verkaufen, würde nicht besonders schwerfallen, denn viele Millionen Deutscher hatten es aktuell am eigenen Leibe erfahren, was es bedeutete, unter die russische Herrschaft zu fallen.

Man kann Churchills verrückte Kehrtwende mit kunstvollen Begründungen versehen oder einfach totschweigen, denn es gab diesmal ein nicht mehr wegzudiskutierendes Moment, das seinem Tun Einhalt gebot. Mit dem Sieg in Europa im Rücken tat der britische

Premier etwas, was seit gut fünf Jahren seines Amtes gewesen wäre, und was er absichtsvoll vermieden hatte: Er rief allgemeine Wahlen aus. Sie fanden am 26. Juli 1945 statt und endeten mit einer krachenden Niederlage von Churchills Konservativen.[79]

Damit war Churchills nächster Krieg vom Tisch. Das ist insofern von Interesse, als es sich hier um eine Art Volksentscheid handelte, wie es denn die Briten mit der angeblichen Unterstützung ihres Spitzenimperialisten in Wirklichkeit hielten. Dieser Meinungstest war für Churchill vernichtend ausgegangen. Dieses für die britische *ruling class* überraschende und bestürzende Ereignis offenbarte schonungslos,[80] daß der zweite weltumspannende Krieg, den Churchill & Co dem englischen Volk zugemutet hatten, nur deswegen möglich war, weil man, ebenso wie schon im Ersten Weltkrieg, den Kriegsbeginn als Vorwand genutzt hatte, um die turnusmäßig abzuhaltenden Wahlen auf den Sankt Nimmerleinstag zu verschieben: Aus dem Sommer 1914 wurde der Dezember 1918 und aus dem Jahreswechsel 1939/40 der Juli 1945.

Der Wahlverlierer von 1945, Winston Churchill, hatte wie stets Glück im Unglück. Was er und seine Kriegsfreunde in den vergangenen Jahren beim Ausverkauf Englands angerichtet hatten, fiel nun ohne Verzögerung seinem Amtsnachfolger von Labour, Clemens Attlee, auf die Füße.

## Verhagelter Sommer:
## Churchills Erbe und der Niedergang des britischen Empire

So kam im Sommer 1945 Labour an die Macht.[81] Die Partei der britischen Arbeitermassen trat ein desaströses Erbe an. Das einst so stolze Empire war verspielt.

*Für England war es eine deprimierende Zeit. Das Land hatte sich in den sechs Kriegsjahren ökonomisch und finanziell verausgabt... Die Rationierung von Lebensmitteln, Kleidern und Benzin war noch strenger als während des Krieges, und es war schmerzlich zu sehen, wenn man nach Frankreich oder Italien reiste, daß die Menschen dort, in den besiegte Ländern, viel weniger hart betroffen waren als wir.*[82]

Soweit Churchills Privatsekretär John Colville. Was er zum Ausdruck brachte, war in Großbritannien verbreitete Meinung. Doch es sollten noch Jahrzehnte vergehen, ehe namhafte britische Historiker anfingen, die Frage der Verantwortlichkeit für dieses Desaster aufzuwerfen.[83]

Dabei war es bereits 1947 unübersehbar geworden, als der Diamant in der britischen Krone, der indische Subkontinent, seine Unabhängigkeit ertrotzte.[84] Die anderen afrikanischen und asiatischen Besitzungen sollten nur zu bald folgen. Den Kolonialvölkern war klargeworden, daß der weiße Mann nicht die Kraft besaß, den Besitz der Vorväter mit Gewalt bei der Stange zu halten. Vor allem besaßen die Briten nicht die Kraft einer Idee, die andere Völker noch zum Mittun hätte animieren können.[85] Zu farbig und hoffnungsspendend waren die Konkurrenzprodukte auf dem Markt der Weltmeinungen. *Freedom* (Freiheit) à la Amerika und *равенство (rawjenstwo* – Gleichheit) moskowitischer Provenienz erwiesen sich als unwiderstehliche Verlockung, um das Joch des verhaßten britischen Kolonialismus abzuschütteln.

Den entscheidenden Sargnagel für das Empire schlugen indessen die US-Amerikaner ein. Sie hatten den Briten nicht nur strategische Seestützpunkte im Tausch gegen 50 läppische schrottreife Zerstörer abgenommen, sie beendeten zudem *Lend-Lease*, das Leih-und-Pacht-Abkommen, welches es ermöglicht hatte, im Selbstbedienungsladen USA Unmengen von Kriegsgut auf Pump einzukaufen.[86] Damit nicht genug: Die amerikanischen Gläubiger verlangten nunmehr Zahlung, und die US-Regierung bestand auf Einhaltung des für die Briten so berüchtigten Artikels VII von Lend-Lease, der das Ende des Sonderwährungsgebiets des Britischen Empire zum Inhalt hatte.[87] Damit entfiel für die Commonwealth-Staaten der wichtigste Anreiz zur Mitgliedschaft. Ohne Verzug trat der Dollar an die Stelle des britischen Pfund Sterling.

Die siegreichen Labour-Leute erbten ein in Grund und Boden gewirtschaftetes Vereinigtes Königreich, das sie nicht würden reparieren können, nebst anhängendem, in rasender Fahrt in den Abgrund stürzenden Britischen Empire. Doch im Gegensatz zum Ersten Weltkrieg gab es jetzt keinen Friedensvertrag mit dem Deutschen Reich mehr, dem man im Wege eines Reparationsfriedens die Schuldenlast aufbürden konnte.

*Plündern bis fünf nach zwölf: Auch nach Gründung der Bundesrepublik gingen die britischen Demontagen weiter. Im Bild besetzt englisches Militär im März 1950 die Reichsstahlwerke in Salzgitter-Watenstedt, um den zwangsweisen Abbau der Walzstraßen sicherzustellen.*

Um diesen mißlichen Umstand auszugleichen, taten die Briten zweierlei: Sie nahmen aus dem besetzten Deutschland mit, was sie gebrauchen konnten, und sie vollzogen die in Potsdam beschlossenen Reparationen in einer Weise, daß funktionierende Industriebetriebe in ihren entscheidenden Kernen demontiert oder, wo dies aus Gründen ihrer schieren Größe – wie im Falle von Walzstraßen und Hochöfen – nicht möglich war, durch Sprengungen zerstört wurden.[88] Diese Maßnahmen wurden vom Wunsch diktiert, Deutschland als exportierenden Wirtschaftskonkurrenten endgültig auszuschalten.[89]

Englands Weg in den Abgrund war maßgeblich durch Churchill persönlich verursacht worden. Neben dem Lend-Lease-Abkommen war die Atlantik-Charta ein Meilenstein auf diesem

Weg. Sie enthielt die großspurige Erklärung, daß es der Wille der Staatenlenker der freien Welt – also von Roosevelt und Churchill – sei, daß jedes Volk der Erde seine Regierung selbst bestimmen möge. Kaum war dieses Wort in der Welt, als Churchill auch schon mit der Bemerkung zurückruderte, daß dies selbstredend nicht für das Britische Empire gelte. Das mochte nun glauben, wer wollte. Die Völker des Empires glaubten es jedenfalls nicht, sondern pochten wo immer möglich auf der Erfüllung dieses Versprechens.

Der eigentliche Schock kam für die britischen Imperialisten, als die Amerikaner sie im Nahen Osten kalt auflaufen ließen. Palästinakonflikt und Suezkrise wurden für die Engländer zum Alptraum.[90] Wie sehr die Briten für die Amerikaner zur ignorierbaren Größe geschrumpft waren, machte ausgerechnet einer deutlich, welchen man in England wegen seiner prononcierten britischen Gentleman-Allüren für einen der ihren gehalten hatte, der US-Außenminister Dean Acheson. Eine Dekade nach seiner Amtszeit sprach er in einer Rede an der US-Militärakademie in West Point aus, was bei den Führungsfiguren über die angebliche *special relationship* (die Sonderbeziehung) gedacht wurde:

*Großbritannien hat ein Weltreich verloren und seine neue Rolle noch nicht gefunden. Der Versuch, eine eigenständige Rolle als Macht zu spielen, eine Rolle abseits von Europa, eine Rolle, die auf einer „special relationship" basiert, eine Rolle als Oberhaupt des Commonwealth, ist so gut wie ausgespielt.*[91]

## 3. Kapitel

## Ausrottung – Die alliierten Bemühungen, die Deutschen von der Erde verschwinden zu lassen, nebst einigen Bemerkungen über Beutezüge, organisiertes Töten und Rachejustiz

Mit dem offiziellen Ende des Schlachtfestes in Europa, stellte sich für die Sieger die Frage: Wie weiter? Indessen: Die Sieger waren nicht mehr dieselben Polit-Lenker, die den Zweiten Weltkrieg ausgelöst hatten. Nur Stalin blieb, Roosevelt und Churchill mußten abtreten – wenn auch aus unterschiedlichen Gründen, wie wir schon sahen.

Auf der Potsdamer Konferenz im Juli 1945 zeigte es sich in aller Deutlichkeit, daß mit dem Wegfall des Feindes auch die während des Krieges mühsam beschworene Gemeinsamkeit der Koalition aller friedlichen Mächte dieser Erde gegen die angeblichen Weltherrschaftspläne eines Adolf Hitler ans Ende gelangt war. Durch nichts kam das deutlicher zum Ausdruck als durch den Umstand, daß das Endprodukt der Potsdamer Zusammenkunft kein völkerrechtlich bindender Vertrag wurde, sondern eine Art von nicht ratifizierter Verwaltungsübereinkunft, mit der sich die Sieger gegenseitiges Wohlwollen versicherten, aber im übrigen jeder jedem überließ, mit seinem Teil der Deutschen fertigzuwerden.[92]

Wenn man überhaupt Einigkeit erzielte, so war es in der Frage, daß es erwünscht und demzufolge erlaubt sei, die Deutschen aus allen Gebieten, die jenseits der vier Besatzungszonen lagen, mit Gewalt und unter Einbehalt jeglichen Besitzes auszutreiben, und diejenigen, die das überlebten, in jenen vier Besatzungszonen zusätzlich anzusiedeln. Die Vertreibung betraf vor allem die Deutschen in West- und Ostpreußen, im Warthegau, in Hinterpommern, im östlichen Schlesien, in den Sudeten sowie die Karpaten-Deutschen.[93]

## Was nicht niet- und nagelfest ist: Die Ausplünderung der Deutschen

Den Siegesfeiern folgte schon bald ein übler Kater, der nicht nur minderwertigen Getränken geschuldet war. Vielmehr war es ein Absturz, den die stolzen Sieger erleben würden, wenn sie die auf Gewalt bauende Überlegenheit gegenüber den verachteten und für rassisch minderwertig erklärten Deutschen[94] wieder gegen einen Alltag auf bescheidenem Niveau in ihren Heimatstaaten würden tauschen müssen.

Wer heute noch für eine Packung *Lucky Strike* unter den halbverhungerten Schönen des Landes wählen oder, wenn er hierfür zu geizig war, die geladene Maschinenpistole vor die begehrte Brust halten konnte,[95] würde morgen, wenn er die Uniform an den Haken gehängt und die letzte Löhnung versoffen hatte, sehen müssen, wie er zu Rande kam. Er würde in ein Land zurückkehren, das er vor Jahr und Tag, meist unfreiwillig, verlassen hatte, um unter gewaltigen Parolen, die von Kreuzzügen und ähnlich erhabenen Dingen handelten, seine Haut zum Markte zu tragen, und feststellen, daß dort das Leben auch ohne ihn weitergegangen war. Nehmt euch, was nicht niet- und nagelfest ist, so lautete die Parole: Der Krieg ist schlimm, der Frieden wird schrecklich sein.[96]

Die ersten, die begriffen, daß es schwierig werden würde, waren die Sowjets. Jahrelang hatte ihr Haßprediger Ilja Ehrenburg in der Zeitung der Roten Armee zum Töten von Deutschen aufgerufen,[97] jahrelang hatten sich die Rote Armee und die Wehrmacht kaum an eine der bekannten Kriegsregeln gehalten. Jahrelang hatten kommunistische Führungskader keine Mühe gescheut, die in den von den Deutschen besetzten Gebieten lebende Zivilbevölkerung zu Gewalthandlungen gegen die Wehrmacht zu veranlassen. Und jahrelang hatten deutsche bewaffnete Sicherheitskräfte im Verein mit den von ihnen rekrutierten einheimischen Hilfstruppen Massaker angerichtet.

Orgien der Gewalt spielten sich ab, nachdem die Rote Armee ab 1943/44 anfing, die Oberhand zu gewinnen, und das alte Terrain der Sowjetunion zurückeroberte. Ganze Völkerschaften verfielen als tatsächliche oder vermeintliche Kollaborateure den Rachefeldzügen sowjetischer Sondertruppen,[98] und, nachdem die Rote Armee ab dem Ende des Jahres 1944 die alte Reichsgrenze überschritt, war auch die deutsche Zivilbevölkerung dran.[99]

*Beim Gegner lassen sich keine Frauen mehr blicken, nachdem wir einer von ihnen den Körper mit einem Pfahl durchstoßen und sie nackt zu den deutschen Stellungen zurückgebracht haben.*[100]

Das Wüten dauerte bis einige Wochen nach dem Waffenstillstand, dann wurde es der sowjetischen Führung klar, daß sie die enthemmte Soldateska würde domestizieren müssen, da niemand wissen konnte, gegen wen sie sich als nächsten wenden würde.[101]

Wenn man die sowjetischen Soldatengräber in Thüringen betrachtet, wo bis Kriegsende kein sowjetischer Soldat durch Kampfhandlungen mit der deutschen Wehrmacht ums Leben kam, so liegt es auf der Hand, daß hier der Tod auf andere Art und Weise eingetreten sein muß. Addiert man zudem die Gepflogenheit der Roten Armee – insofern ganz sozialistisch –, nur den Offizieren die Gunst eines persönlichen Grabes zu gewähren, so wird klar, daß man nur lange genug buddeln muß, um auf Massengräber von exekutierten sowjetischen Soldaten zu stoßen.

Es gab noch einen anderen gewichtigen Grund, die russischen Soldaten in den besetzten Kasernen der Wehrmacht hermetisch abzuriegeln. Das war der bloße Anblick dessen, was in russischen Augen trotz aller Zerstörungen wie unermeßlicher Reichtum erscheinen mußte – ein Reichtum, der sich nicht nur auf die Bonzen der Gesellschaft beschränkte, sondern der jedes Maß des russischen Alltags überstieg.[102] Um diesen Mißstand zu mildern, wurde die sowjetische Besatzungszone systematisch geplündert. Dies geschah auf zweierlei Weise: Im allerhöchsten Auftrag zogen sogenannten Trophäen-Brigaden umher, die abbauten, was abbaubar war, und daneben das Heer der Selbstversorger, die mitnahmen, was sie tragen konnten. Unter den letztgenannten schoß die höhere russische Generalität den Vogel ab. Ganze Eisenbahnzüge rollten mit persönlicher Kriegsbeute in den Osten.

Die haarsträubenden Einzelheiten wurden von Bogdan Musial ermittelt, systematisch erfaßt und veröffentlicht.[103] Aus seinen Sammlungen soll hier eine einzige Zahl wiederholt werden: Bis zum 1. Mai 1947, also binnen zweier Jahre wurden von den sowjetischen Besatzern 2955 komplette Betriebe demontiert[104] und auf 518.000 Eisenbahnwagons in die Sowjetunion transportiert.[105] Musial hat auch dem Gerücht, daß all dieses Beutegut dem russischen Schlendrian zum Opfer gefallen sei, einen Riegel vorgeschoben, indem er dem durch die Beute veranlaßten Wirtschaftsboom in der Sowjetunion nachgegangen ist.[106]

Dem Verfasser Musial hat das den in herablassendem Ton vorgetragenen Vorwurf eingebracht, ein dauerhafter Kalter Krieger zu sein, dem man das aber, weil er ein gebürtiger und zudem aus Polen emigrierter Pole sei, nicht übelnehmen bräuchte.[107] Als ob es darauf ankäme. Richtiger wäre wohl der Hinweis, daß sich deutsche Historiker um die Aufklärung der einschlägigen Fakten gedrückt haben. Erst recht haben sie es vermieden, der Zerstörungs- und Abbauwut der *West*alliierten nachzugehen.[108] Dazu wird jetzt einiges zu sagen sein.

In den Westzonen ging es westlicher zu. Dort stopften sich nicht nur die alliierten Soldaten in ihre Taschen, was sie tragen konnten, sondern es zogen Einheiten des US-Kriegsministeriums, des Außen- und des Finanzministeriums durchs Land, um für ihre Auftraggeber einzusacken, was in deren Interessen lag. Dieser staatlich organisierte Beutezug ist deswegen so schwer zurückzuverfolgen, weil dessen Repräsentanten oft zweierlei waren: Sie reisten in einer offiziellen Mission der Regierung, und sie waren Angehörige einer Schicht, die das Vermögen der USA unter sich aufgeteilt hatte. Das gilt besonders für die zahlreichen *lawyer*, die in den amerikanischen Dienststellen tätig waren. Betrachtet man ihr Herkommen, so stößt man häufig auf die großen Geld- und Industrievermögen. Betrachtet man, wo sie nach getaner Tat hingingen, so stößt man erneut auf die großen Geld- und Industrievermögen.

*Das Plündern beginnt, 12. April 1945: Im Thüringischen Salzstock von Merkers hatte die US Army die ausgelagerte Goldreserve der Reichsbank ausfindig gemacht. Bevor die Amerikaner aus der Gegend wieder abzogen, um der Roten Armee wie vereinbart Platz zu machen, nahmen sie alles mit, was Wert hatte. Das Gold gehörte dazu. Vorn rechts General Eisenhower, der ausprobiert, wie es sich anfühlt, einen Stapel Goldbarren zu besitzen. Neben ihm der dickliche US Colonel ist Bernard Bernstein, der Initiator und Exekutor der Richtlinie JCS 1067, der militärischen Variante des Morgenthau-Plans.*

Das offizielle Plündern begann spätestens Anfang April 1945 damit, daß die im stillgelegten Salzbergwerk im Thüringischen Merkers ablegte Reichbankreserve, bestehend aus Gold und Devisenvorräten entdeckt und gestohlen wurde. Um dem jetzt folgenden räuberischen Zugriff den Mantel des Legalen zu verleihen, wurde die Mär in Umlauf gesetzt, es handele sich hier um Nazi-Gold,[109] das, unappetitlich genug, aus den Mündern der zu diesem Zweck ermordeten KZ-Insassen stamme.[110]

Das wurde gerne geglaubt, denn dieser Propagandalüge wohnte ein wahrer Kern inne. Der besagte, daß tatsächlich Zahnbrechaktionen bei getöteten oder verstorbenen KZ-Häftlingen stattgefunden haben. Dieses Zahngold soll eingeschmolzen worden sein. Wundern würde dieses verbrecherische Tun nicht, wobei diese barbarische Methode keineswegs auf Deutschland und seine Nazis beschränkt war.[111] Das entschuldigt nichts. Es empfiehlt sich indessen, den einschlägigen alliierten Presseberichten mit Skepsis zu begegnen, denn dort wurden auch Lampenschirme aus Häftlingshaut und andere Perversitäten präsentiert, die weniger der Wirklichkeit denn den kranken Hirnen der dies erfindenden Journalisten entstammten, die mit solcherlei Sensationen ihr Zeilengeld geschunden haben.[112]

Damit nicht genug, diese Lügen fanden Eingang in die Dienstanweisungen für die US-Besatzungssoldaten, die so gegen die verhaßten Deutschen immunisiert werden sollten:

*Die wahre Bedrohung der Weltsicherheit liegt in der Seele des deutschen Volkes. ... Zentralheizung ist typisch für Deutschland, so war Buchenwald, wo Massenmorde mit typisch deutscher Gründlichkeit ausgeführt wurden. Deutsche Sauberkeit ist typisch – so sehr, daß sie aus menschlichen Körpern Seife machten. Nazi-Kunst gab der Welt Lampenschirme aus tätowierter menschlicher Haut.*[113]

Wen also wundert es, wenn auf diese Weise verhetzte US-Soldaten die besiegten Deutschen wie Vieh behandelten.

Das Lieblingshaßobjekt der mit der wirtschaftlichen Zerstörung Deutschlands beauftragten Besatzungsoffiziere war der Chemie-Konzern I.G. Farben. Er war, wenn man die andern Nazi-Teufel einmal beiseite schob, der Beelzebub schlechthin. Das war nichts grundlegend Neues, denn der britische Kriegsminister Richard Haldane hatte bereits bei seinem Berlinbesuch im Frühjahr 1912 den deutschen Kaiser darauf hingewiesen, daß sich Großbritannien von der deutschen Chemieindustrie bedroht fühle.[114] Diese Drohung war seinerzeit mit Händen zu greifen, denn man konnte nirgendwo ohne deutsche Sprachkenntnisse Chemie studieren. Der Grund hierfür war weniger ein deutscher Militarismus, wie später zu lesen sein sollte, als vielmehr im Umstand zu suchen, daß Chemielehrbücher weltweit auf deutsch verfaßt wurden.

Die in den 1920-er Jahren gebildete Aktiengesellschaft mit dem Namen Interessengemeinschaft Farben, kurz I.G. Farben, war zweierlei: Ein gewaltiger Konkurrent auf den Weltmärkten und ein Schmuckstück für amerikanische Großinvestoren. Vor allem der US-Konzern Standard Oil aus dem Rockefeller-Imperium hatte einen Narren an der I.G. Farben gefressen,[115] zumal hier im großen Stil Produkte aus Öl hergestellt wurden, und auch – das war das Sensationelle – solche Produkte, für die kein Öl benötigt wurde, wie vor allem synthetische Kraft- und Schmierstoffe.[116] Die Wirtschaftskraft der I.G. Farben hatte zu einem guten Teil dazu beigetragen, daß Deutschland die weltweiten Boykott- und Blockademaßnahmen seiner Feinde vor und im Zweiten Weltkrieg auspendeln konnte, wozu auch eine einigermaßen ausreichende Ernährung der Bevölkerung gehörte.

Spätestens mit dem Eintritt der USA in den Zweiten Weltkrieg wurde durch die US-Regierung amerikanischen Firmen der Umgang mit deutschen Firmen, speziell mit der I.G. Farben, verboten. Man kann sich leicht vorstellen, daß Global Player – an deren Spitze das Standard Oil-Imperium – diese Beschränkungen nicht komisch fanden und alles daransetzten, sie rückgängig zu machen. So wurde nach dem Krieg die Auseinandersetzung um die I.G. Farben vor allem ein inneramerikanischer Konflikt. Die Konfliktparteien waren die hartgesottenen New Dealer aus dem Hause Morgenthau einerseits, die auch in der Besatzungsverwaltung ihre Kämpfer installiert hatten, und die Angehörigen der Wirtschaftskonzerne andererseits, die zweierlei wollten: ihr Vorkriegseigentum zurückholen und daneben so viel wie möglich Beute machen.

Beim Beutemachen stimmten bezüglich der I.G. Farben die Streitparteien insofern überein, als die in den Firmendependancen aufgefundenen nicht veröffentlichten Industrie- und Verfahrenspatente umgehend beschlagnahmt und in die USA geschafft wurden.[117] Doch spätestens als es um solche Verfahrensangelegenheiten ging, die ihren Ursprung in den USA hatten und die von den Deutschen mit Zustimmung der Standard Oil genutzt worden waren, konnte aus Sicht der ehemaligen amerikanischen Vertragspartner gar keine Rede davon sein, daß das US-Finanzministerium berechtigt sein sollte, seine Hand auf diese wertvollen Unterlagen zu legen. Daß sich die Wirtschaftsleute schließlich durchsetzten, konnte kaum fraglich sein. Doch bis dahin verging viel wertvolle Zeit, in welcher in Deutschland irreparable Schäden angerichtet werden konnten. Federführend bei diesem Vernichtungsfeldzug war ein Mann namens Bernard Bernstein, über den sogleich noch mehr zu lesen sein wird.

**Sterben wie die Fliegen: Der Tod der Besiegten wird organisiert nebst einigen Bemerkungen über die Rheinwiesenlager und den Humor von Franklin Roosevelt**

Es ist davon abzuraten, mit dem Finger einzig auf die Russen zu zeigen. In den Gebieten, die den Polen und den Tschechen zur Aneignung überlassen wurden, mußten die aus Haus und Hof vertriebenen Deutschen froh sein, wenn sie mit dem nackten Leben davonkamen.[118] Zwischen drei und fünf Millionen von ihnen hatten dieses Glück nicht. Sie wurden ermordet, verhungerten, erfroren oder kamen bei fluchtbedingten Seuchen ums Leben.[119]

Natürlich ging es in den Westzonen Deutschlands demokratischer zu. Dort starben die Leute *en masse*, weil die *US Army* die Direktive JCS 1067[120] umsetzte. Hierbei handelte es sich um die militärische Variante des Morgenthau-Plans,[121] der eine De-Industrialisierung Deutschlands bei gleichzeitiger Reduzierung der Deutschen von 80 Millionen auf 15 Millionen Hirten und Kleinlandwirte als Zielvorgabe festgelegt hatte.[122] Churchill und Roosevelt hatten diesen an den Schreibtischen des US-Finanzministeriums erdachten Massenmord auf der Konferenz von Quebec im September 1944 durch ihre Unterschriften abgesegnet.[123] Erst als dieser gigantische Vernichtungsplan in die amerikanische Presse durchsickerte,[124] ruderten sie zur Beschwichtigung der Öffentlichkeit mit windelweichen Bemerkungen zurück, unternahmen aber nichts, als Morgenthaus Hintersassen den famosen Plan in Militärdirektiven umsetzten.

*Status von Untermenschen: US-Befehl, die deutschen Kriegsgefangenen nicht als solche, sondern als entwaffnete Feindpersonen zu behandeln.*

Das Prinzip, das nun angewendet wurde, war denkbar simpel. Man trieb die Kriegsgefangenen, also die wehrhaften Männer, die mit der Kapitulation gehorsam die Waffen niedergelegt hatten, auf den *Rheinwiesen*[125] unter freiem Himmel zusammen, und betrachtete aufmerksam, was passiert, wenn solche Menschenmassen weder ein Dach über dem Kopf haben, noch zu essen oder zu trinken. Über die Zahl der Opfer kann man nichts Genaues sagen. In Veröffentlichungen ist von über 500.000 Männern die Rede.[126]

Der US-Vier- bis Fünfsternegeneral[127] Dwight Eisenhower, der als Oberbefehlshaber für diesen Massenmord die militärische Verantwortung trug, berief sich später darauf, daß man den Deutschen wegen ihrer verbrecherischen Vergangenheit den völkerrechtlichen Status als Kriegsgefangene entzogen habe und damit ihren Anspruch auf eine Behandlung nach der Genfer Konvention.

Wie es bei Kriegsverbrechern häufig zu beobachten ist, wußten die Verantwortlichen ganz genau, daß sie Unrecht taten. Deswegen waren sie auf strikte Geheimhaltung bedacht[128] und benutzten verschleiernde Begriffe, um das Wort *töten* zu vermeiden. Es wäre des Zynischen zuviel, wenn man postulieren wollte, daß auch insofern Deutsche als Musterknaben in Erscheinung traten, wenn die Einsatzkommandos des SD den Massenmord im Rücken der deutschen Ostfront als *Sonderbehandlung* bezeichneten und das verbrecherische Drecksgeschäft soweit wie möglich den Hilfsvölkern übertrugen.

Ähnlich die Amerikaner: Der Begriff, unter dem die verhungerten Deutschen in den Militärakten getarnt wurden, war *other losses* (sonstige Verluste).[129] Das Geschäft der Beseitigung der Verhungerten mußten deutsche Soldaten erledigen, die man eigens zu diesem Zweck am Leben hielt. Weil aber das Sterben in Deutschland selbst überhandnahm und die Gefahr der Enttarnung drohte, verlegte man die Sache mit Schwerpunkt nach Frankreich hinein. Um die Komplizenschaft der Franzosen sicherzustellen, erhielten diese große Gefangenenkontingente überwiesen. Diese gingen in den nahezu sicheren Hungertod.[130]

Es berührt merkwürdig, daß dieses Thema in Deutschland ein Tabu war, bis es der Kanadier James Bacque mit dem Buch *Other Losses* an die große Glocke hängte. Das war 1989. Noch waren die sowjetischen Archive für Normalsterbliche unzugänglich. *Other Losses* war weniger für die Deutschen ein Schock als vor allem für die US-Amerikaner, deren Idol *Ike* Eisenhower massiv beschädigt wurde. Und nicht nur das: Das ganze sorgsame Gebäude vom christlichen und gerechten Krieg des großen und guten Amerika geriet gefährlich ins Wanken.

Es liegt auf der Hand, daß sich hiergegen Widerstand regte, der sich alsbald zu einer Woge der Empörung auswuchs. An der Spitze der Bewegung, wie zu erwarten, die *New York Times*, die dem in den USA noch gar nicht erschienenen Buch eine Seite-eins-Besprechung von vernichtendem Inhalt widmete.[131] Zu Wort kam nicht irgendwer, sondern der Leiter des Eisenhower-Centers, ein Historiker namens Ambrose. Er organisierte zudem eine große Gelehrtenversammlung, die zu keinem anderen Ergebnis kam als er selbst: Bacques Thesen waren einseitig, einfältig, substanzlos und reine Sensations-Hascherei eines Romanschreiberlings. Liest man die Kritiken indessen genauer, so stößt man auf das irritierende Faktum, daß die Gegenzeugen sich zwar alle auf ihre akademische Kompetenz berufen, es aber sorgsam vermieden, die von Bacque & Co aufgedeckten US-Dokumente irgendwie in den Mund zu nehmen, zum Beispiel jenes Rundschreiben des Oberbefehlshabers vom 9. Mai 1945, in welchem er verfügte, Personen, die versuchen, Kriegsgefangene mit Nahrungsmitteln zu versorgen, mit dem Tode zu bestrafen. Gewiß, es macht Mühe, einen solchen Befehl als humanitäre Tat umzuetikettieren.[132]

Selbstredend wurden in die Anti-Bacque-Front Zeugen der Feindseite eingebunden, also Deutsche, die das, was der Kanadier dort geschrieben hatte, falsifizieren konnten. Der in Propaganda-Aktivitäten Erfahrene lächelt, wenn er es zur Kenntnis nimmt, denn natürlich genießt der Feindzeuge, der die eigene Position stützt, für den Propagandisten die allererste Aufmerksamkeit. So auch hier. Mit Interesse wird der Leser zur Kenntnis nehmen, wie die Sache mit dem Bacque-Text dann in Deutschland ablief. Zunächst war es der renommierte Ullstein-Verlag, der das Buch auf deutsch herausbrachte und davon Auflage auf Auflage druckte. Doch damit war es plötzlich in den 1990-er Jahren vorbei.[133]

Fragt man nach den Vorspielen für das gnadenlose Verreckenlassen der deutschen Soldaten, so stößt man neben dem Morgenthau-Plan und seinen Vorläufern auf unangenehme Fakten, die in den alliierten diplomatischen Papieren eher schlecht als recht verborgen sind. Die Rede ist hier von den Gesprächen der Großen Drei auf ihrer ersten gemeinsamen Konferenz in Teheran 1943. Auf dieser schlug Stalin vor, an die 100.000, mindestens jedoch 50.000 deutsche Offiziere erschießen zu lassen. Während Churchill zum Erstaunen der anderen ausgesprochen verärgert reagierte, stimmte Roosevelt in der ihm eigenen witzigen Art zu und bemerkte, nach seiner Ansicht sei eine Zahl von 49.000 ausreichend.[134] Spätere Geschichtsinterpreten waren sich einig, daß der Präsident einen Scherz gemacht habe. Doch die Schilderung des Vorgangs durch Churchill in seinen Memoiren bestätigt diese Deutung nur scheinbar:

> *Er [Roosevelt] habe einen Kompromiß vorzuschlagen. Nicht fünfzigtausend sollten erschossen werden, sondern nur neunundvierzigtausend. Damit hatte er zweifellos gehofft, die ganze Angelegenheit als einen Scherz abzutun. Auch [der britische Außenminister Anthony] Eden machte Zeichen und Gesten, um mich zu überzeugen, daß dies ein Scherz sei. In diesem Augenblick stand [der Sohn des Präsidenten] Elliot Roosevelt am Ende des Tisches auf und hielt eine Rede, daß er mit Marschall Stalins Plänen voll einverstanden sei, und er sei sicher, daß die Vereinigten Staaten diesen Plan unterstützen würden...*[135]

Churchill war gegen das Abschlachten, wenn vielleicht auch aus anderen als den dargestellten Motiven. Er ahnte, daß ein solches Vorgehen innenpolitisch ein Problem werden müßte.

Doch was war mit Roosevelt? Wir sehen ihn hier in einer der für ihn typischen Reaktionen, die Zustimmung und Ablehnung bedeuten konnten. Ich tippe auf Zustimmung,[136] wie er auch dem Morgentau-Plan ein Jahr später zustimmte und danach so tat, als sei alles nur ein Scherz gewesen. In diesem Fall mit der pflaumenweichen Entschuldigung, als dieser ihm um die Ohren zu fliegen drohte, er könne unmöglich alle Papiere lesen, die ihm zur Unterschrift vorgelegt würden. Als allgemeine Aussage sicher richtig, im Speziellen aber eine faustdicke Lüge, denn der Präsident hatte seinen treuen Vasallen Morgenthau eigens zu diesem Zweck zur Konferenz nach Quebec nachkommen lassen und nicht etwa den zuständigen US-Außenminister. Ein Scherz des Präsidenten? In der Tat.

Seinen intimen Exekutor, Finanzminister Henry Morgenthau, instruierte der US-Präsident, als beide auf die Ergebnisse von Teheran zu sprechen kamen, wie folgt:

> *[Roosevelt]: Wir müssen mit Deutschland knallhart (tough) umgehen; ich meine hiermit die Deutschen, nicht nur die Nazis. Man wird das deutsche Volk entweder kastrieren müssen, oder man behandelt die Leute in einer Weise, daß sie nicht weiterhin Menschen hervorbringen, die so fortfahren, wie sie es in der Vergangenheit getan haben.*[137]

Die Lektüre läßt keinen Zweifel zu, daß diese Leute nicht scherzten. Sie verweist jene Geschichtenerzähler, die heutzutage behaupten, die Kastrations-Phantasien eines Theodore Kaufman habe keinerlei Wirkung gezeigt, auf die Plätze der Geschichtsklitterer.[138]

## Nutzlose Esser:
## Der Tod der Deutschen wird durch die
## Direktive JCS 1067 eingeleitet

Eisenhower trug auch die Verantwortung für das flächendeckende Sterben der Zivilbevölkerung. Deren Lebensmittelzuteilung wurde unter 1000 kcal pro Tag festgesetzt.[139] Das war ein Drittel von dem, was ein normaler Mensch zum Leben zu sich nimmt.[140] Diese Lebensmittelbeschränkung war willkürlich, d.h., sie war nicht den unmittelbaren Nachkriegsumständen geschuldet, denn die Nahrungsmittelversorgung in Deutschland war zu Kriegsende trotz aller Kriegseinflüsse, wie mangelnder Importmöglichkeiten und unmittelbarer Kriegseinwirkungen weitgehend, wenn auch auf recht bescheidenem Niveau, stabil.

Die Ernährungslage änderte sich unter dem Besatzungsregime unverzüglich. Das bedeutet, die Mangelsituation wurde herbeigeführt. Sie beruhte neben vorsätzlichem persönlichen Handeln, über das sogleich zu reden sein wird, auf folgenden Maßnahmen der Siegermächte: (1) Abtrennung der Haupt-Agrargebiete im Osten des Deutschen Reichs und der Vertreibung von ca. 18 Millionen Deutschen Richtung Westen. So wurden aus bisherigen Nahrungsmittelproduzenten Massen unversorgter zusätzlicher Esser. (2) Rabiate Stillegung der Industrieproduktion. (3) Stillegung des öffentlichen Lebens und Entfernung aller Funktionsträger, die seiner Aufrechterhaltung dienten. Im einzelnen:

(1) Die Vertreibung der Deutschen aus allen Gebieten, die nicht in den späteren vier Besatzungszonen (die dem heutigen Staatsgebiet von Deutschland entsprechen) ansässig waren, führte zu einer gigantischen, gewalttätig organisierten Völkerwanderung. Sie betraf 18 Millionen Deutsche, von denen 11 Millionen in den drei Westzonen und vier Millionen in der sowjetischen Zone ankamen. Die Differenz waren die Toten, die nach dieser Rechnung drei Millionen Menschen waren. Von den Ankommenden starben in den folgenden Monaten eine nicht bekannte Zahl an Seuchen, Hunger und Entkräftung. Die Rate der Säuglingssterblichkeit lag mancherorts bei 100 Prozent.[141] Das bedeutet: Es starben nahezu alle.[142]

(2) Die Stillegung der deutschen Industrieproduktion[143] bewirkte bezüglich der Ernährungssituation in Deutschland, daß alle für die Landwirtschaft üblichen Produkte, wie der unverzichtbare Kunst-Dünger, Kraft- und Schmierstoffe, landwirtschaftliche Gerätschaften und simpelstes Handwerkszeug mit einem Schlag nicht mehr zu haben waren. Die landwirtschaftlichen Erträge fielen in sich zusammen. Es wurde den Deutschen nicht nur untersagt, sich mit Importen einzudecken, sondern es wäre auch gar nicht möglich gewesen, weil Bergbau und Industrie, soweit man sie unter alliierter Kontrolle arbeiten ließ, ihre Produkte ohne reale Bezahlung an die Besatzungsmächte abtreten mußten, sodaß Devisen für den Außenhandel nicht zu erwirtschaften waren. Die in diesem Zusammenhang

gefälschten Bilanzen fielen auch den sowjetischen Diktator auf,[144] die sodann Außenminister Molotow dem amerikanischen Außenminister George Marshall genüßlich unter die Nase rieb.[145]

Die Schließung der Kohlezechen war vor allem zwischen Amerikanern und Briten umstritten.[146] Während die *One World*-Experten aus dem Hause Morgenthau hierin eine vortreffliche Möglichkeit sahen, zum Verhungern die Todesart des Erfrierens zu gesellen, machten sich die britischen Sieger berechtigte Sorgen, wie sie die eigene Energieknappheit ohne deutsche Kohle würden bewältigen können. Also öffnete man die Zechen an der Ruhr wieder soweit, daß volle Kohlekähne den Rhein hinunterfuhren.[147] Im Winter 1946/47 wurde es barbarisch kalt in Deutschland. Die Kältewelle begann Mitte Dezember und steigerte sich bis Februar, wobei zum Beispiel die Meßwerte in Berlin minus 8 Grad C unter den Durchschnittswerten lagen.[148] Wie zu erwarten, starben die Schwächsten unter den Deutschen, weil sie erfroren.[149]

Mit der gewollten Kohleverknappung brach auch die Stromversorgung zusammen.[150] Die amerikanische Besatzungszone traf das besonders, weil dort außer der kaum ins Gewicht fallenden Wasserkraft, andere Energieträger nicht vorhanden waren. Mit dem Abbruch der Kohlelieferungen fielen die vorhandenen Kohlekraftwerke aus, und die Stromzufuhr aus den Braunkohlekraftwerken Mitteldeutschlands wurde gekappt, nachdem die Sowjets erkannt hatten, was für ein wunderbares Erpressungsmittel zur Hand war.

Amerikanische Besatzungsoffiziere rechneten aus, daß für Deutsche eine Kohlezuteilung von 37 kg pro Mann und Winter ausreichend sei. Das entsprach einem Viertel dessen, was unter der soeben zu Ende gegangenen deutschen Herrschaft als das Minimum angesehen und zugeteilt worden war.[151] Für den Holzeinschlag, den man den Besiegten empfahl, mangelte es an Werkzeug und Transportmöglichkeiten. Deswegen blieben vor allem die Städte kalt und unbeleuchtet.

(3) Zu den Erstmaßnahmen der Besatzungsmächte gehörte es, alle öffentlichen Funktionsträger aus ihren Ämtern zu entfernen.

Das war, gemessen an ihrer eigenen Kriegspropaganda, wonach alle Deutschen Nazis – also Verbrecher – seien, nur folgerichtig. Daß man auf diese Weise ein komplexes Industrieland mit einem ausgeklügelten Verteilungssystem zum Stillstand bringt, die Bevölkerung der simpelsten Existenzgrundlagen beraubt und so dem Hunger preisgibt, konnte kaum zweifelhaft sein. Zu den Sofortmaßnahmen gehörte auch, woran der Leser jetzt vielleicht weniger denkt, die Einstellung des Postverkehrs, die unter dem Vorwand geschah, man müsse die gefährlichen Deutschen daran hindern, daß sie miteinander konspirierten.

Allein in Bayern im Befehlsbereich der 7. US-Armee wurden von geschätzten 251.000 Mitarbeitern des öffentlichen Dienstes zwischen April und September 1945 49.882 Personen aus dem Amt entfernt und eingesperrt.[152] Daß so das wirtschaftliche Leben zusammenbrechen mußte, hätte selbst der dümmste der Besatzungsadministratoren ahnen müssen. Wenn man addiert, daß die Leiter der städtischen Müllabfuhr, des Gesundheitsamts, des Wasserwerks und der Stromversorgung, der Chefarzt eines Krankenhauses und die Leiterin des Kindergartens zu gefährlichen Kriegsverbrechern mutierten und dem automatischen Arrest unterworfen wurden, braucht es keiner Phantasie, um den Zusammenbruch des öffentlichen Lebens zu begreifen.

Doch diese Besatzungsoffiziere waren nicht dumm, sie waren intelligent – und sie waren hasserfüllt.[153] Das, wovon hier die Rede ist, findet sich beispielsweise in den Strategiepapieren des US-Oberbefehlshabers in Deutschland, betreffend die Ermittlungen gegen den I.G. Farben-Konzern und die Folgerungen aus diesen Ermittlungen expressis verbis wieder. Und, gleich angeschlossen, der Ruf nach Bestrafung und Rache.

*Wenn die Politik der Alliierten das Ziel verfolgt, daß Deutschland nie wieder seine Nachbarn und den Frieden in der Welt bedrohen kann, dann muß die I.G. Farben mit ihren Möglichkeiten zur Rüstungsproduktion zerstört werden.*[154]

So faßte Bernard Bernstein, Eisenhowers Mann für den deutschen Völkermord, die Dinge in einem Bericht an den US-Senat Ende 1945 zusammen.[155]

Und weiter: Nur durch die nachhaltige Zerstörung der deutschen Schlüsselindustrien sei es möglich, die Deutschen von künftigen Verbrechen abzuhalten, denn Firmen wie die I.G. Farben hätten den Zweiten Weltkrieg auf dem Gewissen, den sie in der *sogenannten Weimarer Republik* bereits eingeleitet hätten. Zum Beleg dessen wird zum Ausdruck gebracht, daß es sich hierbei um eine Charaktereigenschaft der Deutschen handele, denn die I.G. Farben sei bereits für den Ausbruch des Ersten Weltkriegs verantwortlich gewesen.[156]

Der Geschichtsforscher, der seinen Verstand an den Regeln der Chronologie geschult hat, staunt nicht schlecht, denn ihm will, vermutlich mangels Einsichtsfähigkeit, nicht einleuchten, wie ein Konzern, der Mitte der 1920-er Jahre entstand, den Ersten Weltkrieg auslösen konnte. Diese skeptische Sichtweise wird jedermann einleuchtend finden, der nicht dem heutigen Religionsersatz des Antifaschismus verfallen ist oder einer seiner Spielarten, die bevorzugt in den deutschen christlichen Amtskirchen gepflegt werden.

Nun mag ja einer glauben, was er will, doch fatal wird die Sache, wenn derjenige, der mit der Wahrheit ringt, auf die Stufe des Mittäters gestellt wird, um Abweichungen vom Dogma zu unterbinden. Dabei hätte es bezüglich der I.G. Farben genügt, sich auf den Kern der völlig richtigen Feststellungen zu beschränken, wonach nämlich der Konzern Teil des Rückgrats der deutschen Kriegsindustrie wurde, ohne die das Deutsche Reich niemals bis ins Jahr 1945 durchgehalten hätte. Doch das wäre eine ganz andere Aussage gewesen.

Wenn man nun nach den Ursachen amerikanischen Hasses auf diese Form des Wirtschaftens sucht, ist man irritiert, denn auch die Konzerne mit Sitz in den USA handelten – ebenso wie die deutschen Haßobjekte – im weltweiten Maßstab. Das Motiv der Verfolgung muß also ein anderes gewesen sein.[157] Dies zu ergründen, erscheint ein Ausflug in die Hochburgen der *New Dealer* notwendig.

Diese, gleichbedeutend mit Roosevelts Heckenschützen, saßen nicht nur in den Propagandainstitutionen, sondern auch an konkreten Hebeln der Macht, vor allem im US-Finanzministerium, das im Hofstaate eines Franklin Roosevelt schließlich eine, losgelöst von der übrigen offiziellen US-Regierung, agierenden Nebenregierung bildete, sowie in der Anti-Trust-Abteilung des US-Justizministeriums.[158]

Es sagt sich leicht, daß es New Dealer waren, doch kaum einer weiß, was sich hinter dem Begriff an Inhaltlichem verbirgt.[159] Vermutlich kamen britische Konservative der Sache am nächsten, als sie dem Roosevelt-Vertrauten[160] Bernard Baruch während des Krieges ein Gala-Diner ausrichteten und ihn bei solcher Gelegenheit mit dem unter ihnen umlaufenden Witz bekanntmachten:

*Was ist der Unterschied zwischen Roosevelt und Kolumbus? Antwort: Keiner. Kolumbus wußte nicht, wo er hinwollte, als er aufbrach. Und er wußte nicht, wo er war, als er angekommen war. Schließlich wußte er nicht, wo er gewesen war, als er wieder zurück war.[161]*

Es versteht sich, daß der amerikanische Gast diese Sentenzen nicht zum Lachen fand. Doch, was er in Sachen New Deal erwiderte, trug zur Klärung auch nicht eben bei.

Wenn man auch nach dem eigentlichen Inhalt der New Deal-Ideologie vergeblich fahndet, so läßt sich immerhin feststellen, die seit 1933 in die US-Justiz geschleusten New Dealer hatten einen konkreten Feind: die Konzerne. Soweit diese New Deal-Leute nun, wie man so sagt, in deutschem Feindesland im Fronteinsatz waren, hatten sie plötzlich Möglichkeiten bei der Hand, die ihnen zu Hause nicht entfernt zur Verfügung standen: Wo sie daheim nur raspeln konnten, da konnte sie jetzt holzen. Sie taten das mit Behagen, und keine Lüge war ihnen zu grob, um sie nicht für die eigenen Zwecke nutzbar zu machen.

So lange das Tun der New Dealer nur die Deutschen traf, ließ man sie machen. Doch bald bemerkten die ebenfalls nach Deutschland, wenn auch mit anderer Zielsetzung entsandten Juristen der US-Großkonzerne, daß hier mit Vorsatz auch gegen ihre eigenen heimischen Interessen, nämlich die US-Industriebeteiligungen in Deutschland, gewütet wurde. Nachdem sich diese Erkenntnis Bahn gebrochen hatte, wurden die New Dealer Mann um Mann herausgebrochen und nach Hause geschickt.[162] Doch das dauerte von Ende 1945 bis ins Jahr 1949/50. Besonders zäh hatten sich diese *Morgenthau-Boys*[163] in der Reparationsbehörde in Berlin eingenistet, wo sie noch Demontagen durchführten, als andere aus der Besatzungsverwaltung schon wieder profitorientiert über die Inbetriebnahme der Industrie nachdachten.[164]

Kaum in Washington angekommen, holte Bernstein bei einer Anhörung im Kongreß im Dezember 1945 noch einmal groß aus und feierte dabei seine Erfolge. Hierbei scheute er sich nicht, den wahren Grund seiner Mission anzusprechen: Es sei seit April 1945 für ihn darum gegangen, alle deutschen Auslandsvermögen ausfindig zu machen, damit man sie den Deutschen zur Bestrafung für ihre (zum Glück verhinderte) Weltbeherrschungssucht entziehen könne.[165] Es ging – in nuce – um eine kalte Enteignung riesiger Vermögenswerte zugunsten der Sieger.[166] Bernstein schätzte den Wert der als zugehörig behaupteten über 500 Firmen auf mindestens 1 Mrd. Reichsmark.[167]

Wo der Haken dieses geplanten Rundschlages lag, wird deutlich, wenn man die Ausführungen zur Kenntnis nimmt, die derselbe Bernhard Bernstein, zwei Monate zuvor – noch in Deutschland – seinem unmittelbaren Vorgesetzten General Lucius Clay zur Kenntnis gebracht hatte:[168] Darin sind die in den USA 1941 beschlagnahmten Firmenaktien der Firma General Aniline & Film Corp. im Wert von 50 Mio. $[169] und sonstige gemeinsame Wirtschaftsunternehmungen nach ihren Eigentümern aufgelistet. Der Vorgang ist erwartungsgemäß komplex, doch es schälen sich einige springende Punkte heraus: Das sind die gemischten Vorhaben von I.G. Farben und Standard Oil of New Jersey, denen zusammen die US-amerikanische Firma Jasco gehörte,[170] und der Aktienbesitz der

New Yorker Bank Brown Brothers Harriman & Co,[171] ferner die Interessenverflechtung mit dem US-Chemieriesen Dupont.[172] Schließlich war da der Batzen des schweizerischen Chemieriesen I.G. Chemie, der nach dem Willen der US-Ermittler als Tochter der I.G. Farben mit unter den Hammer sollte, wogegen US-Bürger als Eigentümer von 86.671 Aktien sicher begreifliche Einwendungen erheben würden.[173] So war der Interessenkonflikt vorgezeichnet, denn es war kaum anzunehmen, daß sich die Gebrüder Rockefeller, noch die Harrimans[174] einem solchen Vorgehen der US-Regierung gegen bedeutende ihrer Vermögenswerte beugen würden. Nur zur Illustration: Der junge David Rockefeller war zu diesem Zeitpunkt der aufgehende Stern des Council on Foreign Relations und Averell Harriman der US-Botschafter in Moskau.[175] Das also waren die Hauptgegner, und es bestand kein Zweifel, daß diese Bernstein & Co abräumen würden. Sie taten es.

Spätere Weichzeichner haben versucht, das vorsätzliche Vorgehen der US-Besatzungstruppen gegen das besiegte Deutschland mit windelweichen Argumenten schönzureden:

*Das in Deutschland vorgefundene Elend in den Griff zu bekommen, war keine militärische, sondern eine verwaltungstechnische Aufgabe. Die Westmächte hatten die Erwartung gehegt, das Deutsche Reich werde noch im Verlauf des Jahres 1944 zusammenbrechen, und zwar so plötzlich, daß man mit einer relativ intakten Verwaltung rechnete, stattdessen fanden die Sieger die chaotischen Verhältnisse des Frühjahrs 1945, was ihre Besatzungsplanung völlig durcheinanderbrachte und deren Realisierung weit hinauszögerte.[176]*

Man muß vermutlich lange suchen, bevor man anderswo eine derartige Konzentration von Lügen findet.

Der Mann, der dies alles knapp drei Jahrzehnte nach Kriegsende zu Papier brachte, wußte nur zu gut, daß er log. Er war zur nämlichen Zeit, als die Ereignisse stattfanden, ein prominenter Zeitzeuge. Es war Theodor Eschenburg, 1945 der von den Alliierten eingesetzte Flüchtlingskommissar von Württemberg-Hohenzollern, ein Teilgebiet der Französischen Besatzungszone, in der die soeben als Mitsieger adoptierten Franzosen besonders brutal gegen die deutsche Bevölkerung vorgingen.[177]

Was prädestinierte Eschenburg zu seiner Tätigkeit? Sucht man nach biographischen Angaben über den Mann, stößt man hinsichtlich der Jahre 1933 bis 1945 auf eine seltsame Grauzone.[178] Diese gilt es mit einigen kräftigen Farbstrichen aufzuhellen. Eschenburg war ein Spitzenvertreter der deutschen Wirtschaft.[179] In einer Vielzahl von deren Verbänden führte er die Geschäfte. Diese Tätigkeit wurde ihm dadurch erleichtert, daß er im Jahre 1933 der SS beigetreten war. Darauf angesprochen, log er dreist, er habe sich gegen Angriffe der SA nur auf diese Weise zu wehren gewusst.[180] Mehr ist dazu nicht zu sagen. Er wurde für seine Lügen von den neuen Herren reich belohnt: Eine Professur für politische Wissenschaften verzuckerte seine restliche bundesrepublikanische Laufbahn. Die Mitherausgeberschaft der *Vierteljahreshefte für Zeitgeschichte* sicherte ihm einen Einfluß, der weit über den eines gewöhnlichen Lehrstuhlinhabers hinausging.

Der Skandal Eschenburg ist für mich nicht, daß er seine flotte Karriere im NS-Staat als Wendedemokrat fortsetzte, das machten andere auch, sondern daß seine Adepten das lange wußten, aber zu vertuschen trachteten, weil die eigene akademische Karriere sonst Schaden zu nehmen drohte.[181] Lieber nahm man den schmückenden Theodor Eschenburg-Preis entgegen. Man sieht: Alles hat seinen Preis.

## Gottes Wille und das gute Gewissen: Die Täter der deutschen Dezimierung

Der Mann, der vor Ort die Verantwortung für das Grauen in Deutschland trug, war der (west)-alliierte Oberbefehlshaber Dwight Eisenhower. Er war ein enger Gefolgsmann des US-

Generalstabschefs George Marshall, dem er seinen kometenhaften Aufstieg[182] in die Spitzenfunktion des Obersten Befehlshabers auf dem europäischen Kriegsschauplatz verdankte. Spötter, wie der für seine drastischen Bemerkungen gefürchtete britische Feldmarschall Bernard Montgomery,[183] hoben hervor, daß der General nie einen scharfen Schuß gehört habe.

Was also bemüßigte Marshall, der selbst knallharter Exekutor von Roosevelts Kriegstreibereien war, eine militärische Null wie Eisenhower zu protegieren. Die Antwort ist ebenso einfach wie sie umstritten ist: Eisenhower war ein Untergebener, von dem Widerspruch nicht zu erwarten war, aber aufmerksam geworden war man auf Eisenhower aus einem anderen Grund: Es war Roosevelts Tochter Anna Boettiger, die in jenen frühen Kriegstagen eine, wie man so sagt, problematische zweite Ehe führte.[184] Sie hatte Ike auf einer Fete kennengelernt und *charming* gefunden.[185] So wurden Träume wahr. In der Tat, ein *American dream* – erst ein Nobody, dann ein General, schließlich Präsident der USA.

Um sich dieser für Deutschland so verhängnisvollen Figur anzunähern, empfiehlt sich ein Blick auf den Buchdeckel seiner Kriegsmemoiren: Kreuzzug in Europa.[186] Eisenhower führte einen Kreuzzug, man lasse sich das auf der Zunge zergehen, denn besser kann es auch ein Außenstehender nicht ausdrücken, wes Geistes Kind dieser Mann war. Im übrigen sind diese Memoiren so sterbenslangweilig, daß in Zweifel zu ziehen ist, ob dieser Oberbefehlshaber überhaupt irgend etwas mitbekommen hat, was des Erzählens wert wäre. Nicht einmal seine Frontfrau – wie man eine solche Geliebte bei der Roten Armee nannte – kommt vor. Natürlich hat die amerikanische Historikerzunft die Existenz derselben, wenn sie denn überhaupt erwähnt wird, bestritten. In der Tat, nicht jede britische Kraftfahrerin muß auch die Geliebte des Chauffierten sein, doch sollte man wenigstens gelesen haben, was die Dame des Herzens selbst dazu geschrieben hat.[187]

Es war eine mehrjährige Liebesgeschichte. Ich erwähne sie hier, weil wenigstens irgend etwas Interessantes über den Mann Eisenhower gesagt werden soll. Zugleich ergibt sich ein Nachdenken darüber, warum Amerikas Historienmaler so merkwürdig mit ihren Präsidenten umgehen. Man gewinnt als Außenstehender den Eindruck, daß ihnen gottähnliche Züge beigemessen werden, wie einst den Cäsaren des Römischen Imperiums.[188] Das hat zur Folge, daß die amerikanische Geschichte meist in die Wahlperioden der Präsidenten eingeteilt wird.[189] In diesem Buch wird der Leser einige Bemerkungen dazu finden, warum das unangebracht ist.[190]

Doch zurück zu Eisenhower und seinen Memoiren. Wenn sie für etwas gut sind, dann dafür, daß er in ihnen offenbart, wem er eigentlich diese auch für einen amerikanischen Soldaten ungewöhnliche Kometenkarriere verdankte. Er nennt zwei Männer: Den oben schon genannten US-Stabschef George Marshall, das erscheint kaum verwunderlich, und einen zweiten, an den wohl niemand denken würde: Bernard Baruch.[191] Bei ihm fühlt man sich an das Märchen von Hase und Igel erinnert.

Wo man auch hinsieht, einer scheint stets auszurufen *Ick bün all do*:[192] Bernhard Baruch, der von sich selbst ohne jede Ironie bei einer parlamentarischen Anhörung sagte: Ich bin Spekulant (*speculator*).[193] Dieser Bernard Baruch ist dem Leser bereits mehrfach begegnet, zuletzt als intimer Rivale des Mit-Spekulanten und Alkoholhändlers Joseph Kennedy um die Gunst von US-Präsident Franklin Roosevelt als dessen Finanzier und Stichwortgeber. Baruch entschied schließlich dieses Rennen für sich, darüber habe ich schon berichtet.[194]

Was aber tat Baruch für Eisenhower und warum? Naheliegend wäre gewesen, dem als naiv eingeschätzten General einen *financial adviser* (Finanzberater) beizugesellen, der ausführen würde, was im Interesse von Baruch lag.[195] Das sieht auf ersten Blick so aus wie die Quadratur des Kreises, denn zwischen Wall Street und den New Dealern der Spezies Roosevelt, Morgenthau & Co lagen Welten – zumindest was die Großkonzerne anlangte. Doch es gab in Wall Street auch ganz andere Typen, deren Geschäftsmodell auf der Subventionspolitik der Demokraten aufbaute. Dazu gehörte

Baruch. In den Tagebüchern von Morgenthau kann man nachlesen, wie Baruch überall und nirgends war und noch im April 1945 gegenüber der zögerlichen britischen Regierung den Morgenthau-Plan durchboxte.[196] In seinen eigenen Worten:

*Ich betonte [gegenüber dem eigens einberufenen britischen Kabinett], daß die Niederwerfung von Deutschland und Japan und deren Beseitigung im Welthandel Britannien eine gigantische Gelegenheit geben würde, den Außenhandel in Umfang und Profit zu steigern.[197]*

Der Großinvestor, der hier sprach, hatte zugleich seine Dispositionen getroffen, denn er fragte die andächtig lauschenden Minister, von welchen Beträgen er denn für eine Anschubfinanzierung ausgehen dürfe.[198]

Im Interesse von Baruch lag es auch, Eisenhower einen jungen Kämpfer aus der Morgenthau-Garde zuzuweisen. Das war einer der *Columbia Law School*-Juristen namens Bernard Bernstein. Als 25-jähriger machte er 1933 einen Blitzstart in den Führungsgremien des US-Finanzministeriums, wo sich die Hardliner des New Deals um den eigentlichen Macher, Henry Morgentau, sammelten – Leute, die das Glück der ganzen Menschheit als heilsspendende Ideologie im Munde führten, was sie mit dem eigenen Wohlergehen zu kombinieren wußten. Unter dem Beibehalten verschiedener Funktionen im *US Treasury* wurde Bernstein 1942 zum aufsteigenden US-General Eisenhower in Marsch gesetzt, damit er umsetzte, was jetzt auf der Agenda stand: Ein Raubzug von gigantischen Ausmaßen, getarnt als die notwendige Bestrafung des Weltbösewichts.[199]

Der nunmehr 34-jährige Bernstein erhielt, damit er in der Welt des Militärs nicht nackend dastand, den Dienstgrad eines Obristen zugewiesen. Dann legte er los. Zunächst hatte er die Rolle eines vorgeschobenen Beobachters, der seinen Meister in Washington darüber auf dem Laufenden hielt,[200] was die Militärs, die spätestens bei einem Einmarsch in Deutschland das Sagen haben würden, alles auf der Pfanne hatten, um diesen Job zu exekutieren.[201] So kam

Morgentau an die Planungen des Kriegsministeriums heran, das ihm diese nicht ohne Absicht vorenthielt.

Die so gewonnenen Informationen waren die Munition, mit deren Hilfe Morgenthau seinen Einfluß bei Roosevelt ausbaute, denn er wußte es aus den Unterhaltungen mit dem Präsidenten gut genug, daß dieser den Plan verfolgte, die Deutschen als Ganzes zu bestrafen.[202] Schritt für Schritt kam Morgenthau so der Installation des nach ihm benannten Plans näher,[203] die Deutschen durch De-Industrialisierung zum Volk der Schäfer und Ackerbauern zusammenzuschmelzen. Sorgsam vermied es der Morgenthau-Plan, das Procedere dieser Schmelze zu beschreiben. Sie würde sich, die geplanten Hinrichtungen einmal beiseite gelassen, durch Verhungern realisieren lassen.

Es gehört zum Standard der Nachkriegsgeschichtsschreibung der Hinweis, daß Roosevelt vom Morgentau-Plan, nachdem er ihn im September 1944 genehmigt hatte, wieder abgerückt sei. Mag sein, daß er dies tat, doch unternahm er nichts, daß dieses Abrücken auch umgesetzt wurde.[204] So kam es, daß Morgentau in den Gremien von Kriegs- und Außenministerium mit der Hilfe der Unterschrift des Präsidenten auf der Umsetzung seines Plans bestehen konnte und dies auch tat. Gefolgsmann Bernstein setzte das Notwendige dann vor Ort, sprich im Hauptquartier von Eisenhower, um. Heraus kam der berüchtigte Befehl JCS 1067, der Morgenthau-Plan in seiner militärisch-administrativen Variante.[205]

Sucht man also nach einem Menschen hinter dem Oberbefehlshaber, der persönlich verantwortlich für den verschleierten Völkermordbefehl des JCS 1067 war, so zeigt man mit gutem Grund auf Bernard Bernstein. Ihm oblag auch die Umsetzung. Er hatte etliche Monate lang Zeit für sein Tun. Dann schwante jenen US-Militärs, die mittlerweile in Deutschland das Sagen von Eisenhower übernommen hatten, daß es eine Quadratur des Kreises bedeuten würde, diesen Bernard Bernstein weiter gegen die Deutschen wüten zu lassen und diese *bloody krauts* zugleich zu demokratisieren, sprich zu amerikanischen Vasallen umzuerziehen. Folglich warfen die Eisenhower-Nachfolger Bernstein raus. Er machte noch einen Umweg in die Dekartellisierung der IG Farben, dann kehrte er nach New York zurück, um die Rechtsberatung einer US-Lobby-Organisation zu übernehmen.[206]

Der Kopf hinter all diesen Schreibtisch-Tätern war Harry Dexter White, ein Emigrantensohn aus dem Weißrussischen.[207] Er war der eigentliche Macher in Morgenthaus Finanzministerium.[208] Ich habe diese Ikone des amerikanischen liberalen Internationalismus bereits an anderer Stelle ausgiebig gewürdigt.[209] Zu Erinnerung sei lediglich bemerkt, daß White nicht nur den Morgenthau-Plan ersann,[210] sondern auch der Regelerfinder und Exekutor des heutigen Dollar-Imperialismus wurde. Weltbank und Internationaler Währungsfonds (IWF) sind seines Geistes Kinder. Daß er zudem Sowjetagent war, erwähne ich der Vollständigkeit halber. Seine Berichte sorgten dafür, daß Stalin sich diesen segensreichen Einrichtungen fernhielt. Er tat gut daran.

*Keine boshafte Fotomontage, sondern die waffenstarrende Sicht des Eisenhower-Museums auf seinen Helden: Der Viersterne-General, der vermutlich nie an einer ernsthaften Kriegshandlung teilnahm, bevor er Oberbefehlshaber wurde. In der Mitte der Wall Street-Spekulant Bernard Baruch, der Eisenhowers Blitzkarriere entscheidend förderte. Rechts der Jungstar aus dem US-Finanzministerium, Bernard Bernstein, der den Morgenthau-Plan in Eisenhowers Stab einfädelte und exekutierte.*

Nach soviel *American Way of Life* soll einer nicht unerwähnt bleiben: der weltbekannte Schriftsteller Ernest Hemingway. Ein richtiger Bilderbuchamerikaner. Heute noch kommt dieser Mann in deutschen Lehrplänen als toller Typ und Gentleman-Abenteurer vor.[211] Ungezählte junge deutsche Soldaten haben dies sicher anders gesehen, denn Hemingway hatte als Kriegsberichterstatter eigenwillige Gepflogenheiten, um seine Informationen zu gewinnen. Er hielt Kriegsgefangenen, die an ihm vorbeimarschierten den Colt an den Kopf und erschoß sie ohne Federlesens, wenn sie nicht sogleich in seinem Sinne antworteten. Mit Befriedigung schrieb er seinen Freunden, wie das Hirn dieser *krauts* in der Gegend herumspritzte. Nach seinen eigenen Aussagen handelt es sich bei diesen mörderischen Exzessen nicht um Einzelfälle, sondern um weit über hundert eigenhändige Mordtaten.

> *Ich habe 122 sicher getötet. ... Der letzte war ein Soldat in deutscher Uniform mit Helm... Es war ein Junge, und ich hatte ihm durch das Rückgrat geschossen, und die Kugel war durch die Leber herausgekommen.*[212]

Es versteht sich am Rande, daß dieser mutige Humanist für seine Massenmorde niemals zur Verantwortung gezogen wurde. Stattdessen erhielt er 1953 den Pulitzer und ein Jahr später den Nobel-Preis. Suum cuique.[213]

Es ist ein Gebot der Fairneß zu erwähnen, daß es neben den beschriebenen Massenmördern auch Leute in Führungsfunktionen gab, die dem sich anbahnenden Elend klar widersprochen haben, wie der US-Armeeführer General George Patton. Seine Tagebuchnotizen zu diesem Thema sind allerdings verstörend genug – so sehr, daß Mainstream insofern einen weiten Bogen um diesen US-Kriegshelden macht, von dem allerdings kaum zu ignorieren ist, daß er die US-Truppen nach Deutschland hineinführte. Neben seinen auf Sieg gepolten Ambitionen gerieten seine Gedanken angesichts des zu beobachtenden Elends auf Abwege.

> *[Beim Gespräch mit Eisenhower] war ich zögerlich, in Wirklichkeit unwillig, unter dem Vorwand der Denazifizierung bei der Zerstörung Deutschlands mit von der Partie zu sein. Weiterhin, daß die absolut unamerikanischen und so gut wie Gestapomethoden mir für meine angelsächsischen Anschauungen praktisch unverdaulich waren.*[214]

Alarmiert durch den massenhaften Zuzug sog. *Displaced Persons* verlangte Patton ein energisches, notfalls kriegerisches Vorgehen gegen die Sowjets, die dieses Geschäft mutwillig betrieben, um die Westalliierten zu destabilisieren.

Da dieses Verlangen keine Gegenliebe fand, ersuchte er um seine Ablösung als Armeeoberbefehlshaber und gedachte, seinen Kriegsruhm nutzend, in den USA auf eine in seinem Sinne Aufklärung versprechende Vortragstour zu gehen. Daraus wurde nichts. Am Tag vor seiner geplanten Abreise verlor Patton bei einem Autounfall sein Leben.[215] Ohne tiefer zu bohren, kann man sagen, daß der US-Führung das Ableben des Generals nicht ungelegen kam. Es dauerte Jahrzehnte, bis ein sorgsam ediertes Buch erschien, dessen Autor den Tod akribisch untersucht hat.[216] Sein Ergebnis kann das Establishment kaum erfreut haben, denn es hält den Tod des Generals als einen inszenierten Unfall für äußerst wahrscheinlich. Ich will dem nicht weiter nachgehen, sondern lediglich anmerken, daß die US-Presse zu den Ergebnissen dieser aufsehenerregenden Studie geradezu dröhnend geschwiegen hat.[217] Man kann es nachvollziehen, denn ein auf Veranlassung des OSS-Chefs Donovan ermordeter US-General will nicht so recht in die Fabel vom großen und guten Amerika hineinpassen.

## Rache im Talar:
## Die Kriegsverbrecherverfahren nebst einigen Bemerkungen, warum die Nürnberger Gerichtsmethoden der Leidensgeschichte der europäischen Juden Schaden zugefügt haben

*Punishment* (Bestrafung), das war eine Lieblings-Vokabel der westalliierten Sieger. Hierdurch wurde zum Ausdruck gebracht, was in ihren Augen wirklich not tat: Die Bestrafung der Deutschen. Es handelte sich hierbei um das Da-capo aus der Zeit des Ersten Weltkriegs, wenn auch mit einigen Unterschieden. Während sich die Sieger des Ersten Weltkriegs vor allem auf die Alleinschuld Deutschlands konzentrierten, um einen möglichst großen Batzen aus Deutschland herauspressen zu können, war die Kriegskoalition des Zweiten Krieges frühzeitig damit beschäftigt, ihren Völkern das notorisch Verbrecherische des Deutsch-seins klar zu machen.

Bestrafung schien demnach nichts weiter als folgerichtig. Doch man muß nicht spitzfindig sein, um zu bemerken, daß Strafe und Vernichtung des Unwerten zwei verschiedene Dinge sind. Bei der einen Sache handelt es sich um das Ausrotten eines gefährlichen menschlichen Bestandes, als der die Deutschen insgesamt permanent dargestellt wurden, beim andern um das Ahnden von individuell begangenen Unrechtstaten. Beides zusammen ist schlecht zu haben, dennoch kam es zur Anwendung.

Es bedurfte allerdings, Stalin lebte es vor, einer gehörigen Portion zynischer Dialektik, um das Unvereinbare unter einen Hut zu bringen. Bereits in Teheran hatten die Russen den westalliierten Forderungen nach Bestrafung der Deutschen zugestimmt, indem man mindestens 50.000 von deren Offizieren erschoß. Stalin wußte wovon er redete, denn drei Jahre zuvor hatte er die in seine Gewalt geratenen polnischen Offiziere durch Genickschuß liquidieren lassen. Auch Roosevelt und Churchill wußten, was er meinte, denn die grausigen Funde in den Wäldern von Katyn waren noch ganz frisch.[218]

Die Durchführung von Massenerschießungen war mit Sicherheit keine Bestrafung im herkömmlichen Sinne, sondern eine Ausrottungsmaßnahme. Da solche Taten regelmäßig außerhalb der Öffentlichkeit ablaufen, ließ Stalin auch individuell zugeschnittene Prozesse stattfinden. Der erste davon fand im Dezember 1943 in Charkow statt.[219] Die Angeklagten wurden öffentlich gehängt. Charkow war als Ort gewählt worden, um mit großem propagandistischen Aufwand von den Massenerschießungen abzulenken, welche NKWD-Truppen in der Zeit einer kurzen sowjetischen Zwischenherrschaft[220] und nach der endgültigen Wiedereroberung der Stadt begangen hatten.[221] Der Charkow-Prozeß war erst der Anfang. Doch ist das Auffinden weiterer Bespiele mühsam, da es Rote Armee und NKWD-Sondertruppen vorzogen, deutsche Gefangene am Ort der Gefangennahme oder beim Abmarsch in die unbegrenzten russischen Weiten zu erschießen.

Mit dem Kriegsende setzte sich in der Sowjetunion allerdings die Überzeugung durch, daß gefangene Soldaten nicht unbedingt unnütze Esser seien, sondern auch als Arbeitssklaven brauchbar. Zur Belehrung der Öffentlichkeit fanden jetzt wieder Schauprozesse statt. Am 29. Januar 1946 wurde ein solcher auf dem Leninplatz von Welikije Luki durchgeführt – ein Meeting, wie man im Russischen sagte. Bei diesem wurden ein General, ein Oberstleutnant, ein Major, ein Hauptmann, ein Oberleutnant, ein Leutnant, ein Feldwebel, ein Unteroffizier, ein Obergefreiter, ein Gefreiter und ein Schütze aufgehängt. Dieses schöne Beispiel sozialistischer Gesetzlichkeit sollte der Abschreckung künftiger Kriegsverbrecher dienen – es war die Rache für die wochenlange Verteidigung dieses Eckpfeilers der deutschen Ostfront.[222]

Auch die US-Amerikaner hatten ihre Dialektiker. Ihre Namen sind geläufig, was sie anrichteten, auch. Nur ist sich die Geschichtsbetrachtung durch die Nachwelt nicht einig über die Berechtigung und die Folgen ihrer juristisch verbrämten Gewalttaten, die sich in Kriegsverbrecherprozessen, privater Vergeltung und Entnazifizierungsverfahren entluden.

Beginnen wir mit dem Theoriegebäude: Um die Zuordnung von individueller Schuld unter die Normen allgemein bekannten Strafrechts zu umgehen, ersannen die Sieger neues Recht, dem die Deutschen unterworfen wurden. So kamen Verschwörung gegen den Frieden, Vorbereitung eines Angriffskrieges und Verbrechen gegen die Menschlichkeit in die Welt des Strafrechts. Es waren Gedanken aus Absurdistan, die nur deswegen das Licht der Welt erblickten, weil ihre Väter selbst in absurden Welten lebten, nämlich in dem Glauben, sie könnten das Glück der ganzen Menschheit durch das Einpflanzen ihres *One World*-Menschenbildes installieren. Dieses Menschenbild war aus den New Deal-Phantasien abgeleitet, dessen Jünger im US-Finanzministerium, in der Abteilung für Zivilangelegenheiten des US-Kriegsministeriums und in staatlichen Propagandainstitutionen wie dem Office of War Information (OWI) ihre Bastionen hatten.

*Rechtsbeugung im Sturmgepäck: Die US-Anklagevertreter Robert Jackson und Telford Taylor machten das Recht passend, um Deutsche an den Galgen zu bringen. Sie bemäntelten das mit dem Hinweis, hier Recht für die Zukunft geschaffen zu haben. Der Grundsatz keine Strafe ohne vorheriges Gesetz (nulla poena sine lege) galt für die Sieger nicht. Weitgehend unbeachtet blieb die Tätigkeit des dritten Mannes, Colonel Richard Gerald Storey, er stand einem Team von Fälschern vor, welche die Schlüsseldokumente des Prozesses produzierten. Nach getaner Tat wurde dieser texanische Anwalt für seinen Einsatz in Nürnberg mit der Medal of Freedom dekoriert.*

Der Mann an der Spitze der Bestrafungsfront war ein von Roosevelt während des Krieges berufener Richter am Obersten Gerichtshof der USA (Supreme Court), Robert Houghwout Jackson. Diesen Mann einen Juristen zu nennen, wäre wohl übertrieben, denn er schloß weder eine einschlägige Ausbildung ab, noch reüssierte er in einem der vorgesehenen Examen.²²³ Dank seiner Mitgliedschaft bei der demokratischen Partei erübrigte sich das, und so nahm er die Hürden in hohe und allerhöchste Justizämter. Ihm genügte die Protektion eines anderen Spitzendemokraten, des Juristen Felix Frankfurter.²²⁴

Im Sommer 1945 bereiteten die siegreichen Alliierten auf einer Londoner Konferenz die Kriegsverbrecherprozesse vor. Sie schufen neues Recht, weil sie sich bewußt waren, wie zweifelhaft die Grundmaxime war, daß Deutschland für diesen Krieg der Alleinverantwortliche sei. In der Sitzung vom 19. Juli 1945 äußerte sich Richter Jackson, der US-Verhandlungsführer, der dann in Nürnberg der Hauptankläger wurde, wie folgt:

*Ich denke tatsächlich, daß dieses Gerichtsverfahren, sollte es zum Gegenstand der Auseinandersetzung über die politischen und wirtschaftlichen Gründe für diesen Krieg werden, in Europa, das ich nicht so gut kenne, und in Amerika, das ich recht gut kenne, unendlichen Schaden anrichten würde. ... Die Deutschen werden sicherlich alle unsere drei europäischen Verbündeten beschuldigen, eine Politik verfolgt zu haben, die sie in den Krieg hineinzwangen. Der Grund, warum ich das sage, ist der, daß die beschlagnahmten Dokumente, die wir haben, schon immer diese Behauptung aufgestellt haben – daß Deutschland in den Krieg hineingezwungen werden sollte. Sie räumen ein, daß sie Krieg planten, aber die beschlagnahmten Dokumente des Auswärtigen Amtes, die ich geprüft habe, laufen alle auf die Behauptung hinaus: „Wir haben keinen Ausweg; wir müssen kämpfen; wir sind eingekreist; wir werden zu Tode stranguliert."²²⁵*

Um diese Einwände zu vermeiden, ermächtigten sich die Sieger, einschlägige Beweisanträge als unzulässig zu verwerfen. Dementsprechend verfuhren sie in der Praxis.²²⁶

Das Konstrukt, das Richter Jackson und seine fröhlichen Mit-Rechtsbeuger zur Zufriedenheit der anti-deutschen Propagandisten in Ost und West ablieferten, waren Rechtsvorschriften, wie sie die Welt noch nicht gesehen hatte. Deren Besonderheit bestand darin, Leute für etwas zu bestrafen, was zum einen bis dato nicht strafbar und zum andern – und das war wichtiger – nicht widerlegbar war, weil, wie soeben gesagt, Gegenbeweise von vornherein unterbunden wurden. Das war nicht nur für die Urteilsfindung praktisch, sondern es verhinderte auch die Diskussion darüber, daß die Kriegsauslösung des Zweiten Weltkriegs nicht eindimensional deutschen Ursprungs war, sondern ganz andere, die sich nun als Opfer, Richter oder Befreier feiern ließen, an den Ereignissen kräftig mitgewirkt hatten.

*Oberstes Ziel der Briten war es, alles so einfach und klar wie möglich zu machen – ein Ziel zu dem auch eine Entscheidung wesentlich beitrug, keine Zeugen aufzurufen und den Beweis der Verschwörung den Amerikanern zu überlassen. ... Berichte an das Foreign Office gestatteten es diesem illustren Ministerium, seinen Einfluß aufrecht zu erhalten, den es zumeist zur Verhinderung der Veröffentlichung von Dokumenten ausübte, die für die Regierung seiner Majestät hätten peinlich sein können.*[227]

So die Feststellungen des stellvertretenden US-Chefanklägers, der selbstredend unter den herrschenden Demokraten als ein Mann ihres Vertrauens galt.[228] Er ersetzte dann bald den Hauptinitiator der *Nuremberg Trial Show*, Richter Jackson, über den sich die Leute in Washington – bald nach dem Tod seines Förderers Roosevelt – das Maul zu zerreißen begannen, wie denn einer zugleich in den USA an oberster Stelle Recht sprechen und im fernen Europa die bösen Nazis verfolgen könne.[229]

Doch zurück zum Prozeßgeschehen: Neben dem Verbot, die gebotenen Beweise zu erheben, wurden Beweismittel als relevant zugelassen und verwendet, die keineswegs über alle Zweifel erhaben waren. Zu den Beweismitteln dieser Art gehörten beispielsweise beeidete Aussagen von Deutschen, die dann aber nicht als Zeugen im Prozeß zugelassen wurden, um zu verhindern, daß sie Dinge aussagten, die mit der Prozeßführung kollidieren mußten. Man nehme die eidesstattliche Erklärung (*affidavit*) des vormaligen SS-Richters Günther Reinecke, der Vorwürfe zu *sogenannten Vorkommnissen* in Konzentrationslagern zu Lasten des dortigen Personals zu ermitteln hatte und dem hierbei auffiel, daß es in einigen Lagern zu gezielten, aber geheimgehaltenen Massentötungen an Häftlingen kam.[230] Diese, an sich aus dem Blickwinkel der Anklage erfreuliche Aussage wurde deswegen zurückgehalten, weil sie mit einer anderen Behauptung nicht zusammenpaßte, nämlich die Tötungsverbrechen seien für jene Deutschen offenkundig gewesen und durch sehr viele gebilligt worden. Ähnliches läßt sich hinsichtlich vieler Beweismittel für die in diesem Zusammenhang genannten Opferzahlen und die Orte der Tötungen sagen.[231]

Zugelassen wurden bevorzugt Hörensagen-Aussagen, wie die des SD-Funktionärs Wilhelm Hoettl,[232] der bereits vor dem Ende des Zweiten Weltkriegs dem OSS-Residenten Allen Dulles seine Dienste angeboten hatte, die er bald nach den Prozessen, auf freiem Fuß, fortsetzen sollte.[233] Aus ähnlichem Holze sind die Aussagen des vormaligen Generalmajors Erwin von Lahousen-Vivremont, Zeuge für Verschwörung und Angriffskrieg.[234] Pietätvoll ließ man beiseite, daß dieser Mann im Militärgeheimdienst Ausland/Abwehr in der fraglichen Zeit die Abteilung für Sabotage und politische Kriegführung (Abwehr II) geleitet hatte, eine Tätigkeit, die er mit der eines französischen Nachrichtenagenten hatte verbinden können.[235] Oder wie wäre es mit Karl Wolff, immerhin ein SS-Obergruppenführer und einstiger Adjutant von SS-Reichsführer Heinrich Himmler. Wolff rettete sich durch sein Techtelmechtel mit dem OSS-Residenten Allen Dulles, das er zu Kriegsende in Norditalien pflegte, was dort zu einer vorzeitigen Einstellung der Kämpfe führte.[236] Diese Art Zeugen war im Deutschland jener Tage besonders verhaßt. Selbst Leute, wie der

Münchner Weihbischof Johannes Neuhäusler, der im KZ gesessen hatte und deswegen kaum ein Nazi zu nennen war, sprach von Berufszeugen, welche die Siegerjustiz erst möglich gemacht hätten.[237]

Doch längst nicht alle Zeugen gehörten in diese Vorzugs- und Vorzeigeklasse. Im Normalfall ging es ganz anders zur Sache. In diesen Fällen ist jeweils zu ergänzen, daß die von amerikanischer Seite kurze Zeit später durchgeführten Ermittlungen, sozusagen in eigener Sache, zu dem Ergebnis gelangten, das Erpressen von Geständnissen durch Folter von Deutschen,[238] die sich in US-Gewahrsam befanden, sei der Regelfall gewesen.[239]

Wenn in solchem Zusammenhang etwas auffällt, so ist es der Umstand, daß es offenbar kaum einen deutschen Rechtshistoriker bislang gegeben hat, der sich des Monstrums des Hauptkriegsverbrecherprozesses und seiner diversen Nachfolger ohne Haß, aber mit dem nötigen Ernst angenommen hätte. So ist man denn auf das Monumentalwerk des Internationalen Militärtribunals angewiesen, das die Sieger zur Belehrung des deutschen Volkes auch alsbald in deutscher Sprache herausbrachten. Ob sie damals große Belehrungsarbeit damit leisteten, mag man bezweifeln. Allerdings gibt es heutzutage genügend viele, die unkritisch diese Monstersammlung benutzen.[240]

Es wäre stattdessen angeraten, sich der zeitgenössischen Quellen zu bedienen. Eine sicher unverdächtige Zeugin im Sinne jedweder Nazi-Verdächtigung ist Ruth Andreas-Friedrich.[241] Sie notierte in ihr Tagebuch:

*In Nürnberg ist ein internationaler Gerichtshof zusammengetreten. ... Wenn man die Menschen das siebenseitige Schanddokument [hier gebraucht im Sinne: ein Dokument der Schande für die Deutschen] überfliegen sieht, scheint es fast so, als ginge sie das alles nichts an. Weder die Verbrechen noch die Verbrecher, weder die Schuld noch die Strafe. „Unverständlich!", sagen die Alliierten. „Vollkommen rätselhaft. Wo steckt denn jener Haß, der angeblich Millionen der Deutschen verzehrt hat?" Er steckt... Ja, wo steckt er eigentlich? Sieben Monate Hunger,*

*Verzweiflung, Existenzkampf und Lebensunsicherheit haben ihm den Wind aus den Segeln genommen. Ja damals im Februar, im März, im April, in den Wochen des Endkampfs, als das Denunziantentum blühte, und selbst der Törichste begriff, wie schurkenhaft ihn der Nazismus betrogen hatte, damals, da war man reif für die Abrechnung. ... Das Schicksal wollte es anders. Die erste Stunde, der erste Tag, die ganzen ersten Wochen nach dem Zusammenbruch gehörten den Schrekken der Vergewaltigung. Nicht einen Atemzug Frist stand zwischen einer Greueltat und der nächsten. Ehe die Bartholomäusnacht herabsinken konnte, war der Blutsauger von gestern der Leidensgefährte von heute geworden. ... Nun werden die Bonzen abgeurteilt. Nicht von uns, sondern von einem ausländischen Gerichtshof. Und für die entgangene persönliche Vergeltung tauschen wir die nebelhafte Kollektivschuld ein.*[242]

Als bemerkenswert mag der Geschichtsforscher notieren, daß er hier bereits auftaucht, der Begriff der Kollektivschuld. Die alliierte Deutschenhaß-Propaganda hatte ihn möglich gemacht.

Unter der über 1000 Personen umfassenden Schar der US-Funktionäre, die in Nürnberg unter den deutschen Verbrechern aufräumen sollte, befanden sich auch ehemalige Deutsche. Aus diesen ragt der promovierte Jurist Robert Kempner heraus. Bereits in jungen Jahren hatte Kempner in der Polizeiabteilung des Preußischen Innenministeriums Karriere gemacht. Eine Mitgliedschaft in der SPD war hierfür die Voraussetzung.[243] Mit der Machtübernahme der NSDAP, als Hitler im Reich als Kanzler Ende Januar 1933 ans Ruder kam, wurde die Beamten-Laufbahn von Kempner jäh beendet. So liest man es. Hierzu kontrastiert ein wenig, daß Kempner noch 1934 seine Amtsbezüge aus der preußischen Staatskasse erhielt. Böse Zungen behaupten, daß seine Verbindung zu Gestapo-Chef Rudolf Diels eine spezielle gewesen sei.[244] Wie auch immer: Er verließ Deutschland, wurde ausgebürgert und schließlich in den USA naturalisiert.

Kempners Stunde kam, als das Nürnberger Team zusammengestellt wurde. Er erwies sich alsbald als unersetzlich, wenn es darum ging, Verteidigungsbemühungen der Angeklagten zunichte zu machen. Sein Lieblingsfeind wurde der NS-Politiker Wilhelm Frick,[245] der als Reichsinnenminister die Ausbürgerung Kempners verfügt hatte. Besondere Meriten erwarb er sich beim Auftreiben des Protokolls der Wannseekonferenz. Das war jene Veranstaltung, bei welcher im Januar 1942 Spitzenfunktionäre des NS-Regimes das beschlossen, was sie die Endlösung der Judenfrage nannten – eine Tarnbezeichnung für die Ausrottung.

Bei dem Rückgriff auf diese Dokumente begegnet der Geschichtsforscher einigen Problemen, die unmittelbar mit der Person Kempners zu tun haben, denn er glaubte sich berechtigt, aus dem Nürnberger Dokumentenfundus mitzunehmen, was ihm wertvoll erschien, besonders eindrucksvoll in diesem Zusammenhang die beschlagnahmten Loseblätter mit den Tagebüchern des NS-Hofphilosophen, Herausgebers des *Völkischen Beobachters* und Ostministers Alfred Rosenberg.[246] Aber es waren auch Dinge aus dem Wannsee-Bestand darunter, die er später in Faksimile veröffentlichte.[247]

Das im Buch von Kempner veröffentlichte Übersendungsschreiben Heydrichs an das Auswärtige Amt, dem als Anlage das Protokoll der Sitzung der Wannseekonferenz beigegeben war, hat nach den Ausführungen von Kempner als Original dem Prozeß vorgelegen, und zwar genau das abgedruckte. Dieses allerdings weist Merkmale auf, die es als wahrscheinlich erscheinen lassen, daß es sich hier um eine Fälschung handelt, die nur vorgibt, ein Original zu sein.[248]

Wie es der Zufall will, tauchte später das Übersendungsschreiben — Heydrich an AA – noch einmal auf, diesmal auf einer deutschen Schreibmaschine geschrieben, und diesmal mit schreibmaschinen-geschriebenen SS-Runen an der entsprechenden Textstelle. Dieses zweite Original befindet sich heute als Kopie in der Gedenkstätte der Wannseekonferenz. Bleibt die Frage, wann es hergestellt worden ist. Existierte es vor dem in Nürnberg vorgelegten

Original, müßte das Kempner'sche Stück zum Zwecke der Vorlage in Nürnberg gefälscht worden sein. Aber warum? Wurde es später, nunmehr mit einer SS-Schreibmaschine, von dem in Nürnberg vorgelegten Kempner'schen Original abgeschrieben, so handelt es sich hier um eine Verfälschung. Besonderen Verdacht erregt der handschriftliche, quer über den Text geschriebene Eingangsvermerk. Er ist auf beiden Dokumenten identisch und stammt von derselben Hand.[249] Ähnliche Originalitäts-Zweifel gelten für das Protokoll selbst.[250] An dieser Stelle sei ausdrücklich eingeflochten, es geht hier nicht um das Stattfinden der Wannseekonferenz 1942 und schon gar nicht um den tatsächlich begangenen Massenmord an Juden 1941-45, sondern um die Prozeßführung in Nürnberg 1945/46 und deren zweifelhafte Beweismittel.

Man sollte nun denken (und als Steuerzahler mit gutem Grund erwarten), daß die von Staats wegen betrauten Verwahrer dieses Dokumentenfundus sich darangemacht hätten, der Sache auf den Grund zu gehen. Hier ist das Ergebnis:

*... stießen Mitarbeiter des stellvertretenden US-Hauptanklägers Robert W. Kempner auf das Protokoll einer Besprechung, die am 20. Januar 1942 in Berlin-Wannsee stattgefunden hatte. Die Authentizität dieses Dokuments steht außer Frage.*[251]

So die quasi-amtliche Feststellung des Leiters der Pädagogischen Abteilung der Gedenkstätte des Hauses der Wannsee-Konferenz, Berlin, in einem für den Schulgebrauch in Deutschland verbreiteten Buch der Bundeszentrale für politische Bildung Nr. 335, 1997 in zweiter Auflage gedruckt und verteilt. Nun kann man nach den vorangegangenen Erörterungen ohne weiteres sagen, daß diese quasi-amtliche Auskunft falsch ist, denn genau das steht in Frage, nämlich ob die präsentierten Dokumente echt sind.[252] Eine diskussionslose Berufung darauf, daß sich die Originale im Fundus des Politischen Archivs des Auswärtigen Amtes befinden,[253] ist kein solcher Beweis, denn dort findet sich vieles, was nach 1945 hinzugekommen oder verändert worden ist. Hierzu habe ich bereits an anderer Stelle das Notwendige gesagt.[254] Dabei mag es sein Bewenden haben.

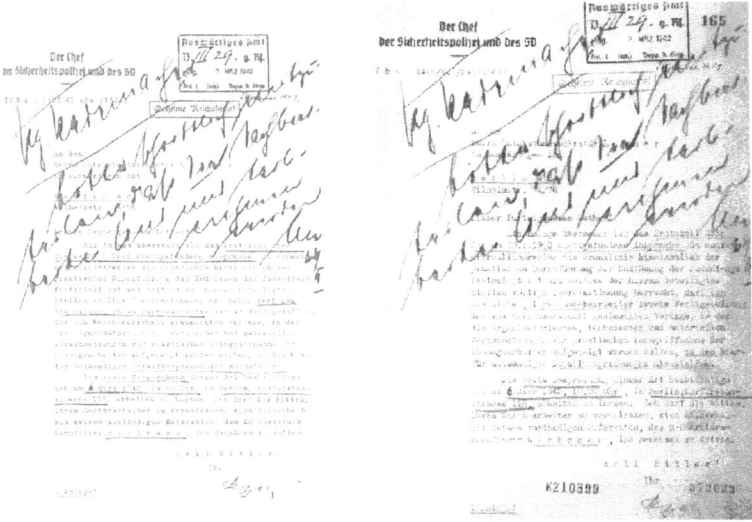

*Papierspuren: Vom obigen Übersendungsschreiben des RSHA an das AA, das Protokoll der Wannsee-Konferenz betreffend, gibt es zwei nicht identische angebliche Originale. Das linke wurde im Nürnberger Hauptkriegsverbrecherprozeß vorgelegt und später in einem Buch von Kempner als Faksimile veröffentlicht. Das rechte ist offenbar später aufgetaucht und findet sich heutzutage als Kopie im Haus der Wannsee-Konferenz.*

Noch einmal! Um nicht mißverstanden zu werden. Die Ermordung von sehr vielen Juden im deutschen Machtbereich steht hier nicht in Frage. Sie kann mit ernstzunehmenden Argumenten nicht bestritten werden. Was allerdings in Frage steht, ist die kriminelle Vorgehensweise der US-Anklage und speziell ihres Mitgliedes Robert Kempner.[255]

Kempner kommt in den Memoiren des Chefanklägers Telford Taylor vielfach vor. Meist wird er lobend erwähnt, so zum Beispiel als er völlig überraschend ein Dokument präsentierte, mit dem er den angeklagten Generalfeldmarschall Erich von Manstein belastete. Manstein konnte sich an das Dokument nicht erinnern. Das wurde ihm nicht abgenommen.[256] Unerwähnt bleibt bei Taylor, dessen Erlebnis-Bericht sich bis ins Jahr 1990 hinzieht, daß es später zwischen den US-Behörden und Kempner langwierige Streitigkeiten gab, als sich herausstellte, daß er Unterlagen aus Nürnberg mitgenommen und beiseite geschafft hatte. Der Jurist fragt erstaunt, ob der Jurist Kempner tatsächlich nicht gewußt haben soll, daß dergleichen nicht erlaubt ist?

Bleibt der Verdacht, daß Kempner irgendeinen Zweck verfolgte. Wie wäre es mit privaten Rachefeldzügen, um die mildeste der möglichen Verdachtsmöglichkeiten zu nennen. 1952, nach dem Tod des unter Kempners maßgeblicher Beteiligung[257] hinter Gitter gebrachten Ex-Staatssekretärs des Auswärtigen Amts, Ernst von Weizsäcker, rückte Kempner erneut mit einem angeblichen Original-Dokument, das die Judenverfolgung betraf, heraus, welches eine Paraphe des nunmehr verstorbenen Staatssekretärs aufwies. Er hatte die Existenz des Papiers bereits im sog. Wilhelmstraßen-Prozeß behauptet, bei dem Weizsäcker verurteilt wurde, aber das Dokument nicht vorgelegt. Jetzt tat er es. Nunmehr fragten sich auch Leute, welche die Kurve ins frisch-gewaschen-demokratisierte Deutschland mit Bravour genommen hatten, ob das eine Fälschung war. Und sie nahmen dies mit guten Gründen an.[258]

Seitdem ist viel Zeit vergangen, deswegen zu Kempner abschließend noch dieses Aktuelle hier:

*Der stellvertretende US-Ankläger in den Nürnberger Prozessen, Robert Max Wassilij Kempner (1899-1993), hat sich über ein halbes Jahrhundert hinweg immer wieder mutig und ohne Rücksicht auf persönliche Nachteile für Demokratie, Menschenrechte und Gerechtigkeit engagiert. Wegen seines aus der Sicht von Teilen der deutschen Gesellschaft oft unbequemen, aber unbeugsamen und qualifizierten Engagements für die juristische Aufarbeitung der nationalsozialistischen Vergangenheit stieß er vor allem in den frühen Jahren der Bundesrepublik auf Ablehnung.*

*Ein Ziel des Dissertationsprojektes ist es, die Voraussetzungen und Bedingungen für Kempners politischen Weg offenzulegen und seine Wirkungsgeschichte zu rekonstruieren. Dabei wird Kempner als Teil einer Gruppe emigrierter „Weimarer Republikaner" gesehen, die in Deutschland nach 1945 versuchten, mit Hilfe der Alliierten und oft unter Hinweis auf die eigene politisch-moralische Überlegenheit ihre rechtspolitische Position im Zusammenhang mit einer scharfen Entnazifizierungs- und Demokratisierungspolitik durchzusetzen.*[259]

Daß seine Zeitgenossen Kempner etwas anders sahen, möchte man ihnen gerne verzeihen. Beurteilt man diesen Mann nach den üblichen Regeln eines Rechtsstaats, so käme man auf das fortgesetzte Begehen von Straftaten, wie Urkundenfälschung, Unterschlagung, Aussageerpressung, Rechtsbeugung, um nur einige Delikte zu nennen, die genügt haben würden, ihn für den Rest seines Lebens hinter Gitter zu bringen.

Grundvoraussetzung dafür, daß Kempner mit seinen fragwürdigen Dokumenten überraschend an die Sonne kommen konnte, war weniger deren Entdeckung, sondern deren Herstellung, bevor sie entdeckt werden konnten. Für diese kreative Tätigkeit war ein anderer Jurist zuständig, der aus Texas stammende Colonel Robert Storey.[260] Das in Nürnberg verwendete Aktenkürzel PS soll unmittelbar auf ihn hinweisen (PS = Paris/Storey).[261] Aus dieser Quelle stammt praktisch alles, was bald einmal als die Schlüsseldokumente von Nürnberg bezeichnet werden sollte, also solche dokumentarischen Harlekinaden wie das Hoßbach- und das Schmundt-Protokoll. Bereits in den 1950-er Jahren haben seriöse deutsche Historiker auf das Unhaltbare dieser sog. Schlüsseldokumente mit ernstzunehmenden Argumenten hingewiesen.[262] Wie man weiß, hat das wenig gefruchtet. In späteren Jahrzehnten wurde gegen solche, die nicht nur Fragen stellen – was schon schlimm genug war –, sondern auch unerwünschte Antworten gaben, die Nazi-Keule ausgepackt.

Bleibt noch ein Nachtrag zum Herrn der Dokumente, Bob

Storey. Nach getaner Tat wurde er aufgefordert, mit seinem segensreichen Tun in Tokyo fortzufahren, wo es galt, zwei Dutzend Japaner aufzuhängen. Das lehnte er ab, weil in Texas die Geschäfte auf ihn warteten. Immerhin erschien der US-Regierung das Wirken des nunmehrigen Ex-Colonels so wertvoll, daß er umgehend mit der *Medal of Freedom*, der höchsten Auszeichnung, die der US-Präsident zu vergeben hat, geschmückt wurde.

Zur selben Zeit als man in Nürnberg zu Gericht saß, machten die Greiftrupps der US-Armee Jagd auf Deutsche, die sich an den Piloten der Air Force vergangen hatten.[263] Daß diese zuvor Scheibenschießen auf herumlaufende Kinder veranstaltet hatten, berechtigte deren Eltern keineswegs, den Versuch zu unternehmen, sich mit Jagdwaffen hiergegen zu wehren. Fiel also einer dieser Freiheits-Helden bei solcherlei Kinder-Hasenjagd vom Himmel und wurde anschließend auf dem Acker liquidiert, so lag ein Kriegsverbrechen vor, das mit der Todesstrafe vergolten wurde.

*[Loni B. (13)]: Es waren einige Meilen von dort bis nach Hause. Ich dachte, daß ich dort sicherer wäre. Das war auch so, bis ich in die Gegend der Kampfbahn-Allee kam. Da fing dann ein Flugzeug an, mich zu beschießen. Sie wollten mich treffen. Im Schutz der Bäume habe ich das überlebt. Bevor der Flieger zurückkam wurde ich schnell von jemandem in den Haus-Flur gezogen.*[264]

Ebenso wie die Deutschen erhielten im fernen Japan die Besiegten nach der Kapitulation einen Kriegsverbrecherprozeß verordnet, der ein für alle Mal klarstellen sollte, wer die Guten und wer die Bösen waren.[265] Auch dieser Prozeß endete mit den von vornherein festgesetzten Todesurteilen, die mit dem Strang vollstreckt wurden. Doch nun kommt der Unterschied zu Nürnberg. Er ist so gravierend, daß sich die alliierte Kriegszensur veranlaßt sah, die Einzelheiten unverzüglich unter Verschluß zu nehmen.

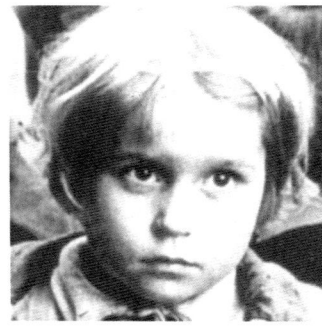

*Kinderaugen: Jeder Autor ist versucht, Bilder dieser Art als Beweisstücke zu präsentieren. Diese Aufnahme zeigt vermutlich deutsche Flüchtlings-Kinder bei Kriegsende, doch sicher ist dies nicht. Wenn man den Bildausschnitt verändert, wird der Propagandaeffekt schärfer.*

Die für die Sieger bestürzenden Fakten ergaben sich aus dem Verhalten eines der Richter. Es war der indische Jurist Radhabinod Pal, der auf der Richterbank Platz genommen hatte. Britische Weltmachtallüren hatten dies veranlaßt, die Fiktion, immer noch Herr im Hause mit dem Namen *The British Empire* zu sein. Das war ein Irrtum. Mit der Atlantik-Charta vom August 1941, in der die beiden *Führer der freien Welt*, Roosevelt und Churchill, das Selbstbestimmungsrecht der Völker großspurig zum unumstößlichen Motiv ihres gewalttätigen Handels deklariert hatten, trieben in Wirklichkeit die Amerikaner den alles entscheidenden Sargnagel ins britische Weltreich, denn die Völker genau dieses Weltreichs bezogen die Versprechungen der Charta auf sich – allen voran die Inder.[266]

Richter Pal tat nun etwas, was keiner der Sieger hören mochte: Er schloß sich keineswegs der längst vorformulierten Verdammung des geschlagenen Kriegsgegners an, sondern verfertigte ein abweichendes Votum. In diesem legte er die argumentative Axt an die Siegerjustiz. Hierzu gehörten juristische Selbstverständlichkeiten, wie der römisch-rechtliche Grundsatz *nulla poena sine lege* (keine Strafe ohne Gesetz), wogegen die Siegerjustiz mit ihren Erfindungen vom verbotenen Angriffskrieg, von der Verschwörung gegen den Weltfrieden und vom Verbrechen gegen die Menschlichkeit in reichem Maße verstießen, denn von diesen Straftatbeständen hatte vor der Verlesung der Anklageschrift noch keiner der nun Angeklagten etwas gehört. Erschwerend auch, daß diese angeblich weltumspannenden Grundsätze nur im speziellen Fall gelten sollten und nicht für diejenigen, die sie hier so lautstark deklarierten.

Das alles wäre vielleicht noch hinzunehmen gewesen, doch der Angriff des Inders zielte tiefer. Es war die Analyse, daß es sich hier um einen Interessenkonflikt zwischen Nationalstaat und einer angemaßten Weltregierung handele, welche Pal als längst überlebt und durch den Nationalstaat überwunden bezeichnete. Der Nationalstaat als die allein das Recht setzende Instanz war gegenüber einer Siegerjustiz immun. Der Prozeß als solcher war damit Unrecht. Pals Votum blieb ohne direkte Folgen, denn es wurde sogleich unter Verschluss genommen. Doch es hatte ein Nachspiel:

In Tokyo existiert ein Gedenkort für die Todesopfer der Tokyoter Kriegsverbrecherprozesse. Zu dieser Stelle pflegen japanische Regierungsmitglieder nach Amtsantritt zu pilgern, um sich zu verneigen.

## Parteiarbeit: Die Entnazifizierung

Die NSDAP hatte zahlreiche Mitglieder. Nach Schätzungen waren es bei Kriegsende ca. 8 Millionen Männer und Frauen.[267] Neben der NSDAP gab es Parteigliederungen, deren Angehörige nicht zwingend auch Parteimitglieder waren. Die bekanntesten dieser Gliederungen waren die Sturmabteilung (SA) und die Schutzstaffel (SS). Bei der Festlegung von Mitgliedschaften und Zahlen kommt bei der SS die Schwierigkeit hinzu, daß deren Untergliederung, die Waffen-SS, auch zahlreiche Nicht-SS-Mitglieder in ihren Reihen hatte, zumal gegen Kriegsende der Mannschaftsbestand dieser wehrmachtsähnlichen Formation auch durch die Rekrutierung nicht-freiwilliger Wehrpflichtiger und zahlreicher ausländischer Freiwilliger gedeckt wurde.

Da alle diese Personen nach den Phantasien der Nürnberger Sieger-Justiz verbrecherischen Organisationen angehörten, deren Mitgliedschaft allein Strafe nach sich zog, kann man sich leicht vorstellen, daß die Verfolgung dieses Millionenpublikums das öffentliche Leben in Deutschland zum Erliegen brachte, wodurch das Chaos nur noch vergrößert wurde. Die Aburteilung der Delinquenten wurde nicht der Justiz, sondern eigens geschaffenen Organen überlassen, deren Strafbefugnisse happig waren. Sie reichten von Haft über Zwangsarbeit, Vermögenseinzug, Geldstrafen bis hin zu allgemeinen und speziellen Berufsverboten.

Damit nicht genug: Die Alliierten, vor allem die US-Amerikaner, behielten sich Spezialprüfungen für die Auswahl in besonders kritischen Berufen wie den Journalisten und Verlegern vor. Wer sich über die Hybris, die sich hier austobte, eine Übersicht verschaffen will, der greife zu *Der Fragebogen*, ein halb-ernster, halb-zynischer Verriß des Autors Ernst von Salomon, der im Jahre 1951 erstmals erschien und so oft gekauft wurde,[268] daß man mit Fug und Recht sagen kann, er habe seinerzeit den Nerv der entnervten Deutschen getroffen.

Die gesamte Entnazifizivererei ging Anfang der 1950-er Jahre sang- und klanglos zu Ende. Ironischerweise war es so, daß der Anstoß hierzu aus der Sowjetischen Besatzungszone kam, aus der mitgeteilt wurde, die Angelegenheit sei abgeschlossen.[269] Hierfür gab es gute Gründe. Buntgemischt mit völlig willkürlichen Zuchthaus- und Lagerstrafen sowie ungezählten Deportationen in die Lager Sibiriens griff die sowjetische Besatzungsmacht rücksichtslos auf die sog. Spezialisten zu, die, wenn sie gutwillig waren, in die eigens für sie gegründete NDPD eingegliedert wurden, und, wenn sie noch gutwilliger und nützlicher waren, in die SED. Da mochten die Westmächte nicht zurückstehen.

Mit anderen Worten: Völlig außen vor waren, ganz egal auf welcher Seite des sich bildenden Eisernen Vorhangs, all die vielen Neu-Alliierten, die für die Besatzungsmächte unmittelbar von Nutzen waren. Das war ein weites Feld. Es reichte von Huren und

Agenten bis zu Atomwissenschaftlern und Raketentechnikern. Über deren braune Flecken sah man großzügig hinweg. Darauf mit dem Finger zu deuten, war Jahrzehnte später einigen Gutmenschen diesseits und jenseits des Atlantiks vorbehalten.

Bevor dieses Kapitel abgeschlossen wird, sei noch schnell des Heers jener gedacht, die in zwei unterschiedlichen Kolonnen zur wiederauferstandenen Unschuld marschierten. Das waren die Selbst-Entnazifizierten, von denen beispielgebend der SS-Mann Günter Grass und das NSDAP-Mitglied Walter Jens wie Tugendleuchttürme in der politischen Landschaft der Bundesrepublik standen,[270] und die erstaunlich zahlreichen Opfer und Widerständler, bei denen solches Erdulden oder Tun während der NS-Herrschaft selbst nicht aufgefallen war.[271] Man weiß nicht, bei welcher dieser Sorten von Wendehälsen man mehr Verachtung empfinden soll. Einige davon werden in diesem Buch noch zu besichtigen sein. Ich betone diese Trittbrettfahrer deswegen, weil sie aus den tatsächlichen Opfern des NS-Regimes einen Popanz machten, und jeder aufgedeckte Fall von Widerstandsschwindel Wasser auf die Mühlen derjenigen sein mußte, die in späteren Jahren die tatsächlich begangenen Untaten pauschal in Abrede stellten.

# 4. Kapitel

# Das zweischneidige Schwert – Umerziehung von Amerikanern und Deutschen

Beim Stichwort der Umerziehung denkt der Deutsche, wenn ihm heutzutage überhaupt noch etwas dazu einfällt, an die amerikanischen Bemühungen, das Volk der verruchten Nazis in Demokraten nach dem Ebenbild des großen und guten Amerika umzuformen.[272] Diese Sicht der Dinge ist eine Verkürzung, die einer verständlichen deutschen Nabelschau entsprungen ist. Doch in Wirklichkeit war das vordringliche Ziel der amerikanischen Umerziehung das eigene, das amerikanische Volk. In diesem Kapitel wird zunächst dieser vielleicht erstaunlich klingenden Behauptung nachgegangen. Sodann wird die Umerziehung der Deutschen beleuchtet – die Idee hierzu, die Akteure, ihre Aktivitäten und die Langzeitfolgen.

## Nazi-Wahn:
### Die Fabel vom Kampf des großen und guten Amerika gegen die Nazi-Hydra und einige Bemerkungen über Geschichtsklitterung und das Umschreiben der amerikanischen Geschichtsbücher und auch dazu, wer das bezahlte

Ziel der Umerziehung war in erster Linie das amerikanische Volk. Um diese Behauptung zu belegen, muß man sich den Nachkriegszirkeln in New York nähern, wo die einschlägigen Gedanken formuliert und die finanziellen Weichen entsprechend gestellt wurden. An der Spitze der Bewegung stand der Council on Foreign Relations. Von dort schrieb man 1946 einem seiner Hauptgeldgeber, der Rockefeller Stiftung, auf, was jetzt das Gebot der Stunde sei:

*Das Studienkomitee des Council on Foreign Relations ist besorgt, daß die entlarvende journalistische Kampagne, die dem Ersten Weltkrieg folgte, sich nicht wiederhole, und glaubt, daß die amerikanische Öffentlichkeit einer klaren, kompetenten Stellungnahme unserer grundlegenden Ziele und Aktivitäten bedarf.* [273]

Diese Forderung fiel auf fruchtbaren Boden, wie der in den USA bekannte Ökonom Gary North Jahrzehnte später offenbarte:

*Die Rockefeller Stiftung gab einen Zuschuß von 139.000 $, um ein Buch zu befördern..., um unsern Eintritt [in den Krieg] zu verteidigen. In heutiger Währung sind das 1,7 Millionen Dollar. ... Diese [Bücher] waren noch zwei Jahrzehnte später Standardwerke, als ich in der Schule war.*[274]

Wovon redeten diese Leute? Sie sprachen von der Furcht der allein tonangebenden Ostküstenelite, die unmittelbar nach dem Ende des *Ersten* Weltkriegs hatte erleben müssen, wie durch bedeutende Vertreter aus der akademischen Lehre die angloamerikanische Kriegspropaganda über den Kriegsbeginn, den Kriegsverlauf und die Motive für die Kriegsbeteiligung der USA in aller Öffentlichkeit hinterfragt und demontiert worden war.

Die Wirkung dieser Wahrheitssuche ging so weit, daß sich bemerkbare Teile des Kongresses dem Ergebnis anschlossen und Regelungen erließen, die es der US-Regierung unmöglich machen sollten, sich an auswärtigen Kriegen in Zukunft zu beteiligen – und sei es durch bloße Waffen- und Materiallieferungen. Es ist bereits an anderer Stelle dargelegt, wie Roosevelt durch Lügen und Verheimlichen diese Klippen umschiffte und die USA und zuvor andere Länder in den Zweiten Weltkrieg hineinmanövrierte.[275] Diese strikt unter Ausschluß der amerikanischen Öffentlichkeit abgelaufenen Manöver waren den Entscheidungsträgern in Washington und New York nur zu gut bekannt. Es war in ihren Augen notwendig, die normalen Amerikaner von diesem Wissen fernzuhalten, damit die

Fernziele einer Weltbeherrschung nicht erneut hinterfragt oder sogar behindert würden.

Die Bücher, die wie geplant den amerikanischen Buchmarkt ab 1952/53 dominierten, waren Auftragsarbeiten unter dem Sammeltitel *The World Crisis and American Foreign Policy* (Die Weltkrise und die amerikanische Außenpolitik)[276] des Autoren-Duos William Langer und Everett Gleason. Zu dem Zweigespann gesellte sich alsbald Herbert Feis, der sich ähnlicher institutioneller und finanzieller Förderung erfreuen durfte und circa ein Dutzend Geschichtsbücher rund um den Zweiten Weltkrieg beisteuerte, dessen wichtigstes eine Weißwaschaktion für die provokativen Roosevelt-Manöver war, die wie gewollt in die Katastrophe von Pearl Harbor einmündeten.[277] Dieses Schurkenmanöver galt es nach Kräften wegzulügen.

Es lohnt sich, einen kurzen Blick auf diese Autoren zu werfen, die das Geschichtsbild der Amerikaner fortan prägen sollten. William L. Langer war ein Harvard-Historiker, der ab 1942 die Abteilung Research and Analysis (R&A – Forschung und Analyse) des US-Geheimdienstes OSS leitete.[278] Hier hatte sich versammelt, was in den Elite-Hochschulen der USA Rang und Namen hatte, um herauszuarbeiten, wie man ganze Staaten nach eigenem Gusto umkonstruieren konnte. Aus solcher Gedankenwerkstatt stammten auch die Phantasien um eine Stunde Null in Deutschland.

Der zweite Mann, Everett Gleason, war ebenfalls für die Umerziehung des amerikanischen Volkes gut ausgewiesen. Auch er ein Historiker und Hochschullehrer. Nur Nörgler werden auszusetzen wissen, daß er seine Meriten in der mittelalterlichen Kirchengeschichte erworben hatte.[279] Das war nun im wahrsten Sinne des Wortes Geschichte, denn spätestens 1942 war er in der Gegenwart angekommen und einer der leitenden Figuren als Oberstleutnant der US Army im OSS. Von hier aus wurde er 1946 als Historiker beim CFR unmittelbar angeheuert, der, wie wir schon gesehen haben, auch die notwendigen Mittel bei den Menschheits-Freunden aus dem Hause Rockefeller beschafft hatte.[280] Es folgte 1950 eine

Anstellung als stellvertretender Exekutiv-Sekretär beim Nationalen Sicherheitsrat der US-Regierung, wodurch sichergestellt war, daß Gleason an alle wichtigen amtlichen Papiere herankam. Ab 1959, mittlerweile waren die Bücher fertig und auf dem Markt, folgten diplomatische Verwendungen, vor allem in England.[281]

Bleibt noch der dritte, Herbert Feis. Er war der Sohn von Einwanderern aus dem Elsass.[282] 1916 schloß der 21-jährige ein Studium der Politologie in Harvard mit dem Bachelor-Examen ab. Dann folgten die Eheschließung mit einer Enkelin des vormaligen US-Präsidenten Garfield und Arbeiten an einer Dissertation, die 1921 fertig wurde, sodaß Feis keinen Kriegsdienst leisten konnte. Europa bereiste er erst intensiv, als der letzte Schuß gefallen war. Sein Interesse galt den Finanzströmen aus den USA. Diese zu erkunden, ermöglichte die Schatulle der Guggenheim-Stiftung.

Auch dem Internationalen Arbeitsamt (ILO), einer Einrichtung des Völkerbunds in Genf, widmete Feis mehrere Arbeitsaufenthalte, obschon die USA 1919 dem Völkerbund gar nicht beigetreten waren. Nebenbei bemerkt: Das ILO war der Hauptrekrutierungsort der INO, was die Auslandsspionage der sowjetischen Geheimpolizei GPU/NKWD war, und des deutschen SD. Der Grund: Hier arbeiteten Gesinnungsgenossen aus aller Welt, die man, wie es so schön hieß, aufgrund ideologischer Übereinstimmung anwerben konnte. Die Erfolgsliste ist ellenlang.[283] Ob auch Feis ins Visier geriet, ist unbekannt. Dagegen ist bekannt, daß er bereits in dieser Zeit auch durch den Council on Foreign Relations gesponsert wurde.[284] Zurück in den USA schaffte Feis dank solcher Förderung den Sprung ins State Department (US-Außenministerium) als *adviser* (Berater) für Außenwirtschaft. So verbachte er die 1930-er/40-er Jahre. Er war also entgegen den beiden anderen Umerziehungsautoren kein US-Geheimdienstmitarbeiter, aber er stand mit deren Chefs auf vertrautem Fuß.[285]

Es folgte eine außerordentlich fruchtbare Schaffensphase mit detaillierten Darstellungen zur jüngsten US-Außenpolitik, die 1961 mit dem Pulitzer Preis belohnt wurden.[286] Seit 1986, 14 Jahre nach dem Tod von Feis, kreierte die amerikanische Historikerzunft (American Historical Association) ihm zu Ehren, den Herbert Feis-Preis.[287] Dem deutschen Leser mag diese Preisstiftung belanglos vorkommen,[288] doch sie kann in ihrer Wirkung kaum überschätzt werden. Die Eliten der USA waren dabei, sich in der Ägide des Präsidenten Ronald Reagan neu zu formieren und die Schockstarre der Niederlage von Vietnam abzuwerfen. Hierzu paßte die Rückbesinnung auf einen Historiker, der wie kaum ein anderer Amerikas jüngste Vergangenheit gepriesen hatte, indem er sie für diese Zwecke passend machte.

Der Leser mag sich wundern, wieso eigentlich der CFR dieses innenpolitische Belehrungsprogramm in den USA fuhr, in welchem die US-Außenpolitik lediglich das Vehikel war, um einen inneramerikanischen Effekt zu erzielen – nämlich das Bewahren der Massen vor unangenehmen Rückfragen an die Politikgestalter. Doch das sind Spitzfindigkeiten. Der CFR sah sich als Versammlungsort der gestalterischen Eliten der USA. Für diese Leute war die Unterscheidung zwischen äußerer und innerer Politik etwas Künstliches, da sie die Welt ohnehin als ein ihnen gehörendes Ganzes betrachteten. Mustert man das Vereinsorgan des CFR, *Foreign Affairs*, durch, so wird man immer wieder auf dezidiert innenpolitische Themen, wie zum Beispiel den letzten Präsidentenwahlkampf stoßen.[289] Innenpolitik kam und kommt immer dann in den Fokus, wenn die inneren Verhältnisse der USA Gefahr laufen, den globalen Anspruch seiner Eliten zu behindern.

Dreh- und Angelpunkt der innenpolitischen Beeinflussungsoperation wurde der Begriff Nazi. Er war bereits in der US-Weltkriegs-II-Propaganda zu Hause gewesen und hatte dort den Hunnen des Ersten Weltkriegs verdrängt. Nazi war gleichbedeutend mit dem personifizierten Übel, und der Nazi war ein Synonym für den Deutschen. Wenn also von Deutschland oder Deutschen die Rede war, wurde Nazi verwendet. Hierbei ist es bis heute geblieben. Das Festhalten an dem Begriff ist schlechthin konstitutiv, es zieht sich durch beliebige amerikanische Publikationen, um damit zum Ausdruck zu bringen, was damals angeblich gemacht werden *mußte*, um die Welt zu retten. Damit wurde der Kampf gegen die Nazis nach dem Gründungsakt der USA durch die *Founding Fathers* zum zweiten, nicht zu diskutierenden Eckpunkt des US-Staats-Mythos. *We the People*...[290] Wir, das Volk, nunmehr ergänzt um: wir, die Guten.

### Geformt nach meinem Bilde: Die Umerziehung der Deutschen nebst einigen Bemerkungen über die Frankfurter Schule

Frühzeitig wurde auf US-amerikanischer Seite die Umerziehung der Deutschen debattiert und eingeleitet. So auf der höchsten Ebene beim Tee am 9. September 1944, wo sich US-Präsident Roosevelt, Finanzminister Morgenthau und die formale Immer-noch-Ehefrau des Präsidenten, Eleanor Roosevelt, der Frage der Umerziehung widmeten.[291] Es war dasselbe Treffen, bei welchem der US-Präsident seinem wichtigsten Handlanger Morgenthau signalisierte, daß er dessen Deutschlandplanung, den später berüchtigten Morgenthau-Plan, an das Kriegsministerium mit einem befürwortenden Begleitschreiben weitergegeben habe.

Die Mittwochs-Tee-Runde war sich einig, daß dieser Plan sofort 18 bis 20 Millionen Erwerbstätige in Deutschland ihrer Existenzgrundlage berauben würde – das Wort Hungertod vermieden die Tee-Freunde geflissentlich. Der Präsident fügte hinzu, daß ihm das nicht ausreiche, sondern die Deutschen müßten zugleich umerzogen werden. Dies sei nach seiner Vorstellung dadurch zu bewerkstelligen, daß man ihnen jegliche Uniformen und das Marschieren verbiete. Dann könnten sie ihren Kindern ihren Militärgeist nicht mehr weitergeben. Morgenthau intervenierte mit dem Hinweis, daß dies nicht genug sei, sondern es wäre wirkungsvoller, die überlebenden Deutschen im Alter zwischen 20 und 40 Jahren nach Zentralafrika auszusiedeln. Es bleibe aber das Erziehungsproblem zu lösen.

*Unter den Talaren Muff von tausend Jahren: Die sog. Studentenbewegung zerstörte unter der Anleitung ihrer akademischen US-Umerzieher die Ordinarienuniversität. Professoren, die es sich leisten konnten, ergriffen die Flucht. Im Bild (vermutlich Uni Hamburg ca. 1958 beim Rektorenwechsel) links der Volkswirtschaftler Karl Schiller, der in die Politik auswich, rechts neben ihm der Physiker Carl Friedrich von Weizsäcker, für den am Starnberger See ein Max Planck-Institut errichtet wurde (Q.: Presse- und Informationsamt der BReg.).*

Moderne Geschichts-Retoucheure werden nicht müde darauf zu verweisen, daß die Morgenthau-Planung nicht realisiert worden sei. So sei aus dem grade beschriebenen Strategie-Gespräch vom 9. September 1944 der große Afrika-Plan des Henry Morgenthau, der in fataler Weise den Juden-Aussiedlungsplänen eines Adolf Hitler ähnlich sah,[292] nicht umgesetzt worden. Durch solcherlei Nichtumsetzungs-Hinweise wird vertuscht, welche Teile des Morgenthau-Plans hingegen gnadenlos realisiert wurden. Da war zunächst die Stillegung der deutschen Wirtschaft, von der schon die Rede war, und da war das Thema Umerziehung, von dem jetzt die Rede sein muß. Denn während die Roosevelts mit Morgenthau noch Tee tranken, hatten andere bereits Nägel mit Köpfen gemacht, die jetzt, nachdem das Placet aus dem Weißen Haus kam, eingeschlagen werden konnten.

Es wurde schon gesagt, daß es in den USA keine einheitlichen Vorstellungen darüber gab, wie man mit den dereinst besiegten

Deutschen umspringen sollte. Es gab drei Hauptgruppen: die Ausrotter, die Umerzieher und die Geschäftemacher. Es liegt auf der Hand, daß sich deren Ziele nicht miteinander vertrugen. Denn wenn erst einmal die Deutschen als Rasse[293] ausgelöscht waren, gab es weder etwas zu erziehen oder umzuerziehen, geschweige denn Geschäfte zu machen. Jedenfalls im Prinzip nicht, es sei denn, daß man, wie der Geschäftemacher Bernard Baruch, 1945 auf das Wiedererstarken der Briten gesetzt hatte,[294] dann war das Ausrotten dem Geschäftemachen dienlich.

Für alle diese Denkrichtungen gab es institutionelle Hochburgen. Die Ausrotter saßen bevorzugt im US-Finanzministerium und in der Antitrust-Abteilung des Justizministeriums sowie in einer Sonderbehörde, dem OWI, auf das schon deshalb jetzt ein kurzer Blick fällig wird, weil sein Zwilling, das OSS, die Geschäftemacher beherbergte. Das Office of War Information (OWI) und das Office of Strategic Studies (OSS) waren nach monatelangen Grabenkämpfen am 13. Juni 1942 als Bundesbehörden aus demselben Nukleus entstanden.[295] Die Trennung erfolgte – als typische Roosevelt-Lösung – deswegen, weil die Protagonisten der verschiedenen Deutschland-Strategien unter einem Dach nicht zu befrieden waren. Auf diese Weise kam die Deutschenhaß-Propaganda in das OWI und die politische Feindstaaten-Kriegführung einschließlich der Spionage ins OSS.

Innerhalb des OSS bildete sich eine Forschungsabteilung, die das Einfalltor für intelligente Außenseiter wurde, die sich darüber Gedanken machten, wie der Deutsche an sich aussähe, und vor allem, wie er nach dem Sieg umzuerziehen sei. Einen von diesen, den Historiker William Langer hat der Leser soeben als Umerzieher für das amerikanische Volk kennengelernt. Doch es gab an Ort und Stelle noch einen zweiten Langer, Walter, einen Bruder des Erstgenannten. Dieser war Psychoanalytiker, und der installierte ein Umerziehungsestablishment, das Langzeitwirkung entfalten sollte. In dieser Abteilung R&A regierten Leute, die bis vor kurzem noch in den Elite-Schmieden der Ostküste das große, wenn auch theoretische Wort geschwungen hatten. Sie sahen mit Behagen einen Menschenzoo vor sich, in dem man in Kürze würde schalten und walten können.

Um das Umerziehungswesen vorzubereiten, wollte Langers Psychiatrische Feldeinheit PFU[296] genauer wissen, wie es um das Innerste der bösen deutschen Rasse bestellt war. Eine eigens zu diesem Zweck angeheuerte Emigranten-Crew[297] und der in der Schweiz agierende Carl Gustav Jung[298] sagte es ihnen.[299] Zugleich empfahl man sich selber, die jetzt notwendigen Feldversuche im eroberten Deutschland anzuleiten und durchzuführen.

Nach dem Krieg kam irgendwann heraus, was die Psycho-Krieger um Walter Langer und Henry Murray[300] sowie andere in deren Auftrag getrieben hatten, um ein Psychogramm der Deutschen und ihres Führers zu erstellen.[301] Allgemein wurde fortan die Präzision gepriesen, mit der Hitlers Selbstmord vorhergesagt worden war.[302] Sieht man etwas näher hin, dann legt sich die Euphorie, denn der Selbstmord wurde lediglich als eines der möglichen Finale bezeichnet, allerdings unerwünscht, denn es sei das Ziel der Amerikaner, den Diktator lebendig zu ergreifen, um ihn zu zwingen, in aller Öffentlichkeit die demütigende bedingungslose Kapitulation zu unterschreiben. Blickt man in die weiteren Analysen dieser vorbildlichen Analytiker, zum Beispiel in die, wo sie das Attentat vom 20. Juli 1944 als *fake* bezeichnen,[303] kommen einem Bedenken, wie gut sie wohl den Gegenstand ihres Analysenfleißes kannten.

Die sogenannten Analytiker bauten nicht auf der grünen Wiese, als sie ihre anti-deutschen Floskeln zusammenbrauten, sondern sie konnten sich auf Vorbilder stützen. Es waren die üblichen Zusammenstellungen von deutschfeindlichen Ressentiments, die in England und den USA mit großem finanziellen Aufwand salonfähig gemacht wurden. So das Hauptwerk des Emigranten Franz Neumann *Behemoth. Struktur und Praxis des Nationalsozialismus*.[304]

Es lohnt sich, dieses Buch zu lesen und mit der Wirklichkeit zu vergleichen, dann stößt man bereits in den Einleitungssätzen, die vom imperialistischen Kaiserreich und seinen permanenten Kriegen handeln, auf eine Mixtur aus alliierter Haßpropaganda des Ersten Weltkriegs und marxistischem Gewäsch. Leute wie Neumann waren die Gescheiterten einer gescheiterten Republik, an deren Untergang sie und ihre kommunistischen Gesinnungsgenossen erheblichen Anteil hatten – sie hatten sich in den 1920-er/Anfang-1930-er Jahren in einem Frankfurter Institut konzentriert, von dem gleich die Rede sein wird. Jetzt organisierten sie mit Hilfe ihres Klassenfeindes, den sie für ihre Zwecke einzuspannen gedachten, ein Comeback – Unterwanderung inbegriffen.

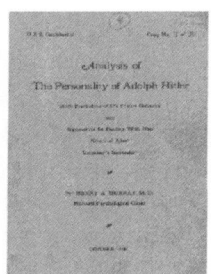

*Auf der Couch mit Langzeitfolgen oder: einer schreibt beim andern ab: 1943 machten die Wissenschaftler der R&A-Abteilung im OSS mehrere psychoanalytische Studien über Hitler und die Deutschen, welche in Vorschlägen für Aburteilung und Umerziehung einmündeten. Ein Ziel sei die Erzeugung von extremem Individualismus durch die Aberziehung des autoritären Charakters der Deutschen. Links das ursprüngliche Gutachten, sodann die von Walter Langer umgeschriebene Fassung, die Jahrzehnte später, 1972, als Buch erschien. Daneben der marxistische Vorläufer:* Behemoth *von Franz Neumann, 1942 publiziert, hier in einer der zahlreichen geänderten Neuauflagen. Rechts schließlich dessen vermutlicher Vorgänger, die vom britischen MI6 unter dem Pseudonym Hansjürgen Köhler 1940 veröffentlichte Schrift* Inside Information, *deren Stichwortgeber der Mehrfachagent Heinrich Pfeifer war.*

Bei Neumanns Buch böte sich an, nach seinen Quellen zu fragen. Bei wissenschaftlichen Texten gilt dies als üblich. Unter den *vor* dem *Behemoth* veröffentlichten anti-deutschen Propagandaschriften wird man fündig. Wie wäre es mit den beiden Büchern eines gewissen Hansjürgen Köhler,[305] die 1940 in London erschienen?[306] Da ist alles Einschlägige, wenn auch als Erlebnisbericht, abgehandelt. Eine seriöse Textanalyse würde sicher helfen. Stattdessen findet der Betrachter der Szenerie in Sachen *Behemoth* kübelweise Andachtsübungen,[307] was die Frage aufwirft, ob es sich bei der politischen Wissenschaft wirklich in jedem Fall um eine Wissenschaft handelt.[308]

Fragt man nach Neumanns Geld-Quellen und seinen Motiven, so sollte man berücksichtigen, daß bei ihm neben dem OSS noch weitere Dienstherren aktenkundig sind, denn er hatte zudem den Weg zu den brüderlichen Sowjets gefunden, für deren Auslandsdienst INO[309] er tätig wurde,[310] wenn denn die Venona-Decrype stimmen, wovon ich ausgehe.[311] Doch bevor er sich noch mehr engagieren konnte, entfernte ihn ein Autounfall in der Schweiz im Jahre 1954 aus der vielversprechenden Umerzieherlaufbahn. Es war die Zeit der Autounfälle.

Als die amerikanischen Dienstherren ihre Umerziehungs-Schützlinge nach Deutschland ausschwärmen ließen, handelten sie, wie der Jurist sagen würde, mindestens mit bedingtem Vorsatz: den Eintritt dessen, was sie erzeugten, nahmen sie billigend in Kauf. Man lese nur, was die Mannen aus dem OSS als wahrscheinliche Folge ihres Siegesdreiklangs (Besetzung des Landes, bedingungslose Kapitulation und kurz und bündiger Aburteilung der deutschen Verantwortlichen) zu Papier brachten:

*Desorganisation und Konfusion wird die allgemeine Folge sein. Sie bilden den Brutplatz für extremen Individualismus. Ein bemerkbarer Teil der Bevölkerung wird durch schwere Schuldgefühle heruntergezogen werden.*[312]

Soweit die Vorausschau. Sie enthielt Realistisches und Gewünschtes gleichermaßen. Doch niemand wird nach Lektüre dieser Bastelanleitungen bestreiten können, daß es den Umerziehern ernst war, die Deutschen in ihrem Deutschsein zu brechen.

Ein wichtiger Schritt in diese Richtung sei das Eliminieren alles Preußischen, verkörpert in der Junker-Klasse, da hier der Urgrund für die Verschwörung der Deutschen gegen die Welt liege. Den Deutschen müßte bewußtgemacht werden, daß sie gegen die eine Welt, die gegen sie geschlossen zusammenstehe, keinerlei Aussicht auf die Weltherrschaft (mehr) hätten. Den Deutschen sei beizubringen, daß sie gegen eine *Welt*armee und eine *Welt*polizei keine Chance hätten. Das war die *One World*-Ideologie in purer Ausprägung – das Diktat kraft besserer Einsicht, wie die ganze Welt nach amerikanischem Vorbild zu ticken habe.

Nun mag man einwenden, daß die Deutschen, wenn sie nicht gerade durch Nahrungs- und Brennholzraffen blockiert waren, ohnedies spätestens ab 1946 mitkriegten, daß es mit der *einen Welt* Essig war. Das hinderte die Ideologen der Umerziehung jedoch nicht, in ihrem Machtbereich einfach weiterzumachen und zu ignorieren, daß die Grundlagen ihrer *One World*-Phantastereien zusammengebrochen waren. In der Tatsache, daß diese haßerfüllten Figuren einfach weitererziehen durften, liegt die eigentliche Krux, ihre Langzeitwirkung. Sie erzogen noch zur Schuld, als in den USA die Weichen auf eine deutsche Wiederbewaffnung gestellt worden waren. Das war den Umerziehern schnuppe — ganz im Gegenteil, die Herren aus der Psychological Field Unit sorgten sich um das, was man mit einer heutigen Modevokabel als Nachhaltigkeit beschreibt: Die Vor-Ort-Umerzieher mußten nicht nur implementiert werden, sondern immer neue Umerzieher gebären. Als Selbstläufer und ad libitum. So kamen Horkheimer & Co nach Deutschland zurück, geschmückt mit feinen Lehrstühlen und gestärkt durch die Macht ihrer amerikanischen Dienstherren.[313]

Hinter dem abstrakten Begriff des Dienstherrn steckten wie üblich ganz konkrete Personen. Eine von diesen, vielleicht die wirksamste von allen, war der Offizier der Psychologischen Kriegsführung der *US Army* Shepard Stone.[314] Er hat für US-Seelen-Krieger einen Musterlebenslauf, hieraus einige Einzelheiten: Das Einwandererkind aus dem Litauischen ließ bald seinen Geburtsnamen Cohen in Stone ändern. Stone studierte, auch in Berlin, wo er zum Thema des deutschpolnischen Verhältnisses an der Hochschule für

Politik promoviert wurde. Nach 1932 folgte eine Tätigkeit als Korrespondent der *New York Times* in Osteuropa.[315]

Nach Kriegseintritt der USA Ende 1941 meldete sich Stone zur Armee, er wurde als Offizier der Einheit für Psychologische Kriegsführung zugeteilt. Nach der Invasion 1944 in der Normandie folgte er der Kreuzzugsarmee des Generals Eisenhower auf dem Fuße und von dort nach Berlin, um Belastendes für den Nürnberger Prozeß auszugraben. Von 1946-49 war er wieder bei der *New York Times*, um sodann in die militärische Besatzungsverwaltung der Amerikanischen Zone zu wechseln. Dort war Stone die Graue Eminenz. Zeitungs- und Verlagslizenzen gingen in letzter Instanz durch seine Hände, die Installation von Hochschullehren wurde von ihm angeschoben oder verhindert. Das zog sich bis ins Jahr 1952, dann fand Stone für die leicht modifizierte Fortführung des institutionalisierten Amerikanismus' neue Arbeitgeber: Zunächst die Ford Foundation und schließlich das Aspen-Institut, dessen Berliner Zweigstelle er bis 1988 leitete. Hier wurden Atlantiker ausgesucht, ausgebildet und auf die Schiene des Erfolgs gesetzt. Einigen dieser Stone-Küken aus den *young leaders*-Programmen wird der Leser noch begegnen.

Nun weiter zu den akademischen Stone-Implantaten: Mit einem gewissen Recht wurden diese Umerzieher der ersten Stunde besonders skeptisch bis offen feindselig angesehen. Das lag nicht nur daran, daß sie Emigranten waren und in fremden Diensten standen, um sich hier im Wissenschaftsbetrieb zu etablieren bzw. zu reetablieren, sondern die Skepsis hatte ebenso inhaltliche Gründe. Zum Beispiel diese hier: Die Maßnahmen der deutschen und der US-Regierung zur Bekämpfung der durch die Weltwirtschaftskrise ausgelösten Massenarbeitslosigkeit luden die Deutschen, die vom Wunder Amerika überzeugt werden sollten, zu skeptischem Vergleich ein. Solcher Vergleich kannte nur einen Sieger: Die Reichsregierung.[316] Diese unangenehme Wahrheit ließ sich nur durch Rabulistik oder Verbote beiseite drücken.[317] Durch die einschlägige Literatur ziehen sich in dem Zusammenhang diffuse bis aufgeregte

Hinweise auf die Frankfurter Schule. Diese ist zum Sammelbegriff für Andacht oder radikale Ablehnung[318] geworden – je nach Standpunkt des Betrachters.[319] Es macht Mühe, irgend etwas Sachliches zu formulieren, weil sich alles hinter einem Gebirge an Gedrucktem verbirgt, dessen Inhalt einem normalen Menschen nicht zugänglicher soziologischer Wortbrei ist,[320] für den es wiederum Anleitungsbücher zur Frage gibt, was die Verursacher gemeint haben könnten.[321]

Beginnen wir mit einem chronologischen Versuch.[322] In den 1920-er Jahren etablierte sich in Frankfurt am Main als SPD-initiiertes Gewächs ein Institut für Sozialforschung.[323] Es beschäftigte sich, soweit man weiß, mit den theoretischen Zusammenhängen von Mensch und Gesellschaft. Es war nicht die einzige Einrichtung dieser Art in Deutschland, dennoch wird man sagen können, daß sich hier soeben eine neue Wissenschaft zu etablieren begann, die sich Soziologie nannte. Zudem wird man sagen können, daß es Vorläufer hierzu in den USA gab.

Dort in Frankfurt machte ab 1930 ein Professor namens Max Horkheimer von sich reden, der ein Jahr später zum Direktor des Instituts für Sozialforschung avancierte. Spätestens ab diesem Zeitpunkt schickte sich das Institut an, zum verbal-revolutionären Zentrum linker Schickeria aufzusteigen. 1933 wurde es prompt wegen staatsfeindlicher Umtriebe geschlossen. Horkheimer emigrierte über Paris in die USA, wo er 1934 Direktor des Institute of Social Research in New York und zudem ab 1944 Chief Research Consulant des Jewish Committee wurde.[324] 1949 nahm er seine Professorenstelle in Frankfurt wieder ein. Von ihm wird gesagt, er sei unter dem Einfluß der Lehren von Schopenhauer, Marx und Freud an der Entwicklung einer undogmatischen Kritischen Theorie der Gesellschaft und der historisch-dialektischen Anthropologie beteiligt gewesen.[325]

Horkheimer blieb kein Einzelfall. Bereits 1930 kam mit dem acht Jahre jüngeren Theodor Wiesengrund Adorno einer hinzu, von dem gesagt wird, er habe eine an Hegel und Marx geschulte dialektische Wissenschafts-, Sozial- und Musikkritik entwickelt.[326] Auch er verließ 1933 Deutschland, um über Großbritannien in die USA zu gelangen, wo er an den Universitäten von Princeton und Berkeley Lohn und Brot fand. 1950 kam er nach Frankfurt zurück, wo ihn die hessische Landesregierung zum Hochschullehrer ernannte. Der Name Adorno wird meist mit Horkheimer im Doppelpack verhandelt.[327]

*Die Idylle der Zersetzung oder: Frankfurter Schule am Hudson River: V.l.n.r. der Jurist, amerikanisch-sowjetische Doppelagent und Nestor der Politologie in Westdeutschland Franz Neumann (1900-1954), die spätere Bibliographin der Europäischen Kriegsverbrecherprozesse Inge Neumann, geb. Werner, sp. verh. Marcuse (1910-1972), die Königsbergerin Golde Löwenthal, geb. Ginsburg, und der Lehrer und spätere Leiter des Propagandasenders* Voice of America *Leo Löwenthal (1900-1993), der Soziologe und Nachrichtendienstler Herbert Marcuse (1898-1979) und die Mathematikerin Sophie Marcuse, geb. Wertheim (1901-1951), ca. 1937. Quelle: http://www.marcuse.org/herbert/people/inge/inge [Marcuse family website, Abruf: 7.9.2017].*

Ich will nicht verschweigen, wie Adorno in dieser Zeit die Deutschen und deren Vergangenheit beurteilte. Der Leser wird gebeten, sich anzuschnallen:

*Die narzißtischen Triebregungen der einzelnen, denen die verhärtete Welt immer weniger Befriedigung verspricht und die doch ungemindert fortbestehen, solange ihnen die Zivilisation sonst so viel versagt, finden*

*Ersatzbefriedigung in der Identifikation mit dem Ganzen. Dieser kollektive Narzißmus ist durch den Zusammenbruch des Hitlerregimes aufs schwerste geschädigt worden. Seine Schädigung ereignete sich im Bereich der bloßen Tatsächlichkeit, ohne daß die einzelnen sie sich bewußtgemacht hätten und dadurch mit ihr fertig geworden wären. Das ist der sozialpsychologisch zutreffende Sinn der Rede von der unbewältigten Vergangenheit.*[328]

So ist das also mit der unbewältigten Vergangenheit gewesen: Schädigung durch den Untergang des Hitlerregimes.

Als ob das nicht bereits genug wäre, versuchten diese Herren auch noch die Freudsche Psychoanalyse ihren Ideen dienstbar zu machen. Mit von der Partie Friedrich Pollock,[329] Herbert Marcuse[330] und Erich Fromm.[331] Von allen sollte man noch hören – vor allem nach 1933 zunächst in den USA. Doch was Freud und Marx vorgedacht hatten, der eine bezüglich der menschlichen Triebe, der andere mit Bezug auf das Bewußtsein des Proletariats, konnte unter dem intellektuellen Ansturm dieser Neo-Denker keinen Bestand haben. Die (Freud'schen) Triebe wurden im großen Ganzen als veränderbar postuliert und (im Gegensatz zu Marx) die gesamte Gesellschaft, also einschließlich ihrer Proleten, als wandlungsbedürftig.

Mit solchen Grundmaximen ließ sich nun beliebig die Welt verändern. Wie das im einzelnen zu geschehen hatte, ist von den Propheten selbst, ihren Schülern und deren Schüler-Schülern wortgewaltig beschrieben worden.[332] Was sie exakt gesagt haben, weiß kein Mensch so genau, denn sie bedienten sich einer Sprache, die außer ihnen selbst niemand verstand (selbst Letzteres ist nicht verbürgt). Klar war nur, daß es sich ändern mußte – und zwar alles. Mit solch quasi-religiösen Floskeln war zwar kein Staat zu machen, aber ein akademisches Proletariat, das den Anspruch verfolgte, ihn zu zerstören. Das ist, kurzgefaßt, die Bedeutung der Frankfurter Schule. Eine kritische Befragung der Anbeter der Kritischen Theorie hätte möglicherweise erbracht, daß das Motiv ihrer Handlungen persönliches Machtstreben und Ressentiments waren.[333] Unter letzteren war das anti-deutsche Ressentiment sicher das stärkste.

Zu Horkheimer & Co bemerkte der Große Brockhaus von 1966 geradezu hellseherisch, daß von ihnen die Initiative für die antiautoritäre Studentenbewegung ausgegangen sei.[334] Was das im Studienalltag bedeutete, konnten ab den frühen 1970-er Jahren die Studenten, die merkwürdigerweise die Absicht hatten zu studieren, in den Hochschulen am eigenen Leibe erfahren, wenn dort das akademische Lumpenproletariat randalierte, die Lehrveranstaltungen und die Lernorte störte,[335] die Toiletten mit Tintenstiften und Exkrementen beschmierte und sich Studienreisen in mittelamerikanische Staaten gönnte, die aus studentischen Zwangsabgaben finanziert wurden. Für die Angehörigen meiner Generation bleibt nur die selbstkritische Frage: Warum haben wir das zugelassen?

Bleibt die weitere Feststellung, daß die Geistesblitze der Kritischen Theorie lange Zeit ausschließlich in Fächern eine Rolle spielten, deren Absolventen keine Aussicht hatten, anschließend einen adäquaten Beruf auszuüben. Deswegen sammelte sich dort Publikum, dessen Ziel dies auch gar nicht war. Allerdings merkten manche, nachdem sie die Dreißig hinter sich gelassen hatten, daß es Zeit wurde, sich nach einer festbesoldeten Bleibe umzuschauen. Die sich aufblähenden Hochschulen und die Politik boten Raum. So kamen Taugenichtse in großen Scharen an die Schaltstellen von Staat und Gesellschaft. Sie brachten ein spezielles Rüstzeug mit: Die Intoleranz als Argumentationsmuster und ein Ikea-Regal voller Suhrkamp-Taschenbücher, die sie nicht gelesen hatten. Später nannte man diese Erscheinung verniedlichend den Marsch durch die Institutionen.[336] Von den Marschierern wird in diesem Buch noch einiges zu lesen sein.

## Einmal Nazi, immer Nazi:
## Die Langzeitwirkung der Umerziehung und einige Bemerkungen über das Umschreiben von Geschichte und das staats-offizielle Lügen

Nun einiges zur Langzeitwirkung der Umerziehung. Das Thema drängte sich mir auf, als bei der Suche nach den Geheimdienstmemoiren des Rechtsanwalts Paul Leverkuehn,[337] den der Leser im nächsten Kapitel näher kennenlernen wird, aus meinem Regal mit der Erinnerungsliteratur ein Buch von Carola Stern fällt.[338] Es ist der reine Zufall, der jedoch zu einer weiteren Bemerkung über die Umerziehung der Deutschen anhand eines praktischen und durchaus prominenten Beispiels führt.

Erika Assmuss (*1925), die Frau mit dem Schriftstellernamen Carola Stern, gehörte der auf Leverkuehn (*1893) folgenden Generation an. Anders als dieser hatte sie die Zeit des Dritten Reichs und vor allem den Zweiten Weltkrieg nicht lediglich als lästige Unterbrechung einer Geschäftstätigkeit begriffen, sondern bei der Assmuss handelte es sich um die Zeit des Erwachsen-werdens. Wie etliche andere NS-Systemgläubige schaltete Assmuss bei Kriegsende auf das nächste heilsversprechende System um, mit dem jetzt die Menschheit zu retten war. Das war das kommunistische System in der Sowjetischen Besatzungszone, wo sich Assmuss als Lehrerin ausbilden ließ.

Doch dann muß etwas schiefgelaufen sein. Ob es tatsächlich die mangelhafte medizinische Versorgung der Mutter gewesen ist, mag dahinstehen. Jedenfalls wurde die angehende Neulehrerin eine US-amerikanische Geheimagentin.[339] Diesem Zweitberuf ging sie mindestens so lange nach, bis sie sich in der DDR nicht mehr sicher wähnte und nach West-Berlin floh. Es folgten Studium und eine Verlagskarriere, die dann in eine Journalistenlaufbahn in Top-Positionen des bundesdeutschen Medienbetriebs überging. Aus Assmus war Carola Stern geworden. Sie war selbstredend strammlinks im sozialdemokratischen Sinne, gut vernetzt – wie man das heute nennt – mit allem, was in diesem Milieu Rang und Namen hatte. Ob das einem guten US-amerikanischen Stern zu verdanken war, mag dahinstehen. An dieser Stelle soll allein die Umerziehung interessieren.

Assmuss-Stern hat über ihre Erziehung und Umerziehung zwei Selbstauskünfte erteilt. Das erste Buch heißt *In den Netzen der Erinnerung* und bezieht sich auf sie selbst und die Geschichte ihres Mannes, eines Kommunisten. Der war nicht nur mit dem Regime des Nationalsozialismus aneinandergeraten, was ihm eine Zuchthausstrafe im Waldheim einbrachte, sondern er fing sich nach kurzer Karriere in der DDR eine zweite Zuchthausstrafe ein, weil er von der Linie abgewichen war, wie es im Funktionärsdeutsch so trefflich hieß. Nach der Haft mochte er dann in der DDR nicht bleiben und verschwand im Westen.

Es bedarf keines Kommentars, daß das Feuilleton begeistert war, als die Erinnerungen der Stern 1986 erschienen. Gelobt wurde vor allem der Bekennermut bezüglich der NS-Zeit. Hier sollte man stutzen. Über vierzig Jahre nach dem Krieg wurde es als mutig bezeichnet, wenn ein Mensch mitteilte, wie es so gewesen war, wenn einer in den 1930-er/40-er Jahren so lebte, wie es die Verhältnisse verlangten. Das hatten Millionen anderer auch getan. Sie hielten über die Jahrzehnte das Maul, denn es war nicht angenehm, als Mitläufer, Sympathisant oder gar als Mittäter bezeichnet zu werden. Nun gut, für Carola Stern war dergleichen Belastendes nicht zu erwarten, sie hatte sich durch das Mittun in der richtigen, fortschrittlich genannten, Gesellschaft genügend legitimiert, hatte dann auch noch einen richtigen Kommunisten und Widerständler geheiratet, so daß es über ihre Gesinnung nichts mehr zu räsonieren gab.

Liest man das Erinnerungsbuch aufmerksam, so fällt auf, daß es der Autorin doch mulmig bei ihrem angeblichen Geständnis gewesen sein muß, denn sie läßt ihr Ich berichten, wie sie in späteren Jahren anfing, sich für die Geschichte der verfolgten Juden zu interessieren, wovon sie gräßliche Einzelschicksale in das Buch integriert. An diesen Einschüben ist weniger interessant, ob sie zutreffen, als vielmehr der Umstand, daß sie überhaupt vorkommen, denn diese Geschichten haben mit der Lebensgeschichte der jungen Erika Assmuss in Ahlbeck auf Usedom nichts zu tun. Warum also?

Ich mag den Leser nicht mit vulgär-psychologischen Thesen traktieren, stelle mir aber vor, daß es einfach ein Muß war (und ist) zu erwähnen, man wisse, wenn man auf die Zeit des Dritten Reichs zu sprechen kommt, daß an der jüdischen Bevölkerung barbarische Verbrechen begangen wurden, auch wenn man als Zeitgenosse nichts davon mitgekriegt hat. Auf diese Weise wird Erinnerung zum Schuldbekenntnis umgeschrieben – selbst um den Preis, daß die Fakten neu sortiert werden müssen. Das ist, wenn man so will, der eigentliche Erfolg der Umerziehung: Ich nehme eine Korrektur des Erlebten vor und postuliere eine Selbstanklage. Weiter-Leben wird zur Sühne umgestaltet.[340] Der Leser mag in sich gehen und prüfen, ob er bei sich selbst einmal entsprechendes Verhalten beobachtet hat.

Beklemmend wird die Wirkung der Umerziehung, wenn man noch eine Generation weiter voranschreitet und zusieht, wie diese agiert, wenn es um das geht, was man die-Vergangenheit-bewältigen nennt. Diese Floskel ist bezeichnend und auch lächerlich genug, denn sie zeigt die Deutschen in der ihnen und vielleicht nur ihnen möglichen Beflissenheit. Sie werden zu lebenslangen Gymnasiasten, die ihren Stoff bewältigen.

Heutzutage sind diese Betroffenen schon aus biologischen Gründen keine Mitläufer, Sympathisanten oder gar Mittäter, denn sie sind keine Zeitgenossen der NS-Herrschaft. Geben sie es dennoch vor, dann sind sie nicht bei Trost und können beiseite gelassen werden, aber auch der übergroße Rest ist kurios genug. Er beschäftigt sich, wenn er sich denn überhaupt mit politischer Geschichte befaßt, ausschließlich mit deutscher Verbrechensgeschichte – und zwar des Dritten Reichs,[341] bestenfalls ergänzt durch luftige Ausflüge in noch viel fernere Jahre, die dem Versuch gewidmet sind, den Nachweis zu führen, daß alles so kommen mußte. So wird Bismarck zum Nazi-Vorläufer, die Brüder Humboldt mutieren zu NS-Ideenspendern und schließlich Karl der Große und Armin der Cherusker reiten als Urväter des ewigen deutschen Gewalttäters durch finstre Wälder – von Martin Luther ganz zu schweigen. So wird deutsche Geschichte letztlich ein NS-zentrierter anti-deutscher Unfug. Betrachtet man dessen Herkunft, so stößt man auf die bekannten Gestalten der alliierten Haß-Propaganda, zu denen ich bereits das Notwendige gesagt habe.[342]

Bevor die Deutschen diese anti-deutsche Haß-Propaganda als quasi-religiösen Spuk übernahmen, war ein steiniger Weg zurückzulegen. Ich spreche hier nicht von den wohlfeilen Verschwörungen, die immer dann herhalten müssen, wenn Unglaubliches zur Sprache kommt, sondern von der vom US-Militärgouverneur ausgehenden Anweisung, die deutsche Geschichtsschreibung im amerikanischen Sinne umzugestalten. Gesagt, getan: der bayerische Ministerpräsident Ehard ließ in München ein Institut für Zeitgeschichte errichten, dessen Aufgabe es werden sollte, die Sicht der Deutschen auf die NS-Zeit auszurichten.[343] Das dauerte über ein Jahrzehnt, bis die ersten bemerkenswerten Arbeiten aus dieser Schule erschienen.

Die lange Verzögerung ist deswegen wenig verwunderlich, weil erst eliminiert werden mußte, was in deutschen Köpfen und auf deutschen Kathedern noch herumspukte. Denn von dort kam immer noch Erschröckliches ans Tageslicht, wie etwa das mehrbändige Werk *Staatskunst und Kriegshandwerk* von Gerhard Ritter. Dieser war im gewissen Sinne unangreifbar, da man ihm nur mit dem Brecheisen eine NS-Täter-Rolle andichten konnte.[344] Angreifbar und, aus US-Sicht, notwendiger Weise angegriffen wurde er erst, als er in seiner Schilderung des deutschen Widerstands sich nicht scheute, die objektive Sinnlosigkeit dieser Unternehmungen anzudeuten,[345] weil Churchill, Roosevelt & Co an solchen Verbindungen nicht gelegen war, da ihre anti-deutschen Vernichtungsorgien hierdurch beeinträchtigt worden wären. Diese Vernichtungsambitionen galten, um das an dieser Stelle zu wiederholen, dem deutschen Volk als Ganzem und keineswegs nur dem NS-Regime und seinen Exponenten. Diese unangenehme Wahrheit mußte in den Nachkriegsjahren sorgfältig retuschiert werden. Da waren Zeitzeugen vom Zuschnitt eines Gerhard Ritter im Wege.[346]

Vor allem aber störte Ritter, als er gegen eine Neuerscheinung Stellung bezog, Fritz Fischers *Griff nach der Weltmacht*. Zu dessen geschichtsklitternden Erfindungen habe ich bereits das Notwendige gesagt.[347] Fischer war der berühmte Feindzeuge, der nun Jahrzehnte nach den Ereignissen der Propaganda-Formel von der deutschen Alleinschuld am Ersten Weltkrieg die gewünschten akademischen Weihen verlieh. Das führte zu seinem aus den USA geförderten und finanzierten Senkrechtstart mit einem Rattenschwanz an repetierenden Folgeveröffentlichungen und zu einer Breitseite aus der US-Ostküstenpresse, in welcher wegen der Kritik an Fischer die Meinungsfreiheit in Deutschland in Frage gestellt wurde. Nachdem diese Front eröffnet war, gerieten die bisher bekannten Tatsachen als Irrlehren, also bloße Meinungen in den Hintergrund. Das spiegelt auch den Stand von heute in Deutschland wider, während in der anglo-amerikanischen historischen Diskussion über diesen deutschen Sonderweg gespottet wird.[348]

Mit dem Begriff des deutschen Sonderwegs ist ein weiterer, ein ergänzender Problemkreis berührt, der zum Inhalt hat, daß, platt gesagt, alles so kommen mußte, weil die Deutschen, im Gegensatz zu den friedliebenden Nationen dieser Welt, seit Jahrhunderten auf den Pfaden des Krieges wandelten und das Wunder der Demokratie mißachteten, bis es endlich von den Siegern des Zweiten Weltkriegs eingepflanzt werden konnte.[349] Auch hier kuckt aus jedem Knopfloch des Sonderweg-Rocks anglo-amerikanische Kriegspropaganda hervor. Man kann es an dieser Stelle kurz machen: Die Deutschen führten seit drei Jahrhunderten, gemessen an ihren Nachbarn im Osten und Westen und gemessen an den Weltmächten Großbritannien und USA bestenfalls einen Bruchteil von deren Kriegen, und sie verursachten einen Bruchteil von deren Kriegsopfern. Gut, wenn das ein Sonderweg war, dann soll es so sein.

Noch ein weiterer Aspekt verdient Beachtung, wenn es um die

Neuausrichtung der Geschichtsschreibung geht: Er betrifft ein unangenehmes Detail, eine Art Weltanschauung, die in den Jahren ab etwa 1880 unter dem Schlagwort der Eugenik weltweite Karriere gemacht hatte. Hierbei handelte es sich um die Ansicht, daß es für die menschliche Gattung Fortpflanzungskriterien gebe, die einzuhalten seien, um das zu vermeiden, was man als lebensunwertes Leben zu bezeichnen beliebte. Damit nicht genug, wer sich auf diesem Gebiet, sei es als Forscher, sei es als Mediziner, sei es als Politiker bewegte, hatte oftmals auch Rassen-Aspekte im Sinn, die auf der Über- bzw. Unterlegenheit bestimmter menschlicher Rassen basierten. Besonders brutal wurden diese Anschauungen über den Wert und Unwert von Rassen in Nordamerika ausgelebt.[350]

Ein Musterexemplar dieser Weltanschauung war US-Präsident Theodore Roosevelt, der aufschrieb, daß er es für richtig halte, daß Amerika von einem Herrenvolk regiert werde.

*Die Siedler und Pioniere hatten im Grunde das Recht auf ihrer Seite. Man konnte diesen großartigen Kontinent doch nicht ein paar dreckigen Wilden als Jagdrevier überlassen.*[351]

Wie bereits angedeutet, erfreuten sich die Theorien der Eugenik weltweit beträchtlicher Beliebtheit.

Vor allem im anglo-amerikanischen Rechtsraum sorgte Gesetzgebung und Praxis der Gesundheitsverwaltung dafür, daß diese Anschauung durch das Abhalten von Zwangskastrationen[352] auch Wirklichkeit wurde.[353] In Deutschland waren Praktiken dieser Art weniger üblich. Daß auf diesem Gebiet ab Mitte der 1920-er Jahre geforscht wurde, verdankten die deutschen Wissenschaftler großzügigen Zuwendungen aus der Rockefeller Stiftung.[354] Als das NS-Regime an die Macht kam, war der Grundstein für weiteres Tun gelegt – dann allerdings mit brutaler, verbrecherischer Konsequenz. Einzelheiten hiervon wurden bekannt, weil sie in einigen deutschen Kirchen offen und mit Abscheu zur Sprache kamen.[355]

Zum Selbstläufer wurde die Empörung über Euthanasie-

Verbrechen erst, nachdem sich die anglo-amerikanische Propaganda der Sache angenommen hatte. Wie kaum ein anderes Thema eignete sich dieses, die Deutschen als Verbrechervolk zu brandmarken und bei den Überlebenden schwere Schuldgefühle auszulösen. Um dieses Ziel nicht zu gefährden, war es notwendig, die einschlägige anglo-amerikanische Parallel-Geschichte aus den Geschichtsbüchern zu tilgen. Wer's nicht glauben mag, greife zu den einschlägigen Werken, dort wird er finden, was die Deutschen seit jeher an Schandtaten auf der Welt verübt haben. In diesem Zusammenhang wird vor Fragwürdigen und Abstrusem nicht zurückgeschreckt.[356]

Hierfür ein paar Beispiele, damit nicht offenbleibt, wovon die Rede ist. Zu den von deutschen Pädagogen besungenen Lieblingsverbrechen gehören heutzutage der Herero-Aufstand von 1906 und der Armenier-Mord von 1915/16. Was die angeblich gesicherten Fakten über den Herero-Aufstand anbelangt, läßt sich sagen, daß dieses Material ausschließlich der britischen Weltkriegs-Eins-Propaganda entnommen worden ist, deren Ziel es war, die Deutschen als Gewalttäter darzustellen, denen zum Nutzen der Menschheit die Kolonien wegzunehmen seien – was dann auch geschah, damit die Sieger des Krieges sich diese aneignen konnten.[357]

Was den Armenier-Mord betrifft, der während des Ersten Weltkriegs durch Türken verübt wurde, beruht die angebliche deutsche Mittäterschaft ebenfalls auf Weltkrieg-Eins-Propaganda, diesmal von amerikanischer Seite ausgehend. Hier kann der Leser eine Groteske der geschichtsgewendeten Deutschen, besser gesagt: ihrer im Bundestag vertretenen Parteien betrachten, welche die deutsche Schuld qua Bundestagsbeschluß postuliert haben.[358] Daß sie dies unter ausdrücklicher Berufung auf einen Bericht des Pfarrers Johannes Lepsius an den deutschen Reichskanzler Theobald von Bethmann Hollweg aus dem Jahre 1916[359] taten, läßt Befürchtungen aufkommen, daß die Volksvertreter nicht einmal des Lesens mächtig sind, denn der zitierte Bericht handelt vom Gegenteil des Behaupteten, nämlich den vielfältigen, wenn auch oft vergeblichen Bemühungen von Deutschen, den kriegsverbündeten Türken in den Arm zu fallen. Nimmt man's mit einem Gran von Zynismus, haben wir hier ein Beispiel für eine besondere Ausprägung von demokratischer Geschichtsschreibung, die man vielleicht als Wahrheit kraft Mehrheit bezeichnen sollte.

Der deutsche Bösewicht in den Geschichtsbüchern. Das ist in England und den USA aus den jeweiligen Eigeninteressen nachvollziehbar. Aber in Deutschland? Das ist nur möglich, weil namhafte Meinungsmacher der Bundesrepublik an diese Haßpropaganda kritiklos angeknüpft haben. Ein Ende ist nicht abzusehen. Hier ein Beispiel: Zum 50. Jahrestag des Kriegsendes sagte der britische Premier John Major in Berlin:

*Fifty years ago Europe saw the end of the 30 Years War, 1914 to 1945. The slaughter in the trenches, the destruction of cities and the oppression of citizens: all these left a Europe in ruins just as the other 30 Years War did three centuries before.*[360] *(Vor fünfzig Jahren sah Europa das Ende des 30-jährigen Krieges, 1914 bis 1945. Die Schlächterei in den Schützengräben, die Zerstörung der Städte und die Unterdrückung der Einwohner: alles das ließ Europa in Ruinen zurück, gerade so wie der andere 30-jährige Krieg vor drei Jahrhunderten).*

Die Bundesregierung machte in ihrem amtlichen Bulletin daraus:

*Vor fünfzig Jahren erlebte Europa das Ende der dreißig Jahre, die nicht einen, sondern zwei Weltkriege beinhaltet hatten. Das Gemetzel in den Schützengräben, die Zerstörung der Städte und die Unterdrückung der Bürger hinterließen ein Europa in Trümmern, gerade, wie es einige Jahrhunderte zuvor der Dreißigjährige Krieg getan hatten.*[361]

Die Übersetzung war eine vorsätzliche Verfälschung. Es sollte einfach nicht sein, daß in Deutschland vom zweiten Dreißigjährigen Krieg gesprochen wurde. Es würde die ganze wunderbare, über 50 Jahre gehätschelte Hitler'sche Alleinschuld relativieren. Das mußte um den Preis der Übersetzungs-Lüge verhindert werden.

Solch ein Verhalten nennt man gemeinhin überholenden Gehorsam, und diejenigen, die es an den Tag legten, waren berufen, das seit fünf Jahren wiedervereinigte deutsche Volk zu lenken. Sie logen kraft angeblich besserer moralischer Einsicht. Das allerdings machte aus ihren Lügen nicht die Wahrheit.

# 5. Kapitel

# *The same procedure as before* (weiter wie gehabt) – Die Geschäftemacher lassen die Deutschen das von den Alliierten zerstörte Europa wiederaufbauen und machen noch mancherlei anderes

Nach den Ausrottern und den Umerziehern geht es nun zur dritten Kategorie der US-Nachkriegsplaner und -gestalter. Jetzt sind die Geschäftemacher an der Reihe. Sie kamen auch chronologisch als dritte ins Spiel, und sie setzten sich durch. Das wundert kaum, denn schließlich hatten sie sich in den knapp dreihundert Jahren US-Geschichte stets durchgesetzt.[362]

Da sich die jetzt zu erzählenden Ereignisse mit den bereits zuvor geschilderten überlappten, muß der Leser noch einmal zurück zum Kriegsende. Die Wall Street-Pragmatiker an der Spitze des OSS ließen die *Researcher* an ihren Umerziehungsprogrammen basteln, während sie selbst die eingespielten Kontakte der 1920-er/30-er Jahre reaktivierten. Denn kaum sammelte sich in Nürnberg die Phalanx der US-amerikanischen Racheengel, als auch schon OSS-Chef William Donovan und seine Mannen auf der Bühne erschienen, um die eigenen Geschäftsinteressen abzusichern und die Ideologen um den Roosevelt-Adepten Robert Jackson, wo immer es aufgrund ihrer Interessenlage not tat, in die Parade zu fahren.

Diesem Auftauchen der Wall Street-Juristen in Nürnberg war eine Strategie-Konferenz im Washingtoner State Department vorausgegangen.[363] Sie fand am 15. April 1945, unmittelbar nach dem Tod von Roosevelt, statt. Es trafen sich dort mit dem Staatssekretär führende Köpfe aus dem Kriegsministerium, Leute aus den Spitzen der US-Wirtschaft, wie John McCloy,[364] John Foster Dulles, der republikanische Senator Arthur Vandenberg[365] und der

Chef von General Motors,³⁶⁶ der zugleich Chef der Kriegsrüstung bei der US-Regierung war. Die Runde beschloß, unverzüglich organisatorische Vorbereitungen zu treffen, Deutschland als Wirtschaftsraum für ihre Zwecke wieder benutzbar zu machen, d.h., die deutsche Wirtschaft nach amerikanischen Vorstellungen wiederzubeleben.³⁶⁷ Es ging, um es einmal platt aber direkt zu sagen, ums Geldverdienen. Um das zu verschleiern, mußte Propaganda her.

### Wer nicht mit uns ist, ist gegen uns: Die Truman-Doktrin

Mit dem offensichtlichen Wegfall Deutschlands und alsbald auch Japans als handfeste Weltschurken, mußten die psychologischen Grundlagen der amerikanischen Weltstrategie neu getrimmt werden. Die Notwendigkeit hierfür war erneut und primär innenpolitischer Natur. Den Polit-Planern in Washington und New York war klar, daß sich die grandiose Wirtschaftsentwicklung der Jahre 1939-45 nur aufrechterhalten ließ, wenn eine subventionierte Kriegsindustrie am Leben erhalten blieb. Hierzu bedurfte es, wie schon in den 1930-er Jahren zutreffend erkannt, einer Bedrohung. Je nach Grad der Boshaftigkeit, mit der man die Notwendigkeit einer solchen Bedrohung betrachtet, wird man von einer Änderung der Sichtweise oder von einem Wandel der Kulissen sprechen, um diese Bedrohung entstehen zu lassen. Auf jeden Fall würde es einen Umsturz in der Agenda der bisherigen amerikanischen *One World*-Weltpolitik geben müssen, denn Zweiteilung ist nicht *One World*.

Am 12. März 1947 um 13 Uhr wurde diese Sicht der Dinge zur offiziellen US-Politik, später hat man das die Truman-Doktrin genannt. Der Präsident sagte im Repräsentantenhaus:

> *Ich glaube, es muß die Politik der Vereinigten Staaten sein, freie Völker zu unterstützen, die der versuchten Unterwerfung durch bewaffnete Minderheiten oder äußerem Druck widerstehen.*³⁶⁸

Das war der eine Satz, der das Steuer herumriß. Amerika ging erneut auf Konfrontationskurs. Die Konfrontation selbst war nicht das grundlegend Neue, sondern das Neue war der neue Feind. Es war Rußland.

Dieser grundlegenden Änderungen der amerikanischen Weltpolitik waren ein paar Ereignisse vorangegangen, die im Kern der Innenpolitik der USA entsprungen sind, von denen dann wiederum Auswirkungen auf die Außenbeziehungen folgten. In der amerikanischen Binnenpolitik war insofern ein Bruch erfolgt, als bei den Zwischenwahlen des Jahres 1946 die oppositionellen Republikaner auf der Bundesebene die legislative Mehrheit erlangten.[369] Sie hatten einen denkbar simplen Wahlkampf geführt: *Had enough?*, was etwas frei übersetzt bedeutete: Na, Schnauze voll?

Das traf wohl die Stimmung eines Landes, das schon nach dem Ersten Weltkrieg die Frage nach dem Wozu aufgeworfen hatte. Daß und warum diese Frage jetzt nicht in den Vordergrund gerückt wurde, hatte zwei Gründe: Zum einen war es die Binnenpropaganda, die einen inneramerikanischen Re-education-Effekt auslösen sollte, was sie auch tat. Über deren Veranlasser und ihre Gründe habe ich bereits berichtet. Doch diese Umerzieher hätten nichts bewirken können, wenn ihnen die Moskauer Kommunisten nicht ununterbrochen Munition für amerikanische Empörungsrituale geliefert hätten.

Die Empörung war nicht leicht zu verkaufen, denn natürlich stimmte der neue Eifer nicht mit dem jahrelangen Gerede vom Kreuzzug gegen die bösen Nazis überein. Der hatte nach den Worten der Propaganda-Macher dazu gedient, die kleinen Völker vom Joch des Nazismus zu befreien. Die Nazis hatte man plattgemacht, doch nun konnte jedermann zusehen, wie die Hätschelkinder eines ums andere unter das Joch des Kommunismus gerieten. Daß dies wirklich ein Joch war und nicht die schöne neue Welt, wurde den Amerikanern von Emigranten klargemacht, die in ihren Statistiken als *displaced persons* erschienen und für deren Vagabundieren man irgendwann nicht mehr die bösen Nazis verantwortlich machen konnte – schon deswegen nicht, weil die Betroffenen mit soviel Fingern, wie sie noch hatten, nach Moskau zeigten.

## Erneut die Deutschen:
## Die Weichen werden für ein amerikanisches Deutschland gestellt

Die Wall Street-Gang, die in Deutschland erneut Geschäfte machen wollte, brauchte, was Wunder, die passenden Deutschen – und zwar keine, die an irgendwelchen amerikanischen Universitäten abstruse Ideen entwickelt hatten. Jetzt waren erst einmal handfeste Leute nötig.

Ein Mann erster Wahl war Paul Leverkuehn.[370] Bei diesem Rechtsanwalt muß der Leser einen Moment verharren, denn an ihm ist exemplarisch nachzuvollziehen, wie die Geschäftemacher von Wall Street vorgingen. Dort war Leverkuehn kein Unbekannter. Ganz im Gegenteil: Enge Geschäftsbeziehungen hatten sich bereits in den frühen 1920-er Jahren entwickelt, als der junge Jurist deutscher Vertreter in der deutsch-amerikanischen Vermögens-Schiedskommission (*Mixed Claims Commission*)[371] in Washington wurde, woran sich eine kurze Karriere als Bankier in New York anschloß, die schließlich in den 1930-er Jahren in eine Anwaltstätigkeit in Berlin überging, deren Schwerpunkt das deutsch-amerikanische Geschäft wurde.

Die glatte Juristenkarriere in der Welt der Finanzinteressen wurde im Falle Leverkuehns zweimal unterbrochen, als er nämlich in den beiden Weltkriegen als Reserveoffizier beim militärischen Nachrichtendienst operierte, im Ersten beim osmanischen Verbündeten im türkisch-persischen Grenzgebiet, das andere Mal als Resident in Istanbul in der neutralen Türkei.[372] Dieser zweite Einsatz nahm Anfang 1944 ein spektakuläres Ende, als mehrere von Leverkuehns Mitarbeitern zu den Alliierten desertierten und sich lautstark in die anti-deutsche Propaganda einbinden ließen.[373] Für Leverkuehn selbst hatte das insofern Folgen, als er unversehens nach Berlin zurückbeordert und aus der Wehrmacht entlassen wurde. Das erwies sich für ihn als äußerst zweckmäßig, denn sein wiedererlangter ziviler Status erlaubte es ihm, an die Spitze des Rüstungskonzerns Deutsche Waffen- und Munitionsfabriken in Berlin zu treten. Wirft man einen Blick auf dieses Unternehmen, so fällt auf, daß amerikanische Finanziers an ihm ihre Interessen hatten, um es einmal so zu sagen.[374] Von hier aus führte der Lebensweg Leverkuehns bei Kriegsende unter die Fittiche des US-Generals und OSS-Bosses William Donovan – wie gesagt, man kannte sich.

Wunschgemäß fertigte Leverkuehn im Auftrag von Donovan für den mit beiden Männern gut bekannten ehemaligen Reichswirtschaftsminister und Reichsbankpräsidenten Hjalmar Schacht einen Persilschein an, der nicht zum Wenigsten geeignet erschien, den Freispruch Schachts im Nürnberger Hauptkriegsverbrecherprozeß zu bewirken. Auf diesen Freispruch kam es Donovan und seinen Wall Street-Hinterleuten an, denn es konnte ihnen kaum daran gelegen sein, daß der mit der Todesstrafe bedrohte Schacht vor der Weltöffentlichkeit des Nürnberger Gerichtssaals auf Details der deutsch-amerikanischen Zusammenarbeit zu sprechen kam, die noch weit in die Zeit des Zweiten Weltkriegs hineinreichte. Einen besseren Insider als Schacht gab es für diese Zusammenarbeit kaum, sieht man einmal von seinem Weggefährten Leverkuehn ab.

Geschickt und nur partiell im Sinne der Anklage, aber in jedem Falle im Sinne von Schacht und Donovan, stellte Leverkuehn einen Zusammenhang zwischen Schachts Rücktritt bzw. Entlassung und einer im Jahre 1938 erkennbar gewordenen Kriegsabsicht Hitlers her. Dieser Persilschein liest sich wie folgt:

*Dr. Schacht war, wie ich in unzähligen Gesprächen feststellen konnte, immer ein überzeugter Kriegsgegner. Er war überzeugt, daß es kein außenpolitisches Problem gab, das nicht mit Geduld und Geschick auf dem Verhandlungsweg gelöste werden könne. Etwa im Jahre 1937 oder 1938 äußerte Dr. Schacht mir gegenüber, daß nach seiner Auffassung*

> *das erforderliche Maß der deutschen Rüstung nunmehr erreicht sei. Er sehe sich daher nicht mehr imstande, weitere Rüstungen auf dem Kreditwege zu finanzieren. Im Winter 1938 war der Gegensatz so akut geworden, daß, wie Herr Schacht mir damals unter dem Siegel strengster Verschwiegenheit erzählte, er im Auftrage der Partei ermordet werden sollte. Er sei jedoch von einem Freund gewarnt worden und dadurch dem Anschlag entgangen. ... Als Dr. Schacht etwa Anfang 1938 den Eindruck gewonnen hatte, daß Hitler auf Krieg zusteuere, äußerte er sich mehrfach in Gesprächen zu mir, daß er jetzt nur mehr die Beseitigung Hitlers für die einzige Rettungsmöglichkeit halte. Allerdings war er skeptisch über die Möglichkeit, die Armee für eine solche Aktion einzusetzen, da er die Mehrzahl der Generale als charakterlose Karrieristen ansah, die durch die sich ihnen bietenden Berufsaussichten um jeden Verstand gebracht seien.*[375]

Diese Kriegführungsabsicht war es, auf die es der US-amerikanischen Anklage ankam, denn mit ihr sollte der eigens für den Prozeß erfundene Straftatbestand der Herbeiführung eines Angriffskrieges unter Beweis gestellt werden. Leverkuehn bediente diesen Wunsch, aber nicht bezüglich der Person Schachts. Das Ergebnis ist bekannt: Schacht wurde freigesprochen.[376]

Ausgerechnet Schacht, möchte man hinzufügen, denn wenn es einen in der deutschen Führung gab, der die Pax Americana bedroht hatte, so war es Schacht. Durch den Abschluß von bilateralen Verträgen mit den Staaten Süd- und Mittelamerikas, die den devisenlosen Warentausch ermöglichten, bremste er den Einfluß der Wall Street und der Londoner City aus, deren Geld schlicht nicht benötigt wurde.[377] Roosevelt und seine Hinterleute fühlten sich hierdurch dermaßen bedroht, daß sie bereits 1934 in den USA den Abschluß solcher Warentauschverträge (*barter deals*) mit der ebenso bezeichnenden wie unzutreffenden Begründung verboten, diese seien völkerrechtswidrig.[378]

Der Kampf gegen Deutschland war ein seltsamer Zwitter, der in den divergierenden Interessen der großen Vermögen seinen Ursprung hatte. Roosevelt & Co wollten Deutschland vernichten, um dem Freihandel à la Amerika freie Bahn zu schaffen.[379] Andere, wie der Rockefeller-Clan, wollten in und mit Deutschland Geschäfte machen. Sie taten es – auch gegen die Stück um Stück vorangebrachten anti-deutschen Sanktionen der US-Administration. Hierfür gab es einen potenten Zeugen: Hjalmar Schacht, den Reichsbankpräsidenten und Reichswirtschaftsminister. Sein Schweigen war den Dealern, die nicht mit den New Dealern identisch waren, Goldes wert. Schacht ließ sich sein Schweigen abkaufen. Sein Weg führte am Nürnberger Galgen vorbei und durch die Tür des Gerichts auf die Straße.

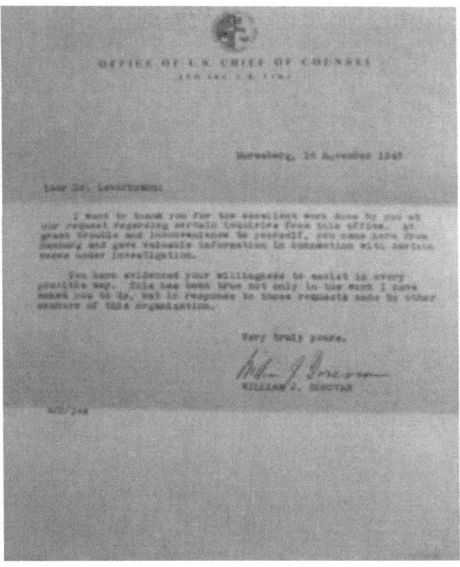

*Wertvolles Papier für eine wertvolle Dienstleistung: Dank- und Bestätigungsschreiben von Ex-OSS-Chef William Donovan an Paul Leverkuehn. Die Herren kannten sich dank ihrer anwaltlichen Tätigkeit in deutsch-amerikanischen Vermögensangelegenheiten seit Jahrzehnten.*

Donovan dankte dem Anwalt auf amtlichem Briefbogen des US-Chefanklägers für diese Dienstleistung. Der Fortführung eines gediegenen Anwaltsgeschäfts, diesmal von Hamburg aus, stand nichts mehr im Wege. Zu den illustren Klienten gehörten Leute wie die Rothschilds in Paris, die sich berechtigte Sorgen um ihre während des Krieges abhanden gekommenen Diamanten machten.[380] Das war nicht alles, denn Leverkuehn trat auch den Weg in die Politik an. Sein eines Standbein wurde hierbei die von den Amerikanern initiierte europäische institutionelle Einigung, deren Lokomotive die Europa-Union werden sollte (davon gleich mehr). Das notwendige zweite Standbein war der Beitritt zur frisch gegründeten CDU, die nach dem Willen ihrer westalliierten Paten das Sammelbecken für alle christlichen nicht-nationalistischen Kräfte werden sollte. Für die CDU zog Leverkuehn 1953 in den Bundestag in Bonn ein, bei der Europa-Union stieg er 1954 zu deren Präsidenten auf. Aus der Sicht der Politikmacher in Washington war das mehr, als man erhoffen konnte. Doch beendete ein Autounfall im Herbst 1954 die umtriebige Tätigkeit, so daß Leverkuehn das Europa-Präsidentenamt abtreten musste.[381] Am 1. März 1960 ist der 66-jährige in Hamburg gestorben.

### Genialer Selbstbedienungsladen:
### Der Marshall-Plan und die Abzweigung der Gelder für die US-Einflußnahme in Europa nebst einigen Bemerkungen über den Nutzen von Betrug und Unterschlagung

Aus der Sicht der USA war Europa ein *Markt* auf der anderen Seite des Atlantiks. Man könnte es auch so betonen: Es war *ein* Markt. Um einen solchen herzustellen, favorisierten die tonangebenden Politikmacher in den USA die politische Herstellung eines solchen gemeinsamen Marktes. Um ihn ans Laufen zu bringen, dachte man sich eine Anschubfinanzierung aus, die alsbald unter dem Namen Marshall-Plan populär wurde.[382]

Beim Marshall-Plan handelte es sich – bei Lichte betrachtet – um Dollar-Kredite, die in erster Linie dazu benutzt werden konnten, in den USA einzukaufen.³⁸³ Das war nichts grundlegend Neues. Kenner der britisch-amerikanischen Finanzbeziehungen beider Weltkriege werden müde abwinken. Neu war lediglich, daß diese Dollar-Kredite auch anderen Ländern angeboten wurden, schließlich sogar nach einigem Zögern auch dem westlichen Teil Deutschlands. Klarer als der Erfinder des Marshall-Plans, George Kennan, kann man es kaum sagen: Die Installierung des Kredithilfe-Plans erfolgte allein im US-amerikanischen Interesse. Zu diesem Interesse gehörte ein wirtschaftlich florierendes (West)-Europa. Dieses war ohne ein wirtschaftlich gesundendes Deutschland nicht zu haben. Ein erwünschter Nebeneffekt würde es sein, daß ein solches Europa im Eigeninteresse einen Abwehrblock gegen Sowjet-Rußland bilden würde.³⁸⁴

*False Flagg und Propaganda: Mit gewaltigen Plakaten warb die US Marshall-Plan-Behörde für ihre Guttaten. In Wirklichkeit handelte es sich um Kredite für Einkäufe in den USA. Der von den Kreditnehmern abgenötigte und einzuzahlende hohe Eigenanteil ging in die US-Propaganda, für das die CIA kein Geld hatte. Unbeabsichtigter Witz (ich habe das Bild aus Stone: Untold History entnommen): Der schippende Arbeiter trägt eine Wehrmachtsfeldmütze M 43 und eine Tarnjacke der Waffen-SS.*

Zu den Spezifika der Marshall-Plan-Hilfe gehörte es, daß die Nehmerländer aus eigenen Mitteln einen Anteil zuschießen mußten, der dann über die Strukturen der Marshall-Plan-Behörde in die USA abfloß. Es handelte sich also um eine zusätzliche Exporthilfe für die US-Wirtschaft, aus Steuern der Nehmerländer finanziert. Genial und wirkungsvoll – jedenfalls für die US-Exportwirtschaft. Natürlich hatte der Marshall-Plan auch für Europa die beabsichtigten Wirkungen, aber er hatte auch Nebenwirkungen, von denen jetzt die Rede sein muß.

Den amerikanischen Bewirtschaftern der Marshall-Plan-Hilfe wurde schnell klar, daß es äußerst schwierig sein würde, den Verbleib der in Europa eingetriebenen europäischen Eigenmittel zu kontrollieren. Sie hatten deswegen nicht viel einzuwenden, als in der in Gründung befindlichen CIA die Idee aufkam, dieses Geld in US-Propaganda zu stecken, für die es in der erstrebten Größenordnung keine einschlägigen Mittel im US-Haushalt gab. Das nun produzierte Ergebnis, einmal vorweggenommen, war so: Dank der sehr originell ausgelegten Prozeduren der Marshall-Plan-Hilfe finanzierten die europäischen Nehmerländer durch ihre Eigenmittel US-Propaganda, die in ihre Länder ab Ende der 1940-er/Anfang der 1950-er Jahre hereinschwappte. Doch war es keineswegs so, daß dieser Tatbestand für die europäischen Nutznießer an diesem propagandistischen Großunternehmen durchsichtig gewesen wäre, sondern die meisten mögen sich mit fadenscheinigen Begründungen, wo denn plötzlich das viele Geld herkam, zufriedengegeben haben. Hunger macht freundlich. Das gilt auch für die große Kunst.

Die Wirklichkeit war dagegen ernüchternd, und so sah sie aus: Die für US-Propaganda zweckentfremdeten (vulgo: unterschlagenen) Gelder aus der Marshall-Plan-Hilfe flossen in den soeben frisch installierten US-Geheimdienst CIA ab[385] und wurden von dort gezielt an sog. Kulturschaffende verteilt.[386] Sinn der Verteilung war die Erzeugung eines positiven Amerika-Bildes, das wie ein meta-politisches Gesamtkunstwerk eine antisowjetische Kampfstimmung erzeugen sollte. Hierzu war aus Sicht der US-Politikmacher aller Anlaß, denn im krisengeschüttelten Nachkriegseuropa schwankten die diversen Staaten bedrohlich hin und her, am deutlichsten wohl Griechenland, Italien[387] und Frankreich.[388] Sie alle standen an der Schwelle einer kommunistischen Machtübernahme, wobei Frankreich wegen seines spezifischen französischen Interesses an der Bewahrung und Fortentwicklung einer eigenen französischen Kultur (und dem daraus resultierenden Anti-Amerikanismus) den Strategen in den USA als besonderes Sorgenkind galt.

Da man nun aber zur Förderung allgemeiner amerikanischer Wohlfühl-Meinungen schlecht sagen konnte, „hier, Leute, ist Geld vom US-Geheimdienst, bedient euch," wurde ein kompliziertes Zahlungs- und Verschleierungssystem installiert. Die Marshall-Plan-Gelder aus Europa wurden von der einschlägigen US-Administration mit Zwischenstation über eingeweihte Banken, die auch im übrigen im Marshall-Plan-Geschäft operierten, an bestehende amerikanische Stiftungen umgeleitet, die ihrerseits durch Scheinbeteiligungen an anderen Stiftungen das Geld weiterleiteten. Diese anderen Stiftungen waren Frontorganisationen der CIA, für die eingeweihte Geschäftsleute ihren Namen als vermeintlicher Stifter hergegeben hatten.[389] Nunmehr war das Geld dort, wo es hinsollte, nämlich auf einem Absenderkonto, von dem aus, aus angeblich philanthropischen Neigungen, Organisationen unverdächtig gefördert wurden, die den ganzen Tag nichts Anderes taten, als den Leuten nahe zu bringen, wie gut Freiheit und Demokratie à la USA seien.

Eine solche Organisation war der Kongreß für kulturelle Freiheit, bald kurz *der Kongreß* genannt. Zunächst in West-Berlin aus der Taufe gehoben, operierte er bald mit Hauptsitz in Paris, denn die US-Strategen hatten erkannt, daß hier das Zentrum des antiamerikanischen Widerstands beheimatet war. In Wirklichkeit war der Kongreß nichts anderes als ein operativer Arm der CIA, der von Mitarbeitern der CIA, wenn auch unter Legende, gesteuert wurde. Diese Kongreß-Leute, die im Kulturleben des Nachkriegseuropas eine bedeutende Rolle als Anreger, Förderer, Veranstalter und Herausgeber spielten, waren Melvin Lasky, Nicolas Nabokov, Michael Josselson und einige andere, die aus den trotzkistischen studentischen Zirkeln des Vorkriegs-New-York stammten und in ihrer Mehrzahl Einwanderer aus Osteuropa waren.[390] Der CIA-Offizier, der diese Combo aus Einflußagenten führte, war Tom Braden.[391]

Man kann die Langzeitwirkung, die von dieser US-Schimäre ausging, kaum überschätzen. Es ist ganz zwecklos, alle diejenigen mit Namen zu nennen, die sich der Gunst dieser Organisation erfreuten und so ihre Karrieren aufbauen oder fortführen konnten. Vermutlich wäre es eindrucksvoller nach den wenigen zu fahnden, die nicht auf einer Pay Roll der CIA standen. Vor allem sage man nicht herablassend, im Osten habe es nach sowjetischem Muster nur Auftragskunst gegeben,[392] der Westen war kaum anders. Der Unterschied war bestenfalls der, daß das Regime-Mäzenatentum im Osten Allgemeingut war, während der Westen diesen Umstand peinlich und mit großem Aufwand zu verschleiern suchte. Nimmt man's zynisch, könnte man diesen Unterschied als eine Erklärung dafür nehmen, daß der Westen dem Osten turmhoch überlegen war.

Wenn man die Geförderten durch eine politisch gefärbte CIA-Brille betrachtet, so fällt auf, daß den US-Geheimdienstlern praktisch jedermann recht war, der nicht national und der kein Kommunist war. Man kann es auch ins scheinbar Positive wenden. Die CIA förderte den linken weltbeglückenden Liberalismus, der sich unter dem verschleiernden Kampfbegriff des Anti-Totalitarismus zusammenfand. Das hängt nicht zum Wenigsten mit der Geschichte der CIA und ihres Vorgängers OSS zusammen.

Es wurde bereits an anderer Stelle gesagt,[393] daß der während des Spanischen Bürgerkriegs entstehende US-Geheimdienst, aus dem bald das OSS und nach dem Zweiten Weltkrieg die CIA entstehen sollte, ein Sammelbecken für mancherlei Linke wurde. Da waren linke Utopisten, linke Liberale, ehemalige und aktive Kommunisten – ein buntes Gemisch, welches der Gedanke einte, die

Flamme Amerikas in die Welt hinauszutragen. Für die in den US-Diensten versammelten Kommunisten realsozialistischer Glaubensrichtung sollte man allerdings die Hand nicht ins Feuer legen, weil sie, wenn auch heimlich, in Wirklichkeit nur die Melodie aus Moskau spielten.[394]

*Wall Street-Connection oder: eine Hand wäscht die andere: Der New Yorker Anwalt und OSS-Boß William „Wild Bill" Donovan (links) organisierte in einer Blitzaktion den entscheidenden Persilschein für den in Nürnberg als Hauptkriegsverbrecher angeklagten Hjalmar Schacht (Mitte, während der Haft in Nürnberg im seiner Zelle). Donovans Auftraggebern in Wall Street war daran gelegen, daß die lukrativen amerikanischen Vorkriegs- und Kriegsgeschäfte mit deutschen Firmen während des Prozesses nicht zur Sprache kamen. Schacht hielt sich an den Deal. Die entscheidende entlastende Aussage, in der Schacht zu einer Art Widerstandskämpfer stilisiert wurde, stimmte Donovan mit dem ihm seit langem gut bekannte Anwalt und Geschäftspartner Paul Leverkuehn (rechts, auf dem Plakat der Bundestagswahl 1953) ab. Schacht wurde wunschgemäß freigesprochen und Leverkuehn startete zusätzlich zur sofortigen Wiederzulassung zur Anwaltschaft eine politische Karriere auf Bundesebene in der CDU und in der von der CIA initiierten Europa Union.*

Dieser Befund gilt auch für die amerikanische Vorkriegs-Linke insgesamt. Deren Wendepunkt, so wird berichtet, sei der Hitler-Stalin-Pakt vom Sommer 1939 gewesen. Als Deutscher liest man solche Analysen nicht ohne einen Anflug von Spott, daß es ausgerechnet diese Ganovenabrede gewesen sein soll, die Moskaus Sonne zum Sinken brachte. Wenn es wirklich so war, offenbart dies das jämmerlich zu nennende Beurteilungsvermögen einer als intellektuell gelobten Ostküstenschickeria, die sich willig vor den Anti-Nazi-Karren spannen ließ. Man kann es nachvollziehen, denn dort gab es auf Kosten des US-Steuerzahlers Geld zu verdienen. New Deal hieß die dazu passende Zauberformel.

So kann denn auch der Schock des Hitler-Stalin-Pakts bei den New Dealern nicht von übertrieben langer Dauer gewesen sein, denn mit dem deutsch-sowjetischen Krieg von 1941 waren die alten Fronten wiederaufgerichtet, und der Massenmörder Josef Stalin wandelte sich zum Erzdemokraten *Uncle Joe*. Mit dem Tod des US-Präsidenten Franklin Roosevelt änderten sich die Dinge erneut. Stalin mutierte in dem Maße, in dem sich die *One World*-Illusionen der New Dealer in Luft auflösten, vom gehätschelten Verbündeten[395] zum Erzfeind.

Die Erschaffung eines neuen Erzfeindes war schon deswegen unentbehrlich, um den Teil der Welt, der den USA als Ergebnis des Zweiten Weltkriegs zugefallen war, bei der Stange zu halten. Hierbei spielte die Sowjetunion den Amerikanern geradezu in die Hände. Die barbarischen Methoden, deren sich die kommunistischen Regime bedienten, die Ausübung von nackter Gewalt und terroristischer Willkür, machten die Kreierung eines neuen Feindbildes fast zum Kinderspiel. Die Puppenspieler blieben hinter der Bühne verborgen.

## Europa & der Stier:
## Amerikanische Bemühungen,
## ein einheitliches Europa zu schaffen

Vor der New Yorker Börse steht symbolträchtig ein Stier. Kaum waren die letzten Bomben in Deutschland gefallen, schickte er sich an, Europa erneut zu begatten. Die einst attraktive Dame war schwer demoliert, aber seit 1945 stand sie bis zur Elbe als amerikanisches Einflußgebiet zur Verfügung. Man nannte das Einflußgebiet nur nicht so, sondern im Anschluß an die Wortakrobatik des verstorbenen US-Präsidenten Franklin Roosevelt sprach man von westlicher Hemisphäre. Doch die Einheit, die dieser Begriff suggerierte, paßte mit den Gegebenheiten vor Ort nicht zusammen. Vielmehr war der Nationalstaat wieder Trumpf, nachdem das deutsche Dominanzmodell der Jahre 1940-44 zusammengebrochen war.

An der Spitze der Vereinheitlicher traten die amerikanischen Geschäftemacher.[396] Für sie war ein *gemeinsamer Markt*, wie man ihr Modell bald nannte, eine naheliegende Sache. Mit Hilfe des Marshall-Plans, von dem soeben schon die Rede war, wurde eine Angel ausgeworfen, um die verschiedenen Nationen an das unter amerikanischer Kredit-Leitung durchzuführende gemeinsame Wirtschaften heranzuführen.[397] Bei diesem Vorgehen war aufgefallen, daß es ohne die Deutschen schlecht gehen würde. Also drangen die pragmatischen Amerikaner auf deren Einbeziehung. Ein gemeinsamer Markt wurde damit zugleich zum politischen Instrument. Die Mitwirkung der Deutschen paßte ins Konzept, das erneute eigenständige Entstehen eines gesamtdeutschen Staates zu verhindern. Seine westdeutsche Hälfte würde nach Osten durch den Eisernen Vorhang und nach Westen von synchron Einfluß nehmenden Staaten eingeschlossen sein.

Die New Yorker Geschäftemacher gründeten ein operatives Vehikel zur Realisierung eines Gemeinsamen Marktes in Europa, das *American Committee on United Europe*. Gründungsmitglieder waren: William Donovan (Ex-OSS), Lucius D. Clay (Ex-Militärgouverneur von Deutschland), Allen Dulles (CIA).[398] Was sie planten, zielte in zwei Richtungen, die sie miteinander zu verbinden suchten. (1) Zum einen handelte es sich darum, die nichtdeutschen westeuropäischen Länder vom Nutzen des Gemeinsamen Marktes zu überzeugen und zum Mittun zu veranlassen, (2) zum andern um begleitende Propaganda, in die auch die Deutschen einzubeziehen waren, denn ihnen, den Deutschen, planten die Marktkonstrukteure, eine Roßkur zu oktroyieren, um Ziel 1 zu realisieren.

Das Geheimnis der Überredung der Hauptadressaten Frankreich, Italien und Benelux war ein gigantisches Geschenk: die Lenkung der deutschen Stahlerzeugung und Kohleförderung, zusammenfassend als Montanindustrie bezeichnet.[399] Dieses Geschenk gehörte den Schenkern zwar nicht, aber sie nahmen es sich, indem sie es den Deutschen wegnahmen. Erneut warf der Morgenthau-Plan lange Schatten, denn die Wegnahme der Montanindustrie kraft Besatzungsgewalt wurde mit der Wortwolke von der notwendigen und endgültigen Entmilitarisierung Deutschlands umhüllt. Um den Entzug der Montanindustrie zu kaschieren, wurde die Übertragung auf eine supranationale Instanz angeordnet, die Montan Union, in der die ehemaligen Feindstaaten Sitz und Stimme hatten, erst 1953 durfte Deutschland mit einer einzelnen Stimme hinzutreten.[400]

Für die Franzosen wurde ein alter Traum wahr, wenn auch nicht Alleinherrscher, so doch Mitherrscher auf einem Gebiet zu werden, das sie als den Kern der deutschen Gefahr ansahen: die Stahlindustrie als den Motor der deutschen Rüstungswirtschaft – ja, der deutschen Wirtschaftskraft schlechthin. Für die anderen beteiligten Länder hatten Erwägungen dieser Art nicht denselben emotionalen Stellenwert. Diesem Defizit an Überzeugung wurde durch reiche Handsalbungen bei den in Frage kommenden Entscheidungsträgern abgeholfen.

Der Mann, der diesen Teil der Überzeugungsarbeit erledigte, hieß Józef Retinger. Er war von Geburt her ein Pole. Er hatte nach dem Zweiten Weltkrieg, in dem er MI6 als Einflußagent diente, seinen Wohnsitz in Holland genommen, wo er im unmittelbaren Umfeld des niederländischen Prinzgemahls residierte. Inwieweit Bernhard von Lippe-Biesterfeld, der Prinz also, an solchen von Retinger weiterzuleitenden Subsidien teilhatte, ist nicht zu sagen. Klar ist nur, daß diese hochadlige Allzweckwaffe – vorbildlicher Ehemann, NS-Widerstandskämpfer und SS-Offizier[401] – eine zunächst unbekannte, später aber unübersehbare Rolle beim transatlantischen Geschäftemachen einnahm. Sie kam ans Tageslicht, als Bernhard im Hotel Bilderberg in Oosterbeek 1954 die heimlichen Herrscher der Welt um sich scharte. Das war der Beginn der Bilderberger – ein informelles Lenkungsgremium des Hauses Rockefeller, zu dem man geladen wurde, oder aber auch nicht.

*Gründung im Hinterzimmer: Akteure des American Committee on United Europe, ein Cover der CIA, planen den Gemeinsamen Markt. Von links: der polnische Mehrfachagent Józef Retinger, der Wall Street-Anwalt und Ex-OSS-Chef William Donovan und der CIA-Mitarbeiter für verdeckte Operationen Thomas Braden, der auch den Kongreß für Kulturelle Freiheit und andere CIA-Frontorganisationen leitete.*

Retinger, der CIA-Agent,[402] handsalbte mit US-Dollars, die weder ihm, noch der CIA gehörten, sondern bevorzugt aus deutschen Staatskassen stammten, nur daß die deutschen Beamten, die diese Zahlungen angewiesen hatten, davon nichts ahnten.[403] Des Rätsels Lösung steckt in der bereits oben erörterten Einrichtung der *Counter Part Funds* des US-Marshall-Plans. Das ist zuweilen unzutreffend mit *Rückzahlungen* der Marshall-Plan-Hilfen übersetzt worden.[404] Doch es waren alles andere als Rückzahlungen, sondern bevorzugt deutsche Einzahlungen, um am Marshall-Plan teilnehmen zu dürfen. Hier bediente sich die CIA, wie bereits gezeigt wurde, als es um ihre Finanzierung der US-Propaganda über Organisationen wie den Kongreß für kulturelle Freiheit ging.[405]

Schnell noch ein Blick auf die ehrenwerten Leute, die Retinger & Hinterleute im Blick hatten. Natürlich hat niemand von denen den Finger gehoben und gesagt: Ich wurde geschmiert. Deswegen ist der Geschichtsforscher darauf angewiesen, indirekt zu fragen, nämlich: wo kommt bei den Verdächtigen Retinger vor und wie? Schnell wird man fündig. Zum Beispiel der als großer Europäer apostrophierte Belgier Henry Spaak hat wissen lassen, daß ohne den etwas geheimnisvollen Retinger in Sachen Europa nichts gelaufen wäre.[406] Er hat vergessen hinzuzufügen, dass für ihn dasselbe gilt. Spaak war als Vorzeigepolitiker die besoldete US-Allzweckwaffe, um Montanunion, Gemeinsamen Markt und Nato bei den Europäern salonfähig zu machen. Jetzt offengelegte CIA-Akten sehen dies genauso – auch bezüglich Spaaks als Zuwendungsempfänger.[407]

Um es noch einmal in der nötigen Klarheit zu wiederholen: Das Geld zur Schädigung Deutschlands – gebraucht für ein *German containment* (deutsche Eindämmung) – kam vom deutschen Steuerzahler, der für eine Konstruktion zur Kasse gebeten wurde, die das Zwangssystem von Versailles zum Vorbild hatte,[408] nur daß die Akteure diesmal geschickter vorgingen. Die Wirkungen dauern heute noch an, weil sie hingenommen werden. Das liegt vor allem am Glauben an das große und gute Amerika und das Heil des europäischen Gedankens.

Die Kohle-Stahl-Roßkur für die Deutschen gilt es kurz zu skizzieren, um die Geschichtsschreibung der Umerzogenen in einem entscheidenden Punkt zu korrigieren.[409] Der Entzug der Montanzuständigkeit bedeutete, daß deutsche Ruhr-Kohle zu einem Preis von 45 DM pro Tonne an die Nachbarn verkauft wurde, während Deutschland für den hierdurch ausgelösten Fehlbedarf durch Kauf in den USA für den dreifachen Preis (145 DM pro Tonne) decken mußte. Das war allein im Jahr 1950 ein Verlust von 950 Mio. DM.[410] Es war eine Wirtschaftshilfe für die USA und zugleich eine verdeckte Reparationszahlung an die westeuropäischen Nachbarn einschließlich Großbritanniens.

Waren nun alle zufriedengestellt, an der Spitze die Franzosen, so waren jetzt noch die Deutschen zu bedenken. Da denen nichts geschenkt, sondern etwas weggenommen wurde, mußte Propaganda her, um das Konzept eines vereinigten Europa salonfähig zu machen. Hierin sollten die Deutschen den Status eines zu resozialisierenden Knastrologen erhalten. Sozusagen Freigang unter Aufsicht. Das war die Geburtsstunde der *Europa Union*. An die Spitze dieses

Vehikels stellten die US-Besatzungsbehörden Eugen Kogon, einen bei Kriegsende zu ihnen übergelaufenen Journalisten und Geschäftsmann.[411] Der hatte sich erste Meriten erworben, als er unmittelbar nach Kriegsende bei der US-Militäreinheit für die psychologische Kriegsführung andockte und in deren Auftrag ein Sittengemälde des deutschen Verbrecherwesens entwarf: Das Buch *Der SS-Staat*. Kogon erschien seinen Brötchengebern für diese Arbeit besonders prädestiniert, weil er bereits 1939, bald nach dem Anschluß Österreichs, in deutsche Haft genommen worden war, die bis kurz vor Kriegsende im Konzentrationslager Buchenwald andauerte.

Nachdem die amerikanischen Umerzieher sein Manuskript gutgeheißen hatten, sorgten sie dafür, daß das Buch zu einer Belehrungsfibel wurde. Eine Groß-Auflage nach der anderen machte das möglich. Auftragsgemäß wurde das Buch gelobt. Hans Werner Richter schrieb bereits 1946 in der Lizenzzeitung *Der Ruf*:

*Wir bezweifeln sehr, ob nach diesem Werk noch irgendwer Besseres oder Gültigeres zu diesem Thema sagen wird.*[412]

Abgesehen davon, daß der unbeabsichtigte Scherz mit der Steigerung des Wortes *gültig* beschreibt, wie sich der Rezensent Geschichtsschreibung vorstellt, kann angemerkt werden, daß sich von Auflage zu Auflage der Text veränderte. Er wurde demnach immer gültiger.[413]

Richtigerweise sollte man das Doppelgesichtige des Buches hervorheben: Es ist die bemerkenswerte und heute noch zu empfehlende Autobiographie eines Insassen von Buchenwald, und es ist die Allgemeinbeschreibung des Deutschen Reiches als eines von der SS gesteuerten Staates. Letzteres war ebenso unrealistisch,[414] wie es ganz im Sinne der Nürnberger Anklage war. Der Leser wird allerdings bemerkenswert finden, daß der Autor auf Quellenangaben weitgehend verzichtet hat. Bei den Angaben rund um das Lagersystem von Auschwitz und die dort stattfindende Selektion[415] hätte man es gerne etwas genauer gewußt. Hier tritt die Zwiespältigkeit des Buches besonders zutage, denn für Buchenwald, wo Kogon offenbar ein Funktionshäftling (Kapo) in der Registratur war, sind die Angaben präzise einschließlich der nach Jahren geordneten Todeszahlen. Doch sollte man Kogon wenigstens dort beim Wort nehmen, wo er sagt, daß Ermordetenzahlen für Auschwitz und das umliegende Lagersystem nicht vorlägen.

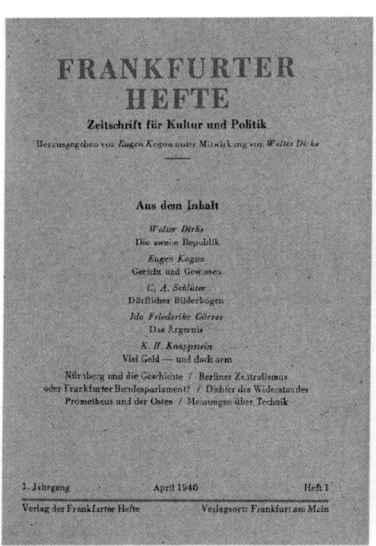

*Abkehr vom deutschen Nationalstaat als dem Quell allen Übels: Der österreichische Geschäftsmann und spätere Umerzieher Eugen Kogon und die von ihm in US-Lizenz herausgegebene Zeitschrift Frankfurter Hefte. Rechts als Redner bei einer Veranstaltung der europäischen Bewegung.*

Es entbehrt nicht einer makabren Besserwisserei, daß der Klappentextautor der Sonderausgabe des *SS-Staats* für die Bundeszentrale für politische Bildung,[416] der offenbar auch der Ansicht ist, daß es nichts besseres und gültigeres als das Buch von Kogon zum Thema gäbe, es besser weiß als der beste und gültigste Autor, denn er teilt mit, daß in den Konzentrationslagern mehr als sechs Millionen Menschen einem geplanten Völkermord zum Opfer fielen.[417] Woher er das hat, wird nicht mitgeteilt – jedenfalls hatte er es nicht von Kogon.

Nach getaner Tat ließen die Amerikaner ihren Mann das Programm der hessischen CDU schreiben,[418] versahen ihn mit der Herausgabe der Lizenzzeitschrift *Frankfurter Hefte*[419] und mit einem Lehrstuhl für politischen Wissenschaften, für die nach Ansicht der US-Umerzieher in Deutschland dringender Bedarf bestand.[420] Und weil Kogon in der Rolle des Politologen an der Technischen Hochschule von Darmstadt nicht überlastet war, machte man ihn zum Präsidenten der *Europa Union*. Die Europa Union, nicht zu verwechseln mit der heutigen Europäischen Union, war nun die Propaganda-Einrichtung, die den Deutschen die Einbindung in ein europäisches Marktgebilde nahebringen sollte.

Propaganda kostet Geld. Das war in großen Mengen vorhanden, aber nur wenige waren eingeweiht, woher es stammte. Der Leser weiß es: es kam aus der CIA. Von dort floß es mehr oder minder gut getarnt über Schein-Stiftungen an die Europa Union ab. Dabei hätte es bis heute bleiben können, wenn nicht deutsche Vereinsmeierei dazwischen gekommen wäre, denn nach dem BGB von 1900, das die Amerikaner versehentlich nicht außer Kraft gesetzt hatten, sah und sieht das Vereinsrecht die Rechenschaftspflicht des Vorstandes bei Mitgliederversammlungen vor, die ihrerseits das Recht haben, den Vorstand zum Ablauf seiner Wahlperiode zu entlasten, oder es eben auch bleiben zu lassen, was unter Umständen persönliche Haftung des nicht entlasteten Vorstands nach sich zieht. Dieser Fall trat 1953 ein, weil Kogon nicht sagen wollte oder konnte, wo das schöne Geld eigentlich her gewesen ist, das er mit vollen Händen – auch für einen vermuteten Eigenbedarf – ausgegeben hatte.

Bei dieser mißlichen Lage, in die auch die spendablen Amerikaner zu geraten drohten, zog einer die Notbremse. Es war der Anwalt Paul Leverkuehn. Er trixte die Mitgliederversammlung der Europa Union 1953 in eine Vertagung, was letztlich zur Konsequenz hatte, daß er Kogon zum Rücktritt zwang und selbst der Präsident wurde. Er blieb es nicht lange. Ein Autounfall machte ihn noch im selben Jahre kampfunfähig. Er wurde von Ernst Friedlaender beerbt. Auch dieser Mann ist es Wert, einen Moment zu verharren, denn bei ihm griffen die Amerikaner wieder auf das bewährte Muster eines Emigranten zurück.

Angeblich emigrierte Friedlaender bereits 1931. Er tat dies – merkwürdig genug – in der Weise, daß er seinen Posten als Direktor der I.G.-Farben-Tochter Agfa in den USA verließ und nach Lugano und sodann nach Liechtenstein verzog. Munzingers Archiv weiß hierzu, daß dies aus Gründen der politischen Entwicklung in Deutschland geschah.[421] 1931? Das klingt geheimnisvoll wie auch schon sein Vorleben, in welchem es ihm naheliegend erschien, ein Philosophiestudium zugunsten einer Banklehre[422] aufzugeben, die ihn 1929 unverzüglich an die Spitze eines Weltkonzerns schleuderte. Nach der Zeit in Liechtenstein und in der Schweiz, wo er trotz des politischen Betätigungsverbots für Ausländer einschlägig publizieren konnte,[423] nahm Friedlaender 1946 seinen Weg nach Hamburg in die Redaktion der *Zeit,* einem als liberal bezeichneten, soeben mit der einschlägigen Sieger-Lizenz gegründeten Wochenblatt, das noch heute stromlinienförmig im Fahrwasser der USA schwimmt.[424]

Dieses Engagement dauerte bis ins Jahr 1950,[425] danach war Friedlaender in Sachen Europa unterwegs. Der Unfall von Leverkuehn brachte ihn an die Spitze der Europa Union. Ein anonymer Geschichtsklitterer von Wikipedia hat hinsichtlich des Stabwechsels geraunt, Leverkuehn habe nicht voll auf der Linie der Westintegration gelegen.[426] Falls das stimmt, sollte man über seinen Unfall noch einmal nachdenken. Es war die Zeit der Unfälle. Wie auch immer, unter Friedländer wurde der Westkurs gemäß den Vorgaben aus Washington unumkehrbar. Hierbei half nicht zum wenigsten die Geschäftsführerin des bei der *Europa Union* angegliederten *Bildungswerks Europäische Politik,* Katharina Focke, die sodann in der

Bundes-SPD Karriere machte.[427] Sie war die Tochter von Ernst Friedlaender.[428] Eugen Kogon war noch über allzu heftige Familienfürsorge gestürzt. Friedlaender wußte offenbar geschickter für die Seinen zu sorgen.

Am 20. Oktober 1965 kam im Bonner Rentnervorort Bad Godesberg eine Europahymne zur Uraufführung,[429] ihr Textdichter war der nun 70-jährige Ehrenpräsident der Europa Union, Ernst Friedlaender:

> *Wir kämpfen für Dich, Europa,*
> *Dir sind wir mit wissendem Willen geweiht,*
> *dem Bunde der Freiheit, des Friedens,*
> *des Rechtes fest für alle Zeit.*
> *Das fordernde Ich muß weichen der Brüderlichkeit,*
> *die uns alle umfaßt*
> *Dann tragen die Völker wie Säulen gemeinsam Glück,*
> *gemeinsam Last.*
> *Hinweg über zähe Zweifler und Träume von Größe,*
> *die längst schon zerstört,*
> *geht's vorwärts zum Ziel Europa,*
> *das jung und neu zu uns gehört.*

Der zugehörige Komponist Marc-Antoine Charpentier ahnte von alledem nichts. Er war bereits 261 Jahre zuvor verstorben.[430] Es ist nicht ohne symbolischen Witz, daß hier ein französischer Barockmensch zu Ehren kam, der seine Einkünfte als Kapellmeister bei den Pariser Jesuiten bezogen hatte.[431]

Doch zurück zu Friedländer: Wenn einer erst Hymnen schreibt, dann dauert es nicht mehr lange, bis über ihn selbst Hymnen verfaßt werden. So schrieb die große Hymnikerin, gefühlte Widerstandskämpferin, *Zeit*-Herausgeberin und Multiplikatorin des *American Way of Life* Marion Gräfin von Dönhoff zum Fünfundsiebzigsten:

*Als Ernst Friedlaender nach langen Jahren in der Emigration 1946 in das zerstörte, von Hunger und Kälte gepeinigte Deutschland zurückkehrte und in die Redaktion der ZEIT eintrat, da ging von ihm und seinen Artikeln ein ganz unvergleichliches Leuchten aus.*[432]

Ich kann nicht beurteilen, ob das stimmt, denn in der Küche meiner Eltern war es nicht die *Zeit*, sondern der Stellenteil der *FAZ*, der zum Anheizen neben dem Herd lag.

# 6. Kapitel

# Der goldene Westen – Die Teilung Deutschlands, die Westintegration der Bundesrepublik und die handelnden Figuren

Für die Masse der US-Amerikaner und ihre ehemaligen westeuropäischen Kriegsverbündeten war es 1946/47 undenkbar, daß das zu Boden geworfene Verbrechervolk der Deutschen noch einmal eine politische Rolle zugewiesen bekommen könnte. Diese Sicht änderte sich in dem Maße, wie die Blockkonfrontation anfing, Konturen anzunehmen. Sie erreichten 1949 einen ersten Zwischengipfel in der Gründung von zwei deutschen Staaten. Es war die Geburt von ungleichen Zwillingen. Sie hatten unterschiedliche Väter. Die Bundesrepublik war der ältere von beiden Staaten.[433] Es handelte sich um eine US-amerikanische Gründung. Darüber wird im Folgenden zu sprechen sein. Zuvor wird erneut ein gedanklicher Ausflug in die USA nötig, der Vaterschaftstest sozusagen.

## Was sonst noch war:
## Die Neuordnung der Welt an der Schwelle der 1940-er auf die 1950-er Jahre nebst einigen Bemerkungen über Hexenjagd und den Koreakrieg

Über die inneramerikanischen Gründe für die ab 1946/47 eingeleitete Konfrontationspolitik wurde bereits gesprochen. Man nannte dies die *Containment*-Politik, also das Eindämmen der kommunistischen Herrschaft. Bald darauf folgte das *roll back*, also das Zurückwerfen. Auch diese, eigentlich außenpolitisch gedachten Strategien hatten innenpolitische Parallelen. Sie sind unter dem Schlagwort des McCarthyismus in die US-Geschichte eingegangen.

Bei dem nach dem republikanischen Senator Robert McCarthy benannten Vorgang handelte es sich um ein rabiates Aufräumen unter den ehemaligen Anhängern der Radikal-Liberalen, die in den langen Präsidentenjahren von Franklin Roosevelt an vorderster Front die Politik der USA nach außen und innen zu dominieren versucht hatten. Zwar war es so, daß unter Roosevelts Nachfolger Truman das Zurückdrängen dieser Leute innerhalb der Partei der Demokraten bereits eingesetzt hatte, doch nun fanden die in den Gesetzgebungskörperschaften bei den Zwischenwahlen 1946 in die Mehrheit geratenen Republikaner ein reiches Betätigungsfeld, um öffentliche Aufmerksamkeit zu erregen.[434]

Diese Rechnung ging für einige Jahre auf. Es gab kaum eine Branche von einiger Bedeutung, deren Repräsentanten nicht mit großem Klamauk vor die Schranken des Kongresses gezerrt worden wäre, um sich gegenüber dem Vorwurf einer vermuteten kommunistischen Unterwanderung rechtfertigen zu müssen. Wenn auch mit der Gleichsetzung von Radikal-Liberalismus à la Roosevelt und dem Kommunismus von vornherein eine schiefe Schlachtordnung installiert worden war, so war doch bemerkenswert, wie viele Amerikaner aus Administration, Kultur und Geldschickeria mit dem kommunistischen Internationalismus auf Du und Du gestanden hatten. Das hatte nicht zum wenigsten daran gelegen, daß kommunistische Bündnispolitik genau hier, im Rooseveltschen *One World*-Internationalismus, die weiche Flanke der USA entdeckt und ausgenutzt hatte. Immer nach dem Motto: Fast gleich und fast gleich gesellt sich gern.

Unter den Befehdeten befand sich eine spezielle Gruppe, deren Bekämpfung man aus der Sicht eines nationalen Eigeninteresses der USA leicht nachvollziehen kann. Die Rede ist von den zahlreichen sowjetischen Spionage- und Einflussagenten.[435] Sie hatten die amerikanischen Entscheidungsebenen in Politik und Gesellschaft derartig zersetzt, daß deren Abräumen unabdingbar erschien. Es erfolgte dann auch zu einem guten Teil – soweit man weiß. Dieses Auf- und Abräumen wäre nicht so giftig ausgefallen, wenn nicht ein äußeres Ereignis hinzugetreten wäre, nämlich die Explosion der ersten sowjetischen Atombombe im kasachischen Semipalatinsk am 29. August 1949. Die US-Amerikaner fielen buchstäblich aus allen Wolken.[436] Nicht nur, weil sie völlig überrascht waren, sondern weil auch mit einem Schlag Weltbeherrschungsphantasien in sich zusammensackten, die der scheinbaren Unschlagbarkeit ihrer Wunderwaffe entsprossen waren.

Stalin, der unübertroffene Machttaktiker, hatte sich bei der Potsdamer Konferenz Ende Juli 1945 nichts anmerken lassen, als Truman ihm *en passant* den Einsatz der Bombe ankündigte, denn er hatte seit einiger Zeit den fieberhaft nachzuholenden Bau einer Bombe zum Problem Nummer Eins erklärt[437] und alles, was damit zusammenhing zum striktesten Staatsgeheimnis. Das war klug, denn in der Bauphase war die Sowjetunion real gefährdet, Gegenstand einer atomaren Aggression zu werden. Nach der Fertigstellung der Bombe schmolz dieses Risiko in sich zusammen.

Den Amerikanern wurde bald klar, daß sie ihre Chance verpaßt hatten. Ihnen wurde zudem klar, daß sie aufgrund ihrer nur kurz andauernden militärischen Unschlagbarkeit nicht wiedergutzumachende diplomatische Fehler begangen hatten, als sie den Russen in Potsdam breite Einflußmöglichkeiten in China einräumten. Und sie erkannten schließlich, daß das sowjetischen Atomwunder auf einschlägiger Spionage beruhte, die in den USA beschaffte, was dort teuer und geheimhaltungsbedürftig erschien. Die Erkenntnis der Atomspionage gab den amerikanischen Saubermännern erst ihre Durchschlagskraft.

Was bei dieser Gelegenheit an die Öffentlichkeit kam, wirkte erschütternd genug. Nicht nur war der ganze Atombetrieb durch ein Rudel von Sowjetagenten ausgespäht worden, sondern die Spitzenämter der New Dealer waren aufgemischt von Personen, die nach der Pfeife aus Moskau tanzten: Harry Dexter White,[438] zweiter Mann hinter Finanzminister Henry Morgenthau; Alger Hiss,[439] Stichwortgeber für Franklin Roosevelt in Jalta; Klaus Fuchs,[440] Spitzenmann im Atombomben-Team von Robert Oppenheimer;

eine ganze Seilschaft im US Geheimdienst OSS[441] von William Donovan – um nur einige zu nennen. Den Vogel schoß sicher White ab: Er schrieb den Morgenthau-Plan, leitete die Währungskonferenz von Bretton Wood, wo das Dollar-Imperium gegründet und die Briten an die Wand gedrückt wurden, und war der Gründer von Weltbank und Internationalem Währungsfonds, dem die Sowjets wohlweißlich fernblieben. White war für die Liberalen ein Säulenheiliger. Kein Wunder also, daß die Weißwaschbemühungen aus diesen Kreisen trotz eindeutiger Beweislage bis in unsere Tage andauern. Bei Alger Hiss und den zum Tode verurteilten Atomspionen Ethel und Julius Rosenberg liegen die Dinge ähnlich.

Wie in den USA üblich lief sich die Aufregung um die Enthüllungen von McCarthy irgendwann tot. Und Vermutlich war es so, daß die Sache beendet wurde, weil die Ostküstenpresse mit dem Thema kein Geld mehr verdienen konnte.

Zur gleichen Zeit, als man in den USA diese seltsame Nabelschau veranstaltete, ging es in der übrigen Welt recht rau zu und nicht nur erfreulich für die Gestalter der Weltpolitik in Washington und New York. Während man im Mittleren Osten noch auf Beutezug war, bahnte sich in Fernost eine Niederlage an, wie sie die USA in den hundertfünfzig Jahren zuvor nicht hatte einstecken müssen. Die Ereignisse sind um das Stichwort des Koreakriegs gruppiert, und sie hatten zum Gegenstand, daß die Stützung der Sowjetunion während des Zweiten Weltkriegs und ihr schon fast nötigendes Hineinziehen in den Konflikt mit Japan Folgen zeitigten, welche die amerikanische Politik auf den Kopf zu stellen drohten.

Korea war ein Langzeit-Folgekonflikt der amerikanischen Fiktion einer Befreiung der Koreaner vom japanischen Joch. Hinter dieser Fiktion steckte die Rooseveltsche Lehre von der westlichen Hemisphäre, zu welcher recht großzügig die Gegenküsten von Atlantik und Pazifik hinzugerechnet wurden. Dieses Prinzip stieß an seine Grenzen, nachdem es dank der US-Willkommenspolitik gegenüber dem großartigen Demokraten Josef Stalin der Sowjetunion gelungen war, in China Fuß zu fassen und dank des vereinbarungsgemäßen Eingreifens in den Krieg gegen Japan zum weiträumigen Vordringen der Roten Armee in den letzten Kriegstagen gekommen war. Im allerletzten Moment einigten sich die Amerikaner mit den Russen, die koreanische Halbinsel mit dem 38. Breitengrad als Grenze zu teilen. Wer dann 1950 mit dem Schießen anfing, ist bis zum heutigen Tage umstritten.[442] Der Krieg dauerte drei Jahre. Zum Schluß stand man sich wieder am 38. Breitengrad gegenüber.

Dem amerikanischen Mißerfolg war eine noch gravierendere Niederlage vorangegangen, nämlich der Sieg der Kommunisten unter Mao Zedong über die von den USA seit Jahren gestützten nationalchinesischen Wunschdiktator Chiang Kai-schek, dem nur ein Rückzug auf die Insel Formosa übrigblieb.[443] Maos Sieg war zunächst ein Erfolg Moskaus, und was sich dort in Fernost abzeichnete, war die Bildung einer gigantischen kommunistisch regierten Landmasse. Auch zeigte sich, daß man dortzulande nicht gewillt war, die Amerikaner im asiatischen Vorhof ungestört hantieren zu lassen. Der blutige Krieg in Korea ließ keinen Zweifel an der Ernsthaftigkeit des chinesischen, zu dieser Zeit noch von Rußland gestützten Machtanspruchs. Das Ergebnis war schließlich die erneute Teilung des Landes – ein Konfliktherd wurde geschaffen, der bis heute schwelt.[444]

Die US-Amerikaner waren nun eine Erfahrung reicher, nämlich daß sie in Asien als Landmacht, wenn der Gegner entschieden handelte, nicht viel wert waren. Die Welt hatte sich verändert. Der Pazifik war nicht mehr ein amerikanisches *mare nostrum*.[445] Grund genug, daß der Atlantik es bleiben sollte.

## Atlantikfestung:
## Die Gründung der Nato, Deutschlands Einbeziehung und die Aufstellung der Bundeswehr

Zeitgleich mit der soeben besprochenen Radikalisierung der amerikanischen Außenpolitik in der pazifischen Region fanden Bemühungen statt, den US-amerikanischen Großraum Atlantik in eine Festung umzubauen. Seit dem Ende des Zweiten Weltkriegs reichte dieser Großraum etwas vage bis zur Elbe. Der Fluß markierte allerdings nur ein kurzes Stück der Ostgrenze. Das war das Ergebnis des Konferenzmarathons von Teheran-London-Jalta der Jahre 1943/45. Roosevelt und seine Abgesandten hatten ernsthaft geglaubt, Gewaltpotentaten vom Zuschnitt eines Josef Stalin in ihre *One World*-Phantastereien einwickeln zu können. In Potsdam wurde ihren Nachfolgern die Rechnung präsentiert, und wer immer noch von der einen Welt geträumt hatte, erwachte jäh, als sich zu zeigen begann, wie die Staaten im Machtbereich der Roten Armee Schritt um Schritt mit brutaler Konsequenz sowjetisiert wurden.

Es wurde bereits erwähnt, daß dieser Guten-Morgen-Effekt der Hauptgrund für die Entwicklung des Containments war. Es war begleitet von begründeter Furcht, daß es der Sowjetunion gelingen werde, die europäischen Staaten bis zum Atlantik durch marxistische Zersetzungsarbeit zum Kippen zu bringen. Im Falle des Gelingens würde das eine Wiederholung des deutschen Plans eines Atlantikwalls bedeuten – jedoch mit dem bedeutenden Unterschied, daß diesmal die Russen das Sagen haben und auch die Britischen Inseln dazugehören würden. Diese, so lautete die schockierende Prognose, würden mitfallen. Einschlägiges Mißtrauen erweckte, daß seit Sommer 1945 im wirtschaftlich völlig ausgepowerten Inselreich eine Labour-Regierung herrschte, die um keinen sozialistischen Sinnspruch verlegen war.

Es versteht sich, daß auch das deutsche Besatzungsgebiet unter solchen Voraussetzungen als Quasi-Insel im roten Meer nicht zu halten war. Damit würde für die US-Geschäftsherren der Nukleus ihres europäischen Wirtschaftsraums in sich zusammensinken. Eile tat not, denn zwar war der Mittelabschnitt der westlichen Hemisphäre an der Elbe definiert. Doch was war mit dem viel größeren Rest, der sich nach Norden und Süden anschloß? Seiner Grenzziehung diente die Nato, das ausdrücklich so genannte nordatlantische *Verteidigungs*bündnis.[446] Es war, propagandistisch gesehen, Richtung Sowjetunion ein Bis-hierhin-und-nicht-weiter. Aus ebenfalls propagandistischen Erwägungen, diesmal Richtung der betroffenen Länder, wurde die Nato als Bündnis bezeichnet und mit dem Etikett einer Wertegemeinschaft versehen. Die betroffenen Länder, vor allem Großbritannien und Frankreich, waren einverstanden, da das Ganze an die glorreiche Kriegskoalition erinnerte, die soeben den Erzfeind Deutschland, diesmal endgültig, zur Strecke gebracht hatte. Die Amerikaner hatten den Briten die bittere Pille des Niedergangs dadurch versüßt, daß sie einen Engländer zum ersten Generalsekretär der Nato wählen ließen, den engen Weggefährten Churchills, General Hastings Ismay. Er soll aus diesem Anlaß das vielzitierte Bonmot formuliert haben:

*Nato's goal is to keep the Russians out, the Americans in, and the Germans down (Ziel der Nato ist es, die Russen draußen, die Amerikaner drinnen und die Deutschen unten zu halten).*[447]

Wie gesagt, die Amerikaner ließen den Briten Raum für große Sprüche, denn das Sagen hatten sie selbst.[448]

Erst mit der Gründung der Nato war die Westgrenze der westlichen Hemisphäre, sprich: des US-Einflußgebiets in Europa definiert. Diese Grenze verlief vom Nordkap entlang der norwegisch-schwedischen Grenze, bog ab durch den Øre-Sund, durchquerte die Ostsee östlich an Bornholm vorbei zur Lübecker Bucht, umrundete die Stadt Lübeck, erreichte alsbald die Elbe, der sie ein Stück folgte, durchschnitt dann die Magdeburger Börde, überquerte den Harz, schlängelte sich an der Werra entlang, um dann über die Kämme der Rhön, des Vogtlandes und des Bayerischen Waldes zu verlaufen, machte in Passau einen Hüpfer über die Alpenrepublik, setzte am östlichen Rand der italienischen Alpen wieder ein, um die Adria zu erreichen, durchquerte die Straße von Korfu, kam im griechischen Igoumenitsa wieder an Land und ging nach Osten quer durch Mazedonien, um in Istanbul einschließlich der Meerengen an den Rand Europas zu kommen. Die geschäftstüchtigen türkisch-orientalischen Militärherrscher wurden durch reiche Dollargaben in die Nato einbezogen, so daß sie sich zu ihrem Erstaunen und ihrem handfesten Vorteil in Europa und der amerikanischen Wertegemeinschaft wiederfanden.[449]

Daneben lag es für die pragmatisch gesinnten Amerikaner auf der Hand, den Deutschen eine neue Rolle zuzuweisen, denn dort gab es nicht nur Geld zu verdienen, sondern auch Entlastung für überhandnehmende Kosten der Besatzungspolitik abzuwälzen.[450] Das war volkswirtschaftlich leicht nachzuvollziehen, denn hier verursachte die *US Army* Kosten,[451] die sich nicht zugleich in Gewinnen der Rüstungskonzerne niederschlugen. Deswegen mußten die Deutschen mit einer eigenen Armee ran. Das war die Geburtsstunde der Bundeswehr. Ihre Vormünder achteten strikt darauf, daß dieser Armee von vornherein die Möglichkeit verwehrt blieb, eigenständig zu operieren. Das wurde dadurch sichergestellt, daß Großverbände des Heeres keiner deutschen Kommandostruktur unterstanden,[452] sondern ausschließlich einer solchen der Nato,[453] in der die Amerikaner das Sagen hatten. Dort, wo der eine oder andere deutsche General mitspielen durfte, war er dicht von Stabsoffizieren aus anderen Nato-Staaten umstellt, die Kommandosprache war englisch. Einzelne Waffensysteme, wie die Kampfverbände der Luftwaffe, waren zudem ohne Leitsysteme der Nato gar nicht einsatzfähig.[454]

Für die US-Geschäftemacher hatte die neue Armee den erfreulichen Effekt, daß Großaufträge für Rüstungsgüter zu akquirieren waren, da die Deutschen erst einmal eine Grundausstattung benötigten, die sie selbst nicht herstellen konnten, weil ihnen das verboten war. Diese Knebelung löste sich Schritt um Schritt auf. Die hierfür benötigte Zeit waren etwa 40 Jahre. Man kann es an den Waffensystemen ablesen, die aus den deutschen Rüstungskonzernen kamen. Am auffälligsten unter diesen waren gepanzerte Fahrzeuge aller Art, sie wurden zum stolzen Markenzeichen einer Armee, die von ihren Gründern in bewußt häßliche, unsoldatische Uniformen gesteckt worden war. Das sollte den Staatsbürger in Uniform auszeichnen: Uniformen trug man nicht gern.

*Teurer Schrott: Die Erstausstattung der Bundeswehr mit Kampfpanzern erfolgte mit dem M 47 Patton Tank. Es waren Veteranen, die bereits in Korea gedient hatten. Kaum einer davon war einsatzfähig. Sie wurden in den späten 1960-er Jahren nach Griechenland weiterverhökert. Von denen, die ich für den Abtransport vorbereiten mußte, kam kaum einer mit eigener Kraft bis auf die Bahnrampe (Bild Panzer Bataillon 194, 1959, http://www.pzbtl194.de/index.php/fotogalerie/category/21-ritter).*

Man kann nun wirklich nicht sagen, daß diese Armee einen glücklichen Start hatte – ganz im Gegenteil: Es gab eine breite Front gegen jegliche Wiederbewaffnung,[455] später *Friedensbewegung* genannt.[456] Blickt man in die politischen Eingeweide dieser Bewegung, so setzte sie sich aus drei ganz unterschiedlichen Strömungen zusammen. (1) Da waren die Ohnemichel. Das waren alle diejenigen, die nach den traumatischen Erlebnissen des Zweiten Weltkriegs genug hatten von Kriegsspielen aller Art. (2) Da waren nationale Neutralisten, die genau wußten, was es bedeuten würde, Teil der Kriegsmaschinerie des Nato-Bündnisses zu werden. Die unausweichliche Folge wäre, wenn es zum Schwure kam, daß Deutsche auf Deutsche schießen würden, daß Deutschland der Hauptkampfplatz werden würde, und daß die beiden Hauptgegner sich nicht scheuen würden, in Deutschland Massenvernichtungsmittel einzusetzen. (3) Schließlich gab es eine Art Fünfter Kolonne. Das waren Kommunisten und deren Frontorganisationen, die sowohl die Variante 1 (die Ohnemichel) als auch die Variante 2 (nationale Neutralisten) mit Geld und Protestinfrastruktur unterstützten. So entstand die Friedensbewegung, die in Wellenbewegungen in Westdeutschland auf sich aufmerksam machte. Eine der Ausdrucksformen waren die Ostermärsche. Beim Übergang der 1970-er auf die 1980-er Jahre erreichte die Friedensbewegung ihren unübersehbaren Höhepunkt. Über den Grund und den Verlauf werde ich noch berichten.

**Vaterlandslose Gesellen:
Die Herausbildung der Atlantiker als
dominierende Kraft in der deutschen Politik**

Wer waren nun die Deutschen, die bei Westintegration und Wiederbewaffnung beflissen Hand anlegten, damit das, was in den Ostküsten-Machtzirkeln ersonnen worden war, in Deutschland den binnenpolitischen Schliff erhalten konnte. Es war nicht nur die während der NS-Zeit ins Exil geflohene Linke, der trotz ihrer winzigen zahlenmäßigen Stärke eine entscheidende Rolle bei der Erzeugung des Meinungsklimas zukam, sondern es wurden auch Manager der Macht gebraucht, denen man zutraute, das lästige Geschäft des Regierens zu übernehmen.

Für gewöhnlich fällt der Blick des Geschichtsbetrachters bei solcher Fragestellung auf Konrad Adenauer. Die Frage ist, ob es die Alliierten waren, die ihn als ihren Kanzler aufbauten.[457] Ihn als einen solchen, den *Kanzler der Alliierten*, zu bezeichnen, wie der SPD-

Chef Kurt Schumacher dies am 24. November 1949 im Bundestag tat, führte zu Tumulten im *hohen Hause*.[458] Das waren noch Zeiten. In der Tat existierte zwischen diesen beiden Führungsfiguren der deutschen Nachkriegsgeschichte eine scharfe Trennungslinie: Hier der Befürworter einer Westintegration ohne Wenn und Aber plus Wiederbewaffnung, dort der Vertreter eines ganzen Deutschland, das mit den Amerikanern nicht zu haben war, sondern nur gegen sie. Es gehört zu den bemerkenswerten propagandistischen Ironien der Geschichte, daß Gestalten wie Schumacher als vaterlandslose Gesellen bzw. hemmungslose nationalistische Demagogen apostrophiert wurden.[459]

Nicht Schumacher & Co setzten sich durch, sondern die Westler. Das ist bekannt. Verblüfft stellt man fest, daß diese Westintegration in einer schiefen Schlachtordnung ablief, in welcher die eher rheinisch-katholisch-konservativen Kräfte mit der aufkommenden, von der CIA sorgfältig gesponserten linken Schickeria in dieselbe Richtung, sprich nach Westen, zogen. Man mag dies als eine Ironie der Geschichte begreifen, denn es war bei Lichte betrachtet eine Mésalliance zwischen dem katholischen Köln und einer nach Frankfurt am Main zurückströmenden Emigrantenclique, die sich selbst das Etikett der Frankfurter Schule angeheftet hatte.

Nimmt man's mit einem Gran von Spott, so war es eine Geldhochzeit. Hie das reiche Köln, dessen Erzbistum seit Jahrhunderten die Geldbörse des Römischen Papstes war und ist, dort die durch internationales Geldwesen reich gewordene Reichsstadt Frankfurt, Sitz des beherrschenden Konzerns der I.G. Farben, von bekannten Privat-Bankhäusern und eines liberalen, zum Teil jüdischen Bürgertums, dessen Sprachrohr bis weit ins Dritte Reich hinein die *Frankfurter Zeitung* war.[460] Das alles lag 1945 in Scherben. In Köln war das Skelett des Doms trotzig stehengeblieben, während nach Frankfurt die Frankfurter Schule zurückkehrte. Es war wirklich zum Lachen. Daß hieraus Ernst wurde, war der Initiative von Geld-Leuten geschuldet, die nunmehr in den Blick kommen müssen.

Da war beispielsweise Eric Warburg, Sproß der weitverzweigten Familie von Bankhauseigentümern.[461] Kurz nach dem Krieg machte Warburg der Vaterstadt des Stammhauses von M.M. Warburg, Hamburg, einen Besuch. 1952 gründete er dort ein Netzwerk, die Atlantik-Brücke. Fast zur selben Zeit erklärte sein Verwandter, der Bankier James Warburg, vor dem Senatsausschuß für auswärtige Angelegenheiten in Washington D.C., daß Geld die Welt regiert, und daß deswegen eine Weltregierung (der Bankiers) unausweichlich sei. Notfalls würde sie mit Gewalt herbeigeführt werden.[462]

Heute wird betont, daß Eric Warburg trotz seines Wissens um die Verbrechen im Dritten Reich den Anblick des deutschen Elends schlecht ertragen habe, und deswegen im Verein mit dem US-Hochkommissar John McCloy[463] zur Brücke-Gründung geschritten sei. Mag sein, daß es so war. Amerikanische Biographen berichten leicht indigniert, daß Warburg sich im Laufe der folgenden Jahre vom Judentum wegbewegt und dem Deutschsein angenähert habe, was daran abzulesen sein soll, daß er sich die Frage zu stellen begann, wo seine Familie heute stünde, wenn es das Dritte Reich und seine Exzesse nicht gegeben hätte.[464]

Sieht man die Sache prosaischer, so war es Ziel der Atlantik-Brücke, Männer und Frauen zu rekrutieren, die sich in den *American Dream* des Brücke-Gründers integrieren ließen. Bei seiner Suche nach hierfür empfänglichen Deutschen muß Warburg bald fündig geworden sein. Zu nennen sind Leute wie die vormalige ostpreußische Herren-Reiterin und nunmehrige Hamburger *Zeit*-Redakteurin Marion Gräfin Dönhoff. Damit hatte Warburg den Fuß in die Tür der Lizenzpresse gesetzt. Eine lange Reihe weiterer Personen aus Wirtschaft, Publizistik und Politik sollte folgen. An deren Spitze – er wird noch manches Mal auftauchen – Richard von Weizsäcker.

Der Brückenclub waltete stets still im Hintergrund. Er wurde so etwas wie die Spinne im Netzwerk der US-hörigen. Sein Handwerkszeug war das Schaffen von Gelegenheiten. Junge hoffnungsfrohe Talente wurden durch *Young Leaders*-Programme geschleust und, wenn sie reüssierten, zu Tisch beim großen Geld geladen.

Sehr schmeichelhaft und sehr wirksam. Wer dies für die Phantasien eines antiamerikanischen Verschwörungsphantasten hält, prüfe bei Gelegenheit die Namensliste der *Mitglieder und Freunde der Atlantik-Brücke*, die diese im Februar 2003 in der *New York Times* in einer 16.000 $-Annonce publizierten,[465] um sich bei denen (die sie das *amerikanische Volk* zu bezeichnen beliebten) zu entschuldigen, weil Deutschland sich an dem seit Wochen angekündigten Angriffskrieg gegen den Irak nicht beteiligen wollte. Das Ereignis selbst wird uns gegen Ende dieses Buches noch einmal beschäftigen. Hier genügt das Zwischenergebnis. In Deutschland bildete die *Brücke* einen an den Namen des politischen und publizistischen sowie wirtschaftlichen Personals zu spiegelnden Einflußnahme-Faktor von steigender Tendenz. Wie er sich im Einzelfall in den kommenden Jahren auswirkte, wird noch zu zeigen sein.

*Westward Ho! Atlantik-Brücke-Gründer Eric Warburg auf seinem Segelschiff zusammen mit einem der ersten Rekruten, der Zeit-Redakteurin und frühen Amerika-Propagandistin Marion Gräfin Dönhoff.*

Um den Leser vollends zu verwirren: Die Atlantik-Brücke ist nicht die einzige US-*pressure group* für systematische Einflußnahme-Arbeit in Deutschland. Daneben bestehen – teils überlappend – der American Council on Germany (ACG), gleichzeitig mit der Atlantik-Brücke gegründet, aber ein Ableger des Council on Foreign Relations, und das Aspen-Institut, ebenfalls aus dieser Zeit und vermutlich eine CIA-Initiative, mit einer Zweigstelle (Residentur) in West-Berlin seit den 1970-er Jahren.[466] Auch in diesen Einrichtungen stolpert man immer wieder über dieselben Namen: John McCloy und in dessen Schlepptau Shepard Stone,[467] Henry Kissinger, Richard von Weizsäcker,[468] Marion Gräfin Dönhoff und in späteren Jahren einen fränkischen Hochstapler, der es bis zum Bundesverteidigungsminister bringen sollte. Schließlich nicht zu vergessen, zwei deutsche Gründungen, die sozusagen den CFR mit deutschen Mittel darstellen: die Deutsche Gesellschaft für Auswärtige Politik und die Stiftung Wissenschaft und Politik mit ihrem Institut für internationale Politik und Sicherheit.[469]

# 7. Kapitel

# Amerikanische Achterbahn - Der Kalte Krieg in den 1950-er/60-er Jahren

Oft ist es so, daß die Geschehnisse ganz anders waren, als es sich in der Geschichtserinnerung eingegraben hat. Solch eine Diskrepanz gilt es nun zu betrachten. Sie betrifft die Eisenhower-Kennedy-Jahre,[470] also das Jahrzehnt von 1953 bis 1963. Schon die Wahl Eisenhowers im November 1952 als Kandidat der Republikaner konnte nichts weniger als erstaunlich sein,[471] denn er hatte seine Karriere wie kaum ein zweiter dem demokratischen Kriegs-Präsidenten Franklin Roosevelt zu verdanken.[472] Neben US-Stabschef George Marshall war Eisenhower der wichtigste Exekutor für Roosevelts Weltmachtphantasien gewesen.

Harry Truman, Roosevelts Vize und nach dessen Tod sein Amtsnachfolger, hatte mit dem Abwurf von Atombomben auf das bereits besiegte Japan der ganzen Welt demonstriert, wer nun die Weltherrschaft angetreten hatte. Doch der Ankündigung folgten keine einschlägigen Taten, weil die Sowjets sich nicht sonderlich beeindrucken ließen.[473] Vielmehr zogen sie durch die Produktion von A-Waffen nach und beim Wettlauf ins All hatten sie bald die Nase vorn.[474] Jetzt waren aus amerikanischer Sicht Stellvertreterkriege angesagt, um die Positionen rund um die Weltmeere abzusichern. Vom Mißerfolg des Koreakrieges war bereits die Rede. Trumans Amtsnachfolger Eisenhower beendete diesen mißlungenen Krieg. Zurück blieb ein verwüstetes Land.

Auch bei den Auseinandersetzungen in Europa, die bald folgten, vermochten die Amerikaner unter Eisenhower trotz des angekündigten *Roll Back*, also des aktiven Zurückdrängens des Kommunismus, keine Erfolge zu erzielen. Die Meilensteine hier waren der Volksaufstand in Ost-Berlin im Juni 1953,[475] der Aufstand in Polen im Juni 1956[476] und der Volksaufstand in Ungarn im Herbst

1956.[477] In allen drei Fällen waren die Volksmassen maßgeblich durch US-Radiopropaganda beeinflußt worden.[478] In Polen wurden die Dinge mit einheimischen Bordmitteln erledigt, während in der DDR und in Ungarn nur durch das gewaltsame Eingreifen der Roten Armee ein Sturz des kommunistischen Systems verhindert werden konnte.

*A good choice (eine gute Wahl): Der Weltkriegsheld „Ike" Eisenhower wurde vom Council on Forein Relations ausgesucht, um für die Republikaner als Präsident zu kandidieren (hier das Wahlplakat). Er siegte erwartungsgemäß, doch seine Zögerlichkeit, Kriege zu führen, machten ihn schließlich für die US-Geld- und Machtelite zum Problem.*

Die Amerikaner rührten keinen Finger. Die Völker Europas bemerkten mit Verblüffung erst und dann mit Schaudern, daß hinter den aufwiegelnden Worten aus den USA nichts gesteckt hatte, es war Propaganda, Freiheitsgerede. Auch in den USA wurde diese Diskrepanz bemerkt, sie wurde am Zaudern des US-Präsidenten festgemacht, der sich zum Erstaunen seiner Landsleute als eine Art Friedenspräsident erwies, was angesichts seines militärischen Vorlaufs die Wenigsten erwartet hatten: Der General war kein taffer Krieger. Er war es nie gewesen, sondern ein Schreibtischsoldat, der gehorsam die Befehle seiner Meister in Washington ausgeführt hatte. Daß die Deutschen, denen er abstammte und die er haßte, hierbei unter die Räder kamen, wurde am Beginn dieses Buches berichtet. Jetzt, wo niemand mehr Befehle an Eisenhower gab, blieb er zurückhaltend. Es wird gesagt, daß dies seiner Furcht vor Atomwaffen geschuldet war. Das wäre, wenn es so war, ein sympathischer Zug.

Eisenhowers Rüstungsbemühungen blieben, im Gegensatz zu seinen beiden demokratischen Amtsvorgängern, moderat. Die *Ford Foundation* (Ford-Stiftung) gab sich alle erdenkliche Mühe, die Rüstungsmotoren anzuwerfen. Ihr *Gaither Report*[479] an den Präsidenten malte die Sicherheit der USA in düsteren Farben. Mit beabsichtigter Zufälligkeit drangen die Details Ende 1957 an eine besorgte Öffentlichkeit, doch der Alte im Weißen Haus blieb stur. Wo andere vom großen Krieg träumten, sprach er vom Ausgleich des Budgets und davon, daß man die USA nicht in eine große Garnison umbauen könne.[480]

Wenn auch die Umsetzung des *Gaither Reports* am Widerstand Eisenhowers scheiterte, lohnt das *top secret* eingestufte Papier einen näheren Blick, denn es gibt durch Angabe seiner Autoren, Berater und Unterstützer eine genaue personelle Auflistung über die Konzentration von Geld, Kommerz und politischer Macht in den USA.[481] Der Report verdeutlicht zudem den Kriegswillen der Geld- & Macht-Besitzer. Niemand muß sich unter diesen Voraussetzungen wundern, daß diese Leute den größten Wert darauf legten, daß ihnen, wie sie es sehen mußten, eine Pleite wie mit diesem Friedenspräsidenten zukünftig erspart bliebe. Man sehe sich die beiden Kandidaten für die Nach-Eisenhower-Wahl an, dann wird klar, wovon die Rede ist. Es waren Richard Nixon für die Republikaner und John F. Kennedy für die Demokraten, zwei Exponenten weltweiter Kriegführung, die sich in ihren einschlägigen Aussagen praktisch durch nichts unterschieden: weltumspannendes Engagement, fast um jeden Preis.[482]

Noch ein Ergebnis des *Gaither Reports* ist interessant, denn Eisenhower faßte zum Schluß seiner Amtszeit seine Erfahrung wie folgt zusammen:

*Wir müssen uns in den Regierungsinstitutionen gegen die Aneignung von unberechtigtem Einfluß, egal ob aufgefordert oder unaufgefordert, durch den militärisch-industriellen Komplex schützen.*[483]

Seine *Farewell*-Worte wurden später oft zitiert,[484] aber die darin enthaltene Botschaft wurde strikt mißachtet. Eisenhowers Amtsnachfolger Kennedy sollte der erste in einer langen Reihe von US-Präsidenten sein, die genau das Gegenteil taten.

## Willige Vollstrecker:
## US-initiierte Umstürze (*Regime Changes*)
## in Asien und Lateinamerika nebst einigen Bemerkungen über das Brüderpaar John und Allen Dulles

Doch Eisenhower war keineswegs der tattrig werdende Friedens-Opa im Präsidentenamt, vielmehr blieben seine militanten Aktionen auf Naheliegendes beschränkt. Naheliegend war Cuba. Dazu gleich mehr. Doch es blieb nicht bei Konflikten vor der Haustür. Erst unter diesem Präsidenten entwickelte sich die CIA, der föderale Auslandsgeheimdienst, zu jenem Kraken, der weltweite außenpolitische Abenteuer der USA veranstaltete.

Die bekannteste Aktion jener Tage war der Sturz der gewählten Regierung in Persien, in der US-Diktion das Mossadegh-Regime.[485] An seine Stelle trat der von der US-Exekutive reanimierte Schah, von seinen Feinden als das Schah-Regime bezeichnet. Man sieht also, Regime oder Regierung ist nur eine Frage des Standpunkts. In Persien ging es ums Öl,[486] und der Fehler, der Mossadegh & Co in amerikanischen Augen untragbar machte, war deren Wille, die nun seit Jahrzehnten andauernde Ausplünderung des Landes durch anglo-amerikanische Finanzgiganten zu beenden.

Doch da waren die Brüder Dulles davor.[487] Beide waren seit Jahrzehnten ausgewiesene juristische Interessenvertreter nobler Adressen der Wall Street. Hier eine kleine Auswahl:[488] J.P. Morgan

& Co,[489] Brown Brothers Harriman,[490] Dillon, Read & Co;[491] Goldman Sachs;[492] United Fruit Comp.;[493] International Nickel Comp.;[494] International Railways of Central America;[495] Overseas Securities Corp.[496] Die Spezialität der Dulles-Brüder war das internationale Geschäft in der Grauzone von Wirtschaft und Politik.

Bereits 1919 war der ältere der Brüder, John Foster Dulles, in Paris bei der Formulierung des Friedensdiktats mit am Start gewesen, um die Interessen für das amerikanische Finanzkapital zu wahren. Allen Dulles, der jüngere von den beiden, hatte die Position eines Agenten und Finanzagenten während des Zweiten Weltkriegs in der Schweiz innegehabt.[497] Jetzt, in der Eisenhower-Regierung, war John Foster der Außenminister, während Allen der Chef der CIA geworden war. Was der eine auf diplomatischen Wege nicht vermochte, machte der andere hinterrücks und mit den Mitteln der verdeckten Kriegführung.

Der operative Clou des Sturzes von Mossadegh war das Ausstreuen von Gerüchten über dessen angebliche Absicht, den Schah zu beseitigen. Vor diesem Hintergrund wurde zugleich durch breit gestreute Bestechungsgelder an korrupte Politiker und Militärs die Festnahme Mossadeghs durch persische Sicherheitskräfte organisiert.[498] Die CIA-Operation mit dem Decknamen Ajax wurde so zur Blaupause für etwas, was fortan bis in unsere Tage als *regime change* (Regierungswechsel) bezeichnet und skrupellos angewendet wird. Es versteht sich, daß die US-Regierung die Verantwortlichkeit für den Sturz der persischen Regierung leugnete. An dieser Lüge hielt sie bis 2011 fest.[499] Viel war inzwischen geschehen, und Beobachter, die nicht vom amerikanischen Übermut angesteckt waren, stellten sich die Frage, ob der – wie noch zu zeigen sein wird – für die USA so schädliche Sturz des Schahs im Jahre 1979 hätte vermieden werden können, wenn man seinerzeit nicht den selbstherrlichen *regime change* veranstaltet hätte.[500]

Ein Jahr nach Persien folgte Guatemala. Hier war Jacobo Árbenz Gúzman 1951 durch Wahlen an die Macht gekommen, dessen Programmatik als nationalsozialistisch zu bezeichnen wäre, wenn man nicht sogleich kreischende Einwendungen der Einmaligkeits-Front zu erwarten hätte. Indessen: Eines war die neue Regierung entgegen begleitender und späterer US-Propaganda nicht: Sie war nicht kommunistisch[501] und vor allem war sie nicht moskauhörig.[502] Ihr Fehler war, daß sie die Wirtschaft im nationalen Interesse neu zu gestalten trachtete. Doch da war die *United Fruit Company* davor. Diese US-Firma hatte seit Jahrzehnten Besitz von dem Land ergriffen. Ihr gehörten 20 % der landwirtschaftlich nutzbaren Flächen (= 550.000 Morgen Land), die Eisenbahnen des Landes und alles, was zum Außenhandel erforderlich war.[503]

Dieser US-Firma drohte nunmehr die Enteignung des Landbesitzes, wobei der neue Präsident den US-Amerikanern eine Entschädigung in US-Dollar in der Höhe anbot, wie sie selbst den Grundbesitz in ihren Büchern ausgewiesen hatten. Kaum waren die einschlägigen Zahlen in der Welt, als es den Eigentümern auffiel, daß die Grundstücke in den Bilanzen massiv unterbewertet worden waren.[504] Ja, so kann es gehen, wenn man Wirtschaftsganoven beim Wort nimmt. Prompt begannen sich die Mühlen der US-Propaganda von einem kommunistischen *take over* zu drehen, vor dem es die Freie Welt zu schützen gelte. An der Spitze ein alter Bekannter des Lesers: Edward Bernays,[505] der Mann, dem jeglicher Propagandafeldzug lieb und zum eigenen Nutzen teuer war. Sein erster Gang galt Arthur Hays Sulzberger, dem Eigentümer der *New York Times*. Die sattelte nach kurzem Zögern auf, nachdem sie auf einen Wink von Allen Dulles ihren Korrespondenten Sydney Gruson aus Guatemala abberufen hatte, weil der Fakten anlieferte, die nicht ins Feind-Bild passen mochten.[506]

Die Dulles-Brüder mußten sich in die Sache nicht lange einarbeiten, denn sie selbst waren es gewesen, die als Rechtsvertreter von *United Fruit* in den 1930-er Jahren die einschlägigen Okkupationsverträge mit korrupten guatemaltekischen Politikern abgeschlossen hatten. Jetzt war gröberes Geschütz notwendig, um den Status quo ante wiederherzustellen. Der Name der CIA-Operation war PBSUCCESS [sic!]. Eine Gruppe von gekauften Polit-

Desperados machte mit verdeckter US-amerikanischer bewaffneter Unterstützung den Putsch perfekt. Eine unangenehme Demokratie wurde zugunsten einer genehmen Diktatur liquidiert. Die Dulles-Brothers machten es möglich.[507]

In der Tat, die Dulles-Brüder waren ein bemerkenswertes Duo. Als dann gegen Ende der Eisenhower-Amtszeit die Cuba-Sache hochkochte, war John Foster Dulles bereits verstorben, aber sein CIA-Bruder noch im Amt. Cuba war seit dem Ende des 19. Jahrhunderts mehrfach Gegenstand von US-Aggressionen gewesen. Praktisch war die Insel seit dem Jahrhundertbeginn fest unter amerikanischer Wirtschaftskontrolle. US-Firmen besaßen 80 % der kubanischen Betriebsmittel, 40 % des Zuckeranbaus und 90 % der Minen.[508] Die hierdurch erreichte koloniale Abhängigkeit der Kubaner sollte sich in den 1950-er Jahren mit einem Schlag ändern. Nachdem der kubanische Rechtsanwalt Fidel Castro in einer Revolte den heimischen Diktator Batista aus dem Amt gejagt hatte, waren die Amerikaner zunächst bestenfalls unangenehm berührt, da sie solcherlei Aktionen in Lateinamerika gut kannten. Nur zu oft waren sie selbst die Initiatoren solcher Umstürze gewesen.[509]

Doch in Sachen Castro waren die Erwartungen allzubald in Enttäuschung umgeschlagen, denn der neue Mann ging unversehens daran, die Vormachtstellung der US-Amerikaner durch rigide Enteignungsmaßnahmen zu beenden. Jetzt war im freiheitlichsten Land der Welt Empörung angesagt. Die Frage, wie man eigentlich an den kubanischen Reichtum gekommen war, wurde weniger erörtert. Die Drohgebärden der Amerikaner führten fast zwangsläufig zu zwei Schritten: Das Castro-Regime wurde sozialistisch und es näherte sich der Sowjetunion an. Allein der erste Schritt der Sozialisierung bewirkte, daß Scharen von entmachteten Kubanern die Insel in Richtung Florida verließen. Das stärkte in den USA alle diejenigen, die nun glaubten, es sei Zeit, zu den Waffen zu greifen. Allerdings lehnte Eisenhower gezielte Luftschläge und eine daran anschließende US-Invasion der Insel ab. Grünes Licht gab er für verdeckte Maßnahmen. Es sollte so aussehen, als hätten Kubaner selbst, die in den USA vor dem Castro-Gewaltregime Zuflucht gesucht hatten, Befreiungsmaßnahmen eingeleitet, die dann von der dankbaren Bevölkerung begrüßt wurden.[510]

## Messias sexualis:
### Der vermeintliche Friedensbringer John F. Kennedy führt weltweit Krieg nebst einem Exkurs über sowjetische Wahlkampfspenden

Was unter Eisenhower und den ihm unterstellten Militanten vorbereitet worden war, Nachfolger Kennedy ließ es in die Tat umsetzen. Das Unternehmen Schweinebucht wurde ein Flop und für den soeben ins Amt gelangten Präsidenten eine Blamage ohne gleichen. Doch man irrt, wenn man denkt, daß die Sache damit vom Tisch war. Vielmehr ist das Gegenteil richtig.[511] Die im Oktober 2017 offengelegten CIA-Akten aus der Kennedy-Zeit lassen keinen Zweifel, daß mit Kennedys ausdrücklicher Billigung[512] ungezählte Versuche unternommen wurden, die kubanische Wirtschaft durch Sabotage zu schädigen und den kubanischen Diktator durch Mord zu beseitigen.[513] Hierzu wurden u.a. enge Verbindungen zu besonders berüchtigten Mafia-Gangstern gepflegt.[514] Ob diese auch am späteren Mordgeschehen zu Lasten des US-Präsidenten beteiligt waren, steht nach wie vor in den Sternen.[515]

Damit sind wir bei dem Mann angelangt, der schon zu Lebzeiten wie eine Ikone gehandelt wurde und dessen frühzeitige Ermordung ihn scheinbar jeder Kritik enthob.[516] Dabei sind die zu ihm gehörenden Fakten im Wesentlichen ernüchternd. Das fängt bei der Bildung des Kabinetts an. Eine Musterung von dessen Personal verweist auf die Ford Motor Comp.[517] und die Investmentbanken der Lehman Brothers sowie Goldman, Sachs & Co,[518] nicht zu vergessen das Haus Rockefeller, das dessen Stiftungspräsidenten Dean Rusk als Außenminister beisteuerte,[519] und, um die Sache abzurunden: Der neue nationale Sicherheitsberater, McGeorge Bundy, kam unmittelbar vom Rockefeller-gesteuerten CFR.[520] Im Folgenden mag alles beiseite bleiben, was den Menschen Kennedy anbelangt, sein Vorleben, seine Ehe, seine Liebschaften (einschließlich der mit dem plötzlich aus dem Leben geschiedenen Film- und Sexidol Marilyn Monroe), seine vermutlich engen Kontakte zur Mafia und manches mehr. Der Blick soll auf den Politiker fokussiert werden. Nunmehr geraten erneut Cuba und sodann Berlin ins Visier.

Voraussetzung für die unter Kennedy angezettelten Kriege war die Rückkehr des zur Demokratischen Partei gehörigen Roosevelt'schen Weltbeglückungstheaters, in welchem die USA die Rolle des Weltpolizisten spielten. Während sich in den 1950-er Jahren die Einsicht mühsam Bahn gebrochen hatte, daß ein direkter Konflikt mit der Sowjetunion zur Selbstvernichtung führen könnte, wurde nunmehr nach Umwegen gesucht. Diese sollten darin bestehen, Staaten mit subversiven Methoden zu unterlaufen. Hierfür wurden spezielle Streitkräfte geschaffen.[521]

Als geeignete Manöverfelder boten sich Lateinamerika und Südostasien an. Lateinamerika gehörte nach dem Selbstverständnis der USA, wie es bereits vom US-Präsidenten James Monroe 1823 in der nach ihm benannten Doktrin formuliert worden war, zum eigenen Herrschaftsgebiet. Waren es in den 1930-er Jahren für eine Weile die bösen Deutschen gewesen, denen man dort das Bilden von Einflußzonen unterstellt hatte, so nahm mit dem Verlauf des Krieges die Möglichkeit, den deutschen Buhmann dort propagandistisch zu pflegen, ab.

Um keine Mißverständnisse über die wahren Machtverhältnisse aufkommen zu lassen, beriefen die USA im Februar 1945 eine (amerikanische) Hemisphären-Konferenz ein. Auf dieser wurde ihr Herrschaftsanspruch über den Doppelkontinent dahingehend verschärft, daß die USA nicht nur keinen fremden Einfluß in der Region dulden würden (Monroe-Doktrin), sondern auch keinen ökonomischen Nationalismus in irgendeiner Form.[522] Diese *Economic Charter for the Americas* war bei allem mitgelieferten Freiheitsgerede eine scharfe Kampfansage an alle anderen Staaten in Amerika, keine eigenständigen Nationalökonomien dulden zu wollen. Diese rüde Vormachterklärung ging im Getöse des ausklingenden Weltkriegs unter. Der nun anschließende Kalte Krieg bot den USA-Wirtschafts- und Politiklenkern den Vorteil, jegliche nationale Eigenständigkeitsbestrebung als Werk des feindlichen Moskau deklarieren zu können.

Doch im Falle Cubas liegen die Dinge nachgerade umgekehrt: Erst der massive amerikanische Druck zwang den neuen kubanischen Herrscher, sich nach brauchbaren Verbündeten umzusehen. Nunmehr kam das Reich des russischen Bösen ins Spiel. Daß dort keine Waisenknaben am Ruder waren, bedarf keiner weitschweifigen Erläuterung. So versuchten die Russen bei dem im Jahre 1960 mit dem üblichen öffentlichen Klamauk stattfindenden US-Präsidentenwahlkampf Einfluß zu nehmen. Parteichef Nikita Chruschtschow machte sich Gedanken darüber, welcher von beiden Kandidaten, Nixon oder Kennedy, ihm der Genehmere sei. Er entschied sich schnell für Kennedy. Das KGB erhielt Anweisung, diesen in seinem Wahlkampf zu unterstützen. So geschah es.[523] Als dann die Wahl recht knapp zugunsten Kennedys ausfiel, fühlte sich auch Chruschtschow als Sieger. In seinem Kopf muß sich der Gedanke befestigt haben, daß Kennedy sein Mann sei, und zwar in dem Sinne, daß gefördert auch lenkbar bedeutete.

Dieser Eindruck schien sich durch zwei Faktoren zu bestätigen: Als Chruschtschow und Kennedy sich zu einem Spitzengespräch am 3. und 4. Juni 1961 in Wien trafen, gab Chruschtschow den Gönner und Polterer, während sich Kennedy bedeckt hielt.[524] Vor allem aus dem Umstand, daß Kennedy gegenüber Chruschtschows Raketendrohungen geschwiegen hatte, zog der Sowjetführer den Schluß, daß der US-Präsident sich fürchte[525] – ein schwerwiegender Irrtum, denn Kennedy wußte den Stand der sowjetischen Raketenrüstung besser, als die Sowjets das in ihren schlimmsten Träumen erwarteten, doch er schwieg dazu.

Der zweite Faktor, der Chruschtschow ein Gefühl der Überlegenheit suggerierte, stammte aus der Welt der Geheimdienste.

Noch vor Kennedys Amtsantritt war es dem Residenten des sowjetischen Militärgeheimdienstes GRU in Washington gelungen, einen unmittelbaren Draht zu Kennedys Bruder Robert herzustellen. Dieser Resident war der Oberst Georgij Bolschakow,[526] der in der sowjetischen Botschaft als angeblicher Botschaftssekretär akkreditiert war.[527] Das Zusammenspiel Kennedy-Bolschakow und deren häufige Kontakte, über die sich Chruschtschow von dem GRU-Mann persönlich informieren ließ, bewirkten beim Sowjet-Führer die Vorstellung, das Brüderpaar Kennedy an der Einfluß-Angel zu haben.[528]

So gerüstet beschloß Chruschtschow im Frühjahr 1962, sowjetische Raketen auf Cuba zu stationieren. Den gedanklichen Hebel zu diesem Beschluß bildete das Hilfeangebot an den kubanischen Revolutionsführer, ihm Beistand gegen eine neuerliche US-Aggression zu leisten. Nun also machten sich sowjetische Frachter mit Atomsprengköpfen und weitere mit Trägerraketen auf den weiten Weg in die Karibik. Die Atomsprengköpfe kamen an, die Raketen nicht. Die US-Regierung hatte nämlich, als sie bemerkte, was da vor ihrer Haustür gespielt wurde, eine gewaltige Seemacht zur Blockade um die Insel zusammengezogen. Kennedy brachte nunmehr öffentlich den Willen der USA zum Ausdruck, das Nein zu den Raketen auf Cuba mit Gewalt durchzusetzen. So schlitterte die Welt Stück um Stück an den Rand eines Atomkrieges.

Die Entschlossenheit des US-Präsidenten hatte einen geheimdienstlichen Hintergrund mit dem Namen Oleg Penkowskij.[529] Er verriet alles Wissenswerte über die sowjetische Raketenrüstung. Penkowskij war der klassische Landesverräter aus verletztem Stolz. Als er 1940 Mitglied der KPdSU wurde, verschwieg er, daß sein Vater während des Bürgerkriegs auf der anderen Seite gefochten hatte. Das Verschweigen war sinnvoll, denn es ermöglichte ihm eine Laufbahn als Offizier in der Roten Armee und nach dem Krieg das Kommando zur Frunse-Akademie, der Generalstabsausbildung also. Danach schloß sich ein Studium an der Militärpolitischen Akademie an, die Penkowskij für eine Übernahme in die

GRU prädestinierte. Nach einer Tätigkeit als Militärattaché in der Türkei mußte der ehemalige Artillerist wieder die Schulbank drücken: 1958/59 nahm er an einem Spezialkurs über Raketentechnik an der Dsershinski-Militärakademie teil. Doch als er sich Anfang 1960 rüstete, um als Militärattaché diesmal nach Indien zu gehen, kam ihm seine verschwiegene Herkunft in die Quere. Penkowskij wurde unverzüglich aus der GRU in die Reserve versetzt. Der gekränkte Obrist bot nunmehr dem britischen Geheimdienstmann in Moskau, Greville Wynne, seine Dienste an.

Penkowskij hatte viel zu bieten, denn er war über den Stand der sowjetischen Raketenrüstung bestens unterrichtet. Sein Wissen verbesserte sich noch, als er Ende des Jahres 1960 zum Berater in das sowjetische Staatskomitee für die Koordinierung wissenschaftlich-technischer Arbeiten berufen wurde. Jetzt saß er an der Schnittstelle, wo technisch-wissenschaftliches Know-how in geheimdienstliche Beschaffungsaufträge übergingen und der Rückfluß auf die Bedarfsträger verteilt wurde. In der kurzen Zeit bis Juli 1961 übergab Penkowskij 50 Mikrofilme mit Erkenntnissen des sowjetischen Raketenkomplexes an seinen Führungsmann Wynne. So wurde den US-Amerikanern, die von den Briten das Material erhielten, deutlich, daß Chruschtschows Drohungen kein solides Fundament hatten. Die in den USA befürchtete und auch öffentlich diskutierte Raketenlücke[530] war in Wirklichkeit nicht vorhanden, vielmehr traf das Gegenteil zu: Die Sowjetunion war beim Stand der strategischen Raketenrüstung nach wie vor im Hintertreffen. Auf diese Erkenntnis baute Kennedy seine Drohung in der Cuba-Krise auf.

Nunmehr und erst jetzt bekam der GRU-Bolschakow-Kennedy-Kanal seine wahre Bedeutung, denn hier wurde an Chruschtschow verdeckt gesendet, wie die Dinge aus amerikanischer Sicht wirklich aussahen. Das Ergebnis ist bekannt: Chruschtschow knickte ein. Am 26. Oktober 1962 drehten die in Richtung Cuba entsandten sowjetischen Transportschiffe mit ihrer an Deck nur mühsam getarnten Raketenfracht ab. Die Cuba-Krise war vorüber.

Die westliche Welt hat sich schnell daran gewöhnt, in der Cuba-

Krise einen Sieg der USA zu sehen. Die zu diesem Ziel führende Argumentation lief so: Die USA hatten mit gutem Grund die Furcht, daß Moskau im amerikanischen Hinterhof der Karibik ein Raketenpotential aufbauten, das ihre Freiheit bedrohte. Soweit so gut, wenn man beiseite läßt, daß Cuba völkerrechtlich nicht zu den USA gehörte, sondern ein souveräner Staat war, der seit der Mitte der 1950-er Jahre versuchte, seinen wirtschaftlichen Reichtum nicht mehr durch US-Firmen ausbeuten zu lassen.[531] Beiseite lassen muß man auch, daß die USA dies durch Wirtschaftskriegführung und die Ermordung der neuen kubanischen Führung zu verhindern suchten, so daß die derart unter Druck gesetzte kubanische Führung einen Verbündeten in Moskau suchte und fand. Das widersprach amerikanischen Interessen, sonst aber nichts.

Es war der neue US-Präsident Kennedy, der sich auf die kriegerische Weise einen Namen machen wollte. Ihm kam entgegen, daß die Führer der Sowjetunion sich denkbar ungeschickt verhielten. Das Niederschlagen der Aufstände in der DDR, in Polen und Ungarn waren Machtdemonstrationen, die in Europa abschreckend wirkten. Daß die USA in Lateinamerika und im Mittleren Osten mit ähnlichen Methoden vorgingen, drang in europäische Köpfe kaum vor, denn gleichzeitig mit den Ereignissen auf der anderen Seite der Erdkugel platze das Berlin-Ultimatum von Nikita Chruschtschow und kurze Zeit später folgte der Mauerbau. Diese Ereignisse gilt es nun kurz zu streifen, denn sie zementierten die deutsche Teilung auf scheinbar ewige Zeiten.

## Zementierung auf ewig:
### Berlinkrise und Mauerbau sowie einige Bemerkungen über die Erosion der SPD

Die deutsche Reichshauptstadt war nach dem verlorenen Krieg in vier Besatzungszonen aufgeteilt worden, deren drei westlichen wie eine Insel mitten in der sowjetischen Besatzungszone lagen.

Was auch immer Stalin 1945 dazu bewogen haben mochte, dieser Regelung zuzustimmen, sie erwies sich schon bald aus sowjetischer Sicht als Fehler.

In Westberlin wurde nämlich alsbald ein vorgeschobener Beobachtungsposten im russischen Herrschaftsbereich, der von den West-Alliierten rücksichtslos genutzt wurde, um hinter den Eisernen Vorhang zu spähen und dort Einfluß auszuüben.

Berlin entwickelte sich zum Geheimdienstplatz Nummer eins in Europa. Auf diesem nur mühsam verdeckten Kriegsschauplatz lieferten sich die ehemaligen Alliierten nebst ihren deutschen Vasallen ruppige Auseinandersetzungen. Besonders beliebt waren Entführungen hinüber und herüber, der Zusammenstoß der Systeme mitten in der Stadt lud geradewegs hierzu ein. Ich habe die Entwicklungslinien und zahlreiche Details an anderer Stelle beschrieben.[532] Das wird hier nicht wiederholt.

Am 13. August 1961 wurde in Berlin alles anders. Der Westteil der Stadt wurde mit Stacheldraht eingezäunt, kurz drauf entstand anstelle des Zaunes die Mauer. Dem Mauerbau war auf östlicher Seite seit dem ins Leere gelaufenen Berlin-Ultimatum Chruschtschows vom November 1958 ein zähes Ringen vorausgegangen, welche Maßnahmen praktisch zu ergreifen seien, um dem Ausbluten der Sowjetischen Besatzungszone einen Riegel vorzuschieben. Die Sowjets zögerten zunächst, weil sie wußten, daß das Einsperren der DDR-Bevölkerung ein ungeheurer Prestigeverlust für die Sache des Sozialismus sein mußte. Doch die Zahlen sprachen eine eigene Sprache. Von 1949 bis zum Mauerbau waren es 2.686.942 Männer und Frauen, die sich in der Bundesrepublik als DDR-Flüchtlinge registrieren ließen. Hinter den nackten Zahlen verbarg sich die für die Sowjetführung unakzeptable Wahrheit, daß es die am meisten benötigten Bürger waren, welche die DDR verließen, Männer und Frauen, die den persönlichen Neuanfang aus dem Nichts mehr schätzten, als weiter unter sowjetischem Kuratel zu stehen. Es waren durchweg Leute, die als Arbeitskräfte kaum schließbare Lücken hinterließen und im Wirtschaftswunder-

Nachbarland sogleich aufgesogen wurden.

Neben diesem Problem gab es noch ein zweites, das ebenfalls ökonomischer Natur war. Um die Bevölkerung zu ködern, hatte die DDR die Preise für Grundnahrungsmittel, Dienstleistungen und Mieten auf einem so niedrigen Niveau festgeschrieben, daß hieraus zwei unangenehme Dinge folgten: Zum einen mußte diese Art des Wirtschaftens extrem subventioniert werden, zum anderen versorgten sich West-Berliner, allem Klassenkampf- und Kalten-Kriegs-Geschwätz zum Trotz, bei jeder sich bietenden Gelegenheit im Ostsektor der Stadt mit dem, was es dort billigst zu kaufen gab. Auf diese Weise wurden auch noch die West-Berliner mitsubventioniert. Die Sowjets, die einen Anteil des Vorsorgezuschusses zu tragen hatten, waren hiervon wenig erbaut und verlangten Abhilfe. Das, kurzgefaßt, waren die Bedingungen, die zu Chruschtschows Entscheidung führten, die Grenze dicht zu machen.[533]

Daß etwas im Busche war, konnte niemanden überraschen. Daß es die völlige Abriegelung West-Berlins sein würde, und wann das Ereignis ins Haus stand, war indessen nur wenigen klar. Auf Seiten der DDR hatte die ganze Sache einen Decknamen erhalten (*Rose*), denn die Wirksamkeit der Abriegelung hing vom Überraschungseffekt ab. Lediglich strikt begrenzte Funktionärsgruppen im Zentralkomitee der SED und in den Ministerien für Nationale Verteidigung, für Staatssicherheit und des Innern waren eingeweiht. Man schätzt die Zahl der planenden Personen auf etwa 60. Je nach Standpunkt sind das viele oder nur sehr wenige Personen, die Bescheid wußten.

Die westlichen Geheimdienste tappten fast bis zum Tage des Ereignisses, wenn nicht im Dunkeln, so doch im Dämmerlicht des Vagen. Eine exakte Nachricht über das, was da ins Haus stand, ist vom Ostbüro der SPD an Berlins Regierenden Bürgermeister Willy Brandt gemeldet worden. Die Meldung erfolgte am 4. August 1961, und sie führte zu – nichts.[534] Grund genug, dieses seltsame Ostbüro etwas näher anzusehen.

Das Ostbüro war eine im April 1946 beim Parteivorstand der

SPD in Hannover gegründete Einrichtung. Das Büro entstand als Reaktion der westdeutschen Sozialdemokraten auf die im Frühjahr 1946 in der SBZ durchgeführte Zwangsvereinigung von KPD und SPD zur SED.[535] Die Aufgabe des Ostbüros sollte es sein, die Kontakte der SPD-Führung zu den über den Haufen gefahrenen SPD-Gliederungen in der SBZ aufrecht zu erhalten.[536] Sehr schnell stellte sich heraus, daß dies nur in strikt konspirativen Bahnen vor sich gehen konnte, denn die sowjetische Besatzungsmacht und, ihr folgend, die neuen deutschen Staatsorgane in der SBZ/DDR gingen mit äußerster Härte gegen solche aus ihrer Sicht höchst unerwünschten Kontakte vor.[537]

An der Spitze des Ostbüros stand ab November 1948 ein Mann, der sich Stephan G. Thomas nannte.[538] Das G. stand für Grzeskowiak, das war der wirkliche Name dieses polnisch-stämmigen Sozialdemokraten. Im Zweiten Weltkrieg zur Wehrmacht eingezogen, geriet Grzeskowiak als Soldat des Afrika-Korps in britische Gefangenschaft.[539] In Großbritannien arbeitete er für die anti-deutsche Propaganda und lernte bei dieser Gelegenheit den SPD-Exilanten Erich Ollenhauer kennen, der ihn später in den SPD-Vorstand mitbrachte.

Als die eingangs erwähnte Meldung des Ostbüros der SPD über die beabsichtigte Berliner Mauer in Rede stand, war bereits die Axt an das Büro gelegt worden. Dies lag weniger an der brutalen Bekämpfung, der die Mitarbeiter des Ostbüros in der DDR ausgesetzt waren, sondern der Grund hierfür war parteiinterner Natur. Genauer gesagt, es lag an einem einzelnen Mann, und der hieß Herbert Wehner. Der ehemalige KPD-Spitzengenosse Wehner hatte beim SPD-Vorsitzenden Schumacher größte Zweifel geweckt, als er sich gleich nach seiner Rückkehr aus Schweden im Herbst 1946 in Hamburg um Funktion und Karriere in der SPD bemühte.[540]

Wehner fertigte für Schumacher seine später legendär werdenden *Notizen* an, einen etwas intensiveren Lebenslauf, der sich vor allem mit seiner Vergangenheit als KPD-Funktionär befasste.[541]

Schumacher reagierte mißtrauisch. Er entsandte Ende 1947 Stefan G(rzeskowiak) Thomas mit dem Auftrag nach Schweden, sich mit Hilfe schwedischer Sozialdemokraten Material über Wehners dortige Zeit während des Krieges, im Untergrund und im schwedischen Gewahrsam, zu beschaffen. Diese Fakten sprachen nicht eben für die Lauterkeit des Ex-Kommunisten, und sie füllten sieben Aktenordner, die vor anderen, vor allem aber gegenüber Wehner, strikt abgeschirmt wurden. Doch der stets mißtrauische Wehner roch Lunte, es konnte ihm nicht entgangen sein, daß Schumacher ein Jahr lang kein Wort mehr mit ihm wechselte. Er bohrte nach, und erfuhr, daß der Genosse Thomas für das Ungemach verantwortlich war, und auch warum.

*Vertrauen ist gut, Kontrolle ist besser: SPD-Chef Kurt Schumacher (erkennungsdienstliches Foto der Gestapo von 1936) setzte den Chef des Ostbüros der SPD, Stephan G. Thomas (Aufnahme von 1965; Foto: Darchinger, Bonn; Quelle Friedrich-Ebert-Stiftung) ein, um das Verhalten von Herbert Wehner (Aufnahme von 1950) während dessen Aufenthalt in Schweden im Zweiten Weltkrieg zu untersuchen. Wehner rächte sich nach dem Tod von Schumacher und schoß Thomas ab.*

Nunmehr begann Wehner, darin hatte er als alter Kommunist Übung, Material gegen Thomas und gegen das Ostbüro zu sammeln. 1957 stieß er auf ein Pharaonengrab. Es war ein anonymes Schreiben, sieben endlose Seiten lang. In diesem listete der Anonymus eine Unzahl von Fehlern und Unzulänglichkeiten auf, die dem

Ostbüro zur Last zu legen waren. Die Detaillierung ließ erkennen, daß der Brief nur von einem der intimsten Kenner der Berliner Außenstelle des Ostbüros verfaßt sein konnte.[542]

Wehner wird sich die Hände gerieben haben. Ein Jahr später und Jahre nach Schumachers Tod, nahte 1958 die Stunde der Rache. Der SPD-Parteitag von Stuttgart brachte entscheidende Veränderungen in den Führungsgremien. Von nun an ging's mit Thomas und dem Büro rapide bergab. Schließlich schoß Wehner ihn ab. Mit dem Beginn dessen, was man bald die Neue Ostpolitik nennen sollte, wanderte das einst so wichtige Ostbüro vollends ins politische Abseits.

Als es die Nachrichten über den Mauerbau lieferte, war dieser Weg bereits weitgehend beschritten. Das Ereignis wirft ein schräges Licht auf den Empfänger der Nachrichten, den Regierenden Bürgermeister Willy Brandt. Es läßt sich nicht mehr rekonstruieren, warum er mit Schweigen reagierte. Es ist vorstellbar, daß er eine einschlägige US-Instruktion erhielt. Dieser Verdacht ist schon deswegen nicht von der Hand zu weisen, weil die westalliierten Stadtkommandanten das Recht für sich in Anspruch nahmen, in allen Sicherheitsfragen, und dies war eine, das letzte Wort zu sprechen. Bei Brandt kam der Umstand hinzu, daß er auf der US-amerikanischen *pay roll* stand.[543] Wie lange dieser Zustand andauerte, liegt nach wie vor im Dunkeln. Daß die Amerikaner hier in Berlin jetzt keine vorzeitige öffentliche Auseinandersetzung brauchen konnten, die eine sich panisch in Bewegung setzende DDR-Bevölkerung auslösen würde, muß kaum betont werden, denn zum einen war den USA die betonierte Zweiteilung Deutschlands nur zu recht, zum andern war man mit den Dingen in der Karibik und der dort auflaufenden Konfrontation mit der Sowjetunion mehr als beschäftigt.[544]

Als dann der Mauerbau Wirklichkeit wurde, beschränkte man sich auf hochgestimmte Erklärungen und publikumswirksame Auftritte, wofür der US-Präsident John Kennedy zu wahrer Meisterschaft auflief: Isch bün ain Bööörlinär. So tönte es über die johlende Volksmenge in West-Berlin, die von den wahren Zusammenhängen nichts wußte. Westdeutsche Politiker, wie Kanzler Konrad Adenauer und Berlins Regierender Bürgermeister Brandt drängten sich, von dieser Ostküsten-Sonne ein paar Strahlen abzubekommen.[545]

Doch nicht jedermann in Deutschland teilte diese spontane Begeisterung. Wenige Jahre später, nach Kennedys Ermordung, machte der makabre Witz die Runde, Brandt habe in den USA um Exhumierung des Ich-bin-ein-Berliner-Toten nachgesucht, um ihn mit Marmelade füllen zu können.

## Sturmgeschütz mit spätem Linksdrall:
## Die Spiegel-Affäre nebst einer Anmerkung,
## warum die besten Antifaschisten aus der SS stammten

Geschichtsdeuter der Bundesrepublik wollen uns seit vielen Jahren glauben machen, daß die kurze Zeit später stattfindende Affäre um die in Hamburg erscheinende Illustrierte *Der Spiegel* ein historisch einschneidendes Ereignis gewesen sei.[546] Ob sie damit recht haben, ist Ansichtssache.

Wie fast alles in Westdeutschland Publizierte war *Der Spiegel* ein Produkt der Besatzungszeit. 1947 in Hannover von den Briten lizensiert, ging die Erlaubnis zur Herstellung des Blattes an drei Lizenznehmer, deren einer ein noch sehr junger ehemaliger Artillerieleutnant[547] der großdeutschen Wehrmacht war, sein Name lautete Rudolf Augstein. Augstein, der recht bald zum Alleinherrscher innerhalb der Zeitschrift aufstieg, hatte mit sicherem Instinkt mit einem Plagiat des US-amerikanischen *Time Magazine* eine Marktlücke aufgetan, die er besetzen und in den folgenden Jahrzehnten halten konnte.[548]

Sein Erfolgsrezept war Story-Journalismus, der Leser ansprach, die sich aufgrund ihrer Fähigkeit, ganzseitige Geschichten erfassen zu können, für intelligente Menschen hielten. Auf diesem Humus sprossen grelle Gewächse, deren wichtigstes die Häme war, bekanntlich eine Schwester des Neides, wenn auch in exklusiverem Gewande. In seiner Selbstinszenierung nannte sich der *Spiegel*, getreu den vorgeblichen sturmartilleristischen Kriegserfahrungen des Herausgebers, das Sturmgeschütz der Demokratie.

Schon in der Weimarer Republik hatte es solche Sturmgeschütze gegeben. Sie hatten alles darangesetzt, das Objekt ihrer Verachtung zur Strecke zu bringen.[549] Mit Erfolg. Der wollte sich nun für die Blattmacher des *Spiegel* nicht im gewünschten Umfang einstellen, obgleich sie alles unternahmen, die Politik Adenauers als verderblich und US-hörig hinzustellen. Dieser Mißerfolg ist erklärbar, denn der erste deutsche Bundeskanzler hatte für sein politisches Überleben einen mächtigen Verbündeten: Der saß in Moskau, und er bescherte durch seine schiere gewalttätige Existenz Adenauer einen Wahlerfolg nach dem anderen.

Ab Ende der 1950-er Jahre schoß sich das Sturmgeschütz der Demokratie auf einen auffälligen Mann aus dem dritten Kabinett Adenauer ein: dessen Verteidigungsminister Franz-Josef Strauß. Spiegel-Chef Rudolf Augstein setzte es sich zum Ziel, diesen Mann abzuschießen.[550]

Was veranlaßte den Journalisten zu seiner Anti-Strauß-Kampagne? Die Antwort ist eher simpel: Augstein konnte Strauß nicht leiden. Bei einem gemeinsamen Saufgelage in Augsteins Haus in Hamburg sagten sich beide, Strauß und Augstein, wie es bei solchen Gelegenheiten zuweilen geht, unangenehme Dinge ins Gesicht. Dem Chefredakteur wurde hierbei durch den Spiegel-Mann Horst Mahnke assistiert. Dieser machte Bemerkungen über das Dritte Reich, die Strauß auf die Palme brachten.[551] Doch wie hätte der Bayer erst gestaunt (und getobt), wenn er gewußt hätte, daß dieser Mahnke 1936, knapp 23 Jahre alt, als hauptamtlicher Mitarbeiter beim Sicherheitsdienst des Reichsführers SS angeheuert hatte, wo er die folgenden Jahre bis zum Kriegsende verblieb. Da hatte es der lupenreine Antifaschist bis zum SS-Hauptsturmführer und Referatsleiter VII B 3 (Marxismus) im Reichssicherheitshauptamt gebracht.[552] Das blieb ungesagt.[553]

Fortan schoß der ehemalige Leutnant auf den ehemaligen Oberleutnant aus allen Rohren. Dergleichen war in Deutschland gut verkäuflich. Um das zu verstehen, muß man sich in die fragliche Zeit der 1950/60-er Jahre zurückversetzen, als die Wiederbewaffnung der Bundesrepublik und die mögliche Aufrüstung mit Atomwaffen zahlreiche Intellektuelle aus ihren Studierstuben zu öffentlichem Protest herauslockte. Augstein gab eine grobe Prise Salz hinzu, indem er behauptete, es gelte Strauß als Bundeskanzler zu verhindern.[554] Dies geschafft zu haben, wurde später als demokratische Tat gefeiert.[555] Doch es war bereits damals eine unrealistische Fehleinschätzung, an der sich auch durch Zeitablauf nichts geändert hat.

Als der übliche Klamauk über Affären und Affärchen nichts fruchten wollte, mußte schwereres Geschütz her. So entstand der Artikel *Bedingt abwehrbereit*, eine schneidende Abrechnung mit dem mangelhaften Zustand der deutschen Bundeswehr. Aufhänger der Story waren die Kriegsannahmen und der Stand der Vorbereitungen für den Fall einer sowjetischen Aggression im Auswertungsbericht der einschlägigen Nato-Herbstübung 1962 (*Fall* exercise = Fallex '62).

Man kann das für einen krassen Fall von Landesverrat halten. Um die Schwere dieses Verratsfalls zu ermessen, muß man sich die tatsächliche militärische Situation in Deutschland vor Augen führen. Sie war geprägt durch die Berlin- und Cuba-Krise, zwei sowjetische Manöver, die den Kalten Krieg verschärften. Die journalistische Bloßstellung der deutschen Verteidigungsbereitschaft in diesem Moment widersprach den deutschen nationalen Sicherheitsinteressen. Sie offenbarte auf peinliche Art, daß die Westdeutschen ohne den US-amerikanischen Atomschirm nicht in der Lage sein würden, einer sowjetischen Aggression (speziell gegen West-Berlin) militärisch Paroli zu bieten. Das war den Russen auch ohne die Offenbarungen des *Spiegel* im Prinzip bekannt, doch der Ausfall der Illustrierten war für sie ein Geschenk von unschätzbarem Wert. Es war ein weiterer Axthieb gegen den Verteidigungswillen der Westdeutschen, den die Russen nach den noch nicht lange zurückliegenden Erfahrungen mit deutschen Soldaten im eigenen Lande immer noch hoch einschätzten.

*Dauerfeuer vom Sturmgeschütz: Mit Titelgeschichten in Heft 15 und 43/61 versuchte Spiegel-Chef Rudolf Augstein vergeblich, den Bundesverteidigungsminister Franz-Josef Strauß zu stürzen. Bis 1960 mit von der Partie als Spiegel-Mitarbeiter: der SS-Hauptsturmführer a.D. Horst Mahnke (hier in einer Persiflage auf die Selbstinszenierung des Spiegels als antifaschistisches Aufklärungsblatt).*

Wer waren nun die eigentlichen Geheimnisausplauderer hinter den Geheimnis-Ausposaunern? Darüber sind recht unterschiedliche Geschichten im Umlauf. Die Spiegelversion eins sah so aus: Man habe nur offenes Material verwendet und daraus die richtigen Schlüsse gezogen.[556] Das klang nicht besonders heldenhaft für ein Enthüllungsmagazin und wurde schnell vergessen, nachdem die Gefahr einer Strafverfolgung entschwunden war. Version zwei war dementsprechend spiegeliger: Man habe die Informanten geschützt, und wenn sie nicht gestorben sind, dann schützt man sie noch heute. Dem widersprach Version drei: Der Informant sei der Oberst im Generalstab Alfred Martin gewesen. Das jedenfalls plauderte der Ex-Spiegel-Spitzenmann Leo Brawand in seiner Augstein-Biographie aus.[557] Schließlich die kolportierte Version vier, und der Zeitschrift so wichtig, daß sie, wie zu lesen war, im Prozeßwege dafür stritt: Es sei jedenfalls nicht das KGB gewesen.[558]

Bevor wir uns der Frage näher zuwenden, ob so etwas überhaupt denkbar war, daß ausgerechnet die Zeitschrift, die soviel darauf hielt, daß sie selbst in die geheimsten Staatsgeheimnisse eindringen konnte, auf Nachrichtenmüll aus einem Geheimdienst hereingefallen sein könnte, müssen wir uns einen Überblick darüber verschaffen, was der hier in Frage kommende Geheimdienst, das KGB, in dieser Zeit tat, um genau so etwas zu bewirken. Im Jahre 1959 richtete der sowjetische Geheimdienst eine eigenständige Abteilung D ein. Das D stand für Desinformazija, zu deutsch: für Desinformation. So wurde als Organisationseinheit installiert, was als geheimdienstliche Methode bei den russischen Vorgängerbehörden lange Tradition hatte.

Die Gründung einer selbständigen Verwaltung für Desinformation folgte einem strategischen Kalkül. Sowjetische Militärstrategen sprachen in diesem Zusammenhang vom moralisch-politischen Faktor und meinten:

*Der Marxismus-Leninismus definiert den moralischen Faktor als eines der entscheidenden Elemente in jedem Krieg, da der Sieg weitgehend „...durch die Moral der Massen bedingt ist, die auf dem Schlachtfeld ihr Blut vergießen." (W.I. Lenin: Sotschinetija (Werke), Bd. 31, S. 115).*[559]

Gut zwölf Jahre Kalter Krieg hatten es den sowjetischen Militärstrategen klargemacht, daß unter den vorherrschenden militärischen Bedingungen ein Krieg in Europa, wenn es denn die Machtfrage zu stellen galt, nicht mit Erfolg führbar war. Die logische Konsequenz hieraus war die Strategie der moralischen Aufweichung des Klassenfeindes. Diese wurde eine der vornehmsten Pflichten des KGB. Die Einrichtung der Abteilung D war das Ergebnis dieser veränderten Denkweise.

Zurück zum Spiegel: Die Frage, ob die Zeitschrift auf klassisches Desinformationsmaterial, also Falschnachrichten, hereingefallen war, stellt sich deswegen nicht, weil die Mehrzahl der Ursprungsinformationen aus dem Bundesverteidigungsministerium stammte und echt war. Damit ist die Möglichkeit einer KGB-Operation allerdings nicht vom Tisch, denn sog. Aktive Maßnahmen eines Geheimdienstes müssen sich nicht zwingend auf Falschnachrichten stützen. Im Gegenteil, es ist oft erfolgversprechender, wenn der Dienst zutreffende Informationen einsetzt, die den erwünschten Effekt der Beeinflussung auslösen, zum Beispiel die Verunsicherung der Bevölkerung des gegnerischen Landes.

Das soeben Gesagte läßt sich am Fall von *Bedingt abwehrbereit* wie an einem Lehrstück erläutern. Kam es dem KGB darauf an, Zwietracht zwischen den Nato-Verbündeten zu säen, die Bevölkerung der Bundesrepublik zu spalten und einen als militant eingeschätzten Minister zu beschädigen, so war das Spielen der vorliegenden Informationen ein ausgezeichnetes Mittel. Die Spiegel-Veröffentlichung war dann für das KGB und die dahinterstehende Sowjetunion außerordentlich erwünscht. Besaß das KGB auch Quellen, die einschlägigen Informationen zu beschaffen? Die Antwort lautet: ja. Das KGB konnte auch in der Bundesrepublik auf ein breitgefächertes Angebot von Agenten zurückgreifen. Die Rekrutierung dieser Agenten war denkbar einfach gewesen. Sie stammten aus dem Heer der in der Sowjetunion nach Kriegsende festgehaltenen deutschen Kriegsgefangenen. Unter diesen Tausende deutscher Offiziere. Manchen mochte die Aussicht auf vorzeitige Entlassung gelockt haben, andere wiederum kamen erst 1955 als sog. nicht amnestierte Kriegsverbrecher auf freien Fuß.

Das Ausmaß dessen, was da auf die Bundesrepublik zugerollt war, wurde in Schemen deutlich, als sich etliche der in die Heimat entlassenen Offiziere gleich bei ihrer Ankunft gegenüber den Befragern der Org. Gehlen und des Bundesamtes für Verfassungsschutz erklärten. Doch nicht jedem mochte es tunlich erscheinen, seine Anwerbung bei der Rückkehr in die Bundesrepublik zu offenbaren – besonders dann nicht, wenn er sich eine Wiederanstellung bei der soeben entstehenden Bundeswehr erhoffte. Immer nach der Devise: Erst mal hinein in den Laden, und dann ist immer noch Zeit. Doch das war ein Irrtum, denn so wurde der Dienst mit einem Einstellungsbetrug begonnen, der ein prächtiges Mittel für spätere geheimdienstliche Zwangserinnerungen darstellte.

Die Bundeswehroffiziere, die bei *Bedingt abwehrbereit* eine besondere Rolle spielten, hießen Martin und Wicht. Ob beide oder einer von beiden zur Kategorie erpreßter KGB-Agenten gehörte, ist bis heute ungeklärt. Dies herauszufinden, wäre nützlich, denn für eine geheimdienstliche Steuerung des *Spiegel*s im Falle von *Bedingt abwehrbereit* hat es eine Reihe von entsprechenden Behauptungen gegeben. Sie stammen von Leuten, die in einschlägigen Institutionen gearbeitet haben, wie Sergej Kondraschow. Er war 1962 stellvertretender Leiter der Abteilung Desinformation des KGB. Und dann gab es da noch den sowjetischen Überläufer Ilja Dshirkwelow (Илья Джирвелов),[560] der 1987 vor einem Londoner Gericht als Zeuge das Folgende zum Besten gab:

> *Das erste Mal, als ich mit Oberst [Michail] Sitnikow (damals stellvertretender Chef der Abteilung Desinformation) zusammenarbeitete, ging es um die Kompromittierung des Verteidigungsministers der Bundesrepublik Deutschland, Franz Josef Strauß. Wir benutzten das Magazin Der Spiegel für einen Artikel, der ihn bloßstellte. Der Artikel erfüllte seinen Zweck, und Strauß mußte zurücktreten.*[561]

Generalstabsoberst Alfred Martin war laut Spiegel-Redakteur Brawand der einschlägige Informant. Die Bundesanwaltschaft sah das seinerzeit anders. Sie nahm einen Obristen fest, dessen Namen als Informanten sie in einer Hausmitteilung von Spiegel-Verlagsdirektor Hans Detlev Becker entdeckt hatte. Der dort Genannte hieß Adolf Wicht. 1943/44 war Wicht an der Ostfront Leiter der Gruppe III (Beuteakten und Gefangenenbefragung) in der Abteilung Fremde Heere Ost gewesen. Er blieb nach dem Kriege dem Gewerbe treu und diente bei der Org. Gehlen und dem späteren Bundesnachrichtendienst. Dort leitete er seit 1960 dessen Residentur Hamburg. Um es gleich zu sagen: Daß Wicht der Lieferant des Geheimmaterials war, ist zweifelhaft, denn als BND-Resident hatte er keinen Zugang zu diesen Unterlagen. Daß er hingegen das Scharnier war, um es in den Spiegel einzufiltern, erscheint hingegen denkbar. 1970 schied der Sechzigjährige aus der Bundeswehr aus, um im Folgejahr Auslandsbeauftragter des Spiegel-Verlages zu werden.[562] Aber das wird wohl reiner Zufall gewesen sein.

Der Fall Wicht führte zu einer weiteren Groteske. Als die Sache mit dem BND-Obristen im Kanzleramt ruchbar wurde, schritt der Kanzler höchst selbst ein. Ohne einen Hauch von Ironie verlangte er die sofortige Festnahme des Wicht-Vorgesetzten. Das war kein anderer als BND-Chef Reinhard Gehlen. Die Sache unterblieb dann. Vielleicht war gerade niemand anwesend, der wußte, wie man sowas macht. Selbst ein enger Gefolgsmann Adenauers, wie der Spitzenbeamte aus dem Presse- und Informationsamt der Bundesregierung, Günter Diehl, der die Geschichte mit der befohlenen Gehlen-Festnahme kolportiert hat, bemerkte mit wohlgesetzten Worten, daß der Kanzler damals begonnen habe, seinen Sinn fürs Maß zu verlieren.[563]

Wie auch immer man die Dinge sehen mag: Der Spiegel-Artikel *Bedingt abwehrbereit* lag voll auf der sowjetischen Linie. Strauß war den Russen als prononcierter Vertreter des westdeutschen Verteidigungswillens im Wege. Doch kein Geheimdienst hätte erfinden können, was dann kam. Doch halt – kein sowjetischer. Denn nun griff Reinhard Gehlen ein, und der leitete auch einen. Zwar schrieb Gehlen später, er habe mit all dem, nichts zu tun gehabt,[564] doch besonders gläubig nehmen wir diese Auskunft nicht entgegen. Einer zumindest will aus seinem Munde anderes vernommen haben, der damalige Pressesprecher des Verteidigungsministeriums Gerd Schmückle. Er berichtete darüber in seinen Memoiren:

*[Die von Strauß kolportierte] Geschichte, Gehlen rechne mit einer kommunistischen Spionagezelle im „Spiegel", hielt ich für ein Phantasiegebilde. ... Jahre danach traf ich Gehlen. Ohne gefragt zu sein, erzählte er mir, er habe die Großaktion gegen den „Spiegel" empfohlen, da in der Redaktion militärische Geheimnisse verwahrt und kommunistische*

*Spione tätig seien. Ja im „Spiegel" säße noch heute eine kommunistische Spionagezelle, ob ich es glauben würde oder nicht.*[565]

Doch der Rest war für niemanden planbar: Der westdeutsche Verteidigungsminister verstrickte sich so lange in Lügen, bis Adenauer ihn fallenließ, weil es ihm nun selbst ans Leder zu gehen drohte.

*Grüße aus der Lubjanka: Links der Bericht des KGB-Vorsitzenden Wladimir Semitschastnij vom 20. September 1962 über die Auswirkungen der Berlin-Krise auf die westdeutsche Sicherheitspolitik, einschließlich eines Verwendungsvermerks für die Anti-Strauß-Kampagne. Rechts ein verräterischer Schnappschuß: Das Bild wurde beim Treffen von Kennedy und Chruschtschow 1961 in Wien aufgenommen. Stehend, der zweite von rechts, unmittelbar hinter dem Kremlchef, ist der KGB-Funktionär Sergej Kondratschow, der nach eigener Darstellung die Finger in der Spiegel-Affäre hatte.*

Augstein hatte sein Ziel erreicht: Der Mann, den er auf Biegen und Brechen kippen wollte, war über die Klinge gegangen. Womit er allerdings nicht hatte rechnen können, war dies: die deutschen Behörden handelten in einem geradezu unbeschreiblichen Maße dämlich. Augsteins Festnahme und mehrwöchige Unterbringung in Untersuchungshaft war für die Aufklärung der Straftat nicht nur überflüssig, sondern sie produzierte einen Märtyrer, den es sonst so nicht gegeben hätte. Ein abgeschirmtes Ermittlungsverfahren nebst anschließender öffentlicher Anklage hätte mit Sicherheit ein anderes öffentliches Echo erzeugt.[566]

So war der Schluß des Jahres 1962 in der Bundesrepublik ein innenpolitischer Kampf mit verkehrten Fronten. Die Bundesregierung wehrte sich mit schlechten Karten gegen Angriffe auf einen blöde handelnden Verteidigungsminister, und eine Justiz eierte herum, die noch nicht gelernt hatte, daß sie im kalten Licht der öffentlichen Berichterstattung bestehen mußte. Es wurde ihr rasch klargemacht, und dann knickte sie ein. Bis zum 13. Mai 1965 dümpelte die Sache, an diesem Tag stellte der Bundesgerichtshof das Verfahren gegen Rudolf Augstein und andere ein.[567] Das hat im nachhinein den Eindruck erweckt, als sei das Vorgehen der Justiz von vornherein rechtswidrig gewesen. Doch so war es keineswegs, wie das Bundesverfassungsgericht durch Urteil vom 5. August 1966 feststellte, in welchem es die Durchsuchung der Redaktion und die Festnahme von Augstein für rechtens erklärte.[568]

Die Spiegel-Affäre hatte in der Bundesrepublik Folgen, die über den Tag hinausreichten. Geheimnisverrat verkam fortan zur kleinen Münze. Doch bedeutsamer war folgendes: Beträchtliche Teile der Presse wechselten ihr Kostüm. Die Meldung wich der radikalen Meinungsmache. Auf diesen Abwegen wurde die Presse vortrefflich von der Politik unterstützt: Die Ländergesetzgeber erließen Pressegesetze, in denen sie das Redaktionsgeheimnis, was bis dahin eher eine in den Köpfen spukende Größe war, zum gesetzlich geschützten Tatbestand aufnordeten. Manch einer der Politiker, der in diesem Zusammenhang hehre Worte geschwätzt hatte, mag das später bereut haben.

# 8. Kapitel

# Böll und der Zauberbesen – Umerziehung und Anti-Amerikanismus sowie einige Bemerkungen über die Familie von Weizsäcker, die Rassenunruhen in den USA und den Vietnamkrieg

Es wird Zeit, eine Zwischenbilanz der US-amerikanischen Umerziehung der Deutschen einzuschieben. Die Initiatoren der *re-education* hatten recht: Es würde lange dauern, bis die Deutschen vergessen haben würden, wer sie waren. Das unter der Flagge der Entnazifizierung gestartete Programm war in Wirklichkeit ein Entnationalisierungsprogramm oder, wenn man so will, ein Amerikanisierungs-Programm.

Das Ergebnis hätte zu Beginn der 1970-er Jahre nicht zwiespältiger ausfallen können. Richtig ist, daß sich alle etablierten politischen Kräfte der Bundesrepublik auf strammem Westkurs befanden. Richtig ist auch, daß das Kaugummi-kauen und Coca-Cola-trinken akzeptiert worden waren. Und schließlich ist richtig, daß die Humboldtschen Bildungsanstalten durch Soziologie und Politische Wissenschaften plangemäß unterwandert wurden. So wurde zielgerichtet auf deutsche nachwachsende Umerzieher die Binnenkontrolle über denjenigen Gegenstand übertragen, den die Sieger als Hauptgefahr ausgemacht hatten: eine deutsche nationale Eigenständigkeit, die den angloamerikanischen globalen Ambitionen nun schon seit dem Ende des 19. Jahrhunderts entgegenstand. Garant der deutschen Eigenständigkeit war ein differenziertes, breit angelegtes Bildungswesen für alle Schichten der Bevölkerung gewesen. Dessen Zerstörung mußte, so die zutreffende Planung, Deutschland auch innerlich zu Fall bringen.[569]

Die Wunderwaffe der akademischen Umerziehung entwickelte sich zum Goetheschen Zauberbesen. Dieser kehrte nicht nur das spezifisch Deutsche auf den Kehricht der Geschichte, sondern auch die ganze Institution, in der er saubermachen sollte. In praxi bedeutete das, einer in jeder Gesellschaft vorhandenen Subkultur von akademisch Gescheiterten wurde ein mit öffentlichen Geldern sorgsam finanziertes Zuhause verschafft. Nischenexistenzen wurden auf diese Weise zu akzeptierten Mitbestimmern. Wo sie, was leicht nachzuvollziehen ist, mangels eigenständiger Kenntnisse nicht zu überzeugen vermochten, griffen sie zur Gewalt. Deutsche Professoren knickten reihenweise ein. Aus Furcht oder Desinteresse lernten sie schnell, daß Parteilichkeit ein gängiges Argumentationsmuster war.

Die ersten, die das traf, waren die Gesellschaftswissenschaften, auch die Theologie. Das mag in der späten Draufsicht noch mit Häme quittieren, wem danach zumute ist. Den Zeitgenossen ging es seinerzeit ähnlich. Natur- und Ingenieurwissenschaften, Medizin und Juristerei schauten grinsend erst, dann mit zunehmendem Kopfschütteln auf das, was sich an den Hochschulen tat. Sie mochten sich zunächst nicht vorstellen, daß es auch sie selbst treffen könnte. Doch es war der Fall. Ausgerechnet die Physik sollte das Einfalltor zur Abschaffung des klaren Gedankens werden.

Die Unterwanderung der empirischen Wissenschaften hatte auch einen Namen. Es war der des Physikers Carl Friedrich von Weizsäcker. Der Leser mag sich erinnern: Es war exakt derselbe Weizsäcker, vor dem Albert Einstein in seinem epochemachenden Atombombenbrief von 1939 den US-Präsidenten Franklin Roosevelt gewarnt hatte, weil dieses Weizsäckers Tun in Berlin nur den Bau einer deutschen Bombe bedeuten könne. Heute wissen wir, daß der Bau einer solchen einsatzfähigen Wunderwaffe nicht gelang.[570] Daß daran gearbeitet wurde, ist indessen vielfach belegt. Auch, daß eine der treibenden Kräfte Carl Friedrich von Weizsäcker war. Daß der Bombenbau nicht glückte, bezeichnete er später als eine göttliche Gnade.[571]

*Ein Ereignis zwei Meinungen: Amerikanische pro und contra Vietnamkrieg-Buttons. Als die Unterstützungsfront den militanten Gegnern zu weichen begann, beendete die US-Regierung den Vietnam-Krieg, die US-Truppen verließen ein von ihnen verwüstetes Land.*

Aus dem Scheitern des Bombenbaus die Scheintatsache zu destillieren, von Weizsäcker sei halt ein Widerstandskämpfer gewesen, und an dieses Scheitern ein paar als Widerstandsakte deklarierte unbewiesene Handlungen anzukleistern, stellt einen an Zynismus kaum zu überbietenden Akt der Anbiederung an die neuen Verhältnisse dar. Doch, wie schon angedeutet, Weizsäcker selbst hat dies explizit nie behauptet, stattdessen tat er etwas, was als Kotau auch nicht schlecht war. Er übernahm die Mitverantwortung für den Massenmord von Hiroshima und Nagasaki, wobei er ausdrücklich hervorhob, daß die humanitären USA ein besseres Recht zum Bombenbau gehabt hätten als das verderbte Deutschland.

Angeblich fiel ihm das alles im August 1945 ein. Veröffentlicht hat er's 35 Jahre später.[572] Am Rande sei bemerkt, daß dies mit den Abhörprotokollen seiner Gefangenschaft im Sommer 1945 nicht in Einklang steht.[573] Bei den Auslassungen Weizsäckers zögert man. Schreibt hier einer, der in protestantischer Tradition das Leid der Welt auf seine sündigen Schultern laden will, oder meldet sich einer zu Wort, um darzutun, daß er bereits vor dem Krieg zur Riege der Spitzendenker der Atomphysik gehört und persönlich einen nicht hinwegzudenkenden Beitrag geleistet habe.

Es muß wohl in der Familie gelegen haben, denn Vater Ernst von Weizsäcker leistete jahrelang seinem Führer in der Position eines Staatssekretärs des Auswärtigen Amtes Widerstand und zum Schluß, 1943-45, weil er vom Widerstandsleisten nun mal nicht lassen wollte, bekleidete er den Posten eines deutschen Botschafters beim Vatikan.[574] Der jüngste Sohn des Chefdiplomaten, Richard, Hauptmann in der deutschen Wehrmacht und nachmaliger Bundespräsident, setzte noch eins drauf und freute sich am 8. Mai 1985, also 40 Jahre nach Kriegsende, gemeinsam mit den ehemaligen Siegern des Krieges darüber, daß Deutschland befreit worden war.[575] Die Masse der Deutschen, die den 8. Mai 1945 bewußt erlebt hatten, wußten von Befreiung nichts, allenfalls von Erleichterung, daß der Krieg zu Ende war.[576]

Doch zurück zu Carl Friedrich: Er nutzte sein Fachgebiet, die theoretische Physik, um seinen Landsleuten nach dem Krieg zu erklären, daß er nunmehr mit Nachdruck wisse, warum auch in den Naturwissenschaften alles irgendwo relativ sei. Man denkt verblüfft, hier redet die Frankfurter Schule. Doch nein, so einfach sprach Weizsäcker keineswegs, sondern er prägte Sätze wie diese hier:

*Solche Überlegungen legen es nahe, die Eigenschaften der „isolierten" Teilchen grundsätzlich als Ergebnisse der Wechselwirkung aufzufassen. Der einzig entschieden eingeleitete Versuch hierzu ist Heisenbergs nichtlineare Spinorfeldtheorie. Ohne entscheiden zu müssen, ob dieser Ansatz schon der richtige ist, können wir an dieser Theorie – gerade auch in ihren Schwierigkeiten – die Probleme studieren, die mit dem Gedanken einer Einheit der Physik verbunden sind. Diese Theorie ist wohl die erste, welche die Quantentheoretiker nötigt, bezüglich der Einheit der Physik das Niveau der Fragestellung zu betreten, das sich uns zuerst in der Allgemeinen Relativitätstheorie gezeigt hat. Was ihr manche ihrer „puritanischen" Kritiker vorwerfen, daß sie nämlich ohne zwingende empirische Begründungen Aussagen wagt, die weder in ihren mathematischen Konsequenzen noch in ihrer physikalischen Deutung schon durchsichtig sind, macht sie unter dem Aspekt unserer Frage interessant, denn sie bringt Probleme ans Tageslicht, die mutatis mutandis [mit den notwendigen Änderungen] wohl mit jeden positiven Ansatz zur Einheit der Physik verbunden sind, während allzu große Vorsicht im Voranschreiten diese Probleme überhaupt nie zu Gesicht bekommen würde.*[577]

Das alles spielte sich in den 1970-er Jahren ab, nachdem für ihn 1970 am freundlichen Starnberger See ein eigenes Max-Plank-Institut gegründet worden war. Seine Zeitgenossen rätselten, was er wohl meinen möge, wenn er im dialektischen Einerseits-andererseits schwelgte.[578] Klar war nur, er und seinesgleichen wollten aus dem Korsett des Eindeutigen heraus, denn sie wollten politisch wirken.[579]

Mit Weizsäcker & Co kamen ganze Scharen von neuen Weltweisen, welchen aus den Universitäten in bevorzugt politische Karrieren flüchteten, um die im wahrsten Sinne des Wortes Zurückgebliebenen als zurückgeblieben zu beschimpfen. Einer der bekanntesten von ihnen war Ralf Dahrendorf.[580] Sucht man hinter all seiner Eloquenz nach einer Aussage, so lautete diese, daß etwas geschehen müsse. Nur was das sei, behielt er für sich.[581] Dahrendorf war der Prototyp eines neuen deutschen Politikers: Er war der Meister der inhaltsentleerten Phrase. Nur in Sachen deutscher Souveränität war er sich sicher: die müsse beschnitten werden.[582] Sein Sprachrohr war die Wochenzeitung *Die Zeit*.[583]

Doch nun zurück zu den US-amerikanischen Umerziehungs-Verursachern. Mit dem Weizsäcker-Brüderpaar konnten sie fürwahr zufrieden sein. Vor allem Richard, der ehemalige Wehrmachtsoffizier, hatte ohne Wenn und Aber die Seiten gewechselt. Wenn man die Erinnerungsalben der amerikanischen Beeinflussungsorganisationen durchblättert, darf man sicher sein, ihn an prominenter Stelle dabeisitzen zu sehen,[584] während sein Bruder, der Physiker, durchgeistigt und fern jeden menschlichen Lachens via Fernsehen seinen Landsleuten das Staunen über den Tiefsinn lehrte.

Doch auch unterhalb dieser bunten Wolken aus *Stars and Stripes* fand das Leben statt, auf das die USA, wiewohl ungewollt, Einfluß nahmen. Um diesen auszuloten, muß man sich von der Vorstellung verabschieden, daß die politische Willensbildung in den USA durchweg einheitlich gewesen sei. Das dortige, wenn auch nicht sonderlich ernstgemeinte System der Demokratie führte in unregelmäßigen Abständen zu gewaltsamen Unmutsäußerungen der beherrschten Bevölkerung, die sich nicht unter den großen Teppich der Mainstream-Berichterstattung kehren ließen. In den Nachkriegsjahren kristallisierten sich zwei solcher Themen heraus, die sich in bürgerkriegsähnlichen Krawallen entluden. Es waren die Rassenfrage und der Vietnamkrieg.

## Exkurs 1 und Menschen zweiter Klasse: Rassenkonflikte in den USA als Welt-Moralproblem

Beim gewaltsamen Ausbruch der Rassenfrage handelte es sich um das Thema der juristischen Gleichberechtigung von Schwarz und Weiß, das gut hundert Jahre gebraucht hatte, um von der Propagandaebene in die Wirklichkeit vorzudringen. Man erinnere sich: Der amerikanische Bürgerkrieg 1861-65 war eine zum Krieg ausgeartete Auseinandersetzung über die Frage, ob es möglich sei, die Union, also den Gesamtstaat USA, per Austrittserklärung verlassen zu dürfen. Die austritts-erklärenden Südstaaten bejahten dies, die

Nordstaaten, als die selbsternannten Repräsentanten des Gesamten waren vehement dagegen und führten zur Durchsetzung ihres Standpunkts Krieg gegen die eigenen Landsleute.

In der Geschichtserinnerung an diesen Vorgang sieht es so aus, als sei es hier um die Rassenfrage, vor allem um die Möglichkeit gegangen, Neger als Sklaven zu halten.[585] Dies ist eine bewußte Mystifizierung der Wirklichkeit, die vom Gegensatz in Zollfragen diktiert war. Die vom Baumwollexport abhängigen Südstaaten propagierten Freihandel, die vom beginnenden industriellen Binnen-Boom profitierenden Nordstaaten setzten auf eine rigide Schutzzollpolitik, welche die englische Konkurrenz aus Amerika fernhalten sollte. Beides zusammen war international schlecht zu haben, so kam es zur Sezession. Mit Negern und deren Befreiung hatte das alles herzlich wenig zu tun. Dieses Thema kam erst auf, nachdem es im hin- und herwogenden Krieg von US-Präsident Abraham Lincoln zum Propagandaballon aufgeblasen worden war. Mit komplexen Wirtschaftserwägungen ließ sich niemand zum Krieg ermuntern, mit der leicht zu begreifenden Floskel der Sklavenbefreiung hingegen schon. Vor allem auf die von der Befreiungsversprechung betörten Negersklaven in den Südstaaten sollen die Lincolnschen Floskeln animierend gewirkt haben.[586]

Dieses ist nicht der Ort, um den Grotesken nachzuspüren, welche die Sklavenbefreiung dann in der politischen Routine nach sich zog, wichtig ist lediglich, daß von der papiernen Befreiung in der Wirklichkeit wenig übrigblieb. Die Neger blieben, was sie auch schon als Sklaven gewesen waren: Arbeitskräfte für Tätigkeiten unter extrem schlechten Bedingungen bei miserabler Bezahlung, oder anders ausgedrückt: Menschen zweiter Klasse.

Erst die amerikanische Weltexpansionspolitik, die in die beiden Weltkriege einmündete, änderte den Status der Schwarzen, wenn auch ungewollt. Es war nicht die Negerbefreiung, die auf der politischen Agenda der beiden Kriegspräsidenten Woodrow Wilson und Franklin Roosevelt stand, sondern der Vormarsch Amerikas in alle Welt hinaus. In beiden Kriegen zeigte sich nach einer gewissen

Zeit, daß die bequeme Position einer kriegführenden Macht, die sich auf Wirtschaftskriegführung beschränkte, auf Dauer nicht zu halten war, ja, daß die Kriegsinvestitionen auf äußerste gefährdet waren, wenn man sie nicht militärisch absicherte. Hierzu wurden nach Lage der Dinge Massenarmeen gebraucht. Diese waren nur mit Hilfe der Wehrpflicht zu rekrutieren. So kamen die Schwarzen ins Boot, wenn auch in separaten Negerverbänden (*Negro Regiments*[587]), die auch ausdrücklich so hießen, was heutzutage aus Gründen der *political correctness* in *African-American units* (afrikanisch-amerikanische Einheiten) umgelogen wird.

Die Teilnahme der Neger an Kampf und Sieg, vor allem aber ihre Einbeziehung in die Tätigkeit als Besatzungssoldaten in Deutschland,[588] wo sie unzweifelhaft das Sagen über eine reinrassig weiße deutsche Bevölkerung hatten, bewirkte einen Erziehungseffekt, den sich die amerikanischen Kriegsplaner nicht hatten träumen lassen. Die Neger-Emanzipation fand hier statt, in der US Army, einem Instrument außenpolitischer Machtentfaltung. Die Army wurde zur innenpolitischen Lehranstalt. *What a surprise* (welch eine Überraschung).

Die Waffe in der Hand schafft ein Selbstbewußtsein, das durch hundert Jahre Friedensgebet niemals zu erreichen ist. Die in Volks- und Rassenfragen schon länger als Herrschaftsmacht tätigen Russen wußten das nur zu gut: Sie hielten Völkerschaften im eigenen Herrschaftsgebiet, denen sie mißtrauten, vom Wehrdienst fern. So die Finnen ab dem Beginn des 20. Jahrhunderts.[589] Erst die Kommunisten in ihrem internationalistischen Glauben brachen mit dieser Regel. Im Großen Vaterländischen Krieg, wie dortzulande der Zweite Weltkrieg genannt wird, wurden die nicht-russischen Völker zu den Waffen gerufen, um diese hernach von Sondertruppen des NKWD unter grausamen Exzessen wieder abgenommen zu bekommen. Ein Gorbatschow bekam Jahrzehnte später hierfür die Quittung. Die einschlägigen bewaffneten Auseinandersetzungen sind bis zum heutigen Tage nicht erledigt worden.

Doch zurück in die USA. Das Thema der Neger-Emanzipation,

die sich nach 1945 in blutigen Revolten zeigte, war im Prinzip ein inneramerikanisches. Daß es dies nicht blieb, lag daran, daß es sich wie kein zweites für Kampagnen gegen die Amerikanisierung eignete. Hiervon gab es zwei unterscheidbare Stoßrichtungen. Die kommunistisch regierten Staaten nutzten das Thema für generellen Anti-Amerikanismus. An vorderster Front stand hierbei, nicht nur geographisch gesehen, die DDR.[590] Aber auch die westeuropäische Linke sattelte auf. Doch anders als die östlichen Brüder und Schwestern konnten sie den amerikanischen Konflikt nutzen, um durch Andocken an die unterdrückten, sprich: guten Amerikaner einen Generalangriff auf den verhaßten Kapitalismus zu fahren. Es bildete sich, wenn auch etwas holprig eine Bruderschaft der vom Kapitalismus Unterdrückten. Sie entstand unter vielerlei Namen mit einer Vielzahl sonst kaum harmonierender Personen. Einige von denen werden wir im weiteren Verlauf des Buches noch zu sehen bekommen. Doch bevor es in solche Einzelheiten geht, ist ein zweites, erneut allein von den USA ausgehendes Geschehen in den Fokus des Lesers zu rücken. Ich spreche vom Vietnam-Krieg.

## Exkurs 2 und Menschen dritter Klasse:
### Der Vietnam-Krieg als die schäbige Seite der Weltmacht sowie einige Bemerkungen, warum die *democracy* und das Töten harmonieren

Die komplexe Entstehung des Vietnam-Kriegs und sein Verlauf sollen hier unter dem Gesichtspunkt der Auswirkungen für die Deutschen eingedampft werden, um so die Folgen für die Umerziehungsstrategien deutlich werden zu lassen.

Im Prinzip handelte es sich beim Vietnam-Krieg um nichts anderes als die Fortsetzung des Korea-Kriegs an einer etwas anderen Stelle Asiens. Mit der nach Dominanz strebenden Weltmacht USA hatte dieses eher unbedeutende Land nur insofern zu tun, als hier in der ersten Hälfte des 20. Jahrhunderts ein französisches Kolonialland bestand, das gemäß der Menschenrechts-Theologie der USA befreit werden mußte. Zunächst war es als Anhängsel des amerikanisch-japanischen Konfliktes ins Visier geraten, wobei der nationale Befreiungspolitiker Ho Chi Minh sich großzügiger amerikanischer Unterstützung erfreuen durfte.[591] Diese amerikanische Spendierfreude ließ in dem Maße nach, wie es sich zeigte, daß ihr Hätschelkind einen strammen kommunistischen Kurs fuhr, den es mit seinem Krieg gegen die Kolonialmacht Frankreich zu verbinden wußte.

Frankreich war spätestens nach dem Ende des Zweiten Weltkriegs keine Weltmacht alter Schule mehr. Trotz großspuriger amerikanischer Erklärungen des Kampfes für die gemeinsamen westlichen Werte mußten die Franzosen alsbald erkennen, daß es mit der Gemeinsamkeit nicht weit her war, wenn die jeweiligen Eigeninteressen aneinanderstießen. Zur Pax Americana à la Roosevelt & Nachfolger gehörten nun mal die Gegenküsten von Atlantik und Pazifik und der südostasiatische Raum auch, zumal nach der Niederwerfung Japans. Da war für konkurrierendes europäisches koloniales Denken und Handeln kein Platz. So bemerkten die Franzosen zunächst zu ihrer Verwunderung, dann zu ihrem Ärger, daß das Sponsoring ihres schärfsten Gegners im südostasiatischen Raum nach der Niederwerfung Japans nicht beendet wurde. Ersuchen an die Amerikaner, die auf eine Wiederherstellung des Status quo ante hinausliefen, versandeten im Nichts. Den Schlußpunkt bildete die Schlacht von Dien bien Phu, wo die Franzosen eine vernichtende militärische Niederlage einsteckten, so daß sie die Kolonie aufgeben mußten.[592]

Auftritt der USA. Das Bemerken, daß die koloniale Befreiung nicht das Überlaufen der Befreiten in den Machtbereich amerikanischer Segnungen bedeutete, war ein übles Erwachen. Um die Anpassung der Wirklichkeit ans Gewünschte zu bewirken, trat nun US-Militär auf den Plan. Wieder lief die sattsam erprobte Show *Amerika wird angegriffen* ab. Ein getürkter Schiffszwischenfall im Golf von Nanking[593] wurde propagandistisch zum Auslöser für sog. Gegenschläge auf eine als Aggressor ausgerufene Regierung des nicht unterwürfigen nördlichen Vietnam, die in Hanoi residierte. Es war die Regierung des einst gesponserten Ho Chi Minh.

In dem nun folgenden nicht erklärten Krieg regnete es Bomben auf Nordvietnam und bald auch auf Südvietnam. Wie viele Menschen sie töteten, ist ungewiß.[594] Jedenfalls blieben zur Überraschung amerikanischer Militärstrategen immer noch genügend viele Vietnamesen übrig, die sich partout nicht befreien lassen mochten. Daraufhin verschärfte man die pädagogischen Mittel der *democracy*: Napalm und Agent Orange hießen die neuen Lehrmethoden. Napalm, das waren gewaltige, aus der Luft abgeworfene Benzinfässer, die, zur Detonation gebracht, nicht nur Feuersbrünste auslösten, sondern auch im weitem Umkreis allen Lebewesen den zum Atmen notwendigen Sauerstoff entrissen.[595] Hinter Agent Orange verbarg sich ein radikales dioxinhaltiges Entlaubungsmittel, daß den Dschungel seines Blätterdachs berauben sollte und zudem bei Mensch und Tier zu schrecklichen Verletzungen und Spätschäden durch unheilbare Veränderungen des Gen-Materials führte. Hiervon waren noch 2002 ca. eine Million Vietnamesen betroffen.[596]

Unbegreiflich genug, wollten die Vietnamesen trotz dieser Vorführung westlicher Werte immer noch nicht die amerikanische Überlegenheit anerkennen. Jetzt mußten Bodentruppen heran. Der amerikanische Wehrpflichtige betrat die Arena. Er wurde mit einer Kampfform bekanntgemacht, in der es keine Gefangenen gab, so daß zur Überraschung der amerikanischen Strategen tatsächlich Mann gegen Mann gekämpft werden mußte, denn Vietnams Taktiker waren ungezogen genug, den Kampf in buchstäblich menschlicher Reichweite zu suchen und zu führen. Sie entzogen den Amerikanern auf diese Weise die im Zweiten Weltkrieg erprobte Möglichkeit, Gefechte nur zu führen, nachdem rundherum alles in Schutt und Asche gelegt worden war, denn die vietnamesische Nahkampf-Antwort auf die US-Materialschlacht barg die hohe Wahrscheinlichkeit, daß die US Air Force eigene Truppen treffen würde. Wie viele amerikanische Soldaten im *friendy fire* ums Leben kamen, blieb lange Zeit ein gut gehütetes Geheimnis.[597]

Wenn man sich den Vietnam-Krieg aus der weiten Perspektive ansieht, so fällt dessen Länge auf. Sie hat mit der *democracy* à la USA zu tun. Die Geschichte, die hinter dieser unfreundlichen Behauptung steckt, liest sich so: 1967 fühlte sich der Kennedy-Nachfolger Lyndon B. Johnson, in seinem letzten Amtsjahr stark genug, die Sache zu beenden. Zu diesem Zweck initiierte er Friedensgespräche in Paris, der Hauptstadt der ehemaligen Kolonialmacht. Sie fanden zeitgleich mit dem US-Präsidentenwahlkampf statt.

Die Republikaner, die den ehemaligen Eisenhower-Vize Richard Nixon als Kandidaten nominiert hatten, rechneten sich aus, daß es für die gegnerische Demokratische Partei ein Plus bedeuten würde, wenn deren noch amtierender Präsident Johnson, den Vietnam-Krieg vom Tisch bringen würde. Kandidat Nixon zog hieraus die Folgerung, daß ein Scheitern der Verhandlungen unmittelbar vor dem Wahltermin den Demokraten schädlich sein mußte. Dementsprechend verhielt er sich. Er baute zu dem südvietnamesischen Staatschef einen geheimen Kanal auf, über welchen er die Zusicherung abgeben ließ, daß für das südvietnamesische Regime die Bedingungen unter einem Präsidenten Nixon vorteilhafter ausgehandelt werden würden. Die notwendige Voraussetzung hierfür sei allerdings, die aktuellen Verhandlungen platzen zu lassen.

Genauso geschah es. Das Desaster des mit großen propagandistischen Aufwand betriebene Friedensmanöver traf die Demokraten, so wie vermutet, unvorbereitet. Das Ergebnis waren vier weitere Jahre Krieg mit Hunderttausenden von Toten und Verstümmelten. Es ist in der US-Geschichtsschreibung sorgsam ein Bogen um diese unglaubliche Tatsache gemacht worden,[598] bis der Engländer Christopher Hitchens die Fakten ans Licht der Öffentlichkeit gezerrt hat.[599] Er machte nicht nur den Tatbestand bekannt, sondern benannte auch *in personam* die verantwortlichen Figuren. Nach seiner Darstellung war es der bis dato relativ unbekannte Politologie-Professor Henry Kissinger, der, auf mehreren Schultern tragend, diesen blutigen Deal einfädelte und sich so den Weg ins Weiße

Haus bahnte,[600] denn Kissinger wurde unter Nixon der Nationale Sicherheitsberater und schließlich US-Außenminister. Sein Jahre später initiierter Ausstieg aus Vietnam war der Abklatsch der 1967 gescheiterten Friedensinitiative, nur noch etwas chaotischer.

Der Krieg wurde also unter Nixon fortgesetzt. Dabei ließ sich eines auf Dauer nicht unter der Decke halten, gaben sich das Pentagon und die angeschlossenen Medien auch alle erdenkliche Mühe: Das war die steigende Zahl der toten und verwundeten US-Amerikaner.[601] Vor allem die zurückkehrenden Verwundeten waren eine unangenehme Begleiterscheinung des öffentlichen Lebens. Daß sie für die Freiheit Arme und Beine aufgegeben hatten, ließ sich nur begrenzte Zeit verkaufen, dann gewannen diejenigen die Oberhand, die nach dem Sinn dieses mörderischen Krieges zu fragen begannen. Von hier aus bis zu gewalttätigen Protesten war der Weg somit vorgezeichnet. Eine eigenständige Anti-Kriegs-Kultur begann sich in den USA zu etablieren. Bob Dylan & Co verdrängten das Heroische. Das zog weite Kreise: *Give Peace a Chance*.[602]

Inneramerikanisch fand ein seltsamer Wechsel statt. Für die USA in Vietnam gekämpft zu haben, galt in weiten Kreisen irgendwann nicht mehr als heldenhaft, sondern hiergegen gewesen zu sein.[603] Das US-Establishment war gut beraten, diese Zeichen an der Wand in ihrem Sinne richtig zu deuten. Es zog zwei Schlußfolgerungen: Man beendete den Krieg in Vietnam und zog unter demütigenden Begleitbildern aus dem Lande ab,[604] und man beendete die Wehrpflicht. Dieser nahezu beiläufig erfolgte Schritt ließ sich leicht verkaufen, er klang wie Friedenswille. In Wirklichkeit wurde eine an sich naheliegende Erkenntnis umgesetzt, nämlich daß man mit Wehrpflichtarmeen, denen einen glaubwürdige Motivation fehlt, keine Kriege führen kann.[605] Solche Armeen werden den Gehorsam verweigern. Die USA stiegen auf die Berufsarmee um. Daß auch dieses Modell auf Dauer seine Probleme machen würde, kann dann im vorletzten Kapitel dieses Buches betrachtet werden.

Erst das Herüberschwappen der Anti-Vietnam-Krieg-Proteste nach Europa brachte der antikapitalistischen Linken jene Schubkraft, die zur Gesichtsveränderung der zweiten Generation der Umerzieher und ihres Werkes in Deutschland führte. Es kam zu offener Gewalt, zunächst auf der Straße untergehakt und *Ho-Ho-Ho-Chi-Minh* brüllend, alsbald folgte der Terror. Oder anders ausgedrückt: Gewalt wurde das Mittel im Kampf gegen Andersdenkende. Ist man boshaft, so kann man sagen: Es war der Kampf gegen Denkende.

Das Wüten der US-Truppen in Südostasien ist in den Machtzentren Europas und seiner Eliten durchgewunken worden. Hierfür gibt es eine merkwürdige Erklärung, die am Beispiel des österreichischen Philosophen Ernst Topitsch besprochen werden soll. Dieser war bereits bald nach dem Krieg als einer der scharfsinnigen Kritiker nicht nur der marxistischen Religion aufgetreten,[606] sondern hatte ebenso schonungslos, die von anglo-amerikanischen Eliten bevorzugte Menschenrechts-Ideologie als das entlarvt, was sie war: Eine Selbstvergottung zum Zwecke der Herrschaftsausübung durch Unterdrückung andersdenker Völker.[607] Doch im Falle des Vietnam-Krieges blieb Topitsch in einer Art Einerseits-Andererseits zurückhaltend.

Ein Zyniker würde vielleicht äußern: Das kommt davon, wenn einer nach Studienabschluß ein Stipendium der Rockefeller Foundation[608] erhalten hat. Doch das greift zu kurz. Der Grund war: Mit den Vietnam-Randalierern in westdeutschen Universitäten mochte sich Topitsch nicht gemein machen.[609] Zu deutlich sah hinter deren antiamerikanischem Gefuchtel die grinsende Sowjetmacht hervor. Das Ergebnis solcher Überlegungen ist drastisch: Es war die Sowjetunion, welche die USA vor dem moralischen Absturz in ihrem westlichen Machtbereich rettete. Es war die pure Existenz des sowjetischen Blocks und der von ihm ausgehenden permanenten Drohung – egal, ob sie real war oder nur in den Köpfen des Westens existierte. Wir behalten dies im Gedächtnis, wenn es darum geht, daß die Sowjetunion 1989-92 verschwand. Mit diesem Wegfall wendeten sich viele Blicke auf die USA, von denen jetzt erst mancher Schleier zu fallen schien. Davon später mehr.

## Ansichten eines Clowns:
## Der Antifaschismus des Heinrich Böll
## und die Erfindung des Gutmenschen

Nun kam es in Deutschland zwar nicht zu Wahnsinnstaten solchen Ausmaßes wie in den kommunistischen Hochburgen Südostasiens, aber wenn man die verursachten Toten zusammenrechnet, kommt auch ein hübsches Sümmchen zusammen. Im Folgenden wird einiges zu den geistigen Hinterleuten zu sagen sein, die sich unter der Flagge der Vergangenheitsbewältigung zusammenrotteten. Sternstunden des auf diese Weise gelebten Antifaschismus waren die Auftritte des Schriftstellers Heinrich Böll in den Jahren 1971-73. Böll war in dieser Zeit bereits eine Omnipotenz in Sachen Moral[610] oder, wie manche pikiert oder aggressiv anmerkten, der Selbstgerechtigkeit.[611]

Es war eine Zeit, die man sich heute kaum noch vorzustellen vermag, weil es das Meinungskartell von Mainstream in der heutigen Gestalt noch nicht gab. Es fand noch veröffentlichte Auseinandersetzung an unordentlichen Frontlinien durch die publizistische Landschaft statt: Hier Springer, dort die Mainstream-Linken à la *Spiegel*, *Zeit* und *Westdeutscher Rundfunk*. In den Streitereien über die eskalierende Gewalt wurde Böll, um auf eine Figur des heute längst vergessenen Arnold Zweig zurückzugreifen,[612] zu einer Art Sergeant Grischa – jedenfalls was dessen Zwischen-die-Stühle-geraten betrifft. Doch anders als der mitleiderregende, hilflose Grischa war das Mitleiderheischende bei Böll eher Fassade, denn er war einer, der auszuteilen wußte.

Böll umschwebte bei seinen ungezählten öffentlichen Auftritten bereits so etwas wie die Aura der Madonna im Rosenhag.[613] Er betonte, daß er dem katholischen Milieu entstamme, dem er alle bedeutenden Schriftsteller der Republik zuordnete.[614] Nimmt man das ernst, so kann die Schlußfolgerung nur so lauten: Diese Riege der Erfolgsmenschen, die sich aus dem alten Jenseitsglauben um einen neuen Diesseits-Glauben à la Marx, Adorno & Genossen scharten, waren vom Typus her Leute, denen das Denken in den Bahnen der Aufklärung nicht lag, so daß sie es vorzogen, mit Denkschablonen in die Zukunft zu blicken. So ließ denn Böll keine Gelegenheit aus, um den westdeutschen Staat als faschistisches Unterdrückersystem zu denunzieren. Er benannte als Adlatus des Unterdrückungsmechanismus den Verleger Axel Springer und dessen Medienkonzern.

Anlaß für eine von Bölls Generalattacken war ein Artikel des Springer-Flagg-Schiffs *Bild* über die Baader-Meinhof-Verbrecherbande nach dem Mord an einem Polizeibeamten im Zusammenhang mit einem Bankraub in Kaiserslautern.[615] Bölls Gegenschlag fand in der Illustrierten *Der Spiegel* statt.[616] Er hatte u.a. zum Gegenstand, die Bande – gegen den Ausdruck verwahrte sich Böll ausdrücklich[617] – sei so zu erklären, daß es sich hier um einen Krieg von Baader & Co gegen *das System* handele. Genießer des Vorgangs werden bemerken, daß auch die Nationalsozialisten – diesmal die echten – von System sprachen, wenn sie in denunziatorischer Manier über die Republik von Weimar herzogen.

Doch weiter zum Antifaschisten Böll: Man befinde sich jetzt hierzulande in einem Krieg, also in einer Form der Auseinandersetzung, in der andere Regeln gälten. Und noch manches mehr, was hier nicht ausgebreitet werden muß. Der Effekt von Bölls Attacke war, daß der streitbare Autor in der Springer-Presse, und nicht nur dort, zu einem der geistigen Wegbereiter des linksextremistischen Terrorismus erklärt wurde.[618] Damit war die Schlacht eröffnet, und es bleibt eine offene Frage, wie sie ausgegangen wäre, wenn nicht das Nobelpreis-Komitee in Oslo eingegriffen und einen Spruch gefällt hätte, der jede Kritik an Böll obsolet machte: Böll erhielt den Literatur-Nobelpreis.

Die Nobel-Weihe machte Böll sakrosankt und auch jene Kritiker stumm, die wie Böll im selben politischen Lager standen, nämlich dem der SPD. Die aus dieser Richtung kommenden Gegenäußerungen mußten für den heiligen Heinrich aus Köln besonders schneidend sein. So die des Juristen Diether Posser,[619] der bald drauf in Bölls Wohnsitzland Nordrhein-Westfalen Justizminister wurde. Er verbat sich Bölls Gerede vom gegenwärtigen Nazi-Regime. Und siehe da: Böll knickte in gut-katholischer Manier ein.[620] Er berief sich darauf, daß er kein Jurist sei und folglich Begriffe verwendet hätte, deren rechtliche Bedeutung ihm nicht geläufig und als Schriftsteller auch nicht bekannt sein müßten. In der Sache nahm er indessen nichts zurück.

Der Verfassungsschutzbericht des Bundes für 1972 stellte – selbstredend ohne Bezugnahme auf Böll – lakonisch fest:

*Die Unterstützung der Bande durch Sympathisanten und Helfer erschwerte die Fahndungs- und Ermittlungstätigkeit der Sicherheitsbehörden erheblich.*[621]

Es ging bei diesen von Böll & Co verurteilten staatlichen Maßnahmen des Jahres 1972 um solche Kleinigkeiten wie vier ermordete und über 60 schwerverletzte Personen und Sachschäden in vielfacher Millionenhöhe.[622]

Damit nicht genug: Nachdem Böll auf der Säule der Unantastbarkeit platzgenommen hatte, legte er nach. Nunmehr verließ er für einen Moment das Offene-Briefe-verfassen und Interviews-geben und schrieb eine kurze Erzählung: Die verlorene Ehre der Katharina Blum. Nur notdürftig maskiert ist dieser Text das Hohelied der Baader-Meinhof-Kriminellen. Mit Böllscher Einfühlsamkeit wird geschildert, wie eine junge Journalistin ins Terroristentreiben hineingerät. Es wird auch nicht vergessen, den Schuldigen für all das Ungemach zu benennen. Es ist der ruchlos agierende Journalist der Bild-Zeitung. Terroristische Gewalttat wird zur Gegengewalt[623] umgewidmet und damit zu einer Art Notwehr.

Die Bedeutung von Böll nimmt in diesen Jahren eigenwillige Formen an. Es ist das Eindringen des Antifaschismus à la Böll in die Welt und die Hirne der deutschen Spießer. Böll, der scheinbare Mit-Spießer, nimmt auf dem Ikea-Sofa Platz. Doch unter seiner Büßerkutte steckt ein Intellektueller, getrieben von Gewaltphantasien. Seine Tarnung: Er sieht nicht so aus – wirklich nicht. Die Angreifer-Funktion von Böll hat 1975 der Soziologe Helmut Schelsky einprägsam beschrieben.[624] Richtig hat er analysiert, aus welch fatalen religiösen Quellen Böll schöpfte und vorausgesehen, wie diese religiöse Erweckungsbewegung à la Böll das Meinungsklima in Deutschland verändern werde.

*Die Maske des Biedermanns oder Ansichten eines Clowns: Nach einer Reihe von Auftakt-Interviews warb der frisch gekürte Literatur-Nobelpreis-Träger Heinrich Böll in der 1974 erschienenen Erzählung Die verlorene Ehre der Katharina Blum um Verständnis für Terroristen, die er als Opfer der Springer-Presse und staatlicher totalitärer Verfolgung darstellte.*

Schelsky irrte indessen in einem zentralen Punkt: Er beachtete nicht genügend, daß Bölls Propaganda um einen wahren, leicht zu transportierenden Kern kreiste. Richtig sah Schelsky, daß es in Wirklichkeit die *Bild-Zeitung* und ihr Eigentümer Springer war, worauf sich Bölls Haß konzentrierte. Falsch war, diesen Kernpunkt nicht als zutreffend zu beurteilen: Die seinerzeit 6 Millionen gedruckten Exemplare der *Bild* waren dem erfolgreichen Geschäftsmodell der Massen-Hetze gedankt, dem Versorgen eines sensations-geilen Publikums mit schaurigen Geschichten, die – wahr oder unwahr – gerne konsumiert wurden. Bild sprach zuerst mit dem Toten, hieß ein bekannter Spruch jener Tage.

Das eigentliche Problem in der Böllschen Propaganda vom

Nazi-Regime BRD war, daß er das bereits bestehende einschlägige Ost-Produkt[625] aus der Abteilung Propaganda und Agitation des Zentralkomitees der SED mit einem realen Kern anreicherte, dem des ruchlosen Lügenblatts *Bild-Zeitung*. Das erst machte Böll und seine Elaborate zur scharfen anti-deutschen Waffe.[626] Es bleibt eine offene Frage, ob Böll das wußte, und ob er die *Bild* als Zielscheibe benutzte, um seinen Generalangriff gegen die deutsche Gesellschaft auszuführen. Möglich auch, daß er die ganzen Jahre über lediglich als genialer Selbstdarsteller einen Feldzug in Sachen Böll führte, in welchen er Leserin Lieschen Müller aus Köln-Nippes als Kombattantin einspannte.

Wie dem auch sei: Mit Böll betrat ein Schnittmuster-Mann die deutsche politische Bühne: der Gutmensch. Er wurde zur Ikone anderer Gutmenschen, die alles andere als gute Menschen sind, sondern moralisierende Nichtsnutze, im schlimmeren Fall moralisierende Machtgeile.[627] Unübersehbaren Ausdruck hat diese Position in der Namenspatronage derjenigen politischen Partei gefunden, die als Inkarnation des Guten die politische Bühne eroberte. Die Rede ist von den Grünen und von ihrer Heinrich-Böll-Stiftung. Vom segensreichen Tun dieser Organisationen wird noch die Rede sein müssen.

Bölls Rolle bei der Re-Etablierung der Gewalt in der politischen Auseinandersetzung in Deutschland bis in unsere Tage hinein ist kaum zu überschätzen. Mit Böll und seiner Katharina Blum wurde die Skala von Verständnis bis Sympathie für Terroristen salonfähig.[628] Mit diesem Verständnis und den Sympathiebekundungen wurde die Axt an die Säulen einer strikten Rechtsstaatlichkeit preußischen Ursprungs gelegt. Zielrichtung war es, das Gewaltmonopol des Staates zu untergraben.

Die klaren Gegen-Worte aus den sog. Volksparteien verstummten allmählich. Zunächst verstummte die SPD, die CDU sollte nur zu bald folgen. Deren Politiker unterwarfen sich wider besseren Wissens, wofern sie denn überhaupt ein solches besäßen, der neuen religiösen Erweckungsbewegung, die bald vom Fernsehen als dem

Hauptbeeinflussungsinstrument der Volksmassen Besitz ergriff. Vorreiter wurden die öffentlichen Rundfunkanstalten, im Norden und Westen der Republik beginnend. Ihre Schlagkraft wurde durch den Umstand, daß sie im Geld schwammen, erst zum Meinungs-Hammer.

## 9. Kapitel

## Die USA auf der Zielgeraden – Wettrüstung bis zum Kollaps und der Zusammenbruch des Ostblocks sowie einige Zwischenbemerkungen über das Zertrampeln der Bonner Hofgartenwiese

In diesem Kapitel werden die ausklingenden 1970-er und die 1980-er Jahre betrachtet. In ihnen wurde der letzte Akt des Dramas *Der Kalte Krieg* zur Aufführung gebracht. Im Zentrum standen erneut Drohgebärden zwischen den beiden Weltmachtblöcken, nachdem Mitte der 1970-er Jahre Friedens-Schalmeien der Koexistenz geblasen worden waren. In Helsinki trafen sich die Herren der Welt mit ihrem Gefolge. KSZE hieß dieses Unikum – Konferenz für die Sicherheit und Zusammenarbeit in Europa.[629] Eine ironische Konferenzregie machte es möglich, daß die Vertreter aus Deutschland-Ost und Deutschland-West nebeneinandersaßen, wenn auch getrennt durch einen Gang im Gestühl des Plenarraums.[630]

Doch dann ging das Wettrüsten von vorne los. Der Grund hierfür wird zu besprechen sein, auch, warum es ausgerechnet die Westdeutschen waren, die den Aufsehen erregenden Nato-Doppelbeschluß auslösten. In dieser Zeit findet ein erstes Aufbegehren der Deutschen gegen ihre Kolonialherren statt. In Westdeutschland läuft sich das tot und erzwingt einen Kanzlerwechsel. Als der vollzogen ist, beginnt die Zeit des lähmenden Stillstands. Die Westdeutschen leiden an Überfressenheit. Sie müssen das langanhaltende Wirtschaftswunder, auch die Glukose-Segnungen von McDonald verdauen.

In der Welt ringsum finden derweil ganz andere Dramen statt. Ein US-Präsident löst den Krieg der Sterne aus – wenigstens in den Köpfen der erschrockenen Erdenbewohner, und der Erzschurke im Osten rüstet sich zu Tode. Keiner merkt was, bis der große Umsturz da ist: Die Ostdeutschen reißen ihre Mauer ein – diszipliniert, versteht sich, und in guter Ordnung. Danach sah die Welt ganz anders aus.

### Kriegsraketen Friedensbomben: Der Nato-Doppelbeschluß und die Destabilisierungskampagne gegen die Bundesrepublik

An der Schwelle der 1970-er auf die 1980-er Jahre ging es wieder einmal um Raketen. Diesmal hieß der Konfliktstoff SS-20. Hinter dem Kürzel verbarg sich der amerikanische Code-Name für eine sowjetische Mittelstreckenrakete. Die Nato nannte diese mißliche Überraschung *Saber* (Säbel).[631] Die Russen tauften das gute Stück, von dem ab Mitte der 1970-er Jahre über 600 Exemplare gebaut und in Dienst gestellt wurden, RT-21 M Pionier.

Das Besondere an dieser Rakete war, daß sie, vor allem im europäischen Teil der Sowjetunion aufgebaut, aufgrund ihrer beschränkten Reichweite lediglich Ziele in Europa bedrohen konnte. Ihre massenhafte Produktion und der Umstand, daß sie nicht an feste Abschußplätze gebunden war, machten die SS-20 zu einer Größe eigener Art im Nervenkrieg der Ost-West-Atomrüstung. Der eigentliche Gag der SS-20 war, daß von ihrer Anwendungsmöglichkeit ein kombinierter Bedrohungs- und Beruhigungseffekt ausging. Bedroht wurden die westlichen Staaten Europas, zugleich ging das Signal an die USA, daß die Amerikaner nicht gemeint seien, schon weil die Reichweite dieser Waffe eine Bedrohung der USA nicht zulasse.

Mit dieser Rakete kalkulierten die Sowjets eine zweistufige psychologische Reaktion bewußt ein. Auf der ersten Stufe würden die US-Amerikaner ihre europäische Präsenz lockern oder gar aufgeben, und auf der zweiten die Europäer politisch zu erpressen sein. Die Nato-Verbündeten merkten bald, wie hier der Hase lief. Ihre

Antwort hieß Nato-Doppelbeschluß, der eine Aufrüstungs- und eine Abrüstungsvariante enthielt. Daher der Name. Den Aufrüstungsteil nannte man Nachrüstung, und er wurde mit der Produktion von zwei Atomwaffen ausgefüllt, den Pershing II-Raketen und den Marschflugkörpern (Cruise-Missiles).

Daß die Nato überhaupt Wind davon kriegte, was sich auf der sowjetischen Rüstungsbühne tat, verdankte sie der US-Satellitenaufklärung. Das frühzeitige Erkennen war bitter nötig, denn die Sowjets gingen im Fall der SS-20 nach bewährtem Strickmuster vor. Sie rüsteten die neue Waffe solange heimlich auf, bis sie als reale Bedrohung einsetzbar war. Doch soweit war die Rote Armee, als sich der Westen zu regen begann, nach den Vorstellungen ihrer Führung noch nicht gekommen.

Nun tat die Nato etwas Überraschendes: Sie selbst machte die bislang unausgesprochene sowjetische Drohung öffentlich, und damit war sie in der Welt, ohne daß die Sowjets einen Finger rühren mußten. Das war ein Argumentationsvorteil, denn die Sowjetunion brauchte nach außen nur die beleidigte Leberwurst zu spielen und zu behaupten, man habe lediglich schrottreife Raketen ersetzen und die Welt damit sicherer machen wollen. Das entsprach nicht der Wahrheit. Der erhoffte Erfolg der Lüge stand jahrelang auf der Kippe. Letztlich erwies sich die SS-20 jedoch als Bumerang.

Um diesen Flop zu ergründen, müssen wir uns vor Augen führen, worum es in Wirklichkeit ging. Stein des Anstoßes war, wie immer wieder erzählt, die Nato-Nachrüstung. Buhmann war der damalige Bundeskanzler Helmut Schmidt. Dabei war es bei Lichte betrachtet sein Verdienst, alsbald auf den offensichtlichen Mißstand öffentlich aufmerksam zu machen, der in der sowjetischen Rüstung mit den SS-20-Mittelstreckenraketen lag.[632] Man sprach damals etwas abgehoben von *Disparität*. Lebensgefährliches Erpressungspotential wäre etwas volkstümlicher gewesen. Zum Mißbehagen der sowjetischen Führung begann die Bundesregierung ihre Nato-Verbündeten hierauf aufmerksam zu machen.[633]

Den US-Amerikanern war dies alles andere als recht, denn sie sonnten sich in dieser Zeit in scheinbaren Abrüstungserfolgen, welche die Interkontinentalraketen betrafen. Die sowjetischen SS-20-Raketen erschienen ihnen dagegen lediglich wie kleine Münze. Schließlich gaben sie den Deutschen nach. Wenn denn nun die quengelnden *krauts* glaubten, daß man SS-20 etwas Adäquates entgegensetzen müsse, da käme wohl nur eine Stationierung ebenbürtiger US-Waffen auf deutschem Boden in Frage. Die Bundesregierung hatte damit den schwarzen Peter zurück.

Als nächstes einigten sich die Nato-Länder bei einer Sondersitzung ihrer Außen- und Verteidigungsminister am 12. Dezember 1979 in Brüssel auf einen Nachrüstungsbeschluß, den berühmten Nato-Doppelbeschluß.[634] Kaum einer, der in den kommenden drei, vier Jahren hiergegen mit Militanz zu Felde zog, um, wie es ironischerweise hieß, für den Frieden zu kämpfen, wird vor Augen gehabt haben, worum es in diesem Doppelbeschluß auch und zunächst vor allem ging. Im ersten Teil des Doppelbeschlusses machten die Nato-Staaten die Sowjetunion darauf aufmerksam, daß sie die Disparität der sowjetischen Mittelstreckenraketen-Rüstung erkannt habe und forderte sie auf, diese neuerliche Rüstung in einem auszuhandelnden beiderseitigen Abrüstungsschritt zu revidieren. Für den Fall, daß dies nicht akzeptiert werde, wurde die Nachrüstung mit Nato-Waffen angedroht – und zwar ab Ende 1983. Daher der Name Doppelbeschluß.

Selten hat eine militärstrategische Initiative die Sowjetführung so gestört wie der Nato-Doppelbeschluß. Das gesamte schöne und außerordentlich teure Konzept des SS-20-Erpressungspotentials drohte wie eine Seifenblase zu zerplatzen, wenn es tatsächlich zur Nachrüstungsantwort der Nato kommen würde. Nur wenn man diesen Blickwinkel einnimmt, wird klar, warum die sowjetische Führung alles in ihrer Macht Stehende unternahm, um den Nachrüstungsbeschluß zu kippen. Sie handelte so, weil sie die mit der SS-20 entwickelten Option, Westeuropa politisch auszuhebeln, keinesfalls aufgeben wollte. Dies gilt es zu betonen, denn es wäre genausogut möglich gewesen, ohne Gesichtsverlust auf das Nato-

Angebot einzugehen und die SS-20-Rüstung zu stoppen. Doch genau das wollte die sowjetische Führung nicht. Hierfür gab es aus ihrer Sicht gute Gründe, die es nunmehr zu erörtern gilt.

*Ergebnis der US-Satellitenaufklärung, von Hand ergänzt: Abschußrampe der Sowjetrakete SS-20.*

Die sowjetische Vorgehensweise beruhte auf zwei Fehleinschätzungen. Die eine war ideologisch bedingt, die andere eine Falschbeurteilung des Gegenübers. Zum ideologischen Rüstzeug der späten Breshnjew-Ära gehörte die Rückbesinnung der Parteispitze auf die revolutionären Wurzeln des Bolschewismus, einschließlich des Dogmas von der Weltrevolution.[635] Es ist müßig, hierüber aus unserer Sicht zu räsonieren oder feinsinnige Erörterungen anzustellen, daß die Welt nicht nach Mechanismen funktionierte, die von Marx und Lenin erdacht wurden. Damit kommt man der Gedankenwelt der Führer des Kommunismus um kein Jota näher. Man muß vielmehr akzeptieren, *daß* sie sich in dieser wunderlichen Gedankenwelt bewegten und hieraus ihre Schlüsse zogen und Entschlüsse ableiteten.

Erschwerend kam hinzu: Die Marxismus-Gläubigen hielten für sicher, daß ihr Gedankengerüst allmächtig war, weil es wahr war.[636] Diese zum Lachen reizende, von Lenin propagierte Sentenz zeigt wie kaum eine zweite den religiösen Charakter der Sowjetideologie. Wer solche Dinge für richtig hält, unternimmt Handlungen, deren Folgerichtigkeit sich Außenstehenden nicht unbedingt aufdrängt. Zu diesen Handlungen gehörte in den 1970-er Jahren auch die Rüstungspolitik der Sowjetunion. Sie stand im krassen Gegensatz zu den staats- und parteioffiziellen Verlautbarungen, die von Friedenstauben dicht umschwirrt waren.

Markanter Höhepunkt der offiziellen Friedlichkeitsbekundungen war die im finnischen Helsinki am 1. August 1975 unterzeichnete Schlußakte der Konferenz über Sicherheit und Zusammenarbeit in Europa (KSZE). In ihr hieß es:

*Die Teilnehmerstaaten werden sich in ihren gegenseitigen Beziehungen im allgemeinen der Androhung oder der Anwendung von Gewalt, die gegen die territoriale Integrität oder die politische Unabhängigkeit irgendeines Staates gerichtet ... ist, enthalten. ... Die Teilnehmerstaaten werden sich dementsprechend jeglicher Handlung enthalten, die eine Gewaltandrohung oder eine direkte oder indirekte Gewaltanwendung gegen einen anderen Teilnehmerstaat darstellt.[637]*

Die Raketenrüstung mit der SS-20 war mit diesen Vereinbarungen unter keinen Hut zu bringen, denn die Rakete war das klassische Mittel der Gewaltandrohung gegen Westeuropa und ein wirksames noch dazu.

Für die Diskrepanz zwischen Rüstung und Friedensappellen gab es aus sowjetischer Sicht gute Gründe. Das Führerkorps sinnierte erneut über das, was schon Lenin und Genossen umgetrieben hatte, nämlich das Aufspüren revolutionärer Situationen. Die USA taten in dieser Zeit dasselbe – nur als umgekehrte Propagandanummer. Sie wachten darüber, ob es irgendwo in der Welt die Menschheit von den Folgen revolutionärer Abenteuer zu befreien galt. So wurde das sozialistische Menschenbild gegen das der *democracy* ausgespielt. Nach außen sprach man von der friedlichen Koexistenz.

In der verdeckten Realität ging es darum, einander mit nichtmilitärischen Mitteln zu bekämpfen und die eigene Machtbasis zu erweitern. Beide Systeme waren sich insofern ähnlich, weil sie den Anspruch auf universelle (heute würde man sagen: globale) Geltung beanspruchten. Die Ideologie des Sowjetblocks vertrat die Lehre von der kommunistischen Weltrevolution, die Ideologie der USA vertrat die universelle Durchsetzung der Menschenrechte. Wie das von Seiten der USA ablief, wurde in diesem Buch bereits unter dem Schlagwort des *regime change* behandelt. Nun auch ein Blick auf die sowjetischen Gepflogenheiten, der schon deswegen notwendig ist, weil die einschlägige Praxis unmittelbar auf Deutschland und seine weitere Entwicklung einwirkte.

Die Sowjetunion bevorzugte im Gegensatz zu den USA nicht den wirtschaftlichen Hebel, um ein politisches System zum Einsturz zu bringen, sondern die Methode der ideologischen Unterwanderung. Ich habe dieses Manöver gegen die Bundesrepublik an anderer Stelle und unter Nennung der wichtigsten Beteiligten beschrieben.[638] Im Folgenden genügen daher die Eckdaten. Ideologischer Hebel seit der Gründung der Bundesrepublik waren deren Parteien und Organisationen, die sich dem Sozialismus, wenn auch nicht dem der sowjetischen Prägung verschrieben hatten.[639] Er waren, um es kurz zu sagen, die SPD, die Gewerkschaften, die evangelischen Kirchen.[640]

Um nicht mißverstanden zu werden: Es waren diese Organisationen, gegen die der ideologische Einfluß, also die Untergrundarbeit mit Geld und guten Worten, schwerpunktmäßig vorangetrieben wurde. Bei diesem Vorgehen kamen die Auswirkungen der US-amerikanischen *re-education* der sowjetischen Seite in ganz erstaunlichem Umfang zu Hilfe. Das Abfallprodukt der amerikanischen Maßnahmen war nämlich das Aufkommen dessen, was man später die Neue Linke nannte, die geistigen Erben der Horkheimer, Marcuse et al. Diese strömten, sobald sie den gröbsten Flegeljahren entkommen waren, in die SPD und in die sich neu bildende Umwelt- und Friedensbewegung, die sie so gründlich unterwanderten, daß deren bürgerliche Anteile bald ausgeschieden wurden.[641]

Der thematische Dreh- und Angelpunkt dieser sich allmählich zusammenballenden politischen Kräfte, die sich, wenn sonst auch nicht, in einem einig waren, nämlich an den Freßnäpfen Platz zu nehmen und bei Gelegenheit das System zu kippen. Es entbehrt nicht einer galligen Komik, daß diese Bewegung ihre Existenz einer langgestreckten US-amerikanischen Geheimdienstoperation verdankte, deren zentrales Ziel es gewesen war, eine nichtmoskauhörige intellektuelle Linke zu fördern, um auf diese Weise das Wiederaufkommen nationaler Kräfte zu verhindern. Im Falle Deutschlands war diese Einflußoperation mit den Maßnahmen der *re-education* verflochten, die den Deutschen ihre angeblich angeborenen autoritären Neigungen ausprügeln sollte. Diese letztgenannte Zielsetzung hatte Erfolg, ja, sie wurde bei Weitem übertroffen. Über den zugleich angesetzten Hebel der sog. Demokratisierung wurden alle erprobten und bis dato für gut befundenen Entscheidungs- und Lenkungsstrukturen in Deutschland schwer beschädigt.

Es begann in den Universitäten und setzte sich an den Schulen und im gesamten öffentlichen Leben fort. Wer den Anfang nachvollziehen will, nehme sich der deutschen Soziologentage der 1960-er Jahre an.[642] Sie zeigen, wie sich der Neo-Marxismus in Westdeutschland als ansteckende Geisteskrankheit formierte. Zehn Jahre später hatte er in der Soziologen-Disziplin unbestritten die Oberhand. Hier war dann das Personalreservoir aus dem die Neue Linke schöpfte. Über den Transmissionsriemen obskurer Hochschulgruppen und klandestiner Zirkel, in denen die Frage debattiert wurde, wer anstelle der offenbar hierzu unwilligen Arbeiterschaft die Revolution voranzubringen habe, ging die Reise dann weiter in die sich gründenden Grünen[643] und in die öffentlichen Rundfunkanstalten.

Die Saat der Umerzieher schien aufzugehen. Die Umerzogenen waren alles Mögliche, sie waren anti-deutsch, und sie waren ein bunter undisziplinierter Haufen. Doch mit einem hatten die Väter dieser neuen Zucht nicht gerechnet: Die Neue Linke war antidemokratisch,[644] anti-amerikanisch[645] und antisemitisch.[646] Das alles war nicht allzu überraschend, wenn man deren in den 1940-er/50-er Jahren US-finanzierten Väter aus der Nähe betrachtete. Einzig das antisemitische Element mag verblüffen, doch das soll hier nicht näher ausgeführt werden.

Die erste selbstgewählte Bewährungsprobe der Neuen Linken war die Friedensbewegung. Dieses Thema war nicht geplant, es bot sich vielmehr an. Oder anders ausgedrückt: Es stand unbenutzt im Wege, denn nach Wegfall des Proletariers als Zielperson aufgedrängter Fürsorge, war guter Rat teuer. Daß mit diesem kein revolutionäres Geschäft mehr zu machen war, hatte der Guru der Bewegung, Herbert Marcuse, bereits in der ihm eigenen verunklarenden Diktion festgestellt. Er sprach vom *eindimensionalen Menschen*, in welchem der Wunsch nach revolutionärer Veränderung des Bestehenden erloschen sei.[647] Seine Jünger waren deswegen genötigt, auf fremde Pferde aufzusatteln. Sie taten es.

Wer Spaß an den zynischen Späßen der realen Geschichte hat, wird hier unschwer fündig: Was als finanzstarke Operation des US-Geheimdienstes begann, um dem sich bildenden Ostblock Paroli zu bieten und die eigene Herrschaftssphäre abzusichern, ging schleichend in die Lenkung durch kommunistische Geheimdienste über, deren Ziel es war, die Herrschaft der USA in den Quartieren der Intellektuellen zu brechen. Wichtigste Waffe gegen Leute, die mit dem Finger auf diese Entwicklung hinwiesen, war deren Diffamierung als Kalter Krieger. Es war gleichbedeutend mit vorgestrig, rückschrittlich und fortschrittsblind. Sehen wir uns ein paar Details an.

Die Existenz der Friedensbewegung war zwei Maßnahmen geschuldet: Sie wurde von Moskau und Ost-Berlin finanziert, und sie wurde finanziert, weil sich die sowjetische Führung hiervon einen entscheidenden strategischen Durchbruch erhoffte.[648] Diese Hoffnung basierte auf der Beurteilung der Lage im Operationsgebiet, sprich: in der Bundesrepublik und Westeuropa. Hierbei unterliefen der Auslandsaufklärung PGU[649] des KGB und in dessen Schlepptau der Hauptverwaltung Aufklärung des MfS[650] bemerkenswerte Schnitzer. Anders ist nicht zu verstehen, wie angesichts des hohen Stellenwerts, den die Sowjetführung ihren Spionageergebnissen zumaß, das ablaufen konnte, was jetzt kam.

Das Nichteingehen auf die Drohung der Nato, in einem Zeitraum von vier Jahren mit Hilfe sinnvoller Vereinbarungen das durch die SS-20 verursachte Ungleichgewicht aus der Welt zu schaffen, beruhte auf der Einschätzung, daß die Nato-Länder und an deren Spitze die Bundesrepublik nicht die Kraft haben würden, mit der Stationierung von Pershing II-Raketen und Cruise-Missiles als strategische Antwort auf ihrem Territorium ernst zu machen.[651]

Das war eine für das Sowjetregime katastrophale Fehleinschätzung. Sie beruhte auf Agentenmeldungen und führte zu den Reaktionen des Apparats, die Anheizung und Steuerung der westdeutschen Friedensbewegung durch die DKP zu beginnen[652] und einschlägige westdeutsche Publikationen zu finanzieren.[653] Doch dabei blieb es nicht. Ebenso wie die westdeutschen Friedensaktivisten berauschten sich die Macher von der anderen Seite des Eisernen Vorhangs an den westeuropäischen Großveranstaltungen, auf denen die Leute, wie der Weihnachtsengel von Heinrich Böll „Friede –Friede" riefen, so als sei dieser durch die Nato akut bedroht.

Hunderttausende von Demonstranten konnten, während sie noch die Bonner Hofgartenwiese platt trampelten, nicht ahnen, wie sehr sie damit dem Ereignis dienten, das sie zu verhindern trachteten. Auch die Geheimdienste der Sowjets und der DDR ahnten nichts von ihrem Mißerfolg. Sie hielten die beiden Großdemonstrationen am 10. Oktober 1981[654] und am 10. Juni 1982[655] für den Ausdruck des politischen Willens einer überwältigenden Mehrheit der deutschen Bevölkerung.[664] Diese werde durch die Organisatoren und vor allem durch die immer weiter in diese Richtung kippende SPD repräsentiert. So fuhren sie mit allen ihnen zu Gebote stehenden Mitteln fort, den Hebel dort anzusetzen, wo sie den nahen Erfolg wähnten. Das Ziel war, wieder einmal in der langen Folge der deutsch-sowjetischen Auseinandersetzungen, die SPD.⁶⁵⁷

*Das letzte Aufgebot: zum dritten und letzten Mal demonstrierte die Friedensbewegung 1983 auf der Bonner Hofgartenwiese. Dann brach die Organisation, nachdem ihr Moskau nach dem Vollzug der Raketenstationierung die Mittel entzog, in sich zusammen.*

Konkret ging es um die informationelle Beeinflussung von politischen Entscheidungsträgern und um Desinformation der übrigen Bevölkerung. Es kam darauf an, eine breite westliche Öffentlichkeit Glauben zu machen, daß sie sich am Rande eines alles Leben zerstörenden Atomkrieges befinde, vor dem es nur einen wirksamen Schutz gebe: eben die Friedensbewegung. Es war Drohung und Heilsbotschaft in einem – mit erstaunlichen Anleihen aus der jüdisch-frühchristlichen Religion: Weltuntergang und Erlösung. Vielleicht ist das auch ein Grund für die bereitwillige Übernahme der sowjetischen Argumentationsmuster durch bemerkbare Teile der westdeutschen Linken und der evangelischen Kirchendiener.⁶⁵⁸

Zugleich schlüpfte die DKP aus ihrem Mauerblümchendasein heraus, wenn auch nicht für jedermann erkennbar. Jetzt, zehn Jahre nach ihrer Gründung ging es nämlich darum, der Friedensbewegung in Westdeutschland ein organisatorisches Korsett zu verpassen.⁶⁵⁹ Diese Rolle fiel der DKP fast mühelos zu, da es eine wirklich existierende Organisation namens Friedensbewegung gar nicht gab. Es fanden sich vielmehr unter diesem Begriff die seltsamsten Allianzen zusammen. In den diversen Vorbereitungs- und Aktionszirkeln führten die DKPisten das große Wort. Nicht immer waren sie als solche erkennbar, denn sie traten in mancherlei Kostümierung in Erscheinung, so etwa als Mitglieder des Weltfriedensrates, der Deutschen Friedensunion, der Vereinigung der Verfolgten des Naziregimes/Bund der Antifaschisten, des Komitees für Frieden, Abrüstung und Zusammenarbeit,⁶⁶⁰ des Marxistischen Studentenbundes Spartakus, um nur einige von ihnen zu nennen.⁶⁶¹

Die Strategen in Moskau ließen sich diese Sache etwas kosten. Allein in die DKP pumpten sie jährlich 60 Millionen West-Mark,⁶⁶² um die Nicht-DKP-Linke *anzuleiten*, wie es so trefflich im Kommunistenjargon hieß, *vorzuspannen* wäre der zutreffendere Ausdruck gewesen. Nicht jeder, der sich in den Friedensgruppen engagierte, fand die Dominanz der Kommunisten in den Zirkeln und Palaver-Clubs komisch, denn da sahen sich die Gutmeinenden mit einer Debattentaktik konfrontiert, der nur wenige gewachsen waren. Das Prinzip war einfach und bereits vom weisen Wladimir Lenin mit Erfolg angewandt. Man zögere die Beschlußfassung durch endloses Gequatsche so lange heraus, bis sich durch Abwanderung normaler Leute die Beschlußmehrheit im eigenen Sinne gewandelt hat.

Seit Ende der 1960-er Jahre hatte sich diese Form des Demokratismus vor allem an den westdeutschen Universitäten etabliert. Sie führte zu erstaunlichen Beschlüssen studentischer Vertretungskörperschaften. Nun also fand dergleichen Willensbildung auch in den Zirkeln der Friedensbewegung statt. Der Grund für das bessere Sitzfleisch der kommunistischen Funktionäre war weniger ihr überlegenes theoretisches Rüstzeug, wie immer wieder gemunkelt wurde, sondern ihre solidere finanzielle Basis. Die Friedensfreunde des organisierten Fortschritts wurden für ihr Tun besoldet, während normale Menschen an den nächsten Arbeitstag denken mußten. Bestenfalls die zahlreich mitmachenden evangelischen Pfarrer verfügten über eine gleichrangige glückliche persönliche Finanz- und Freizeitbasis. So wurden die Mehrheiten organisiert. Man sollte nun annehmen, daß die auf diese Weise aufwendig gehätschelte moskaufreundliche Friedensbewegung in Westdeutschland Bemerkenswertes bewirkt habe. Doch das ist nicht der Fall.

Die intensive geheimdienstliche Bearbeitung der deutschen Linken, insbesondere die der SPD, hatte Folgen. Doch die waren um Meilen von dem entfernt, was sich die Sowjetführer und ihre Helfer in Ost-Berlin ausgemalt hatten. Sie glaubten, die SPD so sicher im Griff zu haben, daß sie beim Wechsel der 1970-er auf die 1980-er Jahre die Politik dieser Partei bestimmen und sodann mit Hilfe dieses Hebels die Politik der Bundesrepublik so beeinflussen konnten, daß aus der SS-20-Kiste immer noch ein voller Erfolg werden würde. Nur wenn man diese Annahme unterstellt, ist zu erklären, warum die Russen so handelten, wie sie es dann taten.

Während also westdeutsche Friedensfreunde immer schriller in ihre Tutehörner bliesen, wurde der Ton der Ost-West-Politik zusehends rauer. Am 25. November 1979 kanzelte der sowjetische Außenminister Andrej Gromyko seine westdeutschen Gesprächspartner mit den Worten ab:

*Die gegenwärtige Position der Nato-Staaten zerstört die Grundlage für Verhandlungen.*[663]

Das hatte zur Folge, daß die Apokalyptiker von Kanzel und Straße in ihrem Wahn bestärkt wurden, ein Krieg stehe unmittelbar vor der Tür. Dieser Gefahr könne man nur durch ihre Art der Friedenspolitik begegnen, durch die Selbst-Entwaffnung der Bundesrepublik.

Die Akteure östlich des Eisernen Vorhangs wähnten sich kurz vor dem Triumph ihrer konzertierten Beeinflussungspolitik.[664] Wie tief diese Wunschvorstellung sich in die Hirne der sowjetischen und der ostdeutschen Führung eingegraben hatte, brachte SED-Chef Erich Honecker am 15. Februar 1981, auf dem Höhepunkt der Nachrüstungskampagne, öffentlich zum Ausdruck:

> *Wir sind entschlossen, das Werk Ernst Thälmanns, Wilhelm Piecks, Otto Grotewohls und Walter Ulbrichts im Sinne der unsterblichen Lehre von Marx, Engels und Lenin weiter fortzusetzen. Niemand kann uns daran hindern. Und wenn heute im Westen bestimmte Leute großdeutsche Sprüche klopfen und so tun, als ob ihnen die Vereinigung beider deutscher Staaten mehr am Herzen liegen würde als ihre Brieftasche, dann möchte ich ihnen sagen, seid vorsichtig! Der Sozialismus klopft eines Tages auch an eure Tür (starker Beifall) und wenn der Tag kommt, an dem die Werktätigen der Bundesrepublik an die sozialistische Umgestaltung der Bundesrepublik Deutschland gehen, dann steht die Frage der Vereinigung beider deutscher Staaten vollkommen neu. (Starker Beifall) Wie wir uns dann entscheiden, daran dürfte wohl kein Zweifel bestehen. (Anhaltender Beifall).*[665]

Es war eine alte Klamotte, die Honecker da auf der Bezirksdelegiertenkonferenz der SED in Ost-Berlin ausgepackt hatte. Sie stammte aus dem Sack der sowjetischen Deutschlandpläne der 1950-er Jahre und war so seit vielen Jahren nicht mehr zu hören gewesen. Sie dokumentierte die politische Gewißheit, daß es mit der Bundesrepublik alsbald zu Ende gehen werde.

Vor diesem notwendigen Sieg lag, so waren sich die Genossen sicher, noch ein Hindernis. Das war der Bundeskanzler Helmut Schmidt, der ihnen die Nato-Nachrüstung eingebrockt hatte. Und weil das so war, kam es der Sowjetführung nunmehr darauf an, auf Schmidt unmittelbar Einfluß zu nehmen. In der richtigen Erkenntnis, daß der deutsche Kanzler von Eitelkeiten nicht frei war, galt es dessen Wünsche mit den eigenen zu koppeln. Jetzt mußte Erich Honecker erneut an die Front. Befehlsgemäß sprach er eine Einladung an Schmidt aus. Dieser nahm an.

Doch die Dinge liefen nicht so, wie von den Sowjets geplant. Schmidt erwies sich als hartleibig. Hierfür dürfte neben den zu dieser Zeit noch klaren Politikvorstellungen des Kanzlers auch die politische Atmosphäre des DDR-Besuchs beigetragen haben. Die Herren trafen sich im Dezember 1981 in der Uckermark. Das nebelgraue Wetter mag zur Weltuntergangsstimmung der Nachrüstungsdebatte wie gemalt gepaßt haben. Doch etwas Anderes wirkte extrem störend. Das war die Omnipräsenz der sog. Organe. Aus der Sicht des MfS war dies verständlich. Es hatte den Parteiauftrag erhalten, ein zweites Erfurt zu verhindern. Man erinnerte sich nur zu gut. Das war 1970 gewesen, als der damalige Kanzler Willy Brandt die Thüringer Stadt zu einem Treffen mit Willi Stoph besucht hatte und Tausende auf dem Bahnhofsvorplatz Willy-Willy gebrüllt hatten.[666] Dergleichen sollte kein zweites Mal stattfinden. Also keine Helmut-Helmut-Rufe (Das kam erst acht Jahre später, und da war ein anderer Helmut gemeint).

*Raum ohne Volk: Die hermetisch abgesperrte Stadt Güstrow am 13. Dezember 1981 während des Schmidt-Besuchs.*

Am 13. Dezember 1981 war also das mecklenburgische Städtchen Güstrow von der Staatssicherheit in eine Gespensterstadt verwandelt worden. Und während Schmidt und Honecker strikt abgeschirmt die Köpfe zusammensteckten, brach im benachbarten Polen das Kriegsrecht aus.[667] Das war eine bombenschlechte sowjetische Regie. Zwar reiste Schmidt nicht sofort ab, doch er reiste ab, ohne Konzessionen in der für die Sowjets so wichtigen Sache der

Nachrüstung gemacht zu haben. Jetzt sollte er nach sowjetischen Vorstellungen die Suppe bis zur bitteren Neige auslöffeln. Die Siegeszuversicht im Kreml war immer noch beträchtlich. Sie wurde durch eine Unzahl von Agentenmeldungen auf das Angenehmste gestützt. Und nicht nur das. Der Dampfer SPD bewegte sich fortan tatsächlich unaufhaltsam auf den Kanzlersturz zu.[648]

Alles stimmte mit der Konzeption überein. Nur die Hauptsache nicht, daß nämlich der Sturz von Schmidt zur Ersetzung durch einen anderen genehmeren Mann führen müsse. Aus heutiger Sicht ist es nahezu unbegreiflich, wie man derartiges annehmen konnte. Die Strategen in KGB, MfS und SPD hatten mit einem nicht gerechnet, daß zwar der Sturz eines Kanzlers das eine, die Nachwahl eines neuen aber etwas ganz Anderes sei. Die westdeutsche parlamentarische Demokratie funktionierte nicht nach den Ritualen der Politbüro-Oligarchie. Sie gehorchte anderen Gesetzen. Diese verlangten, daß die Mehrheit der Mitglieder des Bundestages einen neuen Kanzler wählen müsse. Selbst wenn dies bekannt war, war die Sicht der Frondeure vermutlich durch den von ihnen verhinderten Sturz von Kanzler Brandt 1972[669] und den glatten Machtschnitt von Brandt zu Schmidt 1974 geblendet.

Doch diesmal funktionierte das alles nicht. Der Koalitionspartner FDP spielte nicht mit. Zwar spaltete sich die FDP, doch deren weniger utopischer Teil hielt sich an eine alte Liberalen-Regel: Rette dich von dem sinkenden Schiff.[670] Die Liberalen stiegen also aus dem aus, was sie einst selbst als wunderbares sozialliberales Reformbündnis bezeichnet hatten, und wählten zusammen mit der CDU-Opposition am 1. Oktober 1982 deren Parteichef Helmut Kohl zum neuen Kanzler.[671] Das hatte in zweifacher Weise Folgen: Die SPD verschwand mitsamt ihrer neu gewonnenen außen- und sicherheitspolitischen Einsichten für viele Jahre in der bundespolitischen Bedeutungslosigkeit. Und: Mit einem glatten Schnitt beschloß die neue Koalition am 27. November 1983 die Durchsetzung der Nachrüstung auf deutschem Boden.[672] Und so geschah es.[673]

Vom selben Moment an entzogen die Sowjets und die DDR-Führung den westdeutschen Friedensfreunden die finanzielle Unterstützung. Aus östlicher Sicht hatten jene nützlichen Idioten ausgedient. Jede weitere Valuta-Mark war Verschwendung. Die grad noch so eindrucksvolle Friedensbewegung klappte in sich zusammen wie ein Kartenhaus und mutierte zu ungezählten Weißt-du-noch-Kränzchen.[674]

Mit dem Schmidt-Sturz hatten die Tschekisten aus Moskau und Ost-Berlin ihren Staaten einen Bärendienst geleistet, denn so trugen sie zur Stabilisierung der Bundesrepublik bei. Es ist klar, daß die Betroffenen dies anders gesehen und viel später auch anders darüber gesprochen haben. Aus ihrer Sicht waren sie tatsächlich die Friedensbewahrer, aber nicht aus dem hier genannten, dem unbeabsichtigten Grunde, sondern weil sie die Nato hinderten, den Weltfrieden weiter zu stören.[675] Das ist bizarr, denn die Gleichung Schmidt-Sturz gleich willfährige West-Regierung gleich Austritt aus der Nato war nicht aufgegangen.

## Das Tandem:
### Ronald Reagan und George Bush beenden unbeabsichtigt den Kalten Krieg sowie einige Bemerkungen über den Krieg der Sterne und den Kreml-Herrn Michail Gorbatschow

Der 30. März 1981 war so ein Tag, an dem ein Schuß die Geschicke der Welt hätte ändern können. Ein Mann namens John Hinckley feuerte vor dem Hilton Hotel in Washington D.C. auf den seit über einem Jahr im Amt befindlichen US-Präsidenten Ronald Reagan und verletzte ihn schwer. Kaum wieder vage bei Sinnen telefonierte der Präsident vom Krankenhaus aus mit seiner Frau Nancy und machte einen seiner kurzangebundenen Witze, für die ihn die Amerikaner liebten,

*Schatz, ich habe vergessen, mich zu ducken.*

und sagte zu den Ärzten

*Ich hoffe, daß sie alle Republikaner sind.*[676]

Doch der Schuß hatte auch andere Folgen, über die zu sprechen lohnt.

Zielscheibe des Spotts zu sein, ist in den USA kein Privileg von wenigen, offensichtlich Durchgeknallten, sondern es ist eine Art Volkssport, der erst dann in befriedigten Applaus umschlägt, wenn der Verspottete spontan und selbstironisch zu reagieren weiß. Nach solchen Maßstäben brachte es der 40. Präsident der Vereinigten Staaten zu einer einsamen Meisterschaft.

Reagan galt als intellektuell beschränkt, manche unterstellten sogar, daß er des Lesens und Schreibens nur unvollständig kundig sei.[677] Das alles wurde von ihm mutwillig verstärkt, indem er sich in einer einfältigen Manier zu äußern beliebte und auf Angriffe mit abgedroschenen irischen Witzen reagierte. Er stammte, diese Mär wurde gern verbreitet, aus den einfachsten Verhältnissen, der Vater ein Quartalstrinker, so daß die Mutter die Familie hatte durchbringen müssen.[678]

Genug davon. Die engsten Mitarbeiter von Reagan haben ein komplett anderes Bild von ihrem Chef gezeichnet. Das ist nicht weiter verwunderlich, da enge Mitarbeiter stets ein anderes Bild zu zeichnen pflegen. Danach soll Reagan ständig gelesen haben – und zwar anspruchsvolle Sachbücher sowie Gedichte. Zudem sei es so gewesen, daß er Unterhaltungen mit Spezialisten aus allen möglichen Wissensgebieten gepflogen habe, wobei es seine Art gewesen sei, den Gesprächspartnern vor allem zuzuhören und Löcher in den Bauch zu fragen.

Eine dritte Darstellung von Reagan unterstellt, daß der Mann nichts Anderes gewesen sei, als eine Frontfigur für ein Takeover durch ein in Privathand befindliches Großunternehmen, den Bau- und Technik-Konzern Bechtel-Group aus San Francisco. Wichtigstes Indiz für diese Version ist die Besetzung der Spitzenfunktionen der Reagan-Regierung mit Leuten aus genau diesem Konzern.[679]

Diesen Vorspann zu Reagan sollte man im Auge behalten, wenn man nun die Handlungen dieses Präsidenten einer Überprüfung unterzieht. Reagan glaubte an den Christengott, zudem glaubte er daran, daß es seine Mission sei, seinem Land nach dem verlorenen Vietnamkrieg und der desastösen Niederlage im Iran das Selbstvertrauen zurückzugeben, welches einer Weltmacht zustehe.

*Django, der Junge von nebenan: Bei der Wahl von 1979 siegte Ronald Reagan gegen den glücklosen Präsidenten Jimmy Carter haushoch. Er wurde der beliebteste Präsident der USA. Seinem Land hinterließ er einen Schuldenberg, verursacht durch Hochrüstung und eine utopische Raketeninitiative im Weltraum.*

Zu diesem Zweck mußte kurzfristig ein Krieg organisiert und gewonnen werden.[680] Es traf die Gewürzinsel Grenada in der Karibik. Am 7. Februar 1974 war diese englische Kolonie in die Unabhängigkeit entlassen worden, vier Jahr später fand eine marxistische Revolution und bald drauf eine Konterrevolution statt. Die Lage blieb unübersichtlich. 1983 besetzten US-Truppen die Insel und errangen ihren ersten militärischen Sieg seit 1945. Eine Verurteilung dieser Aggression durch den UN-Sicherheitsrat blockierten die

US-Amerikaner mit ihrem Veto. Die stolzen Sieger hatten Stärke gezeigt und jubelten ihrem Präsidenten zu.

Nur den etwas Nachdenklicheren stellte sich die Frage, ob dies ein zuträglicher Testfall für eine Weltmacht sei, denn der eigentliche Feind war das Reich des Bösen: die Sowjetunion. Reagan ließ kaum eine Rede ungenutzt, um nicht auf das unchristliche Tun dieses Schurkenstaats hinzuweisen.[681] Doch mit der Inauguration als US-Präsident ist in dem Mann eine seltsame Bewußtseinserweiterung vorgegangen. Er hat dies in der ihm eigenen simplifizierenden Art wie folgt zusammengefaßt:

*Als Präsident hatte ich keine Geldbörse, kein Bargeld, keinen Führerschein, keine Schlüssel in der Tasche, nur Geheimcodes, die in der Lage waren, den überwiegenden Teil der Welt, so wie wir sie kennen, zu vernichten.*[682]

In der Tat, diese Macht in Händen zu halten, um die Selbstzerstörung beträchtlicher Teile der Menschheit auslösen zu können, kann Eindruck selbst bei Leuten auslösen, derer Stärke nicht in einer ausgeprägten Gedankenwelt liegen mag. Reagan jedenfalls wurde klar, daß die Bekämpfung der Welt des Bösen auch die Option der Selbstzerstörung enthielt. Das bewog ihn, auf die Führer der Sowjetunion zuzugehen und in möglichst schlichten Worten Aufmerksamkeit zu erbitten, um Wege zu ersinnen, diese Gefahr der wechselseitigen Zerstörung zu bannen – eine Zerstörung, die letztlich nichts anderes als eine Selbstzerstörung bedeuten würde.

Es mag sein, daß sich diese Erkenntnis erst aufdrängte, als er im Krankenhaus infolge der Schußverletzung selbst mit dem Tode rang (falls es so war, war das Attentat äußerst nützlich), jedenfalls schrieb er von hier aus seine erste persönliche Botschaft an die Führer der Sowjetunion. Wenn man nun aber annimmt, daß er nun ohne Wenn und Aber einen Kurs fuhr, der ein von der Vernunft diktiertes gegenseitiges und gegenseitig kontrolliertes Abrüsten zum Ziele hatte, so irrt man sich.

Die Reagan-Administration machte vielmehr zwei Dinge gleichzeitig, wie sie unterschiedlicher kaum gedacht werden können: Zum einen steuerte sie zielgerichtet auf eine Rüstungsbegrenzung der auch Amerika bedrohenden Langstreckenraketen hin, zum andern propagierte sie die Aufrüstung mit einer Raketenabwehr im Weltraum. Das wurde von der US-Propaganda als reine Defensivmaßnahme, die niemanden bedrohe, gepriesen. Doch wenn man nur einen kleinen Moment darüber nachdenkt, fällt auf, daß von reiner Verteidigungsanstrengung gar keine Rede sein kann, so lange dieselbe US-Macht nicht auf Massenvernichtungsmittel völlig verzichtete. Vielmehr war der Inhalt dieser Initiative, die Herstellung einer unwiderlegbaren Erstschlagkapazität, denn jedem potentiellen Aggressor würde künftig klar sein müssen, daß die USA unangreifbar wurden, während sie selbst das volle Angriffspotential behielten. Die Kräfte verschoben sich diametral.

Diese Raketenabwehr im Weltraum wurde bald im Volksmund als *Krieg der Sterne* bezeichnet.[683] Er hatte erstaunliche Folgen. Er zwang die USA in kaum übersehbare Rüstungskosten, und er zwang die Sowjets zum Mithalten, was sie sich angesichts ihrer sich rapide verschlechternden Wirtschaftslage nicht mehr leisten konnten. Die Sowjetunion rüstete sich zu Tode. So ist es immer wieder geschrieben worden. Doch werfen wir auch einen Blick in die USA: Dort meldete das *Department of Commerce* (Wirtschaftsministerium) am 16. September 1985, mitten im Reaganschen Rüstungshöhenflug: die USA seien ein *debtor state* (ein Schuldner-Staat) geworden. Das war zutreffend, nur die Folgerungen, die hieraus gezogen wurden, wichen voneinander ab.[684] Am unerbittlichsten ging aus diesem Anlaß Gore Vidal mit seinem Land ins Gericht. Er sagte voraus, daß dieses das Ende des American Empire bedeuten würde.[685] Solche Schelte ging bald unter, denn fortan wurden die Schlagzeilen aus einer ganz anderen Richtung dominiert: aus Moskau.

Angesichts der Ereignisse war das kein Wunder, aber nichtsdestotrotz für den Westen eine Riesenüberraschung, als die russischen Oligarchen nach einem Ausweg suchten, um ihr System, sprich:

ihre Macht, zu retten. Der Retter, den sie aus ihren Reihen erwählten, hieß Michail Gorbatschow.[686] Er würde die Welt innerhalb von sieben Jahren so verändern, daß man hinterher Mühe hatte, sie wiederzuerkennen. Er beendete das Wettrüsten, beendete die Ost-West-Konfrontation, beendete (widerstrebend) den Ostblock und beendete (ungewollt) die Sowjetunion. Das war ziemlich viel Weltgeschichte auf einmal. Doch es ist ein Gebot der Fairneß darauf aufmerksam zu machen, daß das alles ohne die beiden Führungsfiguren im Weißen Haus nicht gelaufen wäre.

Die eine von beiden war der bereits erwähnte Ronald Reagan, die andere sein Vize und Nachfolger George Bush. Zu beiden sind nun ein paar Bemerkungen nötig, ohne die das Weltgeschehen, was soeben angedeutet wurde, nur unvollkommen erklärbar wäre. Reagan war alles Mögliche von Beruf, auch Schauspieler. Deutsche Intellektuelle nahmen dies zum Anlaß für höhnische Kommentare, in denen Bezüge zwischen seinen zweitrangigen Filmrollen und den hieraus abzuleitenden Parallelen in der Welt der großen Politik hergeleitet wurden.[687] Das roch nach Ressentiments. Die amerikanische Wirklichkeit funktionierte etwas anders. Dortzulande war Reagan der große Kommunikator und seine, durch den Steuerzahler finanzierte, wirtschaftsstützende Haushaltspolitik (Reaganomics) erfreute sich größter Beliebtheit, die an einem Wahlmännererfolg bei der Wiederwahl ablesbar war, der in der amerikanischen Geschichte in dieser Deutlichkeit als einmalig galt.[688]

Soweit so gut. Die soeben vorgetragenen Fakten spiegeln die offizielle Geschichtsschreibung der USA für die 1980-er Jahre wider. Doch hinter dieser Fassade spielte sich auch ganz anderes ab. Wir finden den US-amerikanischen Militär- und Geheimdienstapparat mutwillig auf der ganzen Welt in Kriege verstrickt, denen, selbst nach amerikanischem Recht jegliche Legitimation fehlte. Sie waren, gemessen an US-Normen, illegal. Der Leser mag einen Globus zur Hand nehmen und an beliebiger Stelle seine Hand darauf legen. Sie wird immer einen Ort oder ein Land berühren, wo gerade derartige unerklärte Kriege mit US-Beteiligung stattfanden. Ab und an kam ein Hauch der Wahrheit ans Tageslicht. Man sprach dann von einem Skandal – aber ohne durchgreifende Konsequenzen.

Zum Beispiel der Iran-Contra-Skandal. Man muß einen kleinen Umweg gehen, um zu verstehen, was sich dort abspielte. Die US-Amerikaner wurden 1978/79 durch den Sturz des Schahs von Persien öffentlich gedemütigt. Zur Erinnerung: Dieser Schah war in eine absolutistische Herrschaft nur deswegen hineingerutscht, weil die CIA 1953 die verfassungsmäßige persische Regierung Mossadegh beseitigt hatte. Jetzt mußte sie nicht nur mitansehen, wie ihr Hätschelkind außer Landes floh, die US-Ölinteressen kalt negiert wurden, sondern, um dem Ganzen die Krone aufzusetzen, wurde die US-Botschaft in Teheran durch Revolutionstruppen besetzt und das Personal als Geisel genommen.[689] Das war ein neuer Ton in der Weltpolitik, weil die Anwendung solcher Methoden gegen die Weltmacht USA in der Tat ein Novum darstellte. Ein dilettantisches US-Kommandounternehmen, das in einem Sandsturm endete, machte die Demütigung der USA nur noch gravierender.[690] Die Ereignisse läuteten dann das Ende der Regierung von Jimmy Carter ein.[691]

Carters Nachfolger Reagan ließ seine Leute aus dem Pentagon[692] und dem Nationalen Verteidigungsrat (NSC)[693] von der Leine. Was sie ausheckten, wäre wohl keinem Machiavelli eingefallen, vielleicht aber dessen Zeitgenossen, dem Lordkanzler Thomas Morus,[694] Erfinder der *Utopia*: Laß andere, die Minderwertigen, für dich kämpfen.[495] An den neuen Erzfeind Iran wurden heimlich Waffen für einen Krieg gegen den Irak verkauft. Die Gewinne aus den Verkaufserlösen waren wegen der Illegalität des Geschäfts exorbitant hoch. Sie wurden säuberlich aufgeteilt: in die privaten Taschen der Beteiligten und für neue Waffenkäufe für sogenannte Rebellen mit Namen Contras, damit sie die Regierung von Nicaragua, das bekanntlich in Mittelamerika liegt, stürzen konnten. Diese Regierung war den USA ein Dorn im Auge, weil sie sich der Herrschaft von US-Konzernen nicht beugen mochte – das alte Lied. Damit nicht genug: Damit das Geschäft zum Dauerbrenner wurde, bekam auch der Irak, also der Kriegsgegner des Iran US-Hilfe, zumindest in Form von Luftaufklärungsergebnissen über die Truppenbewegungen des Gegners.[696] So wurde verhindert, daß der Iran den Krieg gewann.

Als die Sache 1986 aufflog, gab es, wie schon gesagt, einen öffentlichen Skandal.[697] Dieser dümpelte dann vor sich hin, nachdem die Reagan-Regierung den Schuldigen für diese Machenschaften präsentiert hatte. Es war ein bis dahin namenloser Oberstleutnant der US-Armee, Oliver North.[698] Der allein hatte weltweit Waffen verschoben, Riesengeschäfte gemacht und Kriege angezettelt, deren Ergebnisse die berühmt berüchtigten *regime changes* werden sollten? Ein Märchen, gewiß, und ein Lehrstück zugleich.

Wer nun die Frage stellt, warum die Partei der Demokraten, die in beiden Häusern des Kongresses mittlerweile die Mehrheit stellte, die Chance nicht nutzte, um Reagan mit Hilfe eines *Impeachments* aus dem Amt zu jagen, stößt auf merkwürdige Begründungen. Zum einen wollte man nach der Nixon-Sache nicht als Partei dastehen, die nur mit Hilfe von Amtsenthebungsverfahren zur Macht gelangen könne, zum andern fürchtete man die Kampfkraft des bei Amtsenthebung automatisch ins Amt gelangenden Vizepräsidenten Bush, und zum dritten glaubte man, die Angelegenheit als Dauerskandal bis in die reguläre Präsidentenwahl fortschleppen zu können.[699]

Das alles kam mehr oder weniger direkt an die Öffentlichkeit, doch es besteht der Verdacht, daß auch ganz andere Motive eine Rolle für die Enthaltsamkeit gespielt haben können: Die reichen Leute, die den Schauspieler Ronald Reagan ins Weiße Haus geboxt hatten, zeigten nunmehr unverhohlen, daß sie gar nicht daran dachten, sich von den Verfassungsinstitutionen des Staates aufhalten zu lassen, wenn es darum ging, weltweit ihre Interessen durchzudrükken. Der Staatsapparat wurde endgültig zum Erfüllungsgehilfen – in diesem Sinne hatte Reagan tadellos funktioniert. Bis dahin war es üblich gewesen, die Einflußnahme wenigstens zu bemänteln. Auch dieses Feigenblatt war nunmehr abgefallen. Diese reichen Profiteure und Präsidentenmacher zeigten den Demokraten, daß sie jetzt nicht zu weit zu gehen hätten. Das ist vermutlich die eigentliche Bedeutung der Regierungszeit des Ronald Reagan.

Davon weicht das nach außen transportierte Bild erheblich ab, denn Reagan war klug genug zu bemerken, beim Zelebrieren der Rolle seines Lebens einen Konkurrenten von Format auftauchen zu sehen, den er schnell dingfest machen konnte. Es war die *opposite number* im fernen Moskau, ein Mann, der sich von den vorangegangenen acht Finsterlingen auf dem Zarenthron so gravierend unterschied, daß Reagan sich ins Zeug legen mußte, um auf der Weltbühne die Nummer Eins zu bleiben. Er tat es, indem er am 12. Juni 1987 bei einem Berlin-Besuch in Steinwurfweite der Berliner Mauer einer unübersehbaren, wenn auch sorgsam ausgewählten und peinlich kontrollierten Menge zurief:

*Mr. Gorbachev, open this gate, Mr. Gorbachev, tear down this wall (Mister Gorbatschow, machen Sie dieses Tor auf, Mister Gorbatschow, reißen Sie diese Mauer ein).*[700]

In Westdeutschland war, als Reagan sich derartig unverblümt äußerte, die Ansicht weit verbreitet, daß der alte Mann den Verstand verloren habe.[701] Vor allem die politische Klasse war indigniert. Mit soviel Klarheit hatte in der deutschen Gartenzwergwelt niemand gerechnet. In Berlin-Kreuzberg randalierte derweil, wie gewohnt, der linksextreme Mob, und die sowjetische Nachrichtenagentur Tass sprach von den Ausfällen eines Kalten Kriegers.[702]

Es bedurfte noch des Machtwechsels zu Reagans Nachfolger George Bush, um die großen Worte des Präsidenten zu Fakten gerinnen zu lassen. Dann allerdings ging alles sehr schnell. Bevor diese für die Deutschen so gravierenden Ereignisse vor dem Auge des Lesers Revue passieren, ist ein Wort zum Reagan-Nachfolger George Bush nützlich. Der Unterschied zwischen beiden Männern war beträchtlich. Ihn dramatisch zu nennen, bedeutet allerdings eine der üblichen journalistischen Übertreibungen, wenn man, so wie ich es darzustellen versuche, die Rolle der US-Präsidenten auf die Größe zu reduzieren sucht, die ihnen von den jeweiligen Oligarchen der US-Wirklichkeit zugestanden wird. Bei solch einer Perspektive ist es für die Veranstalter der *democracy* stets ein besonderes Risiko, einen Mann an der Regierungsspitze zu haben, der durch seinen persönlichen Reichtum in der Lage ist, eine bestimmte Portion Eigenständigkeit an den Tag zu legen.

Dieser Fall lag bei George Bush vor. Zwar haben sich seine Biographen bemüht, ihn zum Muster eines erfolgreichen Selfmademans zu stilisieren,[703] doch der finanzielle Hintergrund der Familien, aus denen er abstammte, legt eine andere Sicht nahe. Der Walker-Zweig waren Geschäftsleute,[704] ebenso der Bush-Zweig, dessen Vermögen auch auf dem wirtschaftlichen Zusammenbruch des Deutschen Reichs nach dem Ersten Weltkrieg basierte.[705] Später kam das Ölgeschäft dazu. Die Deutschland-Geschäfte haben irgendwann zu den üblichen Erwägungen geführt, ob amerikanische Geschäftsleute den Aufstieg Hitlers finanziert hätten.[706] Selbst wenn. Das einzige, was in diesem Zusammenhang zählt, ist der Umstand, daß diese Klasse von Geldleuten gewöhnt war, sich ihre Politiker zu halten. Hitler war lediglich einer von vielen – eine Option.

Diese Art des Politik-Geschäfts war in den USA üblich und in der Regierungszeit von Reagan und Bush bereits so geläufig, daß im Politikbetrieb in aller Regel nur Leute hochkommen konnten, die auf dem geschäftlichen Ticket eines Sponsors reisten.[707] Ein weiterer Aspekt der Steuerung von Politik durch Privatvermögen folgte dem Umstand, daß jeder Regierungswechsel eine Vielzahl von Leuten freisetzte (und freisetzt), die ihr Auskommen in Privatunternehmen suchen und finden, denen sie ihre Beziehungen und Insider-Informationen aus dem Regierungsapparat zum Kauf anbieten. Für die Betroffenen springen bei solchem Seitenwechsel oft beträchtliche Gehaltssteigerungen heraus.

1987, also in genau der Zeit, von der an dieser Stelle die Rede ist, kam eine smarte Erfindung im Markt der Eitelkeiten und Verquickungen hinzu. Ein Mann namens David Rubenstein gründete eine Firma, die heute die Carlyle Group ist, welche Geschäfte, auch solche mit Staatsbezug, im allergrößten Stil betreibt. Firmengründer Rubenstein war einmal ein 48.000-Dollarmann in der Präsidentenmannschaft von Jimmy Carter.[708] Das Ausmusterungs-Schicksal von sich und seinesgleichen muß ihn auf die Idee gebracht haben, daß es lukrativer sei, selbst die vagabundierenden Mächtigen und ehemals Mächtigen der Politik zu rekrutieren, als sich einem mächtigen Konzern als der übliche Rekrut anzudienen. Diese Geschäftsidee trug bald reiche Früchte. Carlyle mußte nicht nach Konzernen und Vermögen suchen, denn diese kamen zu ihm, um sich seiner weltweiten Verbindungen zu den Mächtigen zu bedienen. Gewiß, in den Augen eines gewöhnlichen Deutschen sind solche Geschäfte befremdend, denn hier geht es nicht um irgendeine produktive Geschäftstätigkeit, sondern *in nuce* um das Trixen zum Zwecke der Bereicherung von sehr reichen Reichen.

Wenn man den Tätigkeiten der Carlyle Group nachspürt, so stößt man schnell auf bekannte Namen, so von George Bush jun., der eine der Carlyle Kompanien leitete, bevor er selber Präsident der USA wurde. Andere ehrenwerte Mitglieder dieses Zirkels waren Vater Bush, als er nicht mehr der Präsident war, US-Außenminister James Baker, US-Verteidigungsminister Frank Carlucci und der britische Premier John Major.[709] Ein Papst soll auch dazu gehört haben.

Hier muß man einen Moment Luft holen, denn die Bushs und der ihnen eng verbundene James Baker waren eine texanische *pressure group* eigener Art. Vor allem George Bush, der Vater, hatte ab den frühen 1980-er Jahren an den Schaltstellen der US-Macht gesessen. Hierzu gehörten Positionen als UNO-Botschafter, als Chef der CIA[710] und, mit Reagans Amtsantritt, die Vizepräsidentschaft der USA.[711] Als Zusatzfiguren agierten die robusten und mittlerweile millionenschweren Geschäftemacher Dick Cheney und Donald Rumsfeld.[712] Sie hatten in den Folgejahren Spaß am Krieg – Krieg als Geschäft und Krieg als persönliches, aber risikofreies

Abenteuer. Bereits im Zweiten Weltkrieg hatte es zuhauf solche Typen gegeben. Jetzt waren sie wieder da. Sie wurden vom Zentrum der Macht wie die Motten vom Licht angezogen.

Man kann die Änderung im Getriebe der USA und ihre Konzentration auf Geschäftszentralen á la Carlyle mit ihren weltweiten Geschäftsaktionen bevorzugt im Rüstungssektor kaum überschätzen. Der personelle Zuschnitt dieser Korporationen garantierte, daß die Geschäfte mit Staatsspitzen unmittelbar verhandelt und abgeschlossen werden konnten, ohne daß der Umweg durch die dafür vorgesehenen Instanzen gegangen werden mußte. Die wichtigste Sonderverbindung in diesem *business* dürfte die Achse USA-Saudi Arabien gewesen sein: Die einen wollten an das Öl, die anderen ihre Petro-Dollars unterbringen (und sich hierbei auch bis an die Zähne bewaffnen).

Es wundert nicht, daß in Deutschland versucht wurde, das amerikanische Erfolgsmodell für die politische Klasse nachzuahmen. Allerdings zwangen die Verhältnisse zur Variante eines armen Vetters aus Dingsda. Sie wurde unter dem Stichwort Privatisierung ins Werk gesetzt und bedeutete das Verschachern von öffentlichem Vermögen, um damit Konsumausgaben zu finanzieren, für die es keine Haushaltsdeckung gab, vor allem aber um lukrative Posten und Pöstchen für abgehalfterte Politiker zu schaffen. Die Erstellung eines Schmarotzer-Registers wäre sicher die lohnende Aufgabe für ein ganzes Jahrzehnt von Politologieabsolventen.

### Die bunte Seite der Mauer:
### Das westdeutsche politische Establishment
### festigt die deutsche Teilung

Es war ein ironisches Augenzwinkern der Weltgeschichte, als die deutsche Einheit über uns kam. Niemand hatte damit gerechnet, und keiner hatte sie gewollt. Gegenteilige Behauptungen wurden erst ab 1990 inflationär.[713] Doch sehen wir uns das Geschehen der

Reihe nach an.

Die Zerstückelung Deutschlands war ein alter Traum der Franzosen.[714] Er wurde Teil der französischen Staatsdoktrin, nachdem das Reich des dritten Napoleon 1870 mit einem brutalen preußischen Militärschlag beendet wurde. Doch Bismarcks Gestaltung der Reichseinheit war nicht ohne Fehler. Das jedenfalls drängt sich dem Betrachter nach über einem Jahrhundert des Zeitablaufs auf, denn in dem überwältigenden Sieg war die Saat für den Ersten Weltkrieg enthalten: Der Revanche-Gedanke für eine Fragwürdigkeit, den Landstreifen von Elsaß & Lothringen, den Deutschland einkassiert hatte. Folgerichtig versuchte Frankreich, die Zerschlagung des deutschen Nachbarn in Versailles 1919 durchzusetzen. Das gelang nur unvollkommen. Erneut wurde die Saat für einen Weltkrieg gelegt. In dessen Verlauf war sich die anti-deutsche Kriegsallianz schnell einig, daß ein zerstückeltes Deutschland diesmal die End-Lösung sein müsse. Die großen Drei stellten 1943-45 die Weichen, und als die Alliierten aus ihrem Siegesrausch erwachten, war die Teilung perfekt und zementiert.

Die einzigen, die sich hiergegen auflehnten, waren Deutsche, genauer gesagt: einige Deutsche, die sich der anglo-amerikanischen Kriegs- und Nachkriegspropaganda zum Trotz ein Grundgefühl von Vaterlandsliebe erhalten hatten. Der auffälligste unter diesen war Kurt Schumacher, der erste SPD-Vorsitzende nach dem Krieg.[715] Er setzte sich innenpolitisch nicht durch, das ist bekannt. Welche Rolle die westlichen Siegermächte hierbei spielten, eher weniger. Sie wurden in ihrem Tun durch einen unübertrefflichen Helfer unterstützt: durch Josef Stalin. Niemandem in Deutschland, von einer Handvoll moskau-höriger Kommunisten abgesehen, mußte man erläutern, was es bedeuten würde, unter die Herrschaft dieses Despoten und Massenmörders zu fallen. Für Freunde der Ironie der Geschichte sei hinzugefügt, daß die anglo-amerikanische antisowjetische Propaganda eine nahtlose Fortsetzung der einschlägigen Goebbelsschen Propaganda bedeutete,[716] wobei die Deutschen den katastrophalen Zwischenschritt zu absolvieren hatten, daß die Sprüche eines Josef Goebbels 1945 von der wirklichen Sowjetherrschaft in den Schatten gestellt wurden.

*Wenn wir die DDR nicht hätten, wir müßten sie erfinden*[717]: *Günter Gaus, der Ex-Spiegelreporter und Statthalter Bonns in Ost-Berlin (1974-81), war einer der Exponenten des deutschen Schuld- und Teilungskults. Sein Buch, 1983 erschienen und im Westen beklatscht, wurde – ironisch genug – zur Pflichtlektüre für DDR-Kundschafter des Friedens, bevor sie in der Bundesrepublik auf Feindmission gingen.*

Das wußten auch Leute wie Kurt Schumacher. Dieses Wissen machte sie einerseits gegen Moskaus Wiedervereinigungs-Offerten[718] in den 1950-er Jahren immun, doch anderseits auch chancenlos, denn es galt in den 1950-er Jahren, wie es auch in den 1980-er Jahren noch galt: Ohne Moskau war die Wiedervereinigung nicht zu haben. Darin liegt die Tragik von Schumacher & Co. Sie kamen indessen nie in die Nähe der Macht, denn sie schleppten Ballast mit sich herum, der vor allem eines war: Er war abstoßend, denn er hieß Marxismus. Den wollte in Deutschland der Nachkriegszeit kein vernünftiger Mensch.[719] Denn was er in Praxi bedeutete, konnte man östlich des Eisernen Vorhangs wie in einem Lehrstück betrachten.

Erst 1959, mit dem Godesberger Programm,[720] setzte sich die bereits vor dem Ersten Weltkrieg fällige, aber unterlassene Entrümpelung der SPD-Programmatik durch. Die SPD wurde regierungsfähig.[721] Es gehört zu den schlechten Scherzen der Geschichte, daß die Partei sich unter dem Vorsitz des von den US-Amerikanern gesponserten Vorsitzenden Willy Brandt[722] dann jenen Leuten im großen Stil öffnete, die den Marxismus, und zwar in Gestalt des Neo-Marxismus, auf ihre roten Fahnen geschrieben hatten. Als die 1980-er Jahre eröffnet wurden, hatten sich diese Genossen in die Führungsfunktionen der SPD emporgearbeitet.[723] Für sie war die DDR die moralisch bessere Alternative auf deutschem Boden. Gern berichteten sie einander über ihre Reisen in dieses gelobte Land, wenn sie in der Toskana bei wohltemperiertem Pinot Grigio im Schatten von duftenden Pinien beisammensaßen und sich Gedanken machten, wie der westdeutsche Repressionsapparat zu kippen sei.[724] Diesem Apparat saß ab dem Ende des Jahres 1982 die CDU des Helmut Kohl vor, den man in diesen Kreisen, wenn man ihn erwähnen mußte, *Birne* nannte.[725]

Natürlich war es unschön, daß Birne Kanzler geworden war, aber, was er bräsig als die geistig-moralische Wende angekündigt hatte,[726] war ihm schnell unter den Fingern zerbröselt. Sein wahres Rezept lautete nämlich: aussitzen. Unter aussitzen verstand er das Liegenlassen drängender Entscheidungen. Dem lag die Überzeugung zugrunde, daß sich die Dinge von selbst erledigen würden und wo nicht, das Nichtstun auch niemanden aktiv verprellen könnte. Nein, von diesem Helmut Kohl ging für die Neo-Marxisten keine Gefahr aus. Sie und ihresgleichen in den Rundfunkhäusern hatten längst Positionen besetzt, um einen neuen Zeitgeist aus der Flasche zu lassen. Wolkig und utopisch, so war es angesagt. Und zur Überraschung der Geisterfahrer schlossen sich bemerkbare Teile der völlig zu Unrecht als konservativ geltenden Christunion an.

Im Zentrum des Geschehens ein Mann namens Richard von Weizsäcker, der in diesem Buch bereits erwähnt worden ist. Er brachte es zum Bundespräsidenten.[727] Alles was links-light und schicki-micki war, durfte sich seiner präsidentiellen Aufmerksamkeit sicher sein.[728] Erst mit der berühmt-berüchtigten Befreiungsrede,[729] die Weizsäcker zum 8. Mai 1985 hielt, war das Werk der amerikanischen Umerzieher vollendet. Der Antifaschismus war zur Staatsdoktrin erhoben worden. Es war der Antifaschismus in der amerikanischen Variante: Wir, die Guten, mußten Krieg führen (und müssen es leider auch heute noch), um die Welt von furchtbarem Übel zu befreien. Ohne uns..., und dann kommt Beliebiges, was man heute noch in amerikanischen Spielfilmen besichtigen kann, wenn ein Deutscher ins Bild tritt: ein brüllender hirnloser sadistischer Widerling, mit einem Wort: ein Nazi.

Natürlich war Richard von Weizsäcker als Gegenfigur geeignet: Seht her, ein guter Deutscher. Bei den Nürnberger Kriegsverbrecher-Folgeprozessen hatte er als Hilfsverteidiger seines Vaters eine gute Figur gemacht. Das war exakt die Zeit des großen Schwenks der USA, als man von Vernichtung der Deutschen auf Umerziehung umschaltete. So nahm er seinen Weg durch die US-Umerziehungsanstalten,[730] der ehemalige Hauptmann der großdeutschen Wehrmacht. Seine amerikanischen Entdecker zogen mit ihm den Hauptgewinn, danach zeigten sie sich generös. Als Berlins Regierender Bürgermeister war er ihnen willkommen,[731] das war das Sprungbrett zum Bundespräsidenten. Von solch einem Mann war kein böses Wort zu erwarten, kein Widerspruch und vor allem kein Wort über deutsche Interessen.

Als es im Herbst 1989 zum Schwure kam und das entgeisterte Volk nach Führung fragte, suchte man Richard von Weizsäcker lange Zeit vergebens.[732] Das ist verständlich, denn seine Partei, die CDU, war von ganz anderen Problemen heimgesucht gewesen.[733] Zum Beispiel von dieser Sorge hier: Wie sollte man bloß die alte deutsche, die gesamtdeutsche Staatsangehörigkeit quitt kriegen? Seit Jahren war diese der Stein des Anstoßes beim Regime in Ost-Berlin.[734] Und mit diesem litt der gesammelte westdeutsche Fortschritt, der längst auch von der CDU Besitz ergriffen hatte.[735] In deren Gremien beriet man hin und her, wie man eine moderne

Staatsangehörigkeit kreieren könnte, der nicht mehr der Ruch des Kalten Krieges anhaftete, denn ein DDR-Mensch durfte, wenn er denn die Grenze nach Westen überschreiten konnte, den bundesdeutschen Paß haben, und zwar sofort, denn er war ein Deutscher.

Es läßt sich nicht mit Sicherheit sagen, aber vieles spricht dafür, daß dieses einzige Relikt einer einzigen deutschen Nation im Laufe des Jahres 1990 gefallen wäre. Es gab praktisch niemanden in politischer Funktion mehr, der dagegen war. Man lasse sich nicht vom heutigen Gerede über den Kanzler der Einheit täuschen. Das war Kohl letztlich tatsächlich, worüber noch zu berichten sein wird. Doch im Herbst 1989, als Zigtausende aus der DDR abhauten, sah das in westdeutschen Hirnen noch ganz anders aus. Hierzu eine Kostprobe von Kohls Ansprache auf dem CDU-Parteitag in Bremen:

*Natürlich ... kann es nicht das Ziel einer vernünftigen Deutschlandpolitik sein, unsere Landsleute in der DDR aufzufordern, in möglichst großer Zahl hierher zu kommen. Die Probleme der Menschen in der DDR sind nicht in der Bundesrepublik zu lösen. Sie müssen dort, in der DDR selbst, gelöst werden.*[736]

Doch dann kam es anders.

Was dann kam, kam nicht aus dem Nichts. Jeder Westdeutsche, der mit offenen Augen die DDR bereiste, konnte es sehen und riechen. Deutschland-Ost hatte Jahrzehnte aus der Substanz gelebt, eine Substanz, die von fleißigen Vorfahren vom Ende des 19. Jahrhunderts bis zum Ausbruch des Zweiten Weltkriegs geschaffen worden war. Was der alliierte Bombenkrieg hiervon übriggelassen hatte, war jahrzehntelanges Reservoir für sowjetische Entnahmen und den parallellaufenden Verbrauch durch eine sozialistisch organisierte Gesellschaft, die es zu bescheidenem Wohlstand bringen konnte – jedenfalls auf einem Niveau, das die sozialistischen Bruderländer um Haupteslänge überragte.

Im Westen wurde eifrig darauf hingewiesen, daß sich der DDR-

Bürger – dieser Begriff kam damals auf – behaglich und zufrieden in seiner Nische eingerichtet habe. An der Spitze solcher Propaganda stand die liberale Wochenzeitung *Die Zeit*. Deren Chefredakteur Theo Sommer und die reisende Redakteurin Marlies Menge wurden nicht müde, ihren Lesern die liebenswerten Seiten der DDR nahezubringen.[737] Bei Sommer, der als eingeschworener Atlantiker galt,[738] wirft so etwas Fragen auf. Wie nämlich paßten die Stellung einer US-Beeinflussungs-Größe mit der weichen Welle der Ost-Beweihräucherung zusammen?

Erneut fällt der Blick auf Richard von Weizsäcker. Wenn überhaupt einer ein US-Produkt war, dann er. Weizsäcker hat mehrfach Auskunft über seine Geisteshaltung gegeben. Er war ein Meister von Allgemeinplätzen, die er in diversen Ansprachen zum besten gab, und in denen er jegliche Festlegung vermied. Nur in einem war er klar und unerbittlich, das war seine Zentrierung auf die deutsche Schuld. Hier ein Beispiel: Am 30. Januar 1983 versammelte sich, was im westdeutschen politischen Establishment Rang und Namen hatte, um im Reichstagsgebäude in West-Berlin des 30. Januar 1933 zu gedenken.[739]

Ja, richtig gelesen. Der Tag von Hitlers Ernennung zum Reichskanzler hatte sich zum deutschen Gedenktag gemausert. Da dies Gedenken nicht der Scherz eines Zynikers war – solche witzigen Leute gab es in der westdeutschen Politik nicht – mußte schweres Moralgeschütz herbeigeschafft werden. Richard von Weizsäcker, in der Rolle des Berliner Regierenden Bürgermeisters, gab den ersten Schuß ab. Ohne den 30. Januar 1933 säße man heute nicht hier – wohl wahr –, aber auch dies: ohne den 30. Januar 1933 säße man heute nicht hier, wo mitten durch Berlin eine befestigte Grenze verlaufe – und damit begab sich von Weizsäcker ins ebenso beliebte wie fragwürdige Feld der geschichtlichen Kausalzusammenhänge.

Er hätte genausogut sagen können, ohne den Schwarzen Freitag 1929 an der New Yorker Börse und die folgende Weltwirtschaftskrise hätte es keinen Reichskanzler Hitler gegeben und ebensowenig ohne den Juli 1919, als man von einer wankenden Reichsregierung die Unterschrift in Versailles erzwang, oder ohne das Jahr 9, als ein gewisser Arminius zwei römische Legionen im unwegsamen Germanien in einen Hinterhalt lockte und vernichtete. Nein, das alles sagte Weizsäcker nicht, denn es hätte den deutschen Schuldkult beschädigt, der auf der Fiktion aufbaut, daß die Deutschen, indem sie Hitler angeblich zuließen, alles Böse in der Welt auf sich luden.

Diese Ideologie war in den 1980-er Jahren noch nicht zu hundert Prozent durchgesetzt. Doch die auf amerikanisch Umerzogenen der frühen Nachkriegszeit waren nun in die Stellungen eingerückt, wo sie diesen Standpunkt durchzusetzen vermochten. Ein letztes bewußtes Aufbäumen gegen den Befreiungs-Kult mag man in der Bundestags-Abschiedsrede des Ex-Bundeskanzlers Helmut Schmidt am 10. September 1986 – ein Jahr nach der Weizsäcker-Befreiungsrede – sehen:

*Als der Krieg zu Ende war, ist es mir gegangen wie Millionen anderer Soldaten auch. Wir haben mit großer Erleichterung gesagt: Gott sei Dank, es ist vorbei!*[740]

Von Befreiung durch die Alliierten also keine Spur. Die neuen Linken in der SPD hörten das mit Grausen und mit Hohn.[741]

Zur Befreiungsideologie – vor allem durch die protestantischen Kirchen hoffähig gemacht – gehörte die Lehre von der deutschen Teilung als einer gerechten Strafe.[742] Richard von Weizsäcker gehörte selbstredend auch in diese Asche-auf-mein-Haupt-Bewegung. Seine Tätigkeit als evangelischer Kirchentagspräsident gibt hierüber unmißverständlich Auskunft. Vom Schuldbekenntnis des Jahres 1983 bis zur Hymne des Jahres 1985, als Weizsäcker die Zerschlagung des deutschen Volkes als Befreiung verherrlichte, war es nur noch ein kleiner Schritt. Als letztes fehlte noch, die Teilung auch rechtlich zu manifestieren. Doch da kamen die Sachsen dazwischen.

## Auf der Mauer:
## Das Volk greift in die Politik ein,
## wobei ausversehen die Mauer fällt

Nein, das war nicht das Volk, das sich in den 1980-er Jahren in mitteldeutschen Kirchen sammelte und dort allerlei beriet, was sonst in der DDR nicht zu besprechen war.[743] Das waren junge Leute zumeist. Sie stammten aus den besseren Kreisen der klassenlosen Gesellschaft. Sie glaubten an den Sozialismus[744] – ebenso wie die Pfarrer, die ihnen die Türen zu den Kirchenräumen geöffnet hatten.

Man hüte sich indessen, diese seltsamen, Parka-tragenden Kirchenbesucher die DDR-Jugend zu nennen, denn die DDR-Jugend war ebenso wenig einheitlich, wie die übrige Gesellschaft in der DDR auch. Was sie vereinte, war die weitgehende Undurchlässigkeit der Staatsgrenzen und der hierdurch erzeugte Frust. Zur undurchlässigen Staatsgrenze West, wie sie im DDR-Deutsch genannt wurde,[745] nachdem der *Antifaschistische Schutzwall* irgendwie aus der Mode gekommen war, kamen in den 1980-er Jahren Grenzschließungen in Richtung der sozialistischen Bruderländer hinzu.[746] Wer dennoch ins Baltikum, nach Polen, in die Tschechoslowakei oder sogar nach Ungarn kam, konnte sein blaues Wunder erleben, denn dort waren Dinge zu hören und zu sehen, die in der DDR als sozialistische Gotteslästerung bestraft wurden, sprich als staatsfeindliche Hetze.[747]

Für solche nationalen Alleingänge, die überall, außer in der DDR, Fahrt aufnahmen, gab es einen Grund. Es war nämlich seit 1986/87 aus den Reden Gorbatschows herauszuhören, daß es eine sowjetische Interventionspolitik à la Prag und anderswo nicht mehr geben solle.[748] Natürlich wußte niemand so genau, ob das hierdurch erzeugte Gefühl nationaler Eigenständigkeit einer praktischen Erprobung standhalten würde.[749] Im Frühjahr und Sommer 1989 kam es dann zum Schwure.

Ausgerechnet in Ungarn, dem 1956 in abschreckender Form vorgeführt worden war, was passiert, wenn brüderliche Hilfe erscheint, geschah das, was bei gewohntem Verlauf der Dinge zum sowjetischen Eingreifen hätte führen müssen. Im Frühjahr 1989 wurden nämlich in Ungarn politische Parteien zugelassen und am 16. Juni 1989 erfolgte an seinem 31. Todestag das feierliche Begräbnis des Führers des ungarischen Aufstandes von 1956, Imre Nagy.[750] Es war eine Massendemonstration, an deren Zielrichtung eigentlich kein Zweifel bestehen konnte. Nur bei den Ostexperten des Westens wurde sie kurioser Weise als eine Art ungarischer Folklore gedeutet.[751] Doch dann wandelten sich die Dinge dort sehr rasch. Bereits am 19. August 1989 öffnete Ungarn für einen Tag in einem unübersehbaren Akt seine Grenze zu Österreich, einen Monat später dann endgültig.[752] Damit hatte der Eiserne Vorhang ein faustgroßes Loch, das Tausende von Männern, Frauen und Kindern aus der DDR zur Flucht in den Westen nutzten.[753]

Nun zurück nach Deutschland: Auch der Staat DDR brauchte seine Ventile. Wer nicht zu brauchen war, den schob er nach Westen ab, jedes Jahr mehrere zehntausend Personen. Nachdem sich das SED-Regime entschlossen hatte, aus den systemintern störenden Elementen eine florierende Handelsware zu machen, sah es sich genötigt, diese Praxis strikt geheim zu halten. Denn natürlich wußte man nicht genau, wie viele Neugierige dieser Ausverkauf von ungezogenen Bürgern auf den Plan rufen würde. Auch waren sich die Beteiligten darüber klar, daß man die Kopfgeld-Einnahmequelle nur sichern konnte, wenn man nach außen die so wichtige Fassade vom humanitären Sozialismus à la Erich Honecker aufrechterhalten konnte, obwohl der Staatschef bei jedem Freikauf, den zu genehmigen er sich vorbehalten hatte, die Überzeugung vertrat: Wieder ein Klassenfeind weniger![754]

Für die Zurückbleibenden rührte man ein wenig Seelenkleister an. Da war zunächst der zugelassene Humor, den Staatshumorschaffende im DDR-Fernsehen anboten, ein *Kessel buntes*, auch der eine oder andere politische Witz nebst beigegebenen entblößten Brüsten in der Zeitschrift *Eulenspiegel*, nicht zu vergessen das Kabarett, das sich auch unter SED-Funktionären einiger Beliebtheit erfreute. Aber so richtig witzig war das alles nicht mehr, denn vielen fiel es auf, daß sich die Dinge partout nicht dem seit langem versprochenen Kommunismus zuwenden wollten – einer Art überdimensioniertem Warenhaus, in dem sich jeder nach seinen Bedürfnissen bedienen konnte. Das kam einfach nicht, stattdessen diese Sonderläden mit den skurrilen Namen *Exquisit* und *Delikat*. Dort konnte man für sehr viel Geld rare West-Ware kaufen. Doch in praxi konnte es kaum einer, und so machten sich viele ihre Gedanken, woran das liegen könne.

In den 1970/80-er Jahren fingen die Leute an, das Lesen neu zu lernen. Nicht das, was sie in der Schule gelernt hatte, das konnten sie angesichts des rigorosen Bildungswesens ohnedies mühelos, sondern es war das Zwischen-den-Zeilen-lesen angesagt, eine besondere Lesemethode im Lügenstaat. Hierzu ein Beispiel: 1985 war den Propagandisten ein neues Thema eingefallen, Aus- und wieder Rückreisewillige. Das *Neue Deutschland* brachte es am 8. März 1985 auf Seite Eins an den Tag: 20.000 Ausgereiste wollten in die DDR zurück. Enttäuscht vom Klassenfeind und in die Hände der Menschenschlepperbanden gefallen. Doch die Meldung wurde ein unerwarteter Flop. Die Zahl 20.000 allein hätte schon genügt, denn sie besagte dem kundigen Zwischen-den-Zeilen-Leser zumindest dies: Wenn 20.000 zurückwollen, dann müssen zuvor noch viel mehr ausgereist sein. Was, so viele? In Wirklichkeit waren es noch mehr, im Jahr 1984 allein um die 34.000 Personen.[755]

Doch damit nicht genug. Getreu den Hetzkampagnen vergangener Jahrzehnte scheute sich das *ND* nicht, gleich eine Namensliste von Rückkehrwilligen zum Besten zu geben. Doch diese Rechnung war ohne den Klassenfeind gemacht. Selbstverständlich lockten die Namen West-Journalisten auf den Plan. Manch einer von denen mochte ausgeschwärmt sein, um die bedauernswerten Kapitalismusopfer im Notaufnahmelager Gießen *live* vor Kamera und Notizblock zu bekommen. Doch das Ergebnis war unerfreulich: Die Betroffenen wiesen ihre angebliche Rückkehrbereitschaft empört zurück. Ick bün doch nich blöd, berlinerte es. So schwappte, was das *Neue Deutschland* im besten Sinne des Sozialismus losgetreten hatte, wie ein kalter Guß in die DDR zurück. Die Kampagne wurde daraufhin Hals über Kopf wieder eingestellt.

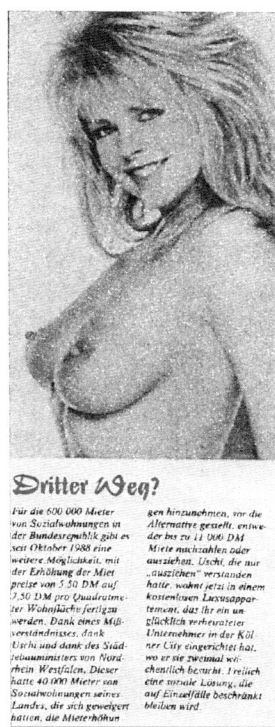

*Sex und Klassenkampf für 40 Pfennig: Jede Woche 16 Seiten Brechstangenwitze plus ein bloßer Busen als Waffe gegen den Klassenfeind im Westen. Das war der Eulenspiegel, das Organ des zugelassenen Humors in der DDR.*[756] *Was das Volk stattdessen hinter der Hand für Witze machte, sammelte der BND in speziellen Quartalsberichten, die in Bonn von Hand zu Hand gingen.*

Die Kunst des Zwischen-den Zeilen-Lesens gewinnt ihre besondere Bedeutung dadurch, daß die Leute, die das beherrschten, es auch Jahrzehnte später nicht vergessen hatten, als sie nach der Jahrtausendwende erneut unter den Beschuß massiver Propaganda gerieten, die böse Erinnerungen wachrief. Davon wird im Schlußkapitel dieses Buches noch die Rede sein müssen, weil plötzlich und unerwartet der ehemalige DDR-Bewohner etwas beherrschte und beherzigte, was die westlichen Landsleute sich partout nicht vorstellen konnten.

Die kommunistische Propaganda hatte es wirklich nicht leicht. Seitdem die Normalbürger das Fernsehgerät in den Wohnungen hatten, war die Zeit absehbar gewesen, daß sie das Westfernsehen nicht nur empfangen konnten, sondern es auch taten. Die Möglichkeit, die DDR-Propaganda mit der vom Westfernsehen transportierten nicht unbedingt wirklichen West-Wirklichkeit zu vergleichen, wirkte ätzend auf Otto Normale-Ost. So wurden Wünsche geweckt, die das der Staatspleite entgegentaumelnde System niemals würde erfüllen können. Lediglich Teile des Bezirks Dresden lagen im Schatten des Westempfangs.[757] Man sprach republikintern vom Tal der Ahnungslosen.[758] Eigentlich hätte dies die regime-frömmsten Bürger erzeugen müssen, doch das Gegenteil ist dann handfest auffällig geworden. In Sachsen bildete sich der schärfste Widerstand. Er entlud sich, erstmals 1989 unübersehbar, in öffentlichen Protesten.

Als die Leute im Herbst 1989 auf die Straße gingen, um ihren Unmut zu artikulieren, war nicht ausgemacht, wohin das führen würde. Wochen zuvor hatte die chinesische Führung vorexerziert, wie man mit Hilfe von Panzern Menschenmengen blutig von Plätzen fegt.[759] Die ostdeutsche Volkskammer akklamierte dieser brutalen Variante der sozialistischen Demokratie.[760] Somit hing die Möglichkeit in der Luft, daß die DDR-Führung zu ähnlichen Mitteln greifen würde. Sie hätte es wohl gern gekonnt. Zumindest wäre ihr der Westen nicht in den Arm gefallen.[761] Die Experten haben später die Backen aufgeblasen und mit gewichtiger Miene erklärt, warum das unterblieb. Vermutlich war es ein Bündel von Gründen, die einander verstärkten. Hier sind sie:

Am 7. Oktober 1989 wurde der 40. Gründungstag der DDR mit großem Pomp gefeiert. Zackig marschierte die Nationalen Volksarmee über das Ost-Berliner Pflaster. Unter den Zuschauern auf der Prominenten-Bühne befand sich der Chef des Ostblocks Michail Gorbatschow. Von dieser Veranstaltung ging ein Bild um die Welt. Nein, es waren nicht die im Stechschritt preußischen Angedenkens marschierenden Gardesoldaten des Wachregiments mit dem putzigen Namen des Tscheka-GPU-OGPU-NKWD-NKGB-KGB-Gründers[762] Feliks Dzierzynski,[763] sondern ein Bild des auf seine Armbanduhr blickenden Kreml-Chefs. Die Bildlegende hatte er gleich mitgeliefert: Wer zu spät kommt, den bestraft das Leben.[764] Doch die Greisenriege in Ost-Berlin hatte ihre Ohren auf Durchzug geschaltet. Sie mußte in den nächsten Tagen dazulernen, was Gorbatschow ihnen hatte sagen wollen: Macht euern Dreck alleene.[765]

*Wer zu spät kommt, den bestraft das Leben: Michal Gorbatschow mit dem senil lächelnden Erich Honecker am 7. Oktober 1989 in Ost-Berlin. Experten bezweifeln, ob er exakt diese Worte gebrauchte – als ob es darauf ankäme.*

Allmählich wurde der Ton auf den Straßen schärfer und die Menschenmassen unüberschaubar.[766] Die eigentliche Überraschung hierbei war, daß dies nicht diese etwas zerlumpten rauschebärtigen, Parka-tragenden Revolutionstypen waren, welche die Straßen bevölkerten, sondern so ganz anders aussehende Normalos in Jeans und Jeansjacken von einer undefinierbaren Farbe – ein bißchen blau war auch dabei. Diese Leute skandierten: Wir sind das Volk. Egal, wie man diesen Schlachtruf betont, auf *wir* oder auf *Volk*, es war eine wilde Drohung von Leuten, denen langsam dämmerte, daß ohne sie nichts mehr gehen würde.

Es waren eindeutig nicht die intellektuellen Träumer aus den Zirkeln des besseren Sozialismus, auf die es ankommen würde, sondern auf dieses Volk in den Jeans, das in der DDR die Arbeit zu machen hatte, im DDR-Sprech: die Leute aus der Produktion. Sie drohten ernsthaft mit Ungehorsam. Es war eine vertrackte Situation im Arbeiter- und Bauernstaat: die Arbeiter riefen aus, was in den Lehrbüchern der Marxismus-Leninismus eine Konterrevolution hieß.[767] Das war ein Widerspruch in sich. Aber es war kein Widerspruch mehr, der sich in den marxistischen Akademien und Philosophenzirkeln bei einem Glas bulgarischer Mädchentraube bereden ließ, jetzt war die Partei als Speerspitze der Arbeiterklasse gefragt, jetzt mußten praktische Lösungen her.

Die Führung schwankte zwischen Gewaltanwendung und Appeasement (zu deutsch: Beschwichtigung). Sie wählte die Beschwichtigung, nachdem sie zwei drei Erkenntnisse gewonnen hatte, die aufeinander aufbauten. Erstens: Die Rote Armee würde sich am Vorgehen gegen das Volk nicht beteiligen, sondern in den Kasernen bleiben.[768] So blieb zweitens nur die NVA. Diese war eine Wehrpflichtarmee. Auf wen die wehrpflichtigen Soldaten, wenn es zum Schwure kam, schießen würden, war unsicher, deswegen wurden bereits alarmierte Verbände umgehend ent-munitioniert.[769] Drittens brauchte man Geld, um die vor der Tür stehende Staatspleite abzuwenden. Mehrfach war dieses Geld bei westdeutschen Politikern in den 1980-er Jahren in Form von Großkrediten eingetrieben worden.[770] Schoß man jetzt auf die eigenen Leute, würde man selbst die hartnäckigsten Ostfreunde kopfscheu machen.

So entschloß sich die Ost-Berliner Führung zu einem Rundum-Schlag: Ablösung des greisen, der Wirklichkeit entflohenen Parteichefs Erich Honecker,[771] Gang in die Betriebe („die Genossen in der Produktion brauchen unser Ohr"),[772] Entsendung von aufrecht-dreisten Bettlern nach Westdeutschland und das Lockern des Schuhs, wo er am meisten drückte. Man wählte einen, wie man annahm, symbolischen Akt: Jeder soll reisen dürfen. Alles geordnet und unter Kontrolle, versteht sich. Das einschlägige bürokratische Vehikel hieß Reisegesetz. Doch dann passierte am 9. November 1989 ein Mißgeschick, das Weltgeschichte machte.

*Reisefreiheit? – Sofort! Günter Schabowski am 9. November 1989 bei der denkwürdigen Pressekonferenz, auf der er die Grenzöffnung versehentlich verkündete.*

Die DDR-Führung hatte sich, von den Ereignissen gedrängt, entschlossen, das Fortschreiten des Sozialismus in eng anberaumten Pressekonferenzen dem eigenen Volk zu erklären. Auf der fraglichen zweiten Pressekonferenz berichtete Politbüro-Mitglied Günter Schabowski vor vollem Haus u.a. über die Verabschiedung eines Reisegesetzes im SED-Politbüro. Das war schon sensationell genug. Doch bevor er sich befriedigt wieder zurückziehen konnte, wurde er von der Frage eines Journalisten überrascht, wann denn dies Gesetz in Kraft trete. Hier wäre nun jedes beliebige, auf den Gang der Gesetzgebung hinweisendes Gerede möglich gewesen. Doch Schabowski wurde nun ein Opfer der jahrzehntelangen Praxis, wonach der Wille der Partei auch oberstes Gesetz sei,[773] also blätterte er in den Beschlußpapieren auf seinem Tisch, und weil er nichts Gegenteiliges fand, sagte er: Sofort.

In derselben Nacht wollten Zehntausende von Ost-Berlinern wissen, ob sofort wirklich sofort bedeutete. Die Grenzorgane leisteten dem mehrere Stunden beharrlich Widerstand, doch als die Lage außer Kontrolle zu geraten drohte, und niemand sich bereit fand, den Schießbefehl zu erteilen, öffneten sie die Tore. Einmal ist keinmal, mochten die Verantwortlichen glauben, es blieb ein Wunschtraum, denn ein anderer brach sich Bahn. Am folgenden Tag wollte es die halbe DDR wissen,[774] ob die Grenze wirklich offen war. Sie war es, und sie blieb es.

In der Nacht vom 9. auf den 10. November 1989 endete der Ostblock. Nur daß die meisten von denen, die auf der Welt das Sagen hatten, es noch nicht wußten.

# Zweiter Teil

# Ein Ende der Geschichte?
# ...nicht in Sicht
# Die Jahre nach 1989

*DDR-Witz während des Systembruchs 1998/90: Jüngster Beschluß des Politbüros: „Der Letzte macht das Licht aus!"*

Kaum fingen die Verhältnisse am Ende der 1980-er Jahre an zu tanzen, da verkündeten die Weltweisen auch schon das Ende der Geschichte. Es war der US-amerikanische Politologe Francis Fukuyama, der mit dem Essay *The End of History?* für Furore sorgte. 1992 legte er das Buch *The End of History and the Last Man* nach. Jetzt fehlte das Fragezeichen am Ende, denn der Herr Professor war durch die Ereignisse überrollt worden. Dadurch wurde die Grundaussage vom Ende der Geschichte keineswegs richtiger. Andere wußten über die Post-Moderne zu berichten.[775] Etwas später kam das post-faktische Zeitalter.[776] Die Feuilletonisten steckten die Köpfe zusammen und machten bedeutende Gesichter, wie es zu gehen pflegt, wenn die Welterklärer von der Wirklichkeit überrascht werden.

Dabei waren die Dinge nicht ganz so unbegreiflich, wie es schien. Ein Wirtschaftssystem ging bankrott. Das hatte Folgen. Sie betrafen die daran teilhabenden Staaten ebenso wie jene Umstehenden, die in solchen Fällen ihren Reibach machen. Das ist das Äußerliche: der Ostblock löste sich auf, die Sowjetunion ebenso, Rußland verlor seine Vormachtstellung.

Diese fundamentalen Ereignisse zeitigten aber auch innere Folgen. Sie betreffen die beiden ehemaligen Weltblöcke gleichermaßen, denn es mußten fünf und mehr Jahrzehnte lang eingespielte Grundannahmen über Bord geworfen werden, an die sich jedermann gewöhnt hatte. Grundpfeiler dieser Annahmen war die Rivalität beider Blöcke. Die Rivalen verhielten sich feindselig, weil jeder dem anderen unterstellte, zum überraschenden Schlag auszuholen. Dieses subjektive Moment war die eigentlich treibende Kraft. Sie war ganz unabhängig davon, ob die angenommene Gefahr bestand oder nicht.

Mit der Wirtschaftspleite des Ostblocks trat ein spürbares Vakuum ein. Es füllte sich nur allmählich. Den lautesten Erklärern war es klar: Jetzt kam Amerika. Wie? Das wurde unterschiedlich beantwortet. Solchen Rezepturen wird mit Blick auf die Wirklichkeit nachzugehen sein. Nun zu den konkreten Ereignissen:

Im Jahre 1990 hoben die Deutschen die 1945 verordnete Teilung ihres Restterritoriums auf. Dies war nur möglich, weil vom ostdeutschen Volk ein starker tatsächlicher Druck auf die inländischen politischen Eliten beider Deutschlands ausgeübt wurde, welche die deutsche Einheit nicht auf ihrer Agenda hatten. Ein zweiter Faktor war fremdes Einverständnis, ja von den USA aus erfolgte ein Drängen, die gebotene Chance nicht zu verpassen, während die Russen sich die Zustimmung abkaufen ließen. Das Veto der Nachbarstaaten verhallte unbeachtet.

Die deutschen Extravaganzen rissen auch die sowjetischen Satelliten mit. Das führte zur förmlichen Auflösung des Warschauer Paktes. Die Jugoslawische Diktatur, die seit 1948 einen Sonderweg gegangen war, löste sich in kriegerischen Wirren auf.[777] Die Nato mischte sich ungebeten ein und führte den ersten Angriffskrieg ihrer Geschichte. Über das Warum wird zu sprechen sein. Parallel begann der moderne Krieg ums Öl, als die USA im Sommer 1991 den Irak angriffen. Es war rein äußerlich ein Ich-komme-dir-zu-Hilfe-Krieg.

Die 1990-er Jahre waren eine Phase der Umorientierung. In den USA brachen für einen Moment die alten politischen Kampflinien wieder auf: Amerika den Amerikanern oder Amerika der Weltpolizist. Wieder einmal setzte sich der Weltpolizist politisch durch. Das hatte Folgen, denn hinter dieser Fassade wurden nach 1990 ungezählte Kriege in Asien, Europa, Süd- und Mitteleuropa sowie in Afrika geführt.

Die globalen Aktivitäten der USA trafen nicht nur auf freudiges Begrüßen. Vielmehr führte vor allen die massive Intervention in den ölgewinnenden Staaten Nordafrikas und des Mittleren Ostens dazu, daß sich, wenn auch unkoordiniert, die muslimisch dominierten Staaten zu Feinden wandelten. Nunmehr begann aus amerikanischer Sicht der Kampf gegen den Terrorismus.

Doch Asien ist viel größer als der nahe und der mittlere Osten. Der chinesische Koloß, der im Sommer 1989 durch das Blutbad auf dem Platz des himmlischen Friedens die Welt das Staunen gelehrt hatte, zeigte nun eindrucksvoll, was es bedeutet, ein Milliarden-Heer im wirtschaftliche Gleichschritt marschieren zu lassen. Die USA als einzige Weltmacht? Das Lächeln der Chinesen wurde unübersehbar.[778]

Ein besonderes Augenmerk verdient schließlich das Thema Rußland. Während es in den 1990-er Jahren so aussah, als habe sich für die USA das Thema des russischen Gegners erledigt und dessen schier unerschöpfliche Bodenschätze stünden jetzt den einschlägigen Ausbeutern zur freien Verfügung, verdüsterten sich diese strahlenden Aussichten in dem Maße, wie Rußland nach dem Kollaps wieder Boden unter die Füße kriegte. Dieser Wandel ist untrennbar mit dem Namen des russischen Präsidenten Wladimir Putin verknüpft. In dem Maße, wie er den russischen Ausverkauf stoppte und die USA hinderte, auf der Krim Fuß zu fassen, rückte er notwendig in die Rolle des neuen Weltbösewichts. Rußland wurde erneut zum Schurkenstaat, die US-Außenministerin Hillary Clinton verglich seinen Präsidenten mit dem Erzschurken aller Zeiten – Adolf H.[779]

Damit rückte Deutschland, das sich mit seiner Nabelschau beschäftigte, noch einmal in den Fokus der Weltmächte. Diesmal als passiver Teil, als es um die Frage ging, Tabula rasa zu machen, um eine deutsch-russische Allianz im Keim zu ersticken. Davon wird das Schlußkapitel zu handeln haben.

Willkommen in der Gegenwart.

# 10. Kapitel

# Schuß ins Blaue – Die deutsche Einheit und die Auflösung des Ostblocks

Nein, ich habe die deutsche Einheit nicht herbeigeführt. Diese Ehre überlasse ich anderen, die es auch nicht getan haben. Mein Berufsweg hatte mir allerdings die Möglichkeit eingeräumt, auf einem Logenplatz die Ereignisse zu verfolgen und alsbald an bescheidenem Orte Hand anzulegen, um die Dinge zu forcieren.

Eine illegale Einreise in die DDR (mit einem ordnungsgemäßen, aber für diese Zwecke nicht erteilten Dienstvisum) ermöglichte mir einen Blick auf die Verursacher der deutschen Einheit. Es waren ganz normale Bürger, die außer sich waren, daß das verhaßte SED-Regime den Anschein erweckte, wieder in den Tritt zu kommen. Das war Anfang November 1989.

*Hast du mal Feuer Genosse: Am 4. November 1989 ruft die SED mit Hilfe ihrer Kulturschaffenden zur Großdemonstration auf den Alexanderplatz in Berlin. Es geht um die Rettung der besseren Alternative auf deutschem Boden. Amüsant und symbolträchtig: Noch ist die Mauer dicht, und die Prominenz trifft sich vor dem Reisebüro der DDR. Günter Schabowski, Gregor Gysi, Bärbel Bohley, Volkmar Kleinert, Heiner Müller (Foto: Barbara Klemm, Ausstellung Marin Gropius-Bau, Berlin 2013/14).*

Die SED hatte in Berlin das letzte Aufgebot zusammengetrommelt, doch es kam auch viel Volk, wie man auf dem Theater sagen würde.[780] Da sah man alte und neue Gesichter.[781] Längst nicht jeder, der dort auf dem Alexanderplatz stand, wollte den besseren Staat auf deutschem Boden bewahren. Was die Leute dachten, die nicht zu Wort kamen, konnte man nur hören, wenn man abseits stand. Dort hieß die Parole: Abhauen oder Einheit. So wurde nicht nur mir klargemacht, daß nur die Einheit die realistische Alternative für beide Seiten sein würde. Doch sie stand unter zwei Bedingungen: Sie müßte vom Osten aus unmißverständlich gefordert werden, und sie müßte schnell kommen. Nur dann bestand die Chance, daß die Bedenkenträger West sich nicht erneut formieren würden. Daß sie bereits dabei waren, zeichnete sich ab. Man mußte nur deren Verkündungsorgane lesen.[782]

Daß die deutsche Einheit dann tatsächlich kam, beruhte auf der Furcht der Regierung Kohl, der Flüchtlingsstrom aus der DDR werde die Mehrheiten bei der kommenden Bundestagswahl 1990 drastisch verändern. So kam es, daß ausgerechnet das Kohlsche Prinzip des Aussitzens durch einen Handlungszwang unterbrochen wurde: Der unmöglichen Möglichkeit des Flüchtlingsstops stand die Herstellung der deutschen Einheit gegenüber. Aussitzen war gestern.

Es ist nicht ganz auszuschließen, daß irgendwer im Kanzleramt die *New York Times* las. Dort hatte US-Präsident Bush bereits am 25. Oktober 1989 – noch war die Mauer dicht – folgendes Statement abgegeben:

*Ich teile die Sorge mancher europäischen Länder über ein wiedervereinigtes Deutschland nicht, weil ich glaube, daß Deutschlands Bindung an und Verständnis für die Wichtigkeit des (atlantischen) Bündnisses unerschütterlich ist. Und ich sehe nicht, was einige befürchten, daß Deutschland, um die Wiedervereinigung zu erlangen, einen neutralistischen Weg einschlägt, der es in Widerspruch oder potentiellen Widerspruch zu seinen Nato-Partnern bringt.*

Doch im Kanzleramt ruhte still der See. Allein, die ungehorsamen Leute in Sachsen nahmen darauf keine Rücksicht.

Kohl erbat nun Hilfestellung in Washington. In diesem Fall hatte er, wie man so sagt, mehr Glück als Verstand. In der US-Administration schalteten dieser Tage George Bush als Präsident und sein Geschäftspartner James Baker als der Außenminister. Sie gaben grünes Licht.[783] Bush diktierte in sein Tagebuch:

*Ich denke nicht, daß wir die Geschichte einfältig betrachten sollten, aber ich denke [auch] nicht, daß wir die Geschichte und das Problem mit dem Ersten und Zweiten Weltkrieg über Deutschlands Schicksal in Zukunft bestimmen lassen sollten.*[784]

Welch ein glücklicher Zufall. Der Leser stelle sich für einen winzigen Augenblick vor, dort hätte noch der Ex-Deutsche Henry, vormals Heinz, Kissinger das Sagen gehabt.[785] Hatte er aber nicht.

An dieser Stelle sollte man eine andere Personalie streifen, die des damaligen US-Botschafters in Bonn, Vernon Walters. Aus dem Zeitpunkt seiner Ernennung (April 1989) und dem Umstand, daß dieser Walters zuvor ein US-*troubleshooter* ersten Ranges gewesen war, sind die sonderlichsten Ableitungen getroffen worden: Er sei eigens für die deutsche Sache aus der Pensionierung zurückgeholt worden.[786] Es gilt, etwas heiße Luft aus diesem bunten Verschwörungsballon zu entlassen.

Hierzu ist ein Blick auf den Amtsvorgänger in der Bonner Rheinaue zu werfen. Das war Richard Burt, ein republikanischer Senkrechtstarter, zu Beginn der Ära Reagan ins State Department eingetreten, wo er schneller nach oben schoß, als andere Leute ihre Türschilder wechseln können. 1985 wurde es für den jungen Mann Zeit, etwas Auslandsluft zu schnuppern. Das war für Burt sogleich ein fetter Botschafterposten, nämlich der in Bonn. Ein schöner Job und nicht sehr aufregend, denn mit Amtsantritt von Kohl schien die Sonne über dem spiegelglatten Atlantik. Der Amtswechsel von Reagan auf Bush brachte Burt die nächste Beförderung ein – jetzt mußte er eine heikle Mission übernehmen, die des bevollmächtigten Botschafters für die Abrüstungsverhandlungen mit der Sowjetunion über die strategischen Waffen.[787] Er löste diese Sache, ganz am Ende des Buches wird Burt noch einmal auftauchen. Wieder geht es um eine Verschwörungsgeschichte, doch diesmal von Mainstream losgetreten.

Zurück zu Vernon Walters: Daß er überhaupt noch einmal ins Bild rückte, verdankte er weniger der Notwendigkeit, irgendwo Streit zu schüren, als der Vakanz, die Burt hinterließ, und der Einschätzung des State Departments, daß Bonn ein friedliches Plätzchen sei, von dem aus man allerdings den unruhig gewordenen Ostblock würde beobachten und bei Bedarf ins Visier nehmen können. Dazu allerdings schien Walters erste Wahl zu sein. Ich vermeide es hier, auf die Stationen dieses Engländers näher einzugehen, der seinem Geburtsort New York City die US-Staatsbürgerschaft verdankte.[788]

Bemerkenswert an dem jungen Mann war weniger, daß ihm die formalen akademischen Weihen fehlten als der Umstand, daß er vielsprachig war. Diese Eigenschaft und das Glück, daß die USA Ende 1941 endlich in den Krieg eintraten und hierfür Soldaten brauchten, brachten ihm eine Geheimdienstkarriere in der Army ein. Dort blieb er auch nach dem Krieg. Dolmeschertätigkeiten für mehrere US-Präsidenten, Militärattaché-Stellungen und der Sprung auf den Vizestuhl der CIA folgten, um schließlich von der Ernennung zum US-Botschafter bei der UNO gekrönt zu werden. Ein buntes Leben, in der Tat. Wenn man auslotet, was den Mann neben seiner Vielsprachigkeit auszeichnete, so war dies sicher seine absolute Loyalität gegenüber dem jeweiligen US-Präsidenten, und die Fähigkeit, an deren Weltbeherrschungsambitionen mit allen denkbaren Mitteln mitzuwirken.

Als dieser Mann nach Bonn kam, da war die Welt dort noch in Ordnung, es war die Welt des satten und selbstzufriedenen Stillstands der Ära Kohl.[789] Der einzige aus dessen Regierung, der sich bewegte, war der Außenminister.[790] Er machte unentwegt Dienstreisen. Spötter behaupten, deren Frequenz sei so hoch, daß Genscher als einziger Mensch der Welt in der Lage sei, sich in Köln-Bonn in ankommenden und startenden Flugzeugen selbst zu begegnen.

*Wir sind das Volk – wir sind ein Volk: Entgegen allen westdeutschen Prognosen stimmten die Bürger in der DDR in ihrer ersten freien Volkskammerwahl für die sofortige Abschaffung der DDR im Wege der Wiedervereinigung.*

Die US-Vertreter hielten zu diesem Mann strikten Abstand, weil die CIA-Residentur ihn für einen Verräter hielt. Dort wurde man indessen Opfer des eigenen Abhörwahns. Dieser führte zur Erkenntnis, daß und was Genscher am Telefon verhandelte. Doch nicht nur die US-Leute wußten das, sondern auch die feindlichen Brüder in der Normannenstraße in Ost-Berlin, welche die Bundesrepublik mit einem dichten Abhörnetz überzogen hatten. Von dort wurden diese erstrangigen Nachrichtendienst-Erkenntnisse brav & stolz nach Moskau an den großen Bruder weitergesagt. Dieser Verkehr wiederum wurde von den US-Boys kontrolliert, so daß in der CIA der Eindruck entstand, zwei unabhängige Quellen meldeten das gleiche. Doch es war dasselbe. Es waren dieselben Telefonate, aber keine Konspiration mit dem Osten. Ich habe diese Lachnummer an anderer Stelle beschrieben.[791] Indessen: Das Ergebnis war eindeutig: Wenn die US-Regierung etwas zu verhandeln hatte, wählte sie das Kanzleramt, und, seit Walters in Bonn war, auch den Innenminister. Den ließ er nach Gutsherrnart bei sich zum Report erscheinen. Ein bekanntes Foto, als Schäuble bereits im Rollstuhl saß, weist dies aus.[792]

Das Duo Bush und Baker war es gewohnt auf die Welt als Ganzes – und sei es als Geschäftsadresse – zu blicken. Bei dieser Perspektive war ein gesamtes Deutschland wünschenswert. Wenn man auf etwas zu achten hatte, dann war es dies: Deutschland durfte den amerikanischen Einflußbereich nicht verlassen.[793] Kohl begriff das. Ob ihm das ganz gelegen kam, spielt keine Rolle, denn er tat das, was die US-Lenker forderten und freuen mußte: Mit dem Okay aus Washington nahm er Fahrt auf. Er wurde zur Dampfwalze. Er nutzte seine gesamte Energie, um die notwendige Doppelstrategie umzusetzen: Unverzügliche Herstellung der Einheit unter seiner Leitung und Loskauf des östlichen Besatzungsgebiets von den Russen.[794] Jetzt war vor allem eins gefragt, viel Geld. Es war zur Hand. Das ist das Profane hinter dem Wunder der Einheit.

Die Geschwindigkeit, mit der die Sache gedeichselt wurde, hat alle Bedenkenträger Lügen gestraft. Sie standen abseits, weil sie ihre Zeit damit vertrödelten, ihrer verschütteten ideologischen Milch nachzuweinen. Sie starrten auf die in der Rest-DDR erzwungenen Volkskammerwahlen, von denen sie einen schwachen Rettungsring erhofften. In dieser Hoffnung wurden sie von der linksliberalen Mainstream-Presse vortrefflich unterstützt, die einen großen Sieg der neugegründeten Ost-SPD voraussagte.[795] Das wurde ein Flop, denn die Sozialdemokraten Ost gingen nur als Ferner-liefen durchs Ziel. Das Volk hatte gewählt. Es hatte die Einheit gewählt.[796] Der Rest war das übliche Geplänkel. Der Vertrag zur Herstellung der deutschen Einheit wurde unterzeichnet und ratifiziert.[797] Am 3. Oktober 1990 trat die deutsche Einheit in Kraft.[798] Bei den folgenden, nunmehr gesamtdeutschen Bundestagswahlen wurde sie eindrücklich bestätigt.[799]

Zu Kohl & Co hatte es keine glaubwürdige Alternative gegeben. So kam es also zur deutschen Einheit und zum Kanzler der Einheit. Neidlos ist anzuerkennen, daß Kohl zwischen den beiden Alternativen des Spät-Herbstes 1989 diejenige gewählt hatte,[800] die ihm den Platz in den Geschichtsbüchern – jedenfalls bis auf weiteres – sicherte. Der Katzenjammer kam erst später.

Ein erstes Jammertal war zu durchschreiten, als die Größe der Aufgabe sichtbar wurde, die nunmehr zu schultern war. Hierbei unterschieden sich die Lasten von Ost und West beträchtlich. Während die Westler vor allem zur Kasse gebeten wurden, beraubte das mit einem brutalen Schnitt vollzogene Ende der sozialistischen Wirtschaft beträchtliche Teile der mitteldeutschen Bevölkerung ihrer angestammten Lebensgrundlagen. Als besonders störend wurde empfunden, daß Konjunkturritter beider Systeme ihre Schäfchen ins Trockene brachten – vor allem solche, die ihnen gar nicht gehörten. Mit der Radikalität dieses Angriffs hatte niemand gerechnet. Dementsprechend bescheiden waren die Schutzmechanismen im juristischen Einigungsgetriebe installiert worden. Man mag deren Konstrukteuren zugute halten, daß sie zu jung waren, um den Schwarzen Markt der Nachkriegszeit noch bewußt erlebt zu haben.

Was sich unter dem Wellblechdach der Privatisierung abspielte, spottete jeder Beschreibung. Die in der Noch-DDR gegründete Treuhandanstalt[801] geriet bald unter bundesdeutsche Führung. Ein Mann, wie der Polit-Industrielle Detlev Karsten Rohwedder, hatte davon gesprochen, daß er die Dinge behutsam und unter Wahrung der Substanz abzuwickeln gedächte. Doch dem machte der Tod einen Strich durch die Rechnung, denn Rohwedder wurde am 1. April 1991 ermordet.[802] Ihm folgte eine Frau namens Birgit Breuel nach, die dem Altbestand ausgedienter CDU-Politiker entnommen wurde und nunmehr einen radikalen Gegenkurs in Richtung kompromißloser Privatisierung steuerte.[803] Auch alle, die gegen den großen Vorsitzenden Helmut Kohl vor Jahresfrist noch zu rebellieren versucht hatten[804] oder auf andere Weise gescheitert waren, erhielt nun großzügige Lehen: Kurt Biedenkopf,[805] Bernhard Vogel,[806] Lothar Späth,[807] um nur einige dieser Lichtgestalten beim Namen zu nennen. Nach deren Qualifizierung fragte niemand.

Doch es waren nicht nur Konjunkturritter West, die mit fragwürdigen Methoden bei der Treuhandanstalt Betriebe an Land zogen, um sie mit Lust gegen die Wand zu fahren und anschließen die wertvollen Liegenschaften zu verhökern, sondern auch die ausgebooteten Kader mischten fröhlich mit. Sie nutzen das im letzten Moment vor der Volkskammerwahl 1990 erlassene Gesetz zum Privaterwerb von Volkseigentum, das sog. Modrow-Gesetz,[808] um sich zu bedienen. Nach der Einheit halfen sie gern Kapitalgebern, den sog. Investoren, beim eigennützigen Tun. Das Ganze vollzog sich bei nahezu idyllischer Polizeiabwesenheit, da die vorhandenen Ex-Volkspolizisten nur ein einziges Ziel verfolgten: Sie wollten Polizei*beamte* werden, und hierfür gab es eine Grundvoraussetzung: jetzt bloß nicht auffallen.

Eine zusätzliche Schieflage entstand durch die Stasi-Diskussion, welche die 1990-er Jahre innenpolitisch dominierte. Sie kochte in den letzten Tagen der DDR hoch[809] und wurde durch einen Schulterschluß von sog. Bürgerrechtlern und der westlichen Mainstream-Presse am Leben erhalten. Sie hatte zum Gegenstand, daß alles Übel der Welt von der DDR-Staatssicherheit ausgegangen sei und in finsteren Zirkeln noch nach dem Untergang der DDR ausgehe. Es mag sein, daß die Bürgerrechtler der DDR an das glaubten, was sie sagten. Im Prinzip waren sie nach dem Untergang der DDR nichts anderes als Weißt-du-noch-Genosse!-Grüppchen, die ihrem für Sekunden aufscheinenden Einfluß an diffusen Runden Tischen in einem untergegangenen Land nachtrauerten. In ihrer Trauerarbeit wurden sie von der West-Presse schamlos ausgebeutet, denn Spiegel-Bild-Stern & Co war einzig an Skandalgeschichten gelegen, die sich lange Zeit gut verkaufen ließen und die zugleich dazu dienten über die eigenen DDR-Verstrickungen hinwegzupalavern,[810] indem man mit dem Finger auf andere zeigte.

Es dauerte etwa ein Jahrzehnt, bis sich die Dinge eingependelt hatten. Bis dahin hatte es viel Frust gegeben. Nicht zum wenigsten war das Kohlsche Schlagwort von den *blühenden Landschaften* mitursächlich, weil sich diese partout nicht von selbst einstellen mochten. In all diesen Jahren der deutschen Nabelschau hatte die Öffentlichkeit nicht bemerkt, daß Kohl & Co Deutschland mit der Abrißbirne bearbeiteten. So entstand aus der deutschen Einheit das zweite Jammertal.

Inhaltlich ging es darum, die europäische Einigung voranzutreiben. Sie war das Kohlsche Ursprungsziel gewesen. Seine Äußerungen lassen kaum einen Zweifel daran, daß dieses Ziel, in seiner Jugend ins Auge gefaßt, zum Leitstern seines politischen Handelns geworden war.[811] Es war während des dazwischenkommenden Prozesses der deutschen Einheit lediglich in den Hintergrund getreten. Ich will es dem Leser ersparen, all die kleinen Zwischenschritte aufzuzählen, die in der langen Kanzlerschaft des Helmut Kohl unternommen worden sind, um die Souveränität Deutschlands zu untergraben. Es sei lediglich die Bemerkung dazu gestattet, daß Kohl seinen Nimbus als *Kanzler der Einheit* für eine lange Kanzlerschaft nutzen konnte, ohne die all die Zwischenschritte nicht möglich gewesen wären. Seinen größten Coup landete er in dieser Serie mit der Abschaffung der D-Mark. Sie fiel seinen Europa-Ambitionen am 1. Januar 2002 zum Opfer.[812]

Einschneidender hätte das neue Jahrtausend für die Deutschen nicht beginnen können. Die Vorbereitungen liefen durch die politischen Hinterstuben. Keiner nahm das ernst, zumal niemand gefragt wurde. Später ist die Einführung des Euro als teil-europäische Währung so erklärt worden, daß auf diese, und nur auf diese, Weise Frankreich das Ja zur deutschen Einheit abgetrotzt worden sei.[813] Hierzu ist anzumerken, daß weder Frankreich noch Großbritannien mit der Herstellung der deutschen Einheit einverstanden waren. Personifiziert man den Vorgang, so ist zu sagen, daß die Konservative Margaret Thatcher und der Sozialist François Mitterand Nein sagten.[814] Die Hilfe, die sie sich aus Washington und dann sogar aus Moskau holen wollten, stieß dort auf taube Ohren. Lediglich aus Warschau war der übliche polnische nationalistische Überschwang zu vernehmen, der ein Mitspracherecht verlangte.[815] Das war ein sicherer Garant dafür, daß die Russen *njet* sagten: Mit Polen als mitredender Partei wollten sie aus prinzipiellen Gründen nichts zu tun haben.

Bleibt die Frage offen, ob Frankreich bei seinem Nein geblieben wäre, wenn Kohl das Geld-Opfer nicht angeboten hätte. Denn was der Euro zugunsten Frankreichs *à la longue* bedeuten würde, habe die Beteiligten später, als das Kind bereits im Brunnen lag, geradezu hämisch eingeräumt.[816] Deutschland würde für eine überbordende französische Sozialpolitik zur Kasse gebeten werden. Dieser Vorgang findet zur Zeit statt.[817] Doch noch einmal zurück zur Fragestellung: Hätte ohne das deutsche Angebot das französische Nein Bestand gehabt? Auch hier lautet die Antwort Nein. Die Franzosen, isoliert von den übrigen Mächten, hätten die deutsche Einheit nicht verhindern können. Sie wäre auch ohne die französische Unterschrift erfolgt. Einen solchen Vorgang nennt man Realpolitik. Mit dem Wegwerfen der D-Mark ist Deutschlands Souveränität bis ins Mark getroffen worden. Wie sich das bis heute auswirkt, wird im Abschlußkapitel zu besprechen sein.

Die deutsche Einheit riß die anderen Ereignisse in Europa mit. Es folgten die Selbständigkeitserklärungen nicht nur von Polen, Ungarn, der Tschechoslowakei, Bulgariens und Rumäniens und das Abschütteln der kommunistischen Herrschaft, sondern auch die Hegemonialmacht Rußland wurde einschneidend getroffen.

## Putsch im Putsch und сто грам водка (100 Gramm Wodka): Der Untergang der Sowjetunion und der Triumph des Boris Jelzin

Nachdem ab 1989 die langjährigen Satelliten in Mittelosteuropa grußlos die einstige Staatengemeinschaft des wissenschaftlich fundierten Fortschritts verlassen hatten, löste sich auch der Zentralstaat Sowjetunion in einzelne, nicht mehr bei der Stange bleibende Republiken auf. Die nichtrussischen Völker der Sowjetunion beriefen sich überraschend auf die Verfassung der Sowjetunion. Deren Artikel 72 garantierte das Recht der nationalen Selbstbestimmung bis hin zur staatlichen Lostrennung. Sich auf den Buchstaben des Gesetzes zu berufen, war seit Lenins Zeiten als bürgerlicher Nationalismus gegeißelt und mit Mitteln der strafrechtlichen Repression bekämpft worden.[818] Dergleichen wurde schwierig, als sich die Randstaaten nun selbst Regierungen gaben, die dergleichen Sezessionsforderungen erhoben. Die ersten waren die Balten. Folglich war im Baltikum die Gefahr einer kriegerischen Auseinandersetzung zwischen der Zentralmacht und den nach Unabhängigkeit strebenden Republiken in den Bereich des Möglichen gerückt.

Die Dinge eskalierten, als im Januar 1991 die im Lande befindlichen sowjetischen Truppen des Innern, OMON,[819] in Vilnius/Litauen und sodann in Riga/Lettland mit offener Gewalt gegen die politischen Entscheidungszentren vorgingen. Es gab Tote und Verletzte.[820] In Litauen wurde die Regierung gestürzt.[821] Diesem Regierungssturz war eine mehrgliedrige Operation des KGB vorangegangen. Sie zielte in Wirklichkeit auf den sowjetischen Präsidenten Gorbatschow und beinhaltete zwei Varianten. Entweder es gelang, den Mann ins rechte Fahrwasser zurückzulenken, widrigenfalls war er zu stürzen.

Das menschliche Vehikel für dieses Tun sollte die litauische Ministerpräsidentin Kazimiera Prunskiene werden. Eigentlich war diese Frau lediglich eine Wirtschaftsprofessorin gewesen. Doch sie hatte ihre Zeit an der Universität Vilnius viele Jahre dazu genutzt, um intensive Beziehungen ins westliche Ausland zu unterhalten. Das rief die Genossen der sowjetischen Staatssicherheit auf den Plan. Als Prunskiene Anfang der 1980-er Jahre zu einem Studienaufenthalt nach Frankfurt am Main aufbrach, hatte sie eine Anlaufstelle für besondere Informationen und einen Decknamen in ihrem unsichtbaren Gepäck. Sie wählte den Hexennamen Šatrija. Bis hierhin war also alles normal.

Als sie nach Litauen zurückkam, war's mit der Normalität vorbei, denn die aufstrebende Wissenschaftlerin hatte sich in den Kopf gesetzt, ihre litauische Heimat vom sowjetischen Vormund loszulösen. Auf geradem Weg strebte sie ins Amt der Ministerpräsidentin Litauens. Es hat den Anschein, daß ihre Beobachter aus dem KGB das zunächst gern sahen. Sie mochten sich einbilden, daß eine Einflußquelle gar nicht hoch genug sitzen könnte. Doch dann muß ihnen aufgegangen sein, daß die Hexe Šatrija ihnen nicht mehr zu Gebote stand. Ganz im Gegenteil. Deswegen kamen sie auf die Idee, sie mit den gewohnten Mitteln zur Willfährigkeit zu nötigen. Prunskiene wurde gesteckt, daß man ihre KGB-Anbindung rauslassen könne, es sei denn, sie ließe von ihrem Sezessionskurs ab. Sie trotzte dem. Der aufkommenden Flüsterkampagne setzte sie den Rücktritt entgegen.[822]

Nunmehr zeigten die Leute in der Lubjanka, daß sie auch anders konnten. In scharfem Schuß wurde in Vilnius klargestellt, wer im Zweifel die Macht ausübte. Die Schüsse zielten weniger auf die paar unbotmäßigen Litauer am staatlichen Rundfunk, sondern indirekt auf den sowjetischen Präsidenten. Er sollte endlich zu einer Gewaltlösung Farbe bekennen. Gorbatschow schwankte. Daraufhin schenkten die Herren Generäle Wladimir Krjutschkow und Boris Pugo – KGB-Chef der eine und sowjetischer Innenminister der andere – nach. Die nächsten Schüsse fielen in Riga und kosteten vier Letten das Leben.[823]

Erneut zog Gorbatschow eher halbherzig die Notbremse. Es war deutlich, daß er angefangen hatte, den Ereignissen hinterherzurennen. Daß das so war, lag an einer stabilen Informationsverbindung des KGB. Deren unmittelbarer Zuträger über das, was sich in Gorbatschows Beratungsräumen abspielte, war Büroleiter Walerij Boldin. Die Illoyalität von Boldin ging so weit, daß er die Installation von Abhörtechnik des KGB in den Räumen des Präsidenten ermöglichte.[824] So erfuhr KGB-Chef Krjutschkow den Inhalt aller vertraulichen Beratungen.[825]

*Putsch vor laufender Kamera: Der aus der Sowjetführung ausgeschlossene Boris Jelzin bereitet als Präsident des russischen Sowjets zusammen mit der litauischen Präsidentin (und aus dem Ruder gelaufenen Ex-KGB-Agentin) Kazimiera Prunskiene 1989 die Entlassung der Litauischen SSR aus dem Gesamtstaat vor.*

Ob die Stafette von dort an den Gorbatschow-Widersacher Boris Jelzin (Борис Ельцин)[826] – seit 1990 der Vorsitzende des Obersten Sowjets der Russischen Republik – weiterging, kann man nur mit Spekulationen beantworten. Auffällig ist jedenfalls, daß sich die Lage im Baltikum erst entspannte, als Jelzin bilateral, oder, wenn man so will, von Gleich zu Gleich die Unabhängigkeit der beiden Baltenrepubliken anerkannte. Das war ein kalkulierter Verfassungsbruch, dem weitere folgen sollten. Spätestens in diesem Augenblick war für die Beobachter der Lage klar, daß der eigentliche Konflikt zwischen der Zentralmacht Sowjetunion und der Titularmacht Rußland auf dem Fahrplan stand.

Für die Masse der Russen war diese Auseinandersetzung mit den Randstaaten zunächst im wahrsten Sinne des Wortes ein Randproblem. Die Wirtschaft des Landes hatte ihre Talfahrt mittlerweile so beschleunigt, daß die Landeswährung, der Rubel, selbst in staatlichen Verkaufsstellen nur noch ungern oder gar nicht mehr akzeptiert wurde. Der am 14. Januar 1991 von der Zentralregierung verkündete Währungsschnitt von 2 zu 1 und die Begrenzung des Währungsumtausches auf drei Tage führten zum radikalen Verlust von Ersparnissen, der vor allem die ohnedies nicht wohlhabende Masse der Arbeiter und Angestellten traf.[827] Dies zu beachten erscheint unumgänglich, weil durch diese Maßnahme der Ansehensverfall der Zentralmacht, die mit dem Namen des Präsidenten Michail Gorbatschow untrennbar verbunden war, galoppierende Züge annahm.[828]

Der Untergang der Sowjetunion, der nun folgte, war ein komplexer Vorgang, der von vier voneinander zu unterscheidenden Gruppierungen im Innern Rußlands vorangetrieben wurde. Hierbei handelte es sich um (1) die Gruppe um den sowjetischen Parteichef Michail Gorbatschow, (2) die Gruppe der Verschwörer aus der Staatsspitze der Sowjetunion, (3) die Gruppe um den russischen Präsidenten Boris Jelzin und (4) nicht zu vergessen: viel Volk auf den Straßen von Moskau. Diese vier Gruppen handelten mit Zielen, die miteinander unvereinbar waren. Gorbatschow wollte die Sowjetunion zusammenhalten und von oben reformieren, die Augustputschisten wollten die Breshnjew-Ära wiederherstellen und Gorbatschow abräumen, Jelzin wollte jegliche sowjetische Führung beseitigen und selbst an die Macht, und das Volk wollte aus seiner wirtschaftlichen Not befreit werden. Wenn es denn politisch etwas wollte, so wollte es auf keinen Fall die Wiederkehr der alten Verhältnisse, und der Mann, der den Moskauern für einen winzigen Augenblick der Garant für das Erhoffte zu sein schien, war Boris Jelzin.

Es ist müßig an dieser Stelle zu diskutieren, ob der Plan des Michail Gorbatschow, das kommunistische System der Sowjetunion von oben und innen zu reformieren, überhaupt hätte funktionieren können, klar ist vielmehr, daß das, was er tat, addiert um die Schwierigkeiten, die er vorgefunden hatte, alle diejenigen auf den Plan rufen mußte, die etwas zu verlieren hatten. Das waren die Mitglieder der Nomenklatura, also die Funktionärs-Herrschaftsschicht der Sowjetunion. Die Widerstände, die aus dieser Ecke drohten, ja drohen mußten, waren auch Gorbatschow und seinem engeren

Umfeld bekannt. Anders ist nicht zu verstehen, daß er 1990 mit großem Energieaufwand versuchte, seine eigentliche Machtbasis, nämlich den Posten des Generalsekretärs der KPdSU mit dem eines sowjetischen Präsidenten zu konsolidieren, wenn nicht gar zu vertauschen.[829]

Kurze Zeit zuvor mußte Gorbatschow den Posten des KGB-Chefs neu besetzen. Er bestimmte Wladimir Krjutschkow. Der war als stellvertretende KGB-Chef bereits 1986 zusätzlich ins Zentralkomitee der KPdSU gewählt worden, um im Oktober 1988 auf den Stuhl des KGB-Vorsitzenden befördert zu werden.[830] Die Auswahl von Krjutschkow wird man schwerlich als eine gute Wahl bezeichnen können. Denn kaum war er im Amt, nutzte er seinen Posten, um gegen andere Mitglieder aus Gorbatschows Führungsmannschaft zu intrigieren. So bezeichnete er beispielsweise den Gorbatschow-Mann und Mitstreiter im Politbüro der KPdSU, Alexander Jakowlew, als Sicherheitsrisiko, indem er verschwommene Andeutungen über dessen Aufenthalte im westlichen Ausland machte. Das bedeutete in der bürokratischen Realität des Kremls, daß Jakowlew Stück um Stück von den Verteilern für Verschluß-Sachen gestrichen und abgeschnitten wurde – und was war in der Sowjetunion nicht alles Verschluß-Sache, Glasnost hin oder her.[831]

Gorbatschow war nicht der Mann, durch ein klares Wort reinen Tisch zu machen. Doch nicht nur er, auch sein Mitstreiter Jakowjew ließ den notwendigen Realitätssinn vermissen. Das zeigte sich beispielsweise am 14. Dezember 1989 bei einem Blitzbesuch des Russen in Ost-Berlin, als er der ums Überleben kämpfenden SED-Riege Mut machen wollte, indem er ihnen die Maßnahmen pries, mit deren Hilfe man das KGB domestiziert und für die eigenen Belange nutzbar gemacht habe.[832] Das mochte den Neu-Perestoikajanern in Ost-Berlin vielleicht wie Sphärenmusik aus dem Munde eines Gesalbten aus Moskau erschienen sein. Doch in Wirklichkeit waren es Töne aus Wolkenkuckucksheim.

Die Ausführungen Jakowlews zeigten nämlich das ganze Ausmaß seiner Unwissenheit über die wahren Verhältnisse an der Spitze des KGB. Die Männer, denen er unterstellte, sie hätten mit Geschick und Rabulistik die Klippe namens Volkszorn umschifft, hatten in Wahrheit ganz anderes im Sinn. Sie planten in aller Heimlichkeit, wie sie den Partei- und Staatschef der Sowjetunion und sein engeres Gefolge quitt kriegten. Das konnte nur ein Attentat oder ein Staatsstreich sein. Im Sommer 1991 schien die Zeit dann überreif.

Ein Blick auf den Globus signalisierte den Konspirateuren, daß der Rest der Welt mit anderen Dingen voll und ganz beschäftigt war. In Nahost waren die US-Amerikaner in die Auseinandersetzungen um den Irak verstrickt, auf dem Balkan zerbarst Jugoslawien, ungläubig beäugt von den westeuropäischen Staaten, und in Deutschland waren die Deutschen mit sich selbst voll und ganz ausgelastet. Also schien die Zeit gekommen, den Verderber der Sowjetunion abzuräumen. Bis hierhin schien alles schlüssig. Doch, was kam, war Asche: Die Putschisten hatten einen Plan, sie hatten ein Instrumentarium, aber ihnen fehlte der Rest: Schneid, Charisma, Durchsetzungswillen und die zündende Idee, warum ausgerechnet sie die Retter der Lage sein sollten.

Und so verlief der Putsch: Am 18. August 1991 wurde der sowjetische Präsident in seinem Urlaubsdomizil in Foros auf der Krim durch KGB-Einheiten umstellt und von den Nachrichtenverbindungen abgeschnitten. Am Tag darauf, dem 19. August, kamen die Verschwörer aus der Deckung. Sie nannten sich Staatskomitee für den Ausnahmezustand (GKTschP – ГКЧП). Es waren im wesentlichen die Generale Wladimir Krjutschkow, Vorsitzender des KGB, Dmitrij Jasow, Verteidigungsminister der Sowjetunion, und Boris Pugo, Innenminister der Sowjetunion, schließlich noch zwei Zivilisten, Gennadij Janajew, Vizepräsident der Sowjetunion, und Anatoli Lukjanow, Vorsitzender des Obersten Sowjets der UdSSR.[833] Bereits diese Zusammensetzung zeigt, daß der Gorbatschow des Jahres 1991 keine Ahnung mehr davon hatte, wie die Machtverhältnisse an der Staatsspitze wirklich aussahen, und wer von den Männern noch zu ihm hielt. Es waren alles Männer, die er mühelos hätte absetzen können. Doch das Konzept der Herren und ihre Machart scheint aus einem schlechten Film der Stalin-Ära entlehnt. Der staatliche Rundfunk sendete den Tag über Tschaikowskis Schwanensee,[834] und durch die Straßen rasselten die Panzer der Roten Armee.

Die Rechnung war ohne das Volk gemacht. Was wollte es? Wer weiß es. Auf jeden Fall aber einen starken Mann, der das erbärmliche, für jedermann greifbare Chaos des Alltags beenden würde. Dieser Mann schien der breiten Masse Boris Jelzin zu sein. Der russische Regierungssitz, das Weiße Haus in Moskau, wurde vom Volk belagert, doch nicht um es zu erstürmen, sondern im Gegenteil, um einen gerüchteweise befürchteten Sturm der Sowjet-Truppen und von KGB-Einheiten zu verhindern. Am 21. August 1991 mißachteten die eingesetzten Rotarmisten und Tschekisten[835] ihre Angriffsbefehle.

In Deutschland wurde in seltsamer Naivität über den Putsch vom August 1991 berichtet, und zwar so, als sei die Sache lediglich zweidimensional abgelaufen. Auf der einen Seite die Putschisten, also die Bösen, auf der anderen Seite, die Guten, die man leichtfertig als die Demokraten bezeichnete. Im Deutschen Fernsehen klang das beispielsweise im O-Ton des dortigen Korrespondenten Thomas Roth so:

*Ein Fest der Demokratie. Ein Feuerwerk für die Freiheit. So war es angekündigt, und so kam es auch. Moskau heute am Tage des Sieges über die Putschisten. Die Freude konzentriert sich besonders auf einen Mann, auf Boris Jelzin, er ist das Symbol des Sieges über das Putschkomitee geworden, aber wohl auch über die Vergangenheit, die sie alle miteinander teilen und aus der sie alle kommen: auch Jelzin: der Sieg über die Ära des Kommando-Kommunismus.*[836]

So wurde es dem deutschen Fernsehzuschauer am 22. August 1991 verkündet. Lob auf Lob folgte in den nächsten Tagen für den Volkshelden Jelzin. Kein Wort des Zweifels, daß diesem Mann –

gelinde gesagt – der Putsch gerade recht kam, denn das war der Hebel, um mit seinem langjährigen Widersacher Gorbatschow abzurechnen.

Fest steht nur, daß bei allem Durcheinander jener Tage der wirkliche Putschist Boris Jelzin hieß. Den Mann als Demokraten, gar als Reformer zu bezeichnen, mutet wie ein Witz an. Um dies zu illustrieren, brauchen wir nur ganz wenige Jahre zurückzuschauen. Eben dieser Jelzin war ein klassischer Vertreter der Breshnjew-Ära gewesen. Die Perestrojka war seine Sache nicht. Er war ein Exponent der Kräfte der Beharrung und des Stillstandes und zwar so sehr, daß er beim Herbstplenum 1987 des Zentralkomitees der KPdSU aus diesem Führungsgremium der Partei ausgeschlossen wurde.[837]

Fortan sammelte Jelzin um sich die alte Fronde. Die Frondeure erkannten, daß die Rückkehr zur Spitze nur möglich war, wenn man den größten Teilstaat der Sowjetunion, nämlich die Titularmacht Rußland, okkupierte. So geschah es. Jelzin und seine Freunde manövrierten konsequent an die Spitze des russischen Obersten Sowjets, Jelzin wurde 1990 dessen Vorsitzender und im Juni 1991 der Präsident Rußlands,[838] wohlgemerkt des russischen Teilstaats. Im August 1991 räumte er dann mit Unterstützung der Straße den erst im Vorjahr gewählten Präsidenten der Sowjetunion ab.

Ohne die Steilvorlage aus der Lubjanka, dem Hauptquartier des KGB, wäre der Jelzin-Putsch kaum so glatt möglich gewesen. Der Leser ist kein Freund von Verschwörungstheorien, doch sei die Feststellung erlaubt, daß der dilettantische Putschversuch von Krjutschkow, Pugo & Co dem russischen Präsidenten Jelzin in die Hände spielte. Am 20. August 1991 hätte nämlich nach dem sowjetischen Terminfahrplan die Unterzeichnung eines neuen Unionsvertrages zwischen dem Gesamtstaat Sowjetunion und seinen Gliedern auf der Tagesordnung gestanden. Da war Eile geboten, wenn der Hebel Rußland den Sieg bringen sollte. Ebenso eilig war das von Jelzin verhängte Verbot der KPdSU, denn die hatte noch im Spätsommer 1991 vorgehabt, sich in eine sozialdemokratische Partei zurück zu verwandeln. Das unterblieb, denn es hätte den Triumph des Boris Jelzin empfindlich gestört.

Am 25. Dezember 1991 versank die Sowjetunion ins Nichts.[839] Der vierjährige Staatsstreich des Boris Jelzin war damit abgeschlossen. Der Sieg Jelzins bedeutete das politische Ende des Michail Gorbatschow. Der Mann, der im Westen mit viel Glorienschein versehen worden war, hatte in den Augen der Russen verspielt. Ja, manch einer hielt sogar für möglich, daß er nur deshalb zur Zeit des Putsches ins Feriendomizil auf der Krim ausgewichen war, um dort in Ruhe abzuwarten, wer in Moskau das Rennen machen würde, um sich sodann an die Spitze der siegreichen Bewegung setzen zu können.[840] Auch der Putsch selbst wandelte sich in der Erinnerung der Russen zum Schmierentheater und der einstige Volksheld Jelzin zur Haßfigur.

## Ostlandfahrt der Kreuzritter:
## Die Osterweiterung der Nato und das Comeback Rußlands nebst einem Exkurs über das Völkerrecht und die Krim

Eigentlich fing es ganz harmlos an. Die Bundesrepublik blieb bei der Wiedervereinigung Deutschlands in der Nato. In den folgenden vier Jahren zogen die russischen Besatzungstruppen aus dem Gebiet der ehemaligen DDR ab.[841] Die Amerikaner indessen blieben in Westdeutschland, wenn auch in veränderter Formation. Sie blieben, so sagte man allgemein, als Freunde. Nur wenigen schwante, daß sie auch Besatzer sein könnten. Auch wurde es nicht Gemeingut, daß sie von deutschem Boden aus fortan weltweit Kriege organisierten und führten.[852] Davon wird noch zu lesen sein.

Das eigentlich überraschende passierte aber ostwärts von Deutschland. Der Warschauer Pakt zerfiel und die Sowjetunion spaltete sich in Einzelstaaten auf, deren Namen heute kaum einer aufzählen kann, geschweige denn, daß er weiß, wo diese Staaten liegen und welche wirtschaftliche und geostrategische Bedeutung sie haben. Dieses Unwissen ist in Deutschland heutzutage Gemeingut, wenn man so will. Dieses Unwissen gilt indessen nicht überall und für jedermann. Es gilt nicht für die Wenigen, die glauben, daß die Welt ihre freie Verfügungsmasse ist. Es sind dieselben politischen Planer und Exekutoren, welche die Welt während des Kalten Krieges in Atem gehalten haben. Sie machten sich schnell klar, daß die russische Schwäche zugleich die Chance einer ungeheuren Machterweiterung bedeuten würde.

Das war die Antriebsfeder für die Nato-Osterweiterung, die mit einem Schlag eine Reihe von Staaten unter das amerikanische Kommando beförderte, die vor kurzem noch zu den Feindstaaten gehört hatten. So kamen Polen, Ungarn, die sich selbst teilende Tschechoslowakei, Rumänien, Bulgarien und die drei baltischen Republiken ins US-Kriegsboot, oder um es in den Worten der US-Propaganda auszudrücken: Sie schlossen sich der westlichen Wertegemeinschaft an. Der Ring um Rußland wurde enger. Es verlor seine Vorfeldstaaten.

Diese Verschiebung war nur aus zweierlei Gründen möglich. Die neuen Nato-Staaten wollten dies so. Sie hatten im überreichen Umfang schlechte Erfahrungen mit der Herrschaftspraxis der Sowjetunion gemacht. Der zweite und eigentliche Grund war die Schwäche Rußlands, das diesem Tun nichts entgegenzusetzen wußte.

Die russische Schwäche war hausgemacht, aber nicht nur. Das politische System des Boris Jelzin, das 1991 die Macht übernommen hatte, beruhte auf den Prinzipen von Unfähigkeit und Korruption. Zunächst ging es darum, die bis zum Stillstand gebrachte kommunistische Kommando- und Planwirtschaft durch etwas Neues zu ersetzen. Die im Westen so erprobte Marktwirtschaft war bei der Hand, doch die funktionierte nach dem Prinzip des Eigentums, bevorzugt des Privateigentums. Was nun in der russischen Wirklichkeit folgte, erinnert stark an einen deutschen Revolutionswitz des Jahres 1919: Ein siegreicher Sozialist betritt das Büro des Vorsitzenden der Deutschen Bank, dem er die Vergesellschaftung seines Unternehmens mitteilt. Der antwortet: Gut, wir haben 60 Millionen Deutsche. Das Kapital der Deutschen Bank beträgt 60 Millionen. Dann greift er in seine Westentasche, holt eine Mark heraus, die er dem Sozialisten mit den Worten übergibt: Da haben Sie ihren Anteil, und jetzt können sie wieder gehen.

In der Tat: die Aufteilung des russischen Volksvermögens im Anteilswege an die Beschäftigten trug eben diese Züge. Es wurden 148 Millionen Anteilsscheine (Vouchers) verteilt, deren Nominalwert auf 10.000 Rubel festgesetzt war. Da niemand mit seinem Anteil etwas anfangen konnte, dieser aber inner-russisch zu verkaufen war, suchten ungezählte Russen ihren Anteil loszuwerden, da sie zum Weiterleben Geld brauchten. Diese Einkommensnot resultierte aus dem Umstand, daß monatelang keine Gehälter mehr ausgezahlt wurden und gleichzeitig ab dem 1. Januar 1992 die Preisbindung ersatzlos fiel, so daß mit einem Schlag ein durchschnittlicher Anstieg der Preise um 245 % folgte.

Man sagte, das sei die Marktwirtschaft. Ein Russe mit Namen Jegor Gajdar[843] trug als Finanzminister hierfür die Verantwortung. Zuvor hatte er als Theoretiker an einem Wirtschaftsinstitut gearbeitet. Ihm zur Seite stand eine Riege von US-Amerikanern, die man aus Harvard bezogen hatte. Wer diesen Transfer verantwortete, blieb unklar. Wesentlich klarer waren die Folgen: Sie waren das nackte Chaos.[844] Auch wurde auf den hohen Anteil der Wirtschaftskriminalität hingewiesen.

Unübersehbar jedenfalls war der Finanzcrash des Jahres 1997/98, der Rußlands Bankenwelt zum Einsturz brachte und die taumelnde russische Wirtschaft endgültig zu zerstören schien.[845] Kaum geschehen, äußerten sich die üblichen Wirtschaftsweisen, warum das alles so hatte geschehen müssen. Das soll hier nicht wiederholt werden. Doch einen Hinweis auf die Harvard-Boys, die den freien Markt nach Rußland gebracht hatten, soll hier nicht unterdrückt werden. Was also war in Wirklichkeit geschehen?

Bis dato unbekannte Männer hatten im großen Stil Eigentumsanteile eingekauft.[846] Die einzige Frage, die sich dem Beobachter stellte, war die: Wo hatten diese Leute plötzlich das ganze Geld her, das sie dort ausgaben? Es stammte von sog. Investoren, die keineswegs Russen waren, aber solche als Strohmänner brauchten und vorschoben. Die Masse des Geldes stammte von den weltweit bekannten Investitionsfirmen, und die saßen in der Wall Street in New York. Es war ein atemberaubender Coup der feindlichen Übernahme einer ganzen Volkswirtschaft.[847]

Wer weiß, wie das ausgegangen wäre, wenn nicht der russische Präsident Jelzin gegen Ende seiner Amtszeit einen einsamen Entschluß gefaßt hätte. Er suchte sich einen Nachfolger aus, von dem er annahm, daß er ihm einen Herzenswunsch erfüllen würde. Für diesen Wunsch hatte Jelzin einen höchstpersönlichen Grund. Er steckte selbst – und mit ihm seine ganze Familie – bis zum Hals in dem von ihm verursachten Korruptionssumpf. Mit dem Ende seiner Amtszeit mußte er befürchten, daß ein Amtsnachfolger strafrechtliche Konsequenzen an ihm vollziehen würde. Also brauchte er eine persönliche Amnestie.

Die Nachfolgerwahl war ein Krimi für sich. Jelzin und die Familie, wie es so trefflich in Anlehnung an die gute alte Mafia hieß, machten sich eine Verfassungsbestimmung zunutze, nach welcher ein amtsunfähiger Präsident durch den Ministerpräsidenten zu vertreten sei. Nunmehr suchte man sich als Nachfolger den ehemaligen KGB-Offizier Wladimir Putin aus, der kurzfristig zum Ministerpräsidenten bestellt wurde.[848] Ihn stellte man zugleich mit großem öffentlichem Tamtam als den designierten Nachfolger heraus.

Putin willigte in den Grund-Deal ein: Amtsübergabe gegen Amnestie. Am 31.12.1999 wurde das Geschäft vollzogen: Putin übernahm das Kommando als amtierender Präsident und Jelzin trat als ein wohlhabender sorgenfreier Pensionär ab. Alles war in den Augen der korrupten Führungsschicht im Lot, doch innerhalb von Tagen wurden die selbstherrlichen Königsmacher von einer neuen Wirklichkeit eingeholt. Putin säuberte die Zentrale. Mit der Jelzin-Tochter Tatjana Datschenko,[849] die seit Jahr und Tag heimlich die Zügel in Händen gehalten hatte, fing er an, dann folgten weitere

Personen in Schüben zu dutzenden. Westliche Beobachter merkten indigniert an, daß die Schaltstellen mit ehemaligen KGB-Leuten besetzt wurden. Die Neureichen, auch Oligarchen genannt, bekamen Besuch, bevorzugt von der russischen Finanzpolizei und die Gefängnisse bevölkerten sich mit Personen, die bis gestern noch Kaviar mit Eßlöffeln gegessen hatten.

Ob Rußland mit dem neuen Zaren ein Glückslos gezogen hatte, werden dereinst andere Geschichtsbetrachter zu beurteilen haben.[850] Hier genügt es, die unmittelbaren Auswirkungen für die weltpolitische Position Rußlands zu betrachten. Sie schälen sich Stück um Stück aus dem Nebel eines langgestreckten Geschehens. Putin hatte Zeit, er nahm sich diese, und als seine beiden Wahlperioden als Präsident der Russischen Föderation abgelaufen waren, bediente er sich seines Schildknappen Dmitrij Medwedjew, der ihm 2006 nachfolgte, um nach seinem Amtsablauf 2010 auch formal wieder Putin Platz zu machen. Das war kalkulierter Verfassungsbruch oder, wenn man so will, Realpolitik.

Einige gravierenden Folgen des Putin-Takeovers konnten schon bald nicht zweifelhaft sein: Rußland stoppte den Ausverkauf seines Volksvermögens und domestizierte diejenigen, die es an sich gerissen hatten, Stück um Stück. Es gibt hierfür keinen besseren Zeugen als den Spekulations-Ganoven George Soros, der genau einen Monat nach Putins Machtübernahme feststellte:

*Zehn Jahre hatten wir die Gelegenheit, die Dinge in Rußland zu beeinflussen und in die richtige Richtung zu bringen, und wir haben es vermasselt.*[851]

Es sieht so aus, daß Putin die russischen Oligarchen vor die Wahl stellte, entweder sich seiner strikt pro-russischen Wirtschaftspolitik zu beugen, sich ins Ausland abzusetzen[852] oder in den Knast zu wandern. Vor allem die letztgenannte Variante rief in den westlichen Medien helle Empörung hervor – in Rußland weit weniger.

Man kann sich leicht vorstellen, daß Rußlands neuer Kurs viele

Enttäuschungen erzeugte. Wer sich bereits im Alleinbesitz des sibirischen Nickels, des Öls und des Erdgases, gesehen hatte, fühlte sich herausgefordert. Diese Herausforderung wurde angenommen. Man kann es an den jetzt in den USA folgenden öffentlichen Aussagen zum Thema Rußland kontrollieren. Rußland wurde erneut in den Kreis der Schurkenstaaten aufgenommen. Noch war kein Kriegsgrund in Sicht, aber es sollte alsbald einer wie aus dem Nichts auftauchen.

Es dauerte ein wenig, bis man – jenseits des Schnellmerkers Soros – in den USA begriffen hatte, daß mit dem neuen russischen Präsidenten eine neue Zeit eingeläutet worden war. Dann aber warf man sich ins Zeug. Das war zu begreifen, denn es waren bis dahin runde 20 Milliarden US-Dollar nach Rußland geflossen, um das Land für die Marktwirtschaft zu öffnen, wie es so schön hieß. Das war das Tätigkeitsgebiet der Agency for International Development gewesen.[853] Diese Fehlspekulation wollte die mittlerweile im Amt befindliche Bush-II-Regierung nicht auf sich sitzenlassen.

Der Kongreß erhob nunmehr mit dem *Russian Democracy Act* von 2002[854] die Erzwingung einer Öffnung für US-Investitionsfirmen zum Gesetz. Ein amerikanisches Gesetz mit Verbindlichkeit für Rußland? So war es gedacht, doch es funktionierte nicht, denn die russische Regierung war keineswegs gewillt, amerikanische Nichtregierungsorganisationen (NGOs)[855] vor Ort wirken zu lassen, eine US-Graswurzelbewegung zu dulden[856] und das, was man über verstärkte US-Propaganda des *Voice of America*[857] Tag für Tag serviert bekam, unwidersprochen hinzunehmen oder gar den Einfluß von Weltbank, Internationalem Währungsfond und Europäischer Entwicklungsbank auf die russische Währungs- und Wirtschaftspolitik ungefiltert zuzulassen.[858]

Nunmehr setzten die USA, um Rußland niederzuzwingen, den außenpolitischen Hebel an den Rändern der russischen Macht an, und zwar am Ausfalltor nach Südwest. Die Rede ist vom Schwarzen Meer und vom Mittelmeer. Die einschlägigen Staaten sind die Ukraine und Syrien. Da Syrien zugleich in die amerikanische Nahost-Ölkampagne fällt, wird dieses Thema jetzt ausgeblendet und der Blick auf die Ukraine fokussiert.

Beim Zersprengen der Sowjetunion 1991/92 entstand auch ein unabhängiger Staat Ukraine – notwendige Folge einer seit Jahrhunderten andauernden Hassliebe.[859] Die wirtschaftliche Anbindung der modernen Ukraine an Rußland blieb eng, zumal eine wechselseitige Abhängigkeit bei den Energieträgern Kohle und Öl bestand. Hinzu kam, daß das, was man auch heutzutage als Staatsgebiet der Ukraine bezeichnet, alles andere als ein ethnisch einheitliches Gebiet war. Die Grenzen der Ukrainischen Sozialistischen Sowjetrepublik entstanden vielmehr aufgrund der wahllosen Gebietszuweisungen, die der Unions-Nationalitäten-Kommissar Anfang der 1920-er Jahre vorgenommen hatte. Josef Stalin hieß dieser Genosse übrigens. Für ihn hatte es keine Rolle gespielt, daß das heute im Osten liegende Gebiet der Ukraine, der Donbass (Донбасс), vorwiegend von Russen bewohnt wurde. Dies gilt auch heute noch.

Man kann den Weg der Ukraine in die Selbständigkeit kaum glücklich nennen. Ebenso wie im benachbarten Rußland der Jelzin-Zeit bestimmten Mißwirtschaft und Korruption das politische Geschehen.[860] Doch mit anderem Erfolg als in Rußland versuchten ab dem Jahrtausendwechsel US-amerikanische *pressure groups* Einfluß auf die innere Politik zu gewinnen.[861] Ihre Zielsetzung war bald klar: Weitere Abkopplung der Ukraine von Rußland durch Anbindung an EU und Nato.[862] Der amerikanische Einfluß basierte auf immensen Geldbeträgen, die über das US-Außenministerium an solche ukrainischen Kräfte verteilt wurden, die willens waren, den amerikanischen Plan in die Tat umzusetzen.[863]

Diese Strategie war immerhin so erfolgreich, daß es gelang, eine gewählte Regierung mit Hilfe eines gewaltsamen Staatsstreichs zu beseitigen. Doch die Beteiligten mußten bald lernen, daß die Macht in der Hauptstadt Kiew nicht gleichbedeutend mit der in der östlichen Ukraine war, die ihre Abspaltung erklärte. Diese Abspaltung führte stehenden Fußes in einen Krieg, den man nur schwerlich einen Bürgerkrieg als eher einen Unabhängigkeitskrieg des russischen Bevölkerungsteils nennen sollte.

Diese Auseinandersetzungen sind für die USA teils störend und teils willkommen. Sie stören, weil das Ziel der Einschnürung Rußlands beschädigt worden ist. Sie sind willkommen, weil sie die Grundlage für stete Behauptungen über unzulässige russische Einmischungen in ein fremdes souveränes Land bilden. Dementsprechend verhalten sich die westlichen Mainstreammedien. Man kann es daran kontrollieren, daß im Zusammenhang mit den um Unabhängigkeit bemühten Donbass-Russen ausschließlich von Rebellen geredet wird, während die von den USA finanziertem Ukrainer als Regierungstruppen bezeichnet werden.

Der eigentliche Stein des Anstoßes wurde indessen die Krim. Diese im Schwarzen Meer gelegene Halbinsel ist seit Jahrhunderten Rußlands maritimes Tor nach Süden.[864] Der Hafen Sewastopol war dementsprechend Festung und Kriegshafen zugleich.[865] Bei der Auflösung der Sowjetunion lag die sowjetische Schwarzmeerflotte genau dort. Die Flotte ging infolge der Auflösungsvereinbarung zwischen Rußland und der Ukraine an Rußland über. Seitdem die USA in Kiew die Zügel in die Hand genommen hatten, waren sie darum bemüht, der russischen Präsenz auf der Krim ein Ende zu bereiten. Dieses Manöver, das durch die Kündigung der russischen Militärbasis Hand und Fuß bekommen sollte, wurde kurz und kommentarlos durch einen russischen Handstreich unterlaufen.

Hierbei gingen die Russen wie folgt vor: Sie veranstalteten zur Überraschung der Weltöffentlichkeit Anfang 2014 auf der Krim ein Referendum, bei welchem sich die Mehrheit der Krimbewohner für einen Anschluß an Rußland aussprach.[866] Die russische Maßnahme konnte nicht mißverstanden werden. Sie bedeutete: bis hierher und nicht weiter. Entsprechend wütend waren die Reaktionen aus der US-geführten Ukraine-Allianz. Die Ukraine war plötzlich nicht mehr der geschlossene Südriegel, der Rußland von den Weltmeeren abschnitt, sondern sie steckte selbst in einer russischen Zange.

Man kann die Bedeutung der Krim-Operation kaum überschätzen. Rußlands Vorgehen war für die US-Amerikaner ein schwerer

Schlag. Die gesamte Ukraine-Operation geriet in eine Schieflage. Vor allem aber: Rußland hatte gezeigt, wozu es polit-praktisch wieder in der Lage war. Jetzt, und man muß hinzufügen, jetzt erst wurden die Weichen gegen Rußland auf Krieg umgestellt. Das begann mit einem propagandistischen Trommelfeuer, in dem eine Vokabel eingeführt wurde, die sich durch ständiges Nachplappern bis heute gehalten hat: die völkerrechtswidrige Annexion der Krim.[867]

Man kontrolliere die westlichen Medien: Das Wort Krim wird man nicht mehr ohne den Zusatz völkerrechtswidrige Annexion finden. So funktioniert Propaganda: Man wiederhole eine Meinung so oft, bis jedermann diese Meinung für eine feststehende Tatsache hält. Es versteht sich, daß sich bis zum heutigen Tage niemand der Mühe unterzogen hat zu erklären, wieso das Abhalten einer Volksabstimmung völkerrechtswidrig sein soll. In der Tat, bei dieser Kleinigkeit üben die Prälaten und Kardinäle des Selbstbestimmungsrechts der Völker vornehme Zurückhaltung.[868]

Nach dem Kriegsgeschrei folgten Kriegsvorbereitungen auf dem Fuß. Am Start ist die Nato. Sie verlegt seit drei Jahren massive Truppenverbände nach Polen und in die baltischen Staaten.[869] Was sollen die dort? Sie sollen, so die offiziellen Verlautbarungen, die westlichen Werte verteidigen. Wie also sieht die Kriegsannahme aus, die diesem Tun zugrunde liegt? Ist es dies? Um die völkerrechtswidrige Annexion der Krim zu festigen, überrennt die russische Armee Weißrußland, um dann Warschau einnehmen zu können. Das glauben, soweit man sie versteht, nicht einmal die Polen, die sich an die Spitze des neu-europäischen Feldgeschreis gesetzt haben. Für das übrige Europa würde in diesem Fall gelten: aus der Geschichte lernen, hieße bei polnischem Kriegsgerede Zurückhaltung zu üben. Aber die neu geschmiedete US-polnische Allianz ist bei der EU in guten Händen. Auf amerikanischen Wunsch wurden strenge Wirtschaftssanktionen gegen Rußland verhängt.[870]

Das wiederum erinnert fatal an einschlägige Sanktionen, die von den USA in den 1930-er Jahren verhängt wurden. Gegner dieses Wirtschaftskriegs war das Deutsche Reich. Auch bei den heutigen

Sanktionen lohnt sich die Frage: wem nutzt das, und wen schädigt es? Wenn man ein klein wenig um die Ecke denkt, kommt man zum Ergebnis: Es nutzt den USA, weil es Europa schädigt. Oder noch genauer: Der Hauptgeschädigte des Rußlandembargos ist Deutschland. Rußland ist ein wichtiger deutscher Handelspartner geworden. So unglaublich es klingen mag: Vor allem auch landwirtschaftliche Produkte wie Milch und Milchprodukte reisen von Deutschland aus nach Osten. Erdgas ist die Hauptgegenleistung. Mit Hilfe dieses Energieträgers heizen die Deutschen ihre Ein- und Mehrfamilienhäuser. Nicht sinnvoll oder gar entbehrlich? Die nächsten Winter werden es an den Tag bringen.

Bleibt die Frage: Steckt hinter den Rußlandsanktionen auch antideutsches Kalkül? Dem werde ich im nächsten Kapitel anhand der einschlägigen US-Planungsäußerungen nachgehen.

# 11. Kapitel

## Völlig losgelöst – New World Order, die neue Weltordnung

Mit dem Untergang der Sowjetunion fiel einer der beiden Hauptakteure auf der Weltbühne weg. Das Erstaunen hierüber war groß. Doch erst mit etwas Verzögerung folgte das Erwachen der ehemaligen Kalten Krieger, die sich ihrer angestammten Aufgabe enthoben sahen. Jahrzehnte lang hatten sie das Schwert namens Nato geschmiedet. Jetzt war es überflüssig. Feindbildannahmen, Ablaufpläne, Aufmarsch- und Bereitstellungsräume, Bunkerstellungen, komplexe Kommandostrukturen: reif für den Müllsack der Geschichte.

Doch es kam anders. Der Grund ist ein menschlicher. Man entziehe einer eingespielten menschlichen Maschinerie die Aufgabe, dann wird sie noch ein Weilchen weiterlaufen, bis sie zum Stillstand kommt – oder sie sucht sich eine neue Aufgabe. Die zweite Variante, das Suchen einer neuen Aufgabe, wurde Wirklichkeit. Die Nato wurde zur Euro-asiatischen Angriffswaffe umgestaltet und damit aus ihrem Dornröschenschlaf erlöst. Die Nato führte Kriege außerhalb des Bündnisgebiets. Zunächst noch mit dem Feigenblatt eines Uno-Mandats, doch allzubald wurde auch hierauf verzichtet.[871] Krieg wurde wieder – wie schon im europäischen 18. und 19. Jahrhundert – politisches Mittel von souverän entscheidenden Mächten.

In diesem Kapitel wird es darum gehen, diese Mächte möglichst genau zu beschreiben. Es geht hierbei im Kern um die USA und die Frage, wer dort eigentlich das aktuelle Sagen hat. Und es geht um die innige Verbindung von Geld und Macht – dort und anderswo.

## Hast du was, bist du was:
## Das gesellschaftliche Grundprinzip der USA und seine praktischen Auswirkungen auf die Staatsgeschäfte

Das deutsche Sprichwort *Geld regiert die Welt* ist in den USA Wirklichkeit geworden. Mit der Volksherrschaft, der Demokratie, hat das alles nichts zu tun, die Demokratie ist nur Fassade.[872] Es ist müßig darüber zu streiten, ob das schon bei der Staatsgründung so war, wie manche Kritiker annehmen.[873] Der heutige Stand des Staates USA ist so zu beschreiben, daß die politische Macht von der Besitzmacht gesteuert wird.

Die zugehörigen Faustgrößen lauten: 90 % des Besitzes liegen in den Händen von einem Prozent der Bevölkerung. Ein früher bestehender breiter weißer Mittelstand ist zusammengebrochen. Nur noch 10 % der Bevölkerung leben bequem oberhalb des Existenzminimums. Diese geradezu tektonische Verschiebung der US-Gesellschaft hat mit der großen Pleitewelle von 2007/2008 zu tun, als mit dem Platzen der sog. Grundstücksblase Millionen von mittleren und kleineren Einkommensbeziehern um ihre Ersparnisse und ihr Grundeigentum gebracht wurden. Es hat bis zum Jahre 2016 gedauert, bis diese Wahrheit erste Konsequenzen in der US-Politik auslöste. Die Rede ist von der Präsidentenwahl das Donald Trump, auf die ich noch einmal zurückkommen werde. Hier genügt der Hinweis, daß es das Heer der Geschädigten der Finanzgaukeleien der Jahre nach 2007 war, das diese Wahl entschied. Bis dahin lief für die herrschende Schicht der USA alles ganz normal weiter, als sei nichts geschehen.

Wer sind nun diese Ein-Prozent-Leute, denen alles gehört? Ich will den Leser nicht mit Namen behelligen, die er vermutlich noch nie gehört hat. Im Falle des Interesses kann er sich bei den einschlägigen Reichen-Ranking-Listen schlau machen.[874] Ein anderer, fast möchte man sagen: todsicherer Tip sind die Todesanzeigen. Am 20. März 2017 starb im gesegneten Alter von 101 Jahren David Rockefeller. Dieser Öl-Erbe liebte im Gegensatz zu seinen leiblichen Brüdern[875] bzw. solchen im Geiste die öffentliche Bühne. Sein Öl-Imperium legte eine *One World*-Ideologie nahe. Er vertrat sie.

Seit 1941 wirkte David Rockefeller an prominenter Stelle im Council on Foreign Relations mit, dem Generalstab der US-Geldelite. Wie und mit wem und auf welche Weise er dann in seinem langen und einflußreichen Leben verbandelt war, geben die Nachrufe eins zu eins wider. Hier eine Auswahl, gesammelt aus den öffentlichen Nachrufen, die Zusammenhang und Abhängigkeiten schnöde aufzeigen:

*Ex-Präsident und Beinahe-Präsidentin Bill und Hillary Clinton (ein großer Menschenfreund und ein seriöser Wissenschaftler), Ex-Präsident George Bush sen. (ein großer Freund), Milliardär und New Yorker Ex -Bürgermeister Mike Bloomberg (ein wahrer Freund), Präsident der Harvard-Universität Drew Faust (ein visionärer Führer), Asia Society (ein gigantischer Mann), Council on Foreign Relations (eine Säule der Institution für mehr als ein halbes Jahrhundert), CFR-Präsident Richard N. Haass (trauriger Tag für die CFR-Familie), Rockefeller Universität (inspirierte Führerschaft), CEO der J.P. Morgan Chase Bank (einer der ausgesuchtesten Geschäfts-Staatsmänner), Japan Society (ein visionärer Menschenfreund), Population Council (langjähriger Unterstützer) und viel mehr.[876]*

Nein, es war nicht so, daß die Rolle von David Rockefeller oder die seines Bruders Nelson irgendwie ein Geheimnis gewesen wäre. Sie waren in der zweiten Hälfte des 20. Jahrhunderts und darüber hinaus Amerikas unangefochtene Könige.[877] Der Grund für diese Art der Aristokratie: Sie waren superreich und durch ihre Agenten wie den sattsam bekannten Henry Kissinger supereinflußreich.

Bei den anderen Superreichen des beginnenden 21. Jahrhunderts fällt auf, daß sie im herkömmlichen Sinne nichts herstellen, sondern Teilnehmer an einer großen Gewinnlotterie sind, die mit Illusionen Geschäfte macht. Eine dieser Illusionen ist es, daß hinter behaupteten Zahlen auf imaginären Konten reale Werte stecken.

Dieses Spiel wird nur solange funktionieren, wie die Beteiligten zusammenhalten und kein Außenstehender diese Show durch Gewaltanwendung unterbricht.

Ein Zipfel der Illusion wurde sichtbar, als 2007 ein sog. Analyst die Behauptung aufstellte, eine bestimmte Vermögensmasse, Bearn Sterns, die im Spiel der Illusionen Milliarden von Dollars repräsentierte, sei in Wirklichkeit pleite.[878] Die Folge war, daß aufgeregte Banken ihre Darlehen fällig stellten, und unverzüglich trat die Zahlungsunfähigkeit der Vermögensmasse ein. Sie riß einen Rattenschwanz von weiteren Konkursen hinter sich her. Die 2007-er Pleite war die dritte innerhalb von hundert Jahren: 1907, 1929 und 2007 mit jeweils den Folgejahren. Die Ereignisse ähneln sich in Struktur und Auswirkungen. Sie sind, um mit dem Wichtigsten zu beginnen, nur möglich, weil es eine wirksame Aufsicht über die Banken und deren Ableger, die man heute als Finanzindustrie bezeichnet, nicht gibt. Zwar gibt es eine gewisse Selbstregulierung. Diese ist jedoch nicht in der Lage und auch nicht willens, das Staatsganze, in dessen Schutz sie agiert, vor sich selbst zu schützen.[879]

Nach keiner der drei Pleiten wurden ernstzunehmende Schritte unternommen, um die Welt oder wenigstens die USA vor der nächsten Pleite zu schützen. Alle Anläufe hierzu versandeten alsbald. Niemals wurde einer der Verantwortlichen zur Rechenschaft gezogen. Im Gegenteil, die Beteiligten sprachen zynisch von Markbereinigung und nannten – neben der Inanspruchnahme des Steuerzahlers – ein Wundermittel: Das Führen von Kriegen zur Wiederbelebung der Konjunktur. Das funktionierte 1914, 1939 und auch heutzutage, wobei noch nicht ganz klar ist, wohin die Reise geht. Insbesondere ist noch unklar, ob nach der für die Geldelite unglücklich ausgegangenen Präsidentenwahl des Jahres 2016 der avisierte Krieg gegen Rußland vom Tisch ist.

Sieht man auf die Geldelite, so fällt auf, daß sie sich den beiden politischen Parteien der USA zwar nicht fernhält, aber doch im Zweifel einen Standpunkt einnimmt, der im Amerikanischen als *bi-*

*partisan* umschrieben wird, was in etwa mit über den Parteien stehend übersetzt werden kann. Bösartig könnte man es so ausdrücken: Es ist diesen Leuten egal, wer von beiden politischen Seiten unter ihnen an der Macht ist. Die eigentlichen Lenkungsgremien der amerikanischen Politik sind deswegen dezidiert *bi-partisan*.

Eines der wichtigsten einschlägigen Gremien hat der Leser mit dem Council on Foreign Relations bereits mehrfach angetroffen. Hier im CFR wird die US-Politik vorbesprochen, geplant und dann, wo es not tut, mit Hilfe der verfassungsmäßigen Gremien umgesetzt sowie propagandistisch begleitet.[880] Das Mittelstück dieses Vorgangs, also die Planung, die zwischen Vorbesprechung und Umsetzung stattfindet, ist in einschlägige Gremien ausgelagert, die mit dem amerikanischen Begriff des *Think Tank* bezeichnet werden. In den Think Tanks wird hochdotierter Fachverstand komprimiert. Für die Dotierung sorgen spezielle Institutionen, nämlich bevorzugt private Stiftungen. Dieses Modell der Aufgabenverteilung und der Finanzierung ist in den USA Anfang der 1920-er Jahre entstanden. Seine Begründer orientierten sich an einschlägigen britischen Einrichtungen, mit denen immerhin ein damaliges Weltreich regiert wurde. Dieses Modell entspricht auch heute noch der politischen Wirklichkeit in den USA.

## Tue Gutes und laß andere darüber reden: Exkurs zu den Stiftungen

In diesem Buch ist der Leser mehrfach kommentarlos mit Stiftungen konfrontiert worden. Gegen Ende der Reise durch die Zeit und an der Schwelle des 20. auf das 21. Jahrhundert angekommen, sind einige grundlegende Bemerkungen am Platze. Stiftungen sind ein altes Rechtsinstitut: Ein Stifter (=Schenker) sondert einen bestimmten ihm gehörenden Vermögensteil ab, um einen bestimmten Zweck zu verfolgen. Beliebt waren im Mittelalter und in der frühen Neuzeit Stiftungen an Klöster, die auf diese Weise verpflichtet wurden, für die Seele des Stifters zu beten.[881]

Das ist im Prinzip bis heute so geblieben, immer noch wird viel Hokuspokus um die Guttaten des Stifters gemacht. Doch in Wirklichkeit sind die Ziele handfester. Es geht darum, das gestiftete Vermögen rechtlich zu verselbständigen, um einen oder mehrere dem Stifter höchst erwünschte Zwecke zu erreichen. Es geht, platt gesagt darum, auf legale Weise die Besteuerung von Einkünften oder von Erbmassen zu umgehen und durch die Namenswahl der Stiftung dem Stifter einen Platz im Areopag guter Menschen zu sichern. Zu diesem Zweck werden Stiftungen unter möglichst bombastisch klingende, vor Edelmut triefende Ziele gestellt (Menschheit, Freiheit, Glück, Nachhaltigkeit, Welterbe), die ihnen die Aura der Gemeinnützigkeit sichern. Die Frage, ob es denn gemeinnützig sei, wenn Leute die üblicherweise anfallenden Steuern nicht bezahlen müssen, wird in diesem Zusammenhang meist weniger erörtert.

Der allgemein gute Ruf von Stiftungen rührt nicht nur daher, daß ihnen durch den Stiftungsakt generell etwas Edles anhaftet, sondern vor allem aus einem Heer von Profiteuren, die nicht müde werden, das Noble der Institution, deren Nutznießer sie sind, zu loben. Die Wirklichkeit sieht dagegen prosaischer aus. Danach sind Stiftungen, was noch relativ harmlos wäre, Einrichtungen zum individualistischen, das private Eigentum sichernde Vermögenserhalt. Doch ihr wahrer Kern zeigt sich, wenn man ihre Vermögenszuwendungspolitik betrachtet. Dann schält sich heraus, daß sie Einrichtungen sind, um politischen und wirtschaftlichen Einfluß auszuüben. Sie tun dies operativ in unterschiedlichster Weise, zum Beispiel durch die Schaffung von Posten und Pöstchen und die Vergabe von Stipendien, das Einrichten von Hochschulinstituten und was immer man sich vorstellen mag, um die oft strikten staatlichen Regeln der Bestechung zu unterlaufen. Genau dem dienen sie aber, egal wie sie heißen: Seminare, Expertentreffen, Austauschprogramme und wie auch immer.

Man sagt, daß der Öl-Baron John Rockefeller der erste war, der in den USA eine dieser Mammut-Stiftungen ins Leben rief, weil er neben seinem brutalem Geschäftssinn auch ein gewaltiger Philanthrop war.[882] Bereits Ende des 19. Jahrhunderts ließ er 500 Mio. $ springen, um die Universität von Chicago und eine nach ihm benannte Stiftung ins Leben zu rufen.[883] Kritiker haben zu bedenken gegeben, daß diese Menschlichkeit allein dem Zweck gedient habe, durch die Verschachtelung von angeblich selbständigen Vermögens-Massen die Anti-Trust-Gesetzgebung des Sherman Acts von 1890 auszuhebeln. Seine Erben haben diese Verschleierungsaktionen später weitergetrieben. Ein Zipfel davon kam ans Licht, als Rockefeller-Enkel Nelson sich um das Amt des Vizepräsidenten mühte und vor der Ernennung einer Senatsanhörung unterziehen mußte.[884]

Andere hatten andere Probleme. Man kann sie in den Spalten des Gesellschaftsklatsches in der *Yellow Press* verfolgen. Nur, daß die Staatsanwaltschaft irgendwo wegen offensichtlicher Gesetzesumgehungen eingegriffen hätte, das liest man seltener. Im Fall der Clinton-Stiftung soll das 2015 angeregt worden sein, weil die Ausgaben allzu offensichtlich nicht gemeinnützig erfolgten.[885] Vom Ausgang des Verfahrens ist nichts bekannt.[886] Zum Glück. Denn das wäre vielleicht ein zu harter Schnitt an der Front, an der Hillary Clinton, Bill Gates und ein mir unbekannter New Yorker gemeinsam für die Beschneidung des Menschenmannes kämpfen. Man denke nur: Noch immer gibt es Uneinsichtige, die sich nicht verstümmeln lassen wollen, weil sie behaupten, daß die Immunschwäche Aids mit der Nichtbeschneidung nichts zu tun habe.[887] Die Tantiemen von Microsoft werden's auf Dauer richten müssen.

Wir werden zum Schluß dieses Buches auf die zerstörerischen Wirkungen der Stiftungen noch einmal zurückkommen, wenn es zu erörtern gilt, welchen Einfluß sie in Deutschland und auf Deutschland ausüben. Es wirkt fast so, als hätten sie bislang noch nicht genug Unheil angerichtet, denn sie bekamen im Verlauf des Jahres 2017 vom US-Gesetzgeber regelrecht einen Schub verpaßt, indem verordnet wurde, daß beträchtliche Steuervergünstigungen zum

Jahresende wegfallen sollten. Manch ein Superreicher sah sich dadurch veranlaßt, noch einmal beträchtliche Teile seines Vermögens in die Stiftungen einzubringen, um es rechtzeitig der Steuer zu entziehen.

Den Vogel schossen wohl die Finanzspekulanten Warren Buffett und George Soros ab. Der eine spendete gigantische Beträge in die Bill & Melinda Gates Stiftung, der andere in die von ihm selbst initiierte und beeinflußte Open Society Foundations (Stiftungen Offene Gesellschaft), deren Ziel die Zerstörung aller Staatsgrenzen ist.[888] In dieser Zielsetzung kommt das eine der beiden Gesichter des Januskopfes der Geldmacht vortrefflich zum Ausdruck: Grenzen werden für hinderlich erachtet, wenn sie die Geschäfte stören. Diese Sicht steht in scharfem Gegensatz zu dem anderen Gesicht: Die Grenze als Geschäftsmodell der Urahnen der Geldmacht – sie hießen Medici, Fugger und Rothschild. Diese lebten als Geldwechsler von der Existenz der Grenzen. Die Heutigen betreiben den Geldwechsel als Geschäft mit sich selbst, es hört auf den Namen Währungsspekulation. George Soros nutzt nun das bei solch asozialem Tun zusammengeraffte Riesenvermögen, um die Grundlagen dieses Geschäftsmodells zu beseitigen.[889]

Ich werde den in diesem Zusammenhang bewußt gegründeten Netzwerken und Einflußnahme-Institutionen, die an diesem Geldtropf hängen, nicht im Einzelnen nachgehen. Ein solches Unterfangen sprengt jeden Rahmen dieses Buches. Hier mag der Hinweis genügen, daß ich die Verursacher einer zutiefst staats- und menschenrechtsfeindlichen Cliquen-Politik bezichtige, als deren Clou man es bezeichnen muß, daß sie es geschafft haben, den deutschen Steuerzahler an prominenter Stelle ohne sein Wissen und ohne sein Wollen zu beteiligen.

Hierzu eine Kostprobe: In der US-Hauptstadt Washington residiert, mit einer Extra-Residentur in Brüssel, das *Migration Policy Institute* (Institut für Migrationspolitik – MPI). Seine Aktivitäten richtet es auf die Massenimmigration nach Europa. Doch nicht etwa, um dieselbe zu vermeiden, nein, ganz im Gegenteil. Zu den Geldgebern dieser edlen Menschheitsfreunde zählen zunächst die üblichen Verdächtigen, also die Stiftungen der Herren Soros, Rockefeller, Carnegie und Ford, aber dann kommt auch Merkwürdiges ans Licht: Die Bundesregierung, vertreten durch den Bundesminister des Innern, das Hamburger Weltwirtschaftsarchiv, und – kaum noch überraschend – die Bertelsmann-Stiftung. Wird, so wird man fragen dürfen, ein deutscher Unternehmer für solche Geldausgaben von der Steuer befreit? Weitere Sponsoren kommen aus der EU, und zwar gleich dreimal.[890] Diese geben Geld aus, was sie bevorzugt aus der deutschen Staatskasse erhalten haben.[891] Um was zu tun? Die Massenemigration nach Europa – bevorzugt nach Deutschland, zu lenken. Wie heißt es so trefflich im Holper-Neusprech: Wird das eigentlich irgendwo kommuniziert? Mit Sicherheit nicht, jedenfalls nicht für Otto Normale.

An der Schnittkante zwischen den menschheitsbeglückenden Stiftungen und den bevölkerungslenkenden Medien, über die anschließend gesprochen werden soll, liegt die Internet-Plattform Wikipedia. Sie gehört einer Stiftung mit dem Namen *Wikimedia Foundation*.[892] Diese ist nur scheinbar eine Stiftung, sondern in Wirklichkeit eine Art GmbH nach US-Recht und hat ihren Sitz in den USA. Wenn man einmal das gesamte ideologische Geschwätz von der Demokratisierung des Wissens der Welt, das jedermann und dazu auch noch kostenlos zur Verfügung stehen soll, beiseite läßt, konzentriert sich die Neugierde des Beobachters auf die Fragestellung des Geldverdienens und der Machtausübung.

In der Tat ist Wikipedia der bislang unerfüllte Traum jedes Allmacht-Herrschers, Informationen anzusaugen und sodann beliebig zu portionieren und zuzuteilen. In dieser Hinsicht ist bereits manches geschehen, denn seriöse Lexika sind längst vom Markt verdrängt. Eine unbekannte Vielzahl von Torwächtern sorgt dafür, daß unerwünschte Einträge im Wikipedia Lexikon unterbleiben. Gegen ihre Entscheidungen gibt es keinen Einspruch. Nun sollte man denken, daß es nützlich sei, wenn nicht Krethi und Plethi ihren Stuß ins Lexikon schreiben können, doch das ist lediglich ein frommer Wunsch, über den die Wikipedia-Wirklichkeit hohnlacht. Es ist nämlich nicht die Aufgabe der besoldeten Wächter, für Qualitätsstandards zu sorgen – das könnten sie bereits wegen mangelnder eigener Qualifikation nicht –, sondern sie sollen Unerwünschtes tilgen und die Schreiber von Unerwünschtem lebenslang aus dem Netz verbannen. Durch Informationsfilter dieser Art wird Information portioniert. Unbedarfte Nutzer ahnen nicht, daß sie sich in einem schmalen Informationskanal befinden, der mit der mäandernden Welt des Wissens nichts zu tun hat.

Die zweite Frage ist: Wem nutzt das? Man muß hier nicht erst den Großen Bruder des genialen George Orwell bemühen, wie es heutzutage schon im Übermaß zelebriert wird, sondern es genügt, einen Blick auf die zugehörigen Geldströme zu werfen. Dann fällt folgendes auf: Wikimedia ist nur dem Namen nach eine Stiftung, die diese Bezeichnung führt, um bei Gutgläubigen Spenden einzutreiben, was – wie die Geschäftsberichte ausweisen – in reichem Maße geschieht. Wozu das viele schöne Geld? Einmal dient es dazu, einen üppigen Verwaltungsapparat zu finanzieren, während die vielen Artikelschreiber und -verbesserer selbstredend nichts erhalten. Das sieht ganz so aus, als hätten die Betreiber hier beim längst verstorbenen deutschen Soziologen Helmut Schelsky eine Anleihe gemacht: Die Arbeit tun die anderen.

Ein Kind der Wikimedia hört auf den Namen Wikidata. Das ist ein Projekt, bei dem es darum geht, die gesamten Wikipedia-Speicherungen in eine einzige maschinenlesbare Datenbank einzubringen. Wikidata ist das Einfalltor der Datenriesen. Einer davon ist Google, deren Eigentumsverhältnisse später noch zur Sprache kommen. Hier genügt der Hinweis, daß der Nutzer von Wikipedia zukünftig nicht mehr erkennen kann, vom wem die angelieferten Informationen stammen. Der Informationskanal wird dadurch noch schmaler, er wird zudem zum Monopol der Datenreisen.[893]

## Times Square und Dagobert Duck:
## Pressekonzentration und Einflußnahme der US-Medien
## auf die Meinungsbildung in den USA und in der Welt

Einseitige Meinungsbildung ist die Grundlage für die Herrschaft der Wenigen in den USA. Diese Wenigen bestimmen, was der Bevölkerung zur Kenntnis gebracht wird und was nicht. Journalisten agieren hierbei als notwendige Marionetten.

*Wir sind die Werkzeuge und Vasallen der reichen Männer hinter der Szene. Wir sind die Hampelmänner, sie ziehen die Strippen und wir tanzen. Unsere Talente, unsere Fähigkeiten und unser ganzes Leben sind Eigentum anderer Menschen. Wir sind intellektuelle Prostituierte.*[894]

Soweit der aus Schottland stammende Journalist John Swinton, Leitartikler in der *New York Times* und später der *New York Sun*, 1883 im Twilight Club der Stadt vor versammelten Journalistenkollegen. Hieran hat sich nichts geändert – dank der Pressekonzentration hat sich die Situation vielmehr verschärft. Diese meine Aussage ist nicht aus einer finsteren Giftküche entnommen, in welcher in schmuddeligen Töpfen Verschwörungstheorien gekocht werden, sondern sie ergibt sich zwanglos nach der Auswertung einer Firmen- und Eigentümerstruktur des US-Medienmarktes.

Hiernach gibt es im Mediengeschäft fünf Konzerne, die über 90 % des Marktes unter sich aufteilen.[895] Zu diesen fünf Konzernen gehören ungezählte Film-, Fernseh- und Rundfunkanbieter mit den zugehörigen Herstellungsfirmen und -kapazitäten. Die fünf Medienriesen stehen nur insofern in Konkurrenz zueinander, als die Eigentümer dies für wünschenswert halten. Eine Übersicht der Eigentumsverhältnisse der fünf Medienkonzerne zeigt nämlich, daß vier von ihnen in den Händen von überwiegend exakt denselben Investitionsholdings sind. Mit anderen Worten: Die Masse des US-Medienmarkts gehört denselben Personen. Diese Eigentümer sind keine Medienunternehmer im engeren Sinne, sondern Inhaber großer Geldvermögen, die unter anderem im Mediengeschäft angelegt sind. Hinsichtlich der Eigentümerstruktur besteht eine Teilidentität mit den Eigentümern der US-Waffenindustrie.[896]

Die überlappende Teil-Identität der Eigentümer des Medienmarktes legt die Annahme nahe, daß die beteiligten Firmen ein Kartell bilden. Bei Großereignissen wird dies sichtbar, wie zum Beispiel bei der letzten US-Präsidentenwahl, bei der die sog. Berichterstattung einseitig auf die Kandidatin der Demokraten, Hillary Clinton, ausgerichtet war und der Gegenkandidat der Republikaner, Donald Trump, als chancenloser Clown dargestellt wurde. Die Wahl von Trump wurde demgemäß in der Medienwelt als Katastrophe empfunden, weil es seit etwa einem Jahrhundert das erste Mal war, daß der selbsternannte *fourth estate*, im Deutschen: die Vierte Gewalt, seine Auffassung nicht durchdrücken konnte. Über die Besonderheit dieser Wahl und der hieran gekoppelten Medienniederlage wird zum Schluß dieses Kapitels noch einmal zu reden sein.

In einem Beitrag von ätzender Schärfe hat sich der amerikanische Essayist Lewis Lapham mit der Einheitsberichterstattung der US-Medien und deren Abhängigkeit von der Rüstungsindustrie auseinandergesetzt und anhand von Beispielen nachgewiesen, daß die Medien vor allem sich selbst feiern und den Kontakt zu den Themen des Volkes verloren haben. Die Interviews mit den Großen der Politik seien abgesprochen und bewußt so gestaltet, daß bestenfalls belanglose Nebensächlichkeiten zu Streitpunkten aufgeblasen würden, um kritische Medientätigkeit vorzutäuschen.[897]

Zum amerikanischen Mediengeschäft und der damit verbundenen Politik gehören tatsächlich stete Hinweise auf die Freiheit des Wortes. Liest man Leute wie Lapham oder die mittlerweile verstorbenen Gore Vidal und Christopher Hitchens,[898] so fällt deren rücksichtslose Kritik an den herrschenden Verhältnissen ins Auge.[899] Es fehlt auch nicht an Hinweisen, daß man nur Vidal oder Lapham zur Kenntnis nehmen müsse, um den Beweis bei der Hand zu haben, wie unbegrenzt in den USA die Freiheit des Wortes gelte. Allerdings sind Fragezeichen am Platze. Männer wie die erwähnten waren nur deswegen in der Lage, sich so zu äußern, wie sie es taten, weil sie sich das leisten konnten – und das im wahrsten Sinne des Wortes, denn sie waren wohlhabend und innerlich unabhängig. Für die Masse der amerikanischen Journalisten gilt dies nicht. Es drängt sich für den fernen Beobachter der Verdacht auf, daß Leuten wie Lapham und Vidal deswegen so viel Platz gelassen wird, um sie in der Funktion von Hofnarren agieren zu lassen: Der Narr sagt die Wahrheit, aber er ist und bleibt halt ein Narr.

Nur eine der großen Mediengesellschaften gehört nicht in den Trust der Alles-Eigentümer. Es handelt sich um die im Konzern National Amusements Inc. steckende Viacom mit der Paramount Filmgesellschaft und einigen Fernsehanstalten. Viacom gehört zu 79,8 % einer Einzelperson, dem Theaterunternehmer Sumner Redstone.[900] In allen übrigen Medienkonzernen sind die wahren Eigentümer der Meinungslenkung sorgsam hinter den Geschäftsadressen von einem Dutzend Investmenthäusern verborgen. Durch diese Konstruktion wird es den Inhabern der Medienmacht kolossal erleichtert, in und hinter den Kulissen zu wirken, ohne Gefahr zu laufen, von irgendeinem Dritten zur Verantwortung gezogen zu werden. Man mache die Probe aufs Exempel: Sucht man in Deutschland den Zugang zu einem dieser Eigentümerverwaltungsriesen, so landet man in Frankfurt am Main bei der Geschäftsadresse von J.P. Morgan,[901] der dem Leser bereits bestens bekannt ist.

Die Firmen-Logos dieser Eigentümer-Kartelle sind eine kurze Abschweifung wert. Einige tragen Freimaurersymbole, so wie der Dollar und das US-Staatswappen auch,[902] doch eines ist anders, das von *The Vanguard*. Es ist ein Dreimaster. 2008, im Jahr des jüngsten Finanzcrashs in der bisherigen US-Geschichte, erschien ein bemerkenswertes, gut belegtes Buch über die Anfänge der USA: *Patriot Pirates* von Robert Patton. Darin wird eine ganz andere Gründungsgeschichte des sog. Unabhängigkeitskriegs erzählt, als wir sie von den Ölschinken der diversen Nationalmuseen und den Märchenbüchern in den verstaubten Regalen kennen.

Dem General der Aufständischen, George Washington, sei alsbald die Erkenntnis gedämmert, daß mit den wenigen undisziplinierten, kaum bei der Stange zu haltenden Freiwilligen[903] ein Krieg gegen die erprobte britische Berufsarmee nicht zu gewinnen war. Deswegen heuerte er Schiffe an, deren Eigentümern er von Staats wegen den Hauptteil der Beute eines Kaperkriegs in nordamerikanischen Küstengewässern gegen englische Kauffahrerschiffe, die den Nachschub an Waffen und Munition für die Kolonialarmee heranschafften, versprach. Dieses florierende Geschäftsmodell wurde bald auf alle fremden Kauffahrer ausgedehnt und um den weltweiten Sklavenhandel erweitert. Investitionen in solche Schiffe mit Mannschaften aus Kriminellen unter der Führung rücksichtsloser Kapitäne brachten Traumgewinne. Die Flotte der Freibeuter von zunächst einzelnen Seefahrern vermehrte sich innerhalb von wenigen Jahren auf Tausende, welche die Weltmeere unsicher machten. Aufmerksame Leser bemerkten ohne Freude, daß so das Prinzip des Raubes als Geschäftsmodell an der Wiege der USA Pate gestanden habe. Untersucht man die Herkunft der großen Familienvermögen, stößt man hier und da auf diese Wurzeln.[904]

Nach soviel Realität zurück in die Scheinwelt der Medien. Um ihrem Kartell die Krone aufzusetzen, ist zu den fünf führenden Medienkonzernen der Internet-Riese Google hinzugetreten. Durch seine virtuelle Verbindung zu den Endverbrauchern sind ihm ungeahnte Einblicke und Möglichkeiten zugewachsen. Google kontrolliert die Gewohnheiten des Einzelnen und schafft die Datenbasis für gezielte Einflußnahme. Wie diese Möglichkeiten von den Medieneigentümern unverzüglich erkannt und in die eigenen Geschäfte einbezogen worden sind, kann aus der verblüffenden Tatsache abgelesen werden, daß die Eigentümer der Alphabet Corp. – das ist die Mutter-Holding von Google – exakt dieselben sind, denen auch die Medien-Konzerne gehören. Das Ergebnis dieser Konzentration ist der Traum jedes totalitären Herrschers: Ich weiß, was die Untertanen denken, und lasse sie von den Dingen träumen, die mir die

Herrschaft erleichtern. Natürlich alles zu ihrem besten – und zu meinem auch.

| US Medien (Eigentümerstruktur, Mehrfachbeteiligungen, incl. Google) | | | | | |
|---|---|---|---|---|---|
| | Comcast | Walt Disney Comp. | 21ˢᵗ Century Fox | Time Warner | Google |
| The Vanguard Group Inc. | COMCAST | ✶ | 21ST CENTURY FOX | Time Warner | Google |
| Capital Research & Management Co (World) | COMCAST | | 21ST CENTURY FOX | Time Warner | Google |
| SSgA Funds Management Inc 920 | COMCAST | ✶ | | Time Warner | Google |
| Dodge & Cox | COMCAST | | 21ST CENTURY FOX | Time Warner | |
| Massachusetts Financial Services | | ✶ | | Time Warner | |
| Wellington Management Co. LLP | COMCAST | | 21ST CENTURY FOX | | Google |
| Fidelity Management & Research Co | COMCAST | ✶ | | Time Warner | Google |
| Capital Research & Management Co (Global) | COMCAST | | 21ST CENTURY FOX | Time Warner | Google |
| BlackRock Funds Advisors | COMCAST | ✶ | 21ST CENTURY FOX | Time Warner | Google |

Ohne diese Voraussetzungen wäre nicht erklärbar, daß die politische und wirtschaftliche Entwicklung der USA den Weg nahm, den es sogleich zu schildern gilt. Er beruhte vor allem darauf, daß es gelang, die Bevölkerung von den Tatsachen abzulenken und ruhig zu stellen. Das Englische hält für diesen Vorgang das lautmalerische *to mollify* vor. Unabdingbare Voraussetzung hierfür ist es, daß es die Scheinvielfalt in der sog. Medienlandschaft gibt. Sie erweckt den unzutreffenden Eindruck, daß es viele Meinungen gibt, doch ihr eigentlicher Gag ist die Aufspaltung des Angebots nach Bedürfnissen der Konsumenten. Das bedeutet, für jeden ist etwas dabei – exakt auf ihn zugeschnitten. Daß dieses möglichst genau und spezifisch aufbereitete Informationsangebot dem täglichen Gleichheitsgerede der dieses produzierenden Medienklasse kraß widerspricht, sei nur am Rande bemerkt. Es gilt vielmehr der pervertierte Grundsatz des römischen Rechts: Jedem das Seine.

## Herbstastern:
## Die politische Geschichte der USA seit 1989

Wenn man die Aufgeregtheiten des täglichen Lebens beiseite läßt, an deren Details man sich nach wenigen Wochen ohne mühsames Nachblättern ohnehin nicht mehr erinnert, so ist die Geschichte der USA seit dem Zusammenbruch der Sowjetunion rasch erzählt.

Während die Welt gebannt nach Europa blickte, unternahmen die USA einen weiteren Vorstoß im Mittleren Osten. 1990/91 griffen sie den Irak an, der bis dahin Freundfeind ihrer Irak-Iran-Schaukelpolitik gewesen war.[905] Der US-Angriff wurde mit dem zuvor erfolgten Einmarsch des Irak in Kuwait begründet. Die zur Schau gestellte Empörung ließ zwei Dinge wohlweislich beiseite: Ersten, was ging die Auseinandersetzung die USA an? Und zweites: In unverblümter Form hatte die US-Botschafterin im Irak, April Glaspie, Saddam zu diesem Schritt ermuntert.[906] Jetzt hatte er am Schurkenpranger einen verdienten Platz zugewiesen bekommen – jedenfalls in der publizierten Weltmeinung, wo willig die US-Propagandalüge der Brutkastenstory akzeptiert wurde.[907] Der Krieg blieb nach US-Maßstäben irgendwie unvollkommen, denn der Diktator des Irak, Saddam Hussein, durfte an der Macht bleiben, weil die Regierung unter George Bush sich nicht entschließen konnte, einen Landkrieg in rauem Gelände zu führen. Stattdessen schaltete man nach sog. Luftschlägen auf wirtschaftliche Erdrosselung um. Diese scheinbare Zurückhaltung bildete alsbald einen der Hebel, der im folgenden US-Präsidentenwahlkampf Bush aus dem Amt befördern sollte.

Wenn der Leser Mühe hat, vor seinem inneren Auge ablaufen zu lassen, was dann kam, so hat er recht, denn es gab einen Amtsnachfolger, von dem man bestenfalls in Erinnerung hat, daß er im Weißen Haus ein dort tätiges Parteihäschen mit seiner Zigarre sexuell traktierte.[908] Das genügte für acht Präsidentenjahre. Daß der dazugehörige Präsident Bill Clinton hieß, erwähne ich nur, um beim Leser ein *ach der* hervorzulocken. In dessen Amtszeit wurde, von der Öffentlichkeit unbeachtet, die strategische Grundposition der USA neu definiert. Bereits Clinton-Vorgänger George Bush hatte das Wort von der *New World Order* in den Mund genommen.[909] Diese neue Neue Weltordnung bekam allerdings erst unter dem Bush-Nachfolger Clinton ihre heutige Ausprägung.[910] So zeigte sich erneut, daß es in der praktischen Herrschaftsausgestaltung der USA nicht darauf ankam, wer gerade Präsident war, oder welcher Partei er angehörte.[911]

Die US-Mainstreampresse war selbstredend mit von der Partie. Dieser verdanken wir folgenden Hinweis auf die eigene wunderbare Weltmission:

> *Amerika ist kein bloßer internationaler Staatsbürger mehr. Es ist die dominierende Macht in der Welt, dominanter als je eine seit Rom. Dementsprechend ist es in der Lage, Normen umzugestalten, Erwartungen zu ändern und neue Wirklichkeiten zu schaffen. Wie? Durch unmißverständliche und unerbittliche Demonstrationen des Willens.*[912]

Der deutsche Leser wird beim letzten Satz dieser Hymne vielleicht an Leni Riefenstahl und deren *Triumph des Willens* denken,[913] aber nein, es war das *Time Magazine* vom März 2001. Noch stand das World Trade Center.

*The New World Order* bedeutete, daß die USA sich in ihrer selbsterzeugten Weltstaats-Lehre dahingehend neu definierten, nunmehr die *einzige* Weltmacht zu sein. Hieraus zogen die herrschenden Eliten Schlußfolgerungen, wie eine solche einzige Weltmacht handeln können müsse, um diesem selbstgewählten Anspruch gerecht zu werden. Sie sagten, die USA müsse in der Lage sein, auf zwei verschiedenen Kontinenten gleichzeitig Krieg führen und gewinnen zu können. Das war nicht mehr die alte Lehre vom Weltpolizisten, sondern diese Rolle war durch die Annahme ergänzt worden, daß jedermann, der sich gegen die als natürlich anzusehende Führungs-Rolle der USA empöre, mit einem richtigen Krieg zu rechnen habe. Die Fähigkeit, gegen zwei von diesen Schurken gleichzeitig vorzugehen, bestimmte die Streitkräftestärke und den dazugehörigen Rüstungsstandard.

Man kann dieses Problem auch von der Warte der Geld-Eliten betrachten. Dann sieht die Argumentationskette etwas anders aus: Wie muß ich die Rolle der USA definieren, damit der unendliche Strom amerikanischer Steuergelder und ausländischer Anleihen in die Rüstungswirtschaft, die eine reine Subventionsmaschinerie ist, nicht zum Versiegen kommt. Ich definiere einen neuen Feind, der dem alten in jeder Weise überlegen erscheint. Der neue Feind sind alle diejenigen, die nicht koloniale Büttel sein wollen. Das ist ein einfaches Prinzip. Das einzige, was Mühe macht, ist, es hinter einem Schleier aus Lügen zu verbergen. Das ist mit großem Erfolg geschehen, indem man das Wort Kolonialherrschaft über die Minderwertigen hinter einem Glitzervorhang von der Gleichheit aller Menschen und der Globalisierung verborgen hat.

Genau in dieser Zeit – es war das Jahr 1994 – legten die Aggressionsexperten des Pentagon und des Nationalen Sicherheitsrats in einer Strategieweisung fest, wie künftige Kriege der USA vorzubereiten waren. Das Papier hieß – wie üblich – völlig nichtssagend TRADOC 525/5 FORCE XXI Operation. Es war der Ablaufplan für Angriffsoperationen der USA im jetzt kommenden 21. Jahrhundert. In den Köpfen der Strategen hatten die USA folgende Eskalationsstufen vorzubereiten und einzuhalten, um gegen jeden Feind zum Erfolg zu kommen: Aufruhr, Krise, Konflikt, Krieg. Der Leser mag zur Kontrolle repetieren, an was er sich aus den letzten 25

Jahren an schwer erklärlichen Ereignissen in der Welt – vor allem in Nordafrika, im Mittleren und Nahen Osten und in Südostasien – erinnert, dann wird ihm klar, welche Kräfte hier wirkten. Im folgenden werden Beispiele illustrieren, wie sich die Praxis der Eskalationsstrategie im Einzelnen auswirkte.

*Der Zigarren-Mann: Jahr und Tag beschäftigte sich die amerikanische Öffentlichkeit in der Clinton-Lewinsky-Affäre mit den sexuellen Eskapaden ihres Präsidenten. Ein Sonderermittler wurde eingesetzt. Sein Bericht (im Bild die deutsche Buchveröffentlichung) offenbart statt des beabsichtigten Zwecks, den Präsidenten aus dem Amt zu entfernen, das erschreckende Maß der technischen Überwachung des Staatsoberhaupts durch anonyme Dritte. Hinter dieser Kulisse der Aufgeregtheit fand derweil ein ganz anderes Stück statt: Die technische und propagandistische Neuorientierung der USA als einzige Weltmacht.*

Wer den Predigern der atlantischen Freundschaft lauscht, sollte wenigstens wissen, wie sich die US-amerikanische Freundes-Seite das Vorgehen gegen ungehorsame Vasallen vorstellt und zu diesem Zwecke die hier beschriebene Strategieweisung lesen. Für einen winzigen Moment mag er sich vorstellen, selbst bei Bedarf gemeint zu sein, und danach mag er weiter mit dem blau-weiß-roten Fähnchen winken oder ruhig weiterschlafen.

*Streit anfangen nach allen Regeln der Kunst: Das US-Eskalationskonzept für die Kriege des 21. Jahrhunderts, Aufruhr, Krise, Konflikt, Krieg.*

Wenn man das Wort der US-Rüstung hört, denkt man an Flugzeugträger, Raketen, Satelliten, aber es gehörten zur Kriegskonzeption auch ganz normale Kampfpanzer. In den USA hieß das neueste Gerät dieser Art *M 1 Abrams Main Battle Tank*. Es kostete 6,210 Mio. $ das Stück und wurde in beträchtlicher Zahl für die *US Army* beschafft.[914] Wenn man den Globus und seine potentiellen Schlachtfelder betrachtet, kam der Einsatz dieses 70-Tonnen-Kolosses nur in wenigen Gegenden der Welt in Frage. Daß dann 2003 tatsächlich 900 M 1-Panzer die Grenze zum Irak überschritten,[915] wirkt fast so, als habe hier eine Waffe den Kriegsschaupatz bestimmt und nicht umgekehrt.[916]

Zur Überraschung der Planer wurde gegen Ende der 1990-er Jahre – selbst beim Zugrunde-legen des selbstdefinierten Rüstungsniveaus – eine gewisse Sättigung bei den Streitkräften erreicht. Das hatte Folgen, die sich in sinkenden Aktienkursen bei den einschlägigen Rüstungsunternehmen niederschlugen. Zwar war nach wie vor Waffenhandel der Exportschlager Nr. 1 der USA,[917] doch war dieser weder geeignet, das immer bedenklicher[918] werdende Außenhandelsdefizit[919] aufzufangen, noch die Gewinne der Waffenbranche auf der gewohnten Höhe zu halten. Am Horizont tauchte das Gespenst des traurigen Jahres 1919 auf, als nach dem gewonnenen Ersten Weltkrieg die Boom-Branche plötzlich Verluste einfuhr.[920]

Das sollte nicht noch einmal passieren, deswegen setzte Amerikas Besitzelite auf eine Doppelstrategie, nämlich auf andere Produkte – dazu gleich mehr –, und sie suchte nach dem plötzlichen Versterben der Sowjetunion ihr Heil in neuen Gegnern. In diesen Tagen wurde der Krieg gegen den Terror geboren.[921] Dessen Spezifikum ist es, daß der Feind weltweit verdeckt operiert, praktisch nicht individualisierbar ist und auch das Inland nicht verschont.

Die Parole vom Krieg gegen den Terror wäre ziemlich blutleer geblieben, wenn nicht – wie auf Bestellung[922] – ein gigantisches Ereignis zum Beweis seiner Existenz stattgefunden hätte. Unabhängig von der Frage, ob die Kriegserklärung gegen den Terror mit den Anschlägen auf das World Trade Center in New York in kausalem Zusammenhang standen, läßt sich sagen, daß das Ereignis dem Krieg gegen den Terror erst den notwendigen Schwung gab.

*Der Kongreß sollte unverzüglich den Krieg erklären. Er braucht gar nicht erst ein Land beim Namen zu nennen.*[923]

Nein, das ist kein Witz, sondern so titelte die *Washington Post* am Tag nach den Anschlägen. Und genau so kam es. Am 14. September 2001 ermächtigte der Kongreß den Präsidenten...

> *jede notwendige und zur Verfügung stehende Gewalt gegen alle Länder, Organisationen oder Personen anzuwenden, die nach seiner Entscheidung die terroristischen Attacken geplant, befürwortet oder unterstützt haben.*[924]

Im Repräsentantenhaus gab es genau eine Gegenstimme. Bemerkenswert dürfte sein, daß diese Kriegserklärung noch heute in Kraft ist.

Es soll in diesem Buch nicht untersucht werden, wer für den Mammut-Anschlag die Verantwortung trug.[925] Dabei wird selbstredend nicht aus dem Auge verloren, daß solche Ereignisse nicht wie Wirbelstürme ohne menschliches Zutun entstehen, sondern man kann bei dem fraglichen Anschlag mit Sicherheit vom Gegenteil ausgehen. Unklar bleibt nach wie vor das Wer und das Wer mit Wem. Sicher ist lediglich, daß es sich nicht so zutrug, wie von der US-offiziellen Untersuchung der Ereignisse beschrieben.[926] Um zu dieser kategorischen Aussage zu gelangen, muß man lediglich den Einsturz des Gebäudes Nr. VII betrachten, der von der BBC zu einem Zeitpunkt gemeldet wurde, als das Haus noch vollkommen unversehrt dastand.[927] Ehe diese Diskrepanz nicht befriedigend aufgeklärt ist, sollte man sich Spekulationen über den Rest schenken.

Nutzt man den Anschlag für die umgekehrte Blickrichtung, so befindet man sich wieder auf einigermaßen sicherem Boden. In Tagesfrist riefen die USA den Nato-Bündnisfall aus, also den Alarm des Angegriffen-werdens durch eine feindliche Macht. Canada und die europäischen Bündnispartner stimmten zu. Der Krieg gegen den Terror nahm seine Bahn, und da man irgendwo mit der Terrorbekämpfung anfangen mußte, traf es als erstes Land Afghanistan.

Die Geschichte dieses unglücklichen Landes als eines Kunstprodukts russisch-britischer Kolonialauseinandersetzungen im ausgehenden 19. Jahrhundert wird hier nicht erzählt.[928] Auch nicht die unglaubliche Geschichte des sowjetischen Eingreifens zum Ende des Jahres 1979, dem ein zehnjähriger, nicht zu gewinnender Krieg folgte. Das Interesse setzt erst bei der Tatsache ein, daß es die USA waren, die radikal-islamische Glaubenskämpfer um dem Fanatiker Gulbuddin Hekmatyar mit modernen Waffen ausstatteten und gegen die Rote Armee in Stellung brachten.[929] Als die Russen schließlich abzogen,[930] waren die Glaubenskämpfer noch da, ihre Waffen auch. Jetzt konnten die Rechtgläubigen wahr machen, wofür sie angetreten waren: Ein islamisches Gewaltregime, das Rückzugs-, Trainings- und Vorzeigeort für weltweite Islamisierung wurde.

An der Spitze der Neu-Feinde der jetzt einzigen Weltmacht stand nach dem Anschlag der steinreiche, ehemalige saudische Bauunternehmer Osama bin Laden, den man unverzüglich zum Hintermann des Desasters erklärte, seinen Standort in Afghanistan vermutete und so eine Serie von Bombenangriffen auf das Land rechtfertigte. Hieraus entstand der Afghanistankrieg, der auch heute noch andauert und erst zu Ende gehen wird, wenn der letzte westliche Soldat das Land verlassen hat – Vietnam läßt grüßen.

Das plötzliche Auftauchen von Botschaftern des Bösen aus Saudi-Arabien war für das herrschende US-Geldkartell nicht ohne Risiko. Nach dem Zigarrenfummler Clinton war in Washington der nächste US-Präsident installiert worden. Es war George W. Bush. Seine Ernennung hatte nicht der US-Wähler, sondern ein Gericht – der Supreme Court – bewirkt, das per Beschluß verbot, in Florida die Stimmen auszuzählen.[931] Der Gerichtsbeschluß war für die außenstehenden Beobachter weniger verblüffend als der Ausgangspunkt selbst, nämlich daß es für die US-*democracy* nicht zwingend war, überhaupt die Stimmen zu zählen, sondern man verließ sich auf Schätzungen aus den Ergebnissen von Wahlmaschinen.[932]

Nun wollte es der Zufall, daß das Endergebnis der sog. Wahlen von dem Staatsergebnis aus Florida abhing. Mit andern Worten, der Gewinner in Florida gewann die Wahl insgesamt. Da nun aber die Schätzungen aus Florida nicht sonderlich eindeutig auf George W. Bush deuteten, kam der Unterlegene auf den Gedanken, eine Zählung zu verlangen. Es ging also, entgegen verbreiteter Berichterstattung nicht ums Nachzählen,[933] sondern um eine Erstauszählung. Darauf war niemand so richtig vorbereitet. Zeit verging. Der Inthronisierungstermin rückte näher. Da verboten die Richter das Zählen als zu zeitaufwendig und daher unamerikanisch. Für wie viel Dollar diese Entscheidung über die Theke der Gerechtigkeit ging, ist nirgendwo belegt worden. Wie dem auch sei. Falls Schmiergeld floß, war es gut angelegt.[934] Der Krieg gegen den Terror unter George W. Bush lohnte sich. Er hält heute noch an.

*Was denn nun? Nachdem 2001 zunächst Afghanistan als Sitz des angeblichen Drahtziehers der Anschläge in New York, Osama bin Laden, angegriffen wurde, wechselte der Feind plötzlich 2003. Nunmehr wurde mit derselben Begründung der Irak angegriffen, obwohl in Wirklichkeit bin Laden und Saddam Hussein Todfeinde waren. Das wurde auch in den USA bemerkt, aber nur von wenigen.*

Das alles war für den neuen Amtsinhaber nicht ohne Risiko, denn die Feindbildfixierung auf eine sehr reiche Familie aus Saudi-Arabien, tangierte auch die Familie Bush. Ihre enge Bindung in Richtung Saudi-Arabien reichte weit zurück. Hieraus sind später die seltsamsten Ableitungen getroffen worden, die ein Zusammenspiel der US-Eliten mit den Anschlägen in New York thematisiert haben. Schlüssig nachgewiesen wurde hier nichts. Die Lust, für Aufklärung zu sorgen, war begreiflich gering. Nur allmählich sickerte aus dem US-Regierungsapparat heraus, daß einer bestimmten Vielzahl von Staatsangehörigen aus Saudi-Arabien unmittelbar nach dem Anschlag und trotz der augenblicklich anschließenden Schließung der US-Flughäfen gestattet worden war, das Land in größter Eile zu verlassen. Sollte es wirklich eine Verwicklung von Saudis in die Anschläge von New York gegeben haben, kann man die saudische Eile verstehen, die amerikanische Eilfertigkeit hingegen nur, wenn man Böses unterstellt.[935]

Wie üblich beruhigte sich die Szene, als andere neuere Nachrichten die alten verdrängten. Das war alsbald der Fall, als Unglaubliches zu hören und zu sehen war, was der Erzübeltäter Saddam Hussein an Greueltaten verüben ließ. Meldungen über Giftgasmassenproduktion garnierten das Drama. Die USA rüsteten erneut zum großen Schlag. Was der Vater nur angerissen hatte, Sohn Bush würde es vollenden. Wie ein Mann stand die veröffentlichte Meinung hinter ihm. Das kann man gut verstehen, denn der neue Krieg versprach Traumgewinne, die sich tatsächlich realisierten. Man betrachte zum Beleg dessen die kometengleichen Kursgewinne der Rüstungsaktien zwischen Juli 2003 und Juli 2006.[936]

Warum aber ausgerechnet der Irak? Hierüber hat Meyrav Wurmser – Seniormitglied des Hudson-Instituts und nach eigener Einschätzung ein Neocon[937] – Auskunft erteilt:

*Die Idee war, daß Amerika einen Krieg gegen den Terror führt, und daß der einzige Ort, um damit fertig zu werden im Nahen Osten liegt, und daß ein fundamentaler Wandel durch das Auswechseln der Führerschaft kommen werde. Irgendwo mußten wir anfangen.*[938]

Die Frau Doktor, eine Zionismus-Forscherin,[939] wußte, wovon sie sprach, ihr Mann, David Wurmser, war schließlich hauptamtlicher Nahost-Berater beim Hardliner der Regierung Bush II, Vizepräsident Dick Cheney, vermutlich hatte David es ihr gesagt[940] (oder sie ihm?).

Da es im Irakkrieg – abgesehen von den wie üblich öffentlich bemühten Menschenrechten – ums Öl ging, liegt es nahe, daß Ölgeschäfts-Betreiberfirmen an dem Krieg ein Interesse hatten. Da war zum Beispiel die Firma Halliburton, durchaus keine Garagenbastler mit ihren gut 50.000 Angestellten und einem Jahresumsatz von über 15 Mrd. $.[941] Chef der Firma war von 1995 bis 2000 Dick Cheney, der schon in früheren republikanisch dominierten US-Regierungen an vorderster Front kämpfte, zum Beispiel als Stabschef des Weißen Hauses. Jetzt war er im Team von George W. Bush der Vizepräsident. Die Drähte zu Halliburton hatte er alle gekappt – sagte er.[942] Daß er trotzdem noch an die 2 Mio. $ aus Firmenkassen bezog, begründete er mit rückständigen Gehaltszahlungen. Daß er Firmenanteile besaß, war auch normal, denn die hatten ihm als Chef zugestanden – und die hatte dann ein Treuhänder. Daß diese Aktien in den Kriegsmonaten kometenhaft stiegen,[943] war eben so, wie es war.

Dann kamen die Verträge mit dem Pentagon, die zuvor in der Firmengeschichte keine große Rolle gespielt hatten. Anfang 2003 schloß eine Tochter von Halliburton einen *non-bid*-Vertrag (= ohne Ausschreibung), in der sie sich Wiederaufbaurechte in den Ölfeldern sicherte. Dieser ausschreibungslose Geheimvertrag wurde später so erklärt, daß man zu dieser Zeit nicht die Militärstrategie der USA habe offenlegen können. Mit andern Worten – die Öl-Anlagen standen zu diesem Zeitpunkt noch – kurze Zeit später gingen sie dank gezielter Angriff der Air Force in Flammen auf. Ist man boshaft, so könnte man ergänzen: Sie gingen vertragsgerecht in Flammen auf. Als die Vertragstätigkeit des Pentagon zugunsten von Halliburton später ruchbar wurde, gab es genügend viele Konkurrenten, die das nicht komisch fanden. Also wurde vom Kongreß eine sog. nichtparteiische Untersuchungstruppe eingesetzt – ein Routine-Prozedere. Diese kam zu dem Ergebnis, Cheney habe sich so verhalten, wie jedes andere Regierungsmitglied vergangener Jahre auch. Also kein Grund zur Aufregung.⁹⁴⁴ Und der Leser wird gebeten, ebenso zufrieden zu sein.⁹⁴⁵

Nun war Amerika erneut im Krieg. Was im Irak ablief, konnte sich mit vorangegangenen Kriegsabenteuern durchaus messen. Neu war, daß die US-Streitkräfte Uran-angereicherte Munition verschossen.⁹⁴⁶ Das hatte den wunderbaren Vorteil, daß nicht nur die Explosionswirkung Tote und Verletzte bescherte, sondern das hochgiftige Uran Langzeitschäden verursachte, die zur Hoffnung Anlaß gaben, ein Schurkenvolk restlos austilgen zu können.

*Irgendwo mußten wir anfangen: Meyrav und David Wurmser planten den Irakkrieg, der Rüstungsprofiteur und US-Vizepräsident Dick Cheney setzte die Planung in die Wirklichkeit um.*

Die Zahl der Opfer, die diese Art der Kriegführung und der brutale zehnjähre Anlauf hierzu erzeugte, der als Wirtschaftsboykott durchgeführt worden war, ist bis heute nicht seriös festgestellt worden. Als die seinerzeitige US-Botschafterin bei den Vereinen Nationen, Madeleine Albright, gefragt werden sollte, ob denn die Tötung von einer halben Million Kindern im Irak, verursacht durch die US-Sanktionen, gerechtfertigt sei, entwickelte sich folgendes Interview:

*Frage: „Wir haben gehört, daß eine halbe Million Kinder gestorben sind. Ich meine, das sind mehr Kinder, als in Hiroshima umkamen. Und - sagen Sie, ist es den Preis wert?" Albright: „Ich glaube, das ist eine sehr schwere Entscheidung, aber der Preis - wir glauben, es ist den Preis wert".⁹⁴⁷*

Soviel Einsatz fürs Vaterland bewirkte, daß sie mit dem Posten des Außenministers belehnt wurde. Hier war nämlich ein Wechsel notwendig, da Amtsinhaber Collin Powell, der den Kriegseinsatz der USA öffentlich mit Fotos von irakischen Giftgasanlagen belegt hatte, ebenso öffentlich, dafür aber unerwartet, einräumte, daß die Beweismittel Fälschungen gewesen waren.[948]

In diesem Augenblick kam für einen Moment ein Zipfel der Wahrheit ans Licht, nämlich daß das Pentagon, also das US-Verteidigungsministerium, auf recht eigenwilligen Wegen wandelte, wenn es die Öffentlichkeit über das Heldenleben der US-Krieger und die Notwendigkeit ihres Einsatzes unterrichtete. In solchen Fällen bediente man sich professioneller Nachrichtenfabrikanten aus Großbritannien, Konsortien aus Journalisten und ehemaligen Geheimdienstbeamten, die für die benötigten Beweismittel sorgten, indem sie diese herstellten.[949]

Dies alles war auf den Weg gekommen, nachdem es sich nicht mehr leugnen ließ, daß die US-Besatzungsarmee im Irak an der dortigen Bevölkerung die unglaublichsten Verbrechen beging. Solche Nachrichten hätten den Weg in die Mainstreampresse niemals gefunden, wenn der peinliche Umstand nicht fortbestanden hätte, daß im Irak der Krieg nicht beendet worden war.[950] Zwar hatte man es geschafft, Hunderttausende aus der Luft zu töten, doch der anschließende Spaziergang ins Land hinein, um die Ölförderanlagen zu demokratisieren, erwies sich als lebensgefährlich.

Die Ermordung (nach offizieller Lesart: Hinrichtung[951]) des Staatsführers Saddam Hussein unter amerikanischer Aufsicht war auch nicht die Befreiung, als die sie gepriesen worden war, denn was unter Saddam mit Brachialgewalt zusammengehalten worden war, wurde jetzt im Gegeneinander deutlich unterscheidbarer feindlicher Ethnien und Religionen entfesselt, wobei es bald nur noch einen kleinsten gemeinsamen Nenner gab, das war der Anti-Amerikanismus. Diesen zu erzeugen haben die Besatzer keine Gelegenheit ausgelassen. Hierzu zählte vor allem die De-Baathisierung,[952] ein Tun, was an die Entnazifizierung seligen Angedenkens erinnerte und Zehntausende betraf: alle Staatsbediensteten, die Wirtschaftselite sowie Polizei, Lehrer, Gesundheits- und Versorgungsverwaltung, was zur Überraschung der Befreier zum Zusammenbruch des öffentlichen Lebens, ja zu Chaos und Anarchie führte.

Damit nicht genug: Als besonders wirkungsvoll erwies sich der Einfall, hunderttausende Männer, die bis vor Tagen die irakische Armee gewesen waren, nach Hause zu schicken, anstatt sie unter Kontrolle zu halten. Diese Männer taten, wie ihnen geheißen, ihre Waffen nahmen sie mit.[953] Fortan hatten die Besatzungstruppen alle Hände voll zu tun, sich in engbegrenzten Garnisonsorten zu verbarrikadieren, um ihre Verluste möglichst gering zu halten. Bald überstiegen die Kosten dieses netten kleinen Krieges alle Voraussagen und ebenso eine geordnete Haushaltsführung.[954]

Hiergegen regte sich Widerstand, der nach Schuldigen Ausschau hielt. Die waren bald entdeckt. Präsident Bush und seine Crew, deren zweite Amtszeit ohnedies dem Ende zustrebte, waren die geborenen Sündenböcke. Doch dann kam ein innenpolitisches Ereignis dazwischen, was erneut zu einem Perspektivwechsel zwang. Es war der Finanzcrash des Jahres 2007/2008. Über sein Entstehen wurde weiter oben bereits einiges gesagt. Daß es überhaupt dazu kommen konnte, war einer Führung des Landes geschuldet, die mit den US-Präsidenten und deren Herrschaft so gut wie nichts zu tun hatte.[955]

Was hundert Jahre zuvor, im Jahre 1907, vorexerziert worden war, wiederholte sich im Prinzip baugleich. Der einzige Unterschied war, daß das Modell von 1907 auf einer Bank beruhte, die man durch Gerüchte in die Pleite jagte, führten 100 Jahre später dieselben Gerüchte zur Zahlungsunfähigkeit einer Investmentbank und Vermögensanlagegesellschaft, Bear Sterns & Co.[956] Ähnliches wurde über die Investment Bank Lehman Brothers in die Welt gesetzt.[957] Wenn man einzelnen Autoren Glauben schenken darf, waren es Abgesandte der Firma J.P. Morgan, die den Abzug betätigten.[958] Ich bezweifle bis zum Beweis des Gegenteils, daß es so simpel ablief.

Gegenstand der Gerüchtewelle war die Behauptung der Falschbewertung von Grundvermögen. Hinter dieser Behauptung steckte eine Entwicklung, die man als *bubble* (Blase) bezeichnete. Es hatte bereits 2000 eine solche Blase gegeben, die zum Platzen gebracht worden war. Sie betraf den Handel mit Anteilen von Internet-Firmen aller Art. Durch übermäßige Nachfrage nach solchen Anteilen stiegen die Preise der Geschäftsanteile dieser Firmen, in denen man eine unbegrenzte Zukunft sah, ins Unermeßliche. Mit der Erkenntnis, daß Unendlichkeit auch in diesem Fall endlich war, brach der Markt zusammen. Beträchtliche Vermögen wurden vernichtet.

Doch das waren Peanuts zu dem, was dann kam. Das war der Grundstücksmarkt. Jahrelang war jedermann nahegelegt worden, sich auf Pump ein Grundstück zu kaufen. Die Nachfrage steigerte die Preise, und da Banken bereit waren, auch gestiegene Preise zu kreditieren, durfte jeder Käufer sicher sein, durch den Kauf und Verkauf beliebiger Grundstücke zumindest risikofrei keine Verluste zu erleiden, vielleicht sogar reich zu werden. Auch in diesem Fall erwies sich das Spiel mit der Steigerung ins Unendliche als endlich. Als ein Vermögensanlageberater eine der Anlagegesellschaften, deren Portfolio zu beträchtlichem Anteil aus Grundstücken bestand, als zahlungsunfähig bezeichnete, trat dieser Zustand unverzüglich mit der weiteren Folge ein, daß die zu verramschenden Grundstücke einen Erdrutsch-Preisverfall auslösten.[959]

Das war im Kern die Finanzkrise des Jahres 2007/2008, auch wenn der Halbgott der Wall Street und langjährige Großmeister der Federal Reserve, Alan Greenspan, hernach sagte:

> *Diejenigen von uns, ich eingeschlossen, die das Eigeninteresse der geldverleihenden Institute im Blick hatten, um das Eigenkapital der Aktionäre zu schützen, befinden sich im Stadium des ungläubigen Schocks.*[960]

Vielleicht hätte er besser daran getan, ab und an einen Blick in die Nicht-Mainstreammedien zu tun, die klar vorhersagten, was dort auf die USA zurollte.

Der Crash von 2007/2008 bedeutete ein weltweites finanzielles Erdbeben mit ungezählten Pleiten, die wiederum neue Pleiten auslösten. Den US-Steuerzahler kostete die umgehend anlaufende staatlich organisierte Rettung privater Banken die Kleinigkeit von Eintausend Milliarden US-Dollar (1.000.000.000.000 $).[961] Danach gab es eine Marktbereinigung durch einige Bankenzusammenschlüsse, und allen ging es wieder gut. So jedenfalls wurde es in der Mainstreampresse alsbald verkündet. Doch es war nicht so. Die geprellten kleinen Leute blieben wie gewohnt auf der Strecke.

Es dauerte genau zwei Wahlperioden von US-Präsidenten, bis die nächste Blase platzte. Diese *bubble* war eigenwilliger Natur und für die US-Eliten völlig neu. Inzwischen waren, wie schon angedeutet, acht Jahre vergangen. Auf den zum Sündenbock erklärten George W. Bush folgte nach dem Motto *Schlimmer geht immer* der Demokrat Barack Obama. Das durch die Finanzkrise verunsicherte Publikum bekam einen Retter vorgeführt: Barak Oh-Messias. Alsbald schmückte ihn der Friedensnobelpreis,[962] denn er hatte große Dinge versprochen.

Später ist Ernüchterung eingetreten. Man hätte es besser wissen können, denn bereits die Zusammensetzung von Obamas Kabinett – er übernahm Verteidigungsminister Robert Gates, Finanzminister Timothy Geither und den Notenbank-Chef Ben Bernanke – ließen Spötter von der dritten Wahlperiode Bushs sprechen.[963] Durch Maßnahmen dieser Art war sichergestellt, daß nicht nur die Absicherung der Finanzindustrie durch den US-Steuerzahler fortgeführt wurde, sondern auch die aus dem mißlungenen Irakkrieg gezogenen Schlußfolgerungen nicht für die Katz waren.

Unter keinem Präsidenten haben die USA an so vielen Stellen der Welt Krieg geführt oder Gewalttätigkeiten provoziert wie unter Obama. Der Irak blieb, der Iran wurde heikel, der Libanon wurde forciert, Syrien in eine Katastrophe gestürzt,[964] Ägypten in Aufruhr versetzt, Libyen zerschlagen,[965] der Sudan schwer beschädigt, die Ukraine gespalten, die Krim zu annektieren versucht, Rußland großspurig zur Regionalmacht herabgestuft[966] und dadurch in den Kriegsmodus versetzt, die Philippinen zum Aufruhr gedrängt, das Chinesische Meer zum US-Manövergebiet erklärt, das Schwarze Meer ebenso, beliebige Länder in Mittel- und Südamerika grob geschädigt, die Grenze zu Mexiko geflutet und der Versuch unternommen, Europa in ein Unterwerfungsabkommen namens TTIP zu zwingen. Hierzu wurden Freunde und Feinde geheimdienstlich in einem Maße ausgespäht, die den Meister des zukünftigen Überwachungshorrors George Orwell hätten vor Neid erblassen lassen. Weltweit ließ Obama durch Fernlenk-Waffen, die sog. Drohnen, Menschen ermorden.[967] Es waren Tausende. Ein US-Mordkommando zu Fuß erschoß vor laufenden Kameras Amerikas Feind Nummer Eins, Osama bin Laden. Der Präsident und seine Crew verfolgten dies Live im Weißen Haus – ein Fernsehabend bei den Obamas.

Wie ein böser Geist waltete die US-Außenministerin Hillary Clinton in den Geschäften der Welt.[968] Irgendwie muß sich das gelohnt haben,[969] denn die Öffentlichkeit wurde von der Existenz einer millionenschweren Bill und Hillary-Clinton-Stiftung überrascht – mit nobler Geschäftsadresse in New York,[970] einem raumschiffartigen Zentrum in Irgendwo[971] und Clinton-Souvenirs.[972] War da nicht was? Ja richtig, Ehemann Bill war während seiner Präsidentschaft so klamm, daß man über einen Konkurs sinnierte, den abzuwenden der US-Kongreß dem armen Paar durch eine Erhöhung der Jahresapanage aus der Verlegenheit helfen wollte.[973] Amerikabeobachter stellten verblüfft fest, daß Clinton der erste US-Präsident in der Geschichte des Landes war, der ein Gehalt wirklich nötig hatte.

Als Obamas acht Jahre abliefen, machte sich Hillary Clinton daran, seine Nachfolge anzutreten. Das wäre alles seinen gewohnten Gang gegangen, wenn nicht diese *bubble* dazwischengekommen wäre. Es war eine Blase der Unzufriedenheit, um nicht das Wort Verzweiflung zu benutzen. Sie ging von der arbeitenden weißen männlichen Bevölkerung aus und hatte ihren Ursprung im Finanzdesaster von 2007/2008. Genau dieser Teil der amerikanischen Bevölkerung bekam die Folgen jenes Finanzkunststückchens seiner Eliten am schärfsten zu spüren. Genau dieser Teil der US-Bevölkerung verlor alle seine Ersparnisse, seine Häuser, seine Arbeitsplätze und seine Altersvorsorge.[974]

Die Mainstreampresse sah überhaupt keinen Anlaß, diese sich von Jahr zu Jahr verschärfende Krise zur Kenntnis zu nehmen. Man schwelgte stattdessen in steigendem Bruttosozialprodukt, steigenden Aktienpreisen und stark steigenden Gehältern.[975] Kein Mensch machte sich die Mühe nachzurechnen, daß diese steigenden Gehälter nur eine Zehnprozentgesellschaft betrafen und auf Kosten der Verarmung breiter Bevölkerungsschichten erzielt wurden.

Bei solcher Lage konnte es leicht sein, daß Präsidentenwahlen zu Überraschungen führen würden. Die ersten, die das zu spüren bekamen, waren die Demokraten, die nach einem Nachfolger für den amtierenden Präsidenten suchten. Daß Hillary Clinton als die erste Wahl des Establishments das Rennen machen würde, schien ausgemachte Sache zu sein. Doch es wurde eng für sie. Ein Gegner aus dem Nichts mit dem Namen Bernie Sanders, der die Interessen der geschädigten Bevölkerung zu vertreten versprach, konnte nur mit Mühe gestoppt werden.[976] Was in diesem Zusammenhang aus dem von einem Insider in die Öffentlichkeit lancierten Email-Verkehr der glorreichen Dame Clinton bekannt wurde, roch nach Nötigung und Erpressung.[977] Jedenfalls zeigte es, mit welchen Bandagen das Establishment zu kämpfen bereit war, wenn sich jemand unter dem Präsidentenhimmel erfolgversprechend zu tummeln begann, der dort nach ihrer Meinung nicht hingehörte.[978]

Mein Interesse an diesen Dingen blieb gering, da ich der Meinung war, daß die Person des US-Präsidenten ohnedies eine Nebensächlichkeit sei. Zudem hielt ich die Wahl für abgekaspert und entschieden. An Clinton interessierte mich lediglich die Wahrscheinlichkeit, daß es einen handfesten Krieg mit Rußland geben werde. Deswegen las ich die Zeitschrift *Foreign Affairs*, das Verkündungsblatt des Council on Foreign Relations. Daß in dieser Zeitschrift auch prononciert innenpolitische Themen von Zeit zu Zeit abgehandelt werden, sagte ich schon an anderer Stelle. So war es auch im Sommer 2016.[979] Es wurde nicht nur die US-Präsidentenwahl und deren mögliche Auswirkung auf die US-Außenpolitik besprochen, sondern ganz unverblümt und gegen die einheitlich anders berichtende Mainstreampresse für möglich gehalten, daß der republikanische Gegenkandidat, Donald Trump, das Rennen machen könnte und auch warum.

*Er ist wieder da: Mainstream arbeitete sich an dem Kandidaten der Republikaner Donald Trump ab, von dem man nicht müde wurde, ihn mit Hitler gleichzusetzen. Es half nichts, er wurde gewählt.*

Die *Foreign Affairs*-Publizisten machten ärgerlich und gnadenlos auf den fehlerhaften Wahlkampf von Clinton mit deren Fixierung auf Randgruppen wie Schwule und Lesben aufmerksam. Als die Yuppies aus Clintons Wahlkampfteam nunmehr plötzlich bemerkten, daß es auch ganz normale Amerikaner gibt, die Kotaus vor Randgruppen bestenfalls als lästig empfinden, schossen sie den nächsten kapitalen Bock. Hierzu holten sie sich Argumentationshilfe bei Clintons Fans aus dem Wissenschafts-Establishment. [980]

Es seien, so lautet die neue Argumentation, nicht die Handelsabkommen, sondern die weiter fortschreitende Automatisierung, die in erster Linie für den rapiden Abbau der Arbeitsplätze verantwortlich sei. Von 2000 bis 2007 seien nämlich unter 5,6 Millionen weggefallenen Arbeitsplätzen nur 982.000 gewesen, deren Verschwinden auf dem Fortfall von Handelsbarrieren beruhe.[981] Solche Nur-Zahlen waren für alle von der Arbeitslosigkeit Betroffenen und für die hiervon Bedrohten der kalte Hohn. Beiseite gelassen werden bei solchen Rechenexempeln sicherheitshalber die durch den Crash 2007/2008 zerstörten 9 Millionen Arbeitsplätze. Dort war der Kern der riesigen Zahl der Abgehängten des neuerlichen amerikanischen Schein-Wirtschaftswunders. Solche Leute konnte man mit dem Versprechen eines Krieges gegen den altneuen Weltbösewicht Rußland nicht locken.

Das eigentlich Erstaunliche war, daß die Wahl so ausging, wie in *Foreign Affairs* andeutungsweise vermutet worden war. Trump gewann das Rennen. Was dies bedeuten wird, kann heute noch niemand sagen. Klar ist nur, daß die sich düpiert fühlenden Eliten nichts unversucht lassen werden, ihn zu töten oder auf andere Weise um sein Amt zu bringen.[982]

Die erste Angriffswelle gegen Trump bezog sich inhaltlich auf Rußland. Aus diesem finsteren Land, so wollten es die Mainstream-Auguren wissen, sei die Trump-Wahl gesteuert worden und zwar vom Erzschurken Wladimir Putin, an den Trump das große und gute Amerika verkauft habe.[983] Der Leser liest hier ganz richtig, auch wenn er sich fatal an die Geschichten von Wilhelm Hauff erinnert fühlt, die man noch heute völlig zu Recht als Hauffs Märchen bezeichnet. Nun ja, der Bösewicht revanchierte sich, indem der die Daten der Gegnerin ausspähte und andere Schurkereien beging. Schade nur, daß sich herausstellte, daß der skandalöse Ausverkauf der Emails der heilige Hillary von einem ihrer Mitarbeiter begangen wurde. Man konnte ihn nie danach befragen, denn er verstarb plötzlich und unerwartet.[984]

Andere Missetäter der Rußland-Fronde leben indessen noch. Da wäre zum Beispiel der in diesem Buch bereits erwähnte Richard Burt, der in Deutschland in jungen Lebensjahren Botschafter sein durfte. Nun tritt er wieder ins Bild, weil er den Wahlkämpfer

Trump außenpolitisch beriet[985] und zwar in der Weise, daß es an der Zeit sei, mit Rußland Frieden zu finden. Seine Auffassungen fanden bis in die ersten Erklärungen des neuen US-Präsidenten hinein ihren Wiederhall.

Da wurde es Zeit, nach der Vita dieses Mainstream-Verräters zu forschen und Fragen zu stellen. Die Antworten konnten brisanter kaum sein. Nach Abschluß seiner diplomatischen Raketenmission unter dem ersten Bush sagte Burt dem State Department Valet und betätigte sich als Geschäftsmann, wobei Rußland auch weiterhin auf seiner Agenda stand. Zu dessen Alpha-Bank suchte und fand er einen Draht. Das wäre noch hingegangen – jedenfalls solange die US-Geldelite dabei war, Rußland ins Dollar-Imperium zu integrieren. Doch nach 2000 wurde alles anders. Nicht so für Burt, denn er blieb am russischen Ball. Dieser hörte auf den Namen Gazprom. Das war die russische Antwort auf die mißlungenen Jelzin-Ausverkäufe. Der Gas-Riese hatte spezielle Sorgen, die sich aus der Grenzziehung nach der Auflösung der Sowjetunion ergaben. Zum Ernstfall wurden diese Grenzen, als die rein zufällig in der Ukraine tätigen US-Amerikaner nach dorthin *democracy* gebracht hatten, worauf die Wirtschaftsbeziehungen zwischen Rußland und der Ukraine empfindlich gestört wurden – einschließlich des Gastransports durch die Pipelines, die über das Territorium der Ukraine liefen.

Es liegt nicht außerhalb normaler wirtschaftlicher Verhaltensweisen, daß Gazprom diese Störung durch den Bau einer weiter nördlich verlaufenden Pipeline *North Stream* zu umgehen trachtete. Bei dem Vorhaben war Burt behilflich. Er kassierte für Rat und Tat 365.000 $. Diese Zahl stammt aus einer Internet-Quelle, der amerikanischen Version von Wikipedia.[986] Das ist insofern erstaunlich, als die anonymen Editoren ansonsten peinlich darauf achten, bei Geschäftsleuten deren Einkommen bestenfalls zu umschreiben. Man kontrolliere dieses Verhalten zum Beispiel bei den Lebensläufen der korrupten Verursacher des Finanzdesasters von 2007/2008, die dreist Boni einstrichen, als der US-Steuerzahler 1.000.000.000.000 $ berappte, um den Pleite-Banken aus der Bedrouille zu helfen. Wenn nun bei Burt anders verfahren wird, so bedeutet das, daß die Geldmacht den Kampf gegen ihn aufgenommen hat: Seht her, das ist der Judas-Lohn.

Dieses Verhalten ist Teil einer Gesamtstrategie, die man beim CFR nachlesen kann. Dessen *Foreign Affairs* hat ihm ein Teil-Heft gewidmet, in dem es um den nahe bevorstehenden Waffengang gegen Rußland geht.[987] Auch der deutsche Außenminister, Frank Walter Steinmeier, war aufgefordert, seinen Beitrag abzuliefern. Dem kam er halb-artig nach.[988] Als dies 2016 zelebriert wurde, war die amerikanische Kriegswelt noch in Ordnung: Der Friedensnobelpreisträger Barak Obama hatte den Wirtschaftskrieg gegen Rußland verhängt. Wenn es nicht einlenke und die Krim an die USA-geführte Ukraine herausgebe, würden halt die Fetzen fliegen.

Diese stringente Strategie erhielt durch den von Burt beratenen US-Präsidenten Trump eine gefährliche Beule. Das Trommelfeuer gegen den angeblichen Rußland-Freund wurde eröffnet. Senat und Repräsentantenhaus versuchten bereits im Frühjahr 2017 den neuen Präsidenten auf eine strikte Anti-Rußland-Linie festzulegen. Ein Gesetzgebungsakt verbot die Lockerung der Rußland-Sanktionen und drohte allen Staaten der Erde, die sich an die US-Vorgaben nicht halten mögen, Gewalt an.[989]

An dieser Gesetzgebung ist für den außenstehenden Beobachter interessant, daß sie mit den Stimmen der republikanischen Abgeordneten verabschiedet wurde[990] – also mit denen der Partei der Wahlsieger der Präsidenten- und gleichzeitigen Parlamentswahlen. Wer noch Illusionen über die finanzielle Steuerung der Abgeordneten hat, sollte diese möglichst bald begraben. Als Hilfestellung möge er wieder die Äußerungen aus dem Generalstab des Geldes, dem CFR, heranziehen, denn bei soviel Drohungen mochte dieser nicht zurückstehen. Erneut gab er seine Zeitschrift zum Wirkungsschießen frei – diesmal auf Trump.

Im Editorial des Juni-Heftes 2017 der *Foreign Affairs* erklärte deren Herausgeber, daß man zwar Verständnis für die Anfängerfehler aller US-Administrationen gezeigt habe, aber dieser Fall sei ein anderer. Es sei die Zeit für Maßnahmen gekommen.[991] Man darf gespannt sein, wie diese aussehen werden. Der Anfang wurde mit dem eben erwähnten Sanktionsgesetz gemacht. Gelingt es, dies auch gegenüber den Europäern durchzusetzen und den Rußlandhandel vollends zu unterbinden, gehen in Deutschland die Lichter aus.

## Mittelalter oder Neuzeit: Amerikanisches strategisches Denken der Gegenwart nebst einigen Bemerkungen über die Denker und die Bedeutung der Seidenstraße sowie über das Vehikel der Verschwörungstheorie

Es gibt in Deutschland eine bemerkbare Zahl von Männern und Frauen, die sich Sorgen darüber machen, daß es Leute gibt, die aus westlicher Ferne Böses tun. Sie werden – so will es der Brauch – bezichtigt, daß man es bei ihnen mit den Vertretern einer Verschwörungstheorie zu tun habe. Dieser Vorwurf, der zum Inhalt hat, daß der Betroffene nicht alle Tassen im Schrank hat, fällt um so leichter, als näheres Hinsehen nur zu oft keinen anderen Schluß zuläßt, zumal wenn es sich um Fliegende Untertassen und Marsmännchen handelt. Diese Leute als Spinner zu bezeichnen, würde in aller Regel ausreichen, denn der Bannfluch der Verschwörungstheorie ist von ihren Erfindern auf solche Typen gar nicht gemünzt worden.

Das Wort von der Verschwörungstheorie ist seit Jahrzehnten ein eingeübter Kampfbegriff. Er stammt vermutlich aus der CIA, wo er Mitte der 1960-er Jahre genutzt wurde, um propagandistisch gegen Leute vorzugehen, die den offiziösen Verlautbarungen über Ablauf und Hintergrund des Kennedy-Mordes keinen Glauben schenken wollten.[992] Es galt, so war man in der Company überzeugt, diese Leute mundtot zu machen. Wenn man einen Augenblick des Nachdenkens auf diesen Ursprung verwendet, so stellt sich automatisch der Verdacht ein, daß auf das Erdenken und Anwenden eines solchen Instrumentariums nur kommt, wer einen Grund hierfür hat – im konkreten Fall jemand, der Grund hat, eine Diskussion über den Kennedy-Mord zu unterbinden.

Mit diesem Merksatz sind wir im eigentlichen Anwendungsbereich der Verschwörungstheorie angekommen. Es geht um Meinungslenkung und das diffamierende Verhindern der Diskussion abweichender Auffassungen. Wird also jemand von den Meinungsbeeinflussungsinstitutionen der Verschwörungstheorie geziehen, so sollte das für alle Neugierigen ein Hinweis sein, sich mit dem Inhalt des Vorbringens des Bezichtigten zu befassen.

Hält man das soeben Gesagte wenigstens für möglich, so empfiehlt es sich, einer Suchmaschine die englischen Wörter *conspiracy* und *theory* einzugeben. Das Ergebnis bei Google sind nach 5,8 Sekunden gut 6 Millionen Einträge. Studiert man deren Reihenfolge, macht man interessante Entdeckungen, denn zunächst stößt man auf ungezählte Beiträge, die dem Leser erklären, daß es dieses Phänomen gibt, wie man dessen Vertreter erkennt und was die beliebtesten Verschwörungstheorien der letzten gut 60 Jahre sind. Ein solches Ranking hat zum Beispiel die US-Illustrierte *Time* veröffentlicht.[993] An dessen Spitze der Top-10 steht der Kennedy-Mord,[994] dicht gefolgt von den Anschlägen am 11. September 2001.

Nun ein Beispiel aus der jüngsten Vergangenheit: Der schweizerische Historiker Daniele Ganser hat sich intensiv mit der US-gesteuerten verdeckten Kriegführung in Europa beschäftigt[995] und zudem angezweifelt, daß die offiziöse Darstellung der Ereignisse um den Anschlag auf das World Trade Center in New York mit der Wirklichkeit übereinstimmt.[996] Diese Themen haben ihm das Etikett Verschwörungstheoretiker eingebracht. Für diese Verleumdung verantwortlich sind die anonymen Denunzianten der Internet-Plattform Wikipedia. Daß und wie sie vorgehen, läßt Schlüsse zu, wer diesen Informationspool steuert. Zieht man derartige Schlüsse, ist man selbstredend reif, selbst als Verschwörungstheoretiker denunziert zu werden. Doch gemach, den Ganser-Fall sollte man nicht ohne seine ironische Pointe erzählen, denn in diesem Fall ist es gelungen, nicht nur die strukturelle Steuerung der diffamierenden Berichterstattung, sondern auch gleich noch den Hauptdenunzianten *in personam* bloßzustellen. Es handelt sich – der Leser amüsiert sich, weil er selbst nicht der Betroffene der Infamie ist – um einen vormaligen Theologiestudenten, Antifa-Aktivisten und Klavierlehrer an der Universität Osnabrück, der in diesem Fall bei Wikipedia das Sagen hat.[997]

Ziehen wir ein kurzes Fazit: Wer an dem weltweiten Agieren der USA mit Hilfe detaillierter Beschreibung des schier Unglaublichen Anstoß nimmt, erregt seinerseits Anstoß. Er wird bezichtigt, daß er Gespenster beschwört. Sehen wir uns im Folgenden diese Gespenster an. Sie sind aus Fleisch und Blut. Sie dachten sich aus, wie die Welt unter US-amerikanischer Herrschaft zu funktionieren habe. Ich greife zwei von diesen Leuten, Henry Kissinger und Zbigniew Brzeziński, heraus, da beide sich von den vielen anderen, die auch Papier beschrieben haben, dadurch unterscheiden, daß sie Gelegenheit hatten, ihre Ideen an entscheidender Stelle in der US-Administration in die Tat umzusetzen.

Bevor ich auf die Einzelheiten zu sprechen komme, sei erwähnt, daß beide ihre Gedankengebäude nicht auf der grünen Wiese errichteten. Sie hatten namhafte Vorbilder. So den US-Admiral Alfred Thayer Mahan,[998] der die gedanklichen Grundlagen der Seemachtgeltung formulierte. Das war vor mehr als hundert Jahren. Ihm folgte ein Deutscher, Karl Haushofer. Der nach dem Ersten Weltkrieg ausgemusterte bayerische Artillerieoffizier stellte die Synthese zwischen Machtpolitik und Geographie her, weil er die wechselseitige Abhängig beider untersucht hatte: Geopolitik hieß fortan das, was er schrieb und auch an der Universität München lehrte.[999] Er fand weltweit Aufmerksamkeit und auch bald Nachahmer.

Henry Kissinger war ein solcher. Er hatte, als er als Politologe Einfluß zu gewinnen begann, die Möglichkeit, Haushofer auf deutsch zu lesen. Soweit ich feststellen konnte, hat er hierüber nie Auskunft gegeben. Dafür aber über das, wie er sich die US-

Weltmachtposition und deren endgültige Erlangung vorstellte. Um seine Ansichten insgesamt zur Kenntnis zu nehmen, müßte der Leser mindesten zwei Dutzend Bücher durchackern. Das zeitlich letzte aus dieser Reihe erschien 2014. Wie in diesem Buch geschildert, hatte Kissinger etliche Jahre Gelegenheit, als Sicherheitsberater eines US-Präsidenten und als US-Außenminister seine Theorien in die Praxis umzusetzen.[1000] Über seine zwielichtige Rolle beim Abbruch der Friedensverhandlungen mit den Vietnamesen 1968 habe ich das Notwendige bereits gesagt.

Doch nichts könnte enttäuschender sein als die Lektüre des neusten Kissinger-Buchs. Es ist wie eine verstaubte Propagandaschallplatte von Radio Liberty – nunmehr im Endlosmodus: *democracy everywhere and good governance*.[1001] Henry, möchte man rufen, hast du die Diskussionen im Council on Foreign Relations nicht mitgekriegt, dessen Mitglied du bist.[1002] Nix mehr mit *democracy*. Da, im Generalstab des Geldes, wird klar gesagt, daß es im Interesse der USA besser sein kann, mit sicheren Diktaturen zusammenzuarbeiten als mit unsicheren Demokratien.[1003] Dieses ist *realpolitik*, wie es die Amerikaner sich angewöhnt haben, zu sagen, wenn sie zum Ausdruck bringen wollen, daß sie etwas tun, was mit den moralinsauren Predigten vom Glück der ganzen Menschheit nicht harmoniert.[1004]

Einer von Kissingers Nachfolgern als Sicherheitsberater von US-Präsidenten war der polnisch-stämmige Zbigniew Brzeziński.[1005] Auch er war ein Politologe, der seine Weltbeherrschungsphantasien vielfach in Buchform präsentiert hat. Er beschrieb die Welt als ein Schachbrett an dem die Hauptkonkurrenten um Macht und Einfluß spielen. Diese Sicht korrigierte er bald nach dem Untergang der Sowjetunion, als er postulierte, daß die USA nunmehr die *einzige Weltmacht* seien.[1006] Sein letztes Werk trägt deswegen den bezeichnenden Titel *Die einzige Weltmacht*. Daß die deutsche Übersetzung im Amerika-kritischen Kopp-Verlag erschien, sollte allen *One World*-Apologeten zu denken geben, denn die Verlage der deutschen Atlantiker hielten seinen Inhalt offenbar als ungeeignet für deutsche Augen.

Auch Brzeziński hatte Gelegenheit, seine Ideen in die Tat umsetzen. Neben allem Unheil, das er in Lateinamerika anrichten konnte, ragt seine Rolle im Afghanistan-Konflikt heraus. Er war es, der Präsident Carter am 7. Juli 1979 dazu veranlaßte, 500.000 $ für die Bewaffnung von Glaubenskämpfern (Mujahedin/Mudscha-heddin[1007]) locker zu machen, um das in Kabul herrschende strikt religionsneutrale Regime zu bekämpfen.[1008] Diese Regierung war das Ziel der verdeckten US-Intervention, weil Brzeziński & Co befürchteten, das Land mit seiner Regierung könne Vorbild für den übrigen Mittleren Osten werden. Später ist dann behauptet worden, die USA hätten in Afghanistan eingegriffen, um die Ende 1970 beginnende Invasion durch die Rote Armee abzuwehren.[1009] Das war Propaganda pur und ein bewußtes Verdrehen der Chronologie der Ereignisse. Hierfür gibt es keinen besseren Zeugen als Brzeziński selbst. Er sagt viele Jahre später:

*Nach der offiziellen Geschichtsversion begann die CIA-Unterstützung der Mudschaheddin 1980, das heißt nach der sowjetischen Invasion Afghanistans. In Wirklichkeit, bis jetzt strikt geheimgehalten, war es genau anders herum... Die US-Botschaft in Kabul hatte im August 1979 berichtet, daß den weitgefaßten US-Interessen durch den Sturz der [afghanischen] Regierung gedient würde, ungeachtet dessen, was dies in Zukunft für die sozialen und ökonomischen Reformen bedeuten würde.[1010]*

Exakt nach dieser Forderung wurde auch verfahren. Ein Krieg wurde ausgelöst, der nunmehr seit fast vierzig Jahren andauert. Seine Toten hat noch nie jemand seriös ermittelt. Hierbei sollte man die ungezählten Drogentoten nicht vergessen, die der Hauptversorgungsempfänger der USA, Mudschaheddin-Chef Gulbuddin Hekmatyar,[1011] in seinem Zweitjob als Drogenboß verursacht hat.[1012]

Es fällt nicht leicht, Brzeziński nicht als Kriegsverbrecher einzuschätzen. In seiner Totenbilanz läßt er sich vielleicht am ehesten an dem NS-Kriegsverbrecher Heinrich Himmler messen. Die Toten des Henry Kissinger aus Südostasien und anderswo, stehen dem in nichts nach. Wenn man sich als Deutscher über eines wundern darf, so ist es dies: Wer hat einen solchen Menschen zur Trauerfeier von Helmut Schmidt eingeladen, wo jener sich als der Freund des verstorbenen Kanzlers bezeichnen durfte. Kissinger lebt immer noch. Sein Confrater Brzeziński ist straflos verblichen. Am Ort seiner Gewaltphantasien wird immer noch gestorben.

Mit Deutschland hatten beide zu tun, obwohl nur Kissinger hier geboren wurde. Beide mußten sich mit diesem Land befassen, wenn sie in ihren Weltmachtplänen schwelgten. Sie fanden heraus, daß Deutschland mitten in Europa liegt und waren zudem der Meinung, daß es einen euro-asiatischen Landblock gebe. Das ist eine unter Weltmachtgesichtspunkten grundlegende Erkenntnis. Wer, so folgerten sie, über diese größte Landmasse der Welt mit den entscheidenden menschlichen und naturgegebenen Ressourcen das Sagen habe, der könne die Welt beherrschen. Das hatte Altmeister Lenin bereits Jahrzehnte vor ihnen gewusst.[1013]

Mit dem Zusammenbruch der Sowjetunion schien diese Möglichkeit in Griffweite gerückt zu sein. Im Jahre 2000 mußte man diese Hoffnung erst einmal aufgeben. Doch schon zeigte sich eine weitere Gefahr. Es war eine Eisenbahn. Es war, als steige der Geist der längst vergessenen Bagdad-Bahn aus seiner Flasche. Der Leser erinnert sich: Das war jenes deutsch-französisch-türkische Großprojekt, was die Metropolen von Paris und Berlin mit Bagdad verbinden sollte – eine gewaltige Handelsstraße aus Eisen. In London läuteten die Alarmglocken. Die Royal Navy, die nach wie vor den Handel zwischen den Erdteilen kontrollieren konnte, wurde im Kern dieses Geschehens in Frage gestellt, denn der Bagdad-Bahn-Handel würde nicht ein einziges Meer befahren.

Jetzt drohte Ähnliches, nur in weit größerem Maßstab. Das Projekt hörte auf den freundlich klingenden Namen der Seidenstraße.[1014] Die war seit dem Mittelalter bekannt, aber letztlich mußte das Kamel dem Schiffsverkehr, wenn auch auf wesentlich längeren Routen, weichen. Nunmehr kam erneut Konkurrenz, denn die Seidenstraße, das sollte eine gewaltige Bahnverbindung von Asien nach Europa werden – Peking-Duisburg. Nun steht die letztgenannte Stadt in keinem amerikanischen Reiseführer *Europe in Three Days*, und auch mancher Deutsche wird stutzen: Was war noch mal in Duisburg? Die Antwort ist simpel: Hier liegt der größte Binnenhafen Europas.

Die Neue Seidenstraße ist nicht nur eine technische und finanzielle Herausforderung – für die beteiligten Deutschen und Chinesen –, sie ist vielmehr eine Bedrohung.[1015] Das zumindest ist sie aus Sicht der US-Weltstrategen, denn sie führt nicht an den Küsten entlang und ist für die *US Navy* unerreichbar. Die Seemacht USA fühlt sich nicht nur herausgefordert, sie sieht sich bedroht. Und dieses wiederum ist für die Beteiligten eine konkrete Bedrohung. Die kommenden Jahre werden es zeigen, wie weit es die USA auf eine gewaltsame Konfrontation ankommen lassen. Daß sie die Neue Seidenstraße zulassen, solange sie Europa nicht auf Linie gezwungen haben, darf bezweifelt werden.

## 12. Kapitel

## Zum letzten Mal Deutschland – Ein Zeitraffer
## Die Ereignisse seit der Einheit und ihre ideologischen Grundlagen nebst einigen Anmerkungen, wie der Zug in den Abgrund rast

In diesem letzten Kapitel geht es noch einmal um Deutschland. In ihm wird erzählt, was sich in Deutschland durch die Wiedererlangung der Einheit änderte. Hierbei wird der Leser zunächst einen Ausflug in den *globalism* (Globalismus) unternehmen müssen, der als überwölbende Ideologie für vieles von dem verantwortlich ist, was nach der Einheit ablief. Es werden die Hauptträger dieser Globalisierungsideologie vorgestellt, die in den Pressekonzernen und anderswo zu Hause sind. Es wird erörtert, wer hinter diesen Konzernen steckt und warum sie einheitliche Informationen produzieren, die ihnen das Schmähwort von der *Lügenpresse* eingetragen haben.

Sodann werden zwei ideologische Säulen beschrieben, auf denen speziell in Deutschland der globale Überbau ruht. Es sind dies der Anti-Antiamerikanismus und der Antifaschismus. Für beide Spielarten werden Herkunft und heutiger politischer Stellenwert kurz angerissen. Es wird zudem beschrieben, inwieweit diese Polit-Strategien aus der amerikanischen Umerziehung der Deutschen herrühren, bzw. durch diese beeinflußt worden sind.

In einem weiteren Abschnitt wird es um eine Kurzfassung der prägenden politischen Ereignisse gehen und darum, wie von US-amerikanischer Seite hierauf Einfluß genommen wurde. Dabei wird es noch einmal um die Beeinflussungsinstitute in ihrer heutigen Form gehen. Ein besonderes Augenmerk gilt der Zerstörung der Bundeswehr, der Beschädigung des Industriestandorts Deutschland und der Herbeiführung einer illegalen Masseneinwanderung.

Ein abschließender Blick, der zugleich ein Ausblick sein mag, ruht auf der neuerlichen Teilung des deutschen Volkes und dem Versuch einer Erklärung, wie es hierzu kommen konnte. Dabei wird erörtert werden, wie sich die Gräben zwischen Ost und West vertiefen.

## *White Man's Burden*: Der Zusammenhang zwischen der nach Deutschland importierten Ideologie des globalen Denkens und der Pressekonzentration sowie einige Bemerkungen über die Spätfolgen der Umerziehung und die Bemühungen, deren Langzeitwirkungen ins Ewige zu verlängern

Vor gut hundert Jahren formulierte der britische Imperialist Rudyard Kipling eine zündende intellektuelle Stütze für den weltweiten britischen Kolonialismus. Er sprach von *the white man's burden* (der Bürde des weißen Mannes), wobei unausgesprochen zu ergänzen war: Es war die Bürde, über minderwertige Völker zu herrschen, ja herrschen zu müssen, um die Welt vor deren Exzessen zu schützen, indem man ihnen die Segnungen der britischen Zivilisation brachte. Wenn die Minderwertigen diese bittere Medizin nicht schlucken mochten, so mußte *the white man* nachhelfen.

Die Botschaft von *The White Man's Burden* wurde über ein gleichnamiges Gedicht transportiert, das Kipling 1899 zum Lob der äußerst blutige Eroberung der Philippinen durch die USA[1016] verfaßte.

Betrachtet man die seinerzeit sehr beliebte Formel von *The white man's burden* aus der weiten Distanz, so fällt zweierlei auf. Zum einen, daß sie eine Metamorphose durchmachte, ja, man könnte es auch eine Wiederauferstehung nennen. Zudem ist bemerkenswert, daß sich Autor Kipling im Land der Wiederauferstehung seiner Formel, den USA, damals wie heute der größten Wertschätzung erfreut.[1017] Auch insofern ist eine Metamorphose zu beobachten:

Man lese das komplette Dschungelbuch von Kipling in einer guten Übersetzung und vergleiche damit, was Hollywoods Traumfabrikanten daraus gemacht haben. Oder: Man esse einen Irish-Stew und tags drauf einen quappigen Hamburger, aus dessen Pappschachtel der süß-klebrige Ketchup träufelt, dann spürt man den Unterschied auf der Zunge.

Nun zum Kern der Wiederauferstehung: Heute ist es so, daß der *Weiße Mann* von dem Gedanken besessen ist, die *Westlichen Werte* in die Welt zu tragen, damit alle Leute glücklich werden – so glücklich werden wie er selbst. Diese Missionare berufen sich auf die amerikanische Unabhängigkeitserklärung,[1018] die ihre Bibel ist, zumal in ihr vom *pursuit of happiness* (dem Streben nach Glück) die Rede ist. Dieses nebelhafte Schlagwort hat sich längst verselbständigt,[1019] ist zum Banner einer Weltbeglückungslehre geworden, die es sich verbittet, daß man ihren Ausgangspunkt anzweifelt. Denn natürlich ist es nicht erlaubt, die Frage zu stellen, was denn mit den vielen Menschen auf dem Globus ist, die das, was sich hinter dem westlichen *pursuit of happiness* verbirgt, durchaus nicht haben wollen. Denen begegnet der Verfechter der westlichen Werte mit der Attitüde aller, die sich im Besitz des richtigen Glaubens wissen, nämlich mit der herablassenden Geste des Besserwissenden.

So ist *The white man's burden* zur neuen Weltbeherrschungsformel geworden, wobei die Betroffenen alles in ihrer Macht tun, um das Wort *Herrschaft* auf sich selbst bezogen nicht in den Mund zu nehmen. Herrschaft – das sind immer die anderen, die Zurückgebliebenen, immer noch Unaufgeklärten. Das Christentum war insofern ehrlicher, es sprach von der Allmacht Gottes. Gott wurde dann im Lauf der Jahrhunderte durch die Kirche ersetzt, deren Allmacht erst durch die Reformation wieder auf den allmächtigen Gott zurückgelenkt wurde. Wie gesagt, die heutigen Weltbeglücker vermeiden das Wort der Herrschaft, indem sie das Kosewort der Globalisierung in den Sprachgebrauch und damit in die Hirne sehr vieler netter Menschen eingepflanzt haben.

In der Herstellung und dem Endzustand der Globalisierung

wird das Wort der Herrschaft durch einen intellektuellen Trick wegdefiniert: Wenn alle Menschen von der globalen Gleichheit überzeugt und gleichermaßen glücklich sind, bedarf es *per definitionem* keiner Herrschaft mehr. Richtig? Nein, mit Sicherheit nicht, denn zum einen ist der Weg zu diesem vorgestellten Endzustand der Menschheit herrschaftsfrei nicht zu erreichen – auch nicht mit der Quatschformel vom herrschaftsfreien Diskurs. Die gesamte Geschichte der Menschheit spricht dagegen. Es ist zudem auszuschließen, daß den Globalisten die Erfindung der Wunderformel gelungen sein sollte, aus dem biologischen Wesen Mensch, das als Raubtier konstruiert wurde, durch Erziehung ein anderes Tier zu formen.

Natürlich stellt sich dem Betrachter solcher tiefgreifenden Denkveränderungen, wie es die Globalisierung nun einmal ist, die Frage, wie es hierzu hat kommen können. Die Antwort lautet vordergründig: durch Propaganda. Es gibt im Augenblick in der westlichen Welt kein Waschmittel, für das der Reklameetat so groß ist wie die Globalisierung. Ein Heer von gleichförmigen Plapperern wirbt in Endlosschleifen für dieses Produkt. Das wird so lange gehen, bis jedermann, den es angeht, von dessen Richtigkeit überzeugt ist und die vorgetragenen Floskeln für feststehende Tatsachen hält.

Um dies zu ergründen, wird im Folgenden ein Ausflug in die deutsche Presselandschaft unternommen. Diese besteht – genau wie in den bereits besprochenen USA – aus einem strikten Pressekartell, für das der Volksmund vor wenigen Jahren den Begriff der *Lügenpresse* geprägt hat. Das deutsche Pressekartell, das sind die öffentlichen Rundfunk- und Fernsehanstalten und drei Pressekonzerne, die einer Handvoll Leuten gehören. Sie bestimmen, was die Bevölkerung zu hören und zu sehen kriegt und was nicht.

Konkret: Die deutsche Meinungsindustrie besteht aus den Konzernen von Bertelsmann, Springer und Holtzbrinck. Manche rechnen noch Burda gesondert hinzu.[1020] Daneben gibt es die drei sog. Öffentlich-rechtlichen – ARD, ZDF und Deutschlandfunk –, die nur insofern ein Eigenleben führen, als sie von der Zustimmung eines Käufer- bzw. Einschalter-Publikums nicht abhängig sind, da sie aus Zwangsabgaben finanziert werden. Wer jedoch aus diesem Unterschied auch einen solchen in der Informationstätigkeit, also dem Output, ableitet, der irrt. Dieser Output ist vollkommen homogen. Ungezählte neuere Untersuchungen belegen dies,[1021] wenn sie auch in Worten abgefaßt wurden,[1022] deren Verständnis für Otto Normale dunkel bleibt.

*Lizenzpresse: Zeitungen herzustellen, hatten die Siegermächte für sich selbst und handverlesene Deutsche reserviert. Das führte zu lange fortwirkendem Kritikverbot und zur Monopolisierung, denn nach Aufhebung von Zensur und Lizenzzwang hatten Newcomer keine Chance mehr. Die Abbildung zeigt, bezeichnend für die Zeit, den Umschlag des Jahresberichts der Bundesregierung für 1951. Die Titel werden dem Leser von heute bekannt vorkommen.*

Doch zurück zum Pressekartell: Der Leser vergleiche einige Ereignisse aus seinem eigenen Erfahrungsbereich mit den gleichförmigen Pressedarstellungen, dann kann er selbst die Probe aufs Exempel machen. Beispiel 1: Die illegale Einwanderung nach Deutschland. Keines der Mainstream-Organe erwähnt diesen Umstand. Im Gegenteil, es wird durch Wortmanipulationen der illegal Einreisende, dessen Motiv das Leben im Schlaraffenland ist, durch den Begriff des Flüchtlings umgewidmet – und als allerneuster Gag ist der *Geflüchtete* entstanden. Es gibt keine verläßlichen Zahlen – und zwar in keinem der Mainstream-Medien –, so daß der Interessent, wenn es ihm überhaupt auffällt, auf Medien ausweichen muß, für deren Suche er oft ungebührlich viel Zeit und Geld aufzuwenden hat.[1023] Tut er dies, so stößt er auf Dinge, die zum Verwundern geeignet sind, wie den internen Rechenschaftsbericht der *Open Society Foundations* des Spekulations-Halunken[1024] George Soros, alias György Schwartz.[1025]

Hierin ist aufgelistet, wer welche Zuwendungen erhielt, um die Massen in Bewegung zu bringen: Kassenbericht über Migrationslenkung und -verstärkung vom 12. Mai 2016.[1026] Auch ist dort zu lernen, daß es eine mittelfristige Strategie gab, die 2011 einsetzte. Vollends wunderlich werden die Dinge, wenn man bemerkt, daß zu den Zuwendungsempfängern die Zweigstelle der Heinrich-Böll-Stiftung mit Sitz in Budapest gehört haben soll.[1027] Normalerweise ist es nämlich so, daß politische Parteien und deren Sub-Organisationen einer Spendenaufsicht unterliegen. Falls hier nicht, liegt wohl eine originell zu nennende Gesetzesumgehung vor.[1028]

Von hieraus die Folgerung zu ziehen, die Grünen ließen sich bei ihrer uneingeschränkten Einwanderungspolitik vom goldenen Zügel eines Herrn Soros, alias Schwartz, lenken, brächte denjenigen, der den Verdacht äußerte mit Sicherheit sogleich in die Schmuddelecke der Verschwörungstheoretiker oder gerichtlich zu verfolgenden Widerrufsaspiranten. Deswegen unterlasse ich das hier und beteilige mich lieber an der in der Presse bekundeten Empörung über den virtuellen Einbruch in den Email-Account des großen Menschheitsfreundes und delektiere mich an den Verdächtigungen, daß hier wieder einmal die bösen Russen zugeschlagen haben.[1029]

Eine solche sog. Berichterstattung nennt der Volksmund Ablenkung, denn es soll vermieden werden, daß sich der Nachrichtenempfänger mit dem Inhaltlichen befaßt, nämlich: wer wird von Soros mit welchen Beträgen geschmiert, um seinem Land zu schaden.

Beispiel 2: Die Wahl von Donald Trump zum Präsidenten der USA. Die bei vielen aufgetretene Überraschung wegen des realen Wahlergebnisses rührt daher, daß die Mainstream-Presse unisono – ganz dem Vorbild der amerikanischen Meinungsbeeinflussungsinstitute folgend – die Gegenkandidatin zum sicheren Sieger gegen einen offensichtlichen Idioten ausgerufen hatte. Das war nicht nur unfreundlich, sondern auch noch grob falsch.

Die Liste der Fehl- oder bewußten Falschinformationen ließe sich seitenlang fortführen. Wer Wetterdaten sucht, um ggf. das dräuende Ungemach der Klimakatastrophe zu verstehen, muß lange suchen. Dann allerdings gerät er zu Erkenntnissen, die es ihm nahelegen, daß er über die Jahre hinweg desinformiert worden ist.[1030] Ebenso geht es ihm mit Flüchtlingsströmen, mit der Welt-Ernährungslage oder mit der fröhlichen Wiederauferstehung des Erzfeindes Rußland. Die sog. Berichterstattung der Mainstream-Presse vermeidet strikt alle Informationen, die es dem Informationsempfänger ermöglichen, sich selbst ein Bild zu machen, indem man ihm die auf der Welt vorhandenen Informationen nicht zu Verfügung stellt oder ihm sagt, wo man sie findet.

Über die Uniformität der Berichterstattung wundert sich jeder, der sie zur Kenntnis nehmen muß, denn sie widerspricht offensichtlich der Selbsteinschätzung der Medien, die sich für weltoffen und differenziert halten.[1031] Daraus folgt: Entweder sie wissen nicht, was sie tun, oder sie lügen wie gedruckt. Um das zu ergründen, sollte man sich an die Aussagen derjenigen halten, die in der Branche das große Wort führen. Wie wäre es mit dem ZDF-Reporter Claus Kleber? Bereits der Titel seines Selbstbeschreibungsbuches ist bezeichnend genug: Rettet die Wahrheit. Er besagt zweierlei: Erstens, es gibt *eine*, nämlich *die* Wahrheit, und die ist zweitens in Gefahr. Gewiß, die Sache mit der einen Wahrheit ist eine Anmaßung, zumal offenbar der Autor einer der wenigen Wissenden ist. Und er fühlt sich bedroht – nein, wir alle sind laut Kleber bedroht – und er weiß auch durch wen:

> *Internet-Trolle, Bots und Staatsmedien wie* Russia Today *und* Sputnik, *die im Auftrag des Kremls die deutsche Meinungslandschaft pflegen.*[1032]

Aha, doch haben wir das nicht schon wo anders gelesen? Ja doch ja, es ist die seit einigen Jahren wiederauferstandene, auf uns niederprasselnde US-Propaganda vom russischen Bösewicht, den wir aus Freiheitsliebe niederringen werden. Es versteht sich, daß Kleber als Mitglied der US-Propagandainitiative *Atlantikbrücke*[1033] in diese Anti - балалайка (Balalaika)-Saiten greift. Zum Glück kennt er Abwehrmechanismen. Die teilt Kleber mit, denn im Gegensatz zu seinem Amtsvorgänger Hans-Joachim Friedrichs, der sich mit niemandem gemein machen wollte, will er gerade das nicht.

> *Er [der Grundsatz von Friedrichs, sich mit niemandem gemein zu machen] muß ins Gegenteil verkehrt werden, wenn Personen oder Gruppen Grundwerte von Freiheit und Menschenwürde angreifen oder auch nur zur Disposition stellen. Dann ist nicht ‚raushalten' gefordert, sondern Haltung und Engagement.*[1034]

Gemeint ist die AfD.[1035] Aha. Lügt der Mann, oder glaubt er, was er schreibt. Ich fürchte, er glaubt das. *Rettet die Wahrheit* heißt so, weil der zutreffende Titel *Rettet meine Wahrheit* sich Klebers Vorstellungsvermögen entzieht.[1036] Aber warum? Die Antwort ist eindimensional nicht zu geben, sondern sie hängt vom Status des zu beurteilenden Journalisten und Medienunternehmers ab. Ist dieser wirtschaftlich oder politisch abhängig, so folgt er den Vorgaben des Auftraggebers.[1037] Von solchen Vorgaben unabhängig sind in Deutschland nur wenige Personen – der ZDF-Reporter Kleber gehört, wie ich das sehe, nicht dazu. Doch selbst wenn man bei Unabhängigen nachforscht, welche Gemeinsamkeiten sie haben, stößt man nur zu oft auf US-amerikanische Zusammenhänge.

Die Grundabhängigkeit deutscher Publizisten und ihrer Unternehmungen wurde in diesem Buch bereits mehrfach angesprochen. Grundbaustein waren die Lizensierungsverfahren, die von den Siegermächten gleich nach dem Kriege eingerichtet wurden, und die sich in unterschiedlicher Länge noch über die Gründungsphase der beiden deutschen Staaten fortsetzten. Wer bei diesem Anfang nicht dabei war, hatte später wegen des uneinholbaren Startvorteils der Lizenznehmer kaum noch eine reelle Chance.[1038] Das war der materielle Teil der Bedingungen, der andere war ideologischer Art. Wer sich in die alliierten Vorgaben nicht einpaßte, wurde kaltgestellt oder (in der russischen Zone) eingesperrt bzw. deportiert. Die Leute, die das Rennen machten, waren also von besonderer Güte.[1039]

Unter diesem Gesichtspunkt lohnt ein Blick auf die heute übriggebliebenen Medienunternehmen. Es sind Bertelsmann, Springer und Holtzbrinck.[1040] Die Aufzählung gibt auch ungefähr die Bedeutung auf dem Meinungsbeeinflussungsmarkt wider. Einen gesonderten Blick sind die öffentlichen Rundfunkanstalten wert. Allerdings sind sie mit den Privaten über Verträge in einer Weise verknüpft, die fraglich erscheinen lassen, ob man sie einen unabhängigen Informationsstrang nennen sollte.[1041]

Bei Bertelmann handelt es sich um ein Unternehmen in Familienbesitz. Es ist älter als die amerikanischen Übernahmeaktivitäten nach dem Krieg, wurde aber auch erst wieder 1947 durch Lizenz zum Markt zugelassen. Heute dominiert Bertelsmann vor allem den Buchmarkt und das in einer besonderen Form: Seit 1986 trat Bertelsmann nämlich in den USA als Großeinkäufer von Verlagen auf. Damit und mit seinen Fernseh- und Filmaktivitäten ist Bertelsmann heutzutage der drittgrößte Medienkonzern der Welt. Schlägt man anglo-amerikanische oder deutsche Bücher auf, so trifft man allenthalben auf den Namen Random House. Das ist Bertelsmann.

Bei Bertelsmann finden wir also ein deutsches Meinungsbeeinflussungs-Unternehmen dessen atlantische Stränge – auch – atypisch von Ost nach West führen. Wenn in den USA die großen Stiftungen Meinungsbeeinflussungsbasare organisieren, so ist in Deutschland als Pendant die Bertelsmann-Stiftung zur Stelle. Sie verfolgt im Wesentlichen zwei Strategien: Der Zusammenhalt des kommerziellen Familienbesitzes und das Auftreten als Großsponsor für sog. gemeinnützige Zwecke, sprich die Einflußnahme auf Politik, Medien, Wirtschaft, Wissenschaft und Gesellschaft. In dieser Gönner-Funktion verleiht die Stiftung hochdotierte Preise und sammelt Prominenz um sich, wenn sie zum Beispiel die jährliche Sicherheitskonferenz in München organisiert. Ehemalige führende Regierungsbeamte wurden dort in den Geschäftsbetrieb eingespannt, wie der Ex-Abteilungsleiter des Bundeskanzleramts Horst Teltschik.[1042]

Bei Springer geht es äußerlich einen Zacken proletarischer zu. Für diesen Eindruck ist das Flaggschiff des Konzerns, die *Bild-Zeitung*, verantwortlich. Von deren Feinden kurz und bündig *Blöd* oder *Bild lügt* geheißen.[1043] Die Ausrichtung von Bild & Co ist seit deren Gründung strikt anti-antiamerikanisch und ebenso strikt anti-antisemitisch. Zu beiden Ideologie-Varianten wird noch Näheres zu lesen sein. Diese Grundausrichtung macht es dem Blatt zur Pflicht, Einzelaspekten der *political correctness* zu huldigen. Ein stellvertretender Chefredakteur namens Nikolaus Fest bekam das zu spüren, als er den Massenzuzug islamischer Einwanderer vorsichtig hinterfragte. Kaum im Druck erschienen, war *Bild* für ihn Vergangenheit.[1044] Wie lange sich dieser Kurs gegenüber denjenigen halten läßt, deren Meinung man angeblich abbildet, ist eine offene Frage, denn die Verkaufszahlen von Bild sind drastisch geschrumpft.[1045] Auch Springer ist ein Familienunternehmen.[1046] Seine Startvorteile in den 1950-er Jahren beruhen auf alliierter Lizenzvergabe.

Holtzbrinck schließlich ist der am wenigsten bekannte Konzern. Auch hier ist es eine Familie, die das Sagen hat. Betrachtet man die Informationspalette, so erscheint es möglich, daß dies zwar nicht in der Breiten-, so doch in der Tiefenwirkung die einflußreichste Gesellschaft ist. Sie hält sich selbst offenbar bewußt den Schlagzeilen fern. Erst wenn unangenehme Personalia anstehen, hört man aus dem Innern, wie im Fall des Magazins *Wirtschaftswoche*, als dessen Chef Roland Tychy seinen Platz räumen mußte, weil er, wie es scheint, politisch unerwünscht berichtete. Wie schnell man in der Firma Holzbrinck als unkorrekt taxiert werden kann, läßt ein Vergleich mit der von Tichy ins Leben gerufenen Internet-Zeitung *Tichys Einblick*[1047] erahnen, deren Berichtserstattung ungewohnt breit, aber deren Harmlosigkeit geradezu bestechend ist[1048] und sich nach meinem Eindruck erst angesichts der Massenzuwanderung radikalisiert hat.[1049]

## Zweigestirn aus dem fernen Abendland: Die grundlegenden deutschen Ideologiebausteine als langfristiges Ergebnis der Umerziehung

Nachdem es soeben um den großen ideologischen Überbau ging, die weltumspannende Globalisierung der westlichen Wertegemeinschaft, begeben wir uns nunmehr in die deutsche Tiefebene, um die Säulen zu betrachten, die das große Ganze bei uns tragen. Wir haben bereits am Beginn des Buches die Hoffnung der Väter der Umerziehung besprochen, daß ihr Werk erst dann zu voller Frucht gereift sei, wenn sich ihre Lehren in Deutschland als Selbstverständlichkeit eingebürgert haben würden. Das ist der Fall. Es handelt sich bei diesen Lehren um den Anti-Antiamerikanismus und den Antifaschismus. Sie sind deutscher Alltag – vor allem aber sind sie ideologische Lenkungsmittel für ein unberechenbar gebliebenes Volk.

Es fällt ins Auge, daß es sich bei allen beiden Lehren um Negationen handelt, also um Gedankengerüste und daraus abgeleitete Handlungsanweisungen, die von einem dräuenden Feind ausgehen, den es zu bekämpfen gilt. Man könnte dies schlicht das Böse nennen oder, wenn man's religiös mag: der ewige Kampf mit dem

Teufel.

Auch die amerikanische Demokratiegeschichte ist eine solche vom Kampf gegen Teufel, die immer dann auftauchten, wenn es den Amerikanern nahezulegen galt, daß sie bedroht seien. Erst die Deutschen, dann die Roten, dann wieder die Deutschen und nochmal die Roten: *German menace, Red scare, German menace, Red scare.* So wechselte es zwischen 1914 und 1989 munter hin und her, doch als die Deutschen nicht mehr drohten und die Roten nicht mehr ängstigten, war Ersatz gefragt. Er war rasch bei der Hand: der globale Terror. Und schließlich, als schon niemand mehr damit rechnete, tauchte vor wenigen Jahren das russische und kurz drauf das deutsche Gespenst wieder auf. Es trägt nicht mehr die Pickelhaube auf dem Kopf oder die Binde mit dem Hakenkreuz am Arm, sondern mitten auf seiner Latzhosenbrust das Markenzeichen von VW. Es fliegt durch die Bläue des Himmels über dem Atlantik und tötet dort das Weltklima.

*Anti-Antiamerikanismus* ist die politische Maxime, die Kritik an den USA für unzulässig erklärt. Aus amerikanischer Sicht gibt es hierfür eine pragmatische und eine theoretische Begründung. Das Unterbinden von Kritik ist praktisch, es ist ein Lenkungsmittel gegenüber Untertanen. Aber das Konzept gründet auch auf innerer Überzeugung, die ihre Gewißheit aus der einmaligen Stellung der USA in der Welt ableitet. Diese Einmaligkeit ist unter mannigfachen Begriffen zum Ausdruck gebracht worden: Vom göttlichen Auserwähltsein (*God's own people* – Gottes eigenes Volk)[1050] bis hin zum heutigen eher klinisch klingenden Exzeptionalismus (Einmaligkeit dank umfassender Überlegenheit).[1051] Das Verblüffende an diesem Zirkelschluß ist seine Beliebtheit, deren er sich in der US-Elite, vor allem aber bei deren Hofstaat in Banken, Medien und Universitäten erfreut.

In Deutschland gründet sich der Anti-Antiamerikanismus auf der Annahme, daß die Amerikaner unsere Freunde sind.[1052] West-Berliner, sofern sie überhaupt noch deutsch verstehen, kriegen beim Stichwort der amerikanischen Freunde feuchte Augen, weil sie sich an die Rosinen-Bomber erinnern, die es ermöglichten, die sowjetische Blockade 1948/49 zu überstehen. Die damals gleichzeitigen Bilder der immer noch schwelenden Trümmer aus den Jahren des alliierten Bombenterrors wurden ausgeblendet. Diese Sicht auf die USA hat die Bundesrepublik bis in die heutige Zeit geprägt. Die Verdrängung des Realen war und ist dem kostspieligen Umerziehungsprozeß zu danken. Etliche Aspekte dieses Prozesses wurden in diesem Buch bereits behandelt, jetzt folgt der Rest.

Zur Dauerbeeinflussung mit dem Ziel der Selbstunterwerfung gehörten spezielle Institutionen wie der *Kongreß für kulturelle Freiheit*, dessen Zielgruppe die orientierungslosen und leicht lenkbaren Intellektuellen waren. Doch die eigentlich interessanten Ziel-Personen waren die Macht-Statthalter. Für sie wurde Spezielles geschaffen. Zentrales Beeinflussungsorgan für diese Klientel wurde die Atlantikbrücke. Ihr Grundkonstrukt war aus einschlägigen anglo-amerikanischen Institutionen abgekupfert und auf deutsche Belange übertragen worden. Eine Parallelentwicklung, wiewohl keine Konkurrenz im Sinne der wechselseitigen Bekämpfung, war das Aspen Institut.

In diesen Einrichtungen lief unter dem Schlagwort *young leaders program* (Programm für junge Führer[1053]) das ideologische Einturnen von erfolgversprechenden Kandidaten auf US-Gefolgschaft. Hier also fand und findet das statt, was die britische Kolonialmacht in ihrem Herrschaftsgebiet einhundert Jahre lang vorgemacht hatte, nämlich das Aussuchen geeigneter eingeborener Kandidaten, die man in englischen Eliteuniversitäten studieren und britischen Geist einatmen ließ. So entstanden die nachdrücklichsten Verfechter von der Idee des britischen Commonwealth – egal, welche Verbrechen die Kolonialmacht in den Heimatländern beging, weil diese Heimatländer nicht mehr als solche, sondern nur noch als Teil eines Ganzen wahrgenommen wurden. Genial und wirksam. Derselbe Ansatz nunmehr durch die USA: Die Indoktrinierten lernen, die Welt als Ganzes durch die Brille der USA zu sehen, wobei ihnen vorenthalten wird, daß diese Sicht der USA nur die Sicht einer schmalen Geldelite und ihrer Laudatoren ist.

Sucht man nach den Hauptvertretern des Anti-Antiamerikanismus oder, wenn man so will: der amerikanischen Unterwerfung, so stößt man auf die Spitzen in Politik und Medien. Wie wäre es mit der derzeitigen Bundeskanzlerin? Als *Kohls Mädchen* hat sie ihre Lektion schnell gelernt – ob nun mit oder ohne *young leaders program*.[1054] Das geschah so abrupt und wirksam, daß sie, kaum Oppositionsführerin im Bundestag geworden, im Februar 2003 in die USA reiste, um den dortigen Politikmachern zu versichern, daß die ablehnende Haltung zum Mittun eines Bundeskanzlers Schröder im Irakkrieg nicht die des ganzen deutschen Volkes und schon gar nicht die ihrer Partei, der CDU, sei.[1055] In früheren Zeiten hätte man sich in solchen Fällen über Hoch- und Landesverrat eines Oppositionspolitikers empört. Die voll-amerikanisierten Medien winkten das durch.[1056]

Unter den Medien gibt es insofern Unterschiede, als es den normalen Amerikanismus und den verschärften Anti-Antiamerikanismus gibt. Ein pointierter Vertreter der verschärften Variante ist die Wochenzeitung *Die Zeit*.[1057] Deren Große Alte Dame, Marion Gräfin Dönhoff, empfing ihre Nachkriegsbesohlung in den einschlägigen amerikanischen Besserungsanstalten auf hochkomfortable Weise. Dieser Grundbeschlag hielt ein Leben lang. Der Nachwuchs, den man bei der *Zeit* rekrutierte, paßte selbstredend ins Schema. Eine der herausgehobenen Gestalten wurde der später bis zum Chefredakteur aufgestiegene Theo Sommer. Der Leser erinnert sich: Das war der Mann, der dem deutschen Fortschritts-Bürgertum einen gepflegten DDR-Antifaschismus als Kose-Kissen nahebrachte: Der zufriedene Nischenbewohner auf moralisch gefestigtem Terrain.

Einschlägiges läßt sich aus anderen Redaktionsstuben berichten. Den Vogel allerdings schießen die öffentlichen Rundfunkanstalten ab. Hier sind die Spitzenpositionen der Meinungslenkung bevorzugt mit Vertretern des Anti-Antiamerikanismus besetzt. Man muß zu diesem Zweck nur die ab und an in die Öffentlichkeit kommenden Mitgliederlisten US-zentrierter Organisationen betrachten und mit den Organigrammen der Rundfunkanstalten vergleichen.[1058]

Zum Schluß des Beispielsreigens noch ein Blick auf das deutsche Militär. Dessen enge Einbindung in die Strukturen der amerikanisch dominierten Nato ist kein Geheimnis, ebensowenig der Umstand, daß die Bundeswehr seit ihrer Gründung daran gehindert wurde, eine eigenständig operationsfähige Armee zu werden. Wie tief der amerikanische Kolonial-Standpunkt ins Führerkorps dieser Armee eingedrungen ist, darüber belehren die Jahresberichte der Clausewitz-Gesellschaft, ein privater Zusammenschluß von Exponenten der deutschen Sicherheitspolitik. Hier ein paar Beispiele:

So bezeichnete der Generalleutnant a.D. und Präsident der Gesellschaft Klaus Olshausen die Vorgänge, die 2013/14 zur Eingliederung der Krim in die Russische Föderation führten, als russischen Einbruch in die Europäische Friedensordnung.[1059] Oder wie wäre dies hier, vom selben Autor:

*Gemeinsames Handeln dient gemeinsamer Sicherheit. Mit Blick auf die dynamische Entwicklung des sicherheitspolitischen Umfelds in Nordafrika und der Sahelzone, in der arabischen Welt mit mörderischem Krieg in Syrien, instabilem Irak und der immer noch unklaren Nuklearproblematik des Iran, aber auch mit dem asiatisch-pazifischen Raum mit den Spannungen auf der koreanischen Halbinsel, den Spannungen im ost- und südchinesischen Meer, ...können zunächst zwei Thesen von 2006 wiederholt werden. ... Der „Westen" muß angesichts der dramatisch veränderten Lage und der neuen breitgefächerten Risiken, Gefahren und direkten Bedrohungen als „Verbund für umfassende Sicherheit" gestaltet werden.[1060]*

So denkt ein deutscher General? Spreche ich hier etwa vom Beginn des 20. Jahrhunderts? Nein, dort wird man vergeblich nach solchen Sprüchen fahnden. So spricht ein deutscher General vor erlauchtem Wehrpublikum in den 2010-er Jahren. Deutsche Interessen im südchinesischen Meer? Das klingt zum Totlachen, ist aber eine ernstgemeinte Repetitio des US-Weltmachtstrebens als eigene, also deutsche Mitmacher-Angelegenheit. Zur Ursache der beklagten Kriege in Nordafrika und Vorderasien dagegen selbstredend kein Wort. Die Schere im Kopf verbietet dem Untertan solche Bemerkungen. Faßt man also die Eckwerte des Anti-Antiamerikanismus zusammen, so kommt heraus, daß es sich um den außenpolitischen Aspekt des amerikanisch-deutschen Unterwerfungszeremoniells handelt.

Der innenpolitische Aspekt dieses Unterwerfungszeremoniells läßt sich unter dem Schlagwort des *Antifaschismus* zusammenfassen. Ich will den Leser nicht mit dessen spezieller Geschichte behelligen. Hier genügt die Knappform: Antifaschismus – (1) Ende der 1920-er Jahre als Kampfbegriff der KPD gegen alle Feinde, vor allem gegen die SPD entwickelt, (2) 1935 von der Volksfront abgelöst, welche nunmehr die SPD umfassen sollte, (3) damals im übrigen deutschen Sprachgebrauch völlig unüblich, wo man bestenfalls – auch nach Kriegsende – von Anti-nazismus sprach, (4) in der DDR zur Staatsdoktrin mit der Behauptung erhoben, daß in der *BRD*, wie man dort sagte und schrieb, die alten Nazis ihre fröhliche Wiederkehr feiern würden. Als der reale Sozialismus aus der wirklichen Welt verschwand, so als hätte es ihn nie gegeben, verloren die linksfortschrittlichen Kräfte der alten Bundesrepublik ihren ideologischen Fixpunkt. Nach einer kurzen Phase der Orientierungslosigkeit, besann man sich auf den Antifaschismus, jene krude Lehre, deren einziger Inhalt der Kampf gegen den Faschismus ist. Da der reale Faschismus mit dem Sturz Mussolinis bereits 1943 das Zeitliche gesegnet hatte und die Hülle des Antifaschismus nur in der DDR überwintern konnte, mußten nun eilig Feinde herbeigeschafft werden, damit das in den Humus der Demokratie gerettete Pflänzchen nicht verkümmerte, wo es jetzt so nötig gebraucht wurde.

Wie auf Bestellung gab es Anfang der 1990-er Jahre einige Ausschreitungen gegen Ausländerunterkünfte,[1061] von denen bis zum heutigen Tage nicht geklärt ist, ob es sich um provokative Akte gehandelt hat. Selbst wo nicht, erfuhren diese Ereignisse eine sensationsheischende Behandlung in den Medien, die sich in einem einig waren: Wehret den Anfängen. Von diesen Anfängen war es nur ein kurzer Weg zu den neuen Nazis. Man hätte das antifaschistische Kapitel auch unter das Motto stellen können: Nie war er so wertvoll wie heute – der Nazi, denn die Suche und das Auffinden immer neuer Nazis war der neue innenpolitische Kit, auf dem der organisierte Fortschritt gedieh. Es besteht heutzutage in allen Mainstream-Medien und in allen politischen Parteien (ohne AfD) Konsens, daß man die neu belebten Nazis bekämpfen muß. *Kampf gegen rechts* ist in Deutschland Regierungshandeln und im Bundeshaushalt ausgewiesen.[1062]

*Von der Neuen Linken zur New World Order: Joseph Fischer 1973 als berüchtigter Randalierer in Frankfurt am Main beim Bullenklatschen und 2009 beim Klatschen von Henry Kissinger und Ex-Weltbankchef James David Wolfensohn anläßlich der Entgegennahme der Leo Baeck-Medaille im New Yorker Waldorf-Astoria.*

Auf diese Weise wurden der frisch gestylte Nazi und der Antifaschismus Hand in Hand zur neuen Wunderdroge. Durch den Nazi-Vorwurf kann jedermann zum Schweigen gebracht werden. Das ist die Voraussetzung dafür, daß eine politisch-mediale Kaste das Volk lenken kann, denn wer diesen Leuten widerspricht, ist ein Nazi. Damit fällt die Last weg, sich mit Anfechtungen sachlich auseinandersetzen zu müssen, welchen die *One World*-Ideologie überall dort ausgesetzt ist, wo Leute vermessen genug sind, die Verheißungen mit der Wirklichkeit zu vergleichen. Der neue Nazi ist nichts Anderes, als es einstmals der christliche Ketzer war. Widerruf half ihm nichts mehr, er kam auf den Scheiterhaufen. Auf den Ketzernachfahren wartet die Nazi-Keule, in der Realität der Medienpranger. Pardon wird nicht gegeben.

Ein gesonderter Blick mag noch der sich am Ende der 1960-er Jahre bildenden Neuen Linken in der alten Bundesrepublik gelten. Äußerliches Erkennungsmerkmal war das Palästinensertuch. Es signalisierte Solidarität mit den Genossen der Palästinensischen Befreiungsfront PLO und bedeutete zugleich strikten Antiamerikanismus gepaart mit der Feindschaft gegen diejenigen, die man als die Büttel der USA im Nahen Osten bezeichnete: Das war Israel, es waren letztlich *die Juden*.[1063]

*Judennase: In einer von der EU – und somit durch den deutschen Steuerzahler – bezahlten Studie über Antisemitismus in Europa wurde 2002 allen Ernstes das obige linke Plakat als Beweisstück für einen angeblich gestiegenen Antisemitismus in Deutschland aufgeführt, weil der Uncle Sam des Plakats eine Nase habe, wie sie aus anti-jüdischen Karikaturen bekannt sei.*[1064] *Mitte und rechts zum Vergleich: Das Original-US-Rekrutierungsplakat von 1917 und ein tatsächlich anti-semitisches Film-Plakat von 1940.*

Ich weise auf diese exotisch zu nennende Einstellung der Neuen Linken aus zwei Gründen hin: Zum einen zeigte sich hier ein Grundwiderspruch zur angeblich notwendigen militanten Auseinandersetzung mit der Elterngeneration, die es nicht geschafft habe, die deutsche Diktatur mit ihren Schandtaten zu verhindern, denn aus dem Katalog der Schandtaten mußte stillschweigend die Judenvernichtung ausgeblendet werden. Zum andern ist ein Schwenk dieser Leute in den Jahren nach der deutschen Einheit zu verzeichnen. Dieser verblüffende Schwenk ist an solchen Figuren wie dem linken Straßenschläger und späteren Bundesaußenminister Joseph Fischer festzumachen. Nach seinem Ausflug in die praktische Politik, die ihm Ministerämter bescherte, sehen wir ihn in den USA, wo er aus den Händen von jüdischen Organisationen Auszeichnungen entgegennimmt. Auf dem Bild, das die New York Times dazu bringt, trägt Fischer kein Palästinensertuch.[1065] Und das sicher mit gutem Grund.

Sieht man von den Neuen Linken einmal ab, so war in der Bundesrepublik die Zustimmung zum Antisemitismus eher ein Randphänomen – ähnlich der marginalen Akzeptanz des organisierten Rechtsextremismus. Es versteht sich am Rande, daß Organisationen, die ihr Geld mit dem selbstgewählten Kampf gegen Rechtsextremismus und Antisemitismus verdienen, dies ganz anders sehen.

Allerdings sind die Dinge dabei, sich rapide zu ändern, denn die riesige Zahl der illegalen Einwanderer in Deutschland kennt die bei uns geübte Zurückhaltung nicht.[1066] Im Gegenteil, viele der Einwanderer sind ganz offen judenfeindlich und bringen dies auch unmißverständlich zum Ausdruck.[1067]

## Unterwegs ins Nichts:
## Deutschland seit der Einheit und die Bemühungen der politisch-medialen Klasse, das deutsche Volk aufzulösen, nebst ein paar Bemerkungen über das Fernsteuern und die Kanzlerin Merkel

Zunächst gab es einen 3. Oktober 1990. Dieser Tag war so strahlend schön, wie man ihn bei den in dieser Jahreszeit herrschenden Lichtverhältnissen nur in unsern Breiten erleben kann. Der Tag war einfach zu schön, um wahr zu sein. Doch die politische Klasse war nicht mit dem Herzen dabei. Ein Blick auf den Bundespräsidenten, der hieß immer noch Weizsäcker: Sein Gesicht sprach Bände – und seine Rede auch: Verantwortung für schweres Leid anderer, Schuld und das Übliche, von Freude über den Augenblick keine Spur.[1068] Zum Glück hatte sich ein Wildfremder in den Staatsakt in Berlin eingeschlichen. Der sprach über Weinbau. Es war zum Brüllen komisch – ein Lichtblick in diesem gestanzten Geschwätz einer Kaste, die sich in der Teilung fest eingerichtet hatte, bis ihr das unberechenbare Volk dazwischenkam.

Die Szene war in der Tat ein Symbol. König Richard im Silberhaar kochte. Ein kräftiger Kollege, der aus dem BKA stammte, entfernte den Redner. Monate später, im November 1992, sah ich den Präsidenten erneut. Völlig hilflos. Er wollte im Berliner Lustgarten gegen Ausländerfeindlichkeit reden.[1069] Eine Meute des Kreuzberger Gesindels hinderte ihn, die Berliner Polizeiführung sah zu, denn man kann nicht beides haben: Keine Polizeipräsenz und sofortiges Eingreifen. Als die Polizei endlich einschritt, stellte jemand den Strom der Lautsprecheranlage ab. Der Präsident verstummte endgültig. Nein, dieser Mann führte nicht – nirgends.

Aus diesem Buch will ich die Weizsäckers und speziell Richard mit einem letzten Hinweis auf seine US-amerikanische Servilität entlassen: 2009 gab es einen Henry Kissinger-Preis der *American Academy of Berlin* zu verleihen. Ich weiß, der Leser lächelt bereits, denn der Preisträger hieß tatsächlich Richard von Weizsäcker.[1070] Was hatte dieser Mann für die Wohlfahrt Amerikas getan? Dumme Frage. Er hatte die Legende vom Eingreifen- und Befreien-müssen des großen und guten Amerika ins Geschichtsbild der Deutschen mit der Macht seines Amtes vorangetrieben. Vielleicht ergibt sich das besondere Verdienst dieses noblen Weizsäckers auch plastischer, wenn man die Strafanzeige eines leibhaftigen Amtsgerichtsdirektors, Rudolf Deichner, aus Mannheim aus dem November 1989 für bare Münze nimmt.[1071]

Dem pensionierten Juristen war aufgefallen, daß Weizsäcker einst Vorstand beim Chemie-Multi Boehringer in Ingelheim gewesen war[1072] und zwar zu einer Zeit, als die befreundeten US-

Amerikaner mit dem dioxinhaltigen Entlaubungsmittel *Orange Agent* die unartigen Vietnamesen in die Steinzeit zurückbomben wollten. Bei dieser Art der Verbreitung von Menschenrechten und *democracy* waren beim Hersteller dieser pädagogisch wertvollen Substanz, Dow Chemical, Lieferschwierigkeiten aufgetreten, die – so der Amtsrichter – von Boehringer-Produkten ausgeglichen wurden. Falls das stimmt, war seine juristische Expertise vollkommen zutreffend: Es handelte sich hier um einen Völkermord – in Deutschland strafbar nach § 220 a Strafgesetzbuch. Wurde Weizsäcker belangt? Der Leser lächelt erneut, jedoch grimmig.

Apropos Boehringer: Es erregten sich Amerikaner[1073] – bekannt für ihren moralischen Rigorismus – darüber, daß der deutsche Multi Zutaten für seine Chinin-Produktion aus Südamerika erhielt, welche mittels Geschäftstransaktionen nach Deutschland kamen, an denen ein gewisser Klaus Barbie beteiligt war – ein unter dem Spitznamen Schlächter von Lyon bekannter und ebenso gesuchter ehemaliger SS-Funktionär und CIC/CIA-Agent.[1074] Das Fatale, so fanden es wenigstens die amerikanischen Aufklärer, war, daß *our boys* jetzt SS-verseuchtes Chinin schlucken mussten.[1075] Daß am östlichen Ende dieser, wie sie es nannten, SS-Seilschaft ein ehemaliger Wehrmachts-Hauptmann namens Weizsäcker stand, erwähnten sie nicht.

Während Weizsäcker noch der Präsident war, versprach der Kanzler der Einheit, Helmut Kohl, in Mitteldeutschland blühende Landschaften. Das war ein Fehlgriff, der ihn mit achtjähriger Verzögerung das Amt kostete. Denn die blühenden Landschaften mochten sich lange Zeit nicht einstellen. Stattdessen lernten die Leute westdeutsche Konjunkturritter und andere Betrüger kennen: Die DDR als Ramschware. Diejenigen, die diese Zeche zu zahlen hatten, merkten sich das. Sie hatten auf ein Wunder gehofft, stattdessen erhielten sie den Rechtsstaat mit zweitklassigem Personal.

Nein, auch Kohl führte nicht. Woher sollte der König der Aussitzer das plötzlich können. Stattdessen betrieb er das, was in der anglo-amerikanischen Politik seit 1938/39 abfällig Appeasement

(Beschwichtigung) genannt wurde. Er beschwichtigte die Franzosen, daß es so schlimm mit den nun deutlich zahlreicheren Deutschen nicht kommen werde und versprach ihnen, für die französischen Schulden zu haften.[1076] So entstand der Euro. Kluge Regierungen oder solche, die ihr Volk im Wege der Volksabstimmung für diesen Hasardeur-Akt fragen mußten, blieben draußen.[1077]

Kohls Versprechen war die erste Stufe zum Ausverkauf des vereinigten Landes. Weitere Stufen sollten bald folgen. Zwischendrin hatte Deutschland erst einmal eine rot-grüne Bundesregierung zu verkraften. Was ist aus deren sieben Jahren erinnerlich? Kaum im Amt beteiligte sich die Bundeswehr mit Tornado-Kampfflugzeugen an einem Angriffskrieg auf dem Balkan gegen Serbien.[1078] Das ist strafbar und nach der deutschen Verfassung strikt verboten.[1079] Verfassung? War da was? Immerhin war es ein Anfang. Es war der Anfang des permanenten Ausstiegs aus dem Rechtsstaat. Verfassungsbruch wurde zur kleinen Münze.

Was war sonst? Schröder weigerte sich, am amerikanisch-britischen Krieg gegen den Irak teilzunehmen.[1080] Das war das erste Mal in der Nachkriegsgeschichte Deutschlands, daß eine Bundesregierung ein deutsches Interesse formulierte, das von den Kolonialmächten abwich. Auf den Fuß folgte eine handfeste Erpressung. Anders ist es nicht zu erklären, daß Deutschland zwar keine Soldaten schickte, sich aber an den Kriegskosten in hohem Maße beteiligte.[1081]

Das war der Kampf ums Öl. Es ist fast zum Lachen, aber im Inland wurde der nun fortgesetzt, indem man den Bürgern weismachte, man könne das Öl durch Windkraft ersetzen.[1082] Das war von vornherein eine Lüge, aber sie fühlte sich gut an, wie man so sagt. Nie im Leben der Menschheit wird es möglich sein, Wind zu erzeugen. Wind machen schon, aber solchen erzeugen, sicher nicht. Doch, was soll's, Deutschland wurde mit Windmühlen vollgepflastert. Das war der Anfang einer gigantischen Umverteilung von unten nach oben. Vom berühmten Herrn Jedermann, dem Verbraucher, zu den Windmüllern, denen man die volle Miete garantierte, ob ihr Strom nun gebraucht wurde oder nicht. Die kometenhaft steigenden Strompreise blieben an Krethi und Plethi hängen, egal ob arm oder reich.[1083] Daß zudem der Industriestandort Deutschland durch diesen Unsinn schwer beschädigt wurde, juckte die regierungsamtlichen Ideologen nicht, vielmehr war ihnen das Ergebnis recht. Sie lebten, so träumten sie, nicht von der produzierenden Industrie, sondern in einem Wunderland: der postindustriellen Gesellschaft. Ihr Geld kam vom Konto und der Strom aus der Steckdose.

Noch zwei Dinge tat die Schröder-Regierung. Sie erleichterte die Einreise von Möchtegern-Deutschen aus den ehemaligen Ländern der Sowjetunion.[1084] Dabei unterlief den Türöffnern ein Denkfehler. Was als Aufpeppen der eigenen, im Sinken befindlichen Wählerschaft gedacht war, erwies sich als Flop, denn es zog eine Klientel zu, das nach anderen Werten funktionierte, die merkwürdig deutsch-altbacken wirkten: Fleiß, Familie, Aufstieg. Hier bildeten sich feste Stämme für die erst später ins Bild kommende AfD.

Parallel machte die Schröder-Regierung noch eine weitere Sache, die ihr letztlich den Hals kosten sollte. Sie brachte voran, was die Regierung Kohl in ihren vielen Jahren durch Aussitzen verschlampt hatte: die Reparatur der angeschlagenen Sozialsysteme, deren zunehmende Schieflage für den Arbeitsstandort Deutschland heikel wurde, weil die Konkurrenzfähigkeit gegenüber den Volkswirtschaften anderer Länder zu schwinden drohte. Daß es ausgerechnet der SPD-Mann Schröder war, der die Reparatur versuchte, leuchtet nur dem ein, der Jahrzehnte der SPD-Sozialpolitik vom Kaiserreich bis in die frühe Bundesrepublik Revue passieren läßt. Er wird auf eine Grundhaltung stoßen, in der das Machbare auf der nationalen Ebene die Forderungen und die Handlungen dominierte. Dieses Grundgerüst geriet beim Einmarsch der Neuen Linken in die SPD ins Wanken. Diese Exponenten der zu wandelnden SPD sahen sich als Speerspitzen von Internationalismus und Utopien aller Art. Praktische Arbeit lag ihnen nicht. Ganz im Marxschen Sinne war ihnen die Arbeiterschaft nur Vehikel zum Machterwerb.

Als nun Schröder, gestützt auf Pragmatiker, wie den VW-Personalvorstand Peter Harz,[1085] das, was zur Rettung des deutschen Arbeitsmarkts not tat,[1086] umsetzte, kam verbissener Widerstand aus der Neuen Linken. Deren Parteitagsarithmetik machte es möglich, den Kanzler als Parteivorsitzenden zu stürzen.[1087] Von da an waren die Tage des SPD-Kanzlers Schröder gezählt. Vorgezogene Wahlen führten das Ende herbei.[1088] Wie schon nach dem Sturz von Schmidt durch die eigene Partei, die SPD, versank diese nach getaner Tat erneut in der bundespolitischen Bedeutungslosigkeit.

Wenn es notwendig wäre, den Satz *Schlimmer kann es gar nicht kommen* zu widerlegen, so ist der Beweis mit der anschließenden vieljährigen Kanzlerschaft einer Angela M. locker erbracht. Hier kann es kurz gemacht werden, denn der Leser befindet sich in der Zeit, die er selbst gut überblickt. In diese Zeit fällt die radikale Abrüstung der Bundeswehr, so radikal, daß nicht einmal die minimalistischen Sollstärken erreicht wurden. Hier einige Zahlen aus der jüngeren Zeit: keine 50 einsatzbereiten Kampfpanzer, kein einziger einsatzfähiger Jagdbomber, kein einziges einsatzfähiges U-Boot. Das muß man erst mal hinkriegen, wenn man eine durch Zusammenführung von Bundeswehr und NVA beeindruckend gerüstete Armee im Erbwege zur Verfügung erhalten hat.

Aber es kommt noch schlimmer: 2010 schaffte ein fränkischer Hochstapler, der es zum Bundesverteidigungsminister gebracht hatte, unter Bruch der Verfassung die Wehrpflicht ab.[1089] Was prädestinierte diesen jungen Mann zu diesem Amt und zu dieser Handlung? Nun, er war persönlich wohlhabend, hatte einen Doktorgrad durch Manipulation ergaunert,[1090] und, weil er mangels eines einschlägigen Examens kein ordnungsgemäßes Staatsamt erhalten konnte, mußte er Minister werden. Die Hinterleute dieses Mannes – es waren die üblichen Atlantiker, die diesen hoffnungsvollen jungen Mann zum Nachwuchsstar aufgebaut hatten – wurden erst sichtbar, als er nach quälenden Verzögerungsmanövern aus dem Amt entfernt worden war. Seine Kanzlerin hatte das verhindern wollen,[1091] wobei sie dem Publikum weißzumachen suchte, sie habe keinen wissenschaftlichen Assistenten, sondern einen Verteidigungsminister eingestellt. Spätestens hier hätte man auf diese Frau und ihre Rechtsgrundsätze aufmerksam werden sollen: Daß der Kanzler der Republik einen Minister einstellt, so wie ein Arbeitgeber einen Assistenten, steht in der Verfassung nicht.

Schon die Abschaffung der Wehrpflicht hätte Aufmerksamkeit erheischt. Denn hier befand die Kanzlerin: Die Abschaffung sei notwendig gewesen, weil die Durchsetzung der Wehrpflicht nicht mehr gleichmäßig erfolgt sei.[1092] Der Gedanke, daß die einzige Lösung, diesen Mangel rechtlich zulässig zu beheben, die gleichförmige, an Sachgesichtspunkten orientierte Durchsetzung gewesen wäre, kam ihr offenbar nicht. Das ist verständlich, denn die Zielsetzung war nicht Wehrgerechtigkeit zur der vom Grundgesetz geforderten Wehrpflicht, sondern die verfassungswidrige Wehrpflicht-Abschaffung.

Die Motive hierfür sind niemals gescheit offengelegt worden. Niemand forderte das, denn die Abschaffung der als Relikt des Kalten Krieges verspotteten Wehrpflicht wurde von der politisch-medialen Klasse landauf landab beklatscht. Addiert man den Umstand, daß sowohl (angeblich) Merkel wie auch (sicher) der fränkische Hochstapler, der den Verteidigungsminister gab, zu den *Young Leader*-Kadern US-amerikanischer Bauart gehörten,[1093] so darf man getrost unterstellen, daß ihnen beiden bei ihrer Grundunterweisung die Vorteile amerikanischer Wehrstruktur für auswärtige Friedensmissionen nahegebracht wurden. Bei solchen Friedensmissionen, wie man die Kolonialkriege heutzutage nennt, kann man mit Wehrpflichtarmeen nichts anfangen, denn die Wehrpflichtigen und die Bevölkerung, aus der sie entnommen sind, pflegen bei Irgendwo-Kriegen recht rasch nach dem Nutzen für ihr Land zu fragen. Der Irakkrieg hatte eben erst bewiesen, daß Schröder & Co die deutsche Wehrpflichtarmee dort nicht einsetzen mochten. Kanzlerin Merkel konnte es nun auch nicht, selbst wenn sie gewollt hätte.

Ein weiterer Aspekt der Abschaffung der Wehrpflicht kam erst allmählich und als eine Nebenerkenntnis zur illegalen Masseneinwanderung an die Oberfläche: Seit nunmehr einem Jahrzehnt werden junge Männer in Deutschland nicht mehr militärisch ausgebildet. Man kann also sagen, daß die heute bis zu 30-jährigen noch nie eine Waffe in der Hand gehabt haben. Für die illegal auf Veranlassung von Merkel nach Deutschland eingewanderten Massen junger Männer gilt das Gegenteil. Wie sich dieses Ungleichgewicht in einem Bürgerkriegsszenario auswirken könnte, kann kaum zweifelhaft sein. Daß dieser Zustand von der politischen Führung in Deutschland bewußt hergestellt worden ist, ist kaum für möglich zu halten. Die Abwesenheit von Planungs-Kompetenz beim hiesigen politischen Personal bedeutet jedoch nicht, daß ein solches Planungsvermögen überhaupt nicht vorhanden wäre. Bei dem, was die US-Amerikaner ihre *Think Tanks* nennen, die dann einen entscheidenden Einfluß auf die *decision makers* (Entscheidungs-inhaber, neudeutsch: Entscheider) ausüben, darf man vom Gegenteil überzeugt sein.

Der nächste Schlag der Merkel-Regierung erfolgte gegen den deutschen Steuerzahler, den man in unablässiger Folge Euro-Rettungsschirme aufspannen ließ. Diese Rettungsschirme repräsentieren gigantische Summen, für die Deutschland im Zweifel aufzukommen hat. Nutznießer dieser Schirme waren private und öffentliche Banken im Gefolge des Wirtschafts-Crashs von 2007/2008 sowie fremde Volkswirtschaften, die mit dem Euro weder klarkommen, noch den Wunsch verspüren, dies zu tun.[1094]

Sodann erfolgte mit der illegalen Abschaffung der Atomkraftwerke der nächste Hieb gegen die immer noch funktionierende deutsche Energiewirtschaft. Der Industriestandort Deutschland wurde erneut beschädigt. Zur Verteuerung des Stroms trat nunmehr die Gefahr von großflächigen Stromausfällen.

Ein bislang letzter Schlag war die im Sommer 2015 erfolgte Öffnung der deutschen Grenzen für die illegale Masseneinwanderung. Sie wird in absehbarer Frist den Sozialstaat und den Rechtsfrieden in Deutschland irreparabel zerstören. Die wichtigsten Daten zu dieser mutwillig herbeigeführten Katastrophe kann man inzwischen bei anderen Autoren, allerdings nicht in der Mainstream-Presse, nachlesen.[1095] Die Ereignisse liegen zum Teil dicht hinter uns oder dauern derzeit an. Das Gesamtgeschehen ist zu nahe, um es im historischen Zusammenhang zu bewerten, so wie dieses Buch es im übrigen versucht. Nur eines läßt sich sicher sagen: Die Ereignisse in den umliegenden Ländern Europas, von Schweden einmal abgesehen, lassen vermuten, daß die von der illegalen Masseneinwanderung betroffenen Völker sich wehren werden – nötigenfalls mit Waffen-Gewalt.

Die einsame deutsche Entscheidung, für alle illegalen Einwanderer die Grenzen unkontrolliert zu öffnen, hat den umliegenden Staaten massive Probleme beschert. Als deren Verursacher betrachtet man dort – völlig zutreffend – Deutschland. Die Zusammenschlüsse unserer Nachbarn, um diesen Problemen gegenzusteuern, wecken böse Erinnerungen an die Einkreisung Deutschlands vor den beiden Weltkriegen. Erneut hört man die feindselige Vokabel vom deutschen Sonderweg.[1096] Der jetzige deutsche Weg ist in der Tat ein Sonderweg. Er wird uns spätestens dann auf die Füße fallen, wenn Deutschland nicht mehr in der Lage sein wird, die finanziellen Lasten der umliegenden Länder zu tragen.

Wenn man diesen Absturz betrachtet, der vor unseren Augen stattfindet, drängt sich die Frage der Verantwortung auf. Dringt man ins Entscheidungsgeflecht der soeben geschilderten Vorgänge ein, so begegnet man immer wieder der Bundeskanzlerin Merkel und einem Phänomen, das man als ihre einsamen Entscheidungen bezeichnet hat. Ich bin nicht der erste, dem das auffällt. Selbst deutsche Staatsrechtslehrer, die sonst nicht dafür bekannt sind, das, was sie dozieren, an der Elle der aktuellen Politik zu messen, haben bemerkt, daß das Regierungshandeln der Merkel-Regierung und insbesondere das der Kanzlerin mit den Normen des Grundgesetzes nicht zu vereinbaren ist, von anderen Gesetzen ganz zu schweigen.[1097]

Hieraus ergibt sich ohne große Verrenkungen die Frage nach dem Grund der Handlungen. Da man in den Kopf der Dame nicht hineinschauen kann und die von ihr gemachten Aussagen alles andere als erhellend sind, konnten die seltsamsten Theorien ins Kraut schießen. Die merkwürdigste davon – auf Merkels Habenseite, sozusagen – ist die Annahme, hier handele ein überlegender sowie überlegener Geist, eine Art Supergehirn.[1098] Um diese Theorie zu widerlegen, muß man sich nur anhören, was sie sagt, wenn sie einmal nicht einen vorbereiteten Text spricht. Kaum jemals wird eine Begründung versucht, die auch nur vage an den Gesetzen der Logik gemessen werden könnte. Die Gedanken, die zutage treten, sind wirr, unzusammenhängend, patzig.

*Ist mir egal, ob ich schuld für den Zustrom der Flüchtlinge bin. Nun sind sie halt da.*[1099]

Für Genießer von Merkelscher Realsatire noch dies hier:

*Wenn so eine Aufgabe sich stellt und wenn es jetzt unsere Aufgabe ist – ich halte es mal mit Kardinal Marx, der gesagt hat: „Der Herrgott hat uns diese Aufgabe jetzt auf den Tisch gelegt" –, dann hat es keinen Sinn zu hadern, sondern dann muß ich anpacken und muß natürlich versuchen, auch faire Verteilung in Europa zu haben und Flüchtlingsursachen zu bekämpfen. Aber mich jetzt wegzuducken und damit zu hadern, das ist nicht mein Angang [sic!].*[1100]

Mein Lieblings-Merkeltext ist der, wo sie bei einer Volksnähe-Veranstaltung einer Frau, die sich über die islamische Zuwanderung ängstigt, antwortet, man (also die Frau) solle mal wieder in die Kirche gehen und sich dort die Bilder ansehen.[1101]

Aus derselben Veranstaltung darf das deutsche Volk die Erkenntnis ableiten, daß es wegen seiner Vergangenheit kein Recht hat, sich wegen randalierender Ausländerhorden Sorgen zu machen. Ein kanadischer Kommentator, der sich selbst als Familienvater bezeichnete, nannte Merkels Äußerungen ein erschreckendes Beispiel für Kinderlosigkeit und deutschen Selbsthass[1102] – eins der wenigen Wörter, das seinen Weg ins Anglo-amerikanische genommen hat. Es ist *Deutschen*haß, der hier zum Ausdruck kommt. Manch einer hat gemutmaßt, daß dies an Merkels polnischer Herkunft liege.[1103] Ich bezweifele das.

Klarer sind die Handlungen und Äußerungen selbst, die in diese Richtung des Deutschenhasses deuten: Das (deutsche) Volk ist, wer hier lebt.[1104] Wegreißen der Deutschlandflagge bei einer Wahlfeier,[1105] Übermalen des Schriftzugs Luftwaffe und Minimalisierung der deutschen Hoheitsabzeichen auf den Regierungsflugzeugen der Flugbereitschaft der Bundeswehr, Posieren mit dem türkischen Präsidenten vor zwei türkischen, anstatt einer türkischen und einer deutschen Flagge.[1106] Sicher fällt jedem Leser selbst ein weiteres Beispiel ein. Deutschenhaß als Handlungsmotiv eines deutschen Bundeskanzlers? Schlimm – genauso schlimm, daß niemand diesen Zustand beendet.

Und schließlich: Manche Leute vertreten die Auffassung, Merkel sei ferngesteuert. Sie schreiben in diesem Zusammenhang munter vom Stasi-Spitzel *IM Erika*.[1107] Einen Beleg hierfür habe ich nirgends gesehen. Wenn man dieser Theorie, über die ich lediglich berichte, ohne sie zu teilen, nachgeht, müßte der IM-Vorwurf auf Tatsachen beruhen, die der heutige Puppenspieler nutzt, um die Drähte seiner Marionette zu ziehen. Da dieser Puppenspieler, sollte es wider Erwarten einen solchen geben, nur einer sein kann, der beim Singen seiner Nationalhymne die Hand aufs Herz legt, müßte er die Erkenntnisse über IM Erika operativ genutzt haben. Anbieten würde sich eine kleine, aber laufbahnentscheidende Erpressung.

Doch wie steht es mit den Fakten? Sie sind in Sachen Merkel nicht vorhanden. Man mag auch noch so sehr darauf hinweisen, daß die geheimen Mitarbeiter unserer westlichen Wertegemeinschaft auf Teufel komm raus die beiden Deutschlands und danach das eine übriggebliebene ausgespäht und beeinflußt haben. Für letztere Zwecke hoben sie im Frühjahr 1990 bei der in Auflösung befindlichen Staatssicherheit in Ost-Berlin einen Pharaonenschatz, nämlich deren Agentenkartei der DDR-Auslandsaufklärung (HVA).

In dieses Verzeichnis ließ man die Bruderdienste nur ungerne hineinsehen. Die Teile, die ich zu sehen bekam, ließen den sicheren Schluß zu, nicht die Kopien von Originalen zu sein, da die Texte mittlerweile von nicht-deutschsprechenden Menschen bearbeitet worden waren. Soviel zur Operation *Rosewood* (Rosenholz).[1108]

Bleibt nur noch eine irritierende Meldung in diesem Gestrüpp des Gerüchte-Walds: Das sind die Aussagen des Direktors vom Aspen Institute Germany, Jeffrey Gedmin.[1109] Er ist einer der harten US-Krieger der Neuen Weltordnung.[1110] Wo immer möglich und nach der Auffassung seiner Geldgeber nötig, hat er sich zu Wort gemeldet.[1111] Auch mit der Aussage, daß er täglich mit der Kanzlerin in Kontakt stand.[1112] Hatte sie sonst niemanden, dem sie vertrauen durfte? Keiner weiß es.

## Ex Oriente Lux:
## Versuch eines semi-optimistischen Schlußakkords

Die in den letzten Zeilen geschilderten Ereignisse haben das deutsche Volk zutiefst gespalten. Etliche Leute sehen *Null Problemo*, wie es heutzutage heißt, andere haben den Untergang dessen, was man schätzt und bewahren möchte, vor Augen. Die Spaltung ist so handfest, daß es genügend viele Zeitgenossen gibt, die es als fruchtlos ansehen, sich mit der jeweils anderen Seite auch nur zu unterhalten, geschweige denn zu verständigen.[1113] Diese aggressive Frontenstellung ist nicht aus dem Nichts entstanden, sondern sie beruht auf der schmerzhaften Erfahrung, die entsteht, wenn Dinge, die man sieht, mit denen, die man mitgeteilt bekommt, nicht übereinstimmen. Natürlich entzündet sich der Hauptstreitpunkt an der illegalen Masseneinwanderung. Allein, sie so zu nennen, ruft bereits Sprachwächter auf den Plan.[1114] Wer es wagt, sich auf das Gesetz zu berufen, ist Nazi. Der Begriff Rechtsstaat ist auf dem besten Wege, bei Neusprech zum Unwort zu avancieren. Gelingt es, den Begriff auszumerzen, wird auch der Inhalt bald dem Vergessen anheimfallen.

Dabei trägt die Spaltung der Sprache auch deutliche Elemente des Lächerlichen in sich. Hier ein Beispiel: Neusprech will uns weißmachen, man müsse sich gegen den Extremismus aus der Mitte oder noch besser: gegen den Extremismus der Mitte schützen. Merke: Otto Normale ist ein Extremist, den es zu bekämpfen gilt. Das hat auch der vormalige Bundespräsident in der ihm eigenen Art zum Ausdruck gebracht, indem er mitteilte, die Eliten seien heutzutage nicht das Problem, sondern das Volk.[1115] Wohl wahr.

Für beide Seiten gilt das heute noch unausgesprochene, aber allzu deutlich durchschimmernde Gebot: bringt sie zum Schweigen. Das sind ganz neue Töne in einem Land, das stolz darauf war, *Laß uns darüber reden* zum Programm erhoben zu haben. Es setzt sich die ungewohnte Gewißheit durch, daß es nicht lohnt, über gewisse Dinge zu reden. Diese Gewißheit läßt die Leute erkennen, mit wem zu reden ist und mit wem nicht. Das führt zu der Groteske, daß diejenigen, die einer Meinung sind, kaum reden müssen, um sich zu verständigen. Kurzum: es ist eine Diktaturerfahrung – für die Ostdeutschen nichts Neues.

Mit dieser Bemerkung nähern wir uns einer zweiten Spaltung des deutschen Volkes. Es ist die von mir nicht mehr für möglich gehaltene Spaltung in Ost und West. Die einen leben noch in relativem Frieden oder besser: in ihrer Selbstzufriedenheit. Die aus dem Osten tun das nicht. Sie fühlen sich nach dem hoffnungsvollen Aufbruch aus einem wirtschaftlich und moralisch zusammengeklappten Regime und ihrem Kampf, mit den rapide veränderten Verhältnissen zurechtzukommen, um die Früchte ihrer Arbeit betrogen. Sie werden daran erinnert, daß ihnen der Staat DDR auch täglich eine Welt vorzugaukeln versuchte, die partout mit der eigenen Wahrnehmung nicht zur Deckung zu bringen war. Jetzt erleben sie dasselbe. Sie erleben es, als neue Nazis diffamiert zu werden, wenn sie ihre Stimme erheben, um als Bürger dieses Landes mitzuteilen, daß sie mit diesem oder jenem nicht einverstanden sind. Sie erleben es, wie Kolonnen von Gewalttätern mit staatlicher

Duldung oder sogar Unterstützung ihren friedlichen Protest zu sprengen versuchen. Sie erleben es, wie sie vom politisch-medialen Komplex als *in der Demokratie noch nicht angekommen*, als *Pack* und als *Dunkel-Deutsche* diffamiert werden.

Als Folge bilden sich Inseln des Widerstands gegen das, was über die Köpfe hinweg beschlossen wird: von der illegalen Einwanderung über den Ausverkauf der Währung bis hin zur Aggression gegen Rußland. Gerade das Thema Rußland wäre Anlaß für den Mainstream, das eigene Kriegsgeschrei zu überdenken, denn es gab in der ehemaligen DDR praktisch niemanden, der seinerzeit mit den Russen als Besatzungsmacht freiwillig gut Freund gewesen wäre. Für diese Leute war die Rote Armee und ihr Umfeld die zwangsweise zu akzeptierende Kolonialmacht. Jetzt haben Ostdeutsche zweierlei erkannt: Die USA haben nun in Gesamtdeutschland die Stelle dieser Kolonialmacht eingenommen, und es lohnt, im deutschen Interesse, soweit dieses reicht, mit Rußland zu kooperieren.

Diese Auffassungen sind für die herrschende angloamerikanische Geldelite und ihre deutschen Statthalter unerträglich. Deren Handlanger George Friedman hat es auf den Punkt gebracht: Er fordert das konzertierte Vorgehen gegen Deutschland durch dessen Einkreisung, um einen deutsch-russischen Schulterschluß zu verhindern, so wie man dies seit hundert Jahren und mit Hilfe zweier Weltkriege mit Erfolg betrieben habe.[1116] Friedman ist in den USA kein Exot, der mit flapsigen Bemerkungen abzufertigen wäre.[1117] Was er mitteilt, ist in der Klientel, die er zu bedienen hat, *common sense*. Wer weitere Belege sucht, der lese das meistverkaufte Lehrbuch für US-Außenpolitik *Rise to Globalism* (Aufstieg zum Globalismus):

*1980 waren die USA, wie schon in den letzten 40 Jahren, der größte Industriegüter-Exporteur der Welt. Um 1991 hatte Westdeutschland, mit nur einem Viertel der Größe seiner Arbeitskräfte gegenüber den USA, die Führung übernommen.*[1118]

Das also ist die Gefahr, die Deutschland aus Sicht der herrschenden anglo-amerikanischen Geld-Elite darstellt.

Wer Belege hierfür sucht, untersuche das seit etlichen Monaten andauernde aggressive Vorgehen von US-Behörden gegen deutsche Autohersteller, speziell gegen Volkswagen und – seit jüngstem – BMW, die sich im Gegensatz zu anderen Autobauern nicht in amerikanischem Eigentum befinden. Die zum Dieselgate[1119] aufgeblasene Kampagne ist von Deutschlands gründurchseuchter Publizistik dankbar aufgegriffen worden – ist die Affäre doch ein weiterer Baustein, den Industriestandort Deutschland zu beseitigen.[1120]

Doch weiter zu den Herrschafts-Manövern der USA-Eliten gegen Deutschland: Der Grund, der den neuesten US-Präsidenten Donald Trump, kaum im Amt, Warschau aufsuchen und dort erklären ließ, daß Polen das Zentrum Europas sei, hatte eine antideutsche Speerspitze. Warschau als europäischer Mittelpunkt ist in Abkehr von einer zweitausendjährigen Geschichte nur denkbar, wenn man Deutschland insgesamt beseitigt hat. Als Deutscher kann man nur hoffen, daß man sich in Polen des Jahres 1939 erinnert. Da existierte der polnische Staat gerade mal zwei Jahrzehnte und US-Präsident Franklin Roosevelt drängte die polnische nationalistische Elite, sich mit dem Deutschen Reich anzulegen.[1121] Amerikanische Zusagen erwiesen sich, als es zum Schwure kam, innerhalb von Tagen als leere Versprechungen. Es folgten fünfzig Jahre der Fremdherrschaft. Das heutige Polen besteht seit knapp drei Jahrzehnten. Anti-russisches aus Warschau wirkt nicht beruhigend, Anti-deutsches zumindest unfreundlich, beides kombiniert löst Kopfschütteln aus – vorläufig.

Ironischer Weise verbinden sich in der Frage einer angeblich wieder aufgetauchten deutschen Gefahr zwei ansonsten nahezu unvereinbare Denkrichtungen in den USA: das soeben angedeutete nationalistisch-amerikanische Interesse stimmt hier im Ergebnis mit den Globalisten überein, wobei letztere die Vermischung aller Völker in dem festen Glauben befürworten, daß sie auf diese Weise die Probleme der Menschheit lösen können. Ein in diesem Sinne vermischtes Deutschland ist nämlich keines mehr.

Dies vor Augen, haben die Deutschen Anlaß zum Lernen. Im Osten Deutschland ist dieser Vorgang in vollem Gange. Pegida und AfD sind Belege hierfür. Sie sind typisch ostdeutsch. Pegida hat den Hauptstandort in Dresden,[1122] die AfD ihre überproportionale Stärke bei Wahlen im Gebiet der ehemaligen DDR, speziell in Dresden, Berlin-Marzahn und Penemünde. Neue Leitmedien haben sich gebildet.[1123] Auch sie bedienen in erster Linie ein östliches Publikum.[1124]

Als Grund für diese Neuorientierung wird die Diktatur-Erfahrung der ehemaligen DDR-Bevölkerung genannt. Kritiker, die weniger wohlwollend sind, sprechen von mangelnder Demokratie-Erfahrung. Wie auch immer, meiner Meinung nach liegt der Grund für diese Neuorientierung tiefer: Die Ostdeutschen hatten Glück im Unglück. Sie blieben von der mehrere Jahrzehnte andauernden US-amerikanischen *re-education*, der Umerziehung, so wie ich sie in diesem Buch zu beschreiben versucht habe, weitgehend verschont. Erklärtes Hauptziel der *re-education* war die Entnationalisierung der Deutschen, um sie im Sinne der Siegermächte harmlos zu machen. Die kommenden Jahre werden erweisen, ob sie so harmlos geworden sind, daß sie sich aus der Geschichte verabschieden.

# Nachwort nebst einer Bemerkung über Fakten in der Geschichte sowie eine Abschweifung über die Erbsünde

Mit diesem Buch ist die Trilogie *Unterwegs zur Weltherrschaft* auf knapp zwölfhundert Seiten abgeschlossen. Vier Jahre meiner Lebenszeit sind beim Schreiben wie ein Wimpernschlag verflogen. Aus der ursprünglichen Absicht, einige der dreistesten Lügen über den Ausbruch des Ersten Weltkriegs bloß- und richtigzustellen, ist eine komplexe Jahrhundertgeschichte geworden. Der Horror der 1940-er Jahre, der den Auftakt dieses dritten Bandes bildet, hätte mich beinahe veranlaßt, alles hinzuwerfen. Es waren Leser der Vorgängerbände, die mich unerbittlich gedrängt haben, die Erzählung zu einem Ende zu bringen.

Ich habe versucht, mich auf die Fakten zu beschränken und an meiner Grundüberzeugung festzuhalten, daß hinter den meisten Fakten, welche die Geschichte ausmachen, ganz konkrete Menschen stecken. Dieser Ansatz macht es nahezu unausweichlich, auch nach den geistigen Ursachen des menschlichen Handels zu fragen. Jedes Warum enthält eine solche Fragestellung. Ich bin nicht der Erste, der solche Fragen stellt, vielmehr haben bedeutende Geschichtsforscher lange vor mir auf diesem Felde geackert wie der Freiburger Ordinarius Gerhard Ritter, der vor rund 80 Jahren – mitten im Zweiten Weltkrieg – die Unterschiede der kontinentaleuropäischen und der maritim-anglo-amerikanischen Machtentfaltung untersucht hat. Zwar kannte ich die beiden Hauptwerke, die seiner Studie zugrunde liegen, die *Utopia* von Thomas Morus und den *Fürsten* von Nicolo Machiavelli, doch las ich die *Dämonie der Macht* von Ritter erst vor wenigen Monaten. Es war, als hätte jemand einen Vorhang beiseite gezogen. Nicht, daß sich die vor mir liegende Landschaft verändert hätte, ich sah nur plötzlich schärfer.

Ich bin mir bewußt, daß meine Erzählung und die Anordnung ihrer Fakten auch böses Blut erzeugen wird, weil meine Ergebnisse erheblich von dem abweichen, was man in Deutschland gemeinhin über diese Zeit lesen kann – im englischsprachigen Ausland liegen die Dinge vollkommen anders. Ich füge hinzu, daß ich mich bemüht habe, alle Fakten – es sind ziemlich viele – mehrfach zu überprüfen und in den Anhängen nachvollziehbar zu belegen. Das Erinnern an die Fakten erscheint mir der einzige gangbare Weg, daß sich dieser elende, den Deutschen oktroyierte Schuldkomplex endlich wie von selbst in Luft auflöst, wo er auch hingehört – zusammen mit dem $CO_2$.

Alttestamentarisches und evangelikales Wolkenkuckucksheim und die damit Hand in Hand einhergehende Erbsünde finden sich nicht auf meiner Agenda. Sie gehören in die Welt der Religion und nicht in die der Geschichtsschreibung. Es wird höchste Zeit für die Deutschen, sich wieder auf sich selbst und die Fakten ihrer Geschichte zu konzentrieren.

Das Ende dieses Buches wird nicht jedem gefallen. Mir gefällt es auch nicht. Das veranlaßt mich – seit Jahren schon – über Auswege nachzudenken, die nicht nur billigen Applaus finden, sondern auch gangbar sind, denn ich will nachdrücklich, daß das Volk meiner Eltern und meiner Vorväter den gegenwärtigen Angriff übersteht. Sie, meine verehrten Leser, sehen also, daß noch manches zu tun bleibt. Für die notorisch Neugierigen füge ich hinzu, daß ich einen aussagekräftigen Untertitel für das nächste Buch bereits notiert habe: Eine kurze Beschreibung der deutschen Misere und wie man sie überwindet.

Weimar, im Frühjahr 2018
*Helmut Roewer*

P.S.: Claudia danke ich erneut für alles. Ohne sie hätte ich die Anfechtungen der letzten Jahre nicht so unbeschadet überstanden und vermutlich keine Zeile mehr geschrieben.

# Quellen- und Literaturverzeichnis

## Archive

**Deutschland:** Bundesarchiv, Berlin, Freiburg, Koblenz; Politisches Archiv des Auswärtigen Amtes (AA PA), Berlin; Friedrich Ebert Stiftung (FES), Königswinter; Behörde des Bundesbeauftragten für die Unterlagen des ehemaligen Ministeriums für Staatssicherheit der DDR (BStU), Berlin; Archiv des Verfassers (HR-Arch).
**Frankreich:** Militärarchiv, Paris.
**Großbritannien:** National Archives (TNA), Kew; Sonderarchiv, Moskau; Archiv des FSB, Moskau, Militärarchiv, Moskau
**USA:** National Archive (NARA), Washington D.C.

Die Fundstellen aus den Archiven sind im Einzelnen in den Fußnoten nachgewiesen.

## Publizierte Quellen

**Arbeitsgemeinschaft** für Völkerrecht beim Instiut für internationale Beziehungen an der Akademie für Staats- und Rechtswissenschaft der DDR (Hg.): Völkerrecht. Dokumente, 2 Teile. Ost-Berlin, Staatsverlag, 1973.
**Bundesminister** der Verteidigung (BMVg – Hg.): Weißbuch 1970. Zur Sicherheit der Bundesrepublik Deutschland und zur Lage der Bundeswehr. Bonn o.J. [1970]; ders.: Weißbuch 1979. Bonn o.J [1979]; ders.: Weißbuch 1983. Bonn o.J. [1983]; ders.: Weißbuch 1985. Bonn o.J. [1985].
**Bundesminister** des Innern (BMI – Hg.): Betrifft: Verfassungsschutz, später Verfassungsschutzbericht. Bonn, seit 1969/70, sodann Jahrgangsweise [Zit.: BMI: Verfassungsschutzbericht, Jahr, S.].
**Bundesministerium** für Vertriebene, Flüchtlinge und Kriegsgeschädigte (Hg.): Die Vertreibung der deutschen Bevölkerung aus den Gebieten östlich der Oder-Neiße. Dokumentation der Vertreibung der Deutschen aus Ostmitteleuropa, Band I/3. Sonderausgabe, Augsburg, Weltbild-Verlag, 1992.
Peter **Gosztony** (Hg.).: Der Ungarische Aufstand in Zeitzeugenberichten. Unveränderte Taschenbuchausgabe, München, dtv, 1981.
[Internationaler Militärgerichtshof (**IMG** – Hg.)]: Der Prozeß gegen die Hauptkriegsverbrecher vor dem Internationalen Militärgerichtshof. Nürnberg, 1949. 24 Bde., Nachdruck: Frechen, Komet, o.J.

[International Military Tribunal Nuremberg (**IMT** – Hg.)]: Trial of Major War Criminals. 48 Bde. Nuremberg 1948. loc.gov/rr/frd/Military_Law/NT_major-war-criminals.htm.

Hans-Adolf **Jacobsen**/Wolfgang Mallmann/Christian Meier (Hg.): Sicherheit und Zusammenarbeit (KSZE). Analyse und Dokumentation. 2 Bde. [fortlaufend pag.], Köln, Wissenschaft und Politik, 1978.

**mdv** transparent [Mitteldeutscher Verlag Halle (Hg.)]: Wir sind das Volk. Aufbruch '89. Teil 1: Die Bewegung. September/Oktober 1989. Teil 2: Die Bewegung. Oktober/November 1989. Halle, Mitteldeutscher Verlag, 1990.

[**National** Commission (Hg.)]: The 9/11 Commission Report. Final Report of the National Commision on Terrorist Attacs upon the United States of America. New York, W.W. Norton, 2011.

[**Nationalrat** der Nationalen Front/Gerhard Dengler (Red.)]: Baunbuch Kriegs- und Naziverbrecher in der Bundesrepublik und in Westberlin. Staat, Wirtschaft, Verwaltung, Armee, Justiz, Wissenschaft. Reprint der 3. erw. Aufl. [von 1968], hg. von Norbert Podewin, Berlin, Neues Leben o.J. [nach 1990]; ** Graubuch. Expansionspolitik und Neonazismus in Deutschland. Hintergründe und Methoden. 2. verb. und erw. Aufl., Ost-Berlin, Staatsverlag der DDR, 1967.

**N.N.**: Verbrechen und Strafe. Der Charkower Prozeß über die von den deutschfaschistischen Eindringlingen und Umgebung während der ersten zeitweisen Okkupation verübten Greueltaten. O.O., o.J. [?1944].

**N.N.**: Der Starr-Report. Das einzigartige Zeitdokument über den Skandal im Weißen Haus. Bergisch Gladbach, Bastei-Lübbe, 1998.

**Oberkommando** der Wehrmacht (OKW – Hg.): Die Berichte des Oberkommandos der Wehrmacht 1939-1945. 5 Bde., München, Verlag für Wehrwissenschaften, Nachdruck: Köln, Parkland, 2004.

**Office** of Military Government for Germany/United States Finance Division – Financial Investigation Section (OMGUS): Ermittlungen gegen die I.G. Farben. Sonderband der Anderen Bibliothek. Hg. Hans Magnus Enzensberger. Übersetzt und bearbeitet von der Dokumentationsstelle für NS-Sozialpolitik Hamburg. Nördlingen, Franz Greno, 1986.

**Office** of Military Government in Germany (OMGUS), Intelligence Division [Behörde der US-Militärregierung in Deutschland, Nachrichtendienst-Abteilung] (Hg.): Weekly Intelligence Reports 1946-1948 [Nachrichtendienstliche Wochenberichte]. In: BA Kolbenz: OMGUS/3/429-2 bis 3/430-1.

[**Office** of Strategic Services – OSS]: Henry A. Murray: Analysis of the Personality of Adolph Hitler With Predictions of His Future Behavior and Suggestions for Dealing With Him Now and After Germany's Surrender. October 1943. Kopie im Archiv d. Verf.

**Presse**- und Informationsamt der Bundesregierung (Hg.): Jahresbericht der Bundesregierung. Bonn 1950 ff. [1950 erstmals unter dem Titel: Deutschland im Wiederaufbau, später: Deutsche Politik, sodann: Jahresbericht der Bundesregierung].

[Ronald **Reagan**]: Publik Papers of the Presidents of the United States. Ronald Reagan. 1985. 2 Bde., An Arbor/Michigan, University of Michigan, 2005.

Joachim **Rogall** (Hg.): Die Räumung des Reichsgaus Wartheland vom 16. bis 26. Januar 1945 im Spiegel amtlicher Berichte. Sigmaringen, Jan Thorbecke, 1993.

Peter **Ruggenthaler** (Hg.): Stalins großer Bluff. Die Geschichte der Stalin-Note in Dokumenten der sowjetischen Führung. München, R. Oldenbourg, 2007.

Percy Ernst **Schramm** (Hg.): Das Kriegstagebuch des Oberkommandos der Wehrmacht (Wehrmachtsführungsstab). Eine Dokumentation. Zusammengestellt und erläutert von Hans-Adolf Jacobsen. 4 Bände in 8 Teilbänden. Augsburg, Weltbild, 2002.

Klaus **Stern**/Bruno Schmidt-Bleibtrau (Hg.): Einigungsvertrag und Wahlvertrag mit Vertragstexten, Begründungen, Erläuterungen und Materialien. Verträge und Rechtsakte zur deutschen Einheit, Bd. 2. München, C.H. Beck, 1990.

Harry S. **Truman**: Public Papers. Hg. von der Harry S. Truman Presidential Library and Museum. trumanlibrary.org/publicpapers/index.php.

**US Department of State** (Hg.): Foreign Relations of the United States of America. [zit. FRUS, Jahr, Bd., S.].

**US Govenment** Printing Office (Hg.): Documents on German Foreign Policy. Washington D.C., 1957-1964.

Henric L. **Wuermling**: Die Weiße Liste und die Stunde Null in Deutschland 1945. Mit den Originaldokumenten in englischer Sprache. München, Herbig, 2015.

Carl **Zuckmayer**: Geheimreport. Hg. von Gunther Nickel und Johanna Schrön, München, dtv, 2004.

## *Tagebücher, Briefe pp.*

Ruth **Andreas-Friedrich**: Der Schattenmann. Schauplatz Berlin. Tagebuchaufzeichnungen 1938-1948. Frankfurt/Main, Suhrkamp Taschenbuch, 2000.

Klaus **Bölling**: Die letzten 30 Tage des Kanzlers Helmut Schmidt. Ein Tagebuch. Ein Spiegel-Buch. Reinbek bei Hamburg, Rowohlt, 1982.

Carol **Brightman** (Hg.): Im Vertrauen. Hannah Arendt – Mary McCarthy. Briefwechsel 1949-1975. München, Piper, 1996.

[Alexander **Cadogan**]: The Diaries of Sir Alexander Cadogan 1938-1945. Hg.

David Dilkes. London, Faber & Faber, 1971.
John **Colville**: The Fringes of Power. Downing Street Diaries 1939-1955. London pp., Hodder & Stoughton, 1985 [zit.: Colville: Diaries]; ** Downing Street Tagebücher. 1939-1945. Berlin, Siedler Verlag, 1988 [zit.: Colville: Tagebücher].
[James **Forrestal**]: The Forrestal Diaries. Hg. von Walter Millis. New York, Viking, 1951.
Wladimir **Gelfand**: Deutschlandtagebuch 1945/1946. Aufzeichnungen eines Rotarmisten. Berlin, Aufbau, 2005.
Durs **Grünbein**: Das erste Jahr. Berliner Aufzeichnungen. Frankfurt am Main, Suhrkamp, 2001.
Ernest **Hemingway**: Selected Letters 1917-1961. Hg. Carlos Baker. New York, Scribner's Classics, 1981.
Robert E. **Lester** (Hg.): The Morgenthau Diaries. World War II and Postwar Planning 1943-1945. Bethesda/MD., LexisNexis, 2007.
[Iwan Michailowitsch **Maisky**]: The Ivan Maisky Diaries. Red Ambassador to the Court of St. Jame's 1932-1943. Ed. by Gabriel Gorodetsky. New Haven/London, Yale University Press, 2015.
Henry **Morgenthau** Jr.: Diaries. Franklin D. Roosevelt Library and Museum, fdrlibrary.marist.edu/archives/collections/franklin/?p=collections/findingaid&id=535&q=&rootcontentid=189777.
George S. **Patton**: Diaries and Papers. Library of Congress, loc.gov/collections/george-s-patton-diaries/about-this-collection/.
Henry **Picker**: Hitlers Tischgespräche im Führerhauptquartier. Hitler, wie er wirklich war. Vollständig überarbeitete und erweiterte Neu-Aufl., Stuttgart, Seewald, 1977.
[Franklin **Roosevelt**]: Roosevelt spricht. Die Kriegsreden des Präsidenten. Stockholm, Bermann-Fischer, 1945.

## *Memoiren, Erlebnisberichte pp.*

Alexej **Adshubej**: Gestürzte Hoffnungen. Meine Erinnerungen an Chruschtschow. Berlin, Henschel/Ullstein, 1990.
Georgi **Arbatow**: Das System. Ein Leben im Zentrum der Sowjetpolitik. Frankfurt am Main, S. Fischer, 1993.
George **Bailey**/Sergej A. Kondraschow/David E. Murphy: Die unsichtbare Front. Der Krieg der Geheimdienste im geteilten Berlin. Berlin, Ullstein, 1997.
Bernard M[annes] **Baruch**: My Own Story. Cutchogue/New York, Buccaneer

Books, 1957; ** The Publik Years. New York, Holt, Rinehart & Winston, 1960.
Richard M. **Bissell** Jr.: Reflections of a Cold War Warrior. From Yalta to the Bay of Pigs. New Haven/Connecticut 1996.
Leo **Brawand**: Die Spiegel-Story. Wie alles anfing. Düsseldorf, Econ, 1987.
Winston **Churchill**: The Second World War. Boston/Massachusetts, Houghton Mifflin, 1951.
Günter **Diehl**: Zwischen Politik und Presse. Bonner Erinnerungen 1949-1969. Frankfurt am Main, Sozietätsverlag, 1994.
Allen **Dulles**/Gero von Gaevernitz: Operation Sunrise. Die geheime Geschichte des Kriegsendes in Italien. Düsseldorf/Wien, Econ, 1967.
Ilya **Dzirkvelov** [Ilja Dshirkwelow]: Secret Servant. My Life with the KGB and the Soviet Élite. London, MW Books, 1987.
Dwight D. **Eisenhower**: Crusade in Europe. London/Melboure/Toronto, William Heinemann, 1948; dt.: Kreuzzug in Europa. Amsterdam, Bermann & Fischer, 1948.
Max **Emendörfer**: Rückkehr an die Front. Erlebnisse eines deutschen Antifaschisten. 2. Aufl. Ost-Berlin 1975.
Katharina **Focke**: Mein Vater: Ernst Friedlaender zu seinem 100. Geburtstag. Köln, zum 4. Februar 1995 für seine Nachkommen geschrieben. Olzog Verlag, München 1982.
Charles de **Gaulles**: Mémoires de guerre. Paris, Plon, 1954-58.
Reinhard **Gehlen**: Verschlußsache. Mainz, von Hase & Koehler, 1980.
Ludwig **Geißel**: Unterhändler der Menschlichkeit. Erinnerungen. Stuttgart, Quell, 1991.
Michail **Gorbatschow**: Erinnerungen. Berlin, Siedler, 1995.
Andrei **Gromyko**: Memoirs. New York, Doubleday, 1989.
W. Averell **Harriman**/Elie Abel: Special Envoy. to Churchill and Stalin. London, Hutchinson, 1976; **In geheimer Mission. Als Sonderbeauftragter Roosevelts bei Churchill und Stalin. Stuttgart, Seewald, 1979.
Cordell **Hull**: Memoirs. 2 Bde., New York, Macmillan & Co, 1948.
George **Kennan**: Memoiren eines Diplomaten. Memoirs 1925-1950. 2. Aufl., Stuttgart, Henry Goverts, 1969.
Wjatscheslaw **Keworkow**: Der geheime Kanal. Moskau, der KGB und die Bonner Ostpolitik. Berlin, Rowohlt, 1993.
Claus **Kleber**: Rettet die Wahrheit. Berlin, Ullstein, 2017.
Helmut **Kohl**: Erinnerungen 1982-1990. München, Droemer, 2005.
Irving **Kristol**: Reflections of a Neoconservative. Looking Back, Looking Ahead. New York, Basic Books, 1983.
Wladimir **Krjutschkow**: Litschnoje Djelo [Personalakte]. 2 Bde. Moskwa, Olimp, 1996.

Iwan N[ikolajewitsch] **Kusmin**: Schest ossennich let. Berlin 1985-1991. [Sechs herbstliche Jahre]. Moskwa, Nautschnaja Kniga, 1999.

William D. **Leahy**: I Was There. New York, McGraw-Hill, 1950.

Johannes **Lepsius**: Bericht über die Lage des armenischen Volkes. Unveränderte Neuauflage. Bad Schussenried, Gerhard Hess, 2011.

Paul **Leverkuehn** [Ghostwriter: Gustav Regler]: Posten auf ewiger Wacht. Das abenteuerreiche Leben des Max Erwin von Scheubner-Richter. Essen, Essener Verlagsanstalt, 1938 [hinsichtlich der Person Leverkuehns ein Erlebnisbericht als Geheimdienstoffizier]; ** Der geheime Nachrichtendienst der deutschen Wehrmacht im Kriege. Frankfurt am Main, Bernhard & Graefe, 1957.

Gerhard **Löwenthal**: Ich bin geblieben. Erinnerungen. 2. Aufl., München, Herbig, 1987.

Oleg **Penkowskij**: Geheime Aufzeichnungen. Hg. Frank Gibney. München/Zürich, Bertelsmann, 1966.

Kazimiera **Prunskiene**: Leben für Litauen. Auf dem Weg in die Unabhängigkeit. Aus dem Litauischen von Christina Nikolajew. Berlin/Frankfurt am Main, Ullstein, 1992.

Fritz J. **Raddatz**: Unruhestifter. Erinnerungen. 2. Aufl., München, Propyläen, 2003.

Ronald **Reagan**: An American Life. The Autobiography. New York, Simon & Schuster, 1990.

Klaus Rainer **Röhl**: Fünf Finger sind keine Faust. Eine Abrechnung. 3. Aufl., München, Universitas, 1998.

Kermit **Roosevelt**: Countercoup. The Stuggle for the Control of the Iran. New York pp, McGraw-Hill Comp., 1979.

Gerd **Ruge**: Der Putsch. Vier Tage, die die Welt veränderten. Frankfurt am Main, Fischer-TB, 1991.

Donald **Rumsfeld**: Known and Unkown. A Memoir, London, Penguin, 2011.

Anatoli **Rybakow**: Roman der Erinnerung. Memoiren. Berlin, Aufbau, 2001.

Ernst von **Salomon**: Der Fragebogen. 96.-98. Tsd., Reinbek b. Hamburg, Rowohlt, 1990.

Carlo **Schmid**: Erinnerungen. Bern/München/Wien, Scherz, 1980.

Gerd **Schmückle**: Ohne Pauken und Trompeten. Erinnerungen an Krieg und Frieden. Stuttgart, DVA, 1982.

G[eorgi] K[onstantinowitsch] **Shukow**: Erinnerungen und Gedanken. 2 Bde., 5. überarbeitete und erw. Aufl., Ost-Berlin, Militärverlag, 1976.

Theo **Sommer** (Hg.): Reise ins andere Deutschland. Reinbek b. Hamburg, Rowohlt, 1986.

Paul-Henri **Spaak**: Memoiren eines Europäers. Hamburg, Hoffmann & Campe, 1969.

Hilde **Spiel**: Die hellen und die finsteren Zeiten. Erinnerungen 1911-1946. Reinbek b. Hamburg, Rowohlt, 1994.

Carola **Stern** [i.e. Erika Assmuss]: In den Netzen der Erinnerung. Lebensgeschichten zweier Menschen. 10. Aufl., Reinbek b. Hamburg, Rowohlt, 2001; ** Doppelleben. Eine Autobiographie. Köln, Kiepenheuer & Witsch, 2001.

Pawel Anatoljewitsch **Sudoplatow**/Anatolij Sudoplatow: Der Handlanger der Macht. Enthüllungen eines KGB-Generals. Düsseldorf pp., Econ, 1994.

Margaret **Thatcher**: Downing Street No. 10. Die Erinnerungen. 3. Aufl., Düsseldorf pp., Econ, 1993.

Telford **Taylor**: Nuremberg and Vietnam. An American Tragedy. New York, New York Times Book, 1970; ** Die Nürnberger Prozesse. Hintergründe, Analysen und Erkenntnisse aus heutiger Sicht. 2. Aufl., München, Wilhelm Heyne, 1994.

Freda **Utley**: Kostspielige Rache. The High Costs of Venegance. Tübingen, Schlichtenmayer, 1962.

Herbert **Wehner**: Zeugnis. Hg. Gerhard Jahn. 2. Aufl., Bergisch Gladbach, Bastei Lübbe, 1985.

Alexander **Weißberg**-Cybulski: Hexensabbat. Frankfurt am Main, Frankfurter Hefte, 1951.

Markus **Wolf**: Spionagechef im geheimen Krieg. Erinnerungen. 3. Aufl., München, Econ & List, 1999.

## *Sekundärliteratur*

Beiträge aus Zeitschriften oder Sammelbänden sind ausschließlich in den Fußnoten nachgewiesen.

Karl Heinz **Abshagen**: Canaris. Patriot und Weltbürger. 27.-30. Tausend, Stuttgart, Union Deutsche Verlagsanstalt, 1955.

Werner **Adam**: Das neue Rußland. Putins Aufbruch mit schwerem Erbe. Wien, Holzhausen, 2000.

Willi Paul **Adams**: Die USA im 20. Jahrhundert. 2. Aufl., München, R. Oldenbourg, 2008.

Theodor **Adorno**/Ralf Dahrendorf/Harald Pilot/Hans Albert/Jürgen Habermas/Karl R. Popper: Der Positivismusstreit in der deutschen Soziologie. Neuwied/Berlin, Sammlung Luchterhand, 1969.

Gary **Allen**: The Rockefeller File. 1976. Kopie von ia800208.us.archive.org/15/items/TheRockefellerFile/AllenGary-1976TheRockefellerFile.pdf

Gar **Alperovitz**: The Decision to Use the Atomic Bomb and the Architecture of

an American Myth. New York, Vintage Books, 1996.
Stephen E. **Ambrose**/Douglas G. Brinkley: Rise to Globalism. American Foreign Policy since 1938. 8. durchgesehene Aufl., New York, Penguin, 1997.
Timothy Garton **Ash**: Im Namen Europas. Deutschland und der geteilte Kontinent. München/Wien, Hanser, 1993.
Paul **Atwood**: War and Empire. The American Way of Life. London, Pluto, 2010; Vorwort 2017 in geopolitica.ru vom 7.5.2017 [Abruf: 21.5.2017].
Rudolf **Augstein** (Hg.): Überlebensgroß Herr Strauß. Ein Spiegelbild. Reinbek b. Hamburg, Rowohlt, 1980.
James **Bacque**: Der geplante Tod. Deutsche Kriegsgefangene in amerikanischen und französischen Lagern 1945-1946. 9. erweiterte und Aufl., Berlin, Ullstein, 2002; ** Verschwiegene Schuld. Die alliierte Besatzungspolitik in Deutschland nach 1945. Selent, Pour le Mérite, 2002.
Helmut **Bärwald**: Mißbrauchte Friedenssehnsucht. Ein Kapitel kommunistischer Bündnispolitik. Bonn, Osang, 1983; **Das Ostbüro der SPD. 1946-1971. Kampf und Niedergang. Krefeld, Sinus, 1991.
Bruno **Bandulet**: Beuteland. Die systematische Plünderung Deutschlands seit 1945. 2. Aufl., Rottenburg, Kopp, 2016.
Harry Elmer **Barnes** (Hg.): Perpetual War for Perpetual Peace. Cadwell/Idaho, Caxton, 1953.
Stephen **Bates**: God's Own Country. Religion and Politics in the USA. London, Hodder & Stoughton, 2007.
Friederike **Beck**: Das Guttenberg Dossier. Das Wirken transatlantischer Netzwerke und ihre Einflußnahme auf deutsche Eliten. Aktuelle und geschichtliche Einblicke. 6. Aufl., Ingelheim am Rhein, Zeitgeist, 2016; ** Das Netzwerk für Migration. 3-teiliges Manuskript. 2015/16, auf Word-Dateien, Kopie im Besitz d. Verf.
Werner **Bergmann**/Juliane Wetzel: Manifestations of Anti-Semitism in the European Union, Wien 2003.
Gerhard **Besier**: Der SED-Staat und die Kirche. Der Weg in die Anpassung. München, Bertelsmann, 1993; **Der SED-Staat und die Kirche 1969-1990. Die Vision vom „Dritten Weg". Berlin/Frankfurt am Main, Propyläen, 1995; **Der SED-Staat und die Kirche 1983-1991. Höhenflug und Absturz. Berlin/Frankfurt am Main, Propyläen, 1995.
Nicolas **Bethell**: The Palestine Triangle. The Struggle for the Holy Land. New York, G.P. Putnam's Sons, 1979.
M.B.B. **Biskupski**: Hollywood's War with Poland 1939-1945. Lexington, The University Press of Kentucky, 2010.
Heinrich **Böll**: Berichte zur Gesinnungslage der Nation/Günther Wallraff: Bericht zur Gesinnungslage des Staatsschutzes. Reinbek b. Hamburg, Rowohlt, 1977.

Bernd **Bonwetsch**/Matthias Uhl (Hg.): Korea – ein vergessener Krieg? Der militärische Konflikt auf der koreanischen Halbinsel 1950-1953 im internationalen Kontext. München, Oldenbourg, 2012.

Margret **Boveri**: Der Verrat im XX. Jahrhundert. 4 Bde., Reinbek bei Hamburg, Rowohlt, 1960.

Tom **Bower**: The Pledge Betrayed. America and Britain and the Denazification of Post War Germany. Garden City/New York, Henry Doubleday, 1982.

Josef **Braml**: Auf Kosten der Freiheit. Der Ausverkauf der amerikanischen Demokratie und die Folgen für Europa. O.O. [Bastei Lübbe, Köln], Quadriga, 2016.

Leo **Brawand**: Rudolf Augstein. Düsseldorf, Econ, 1995.

Piers **Brendon**: The Decline and Fall of the British Empire. 1781-1997. London, Vintage Books, 2007.

Archie **Brown**: Der Gorbatschow-Faktor. Wandel einer Weltmacht. Frankfurt am Main/Leipzig, Insel 2000.

Thomas **Brussig**: Helden wie wir. Roman. Berlin, Volk & Welt, 1995; \*\*Am kürzeren Ende der Sonnenallee. Frankfurt am Main, Fischer-Taschenbuch, 2005.

Zbigniew **Brzeziński**: Die einzige Weltmacht. Amerikas Strategie der Vorherrschaft. 2. Aufl. Rottenburg, Kopp, 2015.

Andreas von **Bülow**: Im Namen des Staates. CIA, BND und die kriminellen Machenschaften der Geheimdienste. 7. Aufl., München, Piper, 2002.

Wolfgang **Buschfort**: Das Ostbüro der SPD 1946-1966. Ein Nachrichtendienst im geteilten Deutschland. Bochum, Diss., 1990; \*\*Parteien im Kalten Krieg. die Ostbüros von SPD, CDU und FDP. Berlin, Ch. Links, 2000.

Paul **Carell** [i. e. Paul Karl Schmidt]: Verbrannte Erde. Schlacht zwischen Wolga und Weichsel. Berlin/Frankfurt am Main/Wien 1966.

James **Chage**: Acheson. The Secretary of State who Created the American World. Cambridge Massachusetts/London, Cambridge University Press, 1998.

John **Charmley**: Chamberlain and the Lost Peace. Chicago, Ivan R. Dee, 1989; \*\* Der Untergang des Britischen Empires. Roosevelt, Churchill und Amerikas Weg zur Weltmacht. Graz, Ares, 2004; \*\* Churchill: The End of Glory. A Political Biography. London, Faber & Faber, 2009.

Ron **Chernow**: The Warburgs. The Twentieth-Century Odyssey of a Remarkable Jewish Familiy. New York, Vintage Books, 2003.

Noam **Chomsky**: World Orders Old and New. New York, Columbia University Press, 1996.

**Clausewitz**-Gesellschaft (Hg.): Jahrbuch 2013. Hamburg, Clausewitz-Gesellschaft, 2014; \*\* Jahrbuch 2014. Ebd., 2015.

Pawel **Choroschilow**/Jürgen Harten/Joachim Satorius/Peter-Klaus Schuster:

Berlin Moskau. Chronik 1950-2000. Berlin, Nicolai, 2003.
S.M. **Christorow** (Red.)/Autorenkollektiv: Smersch. Moskwa, Nikitin, 2003.
William D. **Cohan**: House of Cards. A Tale of Hubris and Wreched Excess on Wall Street. New York pp., Doubleday, 2009.
Ralf **Dahrendorf**: Plädoyer für die Europäische Union. München, Piper, 1973.
György **Dalos**: 1956. Der Aufstand in Ungarn. Deutsche Bearbeitung von Elisabeth Zylla. Lizenzausgabe der Bundeszentrale für politische Bildung, Bonn, 2006.
Wjatscheslaw **Daschitschew**: Moskaus Griff nach der Weltmacht. Die bitteren Früchte hegemonialer Politik. Hamburg/Berlin/Bonn, E.S. Mittler & Sohn, 2002.
Norman **Davies**: Aufstand der Verlorenen. Der Kampf um Warschau 1944. München, Droemer, 2004.
Lance **deHaven-Smith**: Conspirathy Theorie in America. Austin/Texas, University of Texas Press, 2013.
John V. **Denson**: A Century of War. Lincoln, Wilson, Roosevelt. Auburn/Alabama, Ludwig von Mises Institute, 2006.
Otto **Depenheuer**/Christoph Grabenwarter (Hg.): Der Staat in der Flüchtlingskrise. Zwischen gutem Willen und geltendem Recht. Paderborn, Schöningh, 2016.
Karlheinz **Deschner**: Der Moloch. Eine kritische Geschichte der USA. 10. Aufl., München, Wilhelm Heyne, 2002.
Kai **Diekmann**/Ralf Georg Reuth: Helmut Kohl. Ich wollte Deutschlands Einheit. Berlin, Ullstein, 1998.
Hellmut **Diwald**: Die Erben Poseidons. Seemachtpolitik im 20. Jahrhundert. München, Droemer Knaur, 1984; \*\*Deutschland Einig Vaterland. Geschichte unserer Gegenwart. Berlin, Ullstein, 1990.
Wolfgang **Effenberger**/Willi Wimmer: Wiederkehr der Hasardeure. Schattenstrategien, Kriegstreiber, stille Profiteure. 2. Aufl., Höhr-Grenzhausen, Zeitgeist, 2014.
Theodor **Eschenburg**: Jahre der Besatzung. 1945-1949. Bd. 1 der Geschichte des Bundesrepublik Deutschland. Hg. von Karl Dietrich Bracher u.a. Stuttgart/Wiesbaden, DVA/F.A. Brockhaus, 1983.
Herbert **Feis**: Europe The World`s Banker 1870-1914. An Account of European Foreign Investment and the Connection of World Finance with Diplomacy before the War. Published fort he Council on Foreign Relations. [Yale University Press, 1930]. Reprinted New York, August Keiley, 1961.
Jason **Ferryman**: After Wikileaks. An Assessment of the Wikileaks Phenomenon. O.O., The Dallas House, 2011, de.scribd.com/document/93810832/After-Wikileaks-by-Jason-Ferriman-pre-printer-version [Abruf: 20.12.2017].
Tilman **Fichter**: Die SPD und die Nation. Vier sozialdemokratische Generatio-

nen zwischen nationaler Selbstbestimmung und Zweistaatlichkeit. Berlin/ Frankfurt am Main, 1993.

Norman G. **Finkelstein**: Antisemitismus als politische Waffe. Israel, Amerika und der Mißbrauch der Geschichte. 2. Aufl., München, Piper, 2008.

Karl Wilhelm **Fricke**: Opposition und Widerstand in der DDR. Ein politischer Report. Köln, Verlag Wissenschaft und Politik, 1964; ** Politik und Justiz in der DDR. Zur Geschichte der politischen Verfolgung 1945-1968. Bericht und Dokumentation. 2. Aufl., Köln, Verlag Wissenschaft und Politik, 1990.

Max Paul **Friedman**: Rethinking Anti-Americanism. The History of an Exceptional Concept in American Foreign Relations. New York, Cambridge University Press. 2012.

Jörg **Friedrich**: Der Brand. Deutschland im Bombenkrieg 1940-1945. München, Propyläen, 2002.

Rainer W. **Fuhrmann**: Polen. Handbuch. Geschichte Politik Wirtschaft. Vollständig überarbeitete Neu-Aufl., Hannover, Fackelträger, 1990.

Daniele **Ganser**: Nato-Geheimarmeen in Europa. Inszenierter Terror und verdeckte Kriegführung. Zürich, Orell Füssli, 2009.

Günter **Gaus**: Wo Deutschland liegt. Eine Ortsbestimmung. Hamburg, Hoffmann & Campe, 1983.

Arnold **Gehlen**: Moral und Hypermoral. Eine pluralistische Ethik. 5. Aufl., Wiesbaden, Aula, 1986.

Heinrich **Gemkow** (Ltr. der Red.): Der Sozialismus Deine Welt. Ost-Berlin, Neues Leben, 1975.

John **Gimbel**: Science, Technology, and Reparations. Exploitation and Plunder in Postwar Germany. Stanford/California, Stanford University Press, 1990.

Gert-Joachim **Glaeßner**/Jürgen Holz/Thomas Schlüter (Hg.): Die Bundesrepublik in den siebziger Jahren. Versuch einer Bilanz. Opladen, Leske & Budich, 1984.

Josef **Goebbels**: Der Bolschewismus in Theorie und Praxis. München, Eher, 1936.

**Göttinger** Arbeitskreis (Hg.)/Red. Hans Kruse/Hans-Günther Seraphim: Mensch und Staat in Recht und Geschichte. Festschrift für Herbert Kraus. Kitzingen, Holzner, 1954.

Michail **Gorbatschow**: Umgestaltung und neues Denken für unser Land und für die ganze Welt. Ost-Berlin, Dietz 1987; **Perestroika. Die zweite russische Revolution. Eine neue Politik für Europa und die Welt. Erweiterte Taschenbuchausgabe. München, Knaur, 1989.

Gunnar **Grabbe**: Deutsche Rußlandpolitik und das Baltikum. 1990-1998. Phil. Diss., Kiel, 2002, pdf. [Kopie im Besitz d. Verf.].

Hermann **Graml**: Die Alliierten und die Teilung Deutschlands. Konflikte und Entscheidungen 1941-1948. Frankfurt am Main, Fischer Taschenbuch, 1985.

Russell **Grenfell**: Unconditional Hatred. German War Guilt and the Future of Europe. [1. Aufl. 1953], New York, Devin-Adair Comp., 1959.

Lothar **Gruchmann**: Der Zweite Weltkrieg. Kriegführung und Politik. Lizenzausgabe, Wiesbaden, Marix, 2004.

Günter **Grützner**/Rosemarie Heise-Schirdewan: Cecilienhof 1945. Historische Fotos der Potsdamer Konferenz. Potsdam-Sanssouci, o. Verl., 1987.

Lutz **Hachmeister**: Der Gegnerforscher. Die Karriere des SS-Führers Franz Alfred Six. München, C.H. Beck, 1998.

Georg M. **Hafner**/Edmund Jacoby (Hg.): Die Skandale der Republik 1949-1989. Von der Gründung der Bundesrepublik bis zum Fall der Berliner Mauer. Reinbek b. Hamburg, Rowohlt, 1994.

Michael **Haller**: Die „Flüchtlingskrise" in den Medien. Tagesaktueller Journalismus zwischen Meinung und Information. Frankfurt am Main, Brennerstiftung, 2017.

Oswald **Hauser** (Hg.): Weltpolitik II. 1939-1945. 14 Vorträge. Göttingen, Musterschmidt, 1975.

K[arl] **Haushofer**: Weltpolitik von heute. Berlin, Verlag Zeitgeschichte, o.J. [1934].

Michail **Heller**/Alexander Nekrich: Geschichte der Sowjetunion. 2 Bde. Nachdruck, Frankfurt, Athenäum, o.J. [Erstausgabe: 1981 bzw. 1982].

Sebastian **Hennig**: Pegida. Spaziergänge über den Horizont. Eine Chronik. Neustadt an der Orla, Arnshaugk, 2015.

Gregg **Herken**: The Winning Weapon. The Atomic Bomb in the Cold War. New York, Vintage Books, 1982.

Helmut **Herles**: Nationalrausch. Szenen aus dem gesamtdeutschen Machtkampf. München, Kindler, 1990.

Hans-Hermann **Hertle**: Chronik des Mauerfalls. Die dramatischen Ereignisse um den 9. November 1989. 3. Aufl., Berlin, Ch. Links, 1996.

Manfred **Hildermeier**: Geschichte der Sowjetunion 1917-1991. Entstehung und Niedergang des ersten sozialistischen Staates. München, C.H. Beck, 1998.

F.H. **Hinsley**/E.E. Thomas/C.F.G. Ransom/R.C. Knight : British Intelligence in the Second World War. Its Influence on Strategy and Operations. 2 Bde. London, Her Majesty's Stationery Office, 1979/1981.

Christopher **Hitchens**: Die Akte Kissinger. Stuttgart/München, DVA, 2001.

Hans-Hermann **Höhmann**/Hans-Henning Schröder (Hg.): Rußland unter neuer Führung. Politik, Wirtschaft und Gesellschaft am Beginn des 21. Jahrhunderts. Bonn, Bundeszentrale für politische Bildung, 2001.

Heinz **Höhne**: Der Orden unter dem Totenkopf. Die Geschichte der SS. Lizenzausgabe. München 2002.

Dierk **Hoffmann**/Michael Schwartz/Hermann Wentker (Hg.): Vor dem Mauerbau. Politik und Gesellschaft in der DDR der fünfziger Jahre. München, R.

Oldenbourg, 2003.

Joachim **Hoffmann**: Stalins Vernichtungskrieg 1941-1945. Planung, Ausführung und Dokumentation. 6. Aufl., München, Herbig, 2000.

Max **Horkheimer**/Theodor W. Adorno: Dialektik der Aufklärung. Philosophische Fragmente. Frankfurt am Main, Fischer-Taschenbuch, 1988.

Richard H. **Immerman**: Empire for Liberty. A History of American Imperialism from Benjamin Franklin to Paul Wolfowitz. Princeton/New York, Princeton University Press, 2010.

Jeremy **Isaacs**/Taylor Downing: Der Kalte Krieg. Eine illustrierte Geschichte 1945-1991. München/Zürich, Diana, 1999.

Claus **Jacobi**: Der Verleger Axel Springer. Eine Biographie aus der Nähe. München, Herbig, 2005.

Wolfgang **Jäger**/Werner Link: Republik im Wandel 1974-1982. Die Ära Schmidt. Geschichte der Bundesrepublik Deutschland, Bd. 5/II. Stuttgart/Mannheim, DVA/F.A. Brockhaus, 1987.

Alexander **Jakowlew**: In den Stürmen meines Jahrhunderts. Eine Autobiographie. Leipzig, Faber & Faber, 2003.

Vladimir K. **Jegorow**: Ein Stern verblaßt. Reflexionen einer dramatischen Epoche. Sowjetunion 1917 bis 1991. Berlin, Edition q, 1991.

Lyndon B. **Johnson**: Zeit zu handeln. Eine Auswahl aus Reden und Aufsätzen 1953-1964. Wien/Düsseldorf, Econ, 1964.

Jonas **Jonasson**: Der Hundertjährige, der aus dem Fenster stieg und verschwand. [Hörbuch], o.O., Hörverlag, 2011.

Gerhard **Kade**: Die Bedrohungslüge. Zur Legende der Gefahr aus dem Osten. [Ost-]Berlin, Akademie-Verlag, 1982.

Robert **Kagan**/William Kristol (Hg.): Crisis and Opportunity in American Foreign and Defense Policy. New York, Encounter Books, 2000.

Wolf **Kalz**: Die Ideologie des „deutschen Sonderwegs". Exkurse zur Zeithistorie. Fulda, Lindenblatt, 2004; **Ein deutsches Requiem. Vom Aufstieg Preußens zum Niedergang der Republik. Neustadt an der Orla, Arnshaugk, 2006.

Rainer **Karlsch**/Jochen Laufer (Hg.): Sowjetische Demontagen in Deutschland 1944-1949. Hintergründe, Ziele und Wirkungen. Berlin, Duncker & Humblot, 2002; **Hitlers Bombe. Die geheime Geschichte der deutschen Kernwaffenversuche. München, DVA, 2005.

John F. **Kennedy**: Zivilcourage. Lizenzausgabe für den Bertelsmann Lesering. Düsseldorf/Wien, Econ, 1964.

Stephen **Kinzer**: Overthrow. America's Century of Regime Change from Hawaii to Iraq. New York, Macmillan, 2007.

Hubertus **Knabe**: Die unterwanderte Republik. Stasi im Westen. Taschenbuchausgabe, München, Ullstein, 2001; **Der diskrete Charme der DDR. Stasi und Westmedien. München, Propyläen, 2001.

Henry **Kissinger**: World Order. New York, Penguin, 2014.
Paul **Klebnikow**: Der Pate des Kreml. Boris Beresowski und die Macht der Oligarchen. München, Econ, 2001.
Renate **Knigge-Tesche**/Peter Reif-Spirek/Bodo Ritscher (Hg.): Internierung in Ost- und Westdeutschland. Eine Fachtagung. Erfurt, Gedenkstätte Buchenwald u.a., 1993.
Peter **Knorr**/Hans Traxler: Birne. Das Buch zum Kanzler. Frankfurt am Main, Zweitausendeins, 1984.
Daniel **Koerfer**: Diplomatenjagd. Joschka Fischer, seine Unabhängige Kommission und Das Amt. Potsdam, Strauss, 2013.
A. I.. **Kokurin**/N. V. Petrow: Lubjanka: WTschK-OGPU-NKWD-NKGB-MGB-MWD-KGB 1917-1960. Moskwa, Meshdunarodnyj Fond Demokratija, 1997.
Alexander **Kolpakidi**/D. Prochorow: Imperija GRU, Bd. 2, Biografii, pdf-Ausgabe im HR-Arch.
Karl-Rudolf **Korte**: Wahlen in der Bundesrepublik Deutschland. 2. Aufl., Bonn, Bundeszentrale für politische Bildung, 1999.
Rolf **Kosiek**/Olaf Rose (Hg.): Der Große Wendig. Richtigstellungen zur Zeitgeschichte. Tübingen, Grabert, 2006. ** [Bd. 2]: 2. Aufl., ebd, 2006.
Walter **Krönig**: Die katalytische Druckhydrierung von Kohlen, Teeren und Mineralölen. Das I.G. Verfahren. [Urspr. 1950], Frankfurt am Main pp., Springer, 2013.
Anna **Kulak**/Timo Schummers /Daniel Reichard/ Alexander Geiger: Guttenbergs Meisterstück? Die Aussetzung der Wehrpflicht. O.O., Universität Koblenz-Landau, 2016, pdf, uni-koblenz-landau.de/de/landau/fb6/sowi/pw/abteilung/politische-system-brd/caseteaching/case-aussetzung-wehrpflicht [Abruf: 5.1.2018].
Gert **Langguth**: Protestbewegung. Entwicklung, Niedergang, Renaissance. Die Neue Linke seit 1968. Köln, Wissenschaft und Politik, 1983.
Lewis H. **Lapham**: Age of Folly. America Abandons Its Democracy. London/New York, Verso, 2016.
Peter Joachim **Lapp**: Deutschland, einig Vaterland. Stand: November 1990. O.O. [Köln], Deutschlandfunk, 1990.
W[ladimir] I[ljitsch] **Lenin** [i.e. Uljanow]: Ausgewählte Werke. Bd. 19, Ost-Berlin, Dietz, 1962.
Heiner **Lichtenstein**/Otto R. Romberg (Hg.): Täter – Opfer – Folgen. Der Holocaust in Geschichte und Gegenwart. 2. Aufl., Bonn, Bundeszentrale für politische Bildung, 1997.
Basil H. **Liddell Hart**: Geschichte des Zweiten Weltkriegs. Sonderausgabe, 6. Aufl., Wiesbaden, Fourier Verlag, 1985.
Gottfried **Linn**: Die Kampagne gegen die Nato-Nachrüstung. Zur Rolle der

DKP. Bonn, Hohwacht, 1983.

James Stewart **Martin**: All Honorable Men. The Men on Both Sides of the Atlantic Who Successfully Thwarted Plans to Dismantle the Nazi Cartel System. New York, Open Road, o.J. [?Reprint von ?1950].

Jürgen **Maruhn**/Manfred Wilke (Hg.): Raketenpoker um Europa. Das sowjetische SS 20-Abenteuer und die Friedensbewegung. München, Bayerische Landeszentrale für politische Bildung, 2001.

Rainer **Mausfeld**: Warum schweigen die Lämmer? Demokratie, Psychologie und Techniken des Meinungs- und Empörungsmanagements. Free 21, pdf, 2016 [Kopie im Besitz d. Verf.]; ** Die Angst der Machteliten vor dem Volk. Demokratie-Management durch Soft Power-Techniken, pdf, 2017 [Kopie im Besitz d. Verf.].

Christoph **Mauch**: Schattenkrieger gegen Hitler. Das Dritte Reich im Visier der amerikanischen Geheimdienste 1941-1945. Stuttgart, DVA, 1999.

T[revor] B. **McCrisken**: American Exceptionalism and the Legacy of Vietnam: US Foreign Policy since 1974. New York, Palgrave Macmillan, 2003.

Jon **Meacham**: Destiny and Power. The American Odyssey of George Herbert Walker Bush. New York, Random House, o.J. [2015].

Roy **Medwedew**: Das Urteil der Geschichte. Stalin und der Stalinismus, 3 Bde., Berlin, Dietz, 1993.

Mungo **Melvin**: Sevastopol's Wars. Crimea from Potemkin to Putin. Oxford/UK, Osprey, 2017.

Wilhelm **Mensing**: Wir wollen unsere Kommunisten wiederhaben. Demokratische Starthilfen für die Gründung der DKP. In Zusammenarbeit mit Manfred Wilke. Osnabrück, Edition Interfrom, 1989.

Peter **Merseburger**: Der schwierige Deutsche. Kurt Schumacher. Eine Biographie. Stuttgart, DVA, 1995; ** Willy Brandt 1939-1992. Visionär und Realist. Stuttgart/München, DVA, 2002.

Allan **Mevins**: Geschichte der USA. Mit Dokumenten, Zeittafel und Kartenskizzen. Bremen, Carl Schünemann, 1965.

Wolfgang W. **Mickel**/Wanda Kampmann/Berthold Wiegand: Politik und Gesellschaft. Grundlagen und Probleme der modernen Welt. Bd. 2, Frankfurt am Main, Hirschgraben, 1972.

George **Mikes**: Revolution in Ungarn. Stuttgart, Scherz & Goverts, o.J. [nach 1957].

**Militärgeschichtliches** Forschungsamt (Hg.): Verteidigung im Bündnis. Planung, Aufbau und Bewährung der Bundeswehr 1950-1971. 2. Aufl., München, Bernhard & Graefe, 1975.

Sven **Mønnesland**: Land ohne Wiederkehr. Ex-Jugoslawien: die Wurzeln des Krieges. Klagenfurt, Wieser, 1997.

Jürgen **Morlok** (Hg.): Liberale Profile. Freiheit und Verantwortung. Stuttgart,

Seewald, 1983.
Alan D. **Morrison**/William J. Wilhelm Jr.: Investment Banking. Institutions, Politics, and Law. Oxford, University Press, 2007.
Thomas **Morus**: Utopia. Übersetzt von Gerhard Ritter. Darmstadt, Wissenschaftliche Buchgesellschaft, 1964.
Wilhelm E. **Mühlmann** (Hg.): Chiliasmus und Nativismus. Studien zur Psychologie, Soziologie und historischen Kasuistik von Umsturzbewegungen. Bd. 1, Berlin, Dietrich Reimer, 1961.
Eustace **Mullins**: The World Order. A Study in Parasitim. Staunton/Virginia, Ezra Pound Institute of Civilization, 1985.
Bogdan **Musial**: Konterrevolutionäre Elemente sind zu erschießen. Die Brutalisierung des deutsch-sowjetischen Krieges im Sommer 1941. Berlin/München, Propyläen, 2000. ** Stalins Beutezug. Die Plünderung Deutschlands und der Aufstieg der Sowjetunion zur Weltmacht. München, List-Taschenbuch, 2011.
Detlef **Nakath**/Gero Neugebauer/Gerd-Rüdiger Stephan: Im Kreml brennt noch Licht. Die Spitzenkontakte zwischen SED/PDS und KPdSU 1989-1991. Berlin, Dietz, 1998.
Lutz **Niethammer** (Hg.): Der „gesäuberte" Antifaschismus. Die SED und die roten Kapos von Buchenwald. Berlin, Akademie Verlag, 1994.
**N.N.**: US Presidents. Discover the iconic leaders who shaped history. 2. Aufl., Bournmouth/Dorset, IP Imagine Publishing, 2016.
**N.N.** [National Counter Intelligence Center (Hg.)]: Ohne Titel [CI = Counter Intelligence]. 3 Bücher, in als pdf publizierten Kapiteln. O.O., o.J. [ca. 2009 – Kopie im HR-Arch].
Emil **Obermann** (Hg.): Verteidigung. Idee, Gesellschaft, Weltstrategie, Bundeswehr. Ein Handbuch. Stuttgart, Stuttgarter Verlagskontor, 1970.
Johannes **Öquist**: Finnland. Nachdruck der Ausgabe von 1919, Hamburg, Severus, 2014.
David M. **Oshinsky**: A Conspiracy so Immense. The World of Joe MacCarthy. Oxford/New York, Oxford University Press, 2005.
Eberhard **Panitz**: Treffpunkt Branbury. Oder wie die Atombombe zu den Russen kam. Klaus Fuchs, Ruth Werner und der größte Spionagefall der Geschichte. Berlin, Das Neue Berlin, 2003.
Robert H. **Patton**: Patriot Pirates. The Privateer War for Freedom and Fortune in the American Revolution. [Erstaufl.: 2008], New York, Penguin, 2009.
Walentin **Pawlow**: Awgust isnutri. Gorbatschow putsch [August-Erschöpfung. Der Gorbatschowputsch]. Moskwa, 1993.
John **Pilger**: The New Rulers of the World. London/New York, Verso, 2003.
Michael **Ploetz**/Hans-Peter Müller: Ferngelenkte Friedensbewegung? DDR und UdSSR im Kampf gegen den Nato-Doppelbeschluß. Münster, LIT, 2004.

Hermann **Ploppa**: Hitlers amerikanische Lehrer. Die Eliten der USA als Geburtshelfer des Nationalsozialismus. Sterup, Liepsen, 2008.
Clive **Ponting**: Churchill. London, Sinclair Stevenson, 1994.
Guido Giacomo **Preparata**: Conjuring Hitler. How Great Britain and America made the Third Reich. London/Ann Arbor, Pluto Press, 2005.
Kim C. **Priemel**/Alexa Stiller (Hg.): NMT. Die Nürnberger Militärtribunale zwischen Geschichte, Gerechtigkeit und Rechtsschöpfung. Hamburg, Hamburger Edition, 2013.
Otfrid **Pustejovsky**: Die Konferenz von Potsdam und das Massaker von Aussig am 31. Juli 1945. Untersuchung und Dokumentation. München, Herbig, 2001.
Caroll **Quigley**: Tragedy and Hope. A History of the World in Our Time. 2. Aufl., Los Angeles/California, Morrison, 1974.
Hans **Reimann**: Macht euern Dreck aleene. Anekdoten von Sachsens letztem König. Berlin, Das Neue Berlin, 2002.
Boris **Reitschuster**: Wladimir Putin. Wohin steuert er Rußland? Berlin, Rowohlt, 2004.
Robert von **Rimscha**: Die Bushs. Weltmacht als Familienerbe. Bergisch Gladbach, Bastei, 2006.
Gerhard **Ritter**: Die Dämonie der Macht. Betrachtungen über Geschichte und Wesen des Machtproblems im politischen Denken der Neuzeit. 6. Aufl., München, Lebinitz, 1948; \*\*Carl Goerdeler und die deutsche Widerstandsbewegung. Stuttgart, DVA, 1954.
Helmut **Roewer**: Skrupellos. Die Machenschaften der Geheimdienste in Rußland und Deutschland 1914-1941. Leipzig, Faber & Faber, 2004; \*\*Im Visier der Geheimdienste. Deutschland und Rußland im Kalten Krieg. 2007, Bergisch-Gladbach, Lübbe, 2008; \*\*Die Rote Kapelle und andere Geheimdienstmythen. Spionage zwischen Deutschland und Rußland 1941-1945. Graz, Ares, 2010; \*\*Kill the Huns – Tötet die Hunnen. Geheimdienste, Propaganda und Subversion hinter den Kulissen des Ersten Weltkrieges. Graz, Ares, 2014; \*\*Unterwegs zur Weltherrschaft [Bd. 1]. Warum England den Ersten Weltkrieg auslöste und Amerika ihn gewann. 2. Aufl., Zürich, Scidinge Hall Verlag, 2016; \*\*Unterwegs zur Weltherrschaft. Band 2: 1918-1945. Warum eine anglo-amerikanische Allianz Deutschland zum zweiten Mal angriff und die Rote Armee in Berlin einmarschierte. Tübingen, Scidinge Hall Verlag, 2017.
Johannes **Rogalla von Biebersteinstein**: „Jüdischer Bolschewismus". Mythos & Realität. Graz, Ares, 2010.
Murray N. **Rothbard**: Wall Street, Banks, and American Foreign Policy. 2. Aufl., Auburn/Alabama, Ludwig von Mises Institute, 2011.
Hans **Rothfels**: Die deutsche Opposition gegen Hitler. Eine Würdigung. Frank-

furt am Main, Fischer, 1956.

Hans **Rühle**: Angriff auf die Volksseele. Über Pazifismus zum Weltfrieden? Zürich, Edition Interfrom, 1984.

Francis Stonor **Saunders**: Wer die Zeche zahlt. Der CIA und die Kultur im Kalten Krieg. Berlin, Siedler, 2001.

Bernd **Schaefer**/Christian Nuenlist (Hg.): Stasi Intelligence on NATO. Washington/Zürich, PHP Publications Series, 2003, pdf [im HR-Arch].

Jerrold L. **Schecter**/Peter S. Deriabin [i.e. Pjotr Derjabin]: Die Penkowskij-Akte. Der Spion, der den Frieden rettete. Frankfurt/Berlin. Ullstein, 1993.

Helmut **Schelsky**: Die Arbeit tun die anderen. Klassenkampf und Priesterherrschaft der Intellektuellen. 2. erw. Auf., Opladen, Westdeutscher Verlag, 1975.

Richard von **Schirach**: Die Nacht der Physiker. Heisenberg, Hahn, Weizsäcker und die deutsche Bombe. Berlin, Berenberg, 2012.

Christian **Schmidt**: Wir sind die Wahnsinnigen. Joschka Fischer und seine Frankfurter Gang. München, Econ & List Taschenbuchverlag, 1999.

Jürgen W. **Schmidt** (Hg.): Als die Heimat zur Fremde wurde. Flucht und Vertreibung der Deutschen aus Westpreußen. Aufsätze und Augenzeugenberichte. Berlin, Dr. Köster, 2011.

Bruno **Schmidt-Bleibtreu**/Franz Klein: Kommentar zum Grundgesetz für die Bundesrepublik Deutschland. Völlig neu bearbeitete und erweiterte 5. Aufl., Neuwied/Darmstadt, Luchterhand, 1980.

Wolfgang **Schneider** (Hg.): Leipziger Demontagebuch. Demo Montag Tagebuch Demontage. Leipzig/Weimar, Gustav Kiepenheuer, 1990.

Jan **Schönfelder**/Rainer Erices: Willy Brandt in Erfurt. Das erste deutschdeutsche Gipfeltreffen 1970. Lizenzausgabe, Erfurt, Landeszentrale für politische Bildung, 2010.

Hans-Joachim **Schoeps**: Deutschland droht Anarchie. 9. Aufl., Mainz, v. Hase & Koehler, 1972.

Michael F. **Scholz**: Herbert Wehner in Schweden 1941-1946. Berlin, Aufbau, 1997.

Caspar von **Schrenck-Notzing**: Charakterwäsche. Die Re-education der Deutschen und ihre bleibenden Auswirkungen. Erweitere Neuausgabe, 3. Aufl., Graz, Ares, 2010; ** Konservative Publizistik. Texte aus den Jahren 1961 bis 2008. Hg. von Patrick Neuhaus. Berlin, Förderstiftung Konservative Bildung und Forschung, 2011.

Erich **Schmidt-Eenboom**: Undercover. Wie der BND die deutschen Medien steuert. Taschenbuchausgabe. München, Droemer Knaur, 1999.

Thomas Alan **Schwartz**: Die Atlantikbrücke. John McCloy und das Nachkriegsdeutschland. Frankfurt am Main/Berlin, Ullstein, 1992.

Hans-Peter **Schwarz**: Die Ära Adenauer. Gründerjahre der Republik 1949-1957. Geschichte der Bundesrepublik Deutschland Band 2. Hg. von Karl-Dietrich

Bracher u.a. Stuttgart/Wiesbaden, DVA/F.A. Brockhaus, 1981; \*\*Die Ära Adenauer. Gründerjahre der Republik. Epochenwechsel. Geschichte der Bundesrepublik Deutschland Band 3. Hg. von Karl-Dietrich Bracher. Stuttgart/Wiesbaden, DVA/F.A. Brockhaus, 1983.

Thomas Alan **Schwarz**: Begnadigung deutscher Kriegsverbrecher. John J. McCloy und die Häftlinge von Landsberg, VjZ 1990, S. 376-414.

Robert **Service**: The End of the Cold War 1985-1991. London, Pan Books, 2016.

Jean Edward **Smith**: Eisenhower in War and Peace. New York, Random House, 2012.

W.D. **Sokolowski**: Militärstrategie. Deutsche Übersetzung aus dem Russischen der 2. verbesserten und erg. Aufl., dt. Einl. und Anm. von Uwe Nerlich. Frauenfeld/Schweiz, Huber & Co, 1965.

Theo **Sommer**: Der Zukunft entgegen. Ein Blick zurück nach vorn. Reinbek bei Hamburg, Rowohlt, 1999.

Ilse **Spittmann**: Die DDR unter Honecker. Köln, Verlag Wissenschaft und Politik, 1990; \*\*/Karl Wilhelm Frick (Hg.): 17. Juni 1953. Arbeiteraufstand in der DDR. Köln, Verlag Wissenschaft und Politik, 1982.

Otto **Stammer**/Rolf Ebbinghausen (Hg.): Max Weber und die Soziologie heute. Verhandlungen des 15. Deutschen Soziologentages. Stuttgart, Mohr (Siebeck), 1965.

Nikolai **Starikow**: Die Tragödie der Ukraine. Ein geopolitisches Tagebuch. Eschwege, Zentrale Friedenspolitik, 2015.

Matthias Günter **Steiner**: Die Klöster und ihr Wirken. Eine Wurzel des Stiftungswesens? Frankfurt am Main, Peter Lang, 2008.

Barbara **Stelzl-Marx**/Silke Satukow (Hg.): Besatzungskinder. Die Nachkommen alliierter Soldaten in Österreich und Deutschland. Wien, Böhlau, 2015.

Oliver **Stone**/Peter Kuznick: The Untold Story of the United States. O.O. [London], Ebury Press, 2013.

Hans-Georg von **Studnitz**: Ist Gott Mitläufer? Die Politisierung der evangelischen Kirche. Stuttgart, Seewald, 1969.

Wladislaw **Subok**/Konstantin Pleschakow: Der Kreml im Kalte Krieg. Von 1945 bis zur Kubakrise. Hildesheim, Claassen, 1997.

**Swiss** Propaganda Research (Hg.): Die Propagandamatrix. Wie der CFR den geostrategischen Informationsfluß kontrolliert. 2017, pdf [Kopie im Besitz d. Verf.]; auch swprs.org/die-propaganda-matrix/.

Ernst **Topitsch**: Vom Ursprung und Ende der Metaphysik. [1958], Taschenbuchausgabe, 1972; \*\*Gottwerdung und Revolution. Beiträge zur Weltanschauungsanalyse und Ideologiekritik. Pullach bei München, Verlag Dokumentation, 1973; \*\*Stalins Krieg. die sowjetische Langzeitstrategie gegen den Westen als rationale Machtpolitik. Herford, Busse Seewald, 1990.

Thomas F. **Troy**: Donovan and the CIA. A History of the Establishment of the Central Intelligence Agency. Frederick/MD., University Publications of America, 1981.
Gore **Vidal**: Perpetual War for Perpetual Peace. How We Got To Be So Hated. New York, Nation Books, 2002; \*\*Imperial America. Reflections on the United States of America. Forrest Row/GB, Claireview, 2004.
Michael **Voslensky** [i.e.: Михаил Восленский]: Nomenklatura. Die herrschende Klasse der Sowjetunion. Studienausgabe. 3. Aufl. Wien, Molden Seewald, o.J. [ca. 1985, Erstauflage 1980].
Dennis D. **Wainstock**, The Decision to Drop the Atomic Bomb. Westport/Conn., Praeger, 1996.
Karl-Friedrich **Weiland**: Theorie des Staatsstreichs. Phil. Diss., Berlin, Humboldt-Universität, 2017.
Günther **Weisenborn**: Der lautlose Aufstand. Bericht über die Widerstandsbewegung des deutschen Volkes 1933-1945. Reinbek b. Hamburg, rororo, 1962.
Carl Friedrich von **Weizsäcker**: Der Garten des Menschlichen. Beiträge zur geschichtlichen Anthropologie. 6. Aufl., München, Hanser, 1978; \*\* Die Einheit der Natur. Studien von Carl Friedrich von Weizsäcker. 5. Aufl. [1., 1971], München, Carl Hanser, 1979; \*\* Wege in der Gefahr. Eine Studie über Wirtschaft, Gesellschaft und Kriegsverhütung. Nachdruck, München, dtv, 1979; \*\* Deutlichkeit. Beiträge zu politischen und religiösen Gegenwartsfragen. Nachdruck, München, dtv, 1981; \*\* Der bedrohte Friede. Politische Aufsätze 1945-1981. München/Wien, Hanser, 1981.
Richard von **Weizsäcker**: Die deutsche Geschichte geht weiter. 7. Aufl. [1., 1983], Berlin, Siedler, 1985.
Winfried F. **Wiegandt**: Afghanistan. Nicht aus heiterem Himmel. Zürich, Orell Füssli, 1980.
Michael **Wildt**: Generation des Unbedingten. Das Führerkorps des Reichssicherheitshauptamtes. Hamburg, Hamburger Edition, 2003.
Manfred **Wilke**/Hans-Peter Müller/Marion Brabant: Die Deutsche Kommunistische Partei (DKP). Geschichte, Organisation, Politik. Köln, Verlag für Politik, 1990; \*\*Der Weg zur Mauer. Stationen der Teilungsgeschichte. 2. Aufl., Berlin, Ch. Links, 2011.
Wendell L. **Willkie**: One World. New York, Simon & Schuster, 1943.
Robert K. **Wilcox**: Target Patton. The Plot to Assassinate General George S. Patton. Washington D.C., Regnery History, 2014.
Otfried **Wolfrum** (Hg.): Windkraft. Eine Alternative, die keine ist. Frankfurt am Main, Zweitausendeins, 1997.
Dimitri **Wolkogonow**: Lenin. Utopie und Terror. Düsseldorf, Econ, 1994.
Bob **Woodward**: State of Denial. Bush at War, Part III. New York/London/

Toronto/Sydney, Simon & Schuster, 2006.
Günter **Zehm**: Freie Rede. Über Tiefen und Untiefen des genauen Sprechens. Berlin, JF Edition, 2013.
Mark **Zepezauer**: The CIA'S Greatest Hits. Monroe/Maine, Common Courage Press, 1994.

## *Nachschlagewerke*

[**Autorenkollektiv** des Dietz-Verlags]: Kleines Politisches Wörterbuch, 3. Auf., [Ost-]Berlin, Dietz, 1978.
**Brockhaus**: Der Große Brockhaus. Enzyklopädie in 20 Bänden. Wiesbaden, F.A. Brockhaus, 1973.
**Buchwerbung** der Neun (Hg.): Der Literaturführer 1945 bis 1998. Autoren und ihre Bücher. Sonderausgabe, Gütersloh/München, Chronik Verlag im Bertelsmann Lexikon Verlag, 1999.
Hans **Dollinger**: Lexikon Aktueller Persönlichkeiten. Ausgabe 1973. München, Heyne, 1973.
Gerhard **Frey** (Hg.): Prominente ohne Maske. 2. Band. 1000 weitere Lebensläufe bekannter Zeitgenossen. München, FZ-Verlag, 1986.
Andreas **Herbst**/Gerd-Rüdiger Stephan/Jürgen Winkler (Hg.): Die SED. Geschichte – Organisation – Politik. Ein Handbuch. Berlin, Dietz, 1997.
Harald **Kerber**/Arnold Schmieder (Hg.): Handbuch Soziologie. Zur Theorie und Praxis sozialer Beziehungen. Reinbek b. Hamburg, Rowohlt, 1984.
**Knaurs** Prominentenlexikon. Die persönlichen Daten der Prominenz aus Politik, Wirtschaft, Kultur und Gesellschaft. 3. Ausg., München/Zürich, Droemersche Verlagsanstalt Th. Knaur Nachf., 1982.
Wilhelm **Kosch**: Biographisches Staatshandbuch. Lexikon der Politik, Presse und Publizistik. 2 Bde., [fortlaufend pag.], Bern/München, Francke, 1963.
**Kürschners** Volkshandbuch: Deutscher Bundestag. Hg. vom Presse- und Informationsamt der Bundesregierung. Diverse Ausgaben, Neuwied am Rhein, Neue Darmstädter Verlagsanstalt, fortlaufend, zit. nach Wahlperiode (WP).
Rüdiger **Liedtke**: Wem gehört die Republik. Die Konzerne und ihre Verflechtungen. Namen, Zahlen, Fakten '98. Frankfurt am Main, Eichborn, 1997.
Helmut **Roewer**/Stefan Schäfer/Matthias Uhl: Lexikon der Geheimdienste im 20. Jahrhundert. München, Herbig, 2003.

## Sonstiges
### (Auskünfte, Hinweise, Interviews, Materialbeschaffung)

Friederike Beck †, Eschwege: Mündliche und schriftliche Auskünfte und Weitergabe von Unterlagen über ihre transatlantische Elitenforschung; Alan M. Brillouet, Bremen: Übermittlung der Auswertungsergebnisse der Venona-Decrypte: Mündliche Auskünfte über die Auswirkungen der gegenwärtigen De-Industrialisierungspolitk auf strategische Entscheidungen von deutschen Konzernen; Svetlana Chervonnaya, Moskau: Schriftliche Auskünfte, ihre Forschungsarbeiten zu Alger Hiss betreffend; Thomas Dunskus: Schriftliche Auskünfte über das Alltagsdasein von Deutschen in den USA; Siegmar Faust: Auskünfte über politische Haftgründe und Haft in der DDR; Peter Hillebrand: Ergänzungen meiner Bibliothek; Manfred Kalz: Schriftlicher Gedankenaustausch zum Wert der Geschichtsschreibung; Manfred Kittlaus †, Berlin: Mündliche Auskünfte über seine Tätigkeit bei der Zentralen Ermittlungsstelle für Regierungs- und Vereinigungskriminalität (ZERV); Klaus Rainer Röhl: Mündliche Auskünfte zum Lebensweg und zum Buch Fünf Finger sind keine Faust; Günter Schabowski †, Berlin: Mündliche Auskünfte zu Fragen des Politbüros und des Regime-Verfalls; Heiko Suhr: Recherchen und Beschaffung von Unterlagen aus diversen Archiven; Dr. Matthias Uhl, Moskau: Beschaffung von Unterlagen aus russischen Archiven; Alfred Ullmann: Mündliche Auskünfte über die sowjetische Lagerhaft als angeblicher Werwolf; Joachim Werneburg: Mündliche Auskünfte über das Leben in der DDR und die Durchsuchung seiner Wohnung sowie Erörterung geistesgeschichtlicher Grundlagen der Moderne; Hans-Georg Wieck: Schriftliche und mündliche Auskünfte, seine Dienstzeit betreffend. Und zahlreiche andere, die ich um Nachsicht ersuche, weil sie mir beim Verfassen dieser Zeilen entfallen waren.

# Abkürzungen

| | |
|---|---|
| a.a.O. | an angegebenem Ort |
| AA | Auswärtiges Amt |
| abgdr. | abgedruckt |
| ABl. | Amtsblatt |
| Arch. | Archiv |
| Art. | Artikel |
| BA | Bundesarchiv |
| BA MA | Bundesarchiv Militärarchiv |
| Bd. | Band |
| BGBl. | Bundesgesetzblatt |
| BGH | Bundesgerichtshof |
| Bl. | Blatt |
| BMI | Bundesminister des Innern |
| BMVg | Bundesminister der Verteidigung |
| brit. | britisch |
| BVerfG | Bundesverfassungsgericht |
| CFR | Council on Foreign Relations |
| ders. | derselbe |
| dies. | dieselbe |
| DKP | Deutsche Kommunistische Partei |
| Dok. | Dokument |
| dt. | deutsch |
| ebd. | ebenda |
| EKD | Evangelische Kirchen Deutschlands |
| FAZ | Frankfurter Allgemeine Zeitung |
| FRUS | Foreign Relations of the United States of America |
| frz. | französisch |
| FZ | Frankfurter Zeitung |
| GB | Großbritannien |
| GBl. | Gesetzblatt |
| Ges. | Gesetz |
| H.R. | House Rule (US-Gesetz) |
| HR-Arch | Archiv des Verfassers |
| IM | Inoffizieller Mitarbeiter (des MfS) |
| KTB | Kriegstagebuch |
| lat. | lateinisch |
| m.w.N. | mit weiteren Nachweisen |
| MfS | Ministerium für Staatssicherheit |

| | |
|---|---|
| MGFA | Militärgeschichtliches Forschungsamt |
| Mrd. | Milliarde |
| N.N. | nomen nescio (den Namen weiß ich nicht) |
| NARA | US-Nationalarchiv |
| NYT | New York Times (Tageszeitung) |
| NZZ | Neue Züricher Zeitung |
| o.J. | ohne Jahresangabe |
| o.O. | ohne Ortsangabe |
| OKW | Oberkommando der Wehrmacht |
| OMGUS | Office of Military Government in Germany |
| OSS | Office of Strategic Services |
| Prot. | Protokoll |
| RM | Reichsmark |
| RSHA | Reichssicherheitshauptamt |
| TB | Taschenbuch |
| Tgb. | Tagebuch |
| u.a. | und andere |
| Übers. d. Verf. | Übersetzung des Verfassers |
| Vol. | Volume (Band) |
| zit./Zit. | zitiert/Zita |

# Anmerkungen

[1] Die Streitfrage, ob der Krieg auch juristisch beendet wurde, wird in diesem Buch nicht erörtert.

[2] Es gibt ungezählte unterschiedliche Schätzungen über die Zahl der Toten, die von mir genannten Zahl ist als Beispiel zu verstehen und befindet sich bei Stone u.a.: Untold History, S. 182.

[3] Zit. nach Lapham: Age of Folly, S. 357.

[4] Zit. nach Kalz: Sonderweg, S. 97.

[5] Zit. nach Friedrich: Der Brand, S. 75.

[6] Memorandum on the elemination of the German chauvinism, zit. nach Siegfried Gerlich: Autoritärer Charakter. Zur Psychologie der Umerziehung der Deutschen. 2. Teil, Vierteljahresschrift *Tumult* Winter 2016/17, S. 87-90, hier S. 88.

[7] Dep. of State: FRUS, 1945, Vol. 3, European Advisory Commission; Austria; Germany, S. 484: Direktive JCS 1067.

[8] George F. Kennan: State Department-Memo PPS23 vom 28.2.1948, freigegeben am 17.6.1974, zit. nach Mausfeld: Angst der Machteliten, S. 21.

[9] Utley: Rache, S. 55.

[10] Zeugenaussage am 17. 2.1950; zit. nach Allen: Rockefeller File, S. 59 (pdf); Übers. d. Verf.

[11] Churchill: Second World War, Bd. 5, S. 382.

[12] Robert Kennedy: Vorwort, in John F. Kennedy: Zivilcourage, S. 11. Die Übersetzung von *to bear* im Original habe ich von *bergen* [in der deutschen Verlagsübersetzung] in *ertragen* geändert.

[13] Oetker bei einer Ansprache in der Atlantikbrücke, Berlin, berlinonline.de/berliner-zeitungarchiv/.bin/dump.fegi/2002/0417/politik/0031/index.

[14] Memo des Präsidenten des Council on Foreign Relations Haass im Oktober 2008 an den soeben als US-Präsident gewählten Barack Obama, hier zit. nach Beck: Netzwerk II, S. 23.

[15] Priest/Arkin: Top Secret America, *The Washington Post* (online) vom 19.7.2010, zit. nach Ferryman: After Wikileaks, S. 43 f.; später auch als Buch: Top Secret America. The Rise of the New American Security State.

[16] Obama in Brüssel in einer Rede an die Jugend am 26.3.2014, zit. nach Effenberger: Hasardeure, S. 525.

[17] Bis 2015 Vorsitzender der Vereinigten Stabschefs der USA, zit. nach *Foreign Affairs* 5/2016, S. 2.

[18] Trump im Oktober 2016 vor seinem Sieg in einer Wahlkampfrede über

seine Gegenkandidatin, zit. nach Ron Kamoeas: Donald Trump's „International Bankers" speach leaves some uneasy, *Jewish Telegraphic Agency* vom 14.10.2016, jta.org/2016/10/14/news-opinion/politics/donald-trumps-conspiracy-theories-stir-uneasy-echoes [Abruf: 26.12.2017]; Übers. d. Verf.

[19] Kolportiert bei Utley: Rache, S. 37.

[20] 1943 erschien ein Buch mit dem Titel *One World*, vom republikanischen Präsidentschaftskandidaten Wendell Wilkie verfaßt, in einer Millionenauflage. Es zeigte, daß der Autor ebenso wie der amtierende Präsident vom amerikanischen Internationalismus besessen war, der sich bei den US-Eliten hoher Zustimmung erfreute.

[21] „X": The Sources of Soviet Conduct, *Foreign Affairs* Jul 1947, auch: foreignaffairs.com/articles/russian-federation/1947-07-01/sources-soviet-conduct; übers. Auszug abgdr. bei Kennan: Memoiren, 571-577.

[22] Zur Langzeitwirkung siehe z.B. Ambrose u.a.: Globalism, S. 95 f.

[23] Der Planungsstab des State Departments wurde am 5.5.1947 gegründet, vgl. Kennan Memoiren, S. 329.

[24] Unterwegs, Bd. 2, S. 36-41; ergänzend: Rothbard: Wall Street, passim, speziell S. 31 f.

[25] Allen: Rockefeller File; der Wert des Buches liegt nicht in seiner Grundtheorie, daß Rockefeller & Co die USA an eine kommunistische Weltregierung verkaufen, sondern im Aufzeigen der personalen Zusammenhänge der US-Geld- und Machtelite anhand deren CFR-Mitgliedschaften.

[26] Что делать? Tschto djelat? Was tun? Der Titel von Lenins Schrift aus dem Jahr 1902 hat sich längst von ihrem Inhalt verabschiedet. Apologeten sehen in ihm eine Metapher für des Meisters Unfehlbarkeit, während Ungläubige ihn als Spott-Formel verwenden.

[27] Erst durch die massive Kriegsindustrie wurde die Massenarbeitslosigkeit in den USA beseitigt, die 1939 noch über 10 Mio. lag, vgl. Quigley: Hope and Tragedy, S. 534 f.

[28] Unterwegs, Bd. 1, S. 196-198, Bd. 2, S. 27-29.

[29] Während des Krieges war die US-Staatsverschuldung von 37 auf 269 Mrd. $ gestiegen; Zahlen nach Charmley: Untergang, S. 159.

[30] Eine Ausnahme gilt für die Arbeiten von Bandulet: Beuteland, S. 79-109, für die Westalliierten, und Musial: Beutezug, S. 337-369, für die Sowjetunion. Die Ergebnisse beider Autoren werden im Verlauf dieses Buches besprochen. Die grundlegende Erforschung des US-Zwangstransfers erfolgte 1990 durch John Gimbel mit *Science, Technology, and Reparations* [Ich wurde durch Bandulet hierauf aufmerksam].

[31] Unterwegs, Bd. 2, S. 68-92.

[32] Die Mission der USA war bei einem Teil der Polit-Akteure *common sense*, es handelte sich bei Lichte betrachtet um die Umschreibung des Begriffs des Imperialismus bzw. dessen Rechtfertigung, so bei dem einflußreichen Werk von Henry Luce aus dem Jahr 1941: American Century. Der Titel sagt bereits alles; der Autor war der Begründer und Herausgeber der beiden wichtigsten US-Illustrierten *Time* und *Life*, und selbstredend Mitglied im CFR.

[33] Unterwegs, Bd. 1., S. 27-29, Bd. 2., S. 36-38.

[34] Neben den bekannten Maßnahmen, etwa das britisch Pfund von den Weltmärkten zu verdrängen, zählte hierzu 1944 die Gründung von US-Beutetrupps für Deutschland mit dem erklärten Ziel, die Briten nicht zum Zuge kommen zu lassen, vgl. Bandulet: Beuteland, S. 104 f.

[35] Ich verwende den Begriff Machiavellist hier im gebräuchlichen Sinne eines skrupellosen Machtpolitikers. Im Laufe des Buches werde ich den Unterschied zwischen Machiavelli und Thomas Morus als dem eigentlichen Urvater anglo-amerikanischen Welteroberungsstrebens behandeln; hierzu Ritter: Dämonie der Macht, passim. Zu Machiavelli neuerdings Weiland: Staatsstreich, S. 141-152.

[36] Nach der Wahl 1944 trafen sich Roosevelt und sein neuer Vize Truman. Trumans anschließender Kommentar: „Er lügt", zit. nach Carl Antony: What Franklin Roosevelt & Harry Truman thought of each other, Online vom 25.6.2012, carlanthonyonline.com/2012/06/25/what-franklin-roosevelt-harry-truman-really-thought-of-each-other/ [Abruf: 31.1.2018].

[37] Die Schriftstellerin Mary McCarthy: „[Robert] Oppenheimer, der mich zum Essen einlud, und, wie ich feststellte, völlig und vielleicht sogar gefährlich verrückt ist. Paranoider Größenwahn verbunden mit dem Gefühl, eine göttliche Mission zu haben", zit. nach Brightman: Im Vertrauen, S. 151.

[38] So der Physiker Sam Cohen, zit. nach Schirach: Nacht der Physiker, S. 184.

[39] Die Masse der beteiligten Wissenschaftler sprach sich für den Einsatz aus, da man sonst der Öffentlichkeit nicht erklären könne, wozu die ungeheuren Ausgaben gut gewesen seien, während die führenden US-Militärs, mit Ausnahme von Stabschef George Marshall sich gegen den Einsatz aussprachen; dieser sei militärisch überflüssig und moralisch nicht zu rechtfertigen, vgl. Liddell Hart: Zweiter Weltkrieg, S. 862-864. Der Initiator des Einstein-Briefs, Leo Szilard, äußerte hernach, daß man, hätte Deutschland diese Bombe abgeworfen, deren Verursacher in Nürnberg als Kriegsverbrecher aufgehängt hätte, vgl. Wainstock: Decision, S. 133.

[40] http://www.atomicarchive.com/Docs/Begin/Einstein.shtml [Abruf: 31.3.2017]; Übers. d. Verf.:

Albert Einstein Old Grove Road Peconic, Long Island
August 2nd, 1939
F.D. Roosevelt President of the United States
White House Washington, D.C.
Sir:
einige kürzlich durchgeführte Arbeiten von E. Fermi und L. Szilard, die ich als Manuskript erhalten habe, lassen mich erwarten, daß in unmittelbarer Zukunft das Element Uran in eine neue und wichtige Energiequelle umgewandelt werden wird. Einige Aspekte, die in dieser Situation aufgetaucht sind, erfordern Aufmerksamkeit und, falls nötig, eine schnelle Reaktion auf Seiten der Regierung. Ich glaube deswegen, daß es meine Pflicht ist, Sie auf die folgenden Fakten und Überlegungen aufmerksam zu machen.

Im Verlauf der letzten vier Monate ist es durch die Arbeiten von Joliot in Frankreich ebenso wie der von Fermi und Szilard hier wahrscheinlich geworden, daß es möglich werden wird, eine atomare Kettenreaktion in einer großen Masse von Uran in Gang zu setzen, bei welcher riesigen Mengen an Energie und neue Radium-ähnliche Elemente erzeugt werden. Es erscheint nun nahezu sicher, daß dies in unmittelbarer Zukunft erreicht werden kann.

Dieses neue Phänomen könnte ebenfalls zur Konstruktion neuer Bomben führen, und es ist vorstellbar, obwohl weniger sicher, daß extrem mächtige Bomben dieses Typs so hergestellt werden. Eine einzige Bombe dieses Typs, von einem Boot transportiert und in einem Hafen gezündet, könnte sehr gut den ganzen Hafen und einiges Umland zerstören. Wie auch immer, solche Bomben würden sich für den Lufttransport als zu schwer erweisen.

Die Vereinigten Staaten haben nur sehr wenig Uranerze in niedriger Qualität. Einige gute Erze gibt es in Kanada und in der früheren Tschechoslowakei, während die wichtigste Quelle des Urans in Belgisch Kongo liegt.

In Berücksichtigung dieser Situation sollte man daran denken, einen ständigen Kontakt zwischen der Regierung und der Gruppe der Physiker, die an der Kettenreaktion arbeiten, einzurichten. Ein möglicher Weg für Sie, dies zu erreichen, könnte darin bestehen, diese Aufgabe einer Person anzuvertrauen, die Ihr Vertrauen besitzt und vielleicht als eine inoffizielle Kapazität dient. Ihre Aufgaben müßten folgendes beinhalten:

a) Regierungsstellen anzusprechen, sie über die weitere Entwicklung zu informieren und Empfehlungen für Regierungshandeln auszusprechen, wobei besondere Aufmerksamkeit auf das Problem der Sicherung der Versorgung mit Uranerz für die Vereinigten Staaten zu verwenden ist.

b) die Versuchsarbeiten zu beschleunigen, die gegenwärtig in den begrenzten Budgets der Universitätslabors ausgeführt werden, durch die Versorgung mit Geldmitteln, falls solche Mittel angefordert werden, durch Kontakte mit Privatpersonen, die gewillt sind, Zuschüsse für diese Sache zu leisten, und eventuell durch Beschaffung von Zusammenarbeit mit Industrielabors, welche die nötige Ausrüstung besitzen.

Ich habe gehört, daß Deutschland den Verkauf von Uran aus den von ihm übernommenen tschechoslowakischen Minen eingestellt hat. Daß es auf eine so frühzeitige Aktion verfallen ist, sollte vielleicht so erklärt werden, daß der Sohn des deutschen Staatssekretärs im Auswärtigen Amt, von Weizsacker [sic!], dem Kaiser-Wilhelm-Institut in Berlin zugewiesen worden ist, wo einige der amerikanischen Arbeiten mit Uran jetzt wiederholt werden.

Yours very truly,
Albert Einstein

[41] Die einschlägigen Zahlenangaben schwanken stark, inzwischen hat man sich bei 2 Mrd. $ eingependelt, Liddell Hart: Zweiter Weltkrieg, S. 864, Schirach: Nacht der Physiker, S. 184.

[42] Bemerkenswert der deutsche Atomphysiker Carl Friedrich von Weizsäcker, der allerdings einräumt, Deutschland habe keine Möglichkeiten der industriellen Fertigung besessen, vgl. ders.: Der bedrohte Friede, S. 17-22.

[43] Unkommentiert wiedergegeben bei Schirach: Nacht der Physiker, S. 183: eine Ersparnis von 200.000 US-Toten. Ebenso Gruchmann: Zweiter Weltkrieg, S. 513-515, wo von den Operationsplanungen für 1946 die Rede ist, aber nicht von den Stellungnahmen der führenden US-Militärs. Die Krone setzte US-Präsident George W. Bush der Lügenpyramide auf, indem er vom Millionen von Leben sprach, die gerettet wurden, wörtl. Zit. bei Stone u.a.: Untold History, S. 178.

[44] Leahy: I was There, S. 441; Übers. d. Verf.

[45] So wurde auch die Mitteilung von Präsident Truman an Stalin während der Konferenz von Potsdam von diesem verstanden, vgl. Gromyko: Memoirs, S. 110.

[46] Siehe z.B. durch Admiral William Halsey, den Oberkommandierenden der südpazifischen Flotte, zit. nach Alperovitz: Decision, S. 331.

[47] Die Propaganda von den sowjetischen Wortbrüchen ist zäh, vgl. Ansprache von Präsident Ronald Reagan am 5.2.1985 (40 Jahre Jalta), Reagan: Publik Papers, 1985 Bd. 1, S. 119.

[48] Aussage des Adjutanten von General Sikorski, Graf Zamoyski, kolportiert bei Colville: Tagebücher, S. 303 (Tgb. 13.8.1941).

[49] Zahlen nach Hoffmann: Vernichtungskrieg, S. 202 f. m.w.N.

[50] In entlarvender Weise ist in den Tagebüchern des Londoner Sowjet-

botschafters Iwan Maisky dargestellt, wie sich Churchill angesichts des dreisten sowjetischen Vorgehens in Appeasement übte, um es ja nicht mit Stalin zu verderben, vgl. Diaries, S. 506-511.
[51] Lat. für Teile und herrsche.
[52] Zur Auslösung und zum Verlauf des Aufstandes vgl. Davies: Aufstand, S. 282-485.
[53] Topitsch: Stalins Krieg, S. 204 f., hat das so interpretiert, daß Stalin die Drecksarbeit gegen die Polen vorsätzlich durch die Deutschen erledigen ließ.
[54] Zunächst handelte es sich um ein ominöses Komitee, am 5.1.1945 erkannte Stalin das Komitee als offizielle polnische Regierung an. Zur Verärgerung der Briten hierüber vgl. Colville: Tagebücher, S. 395 (Tgb. 5.1.1945).
[55] Zu diesen von der Mainstream-Geschichtsschreibung meist weggelassenen Ereignissen, die bereits in Teheran das Ende Polens besiegelten, Charmley: Glory, S. 559-562. Dabei hatte Churchill selbst in seinen Memoiren eingeräumt, daß er in Teheran mit der Westverschiebung Polens einverstanden war, Churchill: Zweiter Weltkrieg, S. 842-843.
[56] Roosevelts einzige Forderung mit Bezug auf Polen, war die Bildung einer Koalitionsregierung, die er in der Öffentlichkeit verkaufen konnte; dem kam Stalin pro forma nach; mit den einschlägigen Belegen bei Charmley, Untergang, S. 164-167.
[57] Vorbauend erklärte Außenminister Eden nach der Konferenz von Jalta, es gäbe keinen Grund, sich über die Vereinbarungen hinsichtlich Polens zu beschweren, sie bekämen schließlich die 1920 festgelegte Curzon-Linie als Grenze, vgl. Colville: Tagebücher, S. 404 (Tgb. 19.2.1945).
[58] Nach den Aufzeichnungen des US-Botschafters in Moskau, Averell Harriman, geschah das bereits im Dezember 1941, vgl. ders.: In geheimer Mission, S. 107.
[59] Chomsky: World Orders, S. 39.
[60] Zur Verstimmung zwischen beiden Mächten z.B. Colville: Tagebücher, S. 398 (Tgb. 11.1.1945); Charmley: End of Glory, S. 593.
[61] Lucy Mercier, die vom Secret Service den Codenamen Mrs. Johnson erhalten hatte. Die Beziehung mit dieser Sekretärin begann kurz nach ihrer Anstellung bei Roosevelts Frau Eleanor im Jahre 1914, alchetron.com/Franklin-D-Roosevelt-1258543-W.
[62] N.N.: Aufzeichnungen eines älteren Generalstabsoffiziers, abgdr. in Schramm: KTB, Bd. 4, 2. Halb-Bd., S. 1698-1705, hier speziell S. 1703 f.
[63] Z.B. Vidal: Imperial America, S. 96: *accidental president* (der zufällige Präsident).
[64] N.N.: US Presidents, S. 98.

[65] Carl Antony: What Franklin Roosevelt & Harry Truman thought of each other, *Online* vom 25.6.2012, carlanthonyonline.com/2012/06/25/what-franklin-roosevelt-harry-truman-really-thought-of-each-other/ [Abruf: 31.1.2018].
[66] Ebd.; genial persifliert bei Jonasson: Der Hundertjährige.
[67] Copy No. 13 des Zirkularvermerks des Außenminister Anthony Eden für das britische Kriegskabinett vom 10.8.1944 nebst anhängender geheimer Zusatzvereinbarung, pdf-Kopie in HR-Arch/WeltherrschaftIII.
[68] Vermerk von Antony Eden, a.a.O., S. 1 (pdf).
[69] Vgl. Unterwegs, Bd. 1, S. 60 f. m.w.N.
[70] Es gibt in der Nachkriegszeit nur eine Ausnahme, das vom britischen Marinehistoriker Russell Grenfell 1952 verfaßte *Unconditional Hatred*, das – in England totgeschwiegen – in den USA mehrere Auflagen erzielte. In diesem wird die Verantwortung von Churchill für Englands Abstieg gnadenlos herausgearbeitet.
[71] Charmley: Untergang, S. 187-191.
[72] Charmley, a.a.O., S. 192-194.
[73] Der Wehrmachtsbericht räumte die Kapitulation Berlins zwei Tage später ein, vgl. OKW: Wehrmachtsberichte, Bd. 6, S. 650.
[74] Die deutsche Wehrmachtsführung kapitulierte am 7.5.1945 in Reims und wiederholte dies am 9.5.1945, 0.16 Uhr, in Berlin-Karlshorst; demgemäß trat die Waffenruhe zum 9.5.1945, 0.00 Uhr MEZ, ein, vgl. Schramm: KTB, Bd. 4, 2. Halb-Bd. S. 1914.
[75] Der Frage, ob das Ende Deutschlands auch staatsrechtlich stattfand, wird in diesem Buch nicht nachgegangen. Die Literatur und Rechtsprechung hierzu füllt Regale, vgl. Schmidt-Bleibtreu u.a.: Grundgesetz, z.B. S. 89-93 m.w.N. Was einmal berechtigten Streit im einzelnen hervorgerufen haben mag, hat sich heutzutage durch Zeitablauf erledigt. Oder anders ausgedrückt: Das Faktische hat wie so häufig den Sieg über das Rechtliche davongetragen.
[76] Der Ex-Kronprinz war kurz vor der Einnahme von Potsdam durch die Rote Armee am 27.4.1945 von dort geflohen, vgl. Grützner u.a.: Cecilienhof 1945, S. 5 f.
[77] Morgenthau: Presidential Diaries, Vol. 6, Bl. 1388 (Tgb. 19.8.1944, S. 3).
[78] Aus der Sicht eines deutschen Stabsoffiziers, der die Ereignisse von April bis Oktober 1945 miterlebte, Geißel: Menschlichkeit, S. 74-83.
[79] Es entbehrt nicht der Komik, daß Churchill kurz zuvor, am selben 23.5.1945, als er die Reichsregierung in Flensburg festnehmen ließ, die seit dem 10.5.1940 mit Labour bestehende Koalitionsregierung einseitig beendete, vgl. Schramm: KTB, Bd. 4, 2. Halb-Bd., S. 1914.
[80] Wie sehr das britische Establishment vom Wahlergebnis geschockt war,

[81] ist im Tagebuch von Churchills Sekretär John Colville festgehalten, Diaries, S. 609-614. Auch Cadogan: Diaries, S. 772.
Auch Stalin irrte sich gründlich. Noch am 25.7.1945 sagte er in Potsdam über den Verhandlungstisch hinweg, an dem auch Oppositionsführer Clemens Attlee anwesend war: „[der] sieht nicht aus wie ein Mann, der machthungrig ist.", zit. nach Cadogan: Diaries, S. 772; Übers. d. Verf.

[82] Colville: Tagebücher, S. 441.

[83] Meilensteine sind insofern die Bücher von John Charmley, unter diesen, was die Verantwortlichkeit von Churchill betrifft, ragt *The End of Glory* heraus.

[84] Eine schonungslose Geschichte des Abstiegs hat Brendon in *Decline and Fall* aufgezeichnet, zu Indien speziell S. 373-414.

[85] In jüngerer Zeit hat sich die Meinung Bahn gebrochen, daß es eine solche umspannende Idee nie gegeben habe, sondern nur die vorsätzlich organisierten Unterdrückungsmethoden der britischen Oberklasse gegenüber den von ihr beherrschten Kolonialvölkern; am Beispiel von Indien diskutiert bei Chomsky: World Orders, S. 114-116, wo die These vertreten wird, daß England ab Mitte des 18. Jahrhunderts eine vorsätzliche De-Industrialisierung Indiens zum eigenen Nutzen betrieben habe.

[86] Der Wert der auf diese Weise verschobenen Kriegsgüter betrug 50 Mrd. $, Zahl nach Kalz: Sonderweg, S. 185; Trumans Rückzahlungsverlangen bei Charmley: Untergang, S. 218-222.

[87] Die Einfügung dieser Klausel war von den USA erpreßt worden, nunmehr verlangten die Amerikaner die Umsetzung, vgl. Charmley: Untergang, S. 219.

[88] Utley: Rache, S. 98-109.

[89] Marguerite Higgins, in der *New York Herald Tribune* vom 27.2.1949: „Die britische Ansicht, wie sie mir von einem sehr hohen Beamten in Düsseldorf geschildert wurde, ist diese: Es stimmt, daß das alte Schlagwort Exportieren oder Sterben noch immer für Großbritannien und Deutschland gilt. Unserer Ansicht nach müssen es aber die Deutschen sein, wenn einer von den beiden in dem jetzt entbrennenden Kampf um die Weltmärkte stirbt. Wir fühlen uns dazu berechtigt, die Früchte des Sieges zu genießen."

[90] Detailliert Charmley: Untergang, S. 225-237.

[91] Dean Acheson: Rede am 5.12.1962, zit. nach Chage: Acheson, S. 406; Übers. d. Verf.

[92] Mitteilung über die Dreimächtekonferenz von Berlin (Potsdamer Abkommen) vom 2.8.1945, AmtsBl. des Kontrollrats für Deutschland, Ergänzungsblatt Nr. 1/1946, S. 13-20; hier benutzt: AG Völkerrecht: Dokumente, Teil I, S. 199-218.

[93] Die Quellen sind zumeist regional spezifiziert, z.B. Rogall: Räumung des Reichsgaus, passim; Schmidt: Als die Heimat (Westpreußen).

[94] Z.B. im US-Handbuch für die Besatzungssoldaten: „...aus denen du schließen kannst, daß die deutsche nationale Tradition minderwertiger ist, in höchstem Grade und unleugbar minderwertiger ist, als die irgend eines anderen Volkes in der modernen westlichen Welt" zit. nach Schrenck: Charakterwäsche, S. 154.

[95] Die Massenvergewaltigungen deutscher Frauen durch US-Soldaten sind in Deutschland ein sorgsam gehütetes Tabu, zumindest zieht man sich auf den Standpunkt zurück, die Sache nicht mehr aufklären zu können, welt.de/geschichte/zweiter-weltkrieg/article140502095/Vergewaltigung-Trophaeenjagd-Verbrechen-der-GIs [Abruf: 7.1.2018].

[96] Über das Leben der Besatzungsoffiziere in Saus und Braus, zumal wenn sie Emigranten waren, z.B. Spiel: Zeiten, S. S. 207-255. Zu dem von den von den Besatzungsarmeen im großen Stil organisierten Schwarzmarktgeschäften Schrenck: Charakterwäsche, S. 155 f.

[97] Hierzu detailreich Hoffmann: Vernichtungskrieg, S. 149-158.

[98] Vgl. Medwedew: Urteil der Geschichte, Bd. 3, S. 280-291.

[99] Einblick in das Vorgehen der sowjetischen Staatssicherheit im Gefolge der Roten Armee geben: NKWD [Volkskommissariat des Innern]: Bericht vom 13.4.1945 über den Fortgang der Säuberungen im Berich der 2. Pribaltischen, 1. und 3. Belorussischen, 1. und 4. Ukrainischen Front. GARF: Register 9401, Vorgang 2, Akte 95, Bl. 21; dass.: Bericht Berijas an Stalin vom 17.4.1945 über die Ergebnisse der Säuberungen des Hinterlandes der Roten Armee von feindlichen Elementen vom 1. Januar bis zum 15. April 1945. Ebd., Bl. 253 f.; dass.: Bericht von Tutuschkin an Berija vom 6.8.1945 über die Arbeit der Operativsektoren in Ostpreußen. Ebd., Akte 98, Bl. 39, 44 f.; dass.: Bericht Serows an Berija vom 22.8.1945 über die Arbeit der Operativgruppen des NKWD auf dem Territorium Deutschlands. Ebd., Bl. 284; dass.: Bericht Berijas an Stalin vom 24.10.1945 über die Tätigkeit der Operativgruppen im September 1945. Ebd., Akte 100, Bl. 91 f.

[100] Gelfand: Tagebuch, S. 44 (Tgb. 26.2.1945).

[101] Anfang August erließ Marschall Shukow ein striktes Umgangsverbot mit Deutschen, genannt Fraternisierungsverbot, vgl. Gelfand: Tagebuch, S. 115-117 (Tgb. 5.8.1945).

[102] Gelfand, Tagebuch, vielfach, z.B. S. 30 (Tgb. 3.2.1945): „Die Deutschen sind reich."

[103] Musial: Stalins Beutezug, passim.

[104] Eine aufschlußreiche Einzelstudie bringt Matthias Uhl: Das Ministerium für Bewaffnung der UdSSR und die Demontage der Carl Zeiss Werke in

Jena, in: Karlsch u.a.: Sowjetische Demontagen, S. 113-145; für einen ganzen Industriezweig Burghard Ciesla/Christoph Mick/Matthias Uhl: Rüstungsgesellschaft und Technologietransfer, in: ebd., S. 187-225.

[105] Musial, a.a.O., S. 337. Zu ergänzen wäre, daß die Sowjetunion ab 1946 dazu überging, die Betriebe, an denen ihr gelegen war, in Deutschland auf sowjetische Rechnung weiterproduzieren zu lassen, vgl. Bandulet: Beuteland, S. 81 f.

[106] Z.B. Musial, a.a.O, S. 360.

[107] In diesem Sinn etwa bei Bremm: Statistisch überfrachtet. Musials Studie über Stalins Beutezug verfehlt ihr Thema. Literaturkritik.de, http://literaturkritik.de/id/14630 [Abruf: 7.8.2017].

[108] Man traut seinen Augen nicht, wenn man liest, wie amerikanische Historiker hierüber berichten, z.B. Chernow: Warburgs, S. 569-577 (inhaltlich geht es hier darum, wie Eric Warburg 1949 versucht haben soll, den US-Hochkommissar von weiteren Demontagen abzuhalten).

[109] Anregungen gibt wie gewohnt das Internet. Wer den Begriff „nazi-gold" in die Google-Suchmaschine eingibt, stößt auf 373.000 Treffer [Abruf: 16.8.2017].

[110] Soweit erkennbar wurde die erste einschlägige Meldung, daß Leichen zu Kriegszwecken ausgeschlachtet würden, durch den US-Amerikaner Stephen Wise am 24.11.1942 über die Agentur AP verbreitet, abgdr. z.B. bei *The Lewiston Daily Sun* vom 25.11.1942, S. 1, wobei in diesem Fall davon die Rede war, daß die Leichen zu Seife verkocht würden. Es handelte sich hierbei um die Wiederholung einer Horror-Lügenmeldung aus dem Ersten Weltkrieg, vgl. Roewer: Kill the Huns, Bd. 1, S. 126-131.

[111] Einschlägiges Vorgehen von Rotarmisten gegenüber deutschen Soldaten ist z.B. dokumentiert in BA MA Rw2/v, Bl. 151 f.

[112] Eigenartig ist die gutachtliche Äußerung der Gedenkstätte Buchenwald, die erst in den letzten Zeilen mit dem eigentlichen Clou aufwartet: Das jahrzehntelang präsentierte Beweisstück einer Menschenhautlampe wurde 1992 pathologisch untersucht mit dem Ergebnis, daß der Lampenschirm mit Sicherheit nicht aus Menschenhaut, sondern aus Kunststoff besteht, buchenwald.de/1132/ [Abruf: 6.1.2018]; die an sich selbstverständliche Neubewertung der beiden Kronzeugen für die Menschenhautlampe aus den NS-Verbrecherprozessen (zwei Funktionshäftlinge aus Buchenwald = sog. Kapos) wurde in dem Gutachten nicht unternommen. Zu den Kapos von Buchenwald grundlegend: Niethammer: Antifaschismus, insb. S. 68-94; dieses Buch ist im *shop* der Gedenkstätte nicht erhältlich, jedenfalls nicht online, buchenwald.de/1132/ [Abruf: 6.1.2018].

[113] Zit. nach Schrenck: Charakterwäsche, S. 154 f.

[114] Unterwegs, Bd. 1, S. 48-52.

[115] Die geschäftliche Verbindung des US-Ölkonzerns Standard Oil of New Jersey (später Exxon), der zum Rockefeller-Imperium gehörte, mit dem deutschen I.G. Farben-Konzern stammt aus den 1920-er Jahren. Das heutige überbordende Interesse am Thema im amerikanischen und deutschen Internet beruht auf dem simplifizierenden Argumentationsstrang: Lieferung von Öldollars ins Dritte Reich führt zur Unterstützung der NS-Herrschaft bei der Kriegsproduktion in Auschwitz. Vgl., wenngleich beträchtlich komplexer als das Gewohnte: Preparata Conjuring Hitler, S. 169-171, 225 f.

[116] Hierzu Krönig: Katalytische Druckhydrierung, passim.

[117] Ges. Nr. 25 des Alliierten Kontrollrats vom 29.4.1946, die Überwachung der naturwissenschaftlichen Forschung betreffend, geänd. durch Ges. vom 12.11.1946 (AmtsBl. S. 227). Dieses Gesetz diente der Legitimation der bereits durch Militärbefehle in Gang gesetzten Ausplünderung des deutschen Knowhows. Es blieb bis 1955 in Kraft, Art. 2 des Ges. Nr. A-37 der Alliierten Hohen Kommission vom 5.5.1955 (AmtsBl. S. 3268).

[118] Zum Massaker von Aussig vgl. Pustejovsky: Konferenz von Potsdam, S. 199-275.

[119] Es ist nahezu unmöglich, die Opferzahlen von Flucht und Vertreibung seriös zu ermitteln. Anhaltspunkte habe ich den Zahlen des Bundesministeriums für Vertriebene (Bd. I/3, S.V-VII) entnommen, wonach 18 Millionen von der Vertreibung betroffen waren, davon 9 Millionen in den Westzonen anlangte und ca. 4,4 Millionen in der SBZ, wovon etliche alsbald weiter nach Westen zogen. Interessant mag sein, daß die Opferzahl in den offiziellen Statistiken signifikant sank; sie war im Jahre 1968, also innerhalb von knapp zwei Jahrzehnten auf 2.645.000 gesunken, vgl. www.plm-wermelskirchen.de/. Das Deutsche Historische Museum ist inzwischen bei 600.000 Toten angekommen, vgl. *Westfälischer Anzeiger* vom 11.1.2015.

[120] Dep. of State: FRUS 1945, Bd. 3, S. 484.

[121] Einen Nachweis der Fortschreibung der einzelnen Bestimmungen vom Morgenthau-Plan über JCS 1067 bis hin zum Potsdamer Abkommen findet sich bei Schrenck: Charakterwäsche, S. 85-88.

[122] So auch ausdrücklich, den US-Präsidenten erfreut zitierend, Morgenthau: Presidential Diaries, Vol. 6, Bl. 1431 (Tgb. 9.9.1944, S. 1). Es gehört zu den Kunststücken neuerer deutscher Geschichtsschreibung, den Inhalt des Morgenthau-Plans in *industrielle Entwaffnung* wegzudefinieren, in diesem Sinne z.B. Greiner: Zwischen Demontage und Atombombe. Amerikanische Deutschlandpläne 1944/45: Industrielle Entwaffnung oder Wiederaufbau der deutschen Wirtschaftsmacht? *Die Zeit* vom 17.8.1990, http://www.zeit.de/1990/34/zwischen-demontage-und-

atombombe [als pdf im HR-Arch].
[123] Schriftliche Vereinbarung zwischen Roosevelt und Churchill vom 5.9.1944, im nicht gezeichneten Durchschlag abgeheftet in Morgenthau: Presidential Diaries, Vol. 6, Bl. 1454 f.
[124] Es wird vermutet, daß das US-Kriegsministerium hinter den Veröffentlichungen steckte, da sich Kriegsminister Henry Stimson kurz zuvor, am 9.9.1944, in einem Memorandum (abgdr. in Morgenthau: Presidential Diaries, Vol. 6, Bl. 1437-1443) an den Präsidenten in harscher Form gegen den Morgenthau-Plan ausgesprochen hatte.
[125] Der Name Rheinwiesen ist zu einem Synonym für die grausame Gefangenenvernichtung im Frühjahr 1945 geworden. Einschlägige Lager befanden sich z.B. in den rheinischen Gemeinden Remagen und Sinzig.
[126] Bacque: Der geplante Tod; ders.: Verschwiegene Schuld, S. 70.
[127] Entsprechend den Bräuchen in der britischen Armee wurde auch in den USA zwischen Kriegs- und regulärem Dienstgrad unterschieden. So wurde Eisenhower am 20.12.1944 in den Sonderdienstgrad eines Fünfsternegenerals erhoben, die Ernennung in einen entsprechenden regulären Dienstgrad erfolgte erst nach dem Krieg am 11.4.1946, vgl. en.wikipedia.org/wiki/Dwight_D._Eisenhower.
[128] Vgl. z.B. das Telefonat zwischen Morgenthau und dem Leiter des OWI am 28.6.1945 über die Durchbrechung der absoluten Geheimhaltung der Direktive JCS 1067, Morgenthau: Diaries, Book 858, Bl. 109 f.
[129] So auch der bezeichnende Titel des einschlägigen internationalen Bestsellers von James Bacque: Other Losses, in der deutschen Ausgabe merkwürdiger Weise als *Der geplante Tod* betitelt.
[130] Dr. Josef Hopfenzitz aus Nördlingen verdanke ich den Hinweis, daß und wie sein Vater die Gefangenschaft auf den Rheinwiesen und anschließend in Frankreich überlebte.
[131] Stephen E. Abrose: Ike and the disappearing Atrocities, *NYT* vom 24.2.1991 [Abruf: 3.8.2017]. Auch wiedergegeben bei http://www.nizkor.org/hweb/people/b/bacque-james/ambrose-001.html, dort findet sich der bemerkenswerte Zusatz: This site is intended for educational purposes to teach about the Holocaust and to combat hatred; diese Seite gehört zum Nizkor Project, „Dedicated to 12 million Holocaust victims who suffered and died at the hands of Adolf Hitler and his Nazi regime.
[132] Zum Streit vor allem und mit beachtlichen Details HNN Debate: Was Ike Responsible for the Deaths of Hundreds of Thousands of German POW's? Pro and Con, in Columbia College of Arts and Science/The George Washington University: History News Network vom 19.2.2003, http://historynewsnetwork.org/article/1266. Es wird bestritten, daß es

diese Anweisung gibt.

[133] Die offizielle Geschichte des Verlages (ullstein-buchverlage.de) gibt hierüber keine Auskunft, der Leser kann nur schlußfolgern, daß dies mit dem Verlegerwechsel von Herbert Fleißner (Herbig, München, pp.) zu N.N. zusammenhängt, damit nicht weiter so erschröckliche Titel wie der des Ex-CSU-Politikers Franz Schönhuber über seine Mitgliedschaft in der Waffen-SS (*Ich war dabei*) dort erscheinen konnten. Hierüber und das, was Neusprech als Skandal-Titel bezeichnet, gibt wie gewohnt N.N. bei wikipedia (deutsch) Auskunft.

[134] US State Dep.: FRUS, The Conferences at Cairo and Teheran 1943, S. 552-555.

[135] Churchill: Second World War, Bd. 5, S. 294, Übers. nach Musial: Stalins Beutezug, S. 241.

[136] Ebenso der am Gespräch beteiligte US-Sonderbotschafter Harriman, Special Envoy, S. 269-274.

[137] Morgenthau: Presidential Diaires, Vol. 6, Bl. 1387 (Tgb. 19.8.1944, S. 2).

[138] Die Einzelheiten um den Streit über das Kaufman-Buch *Germany Must Perish* und dessen literarischen Nachfolger in Unterwegs, Bd. 2, S. 291-300 m.w.N.

[139] Erst 1948 wurde die Kalorienzahl in der amerikanischen Zone auf 1800 Kcal angehoben, vgl. Utley: Rache, S. 50.

[140] Es gehört zu den Grotesken einer Wohlstandsgesellschaft, daß diese ihre Augenmerk aufs Kalorien-vermeiden legt, d.h., die Leute fressen zu viel. Dennoch bleibt das ernüchternde Faktum, daß man ohne eine Mindestaufnahme von Kalorien – im Rechenbeispiel sind es 2100 kcal – verhungert, expressis verbis bei menshealth.de/artikel/unterschied-zwischen-kalorien-und-kilokalorien.300494, was ich willkürlich aus einem überbordenden Internet-Angebot herausgegriffen habe.

[141] Die offiziellen Angaben für 1945 fehlen; das Bundesinstitut für Bevölkerungsforschung kommt in einer Grafik auf 100 bis 140 Sterbefälle auf 1000 Lebend-Geburten im ersten Lebensjahr für das Jahr 1946, bib-demografie.de/DE/ZahlenundFakten/08/Abbildungen/a_08_10_saeuglingssterblichkeit_w_o_ab1946.html [Abruf: 30.1.2018]: heute liegt diese Zahl zwischen 1 und 2 pro 1000.

[142] Zum Flüchtlingselend der in Berlin Gestrandeten, Utley: Rache, S. 51-54.

[143] Noch 1948/49 wurden in der amerikanischen und der britischen Zone in bedeutendem Umfang Industrieanlagen demontiert, die immer noch teilweise in die Sowjetunion abgegeben wurden; hierzu und dem Streit zwischen den Demontierern und den Geschäftsleuten unter den Amerikanern, vgl. Utley: Rache, S. 65-67.

[144] Im US-Bericht über das Treffen vom 15.4.1947 ist lediglich von *sloppiness*

(Schlamperei) die Rede, marshallfoundation.org/library/digital-archive/6-053-memorandum-conversation-stalin-april-15-1947/ [Abruf: 30.1.2018].

[145] Bandulet: Beuteland, S. 104, vermutlich unter Rückgriff auf Gimbel: Science.

[146] Vortrefflich zusammengefaßt von Morgenthau in seinem Aktenvermerk vom 21.4.1945 über Gespräche mit Bernard Baruch, der über seine Verhandlungen mit dem britischen Kriegskabinett referierte, in Diaries, Book 839, Bl. 149 f.

[147] Ein Zusatzgeschäft entstand für die Sieger dadurch, daß man Kohle aus Deutschland vorsätzlich unter Weltmarktpreis kalkulierte, vgl. Bandulet: Beuteland, S. 82 f.

[148] Paul Schlaak: Wetter und Witterung in Berlin 1945-1949, S. 179, www.luise-berlin.de/bms/bmstxt00/0012gesg.htm.

[149] Raddatz: Unruhestifter, S. 29: „...im Winter 1946 erfrieren [in Berlin] Tausende in ihren Wohnungen."

[150] Die noch 1948/49 herrschenden Verhältnisse in der US-amerikanischen Zone und das brutale Vorgehen gegen die deutsche Bevölkerung (*die Eingeborenen*) schilderte die amerikanische Journalistin Freda Utley in: Rache, S. 44-48.

[151] Zahlen nach Dirk Mötschmann: Versorgungskrise (nach 1945), in: Historisches Lexikon Bayern, https://www.historisches-lexikon-bayerns.de/Lexikon/Versorgungskrise_(nach_1945) [Abruf 17.8.2017].

[152] Patton: Diaries, Tgb. 29.9.1945.

[153] So der wirtschaftliche Hauptberater des US-Militärgouverneurs, Colonel Lawrence Wilkinson, im Interview mit der Journalistin Freda Utley im Herbst 1948: Es sei ihm völlig gleichgültig, was die Deutschen von den Demontagen dächten. Er könne keinen Deutschen leiden oder ihm vertrauen, sie hätten keinerlei Rücksichtnahme verdient; vgl. Utley: Rache, S. 111. Dieser Mann mit dem Schmuck-Dienstgrad eines Obristen stammte aus der Morgenthau-Gang und konnte es sich leisten, als One-Dollar-Man seinen Vernichtungsphantasien zu frönen. „Wilkinsons eiskalter Haß gegen das deutsche Volk hatte mich entsetzt", ebd, S. 112 f. Bankier Lawrence hatte vor dem Krieg in Deutschland Kreditgeschäfte gemacht (vgl. Martin: Honorable Men); ich nehme an, die 1930-er Jahre werden für ihn keine Freude gewesen sein.

[154] Erklärung von Bernard Bernstein vor einem Senatsausschuß in Washington am 11.12.1945, in dt. Übers. abgdr. in Omgus: Ermittlungen gegen die I.G. Farben, S. 307-351, hier: S. 346.

[155] Omgus: a.a.O.

[156] Omgus, a.a.O., S. 308 f.: „ zweimal innerhalb einer Generation als treibende Kraft an der Führung von Kriegen beteiligt ..., die auf der

Zerstörung in Versklavung der gesamten zivilisierten Welt abzielten"; ob dies die Lust zur Selbstzerstörung notwendig voraussetzte, mag der Leser selbst entscheiden.

[157] Kaum je erwähntes Motiv war die wirtschaftliche Potenz der wieder angesprungenen deutschen Wirtschaft, mit deren Dynamik die US-Wirtschaft nicht mithalten konnte, vgl. die Schlüsselzahlen nach dem Statistischen Jahrbuch des Völkerbundes, zit. bei Mickel u.a.: Politik und Gesellschaft, Bd. 2, S. 42.

[158] Zur Zusammensetzung der Anti-I.G. Farben-Investigatoren vgl. Bernstein in Omgus: Ermittlungen gegen die I.G. Farben, S. 307. Ob das Buch von Martin: Honable Men, ein authentischer Insiderbericht der Dekartellisierungs-Abteilung ist, läßt sich schwer beurteilen; es geht im Kern um die Behauptung, daß die Ermittlungen gegen US-Firmen, die mit Deutschland illegale Geschäfte machten, von hoher Hand unterbunden wurden.

[159] Vgl. z.B. die merkwürdig inhaltslose Beschreibung bei Schrenck: Charakterwäsche, S. 35-39.

[160] Die Verbindung zwischen Baruch und Roosevelt war so eng, daß der Präsident auf dem Wintersitz des Spekulanten in South Carolina während des Krieges jedes Jahr wochenlang lebte, vgl. Baruch: My Own Story, S. 269-274.

[161] Baruch: My Own Story, S. 316, hier in einer zusammenfassenden Übers. d. Verf.

[162] Der Abbau der New-Dealer in der US-Besatzungsverwaltung bahnte sich an, als Präsident Truman dem Finanzminister Morgenthau im Juni 1945 dessen Wunsch abschlug, in Europa nach dem Rechten zu sehen. Seinem Tagebuch vertraute Morgenthau an, daß er gehört habe, General Clay umgebe sich in Deutschland mit Wall Street-Leuten, was unterbunden werden müsse, vgl. Presidential Diaries, Vol. 7.2, Bl. 1659 f. (Tgb. 13.6.1945, S. 1-2).

[163] Der Begriff wurde von Freda Utley, wenn auch nicht aufgebracht, so doch vielfach verwendet, vgl. dies.: Rache, passim.

[164] Zu den verheerenden Folgen der alliierten Demontagen, vgl. Utley: Rache, S. 87-72.

[165] Bernstein am 11.12.1945, abgdr. Omgus: I.G. Farben, S. 307 f.

[166] Umgesetzt durch Ges. Nr. 5 des Alliierten Kontrollrats, die Übernahme und Erfassung des deutschen Vermögens im Ausland betreffend, vom 30.10.1945, mehrfach geändert, schließlich außer Kraft durch 4. Ges. zur Aufhebung von Besatzungsrecht vom 19.12.1960 (BGBl. I. S. 1015).

[167] Omgus, a.a.O., S. 310.

[168] Bericht vom 12.9.1945, abgdr. Omgus: I.G. Farben, S. 1 ff.

[169] Zu General Aniline, Firmenwert und Eigentumsstruktur, Omgus: a.a.O., S. 35.
[170] Zu Jasco, Omgus: a.a.O., S. 36.
[171] Brown Brothers Harriman & Co gehörten 16.153 Aktien an der General Aniline, die Bernstein als eine deutsche Tarnfirma der I.G. Farben bezeichnete, Omgus, a.a.O., S. 55 f.
[172] Zu Dupont, Omgus: a.a.O, S. 26. Pikant: Eine der Erbinnen war mit Roosevelts Sohn verheiratet, vgl. Unterwegs, Bd. 2, S. 66-68.
[173] Zur Eigentümerstruktur der schweizerischen I.G. Chemie, Omgus: a.a.O. S. 38, wobei Bernstein sich nicht scheute, Tipps zu formulieren, wie man die Eigentümer in den laufenden Prozessen gegen die US-Regierung ausbremsen könne, nämlich durch das Vorenthalten von Unterlagen und belastende Aussagen durch inhaftierte Angestellte der deutschen I.G. Farben, a.a.O., S. 37-73
[174] Harriman gehörte zu den Lieblingsfeinden von Bernstein & Co, weil er bis 1942 die Interessen u.a. des Thyssen-Konzerns in den USA wahrgenommen hatte, vgl. Bandulet: Beuteland, S. 61.
[175] Das Mitglied der Demokraten Harriman war 1943-46 Botschafter in Moskau, später unter Präsident Truman Wirtschaftsminister, vgl. Harriman: In geheimer Mission. Zur politischen Rolle von D. Rockefeller, z.B. Rothbard: Wall Street, S. 34 f.
[176] Eschenburg: Jahre der Besatzung, S. 65.
[177] Gaml: Die Alliierten, S. 105-110: französische Obstruktionspolitik. Drastisch Utley: Rache, S. 85.
[178] Nachgerade präzise ist die Angabe in Kosch: Staatshandbuch, S. 298: 1930-45 Referent u. Geschäftsführer von Industrieverbänden.
[179] Und ein Spitzenverdiener mit einem Jahresgehalt von 60.000 RM.
[180] Der Verleger Gerhard Frey machte sich bereits in den 1980-er Jahre über diese Unverfrorenheit lustig, vgl. Prominente ohne Maske, Bd. 2, S. 437 f; das wurde seinerzeit nahezu unwidersprochen als rechtsextremistisches Gerede gebrandmarkt.
[181] Entlarvend ist das Interview mit Rainer Eisfeld und Udo Wengst in der Zeit vom 20.11.2014, http://www.zeit.de/2014/46/theodor-eschenburg-nationalsozialismus-politologe [Abruf: 18.9.2017].
[182] Im März 1941 wurde Eisenhower Oberst, für die folgenden vier Stufen zum Vier-Sterne-General benötigte er keine zwei Jahre (11.2.1943).
[183] Montgomerys abfällige Meinung über Eisenhower war so etwas wie Allgemeingut, vgl. z.B. Colville: Tagebücher, S. 386, 397 (Tgb. 19.12.1944, 9.1.1945).
[184] Ihr depressiver zweiter Ehemann, John Boettinger, stürzte sich schließlich aus dem Fenster.

[185] Schrenck: Charakterwäsche, S. 173. In Eisenhower-Biographien wird normalerweise eingeräumt, daß man sich seit 1942 kannte und mochte, vgl. Smith: Eisenhower, S. 311.
[186] Im Original 1947 erschienen als *Crusade in Europe*, hier benutzt wurde die 3. (brit.) Aufl. 1948.
[187] Kay Summersby hat zweimal angesetzt, ihr Schicksal darzustellen: *Eisenhower was my Boss*, 1948; *Past Forgetting*, 1976, erschien ein Jahr nach Summersbys Tod. Es löste die üblichen Reaktionen in den Klatschspalten aus. Seit 2001 sind die Terminkalender im NARA einsehbar, archives.gov/press/press-releases/2002/nr02-09.html; diese durchzuarbeiten, habe ich mir und dem Leser erspart.
[188] Man sehe nur den Titel des einschlägigen US-Bestsellers von Schlesinger: Imperial Presidency. In einer scharfen Kritik nannte Denson (Century, S. 173-180) den Autor einen Hofhistoriker, der das ungesetzliche Handeln der Präsidenten hinter dem Schleier des Notwendigen zu verbergen gesucht habe. Es wäre ein eigenwilliger Scherz der Geschichte, wenn es der Star-Emigrant Thomas Mann gewesen sein sollte, der mit seinem Roosevelt-Nachruf (ausführlicher Textauszug bei Kalz: Sonderweg, S. 181 f.) den Amerikanern diesen Floh ins Ohr gesetzt haben sollte. Weiteres zu Manns Opportunismus, vgl. Unterwegs, Bd. 1, S. 239-242 und Bd. 2, S. 85-96.
[189] Z.B. bei Nevins: Geschichte der USA.
[190] Das vertrat auch Gore Vidal: Die Präsidenten kommen und gehen, die Chase Manhattan Bank bleibt bestehen; sehr freie Übers. d. Verf. von Imperial America, S. 103. Über die Vereinnahmung der beiden politischen Parteien auf der nationalen Ebene seit 1900 siehe Quigley: Hope and Tragedy, S. 530-532.
[191] Eisenhower: Crusade, S. 22 f.
[192] Plattdeutsch für: Ich bin schon da. Es gibt ungezählte Varianten dieses Ausspruchs. Ich überlasse es der akademischen Welt, Ordnung in diese vom Volksmund verursachte Unordnung zu bringen.
[193] Als Baruch vor dem Nye-Commitee des Kongresses nach seinem Beruf gefragt wurde, antwortete er am 13.9.1937: Speculator (Spekulant). Dieses menschenfreundliche Tun hatte ihm im Ersten Weltkrieg allein im Kupfergeschäft einen Gewinn von 50 Mio. $ eingebracht.
[194] Unterwegs, Bd. 2, S. 253-256.
[195] Eine solche Verbindung läßt sich in den Tagebüchern von Morgenthau erstmals im Frühjahr 1945 nachweisen: Brief von M. an Baruch vom 12.4.1945 „Dear Bernie" mit Bezug auf einen Brief von Baruch vom 12.3.1945, in dem dieser fordert, nach einem totalen Krieg totalen Frieden zu machen. Die wechselseitige Anredeform läßt den Schluß zu,

[196] Aktenvermerk von Morgenthau vom 21.4.1945 über Gespräche mit Baruch, in Morgenthau: Diaries, Book 839, Bl. 149 f.
[197] Baruch: Publik Life, S. 347.
[198] A.a.O. S. 348: „*cylinder head loan* (Zylinder-Anleihe)".
[199] Von der antideutschen Gesinnung Eisenhowers hatte sich US-Finanzminister Henry Morgentau bei seiner Europareise im August 1944 ein ihn zufriedenstellendes Bild verschafft und dem US-Präsidenten hierüber Bericht erstattet, vgl. ders.: Presidential Diaries, Vol. 6, Cl. 1388 (Tgb. 19.8.1944, S. 3).
[200] Bernstein: Handschriftlicher Bericht an Morgenthau vom 1.11.1944, Morgenthau: Diaries, Book 796, Bl. 227-230 R; Telefonat Morgenthaus mit John McCloy am 21.12.1944, in dem er diesen auffordert, Bernstein zur Berichterstattung in die USA zu entsenden, a.a.O., Book 804, Bl. 149; Stabsbesprechung im US Treasury am 1.1.1945, a.a.O., Book 806, Bl. 1 ff, hierin Unterhaltung Morgenthau und Harry Dexter White über den Besuch von Bernstein bei Morgenthau und die Notwendigkeit, diese Verbindung geheim zu halten, um die eigenen Pläne via Bernstein in London bei der Formulierung der Direktive durchsetzen zu können, a.a.O., Bl. 25-29.
[201] Morgenthau: Diaries, Vol. 796, 806 (Tgb. 17./18.11.1944, 1./2.1.1945).
[202] So ausdrücklich gegenüber Morgenthau, vgl. ders.: Presidential Diaries, Vol. 6, Bl. 1387 (Tgb. 18.9.1944, S. 2).
[203] Z.B. im Gespräch mit dem Präsidenten am 24.8.1944, vgl. Morgenthau: Presidential Diaries, Vol. 6, Bl. 1389 f. (Tgb. 25.8.1944, S. 1 f.).
[204] Das Gegenteil ergibt sich aus den Tagebüchern von Morgenthau; noch am 7.7.1945, dem Tag seines Amtsverzichts, gab er Präsident Truman ein Exemplar für dessen anstehende Verhandlungen mit Stalin und Churchill in Potsdam mit, Presidential Diaries, Vol. 7.2, Bl. 1675.
[205] Morgenthau: Diaries, Vol. 830, 863 (Tgb. 20./21.3.1945, 10.-14.7.1945).
[206] Vgl. Nachruf auf Bernard Bernstein in NYT vom 7.2.1990, nytimes.com/1990/02/07/obituaries/bernard-bernstein-aide-to-eisenhower-in-40-s-dies-at-81.html [Kopie im HR-Arch.]
[207] Vgl. Boveri: Verrat, Bd. 4, S. 82 f.
[208] Das auslösende Memorandum von White befindet sich in Morgenthau: Presidential Diaries, Vol. 6.
[209] Unterwegs, Bd. 2, S. 296-298.
[210] Es wird berichtet, daß es Eisenhower selbst war, der beim Mittagessen mit Morgenthau und White in seinem britischen Hauptquartier den gedanklichen Anstoß zu dem fatalen Morgenthau-Plan gab, vgl. Boveri: Verrat, Bd. 4, S. 86 f.

[211] Z.B. Hessisches Kultusministerium: Lehrplan Englisch. Gymnasialer Bildungsgang. Gymnasiale Oberstufe, 2010, S. 54, kultusministerium.hessen.de/sites/default/files/media/go-englisch.pdf [Abruf: 6.1.2018].
[212] Hemingway: Selected Letters, S. 697.
[213] Hemingway endete 1961 durch Selbstmord. Es bleibt zu hoffen, daß ihn die eigenhändig ermordeten deutschen Soldaten in den Jahren bis zu seinem Ende Nacht für Nacht heimsuchten.
[214] Patton: Diaries, Tgb. 20.9.1945; der Eintrag bezieht sich auf ein Gespräch mit Oberbefehlshaber Eisenhower vom selben Tage.
[215] Der Unfall ereignete sich am 9.12.1945 bei Mannheim, der General starb 12 Tage später, vgl. Wilcox: Target Patton, S. XIII.
[216] Wilcox: Target Patton, passim; die Erstfassung erschien 2009.
[217] Auf das Schweigen und auf den Wirbel anspielend, der zu anderen, eher belanglosen Veröffentlichungen zu Patton veranstaltet wurde, vgl. Ron Unz: Was General Patton assassinated?, *American Pravda* vom 22.8.2016 [Kopie im HR-Arch].
[218] Es dauerte fast ein weiteres Jahrzehnt, bis dieses Wissen öffentlich zugegeben wurde, vgl. *Daily Mirror* vom 3.7.1952.
[219] Hierzu erschien 1944 eine sowjetische Propagandaschrift an der Ostfront: N.N.: Verbrechen und Strafe. Der Charkower Prozeß über die von den deutsch-faschistischen Eindringlingen und Umgebung während der ersten zeitweisen Okkupation verübten Greueltaten. O.O, o.J.; in Rußland wird dieser Prozeß noch heutzutage ganz unkritisch geschildert, vgl. Christorow: Smersch, S. 316-318.
[220] Charkow war im Februar 1943 aufgegeben worden, wurde aber im März 1943 zurückerobert, vgl. OKW: KTB 1943, 1. Halb-Bd., S. 186.
[221] Einzelheiten bei Hoffmann: Vernichtungskrieg, S. 206-208.
[222] Carell: Erde, S. 257; unter den Hingerichteten fand sich mit dem Oberstleutnant Eduard Freiherrn von Saß eine der speziellen Haßfiguren der zu den Sowjets übergelaufen und als Einflußagenten dort tätigen ehemaligen Wehrmachtssoldaten, vgl. Emendörfer: Front, S. 159.
[223] Die amerikanische Wikipedia-Version zu Jackson (en.wikipedia.org/wiki/Robert_H._Jackson) legt viel Wert auf die Erklärung, daß und warum eine einschlägige Ausbildung von Jackson entbehrlich war. Andere Biographen sehen dieses Manko weniger nachsichtig.
[224] Die Protegés von Frankfurter wurden Frankfurter Würstchen getauft, Schrenck: Charakterwäsche, S. 30.
[225] Zit. nach Avalon Project der Yale Law School: Nuremberg Trial Record. avalon.law.yale.edu/imt/jack37.asp [Abruf: 28.8.2017]
[226] Z.B. bei der Zurückweisung des britischen Einflußagenten Conwell-

Evans als Zeuge der Verteidigung; hierzu der Anwalt von Ribbentrops, Dr. Horn: „...Die Verteidigung dagegen ist der Auffassung, daß die gesamte Polenpolitik Deutschlands nur im Rahmen der gesamten europäischen Politik verstanden werden kann; daher sind von der Verteidigung Zeugen geladen, die die Anklagebehörde ausschließen möchte, weil sie uns für die großen Zusammenhänge die Bausteine liefern kann. Unter diesem Gesichtspunkt benenne ich auch Professor Conwell-Evans, London." Die Ladung wurde unter dem Hinweis darauf zurückgewiesen, daß der Zeuge nicht im britischen *Who is Who* verzeichnet sei. www.zeno.org/Geschichte/M/Der+N%C3%BCrnberger+Proze%C3%9F/Hauptverhandlungen/Siebenundsechzigster+Tag.+Montag,+25.+Februar+1946/Vormittagssitzung.

[227] Taylor: Nürnberger Prozesse, S. 256.
[228] Morgenthau: Presidential Diaries, Vol. 7, Bl. 1670 (Tgb. 20.6.1945, S. 2) [hier handelt es sich ggf. um eine andere namensgleiche Person].
[229] Schrenck: Charakterwäsche, S. 159.
[230] Hierzu und der anschließenden Nichtverwertung der Aussagen durch die Anklage vgl. Hoffmann: Vernichtungskrieg, S. 179 f.
[231] Die literarische Diskussion über Opferzahlen, Tatorte und Methoden ist endlos. Sie wird in Deutschland überwölbt durch Strafnormen, die einer wissenschaftlichen Befassung mit dem Thema nicht dienlich sind. Ein Versuch der Zusammenfassung nach wissenschaftlichen Standards findet sich bei Hoffmann: Vernichtungskrieg, S. 169-216.
[232] Dok. PS-2738 vom 26.11.1945, in IMT: Bd. XXXI, S. 86.
[233] Roewer u.a.: Lexikon der Geheimdienste, S. 207 f.
[234] IMG, Bd. 2, S. 485 ff.
[235] Bericht der Agentin Madeleine Richou-Bihet an das Kriegsministerium über ihre Tätigkeit mit Erwin Lahousen, Frz. Mil.-Arch.: 1 KT 271, Fonds Richou-Bihet [übers. Kopie in HR-Arch].
[236] Dulles u.a.: Sunrise, passim.
[237] Schwarz: Begnadigung deutscher Kriegsverbrecher, S. 384 f.
[238] US-Autoren sprachen später vernebelnd von *unfair interrogations* (unfaire Verhöre), so Chernow: Warburgs, S. 576.
[239] Bericht des US-Richters Edward van Rhoden, vgl. Unterwegs, Bd. 2, S. 299 f.
[240] Die Sicht der Sieger, auf den neusten deutschen Stand gebracht, findet der Leser in Priemel u.a.: NMT, 2013 beim Hamburger Institut für Sozialforschung des Zigarettenkönigs-Erben Reemtsma herausgebracht.
[241] Ruth Andreas-Friedrich war eine der Organisatoren des Netzwerks Onkel Emil, das Verfolgte des NS-Regimes heimlich unterbrachte und versorgte, vgl. Weisenborn: Aufstand, S. 90 f.

[242] Andreas-Friedrich: Schattenmann, S. 399 f. (Tgb. 19.10.1945).
[243] Koerfer: Diplomatenjagd, S. 99.
[244] Einen als zutreffend bezeichneten Bericht *Hinter den Kulissen der Nachkriegszeit* der Zeitschrift *Quick* zitierend, *Die Zeit* vom 28.2.1952. Zur Selbststilisierung Kempners nach dem Krieg: Robert M. Kempner: Man hätte Hitler stoppen können, [SPD-Organ] *Vorwärts* vom 25.1.1973.
[245] Kempner vertat die Anklage gegen Frick, vgl. Taylor: Nürnberger Prozesse, S. 317.
[246] Die Dokumente tauchten kurz nach der Jahrtausendwende bei der Beräumung eines Hauses in den USA auf, das Kempner einmal gehört hatte. Es war ein weitgehend vermoderter Pharaonenschatz.
[247] Kempner: Eichmann und Komplizen, S. 127 (Heydrich an AA, Schreiben vom 29.11.1941, Einladung zur Wannsee-Konferenz, als Fotokopie des Originals), S. 150 (Heydrich an AA, Schreiben vom 26.1.1942, Übersendung des Protokolls, Fotokopie des Originals), S. 133 ff. (Protokoll der Wannsee-Konferenz, ohne Az., ohne Dat., Fotokopie des Originals); auffällig sind die nicht zusammenpassenden Stückzahlen in den Aktenzeichen der beiden Originalschreiben: 1. IV B 4 -3076/41g (1180), 2. IV B 4 1456/41gRs. (1344); in allen drei Dokumenten werden keine SS-Runen verwendet. Verblüffend ist auch, daß das Übersendungsschreiben vom 26.1.1942 über einen Monat unterwegs war, bevor es im AA geöffnet und registriert wurde.
[248] Dieser Verdacht ergibt sich aus unzutreffenden Aktenzeichen und der Verwendung einer vermutlich amerikanischen Schreibmaschinentype. Auf diese Weise wurde *SS* nicht mit Runen geschrieben, so wie das im Schriftverkehr des RSHA üblich war. Im Eingangsstempel des AA wurde zudem an der dafür vorgesehenen Stelle nicht vermerkt, daß dem Schreiben eine Anlage des Geheimhaltungsgrades *Geheime Reichssache* beilag. Folglich machten, wenn man das Dokument für bare Münze nimmt, die Registraturen bei beiden Behörden (RSHA und AA) auf in ein und demselben Schreiben Fehler, die sonst nicht üblich waren.
[249] Es ist auszuschließen, daß in einer Behörde zwei nahezu identische Schreiben vom selben Bearbeiter am selben Tag bearbeitet werden, ohne daß dieser dieses wahrlich ungewöhnliche Ereignis bemerkt und stattdessen zweimal, einem Automaten gleich, dasselbe darauf schreibt. Stammen die Eingangsvermerke von derselben Hand, so sind beide Schreiben vermutlich Fälschungen oder Verfälschungen.
[250] Das von Kempner abgedruckte Original hat keine SS-Runen. Es trägt auch, ungewöhnlich genug für eine Geheime Reichssache, kein Aktenzeichen. Für das jetzt bei den Akten in Berlin befindliche Protokoll gelten dieselben erstaunlichen Veränderungen.

[251] Wolf Kaiser: Die Wannsee-Konferenz, in: Lichtenstein u.a.: Täter, S. 24-37, hier speziell S. 24.

[252] Hierher gehört zum Beispiel die Klärung der Frage, warum in diesem Fall ein Briefkopf verwendet wurde, der von dem sonst in dieser Zeit benutzten abwich und warum unter der Unterschrift die sonst übliche Maschinenzeile mit dem SS-Dienstgrad von Heydrich fehlt.

[253] So Kaiser, a.a.O. Fn. 1, S. 35.

[254] Unterwegs, Bd. 2, S. 301 f.

[255] Es ist unübersehbar, daß Fälschungen in den Beständen des Nürnberg-Konvoluts zahlreiche Versuche inspiriert haben, NS-Verbrechen insgesamt in Abrede zu stellen. Solche Urteile beruhen in der Regel auf Pars-pro-toto-Argumentationen – also auf der Schilderung eines angeblich bezeichnenden Einzelfalls, um ihn fürs Ganze zu nehmen. Ich halte das für unzulässig und habe in diesem und anderen Büchern, wo ich auf das Phänomen traf, auf das Fatale dieser Methode hingewiesen.

[256] Taylor: Nürnberger Prozesse, S. 600-602.

[257] Bei diesem Prozeß wurde gegen Kempner der Vorwurf erhoben, er habe Zeugen eingeschüchtert, vgl. Bower: Pledge Betrayed, S. 256-259; das ist milde formuliert, denn es handelte sich in Wirklichkeit um Aussageerpressung, zum Sachverhalt siehe Utley: Rache, S. 194 f.

[258] Richard Tüngel: Abermals: Robert Kempner, *Die Zeit* vom 28.2.1952, zeit.de/1952/09/abermals-robert-kempner [Abruf: 17.8.2017].

[259] Friedrich Schiller Universität Jena: Promotionsvorhaben Robert M.W. Kempner. Eine politische Biografie, www.nng.uni-jena.de/robert_kempner.html [Abruf: 17.8.2017].

[260] Die Lebenslaufangaben zu Storey folgen weitgehend N.N.: New President of the Bar Association, Robert Gerald Storey, *Bar Association Journal*, Oct. 1952, S. 830-832. Zu Storey gibt es einen deutschen Wikipedia-Eintrag, in dem der Lebenslauf abgeändert wurde, was dessen Eintreffen während des Krieges in England anlangt, vgl. de.wikipedia.org/wiki/Robert_G._Storey [Abruf: 13.1.2018].

[261] Kalz: Sonderweg, S. 118.

[262] Hans-Günther Seraphim: Nachkriegsprozesse und zeitgeschichtliche Forschung, in: Göttinger Arb.-Kreis: Festschrift Herbert Kraus, S. 436-455, hier: S. 454: Von den vier Dokumenten, die wir geprüft haben – Hoßbach-Niederschrift, Schmundt-Protokoll, PS-798 und PS-1014 – haben wir vom quellenkritischen Standpunkt aus drei ablehnen und gegen das vierte Bedenken anmelden müssen.

[263] Lediglich angedeutet bei Schwarz: Begnadigung deutscher Kriegsverbrecher, S. 378; eindeutig dagegen Utley: Rache, S. 208.

[264] peter-rathay.de/Erinnerungen/Eli-B/Erlebnisbericht.htm

[Abruf: 3.8.2017]; es handelte sich in diesem Fall um ein russisches Flugzeug.

[265] Zur Siegerjustiz, zum indischen Richter Pal und zu den japanischen Reaktionen Lore Waldvogel: Radhabinod Pal und die Tokyo Prozesse. Eine (fast) vergessene Geschichte, *Neue Ordnung* II/2017, S. 25-31.

[266] Vgl. Brendon: Decline and Fall, S. 392 f.

[267] Die Zahlenangaben des Bundesarchivs, das die Mitgliederkartei der NSDAP aufbewahrt, sind vage, vgl. N.N. [BA]: Personenbezogene Unterlagen aus der Zeit des Nationalsozialismus, S. 3-7, bundesarchiv.de/imperia/md/content/abteilungen/abtr/5.pdf. Die Zahl 6 Mio. stammt vermutlich aus der Zielvorgabe, wonach etwa 10 % der Volksgenossen auch Parteigenossen sein sollten.

[268] Das von mir benutzte Exemplar wurde 1990 im 96.-98. Tausend gedruckt (rororo TB 10419).

[269] Das manifestierte sich in der Auflösung der sowjetischen Speziallager und der Übergabe von deren Insassen an die deutschen Genossen. Diese nutzten die neue Zuständigkeit, um die sodann im Zuchthaus von Waldheim Eingesperrten in Schau- und Geheimprozessen abzuurteilen. Hierbei packten sie die Gelegenheit beim Schopfe, um unter Regimegegnern barbarisch aufzuräumen. Das Bekanntwerden dieser Waldheimer Prozesse sorgte nicht zum Wenigsten dafür, den Graben zwischen West und Ost zu vertiefen

[270] Zur Realsatire und zugleich zum Menetekel deutschen Gutmenschentums zählt des Interview des Deutschlandfunks mit der Ebenfalls-Moralinstanz Ralph Giordano vom 26.11.2003, worin betont wird, daß die (verschwiegene) Mitgliedschaft von Jens in der NSDAP an dessen Rang für die Nachkriegsgeschichte der Republik nichts ändere, siehe http://www.deutschlandfunk.de/zur-nsdap-mitgliedschaft-von-walter-jens.694.de.html?dram:article_id=60433 [Abruf: 6.1.2018]. Zu dem, was die Presse in Sachen Grass als *Enthüllung* bezeichnete, siehe, N.N.: Ich war Mitglied der Waffen-SS, *FAZ* vom 11.8.2006, faz.net/aktuell/gesellschaft/menschen/guenter-grass-enthuellt-ich-war-mitglied-der-waffen-ss-1354882 [Abruf: 6.1.2018], auch in diesem Fall geht es um verständnisinniges Beschwichtigen.

[271] Ein Muster hierfür war der SPD-Politiker Carlo Schmid, der sich nur mit teilweisem Erfolg gegen seine Karrierebeschreibung im Dritten Reich durch den Publizisten Kurt Ziesel wehren konnte, vgl. Utley: Rache, S. 217 f.

[272] *Charakterwäsche* von Schrenck-Notzing ist auf diesen Aspekt fokussiert. Doch es gibt auch andere Sichtweisen, z.B. bei Scheil, was bereits im Titel seines einschlägigen Werkes *Atlantische Wechselwirkungen* zum Ausdruck

kommt.
[273] Jahresreport der Rockefeller Stiftung für 1946, zit. durch Gary North: Ansprache auf der Veranstaltung *The Truth about War* des Mises-Instituts am 26.10.2012, 12:30 ff., youtube.com/watch?v=ByWW9Va8UIo [Abruf: 30.8.2017].
[274] A.a.O.
[275] Unterwegs, Bd. 2, S. 271-286.
[276] Im einzelnen: The Challenge to Isolation 1937-40, 1952, und The Undeclared War 1940/41, 1953.
[277] Feis: The Road to Pearl Harbor: The Coming of the War Between the United States and Japan, 1950. Die Werke von Feis sind im Internet frei verfügbar, was andeutet, für wie wichtig sie immer noch für die Geschichtslügen rund um Roosevelt angesehen werden.
[278] Mauch: Schattenkrieger, S. 26, 101.
[279] Gleason: An Ecclesiastical Barony of the Middle Ages. The Bishopric of Bayeux 1066-1204. 1936.
[280] Man könnte auch formulieren: Die Organisation verschob lediglich das benötigte Geld, denn sowohl CFR wie auch die Fundation standen unter dem dominierenden Einfluß von David Rockefeller, siehe dazu unten Kapitel Hast du was, bist du was.
[281] Lebenslaufangaben nach University of Missouri (US) – Harry S. Truman Library & Museum: S. Everett Gleason Papers, www.trumanlibrary.org/hstpaper/gleason [Abruf: 30.8.2017].
[282] Die anonymen Schwätzer der englischen Wikipedia teilen zum Lebenslauf lediglich mit, daß Feis in Harvard studiert und eine Enkelin des US-Präsidenten Garfield geheiratet habe. Ob dies zum Eintritt ins State Department die Voraussetzung war, bleibt der Phantasie des Betrachters überlassen, en.wikipedia.org/wiki/Herbert_Feis [Abruf: 31.8.2017].
[283] Die einschlägigen Sowjet- und SD-Agenten hießen Alexander Abramson, Otto Bach, Rachel Dübendorfer, Hermann Henseler (SD), Hermina Rabinowitsch, Wladimir Schapiro, Christian Schneider, Leon Steinig, Ludwig Weißauer (SD), vgl. Roewer u.a.: Lexikon der Geheimdienste.
[284] Feis: Europe, S. VII-XIV.
[285] Vgl. Schreiben von CIA-Dirktor Allen Dulles an Feis vom 29.3.1960 über einen Treff-Termin, archive.org/details/CIA-RDP80B01676R003600030042-6 [Abruf: 30.8.2017].
[286] Die Preisverleihung bezog sich auf das im Vorjahr erschienene Buch über die Potsdamer Konferenz, das etwas später auch auf Deutsch erschien, *Zwischen Krieg und Frieden. Das Potsdamer Abkommen.* Frankfurt 1962.
[287] www.historians.org/awards-and-grants/awards-and-prizes/herbert-feis-award [Abruf: 30.8.2017].

[288] Dieser Gedanke drängt sich auf, wenn man die Liste der Preisträger www.historians.org/awards-and-grants/past-recipients/herbert-feis-award-recipients Revue passieren läßt. Es ist davon auszugehen, das die Jury der US-Historiker das anders beurteilt.
[289] *Foreign Affairs* Sep./Okt. 2016.
[290] Gore Vidal beging einen Tabubruch, als er kurz und bündig bemerkte, Thomas Jefferson sei es um nichts anderes gegangen als um den Zugriff auf eine in der Kolonie erhobenen Steuer und die Verhinderung von deren Abfluß nach England, vgl. Imperial America, S. 79.
[291] Vgl. hierzu und den folgenden Ausführungen Morgenthau: Presidential Diaries, Vol. 6, Bl. 1422-1426 (Tgb. 2.9.1944, S. 1-5).
[292] Sog. Madagaskar-Plan, vgl. Picker: Hitlers Tischgespräche, vielfach, z.B. S. 305 f..
[293] Der Begriff der Rasse wird hier absichtlich gewählt, weil die US-Vertreter der Ausrottungspolitik ihn ihren Phantasien zugrunde legten, siehe Louis Nizer u.a. in Unterwegs, Bd. 2, S. 288-298 m.w.N.
[294] Baruch: Publik Life, S. 347.
[295] Executive Order 9182, abgd. bei Troy: Donovan, S. 424-426, die zugehörige Military Order für das OSS befindet sich auf S. 427.
[296] Mauch: Schattenkrieger, S. 89 f., die Hereinnahme der Psychoanalyse in den Geheimdienst war einer der Hauptstreitpunkte gewesen, die zur Trennung von OWI und OSS führten.
[297] Von den Prominenteren sei an Herbert Marcuse, Franz Neumann und Carl Zuckmayer erinnert. Die bizzarste Figur von diesen ist sicher Neumann, dem laut Venona-Decrypten zugleich eine Mitarbeit für die sowjetischen Dienste zur Last gelegt wurde.
[298] Zur Ambivalenz von Jung, einerseits als Mitwirkender der deutschfeindlichen Re-education, andererseits als von deren einschlägiger Klientel als völkisch verachtet, siehe Lore Waldvogel: Carl Gustav Jung und die deutsche Seele, *Neue Ordnung* II/2016, S. 29-35.
[299] Z.B. der emigrierte Theater-Autor Carl Zuckmayer. Sein Denunzianten-Gutachten über zuhause gebliebene Deutsche aus dem Kulturbetrieb wurde unter dem Titel *Geheimreport* 2004 veröffentlicht.
[300] Murray war ein wissenschaftlicher Tausendsassa. Nach Arbeiten über Hühnerembryos hatte er 1925 den Schweizer Carl Gustav Jung kennengelernt und eine unheilbare Leidenschaft für die Psychoanalyse entwickelt. Seine erste Versuchsperson wurde posthum der amerikanische Schriftsteller Herman Melville (1819-1891), Jahre später war es der abwesende Adolf Hitler. Daß Murray dessen Namen nicht einmal richtig schrieb, wird nur ein böswilliger Kritiker anmerken. Vgl. zu Person und Werk Margret Alic: Henry Alexander Murray jr., psychology.jrank.org/

[301] pages/434/Henry-Alexander-Murray-Jr.html [Abruf: 2.9.2017].
[301] Das Gutachten Langers erschien 1972 als Buch: The Mind of Adolf Hitler.
[302] Walter H. Waggoner: Walter Langer is dead at 82, *NYT* vom 10.7.1981.
[303] Hierzu Mauch: Schattenkrieger, S. 270.
[304] 1. Aufl. Oxford, University Press 1942, zugleich: London, Gollancz, 1942, 2. (stark erweiterte) Aufl., Toronto/New York, Oxford University Press, 1944; zahlreiche Neuauflagen in deutsch und englisch mit ebenso vielen Vorworten und dergl.; von mir wurde die 2. Aufl. (engl.) benutzt.
[305] Der Autorenname steht für den deutschen Mehrfachagenten Heinrich Pfeifer. Er hat später bestritten der Autor zu sein, aber zugegeben, daß die Masse der Informationen von ihm an den britischen Dienst MI6 in der Schweiz abgeflossen waren. Pfeifer: Nachlaß, in: HR-Archiv.
[306] Inside the Gestapo. Hitler's Shadow over the World. London, Pallas, 1940; Inside Information. London, Pallas, 1940. Vor allem das zweite Buch eignet sich für den Vergleich.
[307] Z. B. Armin Nolzen: Franz Leopold Neumanns „Behemoth". Ein vergessener Klassiker der NS-Forschung, docupedia.de/zg/Neumann,_Behemoth [Abruf: 7.9.2017]: „[Die] Vernachlässigung Neumanns ist kaum zu verstehen, war sein methodischer Ansatz doch in mancherlei Hinsicht wegweisend."
[308] Von Schrenck-Notzing stammt der Satz: „Da es ein Gesetz zu sein scheint, daß wissenschaftliche Leistung und politischer Einfluß sich umgekehrt proportional verhalten, ist den Politologen ein beträchtlicher Einfluß sicher", vgl. Charakterwäsche, S. 126.
[309] INO (Inostrannyj otdel = Auslandabteilung): Am 20.12.1920 gebildete Abteilung der sowjetischen Geheimpolizei Tscheka/GPU/OGPU/NKGB/MGB mit der Aufgabenstellung der Auslandsspionage, Roewer u.a.: Lexikon der Geheimdienste, S. 216.
[310] So die biographische Notiz zu Franz Neumann im Spartacus Net, spartacus-educational.com/Franz_Neumann.htm [Abruf: 6.9.1017]; grundsätzlich zu Entstehung und Durchführung von Venona aus der Sicht der US-Spionageabwehr N.N.: Counter Intelligence, Bd. 2, Kap. 4.
[311] Vgl. Berichte der NKWD-Residentur New York an die Zentrale vom 3.4.1943, KGB 28734, Bd. 1, Bl. 7 f., 14 f., 20, 23, 28
[312] OSS/Murray: Analysis, S. 46.
[313] Der unmittelbare Veranlasser, der die nunmehrigen Ex-Emigranten auch mit Geld und hochdotierten Posten versah, war der Journalist Shepard Stone, der in dieser Zeit die graue Eminenz hinter dem Herrschaftsstuhl des US-Hochkommissars John McCloy war, vgl. Schrenck: Charakterwäsche, S. 264.

[314] Lebenslaufdaten von Stone, soweit sie Beeinflussungscharakter haben, stammen von Beck: Dossier, S. 107-109; im übrigen detailliert bei Dartmouth Library: The Collection of Shepard Stone, ead.dartmouth.edu/html/ml99_biohist.html [Abruf: 26.12.2017].

[315] Was Stone in dieser Zeit über die an der amerikanischen Ostküste recht beliebte Sowjetunion zu melden wußte, habe ich nicht finden können.

[316] Die Arbeitslosenzahlen 1933-39 sanken in den USA von 14 auf 11 Mio., in Deutschland hingegen von 6 auf 0,3 Mio. Zahlen nach Kalz: Sonderweg, S. 184, ähnlich Quigley: Tragedy, S. 533: 13 zu 10.

[317] Lieblings-Scheinargument wurde, in Deutschland sei das nur durch Aufrüstung gelungen. Dies ist nicht nur inhaltlich unzutreffend, sondern unterdrückt die Tatsache, daß in den USA zur selben Zeit Aufrüstungsprogramme liefen, vor allem bezüglich der US-Marine, vgl. Diwald: Erben Poseidons, S. 324-337.

[318] Führend an der Ablehnungsfront sind Autoren wie Kosiek u.a.: Der Große Wendig, Bd. 1, S. 25, 30; und erneut Bd. 2, S. 460.

[319] Keiner der Frontleute der Frankfurter Schule schaffte es in die Personen-Lexika des Heyne Verlags von 1973 (Dollinger: Aktuelle Persönlichkeiten) und Fischer von 1983 (Baumann u.a.: Biographien). Lediglich Knaurs Prominentenlexikon, S. 158 kam auf Habermas zu sprechen, seine Vorväter blieb ausgespart, der Begriff Frankfurter Schule fehlt.

[320] Es gehört zur Realsatire der Bundesrepublik, daß einer der Hauptverursacher dieser babylonischen Sprachverwirrung, der Horkheimer/Adorno-Erbe Jürgen Habermas, mit dem Siegmund Freud-Preis der Darmstädter Akademie für Sprache und Dichtung geehrt wurde, vgl. Knaur: Prominentenlexikon, S. 158.

[321] Ein solches Erklärungsbuch ist Kerber u.a.: Handbuch Soziologie, hier speziell der Beitrag Kritische Theorie, S. 308-319.

[322] Ein solcher befindet sich im Beitrag *Kritische Theorie* von Othmar Massing, in Kerber u.a.: Handbuch Soziologie, S. 312-319.

[323] In der anti-semitischen sowie in der sozialistisch-apologetischen Literatur wird die Gründung des Instituts dem südamerikanischen Getreidemillionärs-Sohn und Wahl-Kommunisten Felix Weil zugeschrieben, vgl. einerseits z.B. N.N. Cultural Decline Follows Communist Blueprint, Artikelserie auf der anti-semitschen Plattform Darkmoon, darkmoon.me/2017/mind-rape/; sowie andererseits N.N.: Felix Weil, de.wikipedia.org/wiki/Felix_Weil [Abruf: 26.12.2017]; das von beiden Parteien gern verwendete Gruppenbild der Urzelle des Instituts, der Ersten Marxistischen Arbeitswoche im thüringischen Geraberg 1923, zeigt neben dem Sponsor Weil eine Auswahl von Sowjetagenten, die auf diese Weise ihre ideologische Grundbesohlung erhielten, darunter Rich-

[324] ard Sorge und das Ehepaar Hede und Paul Massing.
Er stellte ein Gutachten zum Anti-Semitismus der amerikanischen Arbeiterschaft her, das freilich niemals veröffentlicht wurde, weil es Aussagen enthielt, die man für deutsche Unarten reservieren wollte, vgl. Scheil: Wechselwirkungen, S. 71.

[325] Großer Brockhaus, 1966, Bd. 8, S. 676.

[326] So jedenfalls der Große Brockhaus von 1966, Bd. 1, S. 134.

[327] So bei dem gemeinsamen Werk, Horkheimer/Adorno: Dialektik der Aufklärung, dessen Untertitel in ungewollter Komik *Philosophische Fragmente* heißt.

[328] Theodor W. Adorno im Herbst 1959, hier zit. nach Schrenck: Charakterwäsche, S. 270.

[329] Auch Pollock kehrte nach dem Krieg nach Deutschland zurück und erhielt 1950 in Hessen eine Professur.

[330] Marcuse emigrierte über die Schweiz in die USA und wurde 1942 fester Mitarbeiter im OSS sodann bis 1951 in leitender Funktion bei der CIA, anschließend Hochschulkarriere in den USA, ab 1965 Professor in West-Berlin.

[331] Fromm gehörte ab 1930 als Psycho-Analytiker zum Frankfurter Institut für Sozialforschung. In den End-1930-er-Jahren zerstritt er sich mit seinen ehemaligen Mitstreitern in den USA und machte dort und in Mexiko eine Hochschulkarriere. Ab den 1970-er Jahren wurde er zum Guru einer psychologisierenden Studentenschaft.

[332] Es ist nicht ohne Witz, wenn der Adorno-Doktorand und spätere konservative Kritiker Günter Zehm die Kritik einer Kritik von Adornos Ausführungen über die Halbbildung schreibt und sich so in den Reigen derer begibt, die mitteilen, was der Meister sagen wollte, vgl. Freie Rede, S. 89-91.

[333] Das wird von Topitsch in seiner Untersuchung *Machkampf und Humanität* nach allen Richtungen durchdekliniert, abgdr. in ders.: Gottwerdung und Revolution, S. 135-217, zusammengefaßt in der Bemerkung: „die Menschheitsbefreiung... als pseudo-ethisches Alibi für die Lust an Zerstörung und Gewalt", a.a.O. S. 214.

[334] Großer Brockhaus, 1966, Bd. 8, S. 676.

[335] Z.B. geschildert in den Memoiren des Hochschullehrers und SPD-Politikers Carlo Schmid, der sich boshafte Kommentare zu seinem Frankfurter Kollegen Adorno nicht verkneifen kann, Schmid: Erinnerungen, S. 812-815: „Herr Kollege [Adorno], die Revolutionen fressen nicht nur ihre Kinder, sondern auch ihre Väter, Großväter und Onkel."

[336] Den Ausdruck brachte 1967 Rudi Dutschke auf, vgl. Röhl: Fünf Finger, S. 341 f.

[337]   Der geheime Nachrichtendienst.
[338]   Stern: In den Netzen der Erinnerung.
[339]   Stern: Doppelleben, S. 51-55.
[340]   Ob diesem Effekt der von Assmuss gewählte jüdisch klingende Autorenname geschuldet ist, ist nicht zu sagen. Nach ihren eigenen Angaben hätte sie nach der Flucht aus der DDR mit „*von \*\*\**" veröffentlicht. Als ein Verleger einen Namen verlangte, wäre sie auf Stern verfallen, vgl. Doppelleben, S. 106.
[341]   Ein bezeichnendes Beispiel ist das Mammut-Projekt *Täter, Opfer, Trittbrettfahrer*. NS-Belastete aus ausgewählten Regionen Baden-Württembergs. Hier urteilen Kinder über ihre Großeltern und Urgroßeltern. ns-belastete.de/autoren.html.
[342]   Unterwegs, Bd. 2, S. 291-300.
[343]   Ehard wiederum behauptete, er habe eine *Anregung* der US-Besatzungsmacht erfüllt, vgl. Schrenck: Charakterwäsche, S. 200 f.
[344]   Das war der damalige Stand; die anonymen Denunzianten von wikipedia.de wissen das heute besser, nämlich daß Ritter verfassungsfeindlich und deutschnational war (was für eine herrliche Gleichsetzung), vgl. de.wikipedia.org/wiki/Gerhard_Ritter [Abruf: 16.9.2017].
[345]   Ritter: Goerdeler, S. 171 ff.
[346]   Im selben Sinne störend wirkte zeitgleich der Historiker Hans Rothfels, der sich der Frage widmete, daß der deutsche Widerstand wegen der Zurückweisung durch Churchill & Co sinnlos gewesen sei, vgl. ders.: Opposition, S. 150.
[347]   Unterwegs, Bd. 1, S. 86, 140.
[348]   Einer der Feind-Kronzeugen des deutschen Sonderwegs war Jürgen Kocka, vgl. ders. German History before Hitler. The Debate about the German Sonderweg, Journal of Contemporary History, 1/1988, S. 3-16.
[349]   Drastisch auf den Punkt gebracht bei Kalz: Sonderweg, passim.
[350]   Edwin Black: The Horrifying American Roots of Nazi Eugenics, September 2003, historynewsnetwork.org/article/1796; im selben Sinne in Deutschland Ploppa: Hitlers amerikanische Lehrer, passim. Das Buch gilt in der Szene selbsternannter Wächter der politischen Korrektheit als revisionistisch und verschwörungstheoretisch, vgl. den Namensartikel zu Hermann Ploppa auf der über einen isländischen Provider tätigen anonymen Denunzianten-Plattform Psiram, psiram.com/de/index.php/Hermann_Ploppa [Abruf: 18.12.2017]. Die Frage, was von den von Ploppa vorgetragenen Details zutrifft und was nicht, wird selbstredend nicht erörtert.
[351]   Theodore Roosevelt: The Winning of the West. Bd. 1, New York 1889, hier zit. nach Finkelstein: Antisemitismus, S. 44.

[352] Die Zahl der Zwangskastrationen in den USA in den 1920-er Jahren wird auf 70.000 geschätzt, vgl. huffingtonpost.com/the-national-book-review/essay-what-the-supreme-co_b_9355860 [Abruf: 10.1.2018].
[353] Zwangskastration wurde vom *US Supreme Court* am 2.5.1927 im Fall Buck vs. Bell für rechtens erklärt, supreme.justia.com/cases/federal/us/274/200/case.
[354] A.a.O.
[355] Es war der Bischof von Münster, Clemens August Graf Galen, der im Sommer 1941 über Euthanasie-Verbrechen öffentlich predigte und sie als Mord bezeichnete, Text der Predigten bei kirchensite.de/fileadmin/red/pdf_downloads/aktuelles/Predigt_Galen_Deutsch.pdf [Abruf: 10.1.2018].
[356] Ein Musterexemplar ist das Gemeinschaftswerk der Verlage von C.H. Beck und der Harvard University Press: Geschichte der Welt aus dem Jahre 2012; zu den Einzelheiten siehe Unterwegs, Bd. 1, S. 197 f.
[357] Art. 118-127 Vertrag von Versailles, abgdr. documentarchiv.de/wr/vv04.html.
[358] „Besonders das Werk von Dr. Johannes Lepsius, der energisch und wirksam für das Überleben des armenischen Volkes gekämpft hat, soll dem Vergessen entrissen werden", vgl. Resolution des Deutschen Bundestages vom 4.6.2016. Auf die Problematik wurde ich durch einen Brief von Oberst a.D. Manfred Backerra, Hamburg, aufmerksam.
[359] Hier benutzt: Lepsius: Bericht, Neuauflage 2011.
[360] Bulletin der Bundesregierung Nr. 38/1995 vom 12.5.1995. In Klammern die Übers. d. Verf.
[361] A.a.O.
[362] Parallel fand in den USA das Gerichtsverfahren der Antitrust-Abteilung des Justizministeriums gegen die 17 führenden US-Investmentbanken, Morgen Stanley u.a., wegen unerlaubter Trust-Bildung (*conspiracy*) statt, das (fast erwartungsgemäß) mit dem Sieg der Banken endete. Sie konnten also wie gehabt schalten und walten; vgl. Morrison u.a.: Investment Banking, S. 220-223.
[363] So bei Deschner: Moloch, S. 422 f., jedoch ohne Nachweis.
[364] McCloy war – ohne selbst zu den Superreichen zu gehören – eine Schlüsselfigur bei den Transaktionen der Wall Street-Elite. Er war daselbst Anwalt sowie nacheinander stellvertretender Kriegsminister, Chef der Weltbank, US-Hochkommissar in Deutschland, Chef der Ford Foundation und – parallel – Vorsitzender des CFR, vgl. z.B. Rothbard: Wall Street, S. 35 f. Zu McCloys Heldentaten gehörte Ende der 1930-er Jahre der fingierte Prozeß von der Mixed Claimes Commission gegen das Deutsche Reich (3. Auflage), den die Amerikaner unter sich ausmachten, da die

Sache – für sie ungünstig – bereits rechtskräftig entschieden war; zum Prozeß, Roewer: Kill the Huns, S. 323 ff.; zu McCloys Anwaltstätigkeit dabei und sie als Erfolg bezeichnend, Schwartz: Atlantik-brücke, S. 24 f.
[365]  1928-51 Senator für Michigan.
[366]  Alfred P. Sloan Jr., Vorstandsvorsitzender von General Motors 1937-56.
[367]  Das Interesse am Wiederaufbaukurs von GM-Chef Sloan ist leicht zu verstehen, schließlich gehörte seiner Firma der deutschen Autobauer Adam Opel AG in Rüsselsheim.
[368]  Zit. nach Ambrose u.a.: Globalism, S. 82, Übers. d. Verf.
[369]  Zwischenwahlen am 5.11.1946, im Senat verschoben sich die Mehrheitsverhältnisse zugunsten der Republikaner auf 51:45 von zuvor 39:56, im Repräsentantenhaus auf 246:188 von zuvor 191:242, vgl.ipfs.io/ipfs/QmXoypizjW3WknFiJnKLwHCnL72vedxjQkDDP1mXWo6uco/wiki/United_States_Senate_elections%2C_1946 und ipfs.io/ipfs/QmXoypizjW3WknFiJnKLwHCnL72vedxjQkDDP1mXWo6uco/wiki/United_States_House_election%2C_1946.html [Abruf: 6.1.2018].
[370]  Lebenslaufangaben in der Bestandsbeschreibung des Nachlasses in BA NL1146. Siehe auch die Abgeordneten Website KGParl.de [Die Volksvertretung 1946-1972, S. 740 f.], die Angaben dort [Abruf: 1.8.2017] bezüglich der Ghostwriter-Rolle von Leverkuehn sind unzutreffend: Es war nicht Leverkuehn der wahre Autor von *Union der starken Hand* von Gustav Regler, sondern dieser war der wirkliche Autor von Leverkuehns *Posten auf ewiger Wacht*, Essen 1938.
[371]  Einzelheiten zur Mixed Claims Commission habe ich in Kill the Huns, S. 323 ff., dargestellt.
[372]  Über den Einsatz im Ersten Weltkrieg gibt Leverkuehns Buch *Posten auf ewiger Wache*, 1938, autobiografische Auskunft, über den Zweiten eher allgemein sein schmales Werk *Der geheime Nachrichtendienst der deutschen Wehrmacht im Kriege*, 1957.
[373]  Karl von Kaczkowski (nach anderer Schreibweise Kletschkowsky), Erich Vermehren zusammen mit seiner Frau Elisabeth, geb. Gräfin von Plettenberg, vgl. Abshagen: Canaris, S. 366 f.
[374]  Zur Geschichte der Berliner Liegenschaft des Unternehmens, vgl. Thorsten Dame/Marion Steiner: Deutsche Waffen- und Munitionsfabriken DWM, Juni 2015. industrie-kultur-berlin.de [Abruf: 20.8.2017].
[375]  Nachlaß Leverkuehn, BA NL1146, Bd. 20; den Hinweis verdanke ich Heiko Suhr.
[376]  IMG (deutsch), Bd. 1, S. 346-350.
[377]  Bereits zutreffend beschrieben von Utley: Rache, S. 15.
[378]  Hull: Memoirs, Bd. 1, S. 368-374; Hull ließ weg, daß die USA nichts dabei fanden, am 23.6.1939 heimlich ein *barter agreement* mit GB abzuschließen,

vgl. Frederic R. Sandborn : Roosevelt is Frustrated in Europe, in: Barnes: Perpetual War, S. 187-229, hier: S. 207.

[379] So dezidiert Detlef Junker: Nationalstaat und Weltmacht. Die globale Bestimmung des nationalen Interesses der USA durch die Internationalisten 1938-1941, in: Hauser: Weltpolitik II, S. 26.

[380] So in der Bestandsbeschreibung des Nachlasses von Leverkuehn, BA NL1146.

[381] Er wurde durch Ernst Friedlaender ersetzt. Vorgänger von beiden war Ernst Kogon, der seinen Posten wegen finanzieller Unklarheiten räumen mußte.

[382] Außenminister George Marshall hatte diese Politikänderung in einer Rede am 5.6.1947 in Harvard angekündigt, vgl. Ambrose u.a.: Globalism, S. 86; hiernach sei die Reaktion in Europa enthusiastisch gewesen.

[383] 77 % der einschlägigen Gelder blieben auf diese Weise in den USA, ein beträchtlicher Teil davon war für Ölgeschäfte bestimmt, vgl. Chomsky: World Order, S. 124.

[384] Ausführlich zu den Vorüberlegungen und zur Installierung des Marshall-Plans, einschließlich der handelnden Figuren, Kennan: Memoiren, S. 328-347.

[385] Unter Bezugnahme auf Ex-CIA'ler als gewaltige Geldwaschanlage bezeichnet bei Stone u.a.: Untold History, S. 213.

[386] Saunders: Zeche, S. 104 f., unter namentlicher Nennung der beteiligten Personen aus der US-Administration, die für die Veruntreuung der Gelder verantwortlich waren.

[387] In Italien führte die CIA ihre erste verdeckte Beeinflussungsoperation durch, um die Wahlen im anti-kommunistischen Sinne zu entscheiden, vgl. Stone u.a.: Untold History, S. 215.

[388] Kennan: Memoiren, S. 333 f.

[389] Saunders: Zeche, S. 124-138.

[390] Einer der Beteiligten, Irving Kristol, hat das in seinen Memoiren offengelegt, Reflections of a Neoconservative; der Vorabdruck im *New York Times Magazine* vom 23.1.1977 hieß bezeichnenderweise Memoirs of a Trotskyist.

[391] Saunders: Zeche, passim; Braden (1917-2009) war ein US-Amerikaner, der 1940 aus Abenteuerlust in die britische Armee eintrat und erst 1944 über Allen Dulles zum OSS kam. 1950-54 führte er die verdeckten Einflußoperationen der CIA. Später war er als Journalist tätig, vgl. spartacus-educational.com/JFKbraden [Abruf: 2.1.2018].

[392] Zur Auftragskunst in der DDR, vgl. z.B. Ausstellung des Deutschen Historischen Museums, Berlin, elektronischer Katalog, dhm.de/archiv/ausstellungen/auftrag/56.htm pp.

[393] Unterwegs, Bd. 2, S. 268-271.
[394] N.N.: Counter Intelligence, Bd. 3, S. 26-31.
[395] Roosevelt am 24.12.1943, unmittelbar nach dem Treffen von Teheran: „Ich glaube, er repräsentiert wirklich Herz und Seele Rußlands, und ich glaube, wir werden uns mit ihm und dem russischen Volk sehr gut vertragen – so gar sehr gut", zit. nach Roosevelt spricht, S. 313.
[396] Vgl. Beck: Dossier, S. 130 f.
[397] Kennan: Memoiren, S. 336 f.
[398] Beck: Dossier, S. 130.
[399] Damit wurde eine wesentliche Forderung der Franzosen erfüllt, die sie als Bedingung für die Zustimmung zur westdeutschen Staatsgründung aufgestellt hatten, nämlich Internationalisierung des Ruhrgebiets bei nur nomineller deutscher Beteiligung, vgl. Graml: Die Alliierten, S. 197.
[400] Vertrag über das Ruhrstatut zwischen den USA, Großbritannien, Frankreich und den Benelux-Staaten vom 28.4.1949, Text bei verfassungen.de/de/de45-49/internationaleruhrbehoerde48.htm; der Vertrag wurde niemals aufgehoben, sondern wurde durch eine deutsche Unterwerfungserklärung vermittels des Beitritts der Bundesrepublik zur Europäischen Gemeinschaft für Kohle und Stahl am 23.7.1953 gegenstandslos.
[401] Durch seine Heirat mit der niederländischen Kronprinzessin Juliane am 7.1.1937 wurde der aus Jena gebürtige Deutsche zugleich niederländischer Offizier, der 1944/45 Oberbefehlshaber der niederländischen (Exil) Armee war, die nicht besonders eindrucksvoll gewesen sein kann, da die Niederlande 1940-45 unter deutscher Besatzung standen, vgl. Großer Brockhaus 1966, Bd. 2, S. 583. Die von mir benutzten Promi-Lexika von Knaur, Heyne und Fischer nehmen von Bernhard keine Notiz.
[402] Vgl. Ambrose Evans-Pichard: Euro-federalists financed bei US spy chiefs, The Telegraph vom 16.9.2010, telegraph.co.uk/news/worldnews/europe/1356047/Euro-federalists-financed-by-US-spy-chiefs [Abruf: 2.1.2018]; nach Thierry Meyssan: Die geheime Geschichte der Europäischen Union, *VoltaireNet* vom 9.6.2004, voltairenet.org/article188097 [Abruf: 2.1.2018], war Retinger Agent von MI6; es ist möglich, daß er beiden Diensten gleichzeitig diente; eine förmliche Übergabe des Agenten habe ich nicht finden können.
[403] Auch Historiker, die das CIA-Manöver zur Finanzierung der Europa-Bemühungen aufdeckten, ahnten von der wahren Quelle der Gelder nichts, wenn sie schrieben, daß die Finanzierung aus dem US-Staatsbudget erfolgt sei, vgl. insofern Richard J. Aldrich: OSS, CIA, and the European Unity. The American Committee on United Europe, Diplomacy and Statecraft vom 1.3.1997, warwick.ac.uk/fac/soc/pais/people/aldrich/publications/oss_cia_united_europe_eec_eu.pdf [Abruf:

[404] So bei Beck: Dossier, S. 130.
[405] Die CIA-Finanzierung wurde seit einigen Jahren zumindest teil-offen gelegt, vgl. Evans-Pichard: a.a.O.
[406] Spaak: Memoiren, S. 265 f.; interessant ist, daß Spaaks CIA-Führungsoffizier bereits 2 Jahre vor dem Erscheinen von Spaaks Memoiren das geheimdienstliche Verhältnis zwischen beiden kaum verhüllend öffentlich gemacht hat, siehe Thomas W. Braden: Speaking out: I'm glad the CIA is 'immortal', *The Saturday Evening Post* vom 20.5.1967, S. 10-14, cambridgeclarion.org/press_cuttings/braden_20may1967 [Abruf: 2.1.2018].
[407] Vgl. Bandulet: Beuteland, S. 212.
[408] Diesen Vergleich hat auch der britische Wirtschaftshistoriker Niall Ferguson vorgenommen, vgl. Zit. bei Bandulet: Beuteland, S. 215, 315. Ferguson gilt heute als ein führender wissenschaftlicher Herold der anglo-amerikanischen Geldelite, vgl. den unfreundlichen Kommentar von Will Banyan: The Professors Progress, *Conspiracy Archive* vom 11.11.2014, conspiracyarchive.com/2014/11/13/the-professors-progress/ [pdf im HR-Arch].
[409] Typisch im genannten Sinne Hans-Jürgen Schröder: Marshallplan, amerikanische Deutschlandpolitik und europäische Integration 1947-1950. *Das Parlament* B 18/1987, S. 3-17.
[410] Zahlen nach Diwald: Deutschland, S. 273 f.
[411] Kogon war in den 1930-er Jahren in Wien tätig, zunächst bei der katholischen Zeitung *Schöne Zukunft*, dann als Vermögensverwalter, vgl. Großer Brockhaus, 1966, Bd. 10, S. 324 f.
[412] Zit. nach Umschlagtext der Sonderauflage für die Bundeszentrale für politische Bildung.
[413] Noch 1983 hielt Theodor Eschenburg, in Bracher u.a.: Geschichte der Bundesrepublik, Bd. 1, S. 158, das Buch für unübertroffen.
[414] Bereits vor Jahrzehnten hat der Spiegel-Journalist Heinz Höhne auf die Fragwürdigkeit des Kogon-Buches und seine ständigen Veränderungen hingewiesen, vgl. Orden, S. 111.
[415] Selektion war das Tarnwort der Lagerverwaltungen für die Erstmusterung der Ankommenden in zwei Gruppen, die Arbeitenden und die zu Tötenden.
[416] Siehe Quellenverzeichnis/Buchheim: SS-Staat.
[417] A.a.O.
[418] N.N.: 70 Jahre Frankfurter Hefte, Friedrich Ebert Stiftung: Homepage, https://www.fes.de/neue-gesellschaftfrankfurter-hefte/ [Abruf: 6.1.2018].

[419] Besteht heute noch als *Neue Gesellschaft Frankfurter Hefte*. In einer Selbstdarstellung (frankfurter-hefte.de/ueber-uns/ [Abruf: 6.1.2018]) wird darauf verwiesen, daß die Hauptzielrichtung die Abkehr vom Nationalstaat war, die Auflage sei bis zu 70.000 Exemplaren angestiegen. Wer diese Auflagen bezahlte, wird nicht mitgeteilt, auch nicht wie hoch die jetzige Auflage ist.
[420] Ausführlich hierzu Scheil: Transatlantische Wechselwirkungen.
[421] www.munzinger.de/search/go/document.jsp?id=00000007812 [Abruf: 18.9.2017]; bei Kosch: Staatshandbuch, S. 367 ist davon mit keinem Wort die Rede.
[422] Nach Kosch: Staatshandbuch, S. 357 handelte es sich um eine kaufmännische Lehre.
[423] Z.B. Frieden und Abendland. Zürich, Max Niehans, 1940.
[424] Die US-Affinität läßt sich noch heute an den Mitgliedslisten mit Zeit-Journalisten in den einschlägigen US *pressure groups* spiegeln, z.B. der Atlantikbrücke, aus deren Mitliederverzeichnissen von 2006-12 sind es: Theo Sommer, langjähriger Chefredakteur, Josef Joffe, Herausgeber, Mathias Naß, Korrespondent, Marc Brost, Leiter des Hauptstadtbüros, Robert Leicht, Korrespondent, zuvor langjähriger Redakteur, Jan Ross, Redakteur, Constanze Stelzenmüller, Redakteurin und Leiterin des Berliner Büros des German Marshall Fund of the USA, Martin Klingst, US-Korrespondent, Catriona McLaughlin, Referentin der Geschäftsführung, siehe auch homment.com/atlantikbruecke.
[425] Die einschlägigen Angaben sind widersprüchlich; hier wird Kosch: Staatshandbuch, S. 357 gefolgt.
[426] de.wikipedia.org/wiki/Ernst_Friedlaender_(Publizist) [Abruf: 18.9.2017].
[427] Kürschners Volkshandbuch, 8. WP, S. 78.
[428] Focke: Mein Vater.
[429] Vgl. die Illustrierte *Der Spiegel* 44/1965, S. 178.
[430] Marc-Antoine Charpentier (ca. 1643-1704). Die Melodie war aus dessen Tedeum entnommen, die zudem als Erkennungsmelodie für Eurovisionssendungen adoptiert worden war.
[431] Erzbistum Köln: Marc-Antoine Charpentier, gemeinden.erzbistum-koeln.de/stifts-chor-bonn/service/komponisten/Charpentier [Abruf: 8.11.2017].
[432] *Die Zeit* vom 6.2.1970, zit. nach www.zeit.de/1970/06/ernst-friedlaender [Abruf: 18.9.2017].
[433] Als Gründungsdatum der Bundesrepublik wird der 23.5.1949 angesehen (= Tag der Ausfertigung und Verkündung des Grundgesetzes). Gründungstag der DDR war der 7.10.1949 (später der Staatsfeiertag der DDR).
[434] Zwischenwahlen am 5.11.1946, im Senat verschoben sich die

Mehrheitsverhältnisse zugunsten der Republikaner auf 51:45 von zuvor 39:56, im Repräsentantenhaus auf 246:188 von zuvor 191:242, vgl.ipfs.io/ipfs/QmXoypizjW3WknFiJnKLwHCnL72vedxjQkDDP1mXWo6uco/wiki/United_States_Senate_elections%2C_1946 und ipfs.io/ipfs/QmXoypizjW3WknFiJnKLwHCnL72vedxjQkDDP1mXWo6uco/wiki/United_States_House_election%2C_1946.html [Abruf: 6.1.2018].

[435] N.N.: Counter Intelligence, Bd. 3, S. 26-31.

[436] Harry Truman: Statement by the President on Announcing the First Atomic Explosion in the U.S.S.R. vom 23.9.1949 Public Papers 1946-1953, hier 1949, trumanlibrary.org/publicpapers/index.php?month=09&year=1949.

[437] Sudoplatow: Handlanger, S. 221-252, die Autobiographie von Sudoplatow wird häufig als ungenau eingeschätzt, zuweilen auch als bewußt geschönt.

[438] Die Einzelheiten zu White in Unterwegs, Bd. 2, S. 296-298, und oben Abschnitt: Gottes Wille und das gute Gewissen.

[439] Zu Hiss: Roewer u.a.: Lexikon der Geheimdienste, S. 205 f., sowie Auskünfte von Svetlana Chervonnaja, Moskau, an den Autor, die ihre US-geförderten Forschungen zu Hiss in den 1990-er Jahren abbrechen mußte, weil die Ergebnisse über die Spionagetätigkeit von Hiss eindeutig, aber dadurch unerwünscht waren. Zu Hiss in der üblichen US-Sicht, die Dinge offenlassend Isaacs u.a.: Kalter Krieg, S. 107-109.

[440] Zur Rolle von Fuchs: Roewer u.a.: Lexikon der Geheimdienste, S. 154 sowie aus kommunistischer Nachwende-Sicht Panitz: Treffpunkt Branbury, passim, der den Atomverrat von Fuchs als den größten Spionagefall der Geschichte bezeichnet.

[441] Unterwegs, Bd. 2, S. 270 f.; namentliche Auflistung bei N.N.: Counter Intelligence, Bd. 3, S. 26-31.

[442] Hierzu neuerdings Bonwetsch u.a.: Korea, passim, wobei Hg. Bernd Bonwetsch ganz im amerikanischen Sinne im einleitenden Essay feststellt, daß die Aggression von Nordkorea ausgegangen sei, woran es heute keinen Zweifel mehr gebe, was insofern erstaunlich ist, als die im Buch vertretenen russischen Autoren das glatte Gegenteil vertreten. Bemerkenswert ist auch, daß US-Außenminister Dean Acheson in einer Grundsatzansprache im Januar 1950 erklärt hatte, Korea sei kein amerikanisches Interessengebiet, so daß er hiermit zu Angriff des Norden geradezu eingeladen haben könnte, vgl. Stone u.a.: Untold History, S. 236.

[443] 1949 rief Mao die Volksrepublik China aus, Tschiang Kai schek mußte sich nach Formosa zurückziehen, 1950 beendete er auf Geheiß von US-Präsident Truman den Bürgerkrieg, vgl. Adams: USA, S. 82.

[444] Zusammenfassend hierzu Jörg Friedrich: Ein Krieg, der nicht enden will. Korea 1950-2017, Vierteljahresschrift *Tumult* Herbst 2017, S. 49-53.

[445] Lat.: Unser Meer, römische Bezeichnung für das Mittelmeer. Wurde auch von Benito Mussolini wieder popularisiert.

[446] Zur Nato-Gründung und zu den organisatorischen Schritten bei der Installierung sowie zu den Verteidigungslasten der Bundesrepublik, MGFA: Verteidigung, S. 44-51. Vertragstext auf deutsch bei Obermanns: Verteidigung, S. 472-476.

[447] Der vielzitierte deutschfeindliche Ausspruch Ismays findet sich heute noch freundlicherweise auf der offiziellen Nato-Homepage, nato.int/cps/su/natohq/declassified_137930 [Abruf: 6.1.2018].

[448] Mit eher gewundenen Worten im deutschen offiziösen Handbuch von Obermann aus dem Jahre 1970 eingeräumt, ders.: Verteidigung, S. 485.

[449] Truman hatte hierfür vom Kongreß am 27.2.1947 150 Mio. $ verlangt und am 15.5.1947 erhalten, vgl. Ambrose u.a.: Globalism, S. 80, 83.

[450] Die Besatzungskosten betrugen nach deutscher Berechnung im Finanzjahr 1947/48 in der US-Zone 1,651 Mrd. RM, in der brit. Zone 2,684 Mrd. RM (= 34 % der deutschen Steuereinnahmen), Zahlen nach Utley: Rache, S. 266.

[451] 1949/50 waren dies 773.400.000 $, die als Zuweisung an die *Army* zur Verhütung von Seuchen und Unruhen verbucht wurden, vgl. Utley: Rache, S. 116.

[452] MGFA: Verteidigung, S. 455, oberhalb der drei Kommandierenden Generale der Korps gab es keine deutsche militärische Befehlsführung.

[453] Vgl. MGFA: Verteidigung, S. 97. Die Kommandostruktur der Nato (auch in Schaubildern) bei Obermann: Verteidigung, S. 498-518.

[454] Zum Fehlen der militärischen Führungsstruktur der Luftwaffe, MGFA: Verteidigung, S. 456.

[455] Zu den wechselnden Haltungen der politischen Parteien bei der Wiederbewaffnungsdebatte Obermann: Verteidigung, S. 246 f., Stellungnahmen aus Wissenschaft und Kirchen, ebd., S. 167-189.

[456] Langguth: Protestbewegung, S. 256-261; auch Alice Holmes Cooper: Fünf Dekaden deutscher Friedensbewegung, in: Maruhn u.a.: Raketenpoker, S. 70-83.

[457] Klar ist lediglich, daß Adenauer auf der sog. Weißen Liste des OSS stand, auf der Personen verzeichnet waren, die für eine administrative Hilfstätigkeit im geschlagenen Deutschland in Betracht zu ziehen waren, vgl. Wuermling: Weiße Liste, S. 69 f.

[458] Im O-Ton bei youtube.com/watch?v=P5K8s4Ibq8A [Abruf: 25.12.2017]. In der *Zeit* wurde der Zwischenruf Schumachers noch 40 Jahre später als Höhepunkt von Mangel an Erziehung bezeichnet, J. Dohle: „Kanzler der Alliierten", *Die Zeit* vom 1.12.1989, (mit online-Änderung vom 21.12.2012), zeit.de/1989/49/kanzer-der-alliierten

[Abruf: 25.12.2017] – eine bemerkenswerte Erziehungsleistung eines Journalisten an dem lange verstorbenen Politiker.
[459] Vgl. z.B. die Hinweise bei Christoph Kleßmann: Wiedervereinigung und deutsche Nation, Einleitung, library.fes.de/fulltext/historiker/00574009.htm [Abruf: 31.1.2018].
[460] Die *FZ* gehörte Leopold (urspr. Saul) Sonnemann, nach dessen Tod 1909 seinen Erben, den Gebr. Simon, die 1929/30 49 % der Anteile verkaufen mußten und zwar an Carl Bosch, den Chef der I.G. Farben, vgl. Jürgen Wilke: 150 Jahre FAZ. Eine Insel der Freiheit. faz-net vom 16.11.2016, faz.net/aktuell/eine-insel-der-freiheit-14530205.html [Abruf: 30.1.2018]. Neuere Geschichts-Aufklärer bemühen sich, eine NS-Verstrickung der Zeitung aus dem Umstand zu destillieren, daß die *FZ*, wie sie betonen, *erst* 1943 verboten worden sei, vgl. Hachmeister u.a.: Journalisten, S. 56-59.
[461] Einen Eindruck vermitteln die Stammbäume bei Chernow: Warburgs, nach S. XVII ff.; Eric W. befindet sich dort auf der vierten Seite unten links.
[462] Bei seiner Zeugenaussage am 17. 2.1950; zit. nach Allen: Rockefeller File, S. 59 (pdf); Übers. d. Verf.
[463] Die Verbindung des Wall Street-Juristen McCloy mit dem Bankier Warburg rührte daher, daß Mutter McCloy die Friseuse (*hair dresser*) der Warburg-Ladies war, vgl. Chernow: Warburgs, S. 575 f.
[464] Chernow: Warburgs, S. 709 f., 577.
[465] In dt. Übers. abgeb. bei Beck: Dossier, S. 70-73.
[466] Weizsäcker und Dönhoff saßen 1974 zusammen mit Stone im sonnigen Aspen, wo sie die Gründung einer Dependance in Berlin beschlossen, die Stone anschließend für Jahrzehnte leitete, vgl. zum Gründungstrio Schrenck: Charakterwäsche, S. 263-265.
[467] Z.B. Schrenk: Charakterwäsche, S. 262-265; letztmalige Aufmerksamkeit erregte Stone 1987 bei der Gründung der Shepard Stone-Stiftung, die lediglich den Namen adoptiert hat; das Geld stammt von Industriellen wie dem Mercedes-Vorstand Edzard Reuter, deutsches-stiftungszentrum.de/stiftungen/shepard-stone-stiftung [Abruf: 7.1.2018]; heute ist der tote Stone ein Säulenheiliger, siehe z.B. Annual Report Aspen Institute Berlin 2008, dort mehrfach, ebenso in allen folgenden Jahresberichten bis 2014.
[468] 2009 erhielt Weizsäcker den *Henry Kissinger Award* der 1998 in Berlin gegründeten American Academy. Er sagte, neben denen von Churchill lese er Kissingers Bücher immer wieder, weil er ein *master teacher of politics* sei. Zur Verleihung Beck: Dossier, S. 32.
[469] swp-berlin.org/ [Abruf: 3.1.2018], der dort genannte Direktor Volker Perthes ist laut Swiss Propaganda Research: Propagandamatrix, S. 8,

Mitglied der Atlantikbrücke, der Deutschen Gesellschaft für auswärtige Politik, der Bilderberggruppe und der Trilateralen Kommission.

[470] Dwight D. Eisenhower war der 34. Präsident der USA (1953-61), gewählt November 1952 und wieder gewählt November 1956, Großer Brockhaus, 1968, Bd. 5, S. 356 f.; John F. Kennedy war sein Amtsnachfolger (1961-22.11.1963, ermordet Dallas/Texas), gewählt November 1960 mit knapper Mehrheit gegen den republikanischen Gegenkandidaten Richard Nixon, a.a.O, Bd. 10, S. 90.

[471] Eisenhower wurde auf einem hochrangig besetzten Festbankett des CFR, zu dem der Multi-Millionär Clarence Dillon eingeladen hatte, als Kandidat der Republikaner bestimmt und mit Hilfe einer CFR-Tochter, *Citizens for Eisenhower*, durchgesetzt, vgl. Rothbard: Wall Street, S. 37 f.

[472] Über Roosevelts Rolle, den Zweiten Weltkrieg auszulösen und zu führen, siehe Unterwegs, Bd. 2, S. 271-281.

[473] Bereits im September 1945 kam es in London zwischen den Außenministern Byrnes und Molotow zur Konfrontation, bei welcher der Amerikaner vergeblich mit der A-Bombe drohte, vgl. Herken: Weapon, S. 48 f.

[474] Sowohl beim ersten Sputnik wie beim ersten bemannten Raumflug war die Sowjetunion der Vorreiter. Im Westen sprach man von Sputnik-Schock (hdg.de/lemo/kapitel/geteiltes-deutschland-gruenderjahre/kalter-krieg/sputnik-schock.html), im Osten sang ein FDJ-Chor *Im Weltraum siegte die S.U.* (mp3pn.info/song/10763199/FDJ_-_Im_Weltraum_siegte _die_SU/).

[475] Beschreibung und Dokumentation bei Spittmann u.a.: 17. Juni, passim.

[476] Entstehung und Niederschlagung bei Fuhrmann: Polen, S. 119-121.

[477] Zum Aufstandsverlauf und zur Niederschlagung aus Sicht der Aufständischen Mikes: Revolution, S. 70-172; aus ähnlicher Perspektive Dalos: 1956, passim; das Jahr 1956 aus aufständischen Zeitzeugenberichten Gosztony u.a.: Volksaufstand, passim.

[478] N.N.: In Memoriam 1956, hungarytoday.hu/news/memoriam-1956-radio -free-europe-voice-freedom-behind-iron-curtain-99079 [Abruf: 31.1.2018]; hier wird bestritten, daß die Auslösung des Aufstands von Radio Free Europe kam, allerdings seien aber Apelle zum Durchhalten gesendet worden. Das dürfte kaum stimmen, wenn man annimmt, daß die Geheimrede von Nikita Chruschtschow auf dem XX. Parteitag der KPdSU, auf dem er im Februar 1956 die Entstalinisierung ankündigte, der Auslöser war. Die CIA ließ diese Rede nämlich via Radio Free Europe verbreiten, vgl. Ambrose u.a.: Globalism, S. 155.

[479] Benannt nach Roman Gaither jun.; ein Exemplar befindet sich im NARA NSC 5724 (2), nunmehr veröffentlicht unter nsarchive2.gwu.edu// NSAEBB/NSAEBB139/nitze02.pdf

[480] Einschlägiges Zit. bei Ambrose u.a.: Globalism, S. 160.
[481] Gaither Report: Appendix G, a.a.O, S. 34-38 (pdf-Zählung).
[482] Ambrose u.a.: Globalism, S. 169.
[483] Aus Eisenhowers Abschiedsrede im Januar 1961, zit. nach Ambrose u.a.: Globalism, S. 169, Übers.d.Verf.
[484] Z.B. Walter Lippman: Today and Tomorrow. Eisenhower's Farewell Warning, *Washington Post* vom 19.1.1961.
[485] Unter der Leitung der *New York Times* wurde aus Mossadegh & Co ein Schurkenregime, dessen Sturz sodann entsprechend gefeiert wurde, vgl. Chomsky: Word Order, S. 194.
[486] Bereits 1944 hatte Roosevelt dem britischen Botschafter Lord Halifax eine Karte des Mittleren Ostens gezeigt, in welcher er die Aufteilung der Ölgebiete markiert hatte: Danach sollte das saudische Öl den USA, das persische den Briten gehören; hiervon rückten die Amerikaner zulasten der Briten alsbald ab, vgl. Stone u.a.: Untold History, S. 190.
[487] Zur Neuverteilung der persischen Ölförderung an US-Firmen nach dem Mossagegh-Sturz – bei gleichzeitiger Teilenteignung der früheren britischen Eigentümer –, vgl. Rothbard: Wall Street, S. 40 f.
[488] Auflistung nach Immerman: Empire, S. 164 ff.
[489] US-Investmentbank mit Sitz in New York City, 2000 mit der Chase Manhattan Bank fusioniert zu J.P. Morgan Chase & Co, der vermutlich größten Bank der USA, ggf. der ganzen Welt. Zu J.P. Morgan auch Unterwegs, Bd. 1, S. 127-131
[490] US-Finanzdienstleistungsfirma und Bank, Hauptsitz New York, in Privatbesitz.
[491] US-Investmentbank mit Sitz in New York City, gegründet 1832, 1991 aufgekauft von der Barings Bank, später weiterverkauft.
[492] US-Investmentbank, Hauptsitz New York City, 1869 gegründet, in Privatbesitz, heute mit weltweiten Niederlassungen, goldmansachs.com/who-we-are/at-a-glance/index [Abruf: 3.1.2018].
[493] US-Südfrüchte-Konzern, 1899-1970, international tätig, Hauptsitz Charlotte/South Carolina.
[494] US-Bergbauunternehmen, 1902 in New York gegründet, später nach Canada verlegt, heute als Firma Vale, Hauptsitz Toronto/Canada.
[495] US-Eisenbahngesellschaft, 1912 gegründet in Personalunion mit der United Fruit Comp., erstellt und betreibt ein Eisenbahnnetz in Guatemala und Nicaragua.
[496] US-Investmentfirma, ca. 1920 gegründet, international tätig.
[497] Dulles: Verschwörung in Deutschland, passim; dieses Autobiographische Buch wurde von dem OSS-Assistenten von Dulles, Gero von Gaevernitz, verfaßt, vgl. dessen Nachlaß im BA.

[498] Zu den Grotesken der CIA-Operation gehörte es, daß der Verantwortliche von Ort, CIA-Mann Kermit Roosevelt (Enkel des US-Präsidenten Theodore R. und Vetter von US-Präsident Franklin R.) sich so ungeschickt verhielt, daß die Sache noch vor ihrem Abschluß aufflog und der Schah aus Furcht vor der Rache von Mossadegh & Co vorübergehend außer Landes floh. Es versteht sich, daß Roosevelt die von ihm geleitete Operation wahrheitswidrig als einen notwengigen Gegenschlag dazustellen wußte, vgl. ders.: Countercoup, passim.

[499] Vgl. Gwen Kinkead: Kermit Roosevelt. Brief Life of a Harvard Conspirator 1916-2000, Harvard Magazine 1/2011, harvardmagazine.com/2011/01/kermit-roosevelt; instruktiver als der Aufsatz sind die beigefügten Kommentare, a.a.O., in denen die alberne Herabwürdigung des Gestürzten durch die Autorin als unwissenschaftlich bemängelt wird; bei solch harscher Kritik darf natürlich der Mainstream-Professor nicht fehlen, der alles im Sinne des großen und guten Amerika zurechtrückt.

[500] Durchaus instruktiv hierzu das offenbar von Exil-Iranern betriebene Mossadegh-Projekt, mohammadmossadegh.com/biography/ [Abruf: 26.10.2017].

[501] Das Gegenteil immer noch feststellend Ambrose u.a.: Globalism, S. 149; dort hält man sich vermutlich an den Altschul-Bericht, der im Dezember 1953 genau dies behauptete, um die CIA-Attacke öffentlich vorzubereiten, vgl. Rothbard: Wall Street, S. 45 f.; Frank Altschul war Vizepräsident des CFR und u.a. Direktor der New Yorker Chase National Bank.

[502] Die siegreiche Partei von Gúzman war der *Partido Guatemalteco des Trabajo* (Guatemaltekische Partei der Arbeit), die Kommunisten waren dagegen mit nur vier Sitzen im Parlament vertreten und an der Regierung nicht beteiligt, vgl. Stone u.a.: Untold Story, S. 263.

[503] Zahlen nach Kinzer: Overthrow, S. 135 f.

[504] Stone u.a.: Untold Story, S. 264 f.

[505] Unterwegs, Bd. 2, S. 39 f.

[506] Kinzer: Overthrow, S. 140.

[507] Der Staatsstreich wurde von Frank Wisner geleitet, einem Firmenanwalt aus dem Dunstkreis der Dulles-Brüder, Mitglied im CFR und jetzt zuständig für verdeckte Operationen der CIA, vgl. Rothbard: Wall Street, S. 45.

[508] Zahlen nach Ambrose u.a.: Globalism, S. 167.

[509] Z.B. im benachbarten Mexiko seit dem Beginn des 20. Jahrhunderts, vgl. Roewer: Kill the Huns, S. 289-300.

[510] Isaacs u.a.: Kalter Krieg, S. 188.

[511] Die gegen Cuba gerichteten klandestinen Maßnahmen hießen zunächst Cuba Project, später Operation Mongoose, vgl. CIA-Files Castro

06/001975, 178-10003-10318, Bl. 9, archives.gov/files/research/jfk/releases/docid-32112987.pdf [Abruf: 2.11.2017].

[512] Eine Durchsicht der einschlägigen CIA-Akten läßt nicht immer den eindeutigen Schluß zu, ob es sich bei der eingebundenen Person um den Präsidenten oder seinen Bruder Robert Kennedy gehandelt hat. Soweit dort von *Mr. Kennedy* die Rede ist, dürfte es sich um Robert K. handeln.

[513] CIA-Files, 178-10004-10264, file 62, archives.gov/files/research/jfk/releases/docid-32105754.pdf [Abruf: 2.11.2017].

[514] CIA-Files Castro 06/001975, 178-10003-10318, Bl. 2 f., archives.gov/files/research/jfk/releases/docid-32112987.pdf. [Abruf: 2.11.2017].

[515] Die Gegenansicht sieht die Mafia als Verantwortlichen für den Mord an Kennedys Bruder Robert, vgl. Deschner: Moloch, S. 506.

[516] Z.B. US-Präsident Lyndon B. Johnson am 17.12.1963 vor der UN-Vollversammlung in New York: „...John Kennedy war der Begründer einer neuen Hoffnung für die Menschheit...", Johnson: Zeit zum Handeln, S. 159. Unmittelbar nach dem Tod von Kennedy hatte Mainstream die Glorifizierung von Kennedy noch nicht als Propagandagag realisiert, vgl. z.B. die ruppigen Nachrufe in *Time* und *Life* gleich nach der Ermordung.

[517] Von Ford kam dessen Firmenpräsident Robert McNamara, der Verteidigungsminister wurde.

[518] Rothbard: Wall Street, S. 47 f.

[519] Rothbard: Wall Street, S. 47 f.

[520] Zu seinen familiären Verbindungen Rothbard, a.a.O., S. 48 f.

[521] Der einschlägige Auftrag Präsident Kennedys folgte unmittelbar nach der mißlungen Landung in der kubanischen Schweinebucht, vgl. CIA-Files Castro 06/001975, 178-10003-10318, Bl. 2, archives.gov/files/research/jfk/releases/docid-32112987.pdf [Abruf: 2.11.2017].

[522] Chomsky: World Order, S. 123.

[523] Subok u.a.: Kreml im Kalten Krieg, S. 333 f.

[524] Isaacs u.a.: Kalter Krieg, S. 172 f.: das Treffen habe in Chruschtschow die Auffassung erzeugt, Kennedy sei kein ebenbürtiger Partner.

[525] Falls diese Annahme stimmt, könnte sie durch Berichte von Chruschtschows Vertrauten, Alexej Adshubej, verstärkt worden sein, der Kennedy 1961 mindestens zweimal im Weißen Haus traf, wo Kennedy ihm gesagt habe, er könne durch andere gezwungen werden, keine zu starke Entspannungspolitik zu treiben, Adshubej: Hoffnungen, S. 275-278.

[526] Kolpakidi u.a.: Imperija GRU, Bd. 2, Biografii, S. 146-282.

[527] Bolschakow war bereits sein Anfang der 1950-er Jahre als angeblicher New Yorker TASS-Korrespondent in den USA.

[528] Subok u.a.: Der Kreml im Kalten Krieg, S. 331-393.

[529]  Schecter u.a.: Penkowskij-Akte, passim; bereits kurz nach der Affäre (1966) in der US-bereinigten Fassung Penkowskij: Geheime Aufzeichnungen, passim.
[530]  Raketenlücke = qualitatives Ungleichgewicht.
[531]  Zahlen, die den Grad der US-Dominanz anzeigen bei Deschner: Moloch, S. 503.
[532]  Roewer: Im Visier, S. 190-240; siehe auch Bailey u.a.: Die unsichtbare Front, passim.
[533]  Vgl. Matthias Uhl: „Westberlin stellt also ein großes Loch inmitten unserer Republik dar". Die militärischen und politischen Planungen Moskaus und Ost-Berlins zum Mauerbau, in: Hoffmann u.a.: Mauerbau, S. 311-330.
[534]  Merseburger: Willy Brandt, S. 393 f.
[535]  Zu Anlaß und Ablauf der SED-Gründung in der SBZ Andreas Malycha: Von der Gründung 1946 bis zum Mauerbau 1961, in: Herbst u.a.: SED, S. 1-55, hier: S. 10-18; auch speziell zum Berliner Viermächtestatus Löwenthal: Ich bin geblieben, S. 129-132.
[536]  Fricke: Opposition und Widerstand, S. 37-40; Bärwald: Ostbüro der SPD.
[537]  Bereits der Besitz von SPD-Material wurde spätestens ab 1949 strafrechtlich verfolgt, vgl. Fricke: Politik und Justiz, S. 52-54; ders.: Opposition und Widerstand, S. 21-46, den Kampf gegen die SPD zusammenfassend, darin das Zit. einer Rede des SPD-Vorsitzenden Erich Ollenhauer vom 15.4.1961, der eine Zahl von 20.000 gemaßregelten Sozialdemokraten allein zwischen Dezember 1945 und April 1946 nennt, a.a.O., S. 34.
[538]  Einzelheiten nach Stephan G. Thomas: Nachlaß, FES; auch Annemarie Renger: Die Menschen in seinen Bann gezogen. Zum Tode von Stephan Thomas, *Sozialdemokratischer Pressedienst* vom 10.7.1987, S. 7 f.; Bärwald: Ostbüro der SPD.
[539]  Es ist vielfach angenommen worden, daß Grzeskowiak desertierte, jedenfalls arbeitete er bis mindestens Ende der 1940-er Jahre auch für die Briten, vgl. Buschfort: Parteien, S. 35-45.
[540]  Scholz: Wehner, S. 184 f.
[541]  Abgdr. in: Wehner: Zeugnis, S. 28-316.
[542]  Wolfgang Buschfort: Munition für Herbert Wehner. Schreiben an Wehner in den Unterlagen der Staatssicherheit entdeckt, Beiträge zur Geschichte der Arbeiterbewegung 4/1998, S. 83-92.
[543]  Vgl. zu den Geldzahlungen in Höhe von 200.000 DM an Brandt im Jahre 1950 die Meldung im *Spiegel*, die ursprünglich als Geber die CIA nannte, dann aber in Marshall-Plan-Hilfe korrigiert wurde, www.spiegel.de/einestages/willy-brandt-bekam-geheime-us-zahlungen-ab-1950-a-1096881.html; das ist nicht ohne Witz, weil bei Saunders: Die Zeche, S.

104 f, 132, genau dargestellt wurde, wie und welche Marshall-Plan-Gelder durch die CIA zu Tarnungs- und Mittelbeschaffungszwecken verwendet wurden. Vgl. auch Peter Mühlbauer: USA sponsorten [sic!] Willy Brandt, *Telepolis* vom 11.6.2016, heise.de/tp/features/USA-sponsorten-Willy-Brandt-3380017.html; hier wird der Hinweis auf die Marshall-Plan-Gelder durch den Zusatz ergänzt, daß der damalige Journalist Brandt unbestechlich gewesen sei, weil Geldgeber und -nehmer die gleichen Absichten verfolgt hätten.

[544] Gore Vidal schildert aus einem Privatgespräch mit Kennedy Mitte August 1961 dessen Reaktion, die sich auf das Entstehen von zusätzlichen Rüstungs-Kosten bezog, die er ironisch beklagte, Perpetual War, S. 154.

[545] Siehe z.B. die Fotos auf der Website der Stadt Berlin, berlin.de/berlin-im-ueberblick/geschichte/berlin-nach-1945/john-f-kennedy-in-berlin/zeitzeugenberichte/ [Abruf: 35.1.2018).

[546] Z.B. Schwarz: Ära Adenauer 1957-1963, S. 261-273; zur Selbstdarstellung im Spiegel siehe Hans Halter: „Es war ein Kampf". Rudolf Augstein über die Spiegel-Affäre und ihre Folgen. *Der Spiegel* 43/2002, S. 90-93; auch ungezählte Notierungen im Internet, auf deren Zitation ich verzichtet habe.

[547] Am 1.4.1945 zu diesem Dienstgrad befördert; zur Drückeberger-Karriere Augsteins in der Wehrmacht, die er später in antifaschistischen Widerstand umformatierte, und zu dessen Tätigkeit für die NS-Presse Georg Dimtzsch: Wenn das „Sturmgeschütz der Demokratie" Ladehemmung hat. Geschichten um Rudolf Augstein und den „Spiegel", Ms. von 2014 im Besitz des Verf.

[548] Zur Analyse des Spiegel aus diesen Quellen und zu dessen Wandel in die Priesterherrschaft der Intellektuellen, Schelsky Arbeit, S. 333 f; die wütende Reaktion des Chefredakteurs Rudolf Augstein befindet sich im *Spiegel* vom 2.6.1975 unter dem Titel *Mit den Bomben leben*, S. 26 f.

[549] In diese Kategorie gehören Journalisten wie Kurt Tucholsky und Carl von Ossietzky, noch heute die Säulenheiligen der etwas gebildeteren Linken, die durch das Aneinandergeraten ihrer Helden mit dem NS-Regime den Umstand beiseiteschaffen, daß beide zum Aufstieg dieses Regimes, wenn auch ungewollt, durch ihr Dauerfeuer auf die Institutionen von Weimar ihr Scherflein beigetragen haben.

[550] Augstein: Herr Strauß, S. 12-14; Schwarz: Ära Adenauer 1957-1963, S. 261-273.

[551] Brawand: Rudolf Augstein, S. 136-139.

[552] Hachmeister: Gegnerforscher, S. 103-108; Wildt: Generation des Unbedingten, S. 374 (dort bezeichnender Weise als Person nur erwähnt, aber nicht beschrieben).

[553] Eine wenig schmeichelhafte Fotomontage mit Mahnke als vorgeblicher Spiegeltitelgeschichte findet sich bei rand-notizen.steirischerherbst.at/2012/09/07/our-money/horst-mahnke-spiegel-220/.
[554] Augstein: Herr Strauß, S. 12-14.
[555] Brawand: Rudolf Augstein, S. 155; Jürgen Seifert: Die Spiegelaffäre, in Hafner u.a. Skandale, S. 68-82.
[556] Bundesverfassungsgericht: Urteil vom 5.8.1966, S. 181-186, 222; Brawand: Rudolf Augstein, S. 152; und noch ein bißchen anders: Augstein: Herr Strauß, S. 35.
[557] Brawand: Rudolf Augstein, S. 142.
[558] Helmut Bärwald: Demokratie mit dicken Prügeln einbleuen. Die Kompromittierung des Bundesverteidigungsministers Franz Josef Strauß durch den „Spiegel" entsprach den Absichten des KGB, *Junge Freiheit* vom 15.11.2002, jf-archiv.de/archiv02/472yy58 [Abruf: Januar 2006].; Schmidt-Eenboom: Undercover, S. 188.
[559] Sokolowski: Militärstrategie, S. 77.
[560] Dzhirkvelov: Secret Servant, S. 298-301.
[561] Zit. nach: Helmut Bärwald, a.a.O. (J.F.).
[562] Gehlen: Verschlußsache, S. 64-68.
[563] Diehl: Zwischen Politik und Presse, S. 316.
[564] Gehlen: Verschlußsache, S. 64-72.
[565] Schmückle: Pauken und Trompeten, S. 264 f.
[566] So im Ergebnis auch Brawand: Rudolf Augstein, S. 156-158.
[567] Bundesgerichtshof: Beschluß vom 13.5.1965, Az. 6 St 4/64 [Einstellung des Verfahrens gegen Rudolf Augstein und Conrad Ahlers].
[568] Bundesverfassungsgericht: Urteil vom 5.8.1966, S. 163, 191-230.
[569] Eine Analyse der Verhältnisse, jedoch mit umgekehrten Vorzeichen, also dem Erhalt der bestehenden Hochschulen bei Schoeps: Deutschland droht Anarchie.
[570] Stand bzw. Gelingen des deutschen Atomprogramms ist umstritten, vgl. Karlsch: Hitlers Bombe, passim.
[571] N.N.: Carl Friedrich von Weizsäcker, in Austria-Forum, austria-forum.org/af/AustriaWiki/Carl_Friedrich_von_Weizs%C3%A4cker [Abruf: 11.10.2017].
[572] Weizsäcker: Der bedrohte Friede, S. 17-22.
[573] Vgl. Schirach: Nacht der Physiker, S. 186-199.
[574] Ernst von Weizsäcker: Kriegsverhütung, S. 23: „Annähernd zwei Jahrzehnte meines Daseins, 1927 bis 1945, hatte ich praktisch mit Kriegsverhütung zu tun", abgdr. bei Weizsäcker: Der bedrohte Friede, S. 23-28, hier: S. 23.
[575] Text der Rede vom 8.5.1985 im Plenarsaal des Deutschen Bundestages,

bundespraesident.de/SharedDocs/Reden/DE/Richard-von-Weizsaecker/Reden/1985/05/19850508_Rede [Abruf: 7.1.2018].
[576] Selbstredend gab es auch Deutsche, die das anders sahen, wie der jüdischstämmige Journalist Richard Löwenthal, der den Krieg in Berlin überlebte, vgl. ders.: Ich bin geblieben, S. 82 f.: Jetzt erst waren wir wirklich wieder frei.
[577] Weizsäcker: Einheit der Natur, S. 164.
[578] Eine solche zweifelnde Beurteilung des Tuns von Weizsäckers befindet sich bspw. bei Schelsky: Arbeit, S. 62. Auffällig ist hingegen, daß Weizsäcker selbst den Begriff der Ambivalenz bevorzugt; allerdings weist er darauf hin, daß Kenner von Marx und Hegel bei dergleichen an Dialektik denken würden, vgl. Garten des Menschlichen, S. 65 f.
[579] Die einschlägigen gezielt politischen Äußerungen Weizsäcker sind Legion, vgl. nur: Der bedrohte Friede; Wege in der Gefahr; Deutlichkeit, jeweils passim.
[580] Der Soziologe Dahrendorf war nach kurzer Hochschulkarriere als Shooting Star in die FDP-Karriere ausgewichen, die ihn über eine Stippvisite im Bundestag und im AA auf den Posten eines EU-Kommissars emporschleuderte und von dort über die Leitung der London School of Economics ins britische Oberhaus.
[581] Geradezu beispielhaft nachzulesen bei Dahrendorf: Für einen Liberalismus der Zukunft, in Morlock: Liberale Profile, S. 202-216.
[582] Dahrendorf: Plädoyer, passim.
[583] Eine Übersicht der weit über hundert *Zeit*-Artikel von Dahrendorf bei www.zeit.de/autoren/D/Ralf_Dahrendorf/index. [Abruf: 16.10.2017].
[584] Z.B. Aspen Institute, vgl. N.N.: Über Aspen, aspeninstitute.de/aspengermany/ [Abruf: 11.10.2017].
[585] Zur Geschichtsschreibung von Mainstream vgl. z.B. Nevins: Geschichte, S. 151-153.
[586] Besonders drastisch dargestellt bei Deschner: Moloch, S. 192-201.
[587] Vgl. z.B. die amerikanische deutschsprachige *Abendzeitung* vom 6.12.1918, wo zudem ausgeführt wird, daß es nicht einzusehen sei, warum man diesen Kämpfern, die in Kürze in die USA als Sieger zurückkehren würden, das Wahlrecht vorenthalte, siehe auch in engl. Übers. bei ia902608.us.archive.org/BookReader/BookReaderImages.php?zip=/4/items/5418474_3_1/5418474_3_1_jp2.zip&file=5418474_3_1_jp2/5418474_3_1_0430.jp2
[588] Das Thema unterliegt in Deutschland einem strikten Diskussionsverbot. Es kam notgedrungen an die Oberfläche, als Gutmensch begann, sich um die Mischlingskinder als benachteiligte Gruppe zu kümmern, siehe z.B. neuerdings, jedoch mit breiterem Ansatz, Stelzl-Marx u.a.: Besatz-

ungskinder.
[589] Öquist: Finnland, S. 38, stattdessen wurde eine Wehrsteuer erhoben.
[590] Z.B. in dem Jugendbuch, das zur Jugendweihe verschenkt wurde, Gemkow u.a.: Sozialismus Deine Welt, S. 318-323, eins der Lieblingsobjekte war die Kampagne *Rettet Angela Davis*.
[591] Ambrose u.a.: Globalism, S. 42; unter detaillierter Nennung der OSS-Funktionäre, Mullins: World Order, S. 154-165; sorgfältig beiseite gelassen bei Isaacs: Kalter Krieg, S. 206 (Lebensbeschreibung von Ho Chi Minh).
[592] Isaacs u.a.: Kalter Krieg, S. 205 f.
[593] Zepezauer: CIA's Greatest Hits, S. 24; die Gegenposition, nach der ein in internationalen Gewässern operierender US-Zerstörer Ziel einer nordvietnamesischen Attacke wurde bei Isaacs: Kalter Krieg, S. 216.
[594] Der damals verantwortliche US-Verteidigungsminister Robert McNamara nannte später die Zahl von 3,4 Mio., vgl. David K Shipler: Robert McNamara and the Ghosts of Vietnam, nytimes.com/library/world/asia/081097vietnam-mcnamara. Eine Schätzung der vietnamesischen Regierung von 1995 nennt die Zahl 5,1 Mio., vgl. rjsmith.com/kia_tbl. Addiert man die von den USA im gleichen Zusammenhang verursachten 2,7 Mio. Toten in Laos und Kambodscha, so beläuft sich die Opferzahl amerikanischer Angriffe im Vietnamkrieg auf knapp 8 Mio. Tote. Zu den Zahlen und den unterschiedlichen Schätzungen James A. Lucas: Deaths in other Nations since WWII due to US Interventions, countercurrents.org/lucas240407 [Abruf: 14.10.2017].
[595] Deschner: Moloch, S. 537 f.; auch de.wiktionary.org/wiki/Napalm [Abruf: 7.1.2018].
[596] Die Chemie-Schule: Orange Agent, chemie-schule.de/KnowHow/Agent_Orange [Abruf: 7.1.2018]. Zu Einsatz und Wirkung und zur deutschen Beteiligung bei der Herstellung vgl. Deschner: Moloch, S. 542-546.
[597] Amerikanische online-Veröffentlichungen zu diesem Thema sind wenig einheitlich, vgl. z.B. N.N. grunt-redux.atspace.eu/friendly_fire11 und en.wikipedia.org/wiki/List_of_friendly_fire_incidents [Abruf: 7.1.2018].
[598] Z.B. Isaacs u.a.: Kalter Krieg, S. 228 mit nebelhaften Andeutungen auf einen FBI-Bericht.
[599] Hitchens: Akte Kissinger, S. 38-75.
[600] Es wirft auf Kissingers Charakter ein bezeichnendes Licht, wenn es stimmt, daß er 1968 nach Nixons Nominierung gegenüber Dritten bemerkte, für diesen Nixon werde er niemals arbeiten, so Allen: Rockefeller File, S. 137 (pdf).
[601] Nach Angaben des Pentagon starben von März 1968-Februar 1972

31.205 US-Amerikaner, Hitchens: Akte Kissinger, S. 71; nach Lapham: Age of Folly, S. 219, betrugen die US-Verluste insgesamt 57.000 Tote und 157.000 Verwundete.
[602] Der gleichnamige Schlager, den John Lennon am 1.6.1969 im Hotelbett in Montreal zusammen mit seiner neuen Frau Yoko Ono aufnahm, brachte der Anti-Vietnam-Bewegung weltweite ungeahnte Schubkraft.
[603] Vgl. Topitsch: Stalins Krieg, S. 222-224, der allerdings gegen diese Bewegung als eine von Drückebergern ausdrücklich Stellung bezieht, das war im deutschsprachigen Raum zunehmend eine Außenseiterposition.
[604] Z.B. bei Isaacs u.a.: Kalter Krieg, S. 282 f.
[605] Hierauf weist auch Lapham: Age of Folly, S. 220, hin.
[606] Soweit erkennbar erstmals und dort grundlegend in *Vom Ursprung und Ende der Metaphysik*, 1958; später dann vielfach, vor allem durch radikale Kritik von Hegel, dessen Metaphysik und Dialektik-Lehre er für die Marx'sche Ideologie und auch die Geistesgrundlagen der Nationalsozialisten verantwortlich machte. Das wurde später mit Nachdruck wiederholt, vgl. ders. Gottwerdung und Revolution, S. 249.
[607] Für den anglo-amerikanischen Kulturraum besonders scharf anhand der Utopia von Thomas Morus herausgestellt, vgl. Topitsch: Gottwerdung und Revolution, S. 160-166.
[608] Erwähnt in der vom Verlag beigegebenen Lebenslaufskizze in Topitsch: Gottwerdung und Revolution, S. 4.
[609] Topitsch: Gottwerdung, S. 247-254.
[610] So bspw. Werbung der Neun: Literaturführer, S. 46.
[611] Im Jargon des *Bild*-Chefs Peter Boenisch: „Böll, dieser Heinrich-mir-graut-vor-dir, kann alles, weiß alles, redet über alles. Ein deutscher Übermensch...", zit. nach Jacobi: Springer, S. 206; die Gratulanten zum 100. Geburtstag Bölls sehen das natürlich anders, für sie ist der Meister selbst ein Kämpfer gegen die Selbstgerechtigkeit gewesen, man sehe mit den Stickworten Böll und Selbstgerechtigkeit ins Internet – viel Spaß.
[612] Arnold Zweig: Der Streit um den Sergeanten Grischa; zunächst als Drama, dann als Roman ab 1927 Vorabdruck in der *Frankfurter Zeitung*, 1928 als Buch, das zum Bestseller avanciert, 1933 auf der Liste unerwünschter Bücher; nach dem Krieg vielfach in Ost und West aufgelegt; das von mir benutzte Exemplar: Frankfurt am Main, Fischer TB, 1985.
[613] Vgl. z.B. die mit Abstand meisten, zudem illustrierten Nennungen von Böll in Werbung der Neun: Literaturführer, S. 18 (1949), 24 f. (1951), 28 (1953), 30 (1954), 32 (1955), 38 f. (1959), 46 (1962), 48 (1963), 50 f. (1964), 52 (1965), 56 f. (1967), 66 f. (1971), 68 (1972), 72 f. (1974).
[614] Böll im Newsweek-Interview vom 22.1.1973: „Ich möchte nicht übertreiben, aber fast jeder wichtige Schriftsteller kommt aus dem

katholischen Milieu, Grass, Martin Walser, Hans Martin Enzensberger, ich selber..." Er vergleicht dies mit der Judenemanzipation in den USA, „denn es gibt kaum einen gegenwärtigen amerikanischen Schriftsteller von Gewicht, der nicht jüdisch ist.", zit. nach Schelsky: Arbeit, S. 346.

[615] N.N.: Bankraub: Polizist erschossen. Baader-Meinhof-Bande mordet weiter, *Bild-Zeitung* vom 23.12.1971, S. 1. Kritiker der Bild-Zeitung (einschließlich Bölls) sahen hierin eine unzulässige Vorverurteilung, vgl. z.B. Dollinger: Lexikon, S. 31 f.; der vom BMI herausgegebene Verfassungsschutzbericht 1971 sah dies nüchterner und ordnete die Tat der RAF zu, a.a.O., S. 63.

[616] Heinrich Böll: Will Ulrike Gnade oder freies Geleit?, *Der Spiegel* vom 10.1.1972, S. 54-57.

[617] In Bölls Diktion handelt es sich hierbei um die *anarchistische Baader-Meinhof-Gruppe*, vgl. Interview in *Newsweek* vom 22.1.1973.

[618] In diesem Sinne z.B. Röhl: Fünf Finger, S. 356.

[619] *Der Spiegel* vom 24.1.1972, S. 41 f. unter der irreführenden redaktionellen Überschrift *Diese Praxis ist verheerend*, die ein Zitat-Kürzel repetiert.

[620] Böll: Verfolgt war nicht nur Paulus, *Der Spiegel* vom 31.1.1972. Den Artikel habe ich im Spiegel-Archiv nicht finden können.

[621] BMI: Verfassungsschutzbericht 1972, S. 60.

[622] A.a.O.

[623] Diesen Ausdruck verwendet Böll bereits in seiner Rede *Gewalten, die auf der Bank liegen* auf dem SPD-Parteitag 1972.

[624] Schelsky: Arbeit, S. 342-363.

[625] Eines unter vielen ist das Ost-Berliner Standard-Werk *Braunbuch: Kriegs- und Naziverbrecher*, das mehrere Auflagen erfuhr und noch nach 1990 unverändert nachgedruckt wurde. Ähnlichen Inhalt hatte das parallel erscheinende *Graubuch*.

[626] Ein weiterer Böll-Text aus demselben Genre ist das Pamphlet *Bericht zur Gesinnungslage der Nation*, 1971 erstmals erschienen.

[627] Zum Eindringen der Machtgeilen in die Herde der Weltverbesserer am Beispiel des Frankfurter Straßenschlägers Joseph Fischer siehe Schmidt: Die Wahnsinnigen, S. 15-194.

[628] In der Einschätzung ähnlich, wobei eine Systematik des Sympathisanten unternommen wird, vgl. Schrenck: Publizistik, S. 359-363 [zuerst 1975].

[629] Grundlegende Einführung und wesentliche Dokumente bei Jacobsen u.a.: Sicherheit und Zusammenarbeit, passim und insbesondere der Schlußakte vom 1.8.1975, S. 913-966.

[630] Vgl. Photo bei Jäger u.a.: Republik, S. 301.

[631] Defense Intelligence Agency (DIA): RT-21 M/SS-20 Saber, globalsecurity.org/wmd/world/russia/images/ss-20-DNST8201240 [Abruf:

1.2.2006].
[632] Die gegenwärtige offizielle Lesart der Bundesregierung zu den Schmidt-Jahren auf der Web-Site mit dem urkomischen Namen *bundeskanzlerin* vermeidet einen expliziten Hinweis auf Schmidts Haltung in dieser Sache, siehe bundeskanzlerin.de/Webs/BKin/DE/Kanzleramt/Zeitstrahl/Schmidt/schmidt_node [Abruf: 7.1.2018].
[633] Ausgangspunkt war die Rede von Bundeskanzler Helmut Schmidt am 28.10.1977 im Londoner Institut für Strategische Studien, in: Presse- und Informationsamt der Bundesregierung: Bulletin vom 8.11.1977; BMVg: Weißbuch 1979, S. 126-132; Wettig: Bundesrepublik im Brennpunkt, S. 38-41; BMVg: Weißbuch 1983, S. 197.
[634] Text bei documentarchiv.de/in/natodb.html [Abruf: 29.1.2018].
[635] In diesem Sinne z.B.: Arbatow: Das System, S. 210-218; Wolkogonow: Lenin, S. 523; zur Ideologie der Breshnjew-Zeit: Heller u.a.: Geschichte der Sowjetunion, S. 348-353.
[636] W.I. Lenin: Drei Quellen und drei Bestandteile des Marxismus, in: ders.: Werke, Bd. 19, S. 3.
[637] KSZE Schlußakte vom 1.8.1975, abgdr. bei: Jacobsen u.a.: Sicherheit und Zusammenarbeit in Europa, S. 915.
[638] Roewer: Im Visier, S. 356-382.
[639] Die Rollenzuweisung an die DKP wurde auf der obersten sowjetischen Entscheidungsebene explizit getroffen, vgl. Voslensky: Nomenklatura, S. 467-477.
[640] Zu den Kirchen bereits frühzeitig kritisch Studnitz: Ist Gott Mitläufer?, passim.
[641] Röhl: Fünf Finger, S. 341-351.
[642] Vorträge in Heidelberg 1964 abgdr. Stammer: Max Weber und die Soziologie heute; hier ging es um Referate, die kaum abweichender hätten sein können; vor allem der Vortrag von Herbert Marcuse Industrialisierung und Kapitalismus wurde vom Gros der anwesenden Studenten „frenetisch" aufgenommen. Ähnliches geschah ein Jahr später, als Jürgen Habermas die Dialektik feierte, sein Diskussionspartner Hans Albert führte ironisch aus: „Welche Vorzüge sie [die Dialektik] anderen Auffassungen gegenüber besitzt und welcher Methoden sie sich bedient, hat ... keine Beantwortung gefunden. Man darf jedenfalls ein unübertreffliches Instrument zur Bewältigung komplexer Zusammenhänge vermuten, wenn auch das Geheimnis seines Funktionierens bisher verborgen blieb", vgl. Albert: Im Rücken des Positivismus, in: Adorno u.a.: Positivismusstreit in der deutschen Soziologie, S. 304.
[643] Politologisch verbrämt als Entstehung aus der Neuen Sozialen Bewegung (NSB) bei Klaus-Jürgen Scherer: Politische Kultur und neue soziale

Bewegung, in: Glaeßner: Bundesrepublik, S. 71-91, hier: S. 88 f.; zum grünen Gründungsklientel siehe Langguth: Protestbewegung, S. 261-275.

[644] Der revolutionär-antidemokratische Grundzug der Neuen Linken wurde in den offiziellen Berichten stets besonders betont, vgl. z.B. BMI: Verfassungsschutzbericht 1986, S. 99-102.

[645] Ein Fanal war der Bombenanschlag der RAF am 11.5.1972 auf den US-Offiziersclub in Frankfurt am Main, vgl. Schmidt: Die Wahnsinnigen, S. 52. Gewalttätige Aktionen gegen Nato-Einrichtungen bestimmten auch die 1980-er Jahre, vgl. z.B. BMI: Verfassungsschutzbericht 1986, S. 119 f., 130 f.

[646] Aktionsfelder nannten sich Kampf des palästinensischen Volkes gegen den israelisch-amerikanischen Imperialismus und Ausrufen eines israelischen Warenboykotts, vgl. z.B. BMI: Verfassungsschutzbericht 1988, S. 76, 89.

[647] Zit. nach Mühlmann: Chiliasmus und Nativismus. S. 407 f.; nimmt Bezug auf Marcuse: Der Eindimensionale Mensch. Studien zur Ideologie der fortgeschrittenen Industriegesellschaft.

[648] Hans-Peter Müller: Friedensbewegung im politischen Kalkül der sowjetischen Außenpolitik, in Maruhn u.a.: Raketenpoker, S. 84-116, hier: S. 100-114; Ploetz u.a.: Ferngelenkte Friedensbewegung?, ebd., S. 129-276.

[649] PGU (Perwoe glawnoe uprawlenie = Erste Hauptverwaltung des KGB): 1952 wird der bisherige politische Auslandsnachrichtendienst der Sowjetunion, die INO, zur PGU des MGB umstrukturiert, im März 1954 folgt die Eingliederung der PGU in das KGB. Die PGU ist bis zum Ende der Sowjetunion der wichtigste Auslandsnachrichtendienst der Sowjetunion. Nach deren Zerfall entsteht aus der PGU der SWR, Roewer u.a.: Lexikon der Geheimdienste, S. 347.

[650] Speziell zum Vorgehen des MfS, Hubertus Knabe: MfS und Friedensbewegung, in: Maruhn u.a.: Raketenpoker, S. 298-325. Bemerkenswert mag sein, daß der Verfasser selbst aus grünalternativen Kreisen stammte und später anderen Sinnes wurde, als er das Zersetzende des geheimdienstlichen Vorgehens erkannte.

[651] Daschitschew: Moskaus Griff, S. 69-71.

[652] Die DKP war die von den Toten auferstandene Neugründung der 1956 in Westdeutschland durch das Bundesverfassungsgericht verbotenen KPD (Urteil vom 17.8.1956, Entscheidungssammlung, Karlsruhe, 1956, Bd. 5, S. 85-393). Sie war orthodox-kommunistisch und strikt moskauhörig, vgl. ergänzend Mensing: Wir wollen unsere Kommunisten wieder haben, S. 14-18; Wilke u.a.: DKP, S. 72.

[653] Z.B. Kade: Bedrohungslüge, das Buch wurde über den von der DKP beherrschten westdeutschen Pahl-Rugenstein-Verlag vertrieben. Der Au-

tor war IM des MfS und Geschäftsführer der MfS-finanzierten Frontorganisation *Generale für den Frieden*; zu Kade und seinen Aktionen Jochen Staadt: Die SED und die „Generale für den Frieden", in: Maruhn u.a.: Raketenpoker, S. 270-280, hier: S. 274-276.
[654] Bärwald: Mißbrauchte Friedenssehnsucht, S. 151-155.
[655] Unter dem Motto „Auftehen für den Frieden", vgl. Maruhn u.a.: Raketenpoker, S. 342.
[656] Zur Einwirkung und den Einschätzungen des MfS vgl. Hubertus Knabe: MfS und „Friedensbewegung", in: Maruhn u.a.: Raketenpoker, S. 298-325, hier: S. 311 ff.
[657] Zu den Anfängen der sowjetischen Einflußnahme-Bemühungen auf die SPD, vgl. Roewer: Skrupellos, S. 325-346. Die geheimdienstliche Unterwanderung in der Zeit nach dem Zweiten Weltkrieg habe ich in *Im Visier*, S. 313-350 beschrieben. Ergänzendes und Weiterführendes vor allem zur Rolle des MfS hierbei anhand der MfS-Akten in Knabe: Die unterwanderte Republik, passim. Der Versuch, die Entwicklung bei der SPD irgendwie zu retten bei Peter Corterier: Die Regierung Schmidt und der Nato-Doppelbeschluß, in: Maruhn u.a.: Raketenpoker, S. 118-125.
[658] Am 21.6.1981 fand auf den evangelischen Kirchentag in Hamburg eine große Demonstration gegen die Stationierung von Mittelstreckenraketen statt, vgl. Maruhn u.a.: Raketenpoker, S. 338; Bundeskanzler Schmidt wurde von den frommen Menschen mit lautstarken Protesten empfangen, vgl. Jäger u.a.: Republik, S. 186 f.
[659] Linn: Kampagne gegen die Nato-Nachrüstung, passim; Bärwald: Friedenssehnsucht, S. 77-90.
[660] Das Komitee mit dem sich schließlich verselbständigenden Kürzel *Kofaz* war die zentrale Beeinflussungsorganisation der Friedensbewegung, vgl. Udo Baron: Das KOFAZ, die „Grünen" und die DKP in der Friedenskampagne. Kommunistische Bündnispolitik im Zusammenhang mit dem Nato-Doppelbeschluß, in: Maruhn u..a.: Raketenpoker, S. 198-215.
[661] Übersicht bei Bärwald: Friedenssehnsucht, S. 39-76.
[662] Zu den Finanzen der DKP siehe Wilke u.a.: DKP, S. 135-147.
[663] Zit. nach: Keworkow: Der geheime Kanal, S. 238; vgl. auch: Jäger u.a.: Die Ära Schmidt, S. 320.
[664] Udo Baron: Die verführte Friedensbewegung. Zum heute nachweisbaren Einfluß von SED und MfS, *Die politische Meinung* 10/2003, S. 55-61.
[665] Honecker: *Neues Deutschland* vom 16.2.1981, zit. nach: Spittmann: DDR unter Honecker, S. 82.
[666] Schönfelder u.a.: Willy Brandt in Erfurt, S. 189-246.
[667] Isaacs u.a.: Kalter Krieg, S. 330 f.; Maruhn u.a.: Raketenpoker, S. 341; Jäger u.a.: Republik, S. 461.

[668] Beim SPD-Parteitag in München (19.-23.4.1982) vertagte die SPD eine Entscheidung über die Raketennachrüstung gegen das Votum von Schmidt auf den Herbst 1983, vgl. Maruhn u.a.: Raketenpoker, S. 342.
[669] Roewer: Im Visier, S. 310-333
[670] Eine Darstellung aus dem inneren SPD-Machtzirkel um Kanzler Schmidt gibt Bölling: Die letzten 30 Tage, passim, wobei er den Bruch der Koalition der FDP zuschiebt, ohne die vorherige Demontage von Schmidt durch die eigene Partei auch nur zu erwähnen – verständlich, aber unvollständig.
[671] Lehmann: Deutschland-Chronik, S. 305 f.
[672] Michael Ploetz/Hans-Peter Müller: Friedensbewegung in Ost und West. Zeitleiste 1969-1987, in Maruhn u.a.: Raketenpoker, S. 326-348. hier: S. 346; in der Deutschland-Chronik von Lehmann ist stattdessen die Gründung der Republikaner vermerkt, die für die Bundesrepublik ohne Bedeutung geblieben ist, a.a.O., S. 308.
[673] BMVg.: Weißbuch 1985, S. 53-57.
[674] Zum Verfall der Friedensbewegung mit dem Beginn der Pershing-II-Stationierung, Rühle: Angriff, S. 76-79.
[675] Z.B.: Wolf: Spionagechef im geheimen Krieg, S. 321-345.
[676] Beide Zit. nach N.N.: Attentat auf Ronald Reagan, deacademic.com/dic.nsf/dewiki/109794 [Abruf: 6.2.2018].
[677] Den Umstand reportierend Ambrose u.a.: Globalism, S. 351.
[678] Etwas anders dargestellt bei Meacham: Destiny, S. 189.
[679] Außenminister wurde George Pratt Shultz, Verteidigungsminister Caspar Weinberger, bis 1980 Präsident bzw. Vizepräsident der Bechtel-Gruppe, vgl. Mullins: World Order, S. 164.
[680] In diesem Sinne auch Stone u.a.: Untold History, S. 343 f.
[681] Ambrose u.a.: Globalism, S. 303 f.
[682] Reagan: American Life, S. 257.
[683] Besonders ätzend verspottet durch Gore Vidal im offenen Brief an den gewählten Präsidenten (George W. Bush) vom 11.1.2001, *Vanity Fair* vom Dezember 2000, auch in Perpetual War, S. 149-160, hier S. 151 f.: „Ronald Reagan Memorial Nuclear Space Shield". Zum SDI-Projekt eher zurückhaltend, aber es für sinnvoll erachtend Isaacs u.a.: Kalter Krieg, S. 342-345.
[684] Ambrose u.a.: Globalism, S. 350 f. stellen zutreffend fest, daß unter Reagan Schulden aufgehäuft wurden, wie unter den vorangegangenen Präsidenten nicht zusammen, sind aber der Meinung, daß dies der Preis für eine geordnete Welt gewesen sei.
[685] Vidal: Imperial America, S. 41, urspr. veröffentlicht in *The Nation* vom 11.1.1986.

[686] Zur Auswahl und Wahl von Gorbatschow aus sowjetischer Funktionärssicht Jakowlew, Abgründe, S. 443-549.
[687] Z.B. Deschner: Moloch, S. 556 f.; das tat auch der amerikanische Erfolgsautor Gore Vidal ausgiebig, vgl. z.B. Imperial America, S. 61: Als Ronald Reagans Karriere im Show-Geschäft zu Ende ging, wurde er angestellt, zuerst den Gouverneur von Kalifornien, dann den amerikanischen Präsidenten darzustellen.
[688] Ambrose u.a.: Globalism, S. 331 f.
[689] Isaacs u.a.: Kalter Krieg, S. 322 f.
[690] Zum Ablauf das Kommandounternehmens vgl. Deschner: Moloch, S. 555 f.
[691] Viel später kam unter dem Stichwort *October Surprise* (Oktober-Überraschung) der Verdacht auf, daß die Republikaner insofern an der Schraube gedreht hatten, als sie heimlich den Geiseltausch USA-Iran sabotieren ließen, um Carter zu schaden, vgl. Rimscha: Bush, S. 97-104; Bülow: Im Namen, S. 97 f.; nach anderer Lesart verursachte die Fed im Wahljahr eine Rezession, um diesen Effekt zu erreichen, vgl. Mullins: World Order, S. 90; für beide Lesarten fehlen die unwiderleglichen Beweise.
[692] Verteidigungsminister war seit Reagans Amtsantritt Caspar Weinberger, der schließlich über die Iran-Contra-Affäre stürzte.
[693] NSC = National Security Counsel.
[694] Grundlegend zum Unterschied der Machtkonzepte bei Machiavelli und Morus, Ritter: Dämonie der Macht, S. 29-176.
[695] In der Utopia heißen diese Minderwertigen die Zapoleten. „Diese setzt man immer an den gefährlichsten Stellen ein; je mehr davon umkommen umso besser. Man spart dadurch Soldzahlungen und befreit obendrein den Erdenball von diesem Abschaum der Menschheit", zit. nach Ritter: Dämonie der Macht, S. 86.
[696] Zusammenfassend in Ambrose u.a.: Globalism, S. 328 f., 339-41.
[697] Ambrose u.a.: Globalism, S. 338-340.
[698] North war ein Assistent des Nationalen Sicherheitsberaters im Weißen Haus, Admiral John Poindexter, der offenbar, und vermutlich vorbei an den zuständigen Ressorts, eine eigenständige Außen- und Sicherheitspolitik betrieben hatte.
[699] Reagan Verteidigungsminister Caspar Weinberger (21.1.1981-23.11.1987) trat zurück, kurz bevor gegen ihn Anklage erhoben wurde. Das Verfahren zog sich bis in den Präsidentenwahlkampf von 1993 und sorgte mit dafür, daß Präsident Georg Bush die Wiederwahl gegen den Demokraten Bill Clinton verlor.
[700] Vgl. Presse- und Informationsamt der Bundesregierung: 25 Jahre Reagan-

Rede, www.bundesregierung.de/ContentArchiv/DE/Archiv17/Artikel/2012/06/2012-06-15-reagan-rede-vor-25-jahren [Abruf: 20.11.2017].

[701] Über den Erfinder dieser Worte sind verschiedene Geschichten in Umlauf. Am wahrscheinlichsten ist es, daß die Rede einschließlich der berühmt gewordenen Passage vom damals 30-jährigen Junior-Redenschreiber des Präsidenten, Peter Robinson, stammte, vgl. Tunku Varadarjan: Spreechwriter who helped Reagan „tear down that wall", www.politico.eu/article/speechwriter-who-helped-reagan-tear-down-that-wall/ [Abruf: 20.11.2017|.

[702] *The Guardian* vom 13.6.1987, www.theguardian.com/theguardian/2012/jun/13/archive-1987-reagan-gorbachev-berlin-wall [Abruf: 20.11.2017].

[703] Erst jüngst Meacham: Destiny, S. 3 ff.

[704] Der Vermögensbegründer war Bushs Großvater George Herber Walker, ein Investment-Banker in St. Louis, vgl. Meacham: Destiny, S. 14 f.

[705] Bushs Vater, Prescott Bush, wurde Partner bei der führenden Investment-Bank Harriman Brown & Co, die bis 1942 in Geschäfte mit Fritz Thyssen und seinem Konzern verwoben waren, vgl. Meachem: Destiny, S. 21-23.

[706] In dieser Art Preparata: Conjuring Hitler; der Autor stellt einen Zusammenhang der Bush-Familie zu Hitler dadurch her, daß Precott Bush die Amsterdamer Filiale (Union Banking Corp.) der US-Bank Harriman Brown & Co leitete, wo die NSDAP ein verdecktes Spendenkonto unterhalten habe, a.a.O, S. 198 – eine nicht gerade schlüssige Beweisführung.

[707] Lapham: Age of Folly, S. 8-10; dieser Beitrag des Buches, der 1990 zum ersten Mal veröffentlicht wurde, nennt als nötige Werbekosten für ein Kongreßmandat 350.000 $ und für einen Senatssitz 4 Mio $.

[708] Unger: House of Bush, S. 155.

[709] A.a.O. S. 157.

[710] 1976/77, Bush bezeichnete die Ernennung als Abschiebung auf einen politischen Friedhof (*political graveyard*), vgl. Meacham, Destiny, S. 197; im Deutschen spricht man noch plastischer von Elefantenfriedhof.

[711] Während der republikanischen Präsidentschafts-Nominierung war Bush gegen Reagan angetreten und unterlegen. Erst im letzten Moment ernannte Reagan Bush zum Vize-Kandidaten (*running mate*), Meacham: Destiny, S. 262-263.

[712] Bereits unter Präsident Gerald Ford hatten Rumsfeld und Cheney ganz oben mitgemischt, Rumsfeld als Stabschef im Weißen Haus, Cheney als sein Vertreter, 1975 wechselte Rumsfeld ins Amt des Verteidigungsministers, während Cheney ihm als Stabschef nachfolgte.

[713] Z.B. Diekmann u.a.: Helmut Kohl. Ich wollte Deutschlands Einheit, passim.
[714] Hierzu z.B. Interview der FAZ mit Emmanuel Todd, einem der Berater des Präsidentschaftsbewerbers Jacques Chirac im Dezember 1996, wiedergegeben bei Kalz: Requiem, S. 176 f.
[715] Über Schumachers unmißverständliche Ablehnung der deutschen Teilung vgl. Schmid: Erinnerungen, S. 252-255.
[716] Z.B. grundlegend bei Goebbels: Bolschewismus, 1936, sowie später in ungezählten Artikeln und Ansprachen.
[717] Wörtlich bei Gaus: Wo Deutschland liegt, S. 190.
[718] Es ist bis zum heutigen Tage umstritten, ob die einschlägigen sowjetischen Wiedervereinigungsangebote seriös waren oder nicht; scharf ablehnend z.B. Ruggenthaler in der Einleitung zur Dokumentensammlung Stalins großer Bluff, S. 23-45; die Gegenposition wurde seinerzeit durch den SPD-Politiker Carlo Schmid vertreten, Erinnerungen, S. 526 f.
[719] Die SPD fuhr bei den Bundestagswahlen 1949 (29,2 %), 1953 (28,8 %), 1959 (31,8 %) gegenüber dem bürgerlichen Lager deutliche Niederlagen ein, zu den Zahlen Korte: Wahlen, S. 32.
[720] Text des Godesberger Programms vom 13.-15.11.1959, www.spd.de/fileadmin/Dokumente/Beschluesse/Grundsatzprogramme/godesberger_programm.pdf [Abruf: 24.11.2017].
[721] Kanzlerkandidat wurde ab 1960 Berlins Regierender Bürgermeister Willy Brandt; den Vorschlag setzte der selbst parteiintern vorgeschlagene Carlo Schmid durch, vgl. ders.: Erinnerungen, S. 691-697; es ist nicht ohne Reiz, daß Schmid zusammen mit Brandt einige Zeit zuvor zu einer umfangreichen USA-Reise eingeladen worden waren, wo sie alle trafen, die in den USA Rang und Namen hatten, a.a.O., S. 592-605.
[722] Siehe oben Kapitel: Zementierung auf ewig: Berlinkrise und Mauerbau.
[723] Unter Nennung der Namen, Herkunft und späterer Parteiposition Röhl: Fünf Finger, S. 341-351.
[724] Ab den 1990-er Jahren bürgerte sich der Spott-Name Toskana-Fraktion ein. Was Wunder, daß diese ihren Sprung in den Merian-Reiseführer Toskana schaffte, www.merian.de/italien/europa/artikel/traum-vom-italienischen-feriendomizil [Abruf: 26.11.2017].
[725] Der Erfinder dieser Injurie war vermutlich der Karikaturist Hans Traxler, vgl. Knorr u.a.: Birne. Das Buch zum Kanzler.
[726] Expressis verbis bei Kohl: Erinnerungen, S. 51; zuvor – meist umschreibend – in zahlreichen Ansprachen und Äußerungen, vgl. eine Sammlung hierzu beim Stichwort Helmut Kohl der Konrad-Adenauer-Stiftung, helmut-kohl.de/index.php?menu_sel=15&menu_sel2=213&

[727] menu_sel3=124 [Abruf: 30.1.2018].
[727] Gewählt am 23.5.1984, wiedergewählt am 23..5.1989, Amtszeit 1.7.1984-30.6.1994.
[728] Geradezu symptomatisch sind die Bemerkungen des Vorzeigedichters Durs Grünbein in seinem sog. Tgb., vgl. ders.: Das erste Jahr, wo der Durs den Leser wissen läßt, daß er den Hermlin, den er drei Mal in seinem Leben traf, für dies und das hält, beim letzten Treffen sei's ihm peinlich gewesen, es war, so liest man, auf einer dieser üblichen Einladungen beim Bundespräsidenten.
[729] Ganz auf der Linie der Umerziehung Lehmann: Deutschland-Chronik, S. 311: „weltweit beachtete Rede... ein Tag der Befreiung".
[730] Z.B. Aspen Institute, vgl. N.N.: Über Aspen, aspeninstitute.de/aspen-germany/ [Abruf: 11.10.2017].
[731] Nach den Berliner Wahlen am 10.5.1981 schwenkte die FDP von der SPD zur CDU, so daß Weizsäcker zum Regierungschef gewählt werden konnte, vgl. Jäger u.a.: Republik, S. 223.
[732] Mit Behagen nannte die ebenfalls gegensteuernde Illustrierte *Spiegel* Weizsäcker einen Warner, bezeichnend ist auch das Foto des Präsidenten, beides bei N.N.: In Angst vor der Einheit, *Der Spiegel* vom 18.12.1989, S. 16-25, speziell S. 24.
[733] Die CDU war mit Führungskämpfen beschäftigt, die am 11.-13.9.1989 an die Oberfläche kamen, als der baden-württembergische Ministerpräsident Lothar Späth vergeblich versuchte, Kohl als Parteivorsitzenden zu stürzen, kas.de/wf/de/37.8344/ [Abruf: 4.1.2018].
[743] Dietrich Staritz: Von der „Befreiung" zur „Verantwortungsgemeinschaft". Die Deutschlandpolitik der Bundesrepublik und der DDR, *Das Parlament* B 14/1987, S. 37-46; dieser vorbildliche westdeutschen Wissenschaftler und Spiegel-Mitarbeiter war im Nebenamt MfS-Agent.
[735] Der Trick der CDU-Funktionäre war es, den Standpunkt der DDR ständig zu problematisieren, z.B. Gerd Langguth: Der Status Berlins aus Sicht der DDR. Eine kritische Bestandsaufnahme, *Das Parlament* B 50/1987, S. 37-53.
[736] Protokoll des Parteitags, S. 18, kas.de/upload/ACDP/CDU/Protokolle_Bundesparteitage/1989-09-11-13_Protokoll_37.Bundesparteitag_Bremen.pdf [Abruf: 31.1.2018].
[737] Später gesammelt hg. von Sommer: Reise ins andere Deutschland, passim. In dieselbe Kerbe haute die Zeit-Feuilletonistin Antonia Grunenberg: Selbstbeschränkung und Entgrenzung [sic!]. Zur Literatur in der DDR in den achtziger Jahren, *Das Parlament* B 40-41/1987, S. 4-14; das war *wishfull thinking* im Duktus von Intellektuellengeschwätz.
[738] Sommer ist Mitglied der Atlantikbrücke, vgl. homment.com/

atlantikbruecke [= Auswertung der Mitglieder-Verzeichnisse; Abruf: 1.2.2018], wirkt mit dem Aspen-Institut zusammen, z.B. bei aspeninstitute.de/wp-content/uploads/RZ_Aspen_Advertorial_371x528_final_kl.pdf [Abruf: 1.2.2018], schrieb 1964-79 vier Beiträge für das CFR-Organ *Foreign Affairs*. Im übrigen als ein Schatz der Recherche Sommer: Der Zukunft entgegen, passim; der ans Originelle grenzende Untertitel *Ein Blick zurück nach vorn* steht vermutlich für die ungezählten Fehlprognosen des *Zeit*-Chefs aus der Vorwendezeit.

[739] Weizsäcker: Deutsche Geschichte, S. 175-179.
[740] Zit. nach Fichter: SPD, S. 35.
[741] A.a.O., S. 34 f.
[742] Zur Verneinung einer deutschen Nation durch die evangelischen Kirchen Ost und West vgl. Hacker: Deutsche Irrtümer, S. 253-261.
[743] Ein Spiegel dessen sind die Berichte des MfS, daß diesen Bereich dicht überwachte, hierzu die drei Bände von Besier: SED-Staat und die Kirche, insb. Bd. 2 und 3.
[744] Die einschlägigen Zeugnisse sind Legion, vgl. z.B. aus dem sog. Wendegeschehen die zahlreichen Aufrufe von September bis November 1989, dokumentiert in mdv transparent, Bd. 1 und 2, passim; ebenso aufschlußreich der Aufruf *Für unser Land*, abgdr. *Neues Deutschland* vom 29.11.1989, S. 2; Text auch: BA: SAPMO DY 2. Dagegen selbstkritisch: Jens Reich: Warum ist die DDR untergegangen? Legenden und sich selbst erfüllende Prophezeiungen, *Parlament* B 46/1996, S. 3-7.
[745] Autorenkollektiv: Kleines Politisches Lexikon, S. 869 f.
[746] Die Grenzschließung nach Polen erfolgte 1981. Ob es im September 1989 noch zu Grenzschließungen Richtung ČSSR kam, ist umstritten.
[747] § 106 StGB der DDR.
[748] Im Juni 1989 hatte Gorbatschow bei seinem Frankreichbesuch gesagt, die Zukunft von Polen und Ungarn sei ihre Sache, vgl. Ambrose u.a.: Globalism, S. 364.
[749] Sowjetische Geheimdienstoffiziere sprachen sich dezidiert dagegen aus, die russischen Prinzipien von Glasnost und Perestroika in den anderen sozialistischen Staaten zuzulassen, da dies zum Untergang des Ostblocks führen müsse, z.B. Iwan N[ikolajewitsch] Kusmin: Die Verschwörung gegen Honecker, *Deutschland Archiv* 1995, S. 287-290.
[750] BBC vom 16.6.1989, news.bbc.co.uk/onthisday/hi/dates/stories/june/16/newsid_4522000/4522407.stm [Abruf: 31.1.2018].
[751] In diesem Sinne Michael Haller/Helga Hirsch: Ich sah das Volk kommen. Am 16. Juni wird der Führer des Volksaufstands von 1956, Imre Nagy, feierlich umgebettet: Ungarns Kommunisten wollen ihre Vergangenheit bewältigen, *Die Zeit* vom 16.6.1989.

[752] László Nagy: Baue ab und nimm mit. Das Paneuropäische Picknick und die Grenzöffnung am 11. September 1989, *Deutschland Archiv* 2001, S. 943-955; zu den Terminen und der Flucht Tausender von DDR-Bewohnern aus diesem Anlaß auch Lehmann: Deutschland Chronik, S. 358-361.
[753] Ash: Im Namen Europas, S. 505; Hertle: Chronik des Mauerfalls, S. 61-71.
[754] Wolfgang Vogel, zit. nach: Garton Ash: Im Namen Europas, S. 217, 690.
[755] Zur SED-/MfS-Aktion und ihren Auswirkungen vgl. Roewer: Im Visier, S. 464 f.
[756] Ich habe den Jahrgang 1988 auf der Suche nach einem guten Witz komplett durchgesehen und dann entnervt aufgegeben. Das Foto nebst Text ist Nr. 44/1988, S. 13 entnommen.
[757] Schriftliche Auskunft von Dr. Wolfgang Kaufmann, Dresden.
[758] Persifliert von Brussig: Sonnenallee, S. 84-86.
[759] Isaacs u.a.: Kalter Krieg, S. 387-391.
[760] N.N. Niederschlagung der Protestbewegung auf dem Platz des Himmlischen Friedens in Peking 1989, 1989.dra.de/themendossiers/ddr-fernsehen/berichterstattung/tiananmen-massaker.html [Abruf: 6.2.2018].
[761] Meine Tagesnotizen aus der einschlägigen Zeit im BMI lassen für mich keinen anderen Schluß zu. Ein Vergleich mit den Ereignissen in Peking zeigt, daß die USA als Reaktion die Waffenverkäufe (!) an China suspendierten, vgl. Ambrose u.a.: Globalism, S. 355 f.
[762] Zu den Umbenennungen der sowjetischen Staatssicherheit Kokurin u.a.: Lubjanka, passim.
[763] Das MfS benutzte diese Schreibweise, sonst auch Felix Dsershinski o. Dserschinski und in zahlreichen anderen Varianten, russ. Феликс Дзержинский, poln. Feliks Dzierżyński.
[764] Die Experten streiten, ob Gorbatschow exakt diese Worte sagte, vgl. statt vieler Franz Kasperski: Der Jahrhundertsatz „Wer zu spät kommt, den bestraft das Leben", *Der Archivar* vom 4.10.2013, srf.ch/kultur/im-fokus/der-archivar/ein-jahrhundertsatz-wer-zu-spaet-kommt-den-bestraft-das-leben [Abruf: 1.2.2018].
[765] Der sächsische König Friedrich August III. 1918 anläßlich seiner Abdankung, wie üblich wird das Zitat in Frage gestellt, vgl. Reimann: Macht euern Dreck alleene.
[766] Die erste Montagsdemonstration in Leipzig fand am 4.9.1989 statt und von da an wöchentlich mit steigenden Teilnehmerzahlen. Termine, Teilnehmerzahlen und Hauptparolen bei Schneider: Leipziger Demontagebuch, passim.
[767] Sie z.B. Autorenkollektiv: Kleines Politisches Wörterbuch, S. 482 f.
[768] Die einschlägigen Anfragen und die hierauf folgende Funkstille sind viel-

[769] fach belegt, z.B. bei Kusmin: Schest ossennich let, S. 124 f.
Noch am 2.10.1989 ging die DDR-Führung mit einem Großaufgebot von Sicherheitskräften gegen die Montagsdemonstration in Leipzig vor, jedoch das eingesetzte Militär erwies sich als schlecht geeignet. Bei der Montagsdemonstration am 9.10.1989 griffen die Sicherheitskräfte nicht mehr ein.

[770] Für den letzten Großkredit, der auf Initiative des bayerischen Ministerpräsidenten Strauß zustande kam, gab die Bundesregierung am 29.8.1983 eine Bürgschaftserklärung ab, vgl. Lehmann: Deutsche Chronik, S. 332. Am 5.7.1985 wurde der innerdeutsche Überziehungskredit zugunsten der DDR von 600 Mio. DM auf 850 Mio. DM erhöht, a.a.O., S. 334.

[771] Die Einzelheiten dieser Palastrevolution bei Roewer: Im Visier, S. 478 f.

[772] Die einschlägigen Erkenntnisse des Politbüros der SED fanden am 27.10.1989 in einer geheimen Analyse für das ZK der SED ihren Niederschlag, vgl. Lehmann: Deutschland Chronik, S. 371.

[773] Interviews des Verf. mit Günter Schabowski in Weimar.

[774] Es sollen 3 Mio. DDR-Bewohner gewesen sein, welche die Grenze überschritten, vgl. Lehmann: Deutschland Chronik, S. 375.

[775] Laut Rechtschreib-Duden erschien das Wort erstmals in 1986 in demselben, www.duden.de/rechtschreibung/Postmoderne [Abruf: 28.11.2017]. Das Faszinierende an dem vielbenutzten Begriff ist, daß er keine Bedeutung besitzt, sondern den hilflosen Versuch darstellt, die Gegenwart in Abgrenzung zur Vergangenheit in ein Wort zu kleiden.

[776] Die Postfaktizität kam zwei Jahrzehnte nach der Postmoderne auf. Der Bundeszentrale für politische Bildung sei Dank, daß sie herausgefunden hat, was denn das sei, vgl. www.bpb.de/apuz/258506/die-wahrheit-ueber-postfaktizitaet?p=all [Abruf: 28.11.2017]. Man muß es sich nicht so schwer machen, der Volksmund nennt dieses Phänomen: den Kopf in den Sand stecken. Oder anders ausgedrückt: Es ist die Furcht, daß die Realität die eigenen Denkfiguren beschädigt. Das ist nichts grundlegend Neues, sondern früher oder später die Anfechtung jeglicher Utopie.

[777] Der Vorgang wird in diesem Buch nicht geschildert. Zu den Einzelheiten siehe Mønnesland: Land ohne Wiederkehr, passim.

[778] Die von China angekauften US-Staatsanleihen repräsentierten 2005 141 Mrd. $, 2013 bereits 1.300 Mrd. $ (Zahlen nach Effenberger u.a. Hasardeure, S. 530); spätestens seit diesem Zeitpunkt haben es die Chinesen in der Hand, die US-Währung zu vernichten.

[779] Effenberger u.a.: Hasardeure, S. 525.

[780] Nach Hertle: Chronik, S. 103, soll mit der Kundgebung am 4.11.1989 die Initiative des Handels endgültig von der SED auf die *Volksbewegung* übergegangen sein. Das ist insofern unvollständig bzw. unzutreffend, als

[781] die Auslösung der Demo durch die SED weggelassen und der Eindruck erweckt wird, es habe eine Organisationsform namens Volksbewegung gegeben. Die Straße, zumal in Sachsen, folgte eigenen Gesetzen.
[781] Hierzu hat Thomas Brussig eine treffliche Persiflage abgeliefert, Helden wie wir, S. 281-285.
[782] Z.B. *Nationalrausch* des ZDF-Journalisten Helmut Herles: „Mit den Menschen in Dresden und Halle fühle ich mich weniger verwandt als mit den Nachbarn in Zürich und Straßburg." Auch Doris Cornelsen: DDR-Wirtschaft. Ende oder Wende?, *Das Parlament* B 1-2/1990, S. 33-38. Fast grotesk das Themenheft zur Außenpolitik, *Das Parlament* B 4-5/1990.
[783] Meacham: Destiny, S. 400 f.
[784] Eintrag vom Februar 1990, zit. nach Meacham: Destiny, S. 401, Übers. d. Verf.
[785] Nach Kissingers Auffassung war die Teilung Deutschlands seit dem Westfälischen Frieden eine notwendige Sache, um das Gleichgewicht der Kräfte in Europa zu wahren, vgl. World Order, S. 68-90. Kissinger war ein Freund von Gewalt, so riet er 1991, nach seiner Meinung gefragt, der Bush-Regierung zum Angriff auf den Irak, vgl. Rimscha: Bush, S. 199.
[786] Ein solcher Verdacht klingt an bei Beck: Dossier, S. 77-80.
[787] globalzero.org/our-movement/leaders/amb-richard-burt [Abruf: 4.1.2018].
[788] In den USA wird die Staatsbürgerschaft nach dem *ius soli*, dem Ort der Geburt bestimmt. In Deutschland gilt im Gegensatz dazu das *ius sanguinis*, das Recht der Abstammung.
[789] Vgl. z.B. die Scheindebatten anläßlich des 40. Jahrestags der Bundesrepublik 1989, Themenheft, *Das Parlament* 37-89/1989.
[790] Bundesaußenminister war von 1974-91 Hans-Dietrich Genscher (FDP).
[791] Roewer: Im Visier, S. 383-391
[792] Abgdr. z.B. bei Beck: Dossier, S. 77; die Bildlegende dort ist falsch: die Aufnahme entstand nicht 2001, sondern bereits 1991.
[793] Meacham: Destiny, S. 401 f.
[794] Thatcher: Downing Street, S. 1095: „Ihr [der Russen] Bedarf an deutschen Krediten veranlaßten ... sie zum Stillschweigen.", dann erneut S. 1996: „bereit waren, den Deutschen die Wiedervereinigung zum Preis einer bescheidenen Finanzspritze für ihre marode Wirtschaft zu verkaufen." Zwischen den Zeilen liest man die Enttäuschung Thatchers, daß sie den Zustimmungen der USA und der Sowjetunion nichts mehr entgegenzusetzen vermochte.
[795] Vgl. Frank Pergande: Der unerwartete Sieg im Jahr 1990, *FAZ* vom 18.3.2010, faz.net/aktuell/politik/ddr-volkskammer-der-unerwartete-sieg-im-jahr-1990-1952876.html

[796] Amtl. Ergebnis der Volkskammerwahl 1990, wahlrecht.de/ergebnisse/volkskammerwahl-1990.
[797] Einigungsvertrag vom 31.8.1990 (BGBl. 1990 II, S. 889).
[798] Art. 2 Abs. 2 Einigungsvertrag. Dies war möglich geworden, nachdem die Volkskammer am 23.8.1990 den Beitritt zur Bundesrepublik nach Art. 23 Grundgesetz mit 2/3-Mehrheit beschlossen hatte, vgl. Lapp: Deutschland, S. 78.
[799] Amtl. Ergebnis der Bundestagswahl 1990, bundeswahlleiter.de/bundestagswahlen/1990.
[800] Am 28.11.1989 sprach Kohl überraschend und erstmalig vom Zehn-Punkte-Plan zur Überwindung der deutschen Teilung, vgl. Lapp: Deutschland, S. 51.
[801] Zu Treuhandgründung und -überleitung ins vereinigte Deutschland Art. 25 Einigungsvertrag.
[802] Der Mord wurde 2001 von der Bundesanwaltschaft als aufgeklärt bezeichnet; der 1993 erschossene RAF-Terrorost Wolfgang Grams sei der Täter gewesen, vgl. *FAZ* o. Dat., faz.net/aktuell/politik/rohwedder-attentat-offenbar-nach-zehn-jahren-aufgeklaert-124094 [Abruf: 29.12.2017].
[803] Durch die Blume dargestellt im Personenprofil Breuels der Konrad Adenauer-Stiftung, kas.de/wf/de/37.8057/ [Abruf: 4.1.2018].
[804] Der Baden-württembergische Ministerpräsident Späth führte die Fronde gegen Kohl an und scheiterte beim Bundesparteitag am 11.9.1989 mit dem Versuch, diesen vom CDU-Vorsitz zu verdrängen, kas.de/wf/de/37.8344/ [Abruf: 4.1.2018].
[805] Biedenkopf, 1973-77 Generalsekretär der CDU wurde 1990 Ministerpräsident in Sachsen, kas.de/wf/de/37.8034/ [Abruf: 4.1.2018].
[806] Vogel, 1974-88 Ministerpräsident von Rheinland-Pfalz wurde 1992 Ministerpräsident von Thüringen, kas.de/wf/de/37.8374/ [Abruf: 4.1.2018].
[807] Späth, 1976-91 Ministerpräsident von Baden-Württemberg wurde im Juni 1991 Vorstand der Jenoptik GmbH, später AG, Jena, kas.de/wf/de/37.8344/ [Abruf: 4.1.2018].
[808] DDR-Gesetz zum Verkauf volkseigener Gebäude vom 7.3.1990 (GBl. 1990, S. 157).
[809] Zum Aufkommen der Stasi-Diskussionen ab Januar 1990, Lapp: Deutschland, S. 59 f.
[810] Zur Zusammenarbeit von DDR-Staatssicherheit und Westmedien siehe Knabe: Der diskrete Charme, passim.
[811] Vgl. nur die Hymnen der Konrad-Adenauer-Stiftung: Wir wollen Europa. Helmut Kohl, kas.de/wf/de/71.12057/ [Abruf: 2.2.2018].
[812] Bandulet: Beuteland, S. 242 f.; Gesetz zur Einführung des Euro vom

9.6.1998 (BGBl. 1998, Teil I, S. 1242 ff.); dieses setzt eine Reihe von kurz zuvor erlassenen EU-Verordnungen um, die eigentlich unmittelbar geltendes Recht sind. Dieser Vorgang ist so komplex gestaltet, daß man Absicht oder Unfähigkeit oder eine Kombination von beidem unterstellen muß, um das Publikum blöd zu halten.

[813] Frankreich drohte im Dezember 1989 mit einer französisch-russischen Allianz und verlangte eine gemeinsame Währung als Kompensation für die Zustimmung, vgl. Manfred Görtemaker: Verhandlungen mit den vier Mächten, bpb.de/geschichte/deutsche-einheit/deutsche-teilung-deutsche-einheit/43771/2-plus-4-verhandlungen?p=all [Abruf: 2.2.2018].

[814] Thatcher: Downing Street, S. 1098, äußerte beim europäischen Gipfel am 18.11.1989, es dürfe keine Grenzverschiebungen geben.

[815] Görtemaker, a.a.O.

[816] Vgl. Bandulet: Beuteland, S. 239-242.

[817] Das einschlägige Zahlenwerk befindet sich bei Bandulet: Beuteland, S. 221-225.

[818] Voslensky: Nomenklatura, S. 404.

[819] OMON = Truppen des Innern, in der späten Sowjetunion.

[820] Detlef Henning: Lettlands Weg von der sowjetischen Vergangenheit in die europäische Zukunft, *Das Parlament* B 37/1998, S. 27-34, hier S. 28 f.

[821] Prunskiene: Leben für Litauen, S. 161-177.

[822] Prunskiene: Leben für Litauen, S. 44-62.

[823] Brown: Gorbatschow-Faktor, S. 462.

[824] Pawlow: Awgust isnutri, S. 95.

[825] Brown: Gorbatschow-Faktor, S. 467 f.

[826] Lebenslaufangaben bei Höhmann u.a.: Rußland unter neuer Führung, S. 312 f.

[827] Zur Geldentwertung und zur weiteren Inflation: Walter Schilling: Tendenzen zur politischen Entwicklung Rußlands, *Das Parlament* B 46/1995, S. 3-11, hier S. 4 f.

[828] Choroschilow: Berlin Moskau, S. 362.

[829] Hildermeier: Sowjetunion, S. 1049 f.

[830] Roewer u.a.: Geheimdienste, S. 464.

[831] Jakowlew: In den Stürmen, S. 549-556.

[832] Text der Ausführungen von Jakowlew bei Nakath u.a.: Im Kreml, S. 110.

[833] Jegorow: Ein Stern verblaßt, S. 295; Roewer u.a.: Geheimdienste, S. 252, 361.

[834] Jakowlew: Abgründe, S. 699.

[835] Tschekist, umgangssprachlich für sowjetischer Geheimpolizist, abgeleitet von Tscheka, der ersten sowjetischen Geheimpolizei, gegründet 1918.

[836] Zit. nach: Ruge: Der Putsch, S. 131 f.

[837] Jegorow: Ein Stern verblaßt.
[838] Brown: Gorbatschow-Faktor, S. 473 f.
[839] Umbenennung der RSFSR in Russische Föderation. Gorbatschow tritt als Präsident zurück; am 31.12.1991 wird die UdSSR auch offiziell für aufgelöst erklärt, vgl. Höhmann u.a.: Rußland unter neuer Führung, S. 304.
[840] Explizit bei: Rybakow: Roman der Erinnerung, S. 394.
[841] Jewgenij Panin: 20 Jahre Abzug russischer Truppen aus Deutschland. Rückblick und Fazit, *Sputnik* vom 28.8.2014, de.sputniknews.com/german.ruvr.ru/radio_broadcast/262448978/276551589/ [Abruf: 2-2-2018].
[842] Es handelt sich im wesentlichen um die Teilstreitkraft-übergreifende Kommandozentrale USEucom in Stuttgart-Vaihingen mit Teilstreitkraft-spezifischen Kommandobehörden in Ramstein, Heidelberg, Böblingen und Stuttgart. Daneben findet sich auf USAfricom in Stuttgart-Möhringen; sein Einsatzgebiet ist Afrika.
[843] Егор Гайдар, *1956, Lebenslaufangaben bei Höhmann u.a.: Rußland, S. 310 f.
[844] Mit dieser Feststellung kontrastiert, was Wissenschaftler für den deutschen Schulgebrauch notierten, nämlich daß Gajdars Maßnahmen ein langfristiger Erfolg beschieden gewesen sei, vgl. Pekka Sutela: Wirtschaftspolitik. Etappen und Probleme, in: Höhmann u.a.: Rußland, S. 134-142, hier: S. 136 f.
[845] Sutela, a.a.O., S. 142 f.
[846] Einer dieser Oligarchen war Boris Beresowskij, hierzu: Klebnikow: Pate des Kreml; 2004 wurde Beresowskij verdächtigt, mit dem Mord an Klebnikow zu tun zu haben, vgl. N.N.: Boris Beresowskij, deacademic.com/dic.nsf/dewiki/189464 [Abruf: 3.2.2018],
[847] Zu den Altschulden der Sowjetunion in Höhe von 88,5 Mrd. $ kamen in den Jelzin-Jahren fast 100 Mrd. $ staatliche und private Neuschulden hinzu, so daß Rußland vor der Zahlungsunfähigkeit stand, vgl. Garbe: Rußlandpolitik, S. 174 f.
[848] Ernennung Putins am 9.8.1999, bestätigt durch die Duma am 16.8.1999, vgl. Höhmann u.a.: Rußland, S. 307.
[849] *1960, Lebenslaufangaben bei Höhmann u.a.: Rußland, S. 310.
[850] Es versteht sich, daß sog. Kremlogen [das ist die halbironische Selbstbenennung von selbsternannten Kreml-Sachverständigen] sich sogleich des neuen Herrschers angenommen haben. Eine Übersicht über diese Schnellschüsse findet sich bei Aschot Manutscharian: Bücher über Rußland, Rußland unter Putin, *KAS-Auslandsinformationen* 8/2005, S. 95-126; den Vogel dürfte hierbei der Moskau-Experte der Illustrierten *Focus*,

Boris Reitschuster: Putin, abgeschossen haben; er hielt es für erwiesen, daß es Putins Aufgabe sei, die Korruptionsbekämpfer im russischen Inlandsdienst FSB zu bekämpfen. Der Experte der FAZ, Werner Adam: Das neue Rußland, vertrat hingegen, daß Putin nur eine vorübergehende Erscheinung sei.

[851] George Soros am 31.1.2000, zit. nach Garbe: Rußlandpolitik, S. 176; Übers. d. Verf.

[852] Der spektakulärste Fall war der von Boris Beresowskij (Борис Березовский). Er galt als die treibende Kraft hinter Jelzin. Falls es stimmt, daß er Jelzin den KGB-Mann Putin als Nachfolger schmackhaft machte, war das eine Fehlspekulation. Beresowskij floh alsbald aus Rußland und starb – plötzlich und unerwartet; vgl. Ron Unz: Our American Pravda. The major media overlooked Commnist spies and Madoff's fraud. What are they missing today?, The American Conservative May/June 2013, S. 10-15, hier: S. 15 [Kopie in HR-Arch].

[853] Vgl. Mausfeld: Machteliten, S. 26.

[854] H.R.2121, Russian Democracy Act of 2002, govtrack.us/congress/bills/107/hr2121.

[855] H.R. 2121, 2 a 3 A nongovermental organisations.

[856] H.R.2121, Sec 2 a 5 A grassroots entrepreneurship.

[857] H.R.2121, Sec 5 b.

[858] H.R.2121, Sec. 3 b 9 World Bank, the International Monetary Fund, and the European Bank for Reconstruction and Development.

[859] Die Sezessionsbestrebungen der Ukraine in der ersten Hälfte des 20. Jahrhunderts und die deutschen Verstrickungen habe ich in Rote Kapelle, S. 110-120, beschrieben.

[860] Dem Ukraine-Konflikt wird hier nicht im Einzelnen nachgegangen. Instruktiv als Gegensatz zur westlichen Medienberichterstattung ist die offiziöse russische Sicht bei Starikow: Ukraine; der Autor ist Journalist und führender Politiker in Rußlands herrschender Partei Единая Россия (Einig Rußland).

[861] Mit der sog. orangenen Revolution deutete sich zum ersten Mal ein Sieg der US-beeinflußten Organisationen ab, sie wurden in den Folgejahren von Rußland zurückgedrängt, bis es 2014 erneut zu einer US-gestützten gewaltsamen Machtübernahme kam, vgl. hierzu das entlarvende Telefonat zwischen der Assistant Secretary im State Department, Victoria Nuland, und dem US-Botschafter in Kiew, Geoffrey Pryatt, vom 7.2.2014, abgdr. in Starikow: Ukraine, S. 26-28, auch bbc.com/news/wrold-europa-26079957.

[862] So bereits 1997 gefordert von Brzeziński: Einzige Weltmacht, S. 107-111. Auch expressis verbis der Ex-US-Finanzminister Paul Craig Roberts am

13.2.2014, informationclearinghouse.info/article37652.htm; interessanterweise rät Roberts den USA vom weiteren Vorgehen in der Ukraine ab, weil dies Rußland entscheidend schwächen würde, so daß die USA dann China ungebremst am Hals habe.

[863] Eine erstaunlich genaue Beschreibung – zugleich als Gegenstimme – zu diesem Tun lieferte John J. Mearsheimer: Why the Ukrainian Crisis is the West's Fault. The Liberal Delusions that Provoked Putin, *Foreign Affairs* 5/2014.

[864] Die Krim wurde 1783 russisch, 1921 wurde eine Sozialistische Automome Sowjetrepublik Krim gebildet, die 1946 aufgelöst und zu einem Oblast herabgestuft wurde, um 1954 der Ukrainischen Sowjetrublik eingegliedert zu werden, Großer Brockhaus 1966, Bd. 10, S. 662.

[865] Eine gründliche militärische Studie legte 2017 der britische General Mungo Melvin mit *Sevastopol's Wars*, vor; lediglich die Ereignisse ab 2014 sind eher karg abgehandelt.

[866] N.N.: Über 95 Prozent Zustimmung beim Referendum, *Der Tagesspiegel* vom 16.3.2014.

[867] Vgl. z.B. *Foreign Affairs* Heft 4/2016 an zahlreichen Stellen. In der *FAZ* vom 7.4.2014 hat der deutsche Völkerrechtler Reinhard Merkel (Die Krim und das Völkerrecht) der Behauptung der Völkerrechtswidrigkeit widersprochen; er hält Putins Vorgehen indessen für einen Verstoß gegen die ukrainische Verfassung, die aber für diesen nicht gelte.

[868] Ganz im Sinne von Mainstream Braml: Auf Kosten der Freiheit, S. 184.

[869] Vgl. den scheidenden US-Oberbefehlshaber von USEucom (Stuttgart-Vaihingen) Philip M. Breedlove: Nato's Next Act. How to Handle Russia and Other Threats, *Foreign Affairs* 4/2015, S. 96-105.

[870] Der Wirtschaftskrieg gegen Rußland begann unter US-Präsident Obama mit der Resolution 758 des US-Kongresses vom 4.12.2014 (Text: congress.gov/bill/113th-congress/house-resolution/758), die auch im EU-Parlament mit Beschluß vom 15.1.2015 umgesetzt wurde, und erfuhr eine drastische Verschärfung durch H.R.3364 Countering America's Adversaries Through Sanctions Act (Gesetz zur Bekämpfung der Gegner Amerikas durch Sanktionen) vom 2.8.2017, congress.gov/115/plaws/publ44/PLAW-115publ44.pdf.

[871] Vor allem in Rußland wurde dieses Vorgehen als Bedrohung empfunden, siehe Hannes Adomeit: Sicherheitskonzepte und Militärpolitik, in: Höhmann u.a.: Rußland, S. 107-118, hier: S. 109; auch dezidiert John J. Mearsheimer: Why the Ukrainian Crisis is the West's Fault. The Liberal Delusions that Provoked Putin, *Foreign Affairs* 5/2014.

[872] Besonders drastisch in diesem Sinne Ron Unz: Our American Pravda. The major media overlooked Communist spies and Madoff's fraud. What

are they missing today?, *The American Conservative* May/June 2013, S. 10-15, hier: S. 15 [Kopie in HR-Arch].
[873] So ausdrücklich Atwood in der Einleitung zu War and Empire.
[874] Z.B. der Forbes-Liste der reichsten Personen der Welt, siehe hierzu bspw. Handelsblatt Webauftritt, http://www.handelsblatt.com/unternehmen/management/gates-buffett-zuckerberg-das-sind-die-reichsten-menschen-der-welt/19546632.html [Abruf: 30.11.2017].
[875] Eine weitere Ausnahme war Nelson Rockefeller, der sich mehrfach bemühte, ins höchste politische Amt der USA zu gelangen, vgl. Allen: Rockefeller File, passim.
[876] Gesammelt und publiziert bei Will Banyan: The Last Internationalist, *Conspiracy Archive* vom 23.3.2017, www.conspiracyarchive.com/2017/03/23/the-last-internationalist-101-years-of-david-rockefeller-1915-2017/ [Abruf: 6.9.2017].
[877] Allen: Rockefeller File, S. 8; Leute wie Gary Allen gelten wegen ihrer rücksichtslosen Behandlung der Affären der US-Geldelite (Hauptwerk: None Dare Call It Conspiracy) in der konventionellen Literatur als Verschwörungstheoretiker. Wie häufig bei solchen Urteilen wird die Auseinandersetzung mit den behaupteten Tatsachen vermieden.
[878] Der Finanzberater Bennet Sedacca aus Orlando/Florida löste die Gerüchtewelle am 5.3.2008 über die Internet-Plattform *Minyanville* aus, vgl. Cohan: House of Cards, S. 3.
[879] Es entbehrt nicht der Komik, daß das Grundlagenwerk über Investment Banking von Morrison u.a., das 2007 bei der Oxford University Press erschien, seine gelehrten Zukunfts-Ausführungen am Beispiel der Investmentbank Meryll Lynch machte, die, als die Druckfarbe noch nicht getrocknet war, einen abenteuerlichen Absturz erlebte, so daß sie 2008 von der Bank of America aufgekauft wurde.
[880] Auch aktuell sind sämtlich Spitzenjournalisten der Haupt-Mainstreammedien Mitglieder des CFR, vgl. die institutionelle und personelle Zusammenstellung bei Swiss Propaganda Research (Hg.): Die Propagandamatrix, S. 5 (pdf).
[881] Steiner: Klöster und ihr Wirken, S. 47-105.
[882] Axelrod: 1001 People, S. 271.
[883] Es ist unklar, ob die am 29.6.1916 in der New York Times auf S. 1 gemeldete Stiftung von 500 Mio. $ dieselbe ist oder eine zusätzliche.
[884] Süffisant beschrieben von Allen: Rockefeller File, S. 6.
[885] Deroy Murdoch: The Clinton Foundation Reeks of Crooks, Thiefs, and Hooks, *National Review* vom 16.6.2015, http://www.nationalreview.com/article/419791/clinton-foundation-reeks-crooks-thieves-and-hoods-deroy-murdock [Abruf: 7.12.2017].

[886] Unbestätigten Meldungen zufolge wurden die Ermittlungen im Januar 2018 wieder aufgenommen, Eva Maria Griese: Die wahren Gründe der Haushaltssperre in den USA, Fisa-Gate. Die Dominosteine fallen, *Epoch Times* vom 21.1.2018.

[887] Ein wunderbar illustratives Beispiel ist die Berichterstattung von *ORF* zu diesem Thema: Die Behauptung wird als feststehende Tatsache geschildert und sodann die Uneinsichtigen mit moralischem Kopfschütteln bedacht, vgl. *Mittagsjournal* vom 23.7.2010, oe1.orf.at/artikel/251357.

[888] Über den Nachschuß eines gigantischen Spendenbetrags im Herbst 2017 N.N.: Soros dreht den Geldhahn auf. 18 Milliarden US-Dollar für seine Kampagnen, *Freie Welt* vom 18.10.2017, http://www.freiewelt.net/nachricht/george-soros-dreht-seinen-geldhahn-auf [Abruf: 9.12.2017; Kopie beim Verf.].

[889] Bei Soros scheiden sich die Geister; absolut lobspendend z.B. Anja Jardine: Der Milliardär und seine Mission, *NZZ* vom 12.5.2017.

[890] Delegation of the European Union to the United States und European Commission – Directorate General for Emploiment, Social Affairs and Equal Opportunities und Directorate Generale for Home Affairs.

[891] Zur deutschen Nettozahler-Position und deren Umfang Bandulet: Beuteland, S. 221-229.

[892] Wikimedia Inc., Saint Petersburg/Florida, gegründet 2003.

[893] Zur selben Zeit, als ich diese Zeilen schrieb, wurden die deutschen *Qualitäts*journalisten wach. Hilfe, riefen sie, Google macht uns fertig. N.N. (gb.): ARD-Intendant rät zu Plattform mit Verlagen, *Junge Freiheit* vom 19.1.2018, S. 17.

[894] Vielfach zit., hier nach Hans-Joachim König: Zum Tag der Pressefreiheit: Journalisten intellektuelle Prostituierte? Oder ist unsere Pressefreiheit lediglich die Freiheit von 200 reichen Leuten, ihre Meinung zu veröffentlichen?, *Arnstädter Stadtecho* vom Mai 2017.

[895] N.N.: Konzentration der Meinungsmacht. 5 Großkonzerne beherrschen 90 Prozent aller US-Mainstream-Medien, www.freiewelt.net/reportage/ [Abruf: 1.12.2017].

[896] Lapham: Age of Folly, S. 258.

[897] Lapham: Elegy for a Rubber Stamp (2007), jetzt in Age of Folly, S. 255-262.

[898] Hitchens (1949-2012) ist insofern eine Ausnahme, weil er ein Engländer aus der oberen Mittelkasse war, der sich in Amerika einbürgern ließ, wo er dann zum Gegner aus enttäuschter Liebe wurde.

[899] Z.B. Vidal: Imperial America; Hitchens: Akte Kissinger.

[900] Geboren 1923 als Sumner Rothstein, erbte er von seinem Vater in den 1950-er Jahren die Theater-Kette Amusement, die er im Laufe der Jahre

zu einem Medienkonzern ausbaute. Nach dem Ranking der *Jerusalem Post* ist Redstone auf Platz 21 der wichtigsten (lebenden) Juden, worauf auch der amerikanische Beitrag in en.wikipedia abhebt. www.jpost.com/Jewish-World/Jewish-Features/Lapid-tops-Jerusalem-Posts-50-most-influential-Jews-list-313123 sowie en.wikipedia.org/wiki/Sumner_Redstone [Abruf: 1.12.2017].

[901] The Vanguard Group, J.P. Morgan AG, Junghofstraße 14, 60311 Frankfurt am Main, siehe https://www.de.vanguard/web/cf/professionell/de/home?cmpgn=PS1017DEBABRA0001&gclid=EAIaIQobChMI_sOamb OH2QIV7TLTCh1zKwFBEAAYASAAEgKwM_D_BwE [Abruf: 2.2.2018].

[902] Dieser Umstand ist Gegenstand und Betätigungsfeld einer reichen Anti-Freimaurerliteratur, der hier nicht nachgegangen wird.

[903] Über die mangelhafte Kampfmoral der Aufständischen vgl. Lapham: Age of Folly, S. 221.

[904] Die Diskussion in den USA wird von Farbigen vorangetrieben; sie ist z.T. strikt anti-semitisch, vgl. z.B. Dontell Jackson: We thought they were white, mit Hinweis auf das Sklavenschiff Expedition, dessen Eigner Jacob und John Rosevelt [sic!] gewesen seien, S. 18 (pdf).

[905] 1983 führte der vormalige und spätere US-Verteidigungsminister Rumsfeld Verhandlungen mit Saddam in Bagdad, vgl. archive.org/details/1983_12_20_ Rumsfeld_Hussein. Rumsfeld war zu der Zeit Chef des Pharma-Konzerns Searle und Sonderbotschafter von US-Präsident Reagan; in seinen Memoiren bezeichnet er Vermutungen über den Inhalt des Treffens als Gerüchtemacherei, vgl. Rumsfeld: Known and unknown, S. 6. Ab dem Frühjahr 1987 versuchte sich die USA in Kanonenbootdiplomatie, um ihre Öl-Interessen im Persischen Golf durchzusetzen. Es kam zu zahlreichen Kriegshandlungen, vgl. Ambrose: Globalism, S. 341 f.

[906] Glaspie nach *NYT* vom 25.7.1990: „daß diese [Kuwait-]Frage Amerika nichts angehe. [Außenminister] James Baker hat unsere offiziellen Sprecher angewiesen, diese Instruktionen zu betonen", in der Übers. nach Deschner: Moloch, S. 580.

[907] Der Krieg begann mit der Lüge, irakische Soldaten würden in Kuwait Säuglinge aus Brutkästen entfernen, um sie sterben zu lassen, vgl. Swiss Propaganda Research: Propaganda Matrix, S. 16 f. (pdf); Mausfeld: Schweigen der Lämmer, S. 9; Deschner: Moloch, S. 581 f.

[908] Der Bericht des US-Sonderermittlers ist abgdr. in N.N.: Der Starr-Report, passim.

[909] Vgl. Lapham: Age of Folly, S. 18, erstmals in ders.: Brave New World (1991); vgl. auch Ambrose u.a.: Globalism, S. 377..

[910] Defense Strategy for the 1990s, der Entwurf stammte noch aus der Bush-Regierung, er wurde 1993 öffentlich gemacht, vgl. Lapham: Age of Folly, S. XI.
[911] Bei Rothbard: Wall Street, S. 33-41, befindet sich eine Auflistung der Verquickung der Amtsinhaber, besonders aus den Ressorts Außen und Verteidigung und des Nationalen Sicherheitsberaters, mit den Wallstreet-Bank- und Firmen-Interessen. Die Bankleute gaben sich praktisch die Klinke in die Hand. Ebenso waren praktisch alle CFR-Mitglieder.
[912] Zit. nach Lapham: Age of Folly, S. XII, Übers. d. Verf.
[913] Sie drehte 1934 den Film *Triumph des Willens* (veröffentlicht 1935); hier allerdings ging es nicht um die USA, sondern um die für unbezwingbar gehaltene NSDAP.
[914] 1155 Stück zum Beschaffungspreis von 8.092,6 Mio $., Dep. of Defense: FY99 Anual Report Abrams Tank M 1 A 2, www.globalsecurity.org/military/library/budget/fy1999/dot-e/army/99m1a2.html
[915] Woodward: State of Denial, S. 165.
[916] Kritiker merkten an, daß die Kolosse im Wüstensand versunken seien, vgl. Lapham: Age of Folly, S. 220, und fügen hinzu, daß dies die Folge sei, wenn reine Privatinteressen die Rüstung manipulieren.
[917] Beim Zusammenbruch der Sowjetunion schnellte der US-Waffenexport nach oben, vom 7,8 Mrd. $ 1989 auf 18,5 Mrd. $ 1990, vgl. Ambrose u.a.: Globalism, S. 376; dies sei eine große Hilfe gewesen; für wen, lassen die Autoren offen.
[918] Die gegenteilige Auffassung, im Sinne der Unbedenklichkeit, vertritt Marco Dettweiler: Handelsbilanzdefizit. Amerikas Mut zur Lücke, *FAZ,* faz.net/aktuell/wirtschaft/handelsbilanzdefizit-amerikas-mut-zur-luecke-147490 [Abruf: 8.12.2017].
[919] Das Handelsbilanzdefizit der USA betrug 2001 346,3 Mrd. $, d.h., die USA mußten sich pro Tag rund 1 Mrd. $ aus dem Ausland leihen, zu den Zahlen, Dettweiler: a.a.O.
[920] Unterwegs zur Weltherrschaft, Bd. 2, S. 27-30.
[921] Im Frühjahr 1986 wurde vermutlich erstmals das Schlagwort „Offensive gegen den Terrorismus" von Präsident Reagan verwendet, vgl. Ambrose u.a.: Globalism, S. 331, hieraus wurde etwas später der Krieg gegen den Terror.
[922] Genau diesen Eindruck vermittelt Lapham: Age of Folly, S. 100, indem er, an die Situation von Pearl Harbor erinnernd, über die Ansprache von Präsident Bush sagt: „Ich konnte dem Gefühl nicht entrinnen, daß er ein [vorbereitetes] Manuskript vorlas..."; Übers. d. Verf.
[923] Zit. nach Lapham: Age of Folly, S. 100; Übers. d. Verf.
[924] A.a.O., S. 101, Fn. 1; Übers. d. Verf.

[925] Die Literatur hierzu ist unübersehbar; sie wird hier im Einzelnen nicht beurteilt.
[926] National Commission: 9/11 Commission Report.
[927] Der Schweizer Daniele Ganser hat dieses irritierende Faktum aufgedeckt. Er wurde deswegen umgehend von den Torwächtern der *political correctness* à la Wikipedia mit der Injurie eines Verschwörungstheoretikers geächtet, vgl. de.wikipedia.org/wiki/Daniele_Ganser: „Er greift Verschwörungstheorien auf" [Abruf: 8.12.2017].
[928] Vgl. z.B. eine Zusammenfassung bei Wiegandt: Afghanistan, S. 14-28.
[929] 1980 war der Mann noch Gegenstand westlicher Propagandahymnen, vgl. z.B. *FAZ* von Ende Mai, zit. nach Wiegandt: Afghanistan, S. 204: „Ein junger Mann mit einem Gesicht, wie es auf gotischen Altären die Trauernden haben."
[930] Am 14.2.1989 verließ der letzte Sowjetsoldat Afghanistan, vgl. Ambrose u.a.: Globalism, S. 365.
[931] Lapham: Age of Folly, S. 89 f.; Vidal: Imperial America, S. 13 f.
[932] Vidal: Imperial America, S. 14.
[933] So z.B. bei Vidal: Imperial America, S. 13.
[934] Man muß auf der Hut sein, daß man aus dem, was offenbar in den USA üblich ist, nicht die falschen Schlüsse zieht, so aus der Tatsache, daß Joshua Bolton, der Wahlkampfleiter aus dem 2. Wahlkampf von Bush, ein leitender Mitarbeiter der Investment-Firma Goldman Sachs war, vgl. *Der Tagesspiegel* vom 21.4.2006, presseportal.de/pm/2790/813560 [Abruf: 4.1.2018].
[935] Der Journalist John Pilger berichtet, daß die Bush-Administration den US-Ermittlern verboten habe, den saudischen Spuren zu folgen. Er sieht einen Zusammenhang mit Geschäftsbeziehungen zwischen Bush sen. und der Familie bin Laden, vgl. New Rulers, S. 157-159.
[936] Steigerung der Aktienkurse in $: Lockheed Martin 52→75, Boeing 33→77, ExxonMobile 36→65, Chevron 36→66, Halliburton 22→74, Fluor 34→87, Zahlen nach Lapham: Age of Folly, S. 234.
[937] Neocon, amerikanische Wortschöpfung zur Bezeichnung von Neuen Konservativen, einer Denkschule besonders hartnäckiger US-Imperialisten. Bereits 1986 hat Gore Vidal angemerkt (Imperial America, S. 59; Übers. d. Verf.), es handele sich um: „„...eine kleine Gruppe amerikanischer Juden, die wider besser Einsicht sich mit jeder Sorte von Reaktionären und Anti-Semiten zusammentun, von den Fluren des Pentagon bis zu den Studios der Evangelikalen, um wirtschaftliche und militärische Unterstützung für Israel zu bekommen." Er ist hierfür umgehend als *virulenter Anti-Semit* gerügt worden.
[938] Interview vom 16.12.2006, hier in der Übers. zit. nach Beck: Dossier, S.

27.
- [939] Selbst- und Fremdeinschätzung, belegt durch einschlägige Veröffentlichungen, vgl. meforum.org/author/Meyrav+Wurmser & Namens-Artikel in en.wikipedia [Abruf: 20.12.2017].
- [940] Bereits 1999, also noch vor Antritt der Regierung Bush-Cheney, hatte David Wurmser ein einschlägiges, 150 Seiten umfassendes Taschenbuch veröffentlicht: Tyrann's Ally. America's Failure to defeat Saddam Hussein.
- [941] Firmen-Website, www.halliburton.com/en-US/about-us/corporate-profile/default.page?node-id=hgeyxt5p [Abruf: 7.12.2017].
- [942] Diese und die folgenden Angaben sind entnommen bei David E. Rosenbaum: A Closer Look at Cheney and Halliburton, *NYT* vom 28.9.2004, www.nytimes.com/2004/09/28/us/a-closer-look-at-cheney-and-halliburton [Abruf: 7.12.2017].
- [943] Aktienkurse von Halliburton von Sommer 2003 bis Sommer 2006 in $: 22→74, vgl. Lapham: Age of Folly, S. 234
- [944] In diesem Sinne z.B. die als konservativ geltenden Fox-News vom 7.10.2004: The Thruth about Cheney's Ties to Halliburton, www.foxnews.com/story/2004/10/07/truth-about-cheney-ties-to-halliburton [Abruf: 7.12.2017].
- [945] Ein Who is Who der persönlichen Verquickung von Geschäft und öffentlichem Mandat in den USA bis 1985 ist Mullins: New Order, passim, allerdings ist das Namedropping des Autors für eine systematische Lektüre wenig geeignet und zudem weitgehend ohne befriedigende Quellenangaben.
- [946] Pilger: New Rulers, S. 48-100, unter Schilderung der verursachten Leukämie-Fälle bei Kindern.
- [947] Madeleine Albright im Interview mit Lesley Stahl am 12.5.1996, im Originalton auf www.youtube.com/watch?v=MwXA1j9hqGA
- [948] Über die verzweifelte, aber vergebliche Suche nach Beweismitteln nach dem Einmarsch siehe Woodward, State of Denial, z.B. S. 210. Der US-Präsident hatte sich diesen Lügen öffentlich angeschlossen, vgl. Vidal: Imperial America, S. 18.
- [949] Derartige Dienste erbrachte z.B. die US-Nachrichtenagentur Ruder Finn, vgl. Swiss Propaganda Research: Propaganda Matrix, S. 16 f.; auf der aktuellen Website www.ruderfinn.com/ [Abruf: 6.12.2017] ist das Pentagon als Klient nicht verzeichnet; nach Maus: Schweigen der Lämmer, S. 9, gab es die Agenturen Hill & Knowlton Strategies, Burson-Marsteller und Rendon Group.
- [950] Die Mainstreampresse schaltete deswegen auf sog. kritische Berichterstattung um. Ein Musterbeispiel ist das vom *Washington Post*-Journalisten Bob Woodward 2006 vorgelegte Buch *State of Denial*, in dem Verteidigungs-

minister Donald Rumsfeld die Rolle des Bösewichts zugewiesen wird, während US-Präsident George W. Bush als eine Art Trottel auftritt.
[951] Für Freunde öffentlicher Exekutionen hat die US-amerikanische Plattform Archive.org ein Video ins Internet gestellt, archive.org/details/dnmsyt [Abruf: 21.1.2018].
[952] Das Herrschaftsinstrument von Saddam Hussein war die Baath-Partei.
[953] Die Maßnahme, die dem ab Mai 2003 inthronisierten US-Sondergesandten Jerry Bremer und dessen Chef-Inspirator, dem US-Verteidigungsminister Donald Rumsfeld, eingefallen sein soll, wird in Einzelheiten beschrieben bei Woodward: State of Denial, S. 188-247.
[954] Der Krieg kostete 2005 1,5 Mrd. $ in der Woche; der US-Nachtragshaushalt 2005 wg. des Irakkriegs umfaßte 300 Mrd. $, von denen beträchtliche Summen an die US-Firmen Halliburton, Parsons Corp., Fluor Corp., Washington Group International und Bechtel Corp. gingen, vgl. Lapham: Age of Folly, S. 255.
[955] Mit ätzender Schärfe Lapham: Age of Folly, S. 247-254.
[956] Investment Bank, die fünftgrößte der USA.
[957] Der Finanzberater Bennet Sedacca aus Orlando/Florida löste die Gerüchtewelle am 5.3.2008 über die Internet-Plattform *Minyanville* aus, vgl. Cohan: House of Cards, S. 3.
[958] Angedeutet bei Cohan: House of Cards, S. 142 ff., wie ich es verstehe.
[959] Lapham: Estate Sale (2008), in: Age of Folly, S. 247-254.
[960] Zit. nach Lapham: Age of Folly, S. 268.
[961] Zahlen in $ nach Lapham: Age of Folly, S. 269: 700 Mrd. an Geschäfts- und Investmentbanken, 150 Mrd. an die Versicherungsgruppe AIG, 100 Mrd. an die von Franklin Roosevelt gegründete ehemals staatseigene Bank Fannie Mae, 100 Mrd. an die Hypothekenbank Freddy Mac.
[962] DPA/Reuters: Friedensnobelpreis geht an Barack Obama, Zeit-online vom 9.10.2009, zeit.de/politik/ausland/2009-10/friedensnobelpreis-2009 [Abruf: 2.2.2018]; das beste an dem Artikel sind wie so häufig die Leserkommentare.
[963] Ron Unz: Our American Pravda. The major media overlooked Commnist spies and Madoff's fraud. What are they missing today?, *The American Conservative* May/June 2013, S. 10-15, hier: S. 15 [Kopie im HR-Arch].
[964] Auch bei Syrien zeigte es sich, daß die Demokraten rücksichtslos ausführten, was die Republikaner geplant hatten; zum nächsten von Bush angepeilten Kriegsziel Syrien nach dem Irakkrieg vgl. Vidal: Imperial America, S. 27; unter Obama wurde es in Angriff genommen.
[965] Am 18.3.2011 enthielt sich Deutschland im UN-Sicherheitsrat bei der Libyen-Resolution, durch die der von Frankreich und den USA losgetretene *regime change* sanktioniert werden sollte, der Stimme. Es wurde

vom Hohn der Atlantiker heimgesucht. An deren deutscher Spitze Ex-Außenminister und Krawallmacher Joseph Fischer („das vielleicht größte Debakel seit Gründung der Bundesrepublik"); vgl. Beck: Dossier, S. 188-190; zu einer späten Würdigung von Ex-Außenminister Guido Westerwelle, den die Atlantiker kurz nach seinem Nein vom Parteivorsitz abschossen, entschloß sich die Semi-Mainstream-Illustrierte *Cicero* vom 11.10.2016, cicero.de/innenpolitik/guido-westerwelle-deutschland-schuldet-ihm-spaeten-dank.

[966] Braml: Auf Kosten der Freiheit, S. 202 f.

[967] In einer Presseerklärung vom 23.5.2016 feierte das Weiße Haus die Ermordung des afghanischen Politikers Akhtar Mohammed Mansur auf pakistanischem Grund mit Hilfe einer Drohne als Erfolg, um Freiheit und Wohlstand nach Afghanistan zu bringen, obamawhitehouse.archives.gov/the-press-office/2016/05/23/statement-president-death-taliban-leader-mansur [Abruf: 16.1.2018]; zum Drohneneinsatz über in Ramstein/Deutschland gestützte Technik siehe Wolfgang Effenberger: Deutschland: militärischer Vasall und Brückenkopf der USA, Vortrags-Ms. von 2015, S. 9, Kopie im HR-Arch.

[968] Die unerfreulichen Details der Clinton-Deals wurden mit der Veröffentlichung ihres gehackten Email-Accounts mit 30.000 Mails von und an die Außenministerin durch *Wikileaks* sichtbar, siehe wikileaks.org/clinton-emails/ [Abruf: 19.12.2017].

[969] Unter Clinton als Außenministerin verschwanden Milliarden Dollar im Nichts, so 6 Mrd. $ für Vertragsleistungen, für die es nur unvollständige oder gar keine Unterlagen gab, vgl. die Geschäftsprüfung von Kassenprüfern des State Department, abgdr. in Republican National Committee (Hg.): Hillary Clinton's State Department, 10.27.16, de.scribd.com/document/329111385/Clinton-s-State-Department-Waste-and-Mismanagement [Abruf: 19.12.2017]. Konsequenzen sind nicht bekannt geworden. Im Januar 2018 kam ans Licht, daß zur selben Zeit, als Clinton im State Department Urangeschäfte für ein russisches Unternehmen erlaubte, Millionen-Zahlungen von dort auf das Clinton-Stiftungskonto flossen, epochtimes.de/politik/welt/ich-bin-der-sturm-sagte-der-praesident-in-den-usa-beginnen-die-dominosteine-zu-fallen-a2327414.html [Abruf: 7.2.2018].

[970] 1271 Avenue of the Americas, 42nd Floor, New York, NY 10020, 212-348-8882.

[971] Siehe www.clintonfoundation.org/clinton-presidential-center.

[972] Nein, keine Zigarren für den erotischen Bedarf, sondern Kaffeebecher mit dem Aufdruck IMISSBILL, infolge eines Lesefehlers hielt ich die

Aufschrift für ein selbstironisches IMBISSBILL, vgl. www.clinton muse umstore.comistar.asp?a=29&Search=qhaiti&sortby=Alpha [Abruf: 5.12.2017].

[973] N.N.: Gehaltserhöhung für Bill Clinton, *Die Welt* vom 26.5.1999, welt.de/ print-welt/article572162/Gehaltserhoehung-fuer-Bill-Clinton.html [Abruf: 2.2.2018].

[974] Robert Littan: America' Brewing Dept Crisis. What Dodd-Frank Didn't Fix, *Foreign Affairs* 5/2016, S. 111-120, der zudem auf die mangelhafte Reaktion der Gesetzgebung auf den Crash und das notwendige Herankommen des nächsten hinweist.

[975] Douglas A. Irwin: The Truth About Trade. What Critics Get Wrong About the Global Economy, *Foreign Affairs*, 4/2016, S. 84-95.

[976] John J. Mearheimer/Stephen M. M. Walt: The Case for Offshore Balancing. A Superior U.S. Grand Strategie, *Foreign Affairs* 4/2016, S. 70.

[977] Erneut erfolgte die Bloßstellung über die Datenplattform Wikileaks, vgl. wikileaks.com/dnc-emails/ [Abruf zuletzt: 2.2.2018].

[978] Erstaunlich klar auf den Punkt gebracht durch Donald Trump in einer seiner letzten Wahlkampfreden am 13.10.2016, www.compact-online.de/ die-zerstoerung-durch-globale-eliten/.

[979] *Foreign Affairs*, Hefte 4 und 5/2016.

[980] Hierzu zähle ich: Jason Furman: The Truth About American Unemployment. How to Grow the Country's Labour Force, *Foreign Affairs* 4/2016, S. 127-138; Furman hebt zur Beruhigung des Publikums darauf ab, daß die Folgen des Finanzcrashs 2007/2008 längst nicht so bedeutendausgefallen seien wie befürchtet und zählt die Erfolge der Obama-Regierung auf.

[981] Douglas A. Irwin: The Truth About Trade. What Critics Get Wrong About the Global Economy, *Foreign Affairs* 4/2016, S. 84-95.

[982] Einen interessanten journalistischen Einblick in den ab November 2016 gegen Trump eröffneten Informationskrieg gibt Thierry Meyssan: Die Clinton-Maschine, um Donald Trump zu diskreditieren, *Voltaire Netzwerk* vom 28.2.2017, Damaskus/Syrien; der Artikel ist detailliert hinsichtlich der Akteure, aber durch nichts belegt. Kritiker werden anmerken, daß der Artikel Assad-Putin-gesteuert sei.

[983] Anfang 2018 wurde der Vorwurf auch in *Foreign Affairs* mit dem Hinweis aufgetischt, daß sich die Beweise verdichteten, die verdeckte Einflußnahme habe bis in Trumps Wahlkampfteam hineingereicht, vgl. Robert D. Blackwill/Philip H. Gordon: Containing Russia again. An Adversary attacked the United States – It's Time to Respond, *Foreign Affairs* (online) vom 18.1.2018, foreignaffairs.com/articles/russian-federation/2018-01-18/containing-russia-again?cid=int-rec&pgtype =art [Abruf: 24.1.2018].

[984] Es handelte sich um Seth Conrad Rich, einen Mitarbeiter des Wahlkampfteams der Demokraten, neopresse.com/politik/usa/mysterioese-todesfaelle-um-hillary-clintons-email-leaks/ [Abruf: 2.2.2018]; nach der *New York Times* handelt es sich bei der Verbindung des Toten mit dem Email-Leck um eine Verschwörungstheorie, nytimes.com/2017/05/17/us/seth-rich-dnc-wikileaks.html.

[985] Mark Hosenball: Former Reagan aide helped Trump write foreign policy speech, Reuters vom 8.6.2016, reuters.com/article/us-usa-election-trump-adviser/former-reagan-aide-helped-write-trump-foreign-policy-speech-idUSKCN0YU2I9 [Abruf: 30.12.2017].

[986] N.N.: Richard Burt, en.wikipedia.org/wiki/Richard_Burt [Abruf: 30.12.2017].

[987] *Foreign Affairs* 4/2016, der Heft-Titel Struggle for Israel deutet in eine andere Richtung, doch das Thema Israel endet abrupt auf S. 56. Der antirussische Teil beginnt auf S. 96 mit einem Artikel des Ex-Generals Philip M. Breedlove: Nato's Next Act. How to Handle Russia and Other Threats. Ebenso zwei Monate später das Interview mit General Martin Dempsey: Notes from the Chairman, *Foreign Affairs* 5/2016, S. 2-9.

[988] Frank-Walter Steinmeier: Germany's New Global Role. Berlin Steps Up, *Foreign Affairs* 4/2016, S. 106-113: „Die Union [EU] zu bewahren und die Lasten der Führerschaft zu tragen, sind Deutschlands Haupt-Prioritäten." Der Frage des von den USA gegen Rußland geforderten Wirtschaftskriegs wich er aus.

[989] H.R.3364 Countering America's Adversaries Through Sanctions Act (Gesetz zur Bekämpfung der Gegner Amerikas durch Sanktionen) vom 2.8.2017, abgdr.: congress.gov/115/plaws/publ44/PLAW-115publ44.pdf.

[990] Thierry Meyssan: Das US-Establishment gegen den Rest der Welt, Voltaire Netzwerk vom 1.8.2017, voltairenet.org/article197289 [Abruf: 8.1.2018].

[991] Gideon Rose: Present at the Destruction? *Foreign Affairs* 3/2017, S. VIII; im selben Sinne argumentiert Suzanne Mettler: Democracy on the Brink. Protecting the Republik in Trump's America, *Foreign Affairs* 3/2017, S. 121-126.

[992] Diese Vermutung wurde durch den US-Historiker Lance de Haven-Smith in *Conspiracy Theories* geäußert, der die Verbindung zwischen einem einschlägigen CIA-Rundschreiben an die Residenten und dem Auftauchen der entsprechenden Artikel in den US-Medien herstellte, in denen Zweiflern an dem Warren-Report über die Kennedy-Ermordung (Einzeltäter-Theorie) als Konspirations-Theoretiker be-

zichtigt worden sind. Der Begriff war zuvor nicht geläufig. Seither wird diese Vermutung vor allem in Internet als Tatsache bezeichnet, während sich die Mainstreammedien in Schweigen hüllen bzw. fortfahren, Zweifel am Mordgeschehen als Konspirationstheorie zu brandmarken; zusammenfassend und den Stand von 2016 kommentierend: Unz: How the CIA invented „Conspiracy Theories", *The American Prawda* vom 5.9.2016 [Kopie in HR-Arch].

[993] content.time.com/time/specials/packages/completelist/0,29569, 1860871,00 [Abruf: 17.1.2018].

[994] Einen vagen Überblick über die gehandelten Erklärungen zum Kennedy-Mord bringt Deschner: Moloch, S. 511-519, wobei er selbst der Meinung zuneigt, der Mord sei vom großen Geld organisiert worden.

[995] Ganser: Nato-Geheimarmeen, passim; Jürgen W. Schmidt ist Gansers Ansatz von den verschwörerischen Nato-Aktivitäten mit dem Decknamen Gladio entgegengetreten, vgl. ders.: Besprechung von Agiloff Keßelring: Die Organisation Gehlen und die Neuorientierung des Militärs in der Bundesrepublik, 2017, in: *Das historisch-politische Buch* 1/2018.

[996] Ganser fand, daß es ungewöhnlich sei, wenn in der BBC berichtet wurde, daß das Gebäude 7 des WTC ebenfalls eingestürzt sei, während man es während der Reportage deutlich hinter der Korrespondentin völlig unbeschädigt stehen sehen konnte.

[997] Gerhard Sattler aus Melle; hierzu materialreich Jens Berger im Interview vom 22.10.2015 mit Markus Fiedler: Die dunkle Seite der Wikipedia, nachdenkseiten.de/?p=28035 [Abruf: 16.1.2018]. Personeneintrag zu Gerhard Sattler bei Wikimannia, de.wikimannia.org/Gerhard_Sattler [Abruf: 16.1.2018].

[998] The Influence of Sea Power upon History.

[999] Haushofer: Weltpolitik.

[1000] Ambrose: Globalism, S. 228: Kissinger, der *brillante Sicherheitsberater* von Präsident Nixon.

[1001] Kissinger: World Order, passim, vor allem S. 381-365. *Good governance* ist eine moderne Propagandafloskel, die auch in deutsche Verlautbarungen Eingang gefunden hat. Sie bedeutet in etwa *gute Lenkung*, also Beherrschung nach den Rezepten des menschheitsbeglückenden Mainstreams.

[1002] Z.B. John J. Mearsheimer/Stephen M. Walt: The Case for Offshore Balancing. A Superior U.S. Grand Strategie, S. 70-83; der Artikel enthält eine gnadenlose Aufzählung der mißlungenen Gewaltanwendungen durch die USA, vor allem nach der Jahrhundertwende; auch Larry Diamonmd: Democracy in Decline. How Washington Can Re-

| | verse the Tide, ebd., S. 151-159; hier wird das Abnehmen der Zahl der demokratischen Regime aufgezeigt und die These vertreten, daß es im US-Interesse besser sei, mit stabilen Diktaturen als mit instabilen Demokratien zu paktieren. |
|---|---|
| [1003] | Vor allem: Larry Diamond: Democracy in Decline., a.a.O. |
| [1004] | Hierfür gibt es ungezählte Beispiele, so bei Ambrose: Globalisms, S. 285. |
| [1005] | 1977-81 Sicherheitsberater von US-Präsident Carter. |
| [1006] | Brzeziński: Einzige Weltmacht; auch in diesem Strategiebuch nutzt der Autor das Bild des Schachbretts für Europa, ebd., S. 47-76. |
| [1007] | Das Wort ist aus dem arabischen Jihat/Dschihat (Heiliger Krieg) abgeleitet, sein Schreibweise ist höchst unterschiedlich, universal_lexikon.deacademic.com/275361/Mudjahedin [Abruf: 15.1.2018]. |
| [1008] | Pilger: New Rulers, S. 155. |
| [1009] | So z.B. bei Ambrose u.a.: Globalism, S. 285. |
| [1010] | Interview im Jahre 1998, zit. nach Pilger: New Rulers, S. 155, Übers. d. Verf. |
| [1011] | Wiegand: Afghanistan, Bildteil 20 und 29, enthält zwei eindrucksvolle Aufnahmen des Mannes, den der Autor besucht hat. |
| [1012] | Zu den Drogen-Kriegen um die Opium-Mohnfelder und zur Rolle Hekmatyars, Rashid: Taliban, S. 60 f.; Bülow: Im Namen, S. 210 f. |
| [1013] | Ähnliches hatte zur selben Zeit der brit. Geograph Halford John Mackinder mit der Herzlandtheorie vertreten. |
| [1014] | Strategische Anmerkungen hierzu bei Braml: Auf Kosten der Freiheit, S. 191-201. |
| [1015] | Bemerkenswert ist die pro und contra Diskussion des Council on Foreign Relations, das bedeutet, die Geldelite ist noch unentschlossen, vgl. *Foreign Affairs* 5/2016, Gal Luft: China's Infrastructure Play. Why Washington Should Accept the New Silk Road, ebd., S. 68-75; Maria Rapp-Hooper: Parting the South China Sea. How to Uphold the Rule of Law, ebd., S.76-82. |
| [1016] | Zu den Grausamkeiten bei der Eroberung der Philippinen, Stone u.a.: Untold History, S. XXV-XXVIII. |
| [1017] | Am 12.1.1899 schrieb der Gouverneur von New York und nachmalige US-Präsident Theodor Roosevelt an den US-Senator Henry Cabot Lodge: „Ich sende Ihnen eine Vorab-Abschrift eines Gedichtes von Kipling, das zwar ein armseliges Gedicht ist, aber eine gute Sinnvermittlung vom expansionistischen Standpunkt vermittelt"; Text zit. nach http://www.hermann-mueckler.com/pdf/RKipling-Engl-Deut.pdf [Abruf: 12.12.2017]; Übers. d. Verf.; das Gedicht erschien dann parallel am 4.2.1899 in der *Times* und 5.2.1899 in der |

[1018] *New York Tribune & Sun.*
Vom 4.7.1776, Text in dt. Übers. bei wikisource.org/wiki/Unabh%C3%A4ngigkeitserkl%C3%A4rung_der_Vereinigten_Staaten_von_Amerika [Abruf: 4.1.2018].

[1019] Ebenso bei Gore Vidal: Imperial, S. 79 f., urspr. in *The Nation* vom 27.8.1990.

[1020] Der Vorstandsvorsitzende von Burda-Media, Paul-Bernhard Kallen, ist Mitglied der Atlantikbrücke, homment.com/atlantikbruecke [Abruf: 4.1.2018].

[1021] Z.B. Studie der Brennerstiftung vom Juli 2017: Michael Haller: Flüchtlingskrise in den Medien.

[1022] Die Studie a.a.O. stellte fest, daß die Presseorgane „das Narrativ Willkommenskultur im Sinne der Positionen des Politdiskurses verbreiten und hierbei deren euphemistisch-persuative Diktion übernahmen": Eberhard Sens: Von Lücken-Lügen und Schatten. Vier Notizen, Vierteljahresschrift *Tumult* Winter 2017/18, merkte hierzu an: „Zu deutsch: mildernd, verhüllend, beschönigend, überredend."

[1023] In der Vierteljahresschrift *Tumult* gibt es eine fortlaufende Serie von Hans-Jürgen Muhs zu diesem Thema, insbesondere mit einem aktuellen Zahlenwerk, zuletzt: Die Migration im Jahr 2017 einschließlich des dritten Quartals, Heft 4/2017, S. 43 f.

[1024] Nach meiner Auffassung sind Spekulanten gesellschaftsschädliche Halunken.

[1025] Der Mann ist ein beliebtes Internet-Objekt für Lob und Schmäh. Die dort verbreitete These, er sei in der SS gewesen, ist abwegig, denn während der deutschen Besetzung von Budapest war Soros erst 14 Jahre alt. Ebenso wenig wahrscheinlich ist die Wahrheit seiner über ein Interview kolportierten Behauptung, er habe sich daselbst an der Enteignung von Juden beteiligt, vgl. dudeweblog.wordpress.com/2016/12/16/jung-ss-mann-george-soros/ [Abruf: 19.12.2017].

[1026] Open Society Foundations/International Migration Initiative: Migration Governance and Enforcement. Portfolio Review. Prepared by Anna Crowley and Kate Rosin, May 12, 2016, de.scribd.com/document/321383374/Open-Society-Foundations-International-Migration-Initiative-Migration-Governance-and-Enforcement-Portfolio-Review [Abruf zuletzt: 19.12.2017].

[1027] Der Email-Leak, a.a.O., weist das so aus. Ob die Information zutreffend ist, ist nur schwer zu beurteilen.

[1028] Stiftungen dürfen keine Spenden entgegennehmen, die den Aufgaben der Mutterpartei dienen, vgl. Bundesverfassungsgericht: Urteil vom 14.7.1986, Entscheidungssammlung Bd. 73, S. 1 ff., während Parteien

| | keine Spenden aus dem Ausland entgegennehmen dürfen, vgl. § 25 Abs. 2 Nr. 3 Parteiengesetz. |
|---|---|
| [1029] | Ben Chapman: George Soros documents published 'by Russian hackers' say US security services. Thousands of documents hacked from the billionaire philanthropist's Open Society Foundation posted on site with alleged links to Russian state-sponsored groups, *Independent* vom 15.8.2016, independent.co.uk/news/business/news/george-soros-emails-published-by-russian-hackers-us-security-services-dcleaks-wikileaks-a7192396.html [Abruf: 2.2.2018]. |
| [1030] | Lehrreich insoweit sind die Beiträge auf der Website des Europäischen Instituts für Klima und Energie (EIKE), Jena, vgl. eike-klima-energie.eu/ueber-uns/; sie präsentieren eine von den Mainstreammedien um 180 Grad abweichende Weltsicht, sind gut verständlich und zudem kostenlos. |
| [1031] | Vgl. z.B. Mausfeld: Angst der Machteliten, S. 17: „Zur großen Selbstlüge des Journalismus gehört die Behauptung, die Medien würden uns ein angemessenes Bild der gesellschaftlichen und politischen Situation verschaffen. Diese Behauptung ist seit mehr als 100 Jahren so umfassend – auch in methodisch sorgfältigen empirischen Fallstudien – widerlegt worden, daß es einer enormen Realitätsverzerrung bedarf, sie überhaupt noch als diskussionswürdig anzusehen." |
| [1032] | Kleber: Wahrheit, S. 49. |
| [1033] | homment.com/atlantikbruecke [Abruf: 4.1.2018], die dort ausgewerteten Mitgliederlisten der Atlantikbrücke für 2006-12 weisen zudem folgende ZDF-Journalisten aus: Klaus-Peter Siegloch, Korrespondent in Washington, seit 2011 Präsident der Deutschen Luftverkehrswirtschaft; Susanne Gabriele Biedenkopf-Kürten, Europaredaktion; Theo Koll, Hauptstadtstudio; Jan Philipp Burgard, Hauptstadtstudio; Thomas Bellut, Intendant; Udo van Kampen, Studioleiter Brüssel; Wulf Schmiese, Moderator Morgenmagazin; Cherno Jobatei, Morgenmagazin; Elmar Teveßen, Stellv. Chefredakteur; Rudi Sölch, Verwaltungsdirektor. |
| [1034] | Kleber: A.a.O., S. 60. |
| [1035] | Kleber: A.a.O., S. 59. |
| [1036] | Unter dem Titel *Rettet Klaus Kleber* hat der Medienwissenschaftler Michael Meyen eine vernichtende Kritik des Buches verfaßt, aus der ich einige Gedanken entnommen habe, vgl. medienblog.hypotheses.org/958 [Abruf: 12.12.2017]. |
| [1037] | So expressis verbis 2013 der Starjournalist Peter Scholl Latour: „Wir haben es mit Pressekonzernen zu tun, die natürlich ihre eigenen Linie |

vertreten. Wer aber bestimmt diese Linie? Zunächst einmal der eigentliche Besitzer, der sich natürlich einen Chefredakteur aussucht, der seinen Vorstellungen entspricht, seine Überzeugung auch teilt. Ich sag ja gar nicht, daß dies willfährige Gestalten sind, aber die sorgen halt dafür, daß in den Redaktionen nicht etwas veröffentlicht wird, daß ihm gegen den Strich geht!", zit. nach Interview mit Michel von Tell auf youtube.com/watch?v=yyNStpmDZjE [Abruf: 17.12.2017], den Hinweis hierauf verdanke ich Hans-Joachim König, Arnstadt.

[1038] So z.B. Liedtke: Wem gehört die Republik, S. 462.

[1039] Zu den Einzelheiten der Lizenzvergabe siehe Schrenck: Charakterwäsche, S. 107-116.

[1040] Die Grund- und Strukturdaten der Unternehmen wurden bei Liedtke: Wem gehört die Republik, entnommen.

[1041] So besteht z.B. seit mehreren Jahren ein sog. Rechercheverbund von *Süddeutscher Zeitung*, *WDR* und *NDR*, der in der Presse selbst wegen Verzerrung der Gleichbehandlung durch die öffentlichen Anstalten diskutiert wird, www.ndr.de/der_ndr/daten_und_fakten/Recherche kooperation-NDR-WDR-und-Sueddeutsche-Zeitung,koopera tionen100 [Abruf: 11.12.2017]. Richtigerweise ist das Problem das der Veruntreuung öffentlicher Gelder durch die faktische Subventionierung privater Verlage, was nicht zu den Aufgaben der Sender zählt.

[1042] Über diesen Multi-Funktionär und gelernten Politologen gibt es offenbar nur Gutes zu lesen, z.B. Sven Böll: Was macht eigentlich Horst Teltschik? *Manager Magazin* vom 7.11.2017.

[1043] Einer der ersten, der das Thema beackerte, war der Sensationspublizist Günther Wallraff mit seinem Bestseller *Der Aufmacher: Der Mann, der bei Bild Hans Esser war*. Hier hat sich ein eigenes Genre entwickelt, was durch das Internet starken Auftrieb erhalten hat, z.B. bildblog.de/2452/das-alte-vorurteil-bild-wuerde-luegen/ [Abruf: 5.1.2018].

[1044] Nicolaus Fest: Islam als Integrationshindernis, *Bild* vom 23.7.2014.

[1045] Z.B. Quartals-Auflageentwicklung IV/2009-III/2017 bei Statista, de.statista.com/statistik/daten/studie/221651/umfrage/entwicklung-der-auflage-der-bild-zeitung/; auffällig ist, daß die Statistik durch das Hineinrechnen von *B.Z.* und *Fußball Bild* im hinteren Teil der Statistik aufgenordet wurde, auch daß die gedruckte Zahl stieg, während die Verkaufszahl weiter fiel. Im 4. Quartal 2017 fielen die Verkäufe um weitere 162.576 Exemplare, ivw.de/aw/print/qa.

[1046] Die Familie besitzt 50 % + 1 Aktie am Konzern.

[1047] *Tichys Einblick*, siehe www.tichyseinblick.de/.

[1048] Tichy ist ein Karriere-Journalist, der in Politik und Publizistik reüssiert

[1049] hat und im Umfeld der CDU fest verankert ist, vgl. zu den Stationen seiner Laufbahn Karen Horn: Über Roland Tichy, www.tichys einblick.de/autoren/roland-tichy/ [Abruf: 11.12.2017].

[1049] Während der Arbeit an diesem Buch sind die etwas pointierter aufgetretenen Autorinnen (Bettina Röhl, Annabell Schunke u.a.) bei Tichy offenbar wieder abgesprungen.

[1050] God's own People und God's own Country werden häufig synonym verwendet, grundlegend zum US-amerikanischen Glauben vom Auserwähltsein, Bates: God's Own Country, passim.

[1051] Grundlegend zum Anti-Amerikanismus als politische Waffe und zur politischen Idee des Exzeptionalismus, Friedman: Rethinking Anti-Americanism, passim; speziell zum Exzeptionalismus McCrisken: American Exceptionalism, passim.

[1052] Diese Freundschaft ist streng einseitig, wie die enge Überwachung deutscher politischer Entscheidungsträger durch die US-Abhörbehörde NSA ausweist, vgl. hierzu die Veröffentlichungen von Wikileaks zum Abhören der Bundeskanzlerin, ihres Umfeldpersonals und des deutschen Außenministers Steinmeier, z.B. wikileaks.org/nsa-germany/selectors. & wikileaks.org/nsa-germany/intercepts/ & wikileaks.org/nsa-germany/index.de.html#a3 [Abruf: 19.12.2017].

[1053] Man kann verstehen, daß es in Deutschland für *Young Leader* keine Übersetzung gibt, denn die korrekte Übersetzung *junger Führer* wäre politisch inkorrekt.

[1054] Von Merkel wird behauptet, sie sei Absolventin des *young leaders program* des American Council on Germany gewesen. Dessen Präsident war seinerzeit Henry Kissinger, vgl. Beck: Dossier, S. 37 f.

[1055] Angela Merkel: Schroeder doesn't speak for all Germans [Schröder spricht nicht für alle Deutschen], *The Washington Post* vom 2.2003, washingtonpost.com/archive/opinions/2003/02/20/schroeder-doesnt-speak-for-all-germans/1e88b69d-ac42-48e2-a4ab-21f62c413505/?utm_term=.4de884d4905b [Abruf: 4.1.2018].

[1056] Noch heute attestiert ihr die *Zeit*, das Flaggschiff des deutschen Amerikanismus, im Zusammenhang mit der Reise, daß Merkel eben eine zutiefst überzeugte Transatlantikerin sei, vgl. Ludwig Greven: Merkels bittere amerikanische Lektion, *Die Zeit* vom 29.5.2017, zeit.de/politik/deutschland/2017-05/verhaeltnis-zu-usa-angela-merkel-donald-trump-analyse [Abruf: 4.1.2018].

[1057] Eigentümer der *Zeit* ist das Holtzbrinck-Familienunternehmen, vgl. Liedtke: Wem gehört die Republik, S. 256.

[1058] Knapp drei Dutzend aus den Spitzenfunktionen gehören allein in die Atlantikbrücke, vgl. deren Mitgliederverzeichnisse 2006-2012, ausgew-

[1059] ertet bei homment.com/atlantikbruecke [Abruf: 4.1.2018].
Clausewitz-Gesellschaft: Jahrbuch 2014, S. 75-77.
[1060] Klaus Olshausen: Zu den Beziehungen zwischen EU und NATO. Strategisch in der Sackgasse, pragmatisch auf Stabsebene, in Clausewitz-Gesellschaft: Jahrbuch 2013, S. 293-307, hier S. 293 f.
[1061] Der Leser muß lediglich die Begriffe Rostock-Lichtenhagen und Hoyerswerda in seine Suchmaschine eingeben, dann erhält er ein breitgefächertes Mainstreamangebot.
[1062] Der Haushaltstitel des Bundesfamilienministeriums *Kampf gegen rechts* wurde von 2016 mit 50 Mio. € zu 2017 auf 100 Mio. € aufgestockt. Das war eine gute Nachricht für den organisierten Antifaschismus in Deutschland, um mit den staatlich geförderten Gewalttaten gegen Andersdenkende fortzufahren. Es handelt sich hier um das im Neusprech formulierte *Bundesprogramm „Demokratie leben! Aktiv gegen Rechtsextremismus, Gewalt und Menschenfeindlichkeit" Laufzeit 2015–2019*, vgl. Die Bundesregierung: Strategie der Bundesregierung zur Extremismusprävention und Demokratieförderung, o.O., o.J., bmfsfj.de/blob/109002/5278d578ff8c59a19d4bef9fe4c034d8/strategie-der-bundesregierung-zur-extremismuspraevention-und-demokratiefoerderung-data.pdf.
[1063] In Sinne der Gefahr von links für Judentum und Zionismus auch die Funktionäre der ADL, vgl. Perlmutter: Real Anti-Semitism, S. 129-132.
[1064] Bergmann u.a.: Manifestations.
[1065] Zur Verleihung einschließlich des Textes der Zeitungsmeldung nebst zugehörigem Foto vgl. Koerfer: Diplomatenjagd, S. 215-217.
[1066] Soweit die illegalen Einwanderer aus Syrien stammen, muß sich niemand wundern, denn dortzulande gehörte es seit Jahren zur offiziellen Propaganda, daß der Holocaust eine israelische Erfindung sei, um aus Deutschland Geld herauszupressen, vgl. hierzu die Protest-Announce in der *New York Times* vom 9.2.2000: We condemn Syria's Denial of the Holocaust.
[1067] Z.B. Mitte Dezember 2017 in Berlin, welt.de/politik/deutschland/article171460765/Aufruf-zum-Mord-an-Juden-ist-keine-Meinungsfreiheit [Abruf: 5.1.2018]; hierbei handelt es sich um eine der typischen Mainstremmeldungen, bei der man die eigentlich Meldung (Judenhetze) aus der Meldung hinter der Meldung (Problem mit dem steigenden Antisemitismus) herauskristallisieren muß.
[1068] Rede des Bundespräsidenten Richard von Weizsäcker am 3.10.1990 in Berlin, abgdr. bei: Stern u.a.: Einigungsvertrag, S. 1008-1017.
[1069] Frank Kämpe: Rassistische Gewalt bringt Leute zur Demo. Vor 20

Jahren demonstrieren über 350.000 Menschen gegen Ausländerfeindlichkeit, *Deutschlandfunk* vom 8.11.2012. Bereits die Überschrift formuliert eine der typischen Falschmeldungen des heutigen Deutschlandfunks. Nicht rassistische Gewalttäter waren das Problem, sondern der Kreuzberger linksextremistische Mob. Da ich Augenzeuge des Geschehens war, habe ich auch keine Illusionen über die tatsächlichen Abläufe.

[1070] Beck: Dossier, S. 32 f.

[1071] Zur Anzeige und ihren Zusammenhängen vgl. Deschner: Moloch, S. 543 f.

[1072] Rainer Blasius: Der ungeteilte Präsident. Richard von Weizsäcker zum 90., *FAZ-online* vom 15.4.2010, faz.net/aktuell/politik/inland/richard-von-weizsaecker-zum-90-der-ungeteilte-praesident-1965949.html [Abruf: 29.1.2018], in diesem an Lobhudelei kaum zu übertreffenden Beitrag heißt es: „1962 trat er in die Geschäftsleitung von Boehringer in Ingelheim ein (bis 1966); die Familien Weizsäcker und Boehringer verband eine lange Freundschaft."

[1073] In diesem Fall der Kanadier und langjährig in den USA als Professor lehrende Peter Dale Scott, ein profunder Kritiker der Geheimdienstunterwanderung der Gesellschaft, genannt Tiefer Staat, vgl. peterdalescott.net/index.html [Abruf: 30.1.2018].

[1074] Zu Barbie: Roewer u.a.: Lexikon der Geheimdienste, S. 43.

[1075] Peter Dale Scott: Allen Dulles and the SS, S. 8, hier zit. nach Bülow: Im Namen, S. 235, 553.

[1076] Vgl. Manfred Görtemaker: Verhandlungen mit den vier Mächten, bpb.de/geschichte/deutsche-einheit/deutsche-teilung-deutsche-einheit/43771/2-plus-4-verhandlungen?p=all [Abruf: 2.2.2018].

[1077] Am 28.9.2000 lehnten die Dänen die Einführung des Euro ab, vgl. Frank Rehmet: Volksabstimmungen in Dänemark, nrw.mehr-demokratie.de/fileadmin/pdf/ve_in_daenemark.pdf [Abruf: 5.1.2018].

[1078] Nina Werkhäuser: Bundeswehr im Kosovo-Krieg. Zum ersten Mal im Kampfeinsatz, *Deutsche Welle* vom 23.3.2009, dw.com/de/bundeswehr-im-kosovo-krieg-zum-erstem-mal-im-kampfeinsatz/a-4119017 [Abruf: 5.1.2018]; die Angriffshandlung unter Beteiligung Deutschlands herausarbeitend Wimmer: Kalter Krieg, in: Effenberger u.a.: Hasardeure, S. 461 f.

[1079] Art. 26 Abs. 1 Grundgesetz: Handlungen, die geeignet sind und in der Absicht vorgenommen werden, das friedliche Zusammenleben der Völker zu stören, insbesondere die Führung eines Angriffskrieges vorzubereiten, sind verfassungswidrig. Sie sind unter Strafe zu stellen.

[1080] – Die anonymen Geschichtsklitterer von wikipedia.de wissen es allerdings besser, danach sei der Einsatz kein Angriffskrieg, sondern eine humanitäre Intervention gewesen, vgl. de.wikipedia.org/wiki/Auslandseins%C3%A4tze_der_Bundeswehr [Abruf: 5.1.2018].
Interessant ist die Selbstdarstellung von Schröder, gerhardschroeder.de/frieden/irak-krieg/ [Abruf: 5.1.2018], und im Gegensatz dazu die Darstellung in der Zeitschrift *Das Parlament* vom 11.9.2011, S. 1, wo das Nein als wahltaktische Maßnahme bezeichnet wird, Christoph Birnbaum: Eiszeit unter Freunden. Wie aus Deutschlands uneingeschränkter Solidarität mit den USA ein Nein zum Irak-Krieg wurde, das transatlantische Verhältnis sich abkühlte und ein Bundestagswahlkampf in Vorderasien entschieden wurde.

[1081] Eine erste Rate erfolgte durch die Übernahme der Logistik- und Infrastrukturkosten, eine zweite, als sich herausstellte, daß deutsche Banken Pleite zu machen drohten, weil sie sich als Gläubiger an den US-Kriegskrediten beteiligt hatten, die 2007 platzten (hierzu im einzelnen unter Nennung der Kredite Lapham: Age of Folly, S. 239-246), woraufhin der deutsche Steuerzahler zur Kasse gebeten wurde.

[1082] Ein frühes Werk, was das Illusionäre, unter Nennung naturwissenschaftlicher und technischer Grundlagen, aufmerksam machte, war Wolfrum: Windkraft. Eine Alternative, die keine ist. Hiergegen richtete sich entrüstete Kritik, die Unverständnis vor allem deswegen äußerte, weil das Buch in einem antifaschistischen Verlag (Zweitausendeins) erschienen sei.

[1083] Die Strompreisentwicklung mit dem rasanten Anstieg nebst ihren Ursachen ist nachvollziehbar dargestellt bei *Strompreis*, 1-stromvergleich.com/strom-report/strompreis/ [Abruf: 9.1.2018].

[1084] Sog. Volmer-Erlaß, der die wahllose Erteilung von Visa aus der Ukraine anordnete, vgl. N.N.: Visa Mißbrauch: Fischer übernimmt die volle Verantwortung, *Süddeutsche Zeitung* vom 19.5.2010, sueddeutsche.de/politik/visa-missbrauch-fischer-uebernimmt-volle-verantwortung-1.895863 [Abruf: 5.1.2018]; eine differenzierte Darstellung der Affäre bei Koerfer: Diplomatenjagd, S. 119-133; die erlittene Blamage habe Fischer nach eigenen Worten auf die Idee gebracht, seinen letzten Stein zu schmeißen, sprich: das AA zu beschädigen, was ihm durch das in Auftrag gegebene schlampige Buch *Das Amt* glänzend gelang.

[1085] Harz lieh dem ganzen Gesetzespaket seinen Namen, weil sich den Gesamtgesetzesnamen und die Einzelteile niemand merken konnte.

[1086] Bemerkenswert ist der Kommentar des Präsidenten der Bundesvereinigung der Volks- und Betriebswirte, Malcolm Schauf, von Ende Januar 2018, daß das gegenwärtige Wohlergehen der deutschen Wirtschaft an genau diesen Reformen liege, die Folgen der Merkelschen Politik würden noch kommen, businessinsider.de/oekonom-kritisiert-merkel-und-die-neuauflage-der-grossen-koalition-2018-1 [Abruf: 2.2.2018].

[1087] N.N.: Schröder gibt Parteivorsitz ab, *FAZ* vom 6.2.2004, faz.net/aktuell/politik/spd-schroeder-gibt-parteivorsitz-ab-1143846 [Abruf: 5.1.2018].

[1088] Am 27.6.2005 ging die Vertrauensfrage Schröders im Bundestag ein, der am 1.7.2005 darüber abstimmte und Schröder das Vertrauen, wie beabsichtigt, nicht aussprach. Bei der anschließenden Bundestagswahl konnte die rot-grüne Koalition ihre Mehrheit nicht behaupten, N.N.: Gerhard Schröders zweite Vertrauensfrage (2005), Deutscher Bundestag: Dokumente, bundestag.de/dokumente/textarchiv/32714943_misstrauensvotum07/204182 [Abruf: 5.1.2018].

[1089] Eine Chronologie der Wehrpflicht-Abschaffung findet sich mit zahlreichen Einzelnachweisen bei Kulak u.a.: Guttenbergs Meisterstück, passim.

[1090] Zur Promotion des freiherrlichen Hochstaplers nebst weiterem zu seiner Vita, Beck: Dossier, S. 15-19.

[1091] Es ist nicht belegt, ob sie einen transatlantischen Wink bekam, den Mit-Alumni (Mitabsolventen) des *young leaders program* des American Council on Germany zu schützen, oder ob die aus eigenem Antrieb handelte, zu den einschlägigen Daten vgl. Beck: Dossier, S. 37 f.

[1092] Eckart Fuhr: Merkel beendet Wehrpflicht nach Hausfrauenart, Die Welt vom 22.11.2010, welt.de/debatte/kommentare/article11146138/Merkel-beendet-die-Wehrpflicht-nach-Hausfrauenart [Abruf: 6.1.2018].

[1093] Merkel und Guttenberg absolvierten das *young leaders*-Programm des American Council on Germany (ACG), vgl. Beck: Dossier, S. 37, Guttenberg 2003 zusammen mit den deutschen Politikern Hubertus Heil (SPD) und Sillvia Koch-Mehrin (FDP), acgusa.org/young-leaders/complete-list-of-young-leaders/. Präsident des ACG war zu dieser Zeit Henry Kissinger, a.a.O., S. 38. Merkel ist auf den Jahreslisten der sog. Alumni (Absolventen) des Council nicht verzeichnet, bis vor Kurzem war sie dort aber im Bild zu sehen, was mittlerweile aus dem Internet verschwunden ist.

[1094] Der Präsident des Bundesverbandes der Volks- und Betriebswirte, Malcolm Schauf, kommentierte Ende 2018 in der *Wirtschaftswoche*:

"Die Bundeskanzlerin hat den ökonomischen Sachverstand eines Grundschülers", zit. nach *Business Insider de.* vom 26.1.2018, businessinsider.de/oekonom-kritisiert-merkel-und-die-neuauflage-der-grossen-koalition-2018-1; im Original wiwo.de/politik/deutschland/oekonom-malcolm-schauf-ich-rechne-mit-einer-staerkeren-belastung/20880702-2.html. Die Publikation verwundert, da die Eigentümer der *Wirtschaftswoche* ihren Chefredakteur Roland Tichy vor Jahr und Tag für harmlosere Kritik gefeuert hatten.

[1095] Z.B. Thomas-Jürgen Muhs: Die Migration im Jahr 2017 einschließlich des dritten Quartals, Vierteljahresschrift *Tumult* Winter 2017/18, S. 43 f. m.w.N.

[1096] Zu Entstehung und Hauptvertretern der Lehre vom deutschen Sonderweg vgl. Kalz: Sonderweg, passim.

[1097] Depenheuer u.a.: Staat in der Flüchtlingskrise, 2016.

[1098] Eine schneidende Widerlegung findet sich bei Anne Kann: Merkel ist die personifizierte Berta von Loriot, *Tichys Einblick* vom 28.11.2017, tichyseinblick.de/meinungen/merkel-ist-die-personifizierte-berta-von-loriot/ [Abruf: 8.1.2018].

[1099] Bundeskanzlerin Angela Merkel vor der CDU/CSU-Bundestagsfraktion am 25.9.2015, hier zit. nach Georg Dimtzsch: Bundeskanzlerin Angela Merkel (CDU) – Eine neue Mutter Theresa oder einfach nur Johanna die Wahnsinnige?, *Rundschau* Nr. 76 vom März 2016.

[1100] Angela Merkel, mündlich, in einem Interview, zit. Dimtzsch, a.a.O.

[1101] Kommentar von Ezra Levant, youtube.com/watch?v=6iUK9QgkYJI [Abruf: zuletzt 8.1.2018].

[1102] A.a.O.

[1103] Dimtzsch a.a.O. gibt Hinweise auf den poln. Ursprung der Familie: Hiernach war Merkels Großvater ein Pole, der im Ersten Weltkrieg aus der preußischen Armee desertierte, in Frankreich bei der polnischen Haller-Armee war, mit dieser durch Osteuropa zog, und Anfang der 1920-er Jahre nach Deutschland unter Namensänderung zurück-desertierte.

[1104] Z.B. *Die Welt* vom 26.2.2017, dies als ausdrückliche Abgrenzung vom rechten Populismus lobend, welt.de/politik/deutschland/article162407512/Das-Volk-ist-jeder-der-in-diesem-Lande-lebt [Abruf: 9.1.2018].

[1105] Wahlabend am 23.9.2013, Merkel reißt Generalsekretär Gröhe das Deutschland-Fähnchen weg, z.B. youtube.com/watch?v=05j7Bg4f3q0.

[1106] Das fiel Anfang 2017 im Wiederholungsfall sogar der Mainstreampresse auf, welt.de/debatte/kommentare/article162842943/Die-fehlende-deutsche-Flagge-in-Erdogans-Buero-war-bereits-ein-Symbol [Abruf: 8.1.2018].

[1107] Eine unvollkommene Einführung in das Problem findet sich bei theintelligence.de/index.php/politik/kommentare/5193-angela-merkel-ein-stasi-spitzel [Abruf: 9.1.2018].

[1108] Zu den Rosenholz-Dateien Schaefer u.a.: Stasi Intelligence on Nato, S. 7.

[1109] Kritisch zu Gedmin, im Sinne eines US-Einflußagenten, Beck: Dossier, S. 139-140; im Gegensatz hierzu des Lobes voll und sich darauf freuend, mit den USA in den Irak-Krieg zu ziehen, Andrea Seibel: Tausendsassa im Think-Tank: Jeff Gedmin, *Die Welt* vom 12.3.2002, welt.de/print-welt/article378682/Tausendsassa-im-Think-Tank-Jeff-Gedmin [Abruf: 8.1.2018].

[1110] Vor seinem Einsatz in Berlin war Gedmin beim Neocom-think-tank American Enterprise Institute, vgl. Thierry Meyssan: Angela Merkel, eine Neokonservative als Präsidentin der Europäischen Union, *Voltaire Netzwerk* vom 5.2.2007, voltairenet.org/article145118 [Abruf: 8.1.2018].

[1111] Jeffrey Gedmin: Europe and Nato. Saving the Alliance, in: Kagan u.a.: Present Dangers; hierin vertritt Gedmin den Neocom-Ansatz, daß die USA die Europäer unter der Kontrolle der Nato halten müßten, um deren Emanzipationsbestrebungen zu unterbinden. Ebenso: Jeffrey Gedmin/Craig Kennedy: Selling America, Short, *The National Interest* Nr. 74, Winter 2003.

[1112] Meyssan, a.a.O., der hinzufügt, Gedmin sei von der Bush-II-Administration speziell zur Einflußnahme auf Merkel nach Berlin entsandt worden. Diese Aussage ist nicht belegt.

[1113] Ein plastisches Beispiel aus jüngsten Tagen für die Spaltung in ohnmächtigen Zorn ist die Quasi-Diskussion um das oben besprochene Buch des ZDF-Journalisten Claus Kleber *Rettet die Wahrheit* auf amazon.de; deren ungezählte Teilnehmer prügeln, möglichst anonym, nur noch argumentlos aufeinander ein, www.amazon.de/Rettet-die-Wahrheit-Claus-Kleber/product-reviews/355005033X/ref=cm_cr_getr_d_paging_btm_7?ie=UTF8&reviewerType=all_reviews&pageNumber=7 [Abruf: 12.12.2017].

[1114] Den Befürwortern der Auflösung Deutschlands in der EKD ist hierzu das Gaga-Wort *Kein Mensch ist illegal* eingefallen, mit dem Kirchen und Antifa-Behausungen geschmückt werden.

[1115] Zit. z.B. bei Mausfeld: Angst der Machteliten, S. 4.

[1116] George Friedman am 4.2.2015 beim Chicago Council on Global Affairs / www.youtube.com/watch?v=o060JXXVQ4U [Abruf: zuletzt 12.12.2017].
[1117] Friedman war Chef des privaten Nachrichtendienstleisters Stratfor, der folgende Konzerne und US-Institutionen mit Informationen und Analysen versorgte: Chemiekonzern Dow Chemical Co., Rüstungskonzern Lockheed Martin, Rüstungskonzern Northrop Grumman, Rüstungskonzern Raytheon sowie US Department of Homeland Security, US Marines und US Defence Intelligence Agency. Die Tätigkeit wurde durch Wikileaks mit der Preisgabe von 5 Mio. Emails aus der Zeit zwischen Juli 2004 und Dezember 2011 offengelegt, vgl. search.wikileaks.org/gifiles/ [geöffnet: 19.12.2017].
[1118] Ambrose u.a.: Globalism, S. 380.
[1119] Dieselgate ist eine Ableitung aus dem Wort Watergate-Skandal des Jahres 1972, der den US-Präsidenten Nixon letztlich das Amt kostete. Es bezeichnend, daß das vom US-Hersteller Microsoft stammende Word-Rechtschreibprogramm des Jahres 2017 den Begriff *Dieselgate* bereits als existentes Wort akzeptiert.
[1120] In diesem Zusammenhang bleibt unerörtert, daß die Erzwingung der kaum einzuhaltenden Ruß-Normen für Dieselmotoren einen für die Umwelt gegenteiligen Effekt auslöst. Zwar kann man den lästigen Ruß-Ausstoß jetzt nicht mehr sehen und riechen, dieses angebliche Plus wird aber um den Preis des nunmehr ungehemmten Stickstoff (N)-Ausstoßes erreicht, der bislang im Ruß gleich einem Aktivkohlefilter zurückgehalten worden war. Stickstoff-Emissionen sind nach der Ansicht von Fachleuten der Berufssparten Chemie und Biologie, im Gegensatz zum Ruß-Ausstoß, gefährlich. Die zugehörige gegenteilige Gesetzgebung gehört zum Glaubenssatz, der es erlaubt, Naturgesetze durch Mehrheitsentscheidungen abzuändern.
[1121] Im einzelnen Unterwegs, Bd. 2, S. 176 f., 272-274.
[1122] Aus journalistischer Desinformation und politologischem Geschwätz über Pegida ragt die Reportage von Sebastian Hennig (Pegida. Eine Chronik) heraus.
[1123] Zu nennen wären vor allem die Neuerscheinungen *Compact* und *Tumult*; beide haben Chefredakteure, die aus der westlichen Neuen Linken stammen. *Secession* hat seinen Standort in Sachsen-Anhalt, sein Chefredakteur bezeichnet sich selbst als rechts, auch er stammt aus dem Westen. Die beiden Wochenzeitungen *Junge Freiheit* und *Preußische Allgemeine Zeitung* haben hingegen ihren Standort in Berlin bzw. in Hamburg.

[1124] Einem Bonmot zufolge, dessen Wahrheitsgehalt ich nicht überprüft habe, werden in der Bahnhofsbuchhandlung von Cottbus mehr Hefte von *Compact* als vom *Spiegel* verkauft.

# Personenindex

**Acheson**, Dean, US-Politiker 52, 398, 426
**Adenauer**, Konrad, Politiker 158, 181 f., 188 f., 427
**Adorno**, Theodor, Soziologe 112 f., 205, 417 f.
**Albright**, Madeleine, US-Politikerin 313, 462
**Ambrose**, Stephen, US-Historiker 63, 402
**Andreas-Friedrich**, Ruth, Journalistin 87, 410
**Árbenz**, Jacobo, gualtem. Politiker 167
**Augstein**, Rudolf, Journalist 181-184, 189 f., 434 f.
**Baader**, Andreas, Krimineller 206 f., 439
**Bacque**, James, kanad. Autor 62 f., 402
**Baker**, James, US-Politiker 237, 261, 264, 459
**Barbie**, Klaus, Mehrfachagent 351
**Baruch**, Bernard, US-Spekulant 70, 75 f., 78, 106, 404 f., 407 f.
**Becker**, Hans-Detlev, Journalist 187
**Berija**, Lawrentij, sowj. Funktionär 40, 399
**Bernanke**, Ben, US-Bankier 317
**Bernhard**, Prinz der Niederlande 140, 423
**Bernstein**, Bernard, US-Jurist 57, 60, 69, 71 f., 76-78, 404-408
**Bertelsmann**, Unternehmerfamilie 295, 334, 339 f.
**Biedenkopf**, Kurt, Politiker 266, 452
**Bloomberg**, Mike, US-Politiker 289
**Boehringer**, Unternehmerfamilie 350 f., 474
**Bohley**, Bärbel, Kulturschaffende 259
**Boldin**, Walerij, sowj. Funktionär 270
**Böll**, Heinrich, Schriftsteller 191, 205-209, 220, 438 f.
**Bolschakow**, Georgij, sowj. Offizier 173 f., 432
**Braden**, Tom, US-Geheimdienstler 136, 141, 422, 424
**Brandt**, Willy, Politiker 177, 180 f., 225 f., 241, 433 f., 446
**Brawand**, Leo, Journalist 184, 187
**Breshnjew**, Leonid, sowj. Funktionär 215, 272, 276, 440
**Breuel**, Birgit, Politikerin 265, 452
**Brzeziński**, Zbigniew, US-Politologe 326-329, 455
**Burt**, Richard, US-Diplomat 261 f., 321-323, 451, 466
**Bush**, George H.W. (sen.), US-Politiker 227, 232, 234-237, 260 f. 264, 289, 322, 444 f., 451
**Bush**, George W. (jun.), US-Politiker 23, 237, 282, 302 f. 309-312, 315, 317, 395, 443, 460-463, 478

Carlucci, Frank, US-Politiker 237
Carter, Jimmy, US-Politiker 229, 233, 237 f., 444, 468
Castro, Fidel, kuban. Politiker 169 f., 431 f.
Charpentier, Marc-Antoine, frz. Musiker 147
Cheney, Dick, US-Politiker 237, 312 f., 445, 462
Chruschtschow, Nikita, sowj. Funktionär 172-177, 189, 429, 432
Churchill, Winston, brit. Politiker 16, 18, 26, 38, 42 f., 45-53, 60, 64, 81, 95, 119, 155, 396 f., 402, 428
Clay, Lucius, US-Offizier, Politiker 71, 139, 405
Clinton, Bill, US-Politiker 23, 289, 303, 305, 309, 318, 444, 465
Clinton, Hillary, US-Politikerin 19, 257, 289, 293, 298, 318-20, 464 f.
Colville, John, brit. Beamter 50, 398
Dahrendorf, Ralf, Soziologe 195, 436
Datschenko, Tatjana, Jelzin-Tochter 280
Deichner, Rudolf, Jurist 350
Diehl, Günter, Journalist 188
Dönhoff, Marion Gräfin von, Journalistin 147, 160-162, 344, 428
Donovan, William, US-Jurist 80, 125, 129, 131, 137, 139, 141, 152
Dshirkwelow, Ilja, sowj. Offizier 187
Dulles, Allen, US-Jurist 28, 86, 139, 166-169, 414, 422, 430 f.
Dulles, John Foster, US-Jurist 28, 125, 166-169, 431
Dupont, US-Unternehmerfamilie 72, 406
Dylan, Bob, US-Musiker 203
Dzierzynski, Felix, sowj. Funktionär 251, 409
Ehrenburg, Ilja, sowj. Propagandist 54
Einstein, Albert, Physiker 35 f., 192, 393-395
Eisenhower, Dwight, US-Offizier, Politiker 17, 57, 62-65, 69, 73-78, 80, 111, 163-170, 402, 406-409, 429 f.
Eschenburg, Theodor, Multifunktionär 72 f., 424
Feis, Herbert, US-Historiker 101-3, 414
Fischer, Fritz, Historiker 120
Fischer, Joseph, Politiker 347, 349, 439, 464, 475
Focke, Katharina, Politikerin 146
Frankfurter, Felix, US-Jurist 84, 409
Frick, Wilhelm, Politiker 89, 411
Friedlaender, Ernst, Industrieller 146 f., 422, 425
Friedrichs, Hans-Joachim, Journalist 338
Fromm, Erich, Psychoanalytiker 114, 418
Fuchs, Klaus, Physiker 151, 426
Fukuyama, Francis, US-Politologe 255
Gaither, Roman, US-Industrieller 165, 429

**Gajdar**, Jegor, russ. Politiker 279, 454
**Ganser**, Daniele, Historiker 325, 461, 467
**Gates**, Bill, US-Unternehmer 293 f., 457
**Gates**, Robert, US-Politiker 317
**Gaus**, Günter, Journalist 240, 446
**Gehlen**, Reinhard, Offizier 186-188, 467
**Geither**, Timothy, US-Politiker 317
**Glaspie**, April, US-Diplomatin 302, 459
**Gleason**, Everett, US-Historiker 101 f., 414
**Goebbels**, Josef, Politiker 239 f.
**Gorbatschow**, Michail, sowj. Funktionär 198, 227, 232, 235, 246, 251, 269-277
**Grass**, Günter, Schriftsteller 98, 413, 439
**Gromyko**, Andrej, sowj. Funktionär 223
**Gysi**, Gregor, Politiker 259
**Haass**, Richard, US-Diplomat 18, 289, 391
**Haldane**, Richard, brit. Politiker 58
**Harriman**, Averell, US-Bankier, Diplomat 72, 167, 396, 403, 406, 445
**Harz**, Peter, Unternehmensvorstand 354, 475
**Haushofer**, Karl, Offizier 326
**Hemingway**, Ernest, US-Schriftsteller, Massenmörder 79
**Himmler**, Heinrich, SS-Funktionär 86, 329
**Hinckley**, John, US-Attentäter 227
**Hitchens**, Christopher, brit. Journalist 202, 298, 458
**Hitler**, Adolf, Politiker 42, 47, 53, 88, 105, 107 f., 114, 123, 129 f., 236, 244, 320, 415, 445
**Ho Chi Minh**, vietn. Politiker 200 f., 204, 437
**Hoettl**, Wilhelm, Mehrfachagent 86
**Holtzbrinck**, Unternehmerfamilie 334, 339 f., 472
**Honecker**, Erich, Politiker 223-5, 247, 251 f.
**Horkheimer**, Max, Soziologe 16, 110, 112 f., 115, 117, 417
**Hussein**, Saddam, irak. Politiker 302, 310 f., 314, 463
**Ismay**, Hastings, brit. Offizier 155, 427
**Jackson**, Robert, US-Richter 83-85, 125, 409
**Jakowlew**, Alexander, sowj. Funktionär 273
**Janajew**, Gennadi, sowj. Funktionär 274
**Jelzin**, Boris, russ. Politiker 268, 271 f., 275-278, 280, 283, 322, 454 f.
**Jens**, Walter, Schriftsteller 98, 413
**Johnson**, Lyndon, US-Politiker 202, 432
**Josselson**, Michael, US-Einflußagent 136
**Jung**, Carl Gustav, Psychoanalytiker 107, 415
**Kempner**, Robert, US-Jurist 88-93, 411 f.

**Kennan**, George, US-Diplomat 17, 28, 133, 319
**Kennedy**, John, US-Politiker 23, 163, 165 f., 170-175, 180 f., 189, 202, 324 f., 429, 432, 434, 466 f.
**Kennedy**, Joseph, US-Spekulant, Diplomat 75
**Kennedy**, Robert, US-Politiker 18, 173 f., 432
**Kipling**, Rudyard, brit. Schriftsteller 332 f., 468
**Kissinger**, Henry, US-Politologe 162, 202 f., 261, 289, 326-329, 347, 350, 428, 437, 451, 467, 472, 476
**Kleber**, Klaus, Journalist 337 f., 470, 478
**Kleinert**, Volkmar, Schauspieler 259
**Kogon**, Eugen, Multifunktionär 143-147, 422, 424
**Kohl**, Helmut, Politiker 226, 241, 243, 260-268, 344, 351-353, 446 f., 452
**Krjutschkow**, Wladimir, sowj. Funktionär 270, 273-376
**Laden**, Osama bin, saud. Islamist 309 f., 318, 461
**Lahousen**, Erwin von, Offizier, frz. Agent 86, 410
**Langer**, Walter, US-Psychoanalytiker 106-8, 416
**Langer**, William, US-Historiker 101, 106
**Lapham**, Lewis, US-Schriftsteller 298 f., 460
**Lasky**, Melvin, US-Einflußagent 136
**Leahy**, William, US-Offizier 36
**Lepsius**, Johannes, Pfarrer 122, 420
**Leverkuehn**, Paul, Jurist 116, 128-32, 137, 145 f., 421 f.
**Löwenthal**, Leo, Lehrer, US-Einflußagent 113
**Lukjanow**, Anatoli, sowj. Funktionär 274
**Mahan**, Alfred Tayer, US-Offizier 326
**Mahnke**, Horst, Journalist 182, 184, 435
**Major**, John, brit. Politiker 123
**Manstein**, Erich von, Offizier 92
**Marcuse**, Herbert, Soziologe, US-Funktionär 113 f., 217, 219, 415, 418, 440 f.
**Marshall**, George, US-Offizier, Politiker 67, 74 f., 132-135, 139, 141, 163, 393, 422, 425, 433 f.
**Martin**, Alfred, Offizier 184, 187
**McCloy**, John, US-Jurist 125, 160, 162, 408, 416, 420 f., 428
**Medwedjew**, Dmitrij, russ. Politiker 281
**Meinhof**, Ulrike, Journalistin 206 f., 439
**Merkel**, Angela, Politikerin 349, 355-359, 472, 476-478
**Molotow**, Wjatscheslaw, sowj. Funktionär 46, 67, 429
**Montgomery**, Bernard, brit. Offizier 74, 406
**Morgan**, J.P., US-Bankier 20, 166, 289, 299, 315, 430, 459
**Morgenthau**, Henry jun., US-Politiker 19, 26, 48, 57-67, 71, 75-78, 104 f., 140, 151 f., 401-408

**Mossadegh**, Mohammad, iran. Politiker 166 f., 233, 430 f.
**Müller**, Heiner, Schriftsteller 259
**Murray**, Henry, US-Psychoanalytiker 107, 368, 415
**Musial**, Bogdan, poln. Historiker 56, 400
**Nabokov**, Nicolas, US-Einflußagent 136
**Nagy**, Imre, ungar. Politiker 247, 448
**Neumann**, Franz, Jurist, Mehrfachagent 107-109, 113, 415 f.
**Nixon**, Richard, US-Politiker 23, 165, 172, 202 f., 234, 429, 437, 467, 479
**North**, Oliver, US-Offizier 234, 444
**Obama**, Barack, US-Politiker 18, 23, 317 f., 323, 391, 456, 463-465
**Olshausen**, Klaus, Offizier 345
**Oppenheimer**, Robert, US-Physiker 35, 151, 393
**Orwell**, George, brit. Schriftsteller 296, 318
**Pal**, Radhabinod, ind. Jurist 95 f., 413
**Patton**, George, US-Offizier 79 f., 157, 409
**Penkowskij**, Oleg, sowj. Offizier 173 f.
**Pfeifer**, Heinrich, Mehrfachagent 108, 416
**Pollock**, Friedrich, Soziologe 114, 418
**Posser**, Diether, Politiker 206
**Prunskiene**, Kazimiera, litauische Politikerin 269-271
**Pugo**, Boris, sowj. Funktionär 270, 274, 276
**Putin**, Wladimir, russ. Politiker 257, 280 f., 321, 454-456, 465
**Reagan**, Nancy, US-Schauspielerin 227
**Reagan**, Ronald, US-Politiker 103, 227-237, 261, 395, 443-445, 459 f.
**Redstone**, Sumner, US-Unternehmer 299, 459
**Retinger**, Josef, poln. US-Einflußagent 140-142, 423
**Richter**, Hans Werner, Schriftsteller 143
**Riefenstahl**, Leni, Filmregisseurin 303
**Ritter**, Gerhard, Historiker 119 f., 365, 419
**Rockefeller**, David, US-Unternehmer 72, 288 f., 406, 414
**Rockefeller**, John, US-Industrieller 292
**Rockefeller**, Nelson, US-Politiker 72, 289, 293, 457
**Rockefeller**, US-Unternehmerfamilie 59, 99-101, 121, 131, 140, 170 f., 204, 295, 401, 414
**Rohwedder**, Detlef, Industrieller 265, 452
**Roosevelt**, Eleanor, US-Politikerin 104 f., 396
**Roosevelt**, Elliot, Sohn 64 f., 70
**Roosevelt**, Franklin, US-Politiker 20-26, 30, 33-39, 42-48, 52 f., 60, 64 f., 70, 74-77, 81-85, 95, 100-106, 119, 125, 130 f., 138, 150-154, 163, 171, 192, 197, 200, 363, 393, 396, 402, 405, 407, 414, 423, 429 f., 463
**Roosevelt**, Kermit, US-Geheimdienstler 431

**Roosevelt**, Theodore, US-Politiker 121, 431, 468
**Rosenberg**, Alfred, Politiker 89
**Roth**, Thomas, Journalist 275
**Rubenstein**, David, US-Lobbyist 237
**Rumsfeld**, Donald, US-Politiker 237, 445, 459, 463
**Rusk**, Dean, US-Politiker 170
**Sanders**, Bernie, US-Politiker 319
**Schabowski**, Günter, Politiker 253, 259, 450
**Schacht**, Hjalmar, Bankier 129-131, 137
**Schelsky**, Helmut, Soziologe 208, 296
**Schmidt**, Helmut, Politiker 213, 224-227, 245, 329, 354, 440, 442 f.
**Schmückle**, Gerd, Offizier 188
**Schröder**, Gerhard, Politiker 344, 352-355, 472, 475 f.
**Schumacher**, Kurt, Politiker 159, 178-180, 239 f., 427, 446
**Sommer**, Theo, Journalist 244, 344, 425, 447 f.
**Soros**, George, Spekulant 281 f, 294 f, 336 f., 455, 458, 469
**Späth**, Lothar, Politiker 266, 447, 452
**Springer**, Axel, Unternehmer 206
**Springer**, Unternehmerfamilie 205 f., 208, 334, 339 f.
**Stalin**, Josef, sowj. Diktator 34, 37, 40-48, 53, 64, 78, 81 f., 137 f., 151-154, 176, 239, 275, 283, 395 f., 398, 408
**Steinmeier**, Frank Walter, Politiker 323, 472
**Stern**, Carola (Assmuss, Erika), Journalistin 116 f., 419
**Stone**, Shepard, US-Umerzieher 110 f., 162, 417, 428
**Stoph**, Willy, Politiker 225
**Storey**, Richard, US-Jurist 83, 93 f., 412
**Strauß**, Franz-Josef, Politiker 182-184, 187-189, 450
**Swinton**, John, US-Journalist 297
**Taylor**, Telford, US-Jurist 83, 91 f.
**Teltschik**, Horst, Politologe 340
**Thomas**, Stephan G., Funktionär 178-180, 433
**Tichy**, Roland, Journalist 341, 472, 477
**Topitsch**, Ernst, Philosoph 204, 418, 438
**Truman**, Harry, US-Politiker 23, 29, 44-48, 126, 150 f., 163, 393, 395, 398, 405 f., 408, 426 f.
**Trump**, Donald, US-Politiker 19, 23, 288, 298, 320-323, 337, 363, 391, 465 f.
**Ulbricht**, Walter, Politiker 224
**Utley**, Freda, US-Journalistin 17, 404 f.
**Vandenberg**, Arthur, US-Politiker 125
**Vidal**, Gore, US-Schriftsteller 231, 298 f., 407, 415, 434, 443, 461
**Vogel**, Bernhard, Politiker 266, 452

**Walters**, Vernon, US-Diplomat 261-264
**Warburg**, Eric, Bankier 160 f., 400, 428
**Warburg**, James, US-Bankier 17, 160
**Wehner**, Herbert, Politiker 178-180
**Weizsäcker**, Ernst von, Diplomat 92
**Weizsäcker**, Carl Friedrich von, Physiker 105, 192-196, 395, 435 f.
**Weizsäcker**, Richard von, Politiker 160, 162, 196, 241-245, 350 f., 428, 447, 473
**White**, Harry Dexter, US-Beamter, sowj. Agent 78, 151 f., 408, 426
**Wicht**, Adolf, Offizier 187 f.
**Wolfensohn**, James, David, US-Bankier 347
**Wolff**, Karl, SS-Funktionär 86
**Wurmser**, David, US-Regierungsangestellter 311, 313, 462
**Wurmser**, Meyrav, US-Zionismusforscherin 311, 313, 462
**Zweig**, Arnold, Schriftsteller 205